THÉÂTRE DE SARTROUVILLE
CENTRE DRAMATIQUE NATIONAL

L'arrivée, en 2004, du metteur en scène Laurent Fréchuret à la co-direction du CDN aux côtés de Claude Sévenier, a marqué une nouvelle étape dans le projet artistique du Théâtre de Sartrouville, dont la mission de création pour la jeunesse reste un des axes forts et s'exprime à travers la biennale Odyssées 78. Ainsi tous les deux ans, depuis 1997, les Yvelines deviennent le département dont le prince est un enfant grâce à cette biennale de création théâtrale pour la jeunesse. À l'initiative du CDN, et avec le soutien du Conseil général des Yvelines, ce sont à chaque édition, huit nouvelles créations théâtrales originales qui sont proposées aux enfants.

ODYSSÉES 78
biennale de création théâtrale pour la jeunesse
7 reprises jeune public en tournées pour la saison 05 > 06 | plus de 300 représentations en France et à l'étranger

La Belle et les Bêtes
René de Ceccatty | Alfredo Arias

Catalina in fine
Fabrice Melquiot | Vincent Gœthals

Je ris de me voir si belle
Julie Brochen et Franck Krawczyk

Mortel, le poème !
Christian Beretti | Christian Gangneron

Savent-ils tout ? Toon Tellegen | Dirk Opstaele

Snarks Lewis Carroll | Laurent Fréchuret

Sur la corde raide Mike Kenny | Christian Gangneron

Prochain rendez-vous | 6e édition | janvier>mai 2007

Théâtre de Sartrouville–centre dramatique national
direction Claude Sévenier, Laurent Fréchuret | directrice adjointe Martine Spangaro
délégué général jeunesse–Odyssées 78 Dominique Bérody
place Jacques-Brel, BP 93, 78505 Sartrouille cedex
téléphone 01 30 86 77 77 | télécopie 01 39 14 87 91
infos@theatre-sartrouville.com | www.theatre-sartrouville.com

Le jeune public au cœur du débat

PAR CYRILLE PLANSON

Le spectacle vivant pour le jeune public s'inscrit sans conteste en profondeur dans le paysage culturel français. Nombreuses sont les compagnies qui se sont investies de façon exclusive ou épisodique dans la production de spectacles pour les plus jeunes. En France comme dans la plupart des pays francophones, la circulation internationale des textes et des spectacles s'amplifie d'année en année. Un répertoire se constitue peu à peu. Le jeune public sort progressivement du ghetto qui était peut-être le sien, intéressant désormais les metteurs en scène qui n'avaient pas jusqu'alors cette préoccupation de la transmission aux plus jeunes. Les services éducatifs ou jeune public se sont multipliés au sein des structures culturelles, encouragées en ce sens par l'État et les collectivités locales. Le label «Centre dramatique national pour l'enfance et la jeunesse» ayant disparu, les grandes scènes du réseau national ont été invitées à s'investir de manière plus volontariste dans ce domaine. Sur tout le territoire national, le jeune public prend une place de plus en plus significative dans les programmations. Née en marge des grands centres de production artistique, cette dynamique du jeune public en France s'est développée dans les centres culturels de proximité, les théâtres des villes moyennes, les festivals spécialisés, qui maillent aujourd'hui le territoire national. La fin des années 1990 aura sans doute marqué l'émergence définitive du spectacle vivant pour le jeune public dans notre pays. Les programmateurs ont trouvé ici matière à éprouver une approche nouvelle et sensible du développement des publics en poursuivant un objectif affirmé d'éducation artistique. La présence renforcée du jeune public dans les programmations répond à cette nécessité de travailler en profondeur, et aussi tôt que possible, avec le public. Contenu jusqu'alors sur la marge, le jeune public est aujourd'hui au cœur du débat d'idées sur le devenir des politiques de développement des publics de la culture.

POUR TOUS LES PUBLICS

Longtemps cantonnée dans l'imaginaire collectif et dans les pratiques des décennies passées au seul cadre scolaire, la production artistique jeune public affiche désormais une forte ambition auprès du public le plus large. Souvent, le qualificatif «jeune public» disparaît au profit d'une approche familiale. Les auteurs et metteurs en scène pour le jeune public ont su mettre en résonance une société en quête de repères et un regard poétique sur le monde. Dans le cadre d'une programmation familiale accompagnée par les équipes de médiation des lieux de diffusion, ils permettent aux jeunes parents de renouer avec une pratique de spectateur souvent abandonnée à l'heure de l'entrée dans la vie active. Un fort enjeu de développement social et culturel est ainsi posé. Le temps sera juge

Le jeune public dans toutes ses expressions

C'est avec grand plaisir que nous publions la première édition du *Piccolo*, le guide-annuaire du jeune public en France. Notre ambition est de contribuer à une meilleure information des professionnels, en vous proposant un ouvrage pratique et utile pour vos activités et vos projets.

Trois «fonctions» résument notre démarche éditoriale :

DRESSER UN PANORAMA DU SECTEUR JEUNE PUBLIC. *Le Piccolo* recense l'ensemble des acteurs qui, d'une manière ou d'une autre, s'impliquent dans son quotidien et son développement. Il témoigne ainsi de la vitalité et de la diversité du monde du jeune public et permet d'approfondir sa connaissance de ce vaste territoire d'invention et d'aventures artistiques.

FACILITER LES MISES EN RELATION. Qui fait quoi ? Qui est qui ? Avec *Le Piccolo*, vous disposez d'une mine de contacts et d'adresses. Vous identifiez facilement vos interlocuteurs professionnels. Les index vous permettent d'accéder rapidement aux informations que vous recherchez.

CONSTITUER UN VÉRITABLE OUTIL DE TRAVAIL. Base de ressources sans équivalent en France sur le milieu jeune public, *Le Piccolo* se veut un ouvrage de référence, indispensable pour évoluer dans le secteur, un support utile au quotidien, que l'on garde à portée de main.

Naturellement, *Le Piccolo* s'enrichira largement au fil de ses éditions, pour toujours plus de contacts et d'informations.

Enfin, les «Questionnaires du Piccolo», sous forme d'autoportraits, vous permettent de découvrir des professionnels. Ils rappellent que le jeune public, c'est avant tout des artistes et des «accompagnateurs», dans un rapport singulier et précieux avec les enfants.

Nicolas Marc
Directeur de la publication

Cyrille Planson
Directeur d'édition

SOMMAIRE

LES QUESTIONNAIRES DU PICCOLO

LES COUPS DE COEUR DU PICCOLO

Rubriques création, diffusion, festivals : retrouvez, au fil des pages du Piccolo, les structures «Coups de cœur» de la rédaction, pour cette édition.

POUR RECEVOIR UN EXEMPLAIRE SUPPLÉMENTAIRE DU PICCOLO, BON DE COMMANDE EN PAGE 464.

Si vous ne figurez pas encore dans le Piccolo, complétez le questionnaire en page 462.

Les «annonceurs-fondateurs» du Piccolo, sans qui...

et nous dira si les efforts entrepris auprès des jeunes générations portent leurs fruits, si les enfants, confrontés très jeunes et de façon durable au geste artistique, deviennent des spectateurs plus assidus à l'heure de l'autonomie et de la liberté du choix des pratiques culturelles. La question du jeune public devient aussi progressivement – même s'il reste beaucoup à faire – un enjeu majeur des politiques culturelles territoriales. Les Villes tendent aujourd'hui à conférer une plus grande cohérence à leurs actions en direction de l'enfance, favorisant notamment les rapprochements souvent délicats entre services culturels et services «éducation-jeunesse». Les Départements se font parfois le relais d'actions de diffusion, favorisant la formation des relais locaux et la diffusion des œuvres. De façon peut-être moins visible mais bien réelle, les Régions portent une attention certaine au développement de politiques concertées pour l'enfance et la jeunesse. Pour les années à venir, l'un des enjeux du secteur réside sans doute dans la capacité qu'auront ces collectivités, quel que soit leur échelon de compétence, de s'emparer de projets culturels isolés les uns des autres, de les fédérer et de bâtir avec les acteurs culturels de véritables politiques pour l'enfance et la jeunesse. Ou comment passer du projet à une politique concertée et cohérente.

VERS UNE PLUS FORTE RECONNAISSANCE

De l'avis des acteurs du jeune public en France, les faiblesses de ce secteur en plein développement sont criantes. Tous stigmatisent la faiblesse des moyens accordés par les tutelles. Certains évoquent le manque d'ambition, lié à cette contrainte financière, de productions pour le jeune public qui parfois s'adaptent trop à une économie de moyens. Tous soulignent leurs bonnes relations, en région, avec les services déconcentrés du ministère de la Culture et de la Communication. Pourtant, l'absence de reconnaissance par ce même ministère du jeune public comme un secteur à part entière du champ culturel, et non comme une partie intégrante de chaque discipline, pèse plus qu'il n'y paraît dans ce sentiment de désamour qui anime la profession.

Cette reconnaissance institutionnelle fait aujourd'hui défaut à tout un secteur et se trouve amplifiée par le désintérêt marqué (sinon le mépris !), exprimé par nombre de médias français. Souvent, lorsqu'elle existe, l'image renvoyée du jeune public y est tronquée, vieillotte et sans rapport aucun avec la réalité du terrain. Car, au demeurant, sur le terrain artistique, le champ du spectacle jeune public est sans doute celui qui, au cours de la dernière décennie, s'est prêté avec le plus d'assiduité et de bonheur à tous les croisements interdisciplinaires (théâtre, danse, marionnettes, nouvelles technologies, cirque...). S'il est un domaine qui a su faire preuve d'inventivité et d'audace, le spectacle vivant jeune public se pose d'emblée comme un laboratoire, un espace d'expérimentation et de liberté artistique.
Enjeux sociaux et de développement culturel, enjeux purement artistiques liés à cette capacité d'expérimentation qu'offre le jeune public, enjeux professionnels enfin pour un secteur en attente d'une reconnaissance : le jeune public est actuellement au cœur du débat culturel.

Scène(s) d'enfance et d'ailleurs

Nouvelle association professionnelle

PAR CYRILLE PLANSON

> UN PROJET ARTISTIQUE ET POLITIQUE EN CONSTRUCTION

À de nombreuses occasions, le secteur professionnel jeune public a souffert d'un cruel manque d'unité. Sa reconnaissance progressive par les professionnels et les institutions de tutelle comme un secteur à part entière du champ culturel a été grandement fragilisée par la dispersion des énergies et des projets. Créée voici près d'un an, l'association nationale des professionnels des arts de la scène en direction des jeunes publics, Scène(s) d'enfance et d'ailleurs, entend désormais relever ce défi de l'unité, de la réflexion et de l'action partagée. Car, au-delà des échanges et des prises de position, des propositions concrètes devront rapidement émerger si l'on souhaite donner au jeune public la place qu'il mérite dans les politiques culturelles.

«Scène(s) d'enfance et d'ailleurs» n'est aujourd'hui qu'au début d'une aventure qu'elle souhaite longue, collective et riche en propositions de toutes sortes. En quelques mois, elle a déjà réussi le tour de force de réunir autour d'un même projet, créateurs, producteurs, diffuseurs et médiateurs du spectacle vivant pour le jeune public.

> CRÉATEURS ET DIFFUSEURS

La toute jeune association professionnelle, créée en décembre 2004, est actuellement composée de 90 membres dont 40 artistes, metteurs en scènes, auteurs et compagnies. L'expression professionnelle et publique de tout un secteur, ainsi que la promotion de la création, ont été posées comme des enjeux de départ par l'association. La création pour le jeune public est encore trop souvent méconnue, parfois même ignorée, de certains professionnels et relais institutionnels, alors même que l'enthousiasme du public et la créativité des compagnies sont à la source de la dynamique qui anime ce secteur en développement.

Mais le projet de l'association dépasse largement la seule question de la reconnaissance de cette effervescence et de cette richesse créative. Dominique Bérody, délégué général jeunesse du centre dramatique national de Sartrouville, est président de ce regroupement. Il entend, avec tous les membres de l'association, *«renouveler la pensée, donner au débat une vraie dimension critique et philosophique. La question des moyens mérite d'être abordée à l'aune d'un projet politique et artistique porté par l'ensemble de la profession».*

> CHANTIERS OUVERTS

L'heure n'est plus aux supplications et aux revendications hâtives, mais à la construction de politiques pour l'enfance et la jeunesse. Scène(s) d'enfance et d'ailleurs ouvre plusieurs chantiers dans les régions, en partenariat avec les collectivités publiques. Un premier débat portera sur les liens entre création pour le jeune public et aménagement du territoire. La question de l'émergence de pôles ressources pour le jeune public dans chaque région sera nécessairement évoquée et les collectivités invitées à partager ces réflexions. *«Nous allons aussi réaliser, en concertation avec l'État, un état des lieux qui nous permettra de dégager des préconisations sur le développement du spectacle vivant jeune public en France».* La formation des jeunes professionnels et de ceux qui souhaitent s'investir dans la diffusion «jeune public» est aussi l'une des préoccupations de l'association. Un rapprochement avec les Écrivains associés du théâtre (EAT) est également en cours, en vue de la mise en œuvre d'actions communes. *«Nous souhaitons aussi travailler sur la question de l'éducation artistique en partant des rapports que pourraient entretenir création artistique et école»,* indique Dominique Bérody.

Scène(s) d'enfance et d'ailleurs entend participer à la réduction de l'inégalité des chances d'accès aux œuvres, en incitant les collectivités territoriales, comme l'État, à prendre réellement en compte les enjeux des politiques culturelles pour l'enfance et la jeunesse.

Le chantier est vaste, les projets nombreux, et toutes les énergies seront donc les bienvenues dans l'élaboration d'un projet collectif au service de la création jeune public.

Conseil d'administration

Anne-Françoise Cabanis *(Secrétaire)*, formatrice, chargée de mission. Nelly Le Grévellec *(Trésorière)*, directrice du Théâtre Dunois à Paris. Geneviève Lefaure, directrice de l'Espace 600 à Grenoble. Dominique Bérody *(Président)*, délégué général jeunesse du Centre dramatique national de Sartrouville. Philippe Foulquié *(Vice-président)*, directeur du théâtre Massalia à Marseille. Joël Simon, directeur du festival Méli'môme à Reims. Jean-Pascal Viault, directeur de l'association L'Yonne en Scène. Christian Duchange, metteur en scène, compagnie l'Artifice à Dijon. Vincent Vergone, metteur en scène, compagnie Praxinoscope en Île-de-France. Laurent Coutouly, directeur de l'Arche de Béthoncourt. Patrice Douchet, metteur en scène, directeur du Théâtre de la Tête Noire à Orléans. Michel Zanotti, inspecteur général de l'Éducation nationale, retraité.

Groupes de travail

«État des lieux sur le développement du jeune public en France» (responsables : Laurent Coutouly et Anne-Françoise Cabanis)
«Écritures» (responsables : Patrice Douchet et Richard Leteurtre)
«Formations» (responsable : Joël Simon)
«Création jeune public et école» (responsable : Michel Zanotti et Geneviève Lefaure)
«Cabinet de réflexions» (responsable : Pascal Paris)

Contact

Scène(s) d'enfance et d'ailleurs
108, rue du Chevaleret, 75013 Paris
scenesdenfance@voila.fr

Brigitte Chaffaut

Conseillère jeune public de l'ONDA

Brigitte Chaffaut, qui êtes-vous ?
> Une passionnée d'art vivant.

Comment définiriez-vous votre activité ?
> Je la définirais par l'écoute, le partage, l'information, l'échange, le soutien...

Pourquoi avoir fait le choix professionnel du jeune public ?
> Pour faciliter la découverte du théâtre aux publics jeunes.

Votre première émotion de lectrice ?
> C'était à l'école primaire avec *Vipère au poing*, d'Hervé Bazin.

Votre première émotion de spectatrice ?
> *Électre*, de Sophocle. J'ai été fascinée par les costumes et l'interprétation des comédiens. C'est à partir de ce moment précis que la nécessité du théâtre s'est imposée à moi.

Votre auteur de théâtre préféré ?
> Henrik Ibsen, Sarah Kane, Thomas Bernhard, Daniel Keene, Ödön von Horvath, Daniel Danis, Koffi Kwahulé, Fabrice Melquiot, Nathalie Papin… Le choix est difficile !

Votre rêve professionnel le plus fou ?
> Un Office international de diffusion artistique jeune public.

Le spectacle jeune public dans dix ans ?
> À Avignon et dans tous les festivals.

Quelle définition du spectacle jeune public donneriez-vous aux adultes ?
> Un spectacle pour adulte accessible au jeune public.

Et que diriez-vous aux enfants ?
> Je susciterais leur curiosité.

Le premier spectacle jeune public que vous avez programmé ?
> Un spectacle dit «pour adultes» que j'ai estimé visible par le jeune public après concertation avec la compagnie.

La réaction d'un jeune spectateur qui vous a émue ?
> Lors d'une scène plutôt violente, un petit garçon qui s'étonne : *«Ben, c'est comme à la maison !»*

La réflexion la plus stupide entendue au sujet du spectacle jeune public ?
> *«C'était vraiment ennuyeux, mais pour les enfants c'est bien.»*

Entretien réalisé par Cyrille Planson

Ministère de la Culture et de la Communication

Ministère de la Culture et de la Communication

www.culture.gouv.fr
3 rue du Valois
75042 Paris Cedex 1
Tél. : 01 40 15 80 00 - Fax : 01 42 61 35 77
• Ministre : **Renaud Donnedieu de Vabres**
• Directeur de cabinet : **Henri Paul**
• Conseiller politiques culturelles : **Didier Deschamps**
• Conseiller théâtre, cirque, arts de la rue : **Thierry Pariente**
• Conseiller musique, danse : **Frédéric Chambert**
• Conseiller éducation artistique : **Alain Derey**
• Conseiller industries culturelles et musiques actuelles : **Séverin Baudet**
Missions générales : sauvegarder et mettre en valeur le patrimoine culturel français, favoriser les initiatives locales et participer à la politique du Gouvernement dans le domaine de la décentralisation, contribuer à l'action culturelle extérieure de la France.

DDAI (Délégation au développement et aux affaires internationales)

www.culture.gouv.fr
182 rue Saint-Honoré
75033 Paris Cedex 1
Tél. : 01 40 15 80 00 - Fax : 01 40 15 78 00
• Délégué : **Benoît Paumier**
Missions générales : élaborer, coordonner, évaluer la politique internationale du ministère chargé de la culture, assurer le rayonnement de la culture française coordonner, l'action en faveur des industries culturelles, du mécénat, de la recherche, de la formation.

DIC (Direction de l'information et de la communication)

www.culture.gouv.fr
3 rue du Valois
75042 Paris Cedex 1
Tél. : 01 40 15 80 00 - Fax : 01 40 15 81 72
• Chef du département : **Danyce Barabant**
• Secrétaire générale : **Stéphanie Guidoni**
Missions générales : concevoir et réaliser les actions de communication du ministère auprès des artistes, professionnels de la vie culturelle, étudiants, chercheurs, grand public. Coordonner la communication des directions centrales et régionales.

DMDTS (Direction de la musique, de la danse, du théâtre et des spectacles)

www.culture.gouv.fr
53 rue Saint-Dominique
75007 Paris
Tél. : 01 40 15 80 00 - Fax : 01 40 15 89 80
• Directeur : **Jérôme Bouët**
• Sous-direction de la création et des activités artistiques : **Catherine Fagart**
• Bureau des écritures et de la recherche : **Gilles Detilleux**
• Bureau de la production et de la création artistiques : **Dominique Ponsard**
• Bureau de la diffusion et des lieux : **Michèle Durand**
• Sous-direction des enseignements et des pratiques artistiques : **Catherine Giffard**
• Bureau des enseignements : **Sylvie Escande**
• Bureau des pratiques amateurs : **Anne Minot**
• Sous-direction de la formation professionnelle et des entreprises culturelles : **Claire Lamboley**
• Bureau de l'enseignement supérieur et de la formation professionnelle : **Geneviève Meley-Othoniel**
• Bureau des affaires juridiques, de l'économie et des industries culturelles : **Marianne Revoy**
• Mission de la communication et responsable de la mission relations de presse : **Brigitte Jais**

• Service de l'inspection et de l'évaluation : **Jean Carabalona**
Missions générales : favoriser la création et la diffusion, développer l'enseignement et les formations, encourager l'accès aux œuvres et aux pratiques, protéger et mettre en valeur le patrimoine, veiller à l'encadrement économique et juridique du secteur.

Associations professionnelles spécialisées

ATEJ (Association du théâtre pour l'enfance et la jeunesse)

www.atej.net
99-103 rue de Sèvres
75006 Paris
Tél. : 01 44 18 44 86 - Fax : 01 45 48 20 22
contact@atej.net
• Président : **Maurice Yendt**
• Conseil d'administration : **Michel Bourguignon** (secrétaire), **Bruno Castan** (trésorier), **Pierre Blaise, Luc Laporte, Vincent Morieux, Danièle Rétif, Georges Verin**
Missions générales : favoriser l'accès du plus grand nombre d'enfants et de jeunes à une culture théâtrale de qualité, rassembler les compagnies susceptibles de créer pour les jeunes spectateurs, favoriser la multiplication de lieux permanents "jeune public".

ANRAT (Association nationale de recherche et d'action théâtrale)

www.anrat.asso.fr
38 rue du Faubourg Saint-Jacques
75014 Paris
Tél. : 01 45 26 22 22 - Fax : 01 45 26 16 20
anrat@anrat.asso.fr
• Président : **Jacques Lassalle**
• Délégué national : **Jean-Pierre Loriol**
• Administratrice : **Danièle Naudin**
• Chargée de projet : **Claire-Emmanuelle Bouvier**
• Chargée de communication : **Delphine Gallet**
Missions générales : développer le partenariat enseignants-artistes, diffuser les expériences conduites par les acteurs de terrain, mutualiser les expériences d'éducation théâtrale, contribuer à la réflexion théorique sur la formation et la culture théâtrale, conduire des recherches et des réflexions sur le théâtre jeune public.

Collectif jeune public Nord-Pas-de-Calais

c/o La Manivelle Théâtre
18 rue Lejeune
59290 Wasquehal
Tél. : 03 20 28 14 28 - Fax : 03 20 26 26 74
collectif-jeune-public@wanadoo.fr
• Président : **François Gérard**
• Conseil d'administration : **Estelle Derquenne, Jean-Michel Baudouin, Marie-Pierre Gomet, Christine Souillard, Pascal Castellein, François Derquenne, Joël David.**
Missions générales : réunir des diffuseurs (responsables jeune public) et des artistes tous intéressés par la création accessible aux enfants et adolescents. Organiser des rencontres, informer les adhérents sur les actions jeune public pertinentes.

Forum permanent d'éducation artistique

www.anrat.asso.fr
c/o ANRAT
38 rue du Faubourg Saint-Jacques
75014 Paris
Tél. : 01 45 26 22 22 - Fax : 01 45 26 16 20
anrat@anrat.asso.fr
Missions générales : observer les politiques publiques et leur mise en œuvre, dresser un état des lieux permanent des projets et initiatives sur le terrain. Suite à l'appel pour la présence régulière des arts et des artistes à l'école, lancé par l'ANRAT en 2004. le Forum regroupe à ce jour une vingtaine d'organisations.

ORGANISMES NATIONAUX

Réseau jeune public à Paris

www.emmeneznousauspectacle.fr
Emmenez nous au spectacle !
Ère de jeu, 71 rue Robespierre
93100 Montreuil
Tél. : 01 48 59 19 74 - Fax : 01 48 59 19 74
pascale.paulat@eredejeu.fr

- Coordinatrice du réseau : **Pascale Paulat**
- Membres : **Cité de la Musique, Comédie-Française, Escapades, L'Étoile du Nord, Opéra national de Paris, Théâtre Dunois, Théâtre de l'Est parisien, Théâtre de la Marionnette à Paris.**

Missions générales : "Emmenez-nous au spectacle !", opération organisée par huit lieux de diffusion parisiens autour de leur programmation jeune public. Prochaine opération prévue : décembre 2005-mars 2006.

Réseo, réseau européen des services éducatifs des maisons d'opéra

www.reseo.org
Rue Léopold 23
1000 Bruxelles - Belgique
Tél. : +32 2 217 68 17 - Fax : + 32 2 210 85 55
info@reseo.org

- Coordinatrice du réseau : **Isabel Joly**
- Responsable du réseau : **Luke O'Shaughnessy**

Missions générales : soutenir l'éducation à l'opéra, en développant un forum d'échange et des rencontres, des actions de lobbying et des travaux de recherche.

Scènes d'enfance et d'ailleurs

c/o Théâtre Dunois
108 rue du Chevaleret
75013 Paris
Tél. : 01 45 84 72 00 - Fax : 01 45 86 39 24
scenesdenfance@voila.fr

- Conseil d'administration : **Dominique Bérody** (président), **Anne-Françoise Cabanis** (secrétaire), **Nelly Le Grévellec** (trésorière), **Christian Duchange, Laurent Coutouly, Patrice Douchet, Philippe Foulquié** (vice-président), **Geneviève Lefaure, Joël Simon, Vincent Vergone, Jean-Pascal Viault, Michel Zanotti.**

Missions générales : soutenir la création, la production et la diffusion d'œuvres scéniques adressées aux enfants et à un public d'adultes, aider au développement de pôles de référence. Favoriser les rencontres entre créateurs et diffuseurs, participer à la formation.

Théâtre(s) en Bretagne

www.theb.com.fr
18 rue Abbé Vallée, BP 4618
22046 Saint-Brieuc Cedex 2
Tél. : 02 96 61 73 57 - Fax : 02 96 61 41 96
theb@theb.com.fr

- Président : **Didier Plassard**
- Directeur : **René Lafite**
- Communication : **Benoît Becam**

Missions générales : depuis 1993, coordonner notamment le "réseau jeune public Bretagne".

Themaa (Association nationale des théâtres de marionnettes et des arts associés)

www.themaa.com
24 rue Saint-Lazare
75009 Paris
Tél. : 01 42 80 55 25 - Fax : 01 42 80 55 25
themaa.unima.f@wanadoo.fr

- Président : **Alain Lecucq**
- Délégué général : **Patrick Boutigny**

Missions générales : mettre en réseau les acteurs de la vie culturelle, proposer, à travers sa publications "Manip" (journal de la marionnette - trimestriel), son site Internet et ses activités, un observatoire, un organe de réflexion, un conseil en formation des praticiens, du public, de la critique.

Institutions - Organismes

ADMICAL (Association pour le développement du mécénat industriel et commercial)

www.admical.org
Villa Radet
16 rue Girardon
75018 Paris
Tél. : 01 42 55 20 01 - Fax : 01 42 55 71 32
contact@admical.org
• Président : **Jacques Rigaud**
• Déléguée générale : **Marianne Eshet**
Missions générales : promouvoir le mécénat, conseiller et représenter les entreprises mécènes, informer sur les motivations, pratiques et enjeux du mécénat, former les entreprises et les porteurs de projets au mécénat.

AFAA (Association française d'action artistique)

www.afaa.asso.fr
1 bis avenue de Villars
75007 Paris
Tél. : 01 53 69 83 00 - Fax : 01 53 69 33 00
info@afaa.asso.fr
• Président : **Robert Lion**
• Directeur : **Olivier Poivre d'Arvor**
• Responsable du département des arts de la scène : **Jean-Marc Granet-Bouffartigue**
• Responsable adjoint du département des arts de la scène : **David Tursz**
• Responsable du pôle théâtre : **Marie Raymond**
• Responsable du pôle danse : **Sophie Renaud**
• Jeune Public : **Stéphane Négrin**
• Chargé de mission Musiques Actuelles : **Didier Vuillecot**
• Chargé de mission musique classique et baroque : **Vincent Agrech**
Missions générales : promouvoir la culture française dans le monde et accueillir les cultures étrangères, accompagner les créateurs, favoriser les échanges, au niveau de la formation notmamment, coopérer avec les professionnels, informer, à travers un espace ressources.

Aneth (Aux nouvelles écritures théâtrales)

www.aneth.net
38 rue du Faubourg Saint-Jacques
75014 Paris
Tél. : 01 53 10 39 90 - Fax : 01 53 10 39 91
pascalegrillandini@aneth.net
• Président : **Michel Corvin**
• Directrice : **Mireille Davidovici**
• Jeune Public : **Pascale Grillandini**
Missions générales : découvrir et faire connaître les auteurs dramatiques d'aujourd'hui, à travers un comité de lecture, un centre des dramaturgies actuelles, un réseau d'antennes, des débats et lectures, des formations.

Association Beaumarchais

www.beaumarchais.asso.fr
SACD, 11 bis rue Ballu
75009 Paris
Tél. : 01 40 23 45 80 ou 01 40 23 45 46
Fax : 01 40 23 46 64
• Président : **Jacques de Decker**
• Directeur : **Paul Tabet**
Missions générales : contribuer à révéler des auteurs contemporains, les aider financièrement dans leur travail d'écriture, et dans leurs projets, soutenir les initiatives de producteurs, festivals et théâtres audacieux, en faveur des jeunes créateurs.

Association pour le soutien du théâtre privé

www.theatresprives.com
46 rue Fortuny
75017 Paris
Tél. : 01 42 27 45 97 - Fax : 01 40 54 83 73
soutien.theatre.prive@astp.asso.fr
• Présidente : **Marie-France Mignal**
• Secrétaire général : **Gérard Maro**
Missions générales : soutenir les salles de théâtre d'exploitation privée, diffusant des spectacles vivants (dramatiques, lyriques ou chorégraphiques).

ORGANISMES NATIONAUX

Bureau export de la musique française

www.french-music.org
2 rue de la Roquette
Passage du Cheval Blanc - Escalier Avril
75011 Paris
Tél. : 01 49 29 52 10 - Fax : 01 49 29 52 24
burex@french-music.org
- Président : **Éric Morand**
- Directeur : **Jean-François Michel**

Missions générales : aider aux opérations favorisant l'exportation du disque français à l'étranger. Informer, conseiller, prospecter, mettre en relation les professionnels, valoriser la présence française à l'étranger, soutenir financièrement les maisons de disques.

Cité de la musique

www.cite-musique.fr
221 avenue Jean Jaurès
75019 Paris
Tél. : 01 44 84 45 00 - Fax : 01 44 84 46 45
direction@cite-musique.fr
- Président : **Jean-Philippe Billarant**
- Directeur : **Laurent Bayle**
- Jeune Public : **Maryse Franck**

Missions générales : favoriser l'accès de tous à la culture, à travers ses concerts, son musée, son centre de documentation, ses activités pédagogiques et éditoriales destinées aussi bien aux adultes qu'aux enfants.

EAT (Écrivains associés de théâtre)

www.eatheatre.com
2 bis avenue Franklin-Roosevelt
75008 Paris
Tél. : 01 44 95 58 80 - Fax : 01 42 25 23 48
eatinfo@wanadoo.fr
- Président : **Michel Azama**
- Secrétaire générale : **Dominique Paquet**

Missions générales : favoriser la création (écriture et représentation) d'œuvres d'écrivains de théâtre vivants d'expression française.

FCM (Fonds pour la création musicale)

www.lefcm.org
141 rue Lafayette
75010 Paris
Tél. : 01 48 78 46 10 - Fax : 01 45 96 06 97
info@lefcm.org
- Président : **François Lubrano**
- Directeur : **François Chesnais**

Missions générales : aider à la création musicale, soutenir la production et la diffusion du spectacle vivant (concerts, tournées), la production phonographique et l'audiovisuel musical.

✗FFMJC (Fédération française des maisons des jeunes et de la culture)

www.ffmjc.org
15 rue La Condamine
75017 Paris
Tél. : 01 44 69 82 25 - Fax : 01 44 69 82 30
contact@ffmjc.org
- Président : **Gilles Rouby**
- Délégué général : **Michel Dehu**
- Chargée de mission culture et jeune public : **Valérie Leroux**

Missions générales : regrouper et représenter les MJC au niveau national et fédérer son projet éducatif.

FNCC (Fédération nationale des collectivités territoriales pour la culture)

www.fncc.fr
BP 124
42003 Saint-Etienne Cedex 1
Tél. : 04 77 41 78 71 - Fax : 04 77 38 20 48
f.n.c.c.@wanadoo.fr
- Président : **Florian Salazar-Martin**
- Secrétaire générale : **Nicole Dazy**

Missions générales : fédérer les acteurs culturels des collectivités territoriales pour la culture, par notamment l'organisation de rencontres et débats, la publication de la revue Échanges...

ORGANISMES NATIONAUX

IIM (Institut international de la marionnette)

www.marionnette.com
7 place Winston Churchill
08000 Charleville-Mézières
Tél. : 03 24 33 72 50 - Fax : 03 24 33 72 69
anim.institut@wanadoo.fr

- Président : **Jacques Félix**
- Directrice : **Lucile Bodson**
- Administrateur : **Benoît Voituriez**
- Communication : **Sophie Wathlé**
- Formation : **Brigitte Behr**
- Documentation : **Catherine Bouët**
- Programmation et soutien aux créations jeune public : **Lucile Bodson**

Missions générales : permettre une circulation permanente des connaissances dans le domaine des marionnettes, grâce notamment à un centre de formation (l'ESNAM et formation continue), un centre de recherche et de documentation, une maison d'édition (IIM Éditions).
Jeune public : programmation de spectacles jeune public. Soutien à des formations pour enseignants dans le cadre d'ateliers artistiques. Soutien à des créations jeune public.

✗ JMF (Jeunesses musicales de France)

www.lesjmf.org
20 rue Geoffroy l'Asnier
75004 Paris
Tél. : 01 44 61 86 86 - Fax : 01 44 61 86 88
info@lesjmf.org

- Président : **Jean-Loup Tournier**
- Directeur : **Bruno Boutleux**
- Secrétaire générale : **Delphine Leclerc**
- Directrice artistique : **Céline Gaillard**
- Conseillers pédagogiques : **Nathalie Delcourt, Pierre-Louis Pinsard**
- Directrice de tournées : **Marie-Claire Ragot**
- Coordinateur réseau : **Yann Vallé**

Missions générales : création, production et diffusion de spectacles musicaux jeune public (2 000 concerts par an). Réseau national de 300 délégations locales.

Ligue de l'enseignement

www.laligue.org
21 rue Saint Fargeau, BP 313
75989 Paris Cedex 20
Tél. : 01 43 58 97 33 - Fax : 01 43 58 97 34
informations@laligue.org

- Président : **Jean-Michel Ducomte**
- Secrétaire général : **Jean-Marc Roirant**
- Spectacle vivant, jeune public : **Marc Pellan**

Missions générales : inviter les citoyens à s'associer dans la lutte contre les inégalités, à débattre et à être acteurs au niveau local afin de construire une société plus juste, plus libre et plus solidaire visant à l'émancipation de tous.
Jeune public : être acteur de l'école, œuvrer pour la reconnaissance et l'expression de la diversité culturelle, œuvrer pour la citoyenneté à travers l'organisation de festivals, d'ateliers...

OCCE, Fédération nationale de l'office central de la coopération à l'école

www.occe.coop/federation/index.htm
101 bis rue du Ranelagh
75016 Paris
Tél. : 01 44 14 93 30 - Fax : 01 45 27 49 83
federation@occe.coop

- Président : **Jean-François Vincent**
- Secrétaire général : **Louis Alberti**

Missions générales : pour le groupe national théâtre de l'OCCE : produire des documents ressources, informer sur les dispositifs institutionnels, favoriser les mises en réseau, organiser des formations nationales et soutenir les initiatives départementales et régionales.

ONDA (Office national de diffusion artistique)

www.onda-international.com
13 bis rue Henry Monnier
75009 Paris
Tél. : 01 42 80 28 22 - Fax : 01 48 74 16 03
info@onda-international.com

- Présidente : **Michèle Puybasset**
- Directeur : **Fabien Jannelle**

• Chargée de mission jeune public :
Brigitte Chaffaut
Missions générales : repérer l'actualité de la création contemporaine, conseiller et informer, organiser des rencontres, apporter aux structures de diffusion un appui financier sous forme de garanties.
Jeune public : organiser deux rencontres nationales qui rassemblent les partenaires du domaine jeune public, proposer des voyages d'étude à l'étranger afin d'élargir la connaissance de ce domaine artistique et de confronter les expériences professionnelles.

✗Réseau Chainon

www.reseau-chainon.com
35 rue Bertrand Panouse
31170 Tournefeuille
Tél. : 05 34 51 48 88 - Fax : 05 34 51 27 74
reseau@reseau-chainon.com
• Directeur : **Bruno Graziana**
Missions générales : programmer et monter des tournées cohérentes avec les membres du réseau, 130 structures de diffusion pour la plupart implantées dans des villes de moins de 20 000 habitants ou en milieu rural. Une cinquantaine de compagnies ou groupes sont programmés chaque année.

✗ UNESCO

www.unesco.org/culture
7 place Fontenoy
75007 Paris
Tél. : 01 45 68 10 00
t.wagner@unesco.org
• Sous-directeur général pour la culture :
Mounir Bouchenaki
• Sous-directeur général adjoint pour la culture :
Milagros del Coral
• Arts vivants - éducation artistique :
Teresa Wagner
Missions générales : organisation des Nations Unies pour l'éducation la science et la culture.

Sociétés civiles

Adami

www.adami.fr
14-18 rue Ballu
75311 Paris Cedex 09
Tél. : 01 44 63 10 00 - Fax : 01 44 63 10 10
cdeschenes@adami.fr
• Président : **Philippe Ogouz**
• Gérant : **Bruno Ory-Lavollée**
• Directrice de l'action artistique : **Odile Renaud**
• Responsable projets théâtre, cirque :
Nadine Trochet
• Responsable projets variétés : **Frédéric Campo**
• Responsable projets festivals danse et formation : **Benjamin Sauzay**
• Directrice de la communication :
Catherine Boissière
Missions générales : percevoir et répartir les droits de propriété intellectuelle des artistes-interprètes. Elle consacre une partie des droits perçus à l'aide à la création, à la diffusion du spectacle vivant et à la formation.

SACD (Société des auteurs et compositeurs dramatiques)

www.sacd.fr
11 bis rue Ballu
75442 Paris Cedex 09
Tél. : 01 40 23 44 44 - Fax : 01 45 26 74 28
infosacd@sacd.fr
• Président : **Francis Girod**
• Directeur général : **Pascal Rogard**
• Direction du spectacle vivant : **Linda Corneille**
• Direction de la communication :
Catherine Walrafen
• Direction de la promotion et des actions culturelles : **Muriel Couton**
• Direction des relations auteurs et utilisateurs :
Véronique Perles
Missions générales : percevoir et répartir les droits d'auteurs, intervenir dans la négociation des contrats, participer à la gestion du système d'assurance maladie et de retraite complémentaire, assurer la promotion et la diffusion du répertoire.

méli'môme 06

24/03
10/04

Association NOVA VILLA
Festival MELI'MOME
6 rue de la 12ème Escadre de l'Aviation
BP 453 51066 REIMS cedex
f 03 26 84 81 38

03 26 09 33 33
meli-mome@wanadoo.fr

www.méli-mome.com

ORGANISMES NATIONAUX

SACEM (Société des auteurs, compositeurs et éditeurs de musiques)

www.sacem.fr
225 avenue Charles de Gaulle
92528 Neuilly-sur-Seine
Tél. : 01 47 15 47 15 - Fax : 01 47 15 47 16
communication@sacem.fr

- Président : **Claude Lemesle**
- Président du directoire : **Bernard Miyet**
- Chef de la division culturelle : **Olivier Bernard**
- Responsable des actions culturelles - musiques actuelles : **Lilian Goldstein**
- Délégué à l'action professionnelle : **Éric de Bondy**
- Directrice de la communication : **Sophie Duhamel**

Missions générales : collecter, redistribuer les droits d'auteurs, favoriser la création, le spectacle vivant, soutenir l'émergence de créateurs et interprètes, perfectionner le fonctionnement de la filière musicale, verser des allocations d'entraide aux sociétaires âgés.

SPEDIDAM (Société de perception et de distribution des droits des artistes-interprètes de la musique et de la danse)

www.spedidam.fr
16 rue Amélie
75343 Paris Cedex 07
Tél. : 01 44 18 58 58 - Fax : 01 44 18 58 59
division-culturelle@spedidam.fr

- Président, gérant, directeur culture et communication : **François Lubrano**
- Directeur administratif et financier : **François Nowak**

Missions générales : percevoir, gérer et répartir les droits de propriété intellectuelle des artistes interprètes dont le nom ne figure pas sur l'étiquette des phonogrammes ni des génériques audiovisuels.

Centre de ressources

CND (Centre national de la danse)

www.cnd.fr
1 rue Victor Hugo
93507 Pantin Cedex
Tél. : 01 41 83 27 27 - Fax : 01 41 83 27 28
com@cnd.fr

- Présidente : **Anne Chiffert**
- Directeur : **Michel Sala**
- Secrétaire général : **Gaël Rias**
- **Directrice Département des métiers :** Agnès Wasserman
- Médiatrice culturelle : **Delphine Bachacou**
- Directrice communication : **Karine Atencia**

Missions générales : développer la culture chorégraphique (pôle de ressources), soutenir la création et la diffusion, organiser des formations continues pour les artistes et enseignants de la danse, proposer un soutien personnalisé pour les professionnels de la danse.

CNL (Centre national du livre)

www.centrenationaldulivre.fr
Hôtel d'Avejan, 53 rue de Verneuil
75343 Paris Cedex 07
Tél. : 01 49 54 68 68 - Fax : 01 45 49 10 21
florence.daguenet@culture.gouv.fr (adjointe au chef de service communication)

- Président : **Éric Gross**
- Secrétaire générale : **Anne Miller**

Missions générales : soutenir financièrement des auteurs, des bibliothèques, des collectivités œuvrant à la promotion du livre français, contribuer au développement de l'édition d'ouvrages de qualité et d'un réseau de librairies pour assurer leur promotion.

CNT (Centre national du théâtre)

www.cnt.asso.fr
134 rue Legendre
75017 Paris
Tél. : 01 44 61 84 85 - Fax : 01 44 61 84 86
cnt@cnt.asso.fr

- Président : **Michel Dubois**

- Directeur : **Jacques Baillon**
- Directrice administrative : **Cécile Hamon**
- Accompagnement à la production : **Jean-Luc Candussi**

Missions générales : proposer un centre de documentation complet et actualisé, spécialisé en théâtre, partager le théâtre sous toutes ses formes publiques en organisant des évènements.

CNV (Centre national de la chanson, des variétés et du jazz)

www.cnv.fr
9 boulevard des Batignolles
75008 Paris
Tél. : 01 56 69 11 30 - Fax : 01 53 75 42 61
info@cnv.fr

- Président : **Daniel Colling**
- Directeur : **Antoine Masure**

Missions générales : gérer la taxe sur les spectacles de variétés, soutenir les entreprises de spectacles, développer des activités commerciales dans l'intérêt collectif de la profession, développer un centre de ressources.

Horslesmurs

www.horslesmurs.asso.fr
68 rue de la Folie Méricourt
75011 Paris
Tél. : 01 55 28 10 10 - Fax : 01 55 28 10 11
info@horslesmurs.asso.fr

- Président : **Jean Digne**
- Directeur : **Stéphane Simonin**
- Secrétaire générale : **Peggy Doncq**

Missions générales : proposer un centre de documentation dans le secteur des arts de la rue et du cirque, éditer des publications spécialisées, conseiller les intervenants du secteur, favoriser l'échange, le débat, l'analyse en organisant régulièrement des rencontres.

IRMA (Centre d'information et de ressources pour les musiques actuelles)

www.irma.asso.fr
22 rue Soleillet
75980 Paris Cedex 20
Tél. : 01 43 15 11 11 - Fax : 01 43 15 11 10
info@irma.asso.fr

- Présidente : **Geneviève Girard**
- Directeur : **Gilles Castagnac**

Missions générales : orienter, conseiller, informer et former les acteurs des musiques actuelles, en s'appuyant sur son réseau et ses centres de d'information, faire l'interface entre toutes les composantes du monde de la musique, structurer le secteur.

✗ La Maison du conte

www.lamaisonduconte.com
Villa Lipsi, 6-8 rue Albert-Thuret
94550 Chevilly-Larue
Tél. : 01 49 08 50 85 - Fax : 01 45 46 21 91
info@lamaisonduconte.com

- Président : **Pascal Rioual**
- Directeurs : **Michel Jolivet et Abbi Patrix**

Missions générales : favoriser le développement et soutenir les projets créatifs, accueillir des stages et des rencontres, favoriser la transmission et le développement des publics. Jeune public : proposer des formations aux professionnels de la petite enfance.

✗ Maison du geste et de l'image

www.mgi-paris.org
42 rue Saint-Denis
75001 Paris
Tél. : 01 42 36 33 52 - Fax : 01 40 26 40 14
info@mgi-paris.org

- Présidente : **Christine Juppé-Leblond**
- Directrice : **Évelyne Panato**
- Jeune Public : **Myriam Cassan**

Missions générales : proposer des résidences pédagogiques et artistiques, des ateliers dans le temps et hors du temps scolaire pour les 12-18 ans d'Ile-de-France.

Relais Culture Europe

www.relais-culture-europe.org
17 rue Montorgueil
75001 Paris
Tél. : 01 53 40 95 10 - Fax : 01 53 40 95 19
info@relais-culture-europe.org
• Présidente : **Catherine Lalumière**
• Directeur : **Pascal Brunet**
Missions générales : faire l'interface entre les acteurs du champ culturel et les institutions européennes, sensibiliser, documenter, former et informer sur l'ensemble des dispositifs communautaires et les réseaux en Europe, accompagner les porteurs de projets.

Observatoire des politiques culturelles

www.observatoire-culture.net
1 rue du Vieux Temple
38000 Grenoble
Tél. : 04 76 44 33 26 - Fax : 04 76 44 95 00
contact@observatoire-culture.net
• Directeur : **Jean-Pierre Saez**
Missions générales : accompagner la décentralisation, la déconcentration des politiques culturelles, la réflexion sur le développement et l'aménagement culturel du territoire, les dynamiques culturelles et artistiques.

Théâtre Massalia Centre de ressources jeune public

www.theatremassalia.com
La Friche Belle de Mai, 41 rue Jobin
13331 Marseille Cedex 3
Tél. : 04 95 04 95 70 - Fax : 04 95 04 95 67
massalia@lafriche.org
• Directrice : **Graziella Végis**
Missions générales : observer, analyser et mettre en relation les pratiques artistiques et culturelles avec d'autres champs disciplinaires notamment scientifiques.

Rendez-vous professionnels

Biennales internationales du spectacle

www.biennales-nantes2006.com
11 rue des Olivettes, BP 41805
44018 Nantes Cedex 1
Tél. : 02 40 20 60 20 - Fax : 02 40 20 60 30
contact@biennales-nantes2006.com
• Directeur : **Nicolas Marc**
Activités : l'événement des professionnels du spectacle vivant et des acteurs culturels (débats, forums, espace exposants, ateliers-projets, spectacles…). Prochaines éditions : janvier 2006, janvier 2008.

Spectacles en Recommandé

www.laligue.org
Ligue de l'enseignement
3 rue Récamier
75007 Paris
Tél. : 01 43 58 97 85 - Fax : 01 43 58 97 02
mpellan@laligue.org
• Directeur : **Marc Pellan**
Activités : rencontre des professionnels du spectacle vivant jeune public (spectacles, présentation de projets, débats). Programmation collective réalisée par les responsables des réseaux de diffusion de La Ligue de l'enseignement (bouclage programmation : septembre).

ORGANISMES REGIONAUX

DRAC (Directions régionales des Affaires culturelles)

DRAC Alsace

www.alsace.culture.gouv.fr
Palais du Rhin,
2 place de la République
67082 Strasbourg Cedex
Tél. : 03 88 15 57 00 - Fax : 03 88 75 60 95
• Directeur : **François Laquièze**
• Conseiller musique et danse : **Hervé Corriges**
• Conseillère théâtre : **Pascale Beyaert**
• Responsable éducation artistique :
Annely Brussieux-Kohser
• Secrétaire général : **Raymond Theiller**
• Conseillère pour la stratégie et le développement culturel : **Anne Mistler**

DRAC Aquitaine

www.culture.gouv.fr/culture/regions/dracs
54 rue Magendié
33074 Bordeaux Cedex
Tél. : 05 57 95 02 02 - Fax : 05 57 95 01 25
• Directeur : **François Brouat**
• Conseiller musique et danse :
Patrick Le Dauphin-Dubourg
• Conseiller théâtre : **Jean-René Girard**
• Responsable éducation artistique :
Alexandre Péraud
• Responsable action culturelle :
Véronique Daniel-Sauvage

DRAC Auvergne

www.culture.gouv.fr/auvergne
Hôtel de Chazerat,
4 rue Pascal, BP 378
63010 Clermont-Ferrand Cedex 1
Tél. : 04 73 41 27 00 - Fax : 04 73 41 27 69
• Directeur : **Philippe-Georges Richard**
• Conseillère musique et danse : **Mireille Pic**
• Conseiller théâtre : **Christophe Pomez**
• Responsable éducation artistique :
Christian Garcelon
• Responsable action culturelle :
Christophe Pomez
• Responsable développement culturel :
Agnès Barbier

DRAC Basse-Normandie

www.culture.gouv.fr/culture/regions/dracs
13 bis rue Saint-Ouen
14052 Caen Cedex 4
Tél. : 02 31 38 39 40 - Fax : 02 31 23 84 65
• Directeur : **Dominique Parthenay**
• Conseiller musique et danse : **Gérard Baille**
• Conseiller théâtre : **Fabrice Morio**
• Responsable éducation artistique et culturelle :
Ariane Le Carpentier
• Responsable de l'aménagement culturel du territoire : **Catherine Reflé**

DRAC Bourgogne

www.culture.gouv.fr/bourgogne
Hôtel Chartraire de Montigny
39-41 rue Vannerie, BP 10578
21009 Dijon Cedex
Tél. : 03 80 68 50 50 - Fax : 03 80 68 50 99
• Directrice : **Marie-Christine Labourdette**
• Conseiller musique et danse : **Régis Castro**
• Conseiller théâtre : **Ghislain Mille**
• Responsable éducation artistique :
Christine Diffembach

DRAC Bretagne

www.culture.gouv.fr/bretagne
Hôtel de Blossac, 6 rue du Chapitre, CS 24405
35044 Rennes Cedex
Tél. : 02 99 29 67 67 - Fax : 02 99 29 67 99
• Directrice : **Élisabeth Gautier-Desvaux**
• Conseiller théâtre : **Jean-Michel Treguer**
• Conseiller musique et danse : **Jean Vernes**
• Responsable action artistique : **Laurence Denis**
• Responsable développement culturel :
Jean-Loup Lecoq

ORGANISMES REGIONAUX

DRAC Centre

www.draccentre.culture.gouv.fr
6 rue de la Manufacture
45043 Orléans Cedex
Tél. : 02 38 78 85 00 - Fax : 02 38 78 85 99
• Directeur : **Jean-Louis Leprêtre**
• Conseillers musique et danse : **Jöel Forgues, Frédéric Lombard**
• Conseiller théâtre : **Dominique Rochette**
• Responsable éducation artistique : **Michel Talbot**

DRAC Champagne-Ardenne

www.culture.gouv.fr/champagne-ardenne
3 rue du Faubourg Saint-Antoine
51037 Châlons-en-Champagne
Tél. : 03 26 70 36 50 - Fax : 03 26 70 43 71
• Directeur : **Georges Poull**
• Conseillère musique et danse : **Christine Schell**
• Conseiller théâtre : **Dominique Bony**
• Responsable action culturelle : **Dominique Bony**
• Responsable développement culturel : **Jeanne-Marie Liehn**
• Responsable éducation artistique : **Sylvie Plateau**

DRAC Corse

www.culture.gouv.fr/corse
19 cours Napoléon, BP 301
20181 Ajaccio Cedex 1
Tél. : 04 95 51 52 15 - Fax : 04 95 21 20 69
• Directeur : **François Rodriguez-Loubet**
NB : le spectacle vivant est géré par la collectivité territoriale de Corse.

DRAC Franche-Comté

www.franche-comte.culture.gouv.fr
7 rue Charles Nodier
25043 Besançon Cedex
Tél. : 03 81 65 72 00 - Fax : 03 81 65 72 72
• Directeur : **Pierre Chatauret**
• Conseiller danse et théâtre : **Mickaël Le Bouëdec**
• Responsable éducation artistique : **Patrick Lang**

DRAC Haute-Normandie

www.haute-normandie.culture.gouv.fr
Cité administrative
2 rue Saint-Sever
76032 Rouen Cedex
Tél. : 02 35 63 61 60 - Fax : 02 35 72 84 60
• Directrice : **Véronique Chatenay-Dolto**
• Conseiller musique et danse : **Marc Le Bourhis**
• Conseiller théâtre : **Jean-Christophe Baudet**
• Responsable éducation artistique : **Lysianne Caront**

DRAC Ile-de-France

www.culture.gouv.fr/culture/regions/dracs/idf
98 rue de Charonne
75011 Paris
Tél. : 01 56 06 50 00 - Fax : 01 56 06 52 48
• Directeur : **Jean-François de Canchy**
• Directrice adjointe : **Muriel Genthon**
• Chef de service musique et danse : **Jérôme Bloch**
• Conseillère danse : **Françoise Rougier**
• Adjointe au chef de service théâtre : **Renée Sasso-Cuinat**
• Conseillers théâtre : **Yves Chevallier, Édith Rappoport, Éric Lebas**
• Conseillères musique : **Anne-Claire Rocton, Agnès Prétrel**
• Responsable développement culturel : **Pierre Oudart**

DRAC Languedoc-Roussillon

www.languedoc-roussillon.culture.gouv.fr
Hôtel de Grave
5 rue Salle l'Evêque, CS 49020
34967 Montpellier Cedex 2
Tél. : 04 67 02 32 00 - Fax : 04 67 02 32 04
• Directrice : **Marion Julien**
• Conseiller théâtre et danse : **François Duval**
• Conseiller musique : **Vincent Berthier de Lioncourt**
• Responsable éducation artistique : **Marie-Pierre Gudin de Vallerin**
• Responsable action culturelle : **Jöelle Pingaud**

ORGANISMES REGIONAUX

DRAC Limousin

www.limousin.culture.gouv.fr
6 rue Haute de la Comédie
87036 Limoges Cedex
Tél. : 05 55 45 66 00 - Fax : 05 55 45 66 01
• Directeur : **Jean-Luc Peurot**
• Conseillère musique et danse :
Marianne Valkenburg
• Conseiller théâtre : **Richard Madjarev**
• Responsable éducation artistique et culturelle :
Sophie Girodon
• Responsable action culturelle :
Richard Madjarev
• Responsable développement et action territoriale : **Hacina Hocine**

DRAC Lorraine

www.culture.gouv.fr/lorraine
6 place de Chambre
57045 Metz Cedex 1
Tél. : 03 87 56 41 00 - Fax : 03 87 75 28 28
• Directeur : **Daniel Barroy**
• Conseiller musique et danse : **François Derudder**
• Conseiller théâtre : **Bertrand Munin**
• Responsable éducation artistique :
Monique Cherrier
• Responsable action culturelle : **Bertrand Munin**

DRAC Midi-Pyrénées

www.culture.gouv.fr/culture/regions/dracs
32 rue de la Dalbade, BP 811
31080 Toulouse Cedex 6
Tél. : 05 67 73 20 20 - Fax : 05 61 23 12 71
• Directeur : **Dominique Paillarse**
• Adjointe au directeur pour la coordination du spectacle vivant : **Anne-Christine Micheu**
• Conseiller théâtre : **Marie-Claire Riou**
• Responsable développement culturel :
Anne-Christine Micheu
• Responsable de l'éducation artistique :
Pascal Andurand

DRAC Nord-Pas-de-Calais

www.culture.gouv.fr/culture/regions/dracs
Hôtel Scrive
3 rue Lombard
59041 Lille Cedex
Tél. : 03 20 06 87 58 - Fax : 03 28 36 62 21
• Directeur : **Richard Martineau**
• Conseiller musique et danse :
Michel-Louis Richard
• Conseillère théâtre : **Bernadette Rousseaux**
• Responsable action culturelle et éducation artistique : **Éric Le Moal**

DRAC Pays-de-la-Loire

www.pays-de-la-loire.culture.gouv.fr
1 rue Stanislas Baudry, BP 63518
44035 Nantes Cedex 1
Tél. : 02 40 14 23 00 - Fax : 02 40 14 23 01
• Directeur : **Jean-Paul Jacob**
• Directeur adjoint : **Gérard Cieslik**
• Conseillère musique et danse :
Sophie Mège-Cocheril
• Conseillère théâtre, arts vivants, cirque : **Elysabeth Cormier-Van Dam**
• Responsable éducation artistique :
Cécile Duret-Masurel
• Responsable action culturelle :
Vincent Giovannoni

DRAC Picardie

www.culture.gouv.fr/picardie
5 rue Henri Daussy
80044 Amiens Cedex 1
Tél. : 03 22 97 33 00 - Fax : 03 22 97 33 56
• Directeur : **Claude Jean**
• Conseiller danse et théâtre : **Pierre-Luc Bonnin**
• Conseillère musique : **Christine Dogny**
• Responsable éducation artistique :
Philippe Béra

La Boite à Bisous
présente
Monsieur NÔ
Une petite fête entre amis
EN TOURNEE ACTUELLEMENT
CONTACT : MONSIEURNO@WANADOO.FR / WWW.MONSIEURNO.COM

ORGANISMES REGIONAUX

DRAC Poitou-Charentes

www.poitou-charentes.culture.gouv.fr
Hôtel Rochefort
102 Grand Rue, BP 553
86020 Poitiers Cedex
Tél. : 05 49 36 30 30 - Fax : 05 49 88 32 02
• Directeur : **Jean-Claude Van Dam**
• Conseiller musique et danse : **Pierre Blanc**
• Conseiller théâtre : **Jean-Claude Sénéchal**
• Responsable développement culturel :
Anne-Marie Brochard

DRAC Provence Alpes Côte-d'Azur

www.culture.fr/culture/paca
23 boulevard du Roi René
13617 Aix-en-Provence Cedex 1
Tél. : 04 42 16 19 00 - Fax : 04 42 38 03 22
• Directeur : **Jean-Luc Bredel**
• Conseiller musique et danse : **Francis Barascou**
• Conseillère théâtre : **Katell Pouëssel**
• Conseillère musiques actuelles :
Frédérique Géraud-Héraud
• Responsable éducation artistique:
Marc Ceccaldi

DRAC Rhône-Alpes

www.culture.gouv.fr/rhone-alpes
6 quai Saint-Vincent
69283 Lyon Cedex 1
Tél. : 04 72 00 44 00 - Fax : 04 72 00 43 30
• Directeur : **Richard Lagrange**
• Conseiller danse : **Laurent Van Kote**
• Conseiller théâtre : **Michel Roussel**
• Conseillère musique : **Laure Marcel-Berlioz**
• Responsable action culturelle :
Benoît Guillemont
• Conseillère éducation artistique :
Marie-France Lefèbvre

DRAC Guadeloupe

www.culture.gouv.fr/culture/regions/dracs
22 rue Auguste Perrinon
97100 Basse-Terre
Tél. : 05 90 41 14 80 - Fax : 05 90 41 14 60
• Directeur : **Laurent Heulot**
• Conseiller musique et danse : **Philippe Bon**
• Conseiller théâtre : **Philippe Bon**
• Responsable éducation artistique :
Marie Beaupré
• Responsable développement culturel :
Marie Beaupré

DRAC Martinique

www.culture.gouv.fr/culture/regions/dracs
54 rue Professeur Raymond Garcin
97200 Fort-de-France
Tél. : 05 96 60 05 36 - Fax : 05 96 64 27 84
• Directeur : **Jean-Paul Godderidge**
• Conseiller musique et danse :
Dominique Daeschler
• Conseiller théâtre : **Dominique Daeschler**
• Responsable éducation artistique :
Serge Vert-Pré
• Responsable action culturelle :
Dominique Daeschler

DRAC Guyane

www.guyane.culture.gouv.fr
95 avenue du Général de Gaulle, BP 11
97321 Cayenne Cedex
Tél. : 05 94 25 54 00 - Fax : 05 94 25 54 10
• Directeur : **Alain Hauss**
• Conseiller musique et danse : **Fabrice Delaroa**
• Conseiller théâtre : **Fabrice Delaroa**
• Responsable action culturelle :
Fabrice Delaroa
• Responsable éducation artistique :
Andrée Baboul

DRAC Réunion

www.culture.gouv.fr/culture/regions/dracs
23 rue Labourdonnais, BP 224
97464 Saint-Denis Cedex
Tél. : 02 62 21 91 71 - Fax : 02 62 41 61 93

- Directeur : **Louis Poulhès**
- Conseiller musique et danse : **Guilène Tacoun**
- Conseillère théâtre : **Sophie Bardet**
- Responsable éducation artistique : **Jean-Pierre Walther**
- Responsable action culturelle : **Guilène Tacoun**

Mission des Affaires culturelles Nouvelle-Calédonie

www.culture.gouv.fr/culture/regions/dracs
56 rue Bataille, BPC 5
98844 Nouméa Nouvelle-Calédonie
Tél. : 687 24 21 81 - Fax : 687 24 21 80
jj.garnier@nouvelle-caledonie.gouv.fr

- Directeur : **Jean-Jacques Garnier**

ORGANISMES REGIONAUX

DAAC (Délégations académiques à l'action culturelle)

Alsace

DAAC Strasbourg

www.ac-strasbourg.fr
6 rue de la Toussaint
67975 Strasbourg Cedex 09
Tél. : 03 88 23 39 16 - Fax : 03 88 23 35 90
ce.actions-culturelles@ac-strasbourg.fr
• Déléguée académique : **Élisabeth Escande**

Aquitaine

DAAC Bordeaux

www.ac-bordeaux.fr/action-culturelle
5 rue Joseph de Carayon Latour, BP 935
33060 Bordeaux Cedex
Tél. : 05 57 57 35 90 - Fax : 05 56 96 29 42
action-culturelle@ac-bordeaux.fr
• Délégué académique : **Jean-Marie Planes**

Auvergne

DAAC Clermont-Ferrand

www.ac-clermont.fr/pedago/action-culturelle
3 avenue Vercingétorix
63033 Clermont-Ferrand Cedex 1
Tél. : 04 73 99 33 56 - Fax : 04 73 99 33 54
ce.DAAC@ac-clermont.fr
• Déléguée académique : **Hélène Guicquero**

Basse-Normandie

DAAC Caen

www.ac-caen.fr
168 rue Caponière, BP 6184
14061 Caen Cedex
Tél. : 02 31 30 15 39 - Fax : 02 31 30 15 33
mireille.pellizzari@ac-caen.fr
• Déléguée académique : **Mireille Pellizzari**

Bourgogne

DAAC Dijon

http://webpublic.ac-dijon.fr
51 rue Monge, BP 1506
21033 Dijon Cedex
Tél. : 03 80 44 87 52 - Fax : 03 80 44 85 71
jeanine.chemorin@dijon.fr
• Déléguée académique : **Jeanine Chemorin**

Bretagne

DAAC Rennes

www.ac-rennes.fr/artsculture
96 rue d'Antrain
35044 Rennes Cedex
Tél. : 02 99 38 99 40 - Fax : 02 99 38 15 59
ce.DAAC@ac-rennes.fr
• Délégué académique : **Jean-Pierre Gabrielli**

Centre

DAAC Orléans

www.ac-orleans-tours.fr/culture
21 rue Saint-Etienne
45043 Orléans Cedex 1
Tél. : 02 38 79 46 60 - Fax : 02 38 79 46 63
DAAC@ac-orleans-tours.fr
• Déléguée académique : **Mireille Fromentaud**

Champagne-Ardenne

DAAC Reims

www.ac-reims.fr
1 rue Navier
51082 Reims
Tél. : 03 26 05 68 37 - Fax : 03 26 05 20 44
ce.ac@ac-reims.fr
• Déléguée académique : **Myriam Perrié**

ORGANISMES REGIONAUX

Corse

DAAC Ajaccio

http://nuticiel.ac-corse.fr/actionculture
3 boulevard Pascal Rossini
20177 Ajaccio
Tél. : 04 95 50 34 62 - Fax : 04 95 51 27 06
DAAC@ac-corse.fr
• Délégué académique : **Claude Pantalacci**

×Franche-Comté

DAAC Besançon

http://artic.ac-besancon.fr/action_culturelle
10 rue de la Convention
25030 Besançon Cedex
Tél. : 03 81 65 74 02 - Fax : 03 81 65 74 07
Ce.VieScolaire@ac-besancon.fr
• Délégué académique : **Jean-Luc Estavoyer**

× Haute-Normandie

DAAC Rouen

www.ac-rouen.fr/rectorat/
25 rue de Fontenelle
76037 Rouen Cedex 01
Tél. : 02 35 14 75 29 - Fax : 02 35 14 77 42
DAAC@ac-rouen.fr
• Délégué académique : **Philippe Thenot**

Ile-de-France

DAAC Paris

www.ac-paris.fr
94 avenue Gambetta
75984 Paris Cedex 20
Tél. : 01 44 62 40 61 - Fax : 01 44 62 40 50
jean-marie.touratier@ac-paris.fr
• Délégué académique : **Jean-Marie Touratier**

DAAC Versailles

www.ac-versailles.fr/arts/DAAC
3 boulevard de Lesseps
78017 Versailles Cedex
Tél. : 01 39 23 63 61 - Fax : 01 39 23 63 68
ce.DAAC@ac-versailles.fr
• Délégué académique : **Alain Moget**

DAAC Créteil

www.ac-creteil.fr/acl
4 rue Georges Enesco
94010 Créteil Cedex
Tél. : 01 49 81 62 94 - Fax : 01 49 81 67 80
ce.DAAC@ac-creteil.fr
• Déléguée académique : **Marie Lavin**

Languedoc-Roussillon

DAAC Montpellier

www.ac-montpellier.fr
31 rue de l'Université
34064 Montpellier Cedex 2
Tél. : 04 67 91 45 26 - Fax : 04 67 91 41 57
myriam.comet-stapert@ac-montpellier.fr
• Déléguée académique : **Myriam Comet-Stapert**

Limousin

×DAAC Limoges

www.ac-limoges.fr
13 rue François Chenieux
87031 Limoges Cedex
Tél. : 05 55 11 45 11 - Fax : 05 55 79 82 21
roland.garniche@ac-limoges.fr
• Délégué académique : **Roland Garniche**

Lorraine

DAAC Nancy-Metz

www.ac-nancy-metz.fr/DAAC
2 rue Philippe de Gueldres
54035 Nancy Cedex
Tél. : 03 83 86 21 37 - Fax : 03 83 86 21 05
ce.DAAC@ac-nancy-metz.fr
• Délégué académique : **Claude Woimbee**

ORGANISMES REGIONAUX

Midi-Pyrénées

DAAC Toulouse

http://pedagogie.ac-toulouse.fr/culture
Place Saint-Jacques
31073 Toulouse Cedex 7
Tél. : 05 61 17 71 44 - Fax : 05 61 17 71 41
culture@ac-toulouse.fr
• Déléguée académique : **Marie-Claude Farison**

Nord-Pas-de-Calais

DAAC Lille

www.ac-lille.fr
20 rue Saint-Jacques, BP 709
59033 Lille Cedex
Tél. : 03 20 15 62 43 - Fax : 03 20 15 94 09
ce.DAAC@ac-lille.fr
• Délégué académique : **Christian Gernigon**

Pays-de-la-Loire

DAAC Nantes

www.ac-nantes.fr
4 rue de la Houssinière, BP 72616
44326 Nantes Cedex 3
Tél. : 02 40 37 32 45 - Fax : 02 40 37 33 66
ce.DAAC@ac-nantes.fr
• Délégué académique : **Jean-Paul Pacaud**

Picardie

DAAC Amiens

www.ac-amiens.fr/pedagogie/action-culturelle
20 boulevard Alsace-Lorraine, BP 2509
80026 Amiens Cedex 1
Tél. : 03 22 82 39 42 - Fax : 03 22 82 37 13
ce.daac@ac-amiens.fr
• Délégué académique : **Bernard Pauchant**

Poitou-Charentes

DAAC Poitiers

www.ac-poitiers.fr
5 cité de la Traverse, BP 625
86022 Poitiers Cedex
Tél. : 05 49 54 70 56 - Fax : 05 49 54 70 62
DAAC@ac-poitiers.fr
• Délégué académique : **Philippe Palisse**

Provence-Alpes-Côte d'Azur

DAAC Nice

www.ac-nice.fr/artsculture
53 avenue Cap de Croix
06181 Nice Cedex 2
Tél. : 04 92 15 46 78 - Fax : 04 93 53 70 10
monticel@ac-nice.fr
• Délégué académique : **Raphäel Monticelli**

DAAC Aix-Marseille

http://DAAC.ac-aix-marseille.fr
Place Lucien Paye
13621 Aix-en Provence Cedex 1
Tél. : 04 42 95 29 44 - Fax : 04 42 95 29 71
DAAC@ac-aix-marseille.fr
• Déléguée académique : **Chantal Ohanessian**

Rhône-Alpes

DAAC Grenoble

www.ac-grenoble.fr/action.culturelle
7 place Bir Hakeim, BP 1065
38021 Grenoble Cedex
Tél. : 04 76 74 74 57 - Fax : 04 76 17 14 05
action.culturelle@ac-grenoble.fr
• Déléguée académique : **Sylvaine Deltour**

DAAC Lyon

www.ac-lyon.fr
92 rue de Marseille, BP 7227
69354 Lyon Cedex 07
Tél. : 04 72 80 64 20 - Fax : 04 72 80 64 17
DAAC@ac-lyon.fr
• Délégué académique : **Raymond Citterio**

Histoires d'ours
Eve Ledig / Fil rouge Théâtre
à partir de 3 ans
Conte
Les petits plis
Eve Ledig / Fil rouge Théâtre
à partir de 4 ans
Clair de lune
Cie Georges Momboye
création
à partir de 7 ans
Danse
L'adoptée
Joël Jouanneau
à partir de 7 ans
Théâtre
Le petit bal perdu
Cie L'Yonne en Scène
à partir de 7 ans
Les pieds dans l'eau
Jacques Mayoud
à partir de 4 ans
Chanson
L'arbre sans lumières
création
à partir de 4 ans
Musique
Ztar
à partir de 7 ans
LES CHEMINS DU THÉÂTRE
SPECTACLES JEUNE PUBLIC • SAISON 2005 - 2006
1, rue Simon Dereure 94200 Ivry-sur-Seine • Réservations 01 46 70 21 55
Scène conventionnée chanson par le Ministère de la Culture, théâtre conventionné par le Conseil général du Val-de-Marne

ORGANISMES REGIONAUX

Guadeloupe

DAAC Guadeloupe

www.ac-guadeloupe.fr
1 boulevard Pointe Jarry
97122 Baie-Mahault
Tél. : 05 90 38 59 15 - Fax : 05 90 38 59 31
ac.culture@ac.guadeloupe.fr
• Déléguée académique : **Christiane Thirion**

Martinique

DAAC Martinique

www.ac-martinique.fr
Terreville
97233 Schoelcher Cedex
Tél. : 05 96 52 29 72 - Fax : 05 96 52 27 35
ce.DAAC@ac-martinique.fr
• Délégué académique : **Jean-Claude Montout**

Guyane

DAAC Guyane

www.ac-guyane.fr
Route de Baduel, BP 6011
97306 Cayenne Cedex
Tél. : 05 94 29 63 92 - Fax : 05 94 29 63 92
DAAC@ac-guyane.fr
• Déléguée académique : **Annie-Claude Clovis**

La Réunion

DAAC Réunion

www.ac-reunion.fr
24 avenue Georges Brassens, Le Moufia
97702 Saint-Denis Cedex 9
Tél. : 02 62 48 12 06
DAAC.secretariat@ac-reunion.fr
• Délégué académique : **Ali Sekkaki**

THÉÂTRE
mASSALIA
jeunes publics tous publics
Enfants
emmenez vos parents
au théâtre
SAISON
05
06
JEUNES PUBLICS, TOUS PUBLICS...
MARIONNETTES, CIRQUE, CLOWN, THÉÂTRE, DANSE ...

ORGANISMES REGIONAUX

Alsace

Conseil régional d'Alsace

www.region-alsace.fr
35 avenue de la Paix, BP 91006
67070 Strasbourg Cedex
Tél. : 03 88 15 69 40 - Fax : 03 88 15 68 15
contact@regionalsace.fr
• Directeur des affaires culturelles :
Daniel Hechinger
• Spectacle vivant : **Christine Steiner**
• Responsable du pôle développement culturel et audiovisuel : **Vera Nette**

Conseil général du Bas-Rhin (67)

www.cg67.fr
Place du Quartier Blanc
67964 Strasbourg Cedex 9
Tél. : 03 88 76 67 01 - Fax : 03 88 76 67 97
communication@cg67.fr
• Directrice : **Véronique Pimmel**
• Musique : **Francoise Riehl**
• Danse : **Francoise Riehl**
• Théâtre : **Laurent Baillart**

Conseil général du Haut-Rhin (68)

www.cg68.fr
100 avenue d'Alsace, BP 20351
68006 Colmar
Tél. : 03 89 30 63 60 - Fax : 03 89 21 72 85
cabinet.president@cg68.fr
• Directeur des affaires culturelles :
Fabien Nierengarten
• Chef de service culture : **Chantal Struss**
• Spectacle vivant : **Joëlle Ernst**

ADIAM Bas-Rhin (67)

Hôtel du département, place du Quartier Blanc
67964 Strasbourg Cedex 09
Tél. : 03 88 21 03 27 - Fax : 03 88 21 03 28
contact@adiam67.com
• Président : **Jean-Laurent Vonau**
• Directeur : **Jean Simon**
• Danse : **Claire Renckly**
• Musique : **Martine Fleith**
Activités/missions : Association départementale d'informations et d'actions musicales et chorégraphiques.

Agence culturelle d'Alsace

www.culture-alsace.org
1 espace Gilbert-Estève, BP 925
67601 Sélestat Cedex
Tél. : 03 88 58 87 58 - Fax : 03 88 58 87 50
agence@culture-alsace.org
• Président : **Gérard Traband**
• Directeur : **Francis Gelin**
• Communication : **Odile Rialet**
• Chef département spectacle vivant :
Denis Lecoq
Activités/missions : apporter aux collectivités publiques, créateurs, diffuseurs et associations, son soutien dans le domaine de l'information, du conseil, de l'accompagnement artistique, des moyens techniques ainsi que de la formation.

CDMC Haute-Alsace

www.cdmc68.com
34 rue des Dominicains V
68502 Guebwiller Cedex
Tél. : 03 89 74 94 62 - Fax : 03 89 74 94 69
contact@cdmc68.com
• Président : **Charles Wilhelm**
• Directeur : **Philippe Pfisterer**
Activités/missions : Conseil départemental pour la musique et la culture de Haute-Alsace.

Aquitaine

Conseil régional d'Aquitaine

www.aquitaine.fr
14 rue François de Sourdis
33077 Bordeaux Cedex
Tél. : 05 57 57 81 71 - Fax : 05 56 24 72 80
cra@aquitaine.fr
• Directeur des affaires culturelles :
Alain Herman
• Spectacle vivant : **Nathalie Leuret, Maryse Lafenetre**

ORGANISMES REGIONAUX

Conseil général de Dordogne (24)

www.cg24.fr
2 rue Paul-Louis Courier
24019 Périgueux Cedex
Tél. : 05 53 06 40 06 - Fax : 05 53 08 88 27
cg24.direction.gnrl@dordogne.fr
• Directeur des affaires culturelles : **Georges Gautron**
• Directrice adjointe : **Maïté Chabrillange**
• Chef de service culture : **Philippe Labrousse**
• Chargée de mission : **Anne-Marie Gros**

Conseil général des Landes (40)

www.cg40.fr
Hôtel du département
23 rue Victor Hugo
40025 Mont-de-Marsan Cedex
Tél. : 05 58 05 40 40 - Fax : 05 58 05 41 41
presidence@cg40.fr
• Directeur des affaires culturelles : **Franz Delplanque**

Conseil général des Pyrénées-Atlantiques (64)

www.cg64.fr
64 avenue Jean Biray, BP 1615
64058 Pau Cedex 9
Tél. : 05 59 11 46 64 - Fax : 05 59 11 46 10
contact@cg64.fr
• Directeur des affaires culturelles : **Alain Del Alamo**
• Chef de service culture : **Thierry Ambrosini**
• Spectacle vivant : **Évelyne Latchère**
• Jeune public : **Marie-Odile Rigaud**
• Éducation musicale : **Myriam Soula**

ADAM Dordogne (24)

www.adamdordogne.com
2 rue Albert Pestour
24000 Périgueux
Tél. : 05 53 09 85 15 - Fax : 05 53 08 04 61
info@adamdordogne.com
• Président : **Jean Ganiayre**
• Directeur : **Jean-Luc Delord**
• Jeune public : **Christelle Bissoulet**
• Danse : **Élisabeth Bourgogne**
Activités/missions : Association pour la diffusion et l'animation musicales.

ADAM Landes (40)

www.landes.org
Hôtel du département
23 rue Victor Hugo
40025 Mont-de-Marsan Cedex
Tél. : 05 56 99 33 23- Fax : 05 58 05 41 48
culture@cg40.fr
• Président : **Alain Vidalies**
• Directeur : **Fabien Olmiccia**
Activités/missions : Association pour le développement des activités musicales.

ADDC (24)

www.perigord.tm.fr/perigord/culture.htm
2 place Hoche, BP 1056
24001 Périgueux Cedex
Tél. : 05 53 06 40 00 - Fax : 05 53 06 40 01
addc@perigord.tm.fr
• Président : **Alain Diot**
• Directeur : **Marie-Jeanne Vian**
• Administrateur : **Martine Margontier**
• Communication : **Laurence Coudenne**
• Théâtre : **Anne-Marie Gros**
Activités/missions : Association départementale de développement culturel de Dordogne.

ARMD Aquitaine

2 rue Baste
33300 Bordeaux
Tél. : 05 56 99 33 23 - Fax : 05 57 87 01 99
capamissionvoix@aol.com
• Président : **Gérard Esquerré**
• Médiatrice culturelle : **Caroline Follana**
Activités/missions : Association régionale musique et danse.

DDMD Gironde (33)

www.cg33.fr
Hôtel du département
Esplanade Charles de Gaulle
33074 Bordeaux Cedex
Tél. : 05 56 99 33 23 - Fax : 05 56 99 35 61
• Directeur des affaires culturelles :
Sylvain Gautier
• Chef de service : **Chantal Martin-Pardigon**
Activités/missions : Délégation départementale de la musique et de la danse.

IDDAC (33)

www.iddac.net
59 avenue d'Eysines, BP 155
33492 Le Bouscat Cedex
Tél. : 05 56 99 33 23 - Fax : 05 56 17 36 31
accueil@iddac.net
• Président : **Jean-Jacques Benoît**
• Directeur : **François Pouthier**
• Jeune public : **Christine Treille**
• Administratrice : **Myriam Brun-Cavanié**
• Communication : **Frédérique Andrivet**
• Danse : **Marie-Claude Bay**
• Théâtre : **Philippe Vialele**
• Musique : **François Pouthier**
Activités/missions : Institut départemental de développement artistique et culturel. Soutenir la création et la diffusion, concevoir et mettre en œuvre des programmes d'éducation et pratique artistiques, contribuer à la professionnalisation des acteurs culturels girondins, assurer une aide technique auprès des amateurs.

ODAC (47)

5 rue Étienne Dolet
47000 Agen
Tél. : 05 53 69 44 44 - Fax : 05 53 69 46 30
odac@odac47.fr
• Président : **Jean-Romain Argacha**
• Directeur : **Frédéric Gourdon**
• Danse : **Vanessa Menseau**
• Théâtre : **Muriel Scudetti**
• Musique : **Jean-Michel Terrien**
Activités/missions : Office d'action culturelle du Lot-et-Garonne.

OARA (33)

www.oara.fr
33 rue du Temple, BP 163
33036 Bordeaux Cedex
Tél. : 05 56 01 45 67 - Fax : 05 56 01 45 62
oara@oara.aquitaine.fr
• Directeur : **Joël Brouch**
Activités/missions : Agence culturelle du conseil régional d'Aquitaine pour le spectacle vivant. Soutien aux compagnies, formation des enseignants, partenariat avec l'éducation nationale et les lieux de diffusion.

Auvergne

Conseil régional d'Auvergne

www.cr-auvergne.fr
13 avenue de Fontmaure, BP 60
63402 Chamalières Cedex
Tél. : 04 73 31 85 04 - Fax : 04 73 36 73 45
• Directrice des affaires culturelles :
Ginette Chaucheprat

Conseil général de l'Allier (03)

www.cg03.fr
Château de Bellevue
03400 Yzeure
Tél. : 04 70 34 14 54 - Fax : 04 70 34 40 40
cginfo@cg03.fr
• Directeur des affaires culturelles : **Paul Guerry**
• Directeur service culturel : **David Zurowski**

Conseil général du Cantal (15)

www.cg15.fr
Hôtel du département
28 avenue Gambetta
15015 Aurillac Cedex
Tél. : 04 71 46 20 20 - Fax : 04 71 46 21 42
efontanel@cg15.fr
• Directeur des affaires culturelles :
Jean Leterme
• Chef de service culture : **Brigitte Dubois**
• Spectacles/théâtre : **Sylvaine Candille**

Conseil général de Haute-Loire (43)

www.cg43.fr
1 place Monseigneur Balard, BP 310
43011 Le Puy-en-Velay
Tél. : 04 71 07 43 43 - Fax : 04 71 07 43 99
courrier@cg43.fr
• Directeur jeunesse, culture et sport : **Martine Rousson**
• Chef de bureau : **Paul Halbique**

ADDAMC Haute-Loire (43)

www.cg43.fr
Hôtel du département
1 place Monseigneur de Galard, BP 310
43011 Le Puy-en-Velay Cedex
Tél. : 04 71 07 41 91 - Fax : 04 71 07 41 92
addamc@haute-loire.fr
• Président : **Gérard Roche**
• Directeur : **Grégory Lasson**
Activités/missions : Association départementale pour le développement des activités musicales et chorégraphiques.

SDMD Puy-de-Dôme (63)

www.addmd63.net
Hôtel du département
24 rue Saint-Esprit
63033 Clermont-Ferrand Cedex
Tél. : 04 73 42 21 92 - Fax : 04 73 42 20 96
ivan.karvaix@cg63.fr
• Chef de service culture : **Ivan Karvaix**
• Danse : **Delphine Perrin**
• Musique : **Ivan Karvaix, Édith Liabœuf.**
Activités/missions : Service départemental musique et danse. Mettre en œuvre des politiques de développement dans les différents secteurs du champ musical et chorégraphique (formation, sensibilisation, création, diffusion...).

ADMD Cantal (15)

1 rue de l'Olmet
15000 Aurillac
Tél. : 04 71 43 42 90 - Fax : 04 71 43 42 91
admd@cg15.fr
• Président : **Madeleine Baumgartner**
• Directrice : **Frédérique Janand**
• Communication : **Frédéric Serager**
• Danse : **Catherine Chézeau**
• Musique : **Sophie Boucheix, Frédéric Serager**
Activités/missions : Association départementale pour la musique et la danse.

Athéna

www.athena.asso.fr
18 rue Neyron
63000 Clermont-Ferrand
Tél. : 04 73 99 02 99 - Fax : 04 73 99 02 95
athena@athena.asso.fr
• Président : **Bernadette Rondepierre**
• Directeur : **Patrick Ducré**
• Jeune public : **Natacha Sibellas**
Activités/missions : Agence régionale du théâtre en Auvergne et dans le Massif Central.
Depuis 2005, créer un réseau jeune public, développer des coréalisations et coproductions de spectacles jeune public.

Auvergne Musiques Danses

www.auvergne-musiques-danses.asso.fr
52 avenue Barbier Daubrée
63100 Clermont-Ferrand
Tél. : 04 73 42 28 00 - Fax : 04 73 42 28 01
auvergne.musiques.danses@wanadoo.fr
• Président : **Jean Leclerc**
• Directeur : **Marc Doumèche**
• Jeune public : **Florian Allaire**
• Administratrice : **Véronique Delarbre**
• Communication : **Marc Mourguiart**
Activités/missions : valoriser, dynamiser et accompagner l'ensemble des pratiques de danse et de musique notamment en direction du jeune public.

Basse-Normandie

Conseil régional de Basse-Normandie

www.cr-basse-normandie.fr
Abbaye aux Dames, BP 523
Place Reine Mathilde
14035 Caen Cedex 1
Tél. : 02 31 06 98 98 - Fax : 02 31 43 75 17
president.region@crbn.fr
• Directrice des affaires culturelles : **Isabelle Labiche**
• Directeur adjoint : **Jean-François Bridel**
• Musique : **Magali Anger**

Conseil général de la Manche (50)

www.cg50.fr
Rond Point de la Liberté
50008 Saint-Lo Cedex
Tél. : 02 33 05 95 00 - Fax : 02 33 05 96 90
• Directrice des affaires culturelles : **Christine Bachelez**
• Chef de service adjointe : **Laurence Loyer-Cambourg**

Conseil général de l'Orne (61)

www.cg61.fr
27 boulevard de Strasbourg, BP 528
61017 Alençon Cedex
Tél. : 02 33 81 60 00 - Fax : 02 33 81 60 70
dircom@cg61.fr
• Directrice des affaires culturelles : **Muriel Thomassin**
• Chef de service culture et éducation : **Romuald Fiche**
• Musique : **Cécile Sauquet**
• Théâtre, musiques actuelles et festivals : **Nathalie Trocheri**

ODACC Calvados (14)

www.cg14.fr
36 rue Fred Scamaroni
14000 Caen
Tél. : 02 31 57 18 20 - Fax : 02 31 57 18 25
odacc@cg14.fr
• Président : **Henri Girard**
• Directeur : **Jean-Pierre Tiphaigne**
• Théâtre et danse : **Marie-Dominique Vaussy**
• Théâtre : **Valérie Constant**
• Musique : **Chantal Carlier**
Activités/missions : Office départemental d'action culturelle du Calvados.

ODC Orne (61)

www.o-d-c.com
Palais d'Argentré, BP 64
61500 Sées
Tél. : 02 33 31 90 90 - Fax : 02 33 31 90 91
info@o-d-c.com
• Président : **André Dubuisson**
• Directrice : **Martine Gasnier**
• Programmateur : **Vincent Roche**
• Prommmateur JP : **Jacques Lécuyer**
• Communication : **Jérémie Loizeau**

Bourgogne

Conseil régional de Bourgogne

www.cr-bourgogne.fr
17 boulevard de la Trémouille, BP 1602
21035 Dijon Cedex
Tél. : 03 80 44 33 00 - Fax : 03 80 44 33 30
• Directeur : **Jean Piret**
• Chef de service culture : **Éveline Goguey**

Conseil général de Côte d'Or (21)

www.cg21.fr
53 bis rue de la Préfecture, BP 1601
21035 Dijon Cedex
Tél. : 03 80 63 66 02 - Fax :03 80 74 46 87
communication@cg21
• Directeur : **Jacquelin Bosset-Chauvière**
• Chargé de mission culture : **Ludovic Schwartz**

ORGANISMES REGIONAUX

Conseil général de la Nièvre (58)

www.cg58.fr
Rue de la Préfecture
58039 Nevers Cedex
Tél. : 03 86 60 68 60 - Fax : 03 86 60 68 63
dac@cg58.fr
• Directeur des affaires culturelles :
Chantal Michot
• Jeune public : **Nicolas Pichereau**

Conseil général de Saône-et-Loire (71)

www.cg71.fr
Espace Duhesme, rue de Flacé
71026 Mâcon Cedex 9
Tél. : 03 85 39 75 15 - Fax : 03 85 39 03 49
com@cg71.fr
• Directeur : **Gilles Chartraire**
• Chef de service culture : **Viviane Braccini**
• Spectacle vivant : **Emmanuelle Fraison**

Conseil général de l'Yonne (89)

www.cg89.fr
10 route de Saint-Georges
89000 Perrigny
Tél. : 03 86 72 85 03 - Fax : 03 86 72 89 49
dircom@cg89.fr
• Directeur des affaires culturelles :
Daniel Perroy

ADDIM Yonne (89)

www.addim89.org
7 rue de l'Ile au Plaisir, BP 292
89005 Auxerre Cedex
Tél. : 03 86 46 56 56 - Fax : 03 86 46 20 20
contact@addim89.org
• Président : **Pierre Bordier**
• Directeur : **Patrick Bacot**
Activités/missions : Association départementale pour le développement de la danse et de l'initiative musicale.

ADIMC Côte d'Or (21)

16-18 rue Nodot
21000 Dijon
Tél. : 03 80 43 29 92 - Fax : 03 80 43 66 23
adimc21@wanadoo.fr
• Directrice : **Sylvie Baillot**
• Communication : **Louis-Marie Benatier, Emmanuel Dufour**
• Danse : **Catherine Pirling**
• Musique : **Louis-Marie Benatier**
Activités/missions : soutenir, développer la musique et la danse en Côte d'Or.

Musique Danse Bourgogne

www.musique-danse-bourgogne.org
Villa Messner, 5 rue Parmentier, BP 40046
21072 Dijon Cedex
Tél. : 03 80 68 26 00 - Fax : 03 80 68 26 01
contact@mdbg.org
• Président : **Pierre Bodineau**
• Directrice : **Marie-Josèphe Bour**
• Administratrice : **Vanessa Low**
• Communication : **Isabelle Redureau**
• Danse : **Isabelle Redureau**
• Musique : **Florent Vernay, Géraldine Toutain**
Activités/missions : Association régionale danse et musique. Participer à la cohérence et à l'équilibre du développement musical et chorégraphique en Bourgogne.

Musique et danse en Saône- et-Loire (71)

389 avenue Maréchal de Lattre de Tassigny
71000 Mâcon
Tél. : 03 85 21 05 90 - Fax : 03 85 21 13 21
musique-et-danse-71@wanadoo.fr
• Président : **Rémi Rebeyrotte**
• Directrice : **Anne-Isabelle Gravejat**
• Administrateur : **Thomas Gervais**
• Communication : **Claire Lapalus**
• Danse : **Marie Fouldrin**
• Musique : **Claire Lapalus**
Activités/missions : Association départementale danse et musique.

TRÈS TÔT THÉÂTRE

Théâtre du Finistère pour l'enfance et la jeunesse

direction artistique : Jean-Claude Paréja

Une saison de spectacles

D'octobre à juin, familles et écoles se laissent séduire et bousculer par des spectacles exigeants et accessibles dès l'enfance. *Plus de 10 000 spectateurs par saison.*

Le soutien à la création

Très Tôt Théâtre accompagne la vitalité créatrice de compagnies locales, nationales ou étrangères (co-productions, résidences de création, journées professionnelles...). *Entre 2000 et 2005 : 38 créations soutenues.*

La sensibilisation des publics

L'Ecole du Jeune Spectateur, « Lire, Dire, Ecrire du Théâtre », Lire du Théâtre en famille, Culture à l'hôpital, les stages parents-enfants, etc. Autant de projets qui invitent enfants et adultes à des parcours de spectacles, rencontres, lectures de textes de théâtre contemporains, formations... pour éveiller les sens!

Le réseau départemental jeune public

Très Tôt Théâtre rassemble et accompagne dans le développement de leur projet culturel les membres du réseau jeune public du Finistère. Conseils, formations, tournées et soutiens personnalisés (technique, administratif, artistique, etc.) : une action sur le terrain pour un aménagement culturel durable du territoire départemental en direction de l'enfance et de la famille.

Plus de 70 associations et communes constituent le réseau .

Le festival Théâtre A Tout Age

Rendez-vous du public, des artistes et des professionnels, le festival Théâtre A Tout Age propose des spectacles et créations accessibles à tous les âges. A partir de Quimper, il irrigue tout le Finistère : de Brélès à Moëlan-sur-mer, de Pont-Croix à Carhaix. *20 000 spectateurs attendus en 2005*

Théâtre A Tout Age 2005

- 22 nov > 20 déc dans 34 communes du Finistère.
- 8 > 18 déc à Quimper .
- 16 spectacles programmés

Les journées professionnelles du festival
13, 14, 15 déc à Quimper

> 8 créations à découvrir
> le 13 : «Le spectacle jeune public, un facteur pour l'aménagement culturel du territoire?» Colloque au Conseil Général du Finistère.
> le 14 : présentation des projets de création pour la saison 2006-07.
> Inscriptions au 02 98 64 51 25

Très Tôt Théâtre est missionné et financé par la Ville de Quimper et le Conseil général du Finistère, avec le soutien de la Région Bretagne et de la DRAC Bretagne, ainsi que de la CAF, de la DDJS et de l'ONDA.

Très Tôt Théâtre - 51 rue Jeanne d'Arc - 29000 Quimper - tél : 02 98 64 20 35 - fax : 02 98 64 32 44
mail : trestottheatre29@wanadoo.fr - site : www.tres-tot-theatre.com

ORGANISMES REGIONAUX

Bretagne

Conseil régional de Bretagne

www.region-bretagne.fr
283 avenue du Général Patton, BP 3166
35031 Rennes Cedex
Tél. : 02 99 27 11 68 - Fax : 02 99 27 11 11
communication@region-bretagne.fr
• Directrice : **Marie-Pierre Bouchaudy**
• Directeur adjoint à la culture : **Alain Van der Malière**
• Chef de service culture : **Laurence Legoff**

Conseil général des Côtes-d'Armor (22)

www.cg22.fr
9 rue du Parc
22023 Saint-Brieuc Cedex
Tél. : 02 96 62 27 82 - Fax : 02 96 33 80 30
postmaster@cg22.fr
• Directeur : **Claude Le Potier**
• Chef de service culture : **Françoise Maurice**
• Théâtre : **Claudie Allières**
• Musique et danse : **Marie Le Bonte**

Conseil général du Finistère (29)

www.cg29.fr
32 boulevard Dupleix
29196 Quimper Cedex
Tél. : 02 98 76 20 20 - Fax : 02 98 76 20 13
doc@cg29.fr
• Directeur : **Pierre Jouvencel**
• Directrice adjoint : **Françoise Daniel**
• Chef de service développement culturel : **Thierry Le Nedic, Rodolphe Rohart**

Conseil général d'Ille-et-Vilaine (35)

www.cg35.fr
19 avenue Charles Tillon
35000 Rennes
Tél. : 02 99 02 35 52 - Fax : 02 99 02 39 25
herve.me-norcy@cg35.fr
• Directeur : **Laurent Laroche**

Conseil général du Morbihan (56)

www.cg56.fr
2 rue Saint-Tropez, BP 400
56009 Vannes Cedex
Tél. : 02 97 54 80 00 - Fax : 02 97 54 80 56
• Directeur : **Pascal Barret**
• Chef de service culture : **Hélène Chedorge**
• Musique, danse, théâtre : **Catherine Lormet, Sylvaine Robidou**

ADDAV Morbihan (56)

www.addav56.org
8-10 rue du Capitaine Jude
56000 Vannes
Tél. : 02 97 47 10 97 - Fax : 02 97 47 47 85
contact@addav56.org
• Présidente : **Annick Gouillou-Moinard**
• Directeur : **Bernard Guinard**
• Enseignements artistique et pratique des amateurs : **Patricia Oudin**
• Actions culturelles, création et diffusion : **Anne-Sophie Billard**
Activités/missions : Association départementale du développement des arts vivants.

ADDM Côtes d'Amor (22)

www.addm22.com
2 place Saint-Michel
22000 Saint-Brieuc
Tél. : 02 96 68 35 35 - Fax : 02 96 68 66 89
contact@addm22.com
• Président : **Christian Provost**
• Directrice : **Marie-Christine Duréault-Thoméré**
• Administratrice : **Sylvie Joanny**
• Danse : **Annick Jégo, Véronique Pacalet, Laurence Merckelbagh**
• Musique : **Julien Pion, Bernard Bretonneau**
Activités/missions : Association départementale danse et musique.

ADDM Ille-et-Vilaine (35)

www.addm35.org
2 avenue Janvier
35000 Rennes
Tél. : 05 56 99 33 23 - Fax : 02 99 35 45 99
addm35@addm35.org

- Président : **Didier Le Bougeant**
- Directeur : **Hervé Biseuil**
- Administratrice : **Isabelle Matas**
- Danse : **Claire Le Floch**
- Musique : **Claire Le Floch**

Activités/missions : Association départementale danse et musique.

Musiques et danses en Bretagne

www.resonances-bretagne.org
1 rue du Prieuré, BP 55
35410 Châteaugiron
Tél. : 05 56 99 33 23 - Fax : 02 99 37 37 62
contact@resonances-bretagne.org

- Président : **Emmanuel Couet**
- Directrice : **Martine Le Bras-Sourisseau**
- Danse : **Claire Olivier**
- Musique : **Nathalie Dubée, Sarah Karlikow**

Musiques et danses en Finistère (29)

www.md29.org
12 rue Stang Ar C'Hoat
29336 Quimper Cedex
Tél. : 02 98 95 68 90 - Fax : 02 98 95 09 88
contact@md29.org

- Président : **Richard Ferrand**
- Directrice : **Anne Follézou**
- Administrateur : **Ronan Pellay**
- Communication : **Ronan Lollier**
- Danse : **Isabelle Brochard**
- Musique : **Christine Chazelle, Magaly Le Goff**

Activités/missions : informer, coordonner et agir pour toutes les musiques et danses rassemble les acteurs de la vie musicale et chorégraphiques du Finistère.

ODDC (22)

www.oddc22.com
2 bis place Saint-Michel
22000 Saint-Brieuc
Tél. : 02 96 60 86 10 - Fax : 02 96 52 07 60
contact@oddc22.com

- Président : **Christian Provost**
- Directeur : **Olivier Couqueberg**
- Jeune public : **Pascal Del-Din**
- Administratrice : **Natacha Renault**
- Communication : **Julien Martinet**
- Théâtre : **Nathalie Papin, Éric Prémel**

Activités/missions : Office départementale de développement culturel des Côtes d'Armor.

Théâtre(s) en Bretagne

www.theb.com.fr
18 rue Abbé Vallée, BP 4618
22046 Saint-Brieuc Cedex 2
Tél. : 02 96 61 73 57 - Fax : 02 96 61 41 96
theb@theb.com.fr

- Président : **Didier Plassard**
- Directeur : **René Lafite**
- Communication : **Benoît Becam**

Activités/missions : depuis 1993, coordonner notamment le "réseau jeune public Bretagne".

Centre

Conseil régional du Centre

www.regioncentre.fr
9 rue Saint-Pierre Lentin
45041 Orléans Cedex
Tél. : 02 38 70 30 00 - Fax : 02 38 70 31 18
information@regioncentre.fr

- Directeur : **Marc Sadaoui**
- Théâtre et danse : **Sylvie Raissiguier**
- Musique : **Sophie Thierry**
- Action culturelle : **Karine Sauzet**

ORGANISMES REGIONAUX

Conseil général du Cher (18)

www.cg18.fr
Place Marcel Plaisant
18023 Bourges Cedex
Tél. : 02 48 27 80 00 - Fax : 02 48 27 80 01
doc.cg18@wanadoo.fr
• Chef de service culture : **Corinne Dardé**

Conseil général d'Eure-et-Loir (28)

www.cg28.fr
1 place Chatelet
28026 Chartres Cedex
Tél. : 02 37 34 74 26 - Fax : 02 37 20 10 90
public@cg28.fr
• Directeur adjoint : **Jean-Marc Providence**
• Chef de l'action culturelle :
Laurence Krief-Haudry
• Administration culturelle :
Anne-Marie Yvernault

Conseil général de l'Indre (36)

www.cg36.fr
Place de la Victoire et des Alliés, BP 639
36020 Châteauroux Cedex
Tél. : 02 54 08 36 91 - Fax : 02 54 27 60 29
dg.cgindre@wanadoo.fr
• Directeur, conseiller musique, théâtre, danse :
Jean-François Barnaba

Conseil général de l'Indre-et-Loire (37)

www.cg37.fr
18 place de la Préfecture
37927 Tours Cedex 09
Tél. : 02 47 31 47 31 - Fax : 02 47 31 42 71
contact@cg37.fr
• Directeur des affaires culturelles :
Alain Tarou
• Chef de service culture : **Dominique Lecerf**
• Musique et Danse : **Jean-Marie Pacqueteau**

Conseil général du Loir-et-Cher (41)

www.cg41.fr
1 place de la République
41020 Blois Cedex
Tél. : 02 54 58 41 41 - Fax : 02 54 58 42 13
fabienne.piton@cg41.fr
• Directrice : **Martine Miau**
• Chef de service culture : **Martijn Kalff**

Conseil général du Loiret (45)

www.loiret.com/cgloiret
Rue Châteaubriant
45000 Orléans La Source
Tél. : 02 38 25 47 92 - Fax : 02 38 25 43 90
loiret@cg45.fr
• Directeur des affaires culturelles :
Martial Dardelin
• Chef de service culture : **Anne Moreau**

ADATEC

www.adatec-centre.com
37 avenue de Paris
45000 Orléans
Tél. : 02 38 79 95 79 - Fax : 02 38 79 95 78
adm.adatec@adatec-centre.com
• Président : **Marc Brynhole**
• Directeur : **Dominique Bonny**
• Responsable diffusion : **Maryn Toley**
Activités/missions : Agence pour le développement des activités touristiques et culturelles du centre.

ADDMD Cher (18)

Conseil général du Cher
Rue Abbé Moreux
18000 Bourges
Tél. : 02 48 27 81 15 - Fax : 02 48 27 81 15
addmd18@wanadoo.fr
• Présidente : **Colette Bonneau**
• Directrice : **Lysiane Serpeaud**
• Administratrice : **Sophie Doucet**
Activités/missions : Association départementale pour le développement de la musique et de la danse.

ADIAM Eure-et-Loir (28)

www.adiam28.fr
1 rue du 14 juillet
28000 Chartres
Tél. : 02 37 30 13 38 - Fax : 02 37 90 79 16
contact@adiam28.fr
- Président : **Philippe Ruhlmann**
- Directrice : **Nathalie Bénard**
- Administrateur : **Olivier Lecrair**
- Danse : **Mickaël Dereuddre**
- Musique : **Mickaël Dereuddre**

Activités/missions : Association départementale d'informations et d'actions musicales et chorégraphiques.

ARIA Centre

www.aria.regioncentre.fr
36 quai du Châtelet
45000 Orléans
Tél. : 02 38 65 41 22 - Fax : 02 38 81 26 07
aria.centre@wanadoo.fr
- Président : **Augustin Cornu**
- Directeur : **Jean-Pierre Legendre**

Activités/missions : Association régionale des initiatives artistiques.

Champagne-Ardenne

Conseil régional de Champagne-Ardenne

www.cr-champagne-ardenne.fr
5 rue de Jéricho
51000 Châlons-en-Champagne
Tél. : 03 26 70 31 31 - Fax : 03 26 70 31 61
information@cr-champagne-ardenne.fr
- Directeur de l'ORCCA : **Christian Labruyère**

Conseil général de l'Aube (10)

www.cg-aube.com
2 rue Pierre Labonde, BP 394
10026 Troyes Cedex
Tél. : 03 25 42 50 41 - Fax : 03 25 42 51 63
cg-aube@cg10.fr
- Directrice : **Élisabeth Feuillat-Wagner**
- Chef de service culture : **Pierre Briquet**

Conseil général de la Marne (51)

www.cg51.fr
2 bis rue Jessaint
51038 Châlons-en-Champagne
Tél. : 03 26 69 40 89 - Fax : 03 26 21 49 81
carrieug@cg51.fr
- Directrice des affaires culturelles : **Christine Boban**
- Service culturel : **Pierre-Henri Condamine, Clothilde Lescanne**

Conseil général de Haute-Marne (52)

www.cg52.fr
1 rue du Commandant Hugueny, BP 509
52011 Chaumont Cedex
Tél. : 03 25 32 86 18 - Fax : 03 25 32 88 32
- Directeur : **Philippe Guiart**

Conseil général des Ardennes (08)

www.cg08.fr
6 place de la Préfecture
08011 Charleville-Mézières Cedex
Tél. : 03 24 59 60 60 - Fax : 03 24 37 76 76
- Chef de bureau : **Jean-Louis Giboni**

ADDMC Haute-Marne

www.addmc52.org
2 rue du 14 juillet, BP 509
52011 Chaumont Cedex
Tél. : 03 25 02 05 75 - Fax : 03 25 02 05 50
addmc52@wanadoo.fr
- Présidente : **Élisabeth Robert-Dehault**
- Directrice : **Alice Champagnac**
- Jeune public : **Stephan Hernandez**
- Administratrice : **Brigitte Mongin**
- Danse : **Stephan Hernandez**
- Musique : **Stephan Hernandez**

Activités/missions : Association départementale pour le développement musical et chorégraphique.

ORCCA

www.orcca.asso.fr
33 avenue de Champagne
51203 Épernay Cedex
Tél. : 03 26 55 71 71 - Fax : 03 26 55 32 59
infos@orcca.asso.fr
• Président : **François Letzgus**
• Directeur : **Christian Labruyère**
• Directrice adjointe : **Marie Delhoume**
• Secrétaire général : **Cyrille Planson**
• Jeune public : **Cyrille Planson**
• Communication : **Jacqueline Pierson**
• Danse : **Marie Delhoume**
• Théâtre : **Cyrille Planson**
Activités/missions : mettre en œuvre la politique culturelle du Conseil régional, conseiller et encourager les acteurs culturels dans leurs projets.

Corse

Conseil général de Corse du Sud (20)

www.cg-corsedusud.fr
Hôtel du département
Palais Lantivy, Cours Napoléon, BP 414
20183 Ajaccio Cedex 1
Tél. : 04 95 29 13 00 - Fax : 04 95 51 00 99
doccg2a@citec.fr
• Directeur des affaires culturelles :
Alain Venturini

Conseil général de Haute-Corse (20)

www.cg2b.fr
Rond Point du Général Leclerc
20405 Bastia Cedex 9
Tél. : 04 95 55 56 91 - Fax : 04 95 55 56 99
hautecorse@cg2.fr
• Chef de service culture : **François Gernonimi**

Direction d'action culturelle de Corse

www.ct-corse.fr
Collectivité territoriale de Corse
22 cours Grandval, BP 215
20187 Ajaccio Cedex 1
Tél. : 04 95 51 65 09 - Fax : 04 95 51 65 05
david.mazzieri@ct-corse.fr
• Directeur : **Dominique Rognoni**
• Chef de service spectacle vivant :
David Mazzieri
Activités/missions : mettre en place la politique culturelle de la collectivité.

Franche-Comté

Conseil régional de Franche-Comté

www.cr-franche-comte.fr
4 square Castan
25031 Besançon Cedex
Tél. : 03 81 61 61 61 - Fax : 03 81 83 12 92
contact@cr-franche-comte.fr
• Directrice des affaires culturelles :
Ghislaine Gouby
• Spectacle vivant : **Marie-Agnès Cotton**

Conseil général du Doubs (25)

www.cg25.fr
7 avenue de la Gare d'Eau
25031 Besançon Cedex
Tél. : 03 81 25 83 97 - Fax : 03 81 25 81 01
fabrice.rouard@doubs.fr
• Chef de service culture : **Annie Bonnefoy**

Conseil général du Jura (39)

www.cg39.fr
17 rue Rouget de Lisle
39039 Lons-le-Saunier Cedex 9
Tél. : 03 84 87 33 00 - Fax : 03 84 24 68 65
contact@cg.39.fr
• Directeur des affaires culturelles : **Colin Vidal**
• Chef de service culture : **Pierre Prost**
• Chef de mission culture : **Anne-Sophie Levron-Guillot**

MCLA 05/06 Nantes

La Maison de la Culture de Loire-Atlantique propose à Nantes et dans les salles partenaires du département une programmation jeune public et tout public destinée à tous les âges.

Elle l'accompagne naturellement d'un travail de sensibilisation des élèves avec des stages pour les enseignants, des rencontres avec les artistes…

Elle développe par ailleurs depuis six ans une opération spécifique pour les collégiens, « Collèges au théâtre », qui s'adresse à vingt-six établissements de Loire-Atlantique et plus de 2000 élèves.

Parmi les spectacles proposés, on peut citer notamment cette saison

Alice à l'envers
Compagnie
Garin Trousseboeuf

BB Babils
Théâtre Pom'

La Terrible Nuit de Juliette
texte et mise en scène
Marion Guerrero

L'Enfant et les sortilèges
de Ravel
mise en scène
Patrice Caurier et Moshe Leiser

L'Oratorio d'Aurélia
de Victoria Thierrée Chaplin

02.51.88.25.25

Maison de la Culture de Loire-Atlantique

Ville de Nantes – Loire Atlantique Conseil Général – Liberté • Égalité • Fraternité République Française – Ministère Culture Communication

ORGANISMES REGIONAUX

Conseil général de Haute-Saône (70)

www.cg70.fr
Hôtel du département
23 rue de la Préfecture, BP 349
70006 Vesoul Cedex
Tél. : 03 84 96 70 70 - Fax : 03 84 76 73 73
contact@cg70.fr
• Directeur des affaires culturelles : **Jacques Ambacher**
• Chef de bureau : **Marianne Wadoux**

Conseil général du Territoire-de-Belfort (90)

www.cg90.fr
Place de la Révolution Française
90020 Belfort Cedex
Tél. : 03 84 90 90 90 - Fax : 03 84 22 06 27
• Directeur développement culturel : **Jean-Damien Collin**

ADDIM Haute-Saône (70)

www.cg70.fr/evenements/spectacl.htm
23 rue Lafayette
70000 Vesoul
Tél. : 03 84 75 36 37 - Fax : 03 84 75 02 97
addim.haute-saone@wanadoo.fr
• Président : **Jean-Pierre Michel**
• Directeur : **Fabrice Creux**
• Jeune public : **Évelyne Menaucourt**
• Communication : **Karine Beaudoin**
• Musique : **David Demange**
Activités/missions : Association départementale pour le développment de la danse et de l'initiative musicale.

Haute-Normandie

Conseil régional de Haute- Normandie

www.region-haute-normandie.fr
Hôtel de région
5 rue Schuman, BP 1129
76174 Rouen Cedex 1
Tél. : 02 35 52 57 39 - Fax : 02 35 52 56 56
alain.levern@cr-haute-normandie.fr
• Directrice : **Solange Claquin**
• Théâtre : **Éric Boquelet**
• Musiques actuelles : **Éric Boquelet**
• Musique classique et danse : **Anne Parrad**

Conseil général de l'Eure (27)

www.cg27.fr
Hôtel du département
Boulevard Georges Chauvin
27021 Évreux Cedex
Tél. : 02 32 31 50 12 - Fax : 02 32 33 68 00
• Directeur des affaires culturelles : **Christian Chermeux**
• Animation Culturelle : **Sophie Sérafin**

Conseil général de Seine-Maritime (76)

www.cg76.fr
Hôtel du département, cours Clémenceau
76100 Rouen
Tél. : 02 35 03 55 55 - Fax : 02 35 03 55 42
espace.information@cg76.fr
• Directrice des affaires culturelles : **Isabelle Maraval**
• Musique : **Myriam Guihot**
• Danse et théâtre : **Isabelle Franca-Eliot**
• Cirque et chorale : **Janine Vannier**

ODIA Normandie

www.odianormandie.com
1 bis chemin de Cleres
76130 Mont Saint Aignan
Tél. : 02 35 70 05 30 - Fax : 02 35 70 01 42
contact@odianormandie.com
• Président : **Robert Weil**
• Directeur : **Jean-Pierre Lacoste**
• Communication : **Laurent Scot**
• Théâtre et danse : **Jean-Pierre Lacoste, Martine Bellanza**
• Musique : **Aude Tortuyaux**
Activités/missions : Office de diffusion et d'information artistique.

Région musique Haute-Normandie

www.musiquehn.com
73 rue Martainville
76000 Rouen
Tél. : 02 35 70 30 65 - Fax : 02 35 15 43 31
contact@musiquehn.com
• Vice-président : **Philippe Rio**
• Directeur : **Benoît Grenèche**
• Communication : **Véronique Holstein**
• Administratrice : **Marie-Thérèse Nyalonda-Lebay**
Activités/missions : développement et accompagner les pratiques vocales et instrumentales en Haute-Normandie.

Ile-de-France

Conseil régional d'Ile-de-France

www.iledefrance.fr
33 rue Barbet de Jouy
75007 Paris
Tél. : 01 53 85 53 85 - Fax : 01 53 85 53 89
• Directeur : **Étienne Achille**
• Sous-directrice : **Nicole Raynaud**
• Chargé de mission spectacle vivant : **Antoine Cassan**

Conseil général de Seine-et-Marne (77)

www.actart77.com
Impasse du Château
77000 La Rochette
Tél. : 01 64 83 03 30 - Fax : 01 64 14 72 24
cg77@cg77.fr
• Directeur des affaires culturelles : **Pierre-Marie Cuny**
• Danse : **Sophie Gauthier**
• Musique : **Myriam Perrot**
• Théâtre : **Sandrine Lachaux**

Conseil général des Yvelines (78)

www.cg78.fr
2 place André Mignot Cedex
78012 Versailles
Tél. : 01 39 07 71 79 - Fax : 01 39 07 88 36
communication@cg78.fr
• Directrice : **Brigitte Cayla**
• Chef de service culture : **Chantal Anglada**
• Adjointe : **Catherine Thabut**
• Spectacle vivant : **Élise Czernichow**

Conseil général de l'Essonne (91)

www.cg91.fr
Boulevard de France
91012 Évry Cedex
Tél. : 01 60 91 93 82 - Fax : 01 60 77 30 95
conseil.general@cg91.fr
• Directrice des affaires culturelles : **Françoise Patrigeon**
• Chef de service culture : **Corinne Schmitt**
• Musique : **Réginald Hoffmann**
• Théâtre : **Stéphanie Ferrand**

Conseil général des Hauts-de-Seine (92)

www.hauts-de-seine.fr
61 rue Salvator Allende
92000 Nanterre
Tél. : 01 47 29 30 31 - Fax : 01 47 29 34 34
• Directrice des affaires culturelles : **Danièle Flavier**
• Responsable théâtre, cinéma et littérature : **Anne-France Lanord**
• Responsable musique, danse et chanson : **Lydie Sierra**
• Théâtre : **Anna Borlot**
• Jeune public : **Émilie Deplace**

Conseil général de Seine-Saint-Denis (93)

www.cg93.fr
BP 193
93003 Bobigny Cedex
Tél. : 01 43 93 83 16- Fax : 01 43 93 81 60
pblisson@cg93.fr
• Directrice de la culture, de la jeunesse et du sport : **Claudine Valentini**
• Jeune public : **Pauline Blisson**
• Danse : **Anne Rousseau**
• Théâtre : **Djalila Harnay**
• Musique : **Anne Rousseau**

Conseil général du Val-de-Marne (94)

www.cg94.fr
Avenue du Général de Gaulle
94011 Créteil Cedex
Tél. : 01 43 99 73 50 - Fax : 01 43 99 71 08
dircom@cg94.fr
- Directrice : **Sylvie Ségal**
- Responsable spectacle vivant : **Michèle Chaize**
- Adjointe spectacle vivant : **Martine Myszkowski**
- Musique : **Didier Sendra**

Conseil général du Val-d'Oise (95)

www.cg95.fr
2 avenue du Parc
95032 Cergy-Pontoise
Tél. : 01 34 25 30 30 - Fax : 01 34 25 33 00
info@valdoise.fr
- Directeur des affaires culturelles :
Yves Schwarzbach
- Théâtre : **Corinne Hochart**
- Spectacle vivant : **Colombe Barsacq**

Act'Art (77)

www.actart77.com
Impasse du Château
77000 La Rochette
Tél. : 01 64 83 03 30 - Fax : 01 64 83 03 33
contact@actart77.com
- Présidente : **Michèle Pélabère**
- Directeur : **Paul Fournier**
- Administratrice : **Geneviève Hollemaert**
- Communication : **Édith Faucouit**
- Danse : **Sophie Gauthier**
- Théâtre : **Sandrine Lachaux**
- Musique : **Yann Biville, Myriam Perrot**

Activités/missions : action artistique en Seine-et-Marne.

Acte 91

www.acte91.com
315 square des Champs-Elysées
Courcouronnes
91026 Évry Cedex
Tél. : 01 60 91 34 56- Fax : 01 60 78 49 02
contact@acte91.com
- Président : **Patrice Sac**
- Directeur : **Vincent Lalanne**
- Administratrice : **Geneviève Sebben**
- Communication : **Marie-Thérèse Létoffé**
- Théâtre : **Bernard Guirmand, Céline Poisson**

Activités/missions : aider au développement de l'activité culturelle en Essonne.

ADIAM Essonne (91)

www.adiam91.com
315 square des Champs-Élysées V
91026 Évry Cedex
Tél. : 01 60 78 28 63- Fax : 01 60 78 26 30
info@adiam91.com
- Président : **Patrice Sac**
- Directeur : **Thierry Blouët**
- Danse : **Sabine Tessier**
- Musique : **Thibaut Losson**

Activités/missions : Association départementale d'informations et d'actions musicales et chorégraphiques.

ADIAM Musiques et danses en Val-de-Marne (94)

www.adiam94.org
Domaine Chérioux, route de Fontainebleau
94407 Vitry-sur-Seine Cedex
Tél. : 01 41 73 11 79- Fax : 01 46 86 84 85
contact@adiam94.org
- Présidente : **Évelyne Rabardel**
- Directeur : **Didier Sendra**
- Administratrice : **Sylvie Nicolas**
- Danse et musique : **Audrey Laumonier**

Activités/missions : Association départementale d'informations et d'actions musicales et chorégraphiques.

ADIAM Val-d'Oise (95)

www.valdoise.fr/adiam
Hôtel du département
2 avenue du Parc
95032 Cergy-Pontoise Cedex
Tél. : 01 34 25 30 67- Fax : 01 34 25 32 54
adiam95@fr.oleane.com
- Président : **Jacques Charpentier**

Anne-Sophie Tschiegg

- Directrice-adjointe : **Claire Perrin**
- Administratrice : **Catherine Dorval**
- Danse : **Cécile Reverdy**
- Musique : **Fabrice Hubert**

Activités/missions : Association départementale d'informations et d'actions musicales et chorégraphiques.

ADIAM Yvelines (78)

www.adiam78.yvelines.fr
Hôtel du département
2 place André Mignot
78012 Versailles Cedex
Tél. : 01 39 07 70 50 - Fax : 01 39 07 89 16
adiam78@cg78.fr

- Président : **Daniel Baglioni**
- Directrice : **Bernadette Legrenzi**
- Administratrice : **Claudine Comte**
- Communication : **Pascale Ehret**
- Danse : **Isabelle Arifon**
- Musique : **Franck Michaut, Nathalie Cuvilliez-Bilien**

Activités/missions : Association départementale d'informations et d'actions musicales et chorégraphiques.

ARCADI

www.arcadi.fr
1 bis passage Duhesme, BP 30066
75861 Paris Cedex 18
Tél. : 01 55 79 00 00 - Fax : 01 55 79 97 79

- Président : **Dominique Lafon**
- Directeur : **Jean-Claude Pompougnac**
- Administrateur : **Jihad-Michel Hoballah**
- Communication : **Joana Idieder**
- Danse : **Caroline Lozé**
- Théâtre : **Tatiana Breidi**
- Musique : **Pascale Bigot**

Activités/missions : Action régionale pour la création artistique et la diffusion en Ile-de-France.

ARIAM

www.ariam-idf.com
9 rue la Bruyère
75009 Paris
Tél. : 01 42 85 45 28 - Fax : 01 48 74 46 59
ariam-idf@ariam-idf.com

- Président : **Olivier Thomas**
- Directrice : **Bernadette Grégoire**
- Administratrice : **Catherine Peroux Gourgant**
- Communication : **Marie-Christine Roux**
- Musique : **Jean-Louis Vicart, Danielle David**

Activités/missions : Association régionale d'information et d'actions musicales Ile-de-France.

La Fédéconte

www.fedeconte.org
33 rue Victor Hugo
78700 Conflans-Saint-Honorine
Tél. : 08 70 29 91 80
info@fedeconte.org

- Présidente : **Karyn Mazel Noury**
- Trésorière : **Constance Trubert**
- Secrétaire : **Alice Dhume**
- Conseil d'administration : **Jean-Yves Auffret, Dominique Gaillot, Nadine Jasmin, Anastasia Ortenzio**

Activités/missions : Association pour le rayonnement du conte en Ile-de-France.

Ville de Paris (75)

www.paris.fr
Hôtel d'Albret
31 rue des Francs-Bourgeois
75188 Paris Cedex 4
Tél. : 01 42 76 84 84 - Fax : 01 42 76 53 43

- Directrice : **Hélène Font**
- Directrice-adjointe : **Laurence Pascalis**
- Chef de bureau théâtre, danse, cirque et arts de la rue : **Marie-Pierre Auger**
- Musique : **Jean-Marie Perlemuter**

ORGANISMES REGIONAUX

Languedoc-Roussillon

Conseil régional du Languedoc-Roussillon

www.cr-languedocroussillon.fr
201 avenue de la Pompignane
34064 Montpellier Cedex 2
Tél. : 04 67 22 80 84 - Fax : 04 67 22 81 92
blanc@cr-languedocroussillon.fr
• Directeur : **Fabrice Manuel**
• Directrice adjointe : **Christine Vergne**
• Arts vivants : **Martine Roujon**

Conseil général de l'Aude (11)

www.cg11.fr
Hôtel du département
11855 Carcassonne Cedex 9
Tél. : 04 68 11 68 11 - Fax : 04 68 11 68 11
documentation@cg11.fr
• Déléguée départementale à la culture :
Marie-Pierre Laurent

Conseil général du Gard (30)

www.cg30.fr
3 rue Guillemette
30044 Nîmes Cedex 9
Tél. : 04 66 76 77 75 - Fax : 04 66 76 79 44
talon_m@cg30.fr
• Directeur : **Michel Talon**
• Spectacle vivant : **Monique Chessa**
Activités/missions : mettre en place la politique culturelle du Département.

Conseil général de l'Hérault (34)

www.cg34.fr
Hôtel du département
1000 rue d'Alco
34087 Montpellier Cedex 4
Tél. : 05 56 99 33 23 - Fax : 04 67 67 76 85
culture@cg34.fr
• Directeur des affaires culturelles :
Jean-Michel Paris
• Jeune public : **Isabelle Grison**
• Directrice politiques culturelles locales :
Dany Guillou
• Théâtre : **Henri Cartayrade**
Activités/missions : mettre en place la politique culturelle du Département.

Conseil général de Lozère (48)

www.lozere.fr
Rue de la Rovère
48001 Mende Cedex
Tél. : 04 66 49 66 66 - Fax : 04 66 49 66 10
cg48@cg48.fr
• Directeur : **Michel Desdouits**
• Directeur Scènes Croisées : **Jean-Pierre Siorat**
• Spectacle vivant : **Jean-Pierre Kircher**

Conseil général des Pyrénées-Orientales (66)

www.cg66.fr
11 rue du Bastion Saint-Dominique, BP 906
66906 Perpignan
Tél. : 04 68 51 77 10 - Fax : 04 68 34 29 98
conseil.gerenal66@cg66.fr
• Directrice : **Geneviève Monnier**
• Directrice adjointe : **Roselyne Ayrolles**

ADDA - Scènes croisées de Lozère (48)

13 boulevard Britexte, BP 95
48003 Mende Cedex
Tél. : 04 66 65 75 75 - Fax : 04 66 65 75 76
adda.scenescroisees@wanadoo.fr
• Président : **José Chapert**
• Directeur : **Jean-Pierre Siorat**
• Jeune public : **Jean-Pierre Kircher**
• Administrateur : **Pierre-Louis Seguin**
• Communication : **Céline Lojewski**
• Danse : **Pascal Paroudy**
• Théâtre : **Valérie Renaut**
• Musique : **Franck Vigroux, Marianne Evezard.**
Activités/missions : Association départementale pour le développement des arts.

ADDM Hérault (34)

www.addm34.fr
148 avenue Professeur Jean-Louis Viala, CS 64306
34193 Montpellier Cedex 5
Tél. : 05 56 99 33 23 - Fax : 04 67 45 02 75
addm34@wanadoo.fr

- Président : **Jacques Atlan**
- Directrice : **Sabine Maillard**
- Jeune public : **Françoise Heulin**
- Administrateur : **Manuel Popek-Socha**
- Communication : **Isabelle Puechberty**
- Danse : **Françoise Heulin**
- Musique : **Guilhem Trebuchon, Nicolas Volland**

Activités/missions : Association départementale danse et musique.

ADDMD Aude (11)

www.addmd11.fr
Conseil général de l'Aude
11855 Carcassonne Cedex 09
Tél. : 04 68 11 69 96 - Fax : 04 68 11 67 14
addmd.11@wanadoo.fr

- Président : **Partick Oustric**
- Directeur : **Frank Simoneau**
- Administratrice : **Colette Robart**
- Communication : **Bruno Scotto Diminico**
- Danse : **Claudine David**
- Musique : **Bruno Scotto Diminico**

Activités/missions : Association départementale pour le développement de la musique et de la danse.

Musique et danse en Languedoc-Roussillon

www.musiquedanselr.com
20 rue de l'Argenterie
34000 Montpellier
Tél. : 05 56 99 33 23 - Fax : 04 67 66 90 80
musiquedanse.lr@wanadoo.fr

- Président : **Yves Larbiou**
- Directeur : **Pascal Champlon**
- Administratrice : **Rania Aifoun**
- Communication : **Pauline Bioulès**
- Danse : **Christophe Burdin**
- Musique : **Florence Poignon**

Activités/missions : Mission d'information, de coordination et de mise en réseau des acteurs culturels dans les domaines de la musique et de la danse.

Limousin

Conseil régional du Limousin

www.cr-limousin.fr
27 boulevard de la Corderie
87031 Limoges Cedex
Tél. : 05 55 45 19 00 - Fax : 05 55 45 18 25
crlim@cr-limousin.fr

- Directrice : **Marie-Annick Bernard-Griffiths**
- Directrice adjointe : **Agnès Durand**
- Danse, musique théâtre : **Véronique Chauvois, Marie Pagenot, Catherine Roche**

Conseil général de Corrèze (19)

www.cg19.fr
9 rue René et Émile Fage
19005 Tulle Cedex
Tél. : 05 55 93 70 00 - Fax : 05 55 93 70 82
trouhaud@cg19.fr

- Directeur : **Thierry Rouhaud**

Conseil général de la Creuse (23)

www.cg23.fr
Château des Comtes de la Marche, BP 250
23011 Guéret
Tél. : 05 44 30 24 03 - Fax : 05 55 52 28 55
lpommier@cg23.fr

- Chef de service culture : **Corinne Cordier**

Conseil général de Haute-Vienne (87)

www.cg87.fr
43 avenue de la Libération
87031 Limoges
Tél. : 05 55 45 10 05 - Fax : 05 55 79 57 31
contact@cg87.fr

- Directeur : **Thierry Gentes**
- Directeur adjoint : **Pascal Nourry**
- Chef de projet culture : **Marie-Hélène Virondeau**
- Instructeur : **Jean-Pierre Faille**

ADIAM Corrèze

Hôtel du département
9 rue René et Émile Fage, BP 199
19005 Tulle Cedex
Tél. : 05 55 93 74 42 - Fax : 05 55 93 74 48

- Président : **Claude Nougein**
- Directeur : **Henri Leboulleux**
- Jeune public : **Céline Peronne**
- Administrateur : **Thierry Rouhaud**
- Communication : **Fabrice Ponthier**
- Musique : **Fabrice Ponthier**

Activités/missions : Association départementale d'informations et d'actions musicales et chorégraphiques.

ADIAM Creuse

www.adiam.creuse.com
Hôtel du département
Château des Comtes de la Marche
23000 Guéret
Tél. : 05 44 30 23 47 - Fax : 05 44 30 24 57
adiam23@cg23.fr

- Président : **Guy Avizou**
- Directrice : **Liliane Bardon**
- Administratrice : **Catherine Harem**
- Communication : **Lydie Lachérade**
- Danse : **Luce Cathala**

Activités/missions : Association départementale d'informations et d'actions musicales et chorégraphiques.

ASSECARM Limousin

31 avenue de la Libération
87000 Limoges
Tél. : 05 55 10 90 28 - Fax : 05 55 10 90 70
mudalim@wanadoo.fr

- Président : **Michel Augeard**
- Directeur : **Yves Menut**
- Administrateur : **Jean-Claude Robert**
- Communication : **Stéphanie Ballet**
- Danse : **Valérie Aiello**
- Musique : **Viviane Gégout**

Activités/missions : Association musique et danse en Limousin.

Lorraine

Conseil régional de Lorraine

www.cr-lorraine.fr
Place Gabriel Hocquard, BP 81004
57036 Metz Cedex 1
Tél. : 03 87 33 62 92 - Fax : 03 87 32 89 33
florence.gautier@cr-lorraine.fr

- Directrice : **Valérie Lahouel**
- Danse, théâtre, musique : **Florence Gautier**

Activités/missions : mettre en place la politique culturelle régionale.

Conseil général de Meurthe-et-Moselle (54)

www.cg54.fr
48 rue du Sergent Blandan
54035 Nancy Cedex
Tél. : 03 83 94 56 82 - Fax : 03 83 94 54 00

- Directeur : **Philippe Buzzi**
- Chef de service culture : **Christine Bleicher**

Conseil général de la Meuse (55)

www.cg55.fr
Place Pierre-François Gossin, BP 514
55012 Bar-le-Duc Cedex
Tél. : 03 29 45 78 74 - Fax : 03 29 45 77 84
csl@cg55.fr

- Directeur des affaires culturelles : **Jean-Luc Chardard**
- Chef de service culture : **Jean-Pierre Helas**

Conseil général de Moselle (57)

www.cg57.fr
1 rue du Pont-Moreau, BP 11096
57036 Metz Cedex 1
Tél. : 03 87 37 57 61 - Fax : 03 87 37 57 08

- Directeur : **Philippe Pintore**
- Adjointe : **Odile Delahoche**

ORGANISMES REGIONAUX

Conseil général des Vosges (88)

www.cg88.fr
8 rue de la Préfecture
88088 Épinal Cedex 9
Tél. : 03 29 29 88 28 - Fax : 03 29 29 88 80
crousselot@cg88.fr
• Directrice des affaires culturelles : **Francine Aubry-Begin**
• Chef de service culture : **Christine Devallois**

ADDAM Meurthe-et-Moselle (54)

www.addam54.com
Conseil général de Meurthe-et-Moselle
Rue du Sergent Blandan
54035 Nancy Cedex
Tél. : 03 83 94 51 69 - Fax : 03 83 94 51 62
info@addam54.com
• Président : **Jean-Pierre Minella**
• Directrice : **Myriam Louelhi**
• Communication : **Jean-Charles Masson**
• Danse : **Myriam Louelhi**
• Musique : **Michel Fasse, Philippe Chancolon**
Activités/missions : Association départementale pour le développement musique et danse.

ADDAM Moselle (57)

www.cg57.fr
Hôtel du département
1 rue du Pont Moreau, BP 11096
57036 Metz Cedex 1
Tél. : 03 87 37 82 21 - Fax : 03 87 37 82 29
laurence.george@cg57.fr
• Président : **Jean-Luc Bohl**
• Directeur : **Bernard Ruffenach**
• Jeune public : **Jean-François Angelini**
• Communication : **Laurence George**
• Danse : **Julienne Fortel**
• Musique : **Julienne Fortel, Jean-François Angelini, Fabrice Kastel.**
Activités/missions : Association départementale pour le développement musique et danse.

AVDAMC Vosges (88)

www.vosges.fr
8 rue de la Préfecture
88088 Epinal Cedex 9
Tél. : 03 29 29 89 08- Fax : 03 29 29 87 32
avdamc@wanadoo.fr
• Président : **Luc Gerecke**
• Directeur : **Thierry Szabo**
• Communication : **Fanny Bertrand**
• Danse : **Catherine Ayad-Lynde**
• Musique : **Sébastien Chevallier**
Activités/missions : Association vosgienne de développement des activités musicales et chorégraphiques.

Musique et danse Lorraine

www.musiquedanse-lorraine.com
Abbaye des Prémontrés
9 rue Saint Martin, BP 83
54704 Pont-à-Mousson Cedex
Tél. : 03 83 87 80 70 - Fax : 03 83 87 80 71
contact@musiquedanse-lorraine.com
• Président : **Roger Tirlicien**
• Communication : **Aurélie Perisse**
Activités/missions : mission générale de développement du spectacle vivant (musique, danse, théâtre) en Lorraine.

Midi-Pyrénées

Conseil régional de Midi-Pyrénées

www.midipyrenees.fr
22 boulevard du Maréchal Juin
31406 Toulouse Cedex 09
Tél. : 05 34 45 96 20 - Fax : 05 61 33 50 50
ruy.dcom@wanadoo.fr
• Directeur des affaires culturelles : **Marc Daniel**
• Théâtre et danse : **Anne Miguet**
• Musique : **François Figuet**

ORGANISMES REGIONAUX

Conseil général de l'Ariège (09)

www.cg09.fr
5-7 rue du Cap de la Ville, BP 23
09001 Foix Cedex
Tél. : 05 61 02 01 76 - Fax : 05 61 02 78 41
mesteban@cg09.fr
• Directeur des affaires culturelles :
Jean-Louis Attané
• Théâtre : **Mercedes Gardella**
• Danse : **Laurence Sourdin**
• Musique : **Dominique Nayrou**

Conseil général de l'Aveyron (12)

www.cg12.fr
7 place Charles de Gaulle, BP 724
12007 Rodez Cedex
Tél. : 05 65 75 82 51 - Fax : 05 65 75 80 19
presscom@cg12.fr
• Directeur des affaires culturelles :
Claude Roumagnac
• Chef de bureau : **Brigitte Siano**
• Mission départementale de la culture :
Chantal Wittmann

Conseil général de Haute-Garonne (31)

www.cg31.fr
1 boulevard de la Marquette
31090 Toulouse Cedex 9
Tél. : 05 34 33 32 31 - Fax : 05 34 33 30 28
service.communication@cg31.fr
• Chargée des affaires culturelles :
Marie-Thérèse Gouze

Conseil général du Gers (32)

www.cg32.fr
81 route de Pessan, BP 569
32022 Auch Cedex 9
Tél. : 05 62 67 41 28 - Fax : 05 62 67 42 91
cg32@cg32.fr
• Directrice des affaires culturelles :
Laurence Baudesson
• Culture : **Françoise Caches**

Conseil général du Lot (46)

www.cg46.fr
Place Chapou, BP 291
46005 Cahors Cedex
Tél. : 05 65 23 14 00 - Fax : 05 65 30 19 82
conseil-general-lot@cg46.fr
• Directeur des affaires culturelles :
Bernard Labro

Conseil général des Hautes-Pyrénées (65)

www.cg65.fr
6 rue Gaston Manent
65013 Tarbes Cedex
Tél. : 05 62 56 77 98 - Fax : 05 62 56 77 97
• Directeur des affaires culturelles :
Olivier Grosclaude
• Théâtre : **Laure Aso**
• Musique et danse : **Béatrice Vinet-Garcia**

Conseil général du Tarn (81)

www.cg81.fr
Lices Georges Pompidou
81013 Albi Cedex
Tél. : 05 63 45 66 14 - Fax : 05 63 45 65 12
thierrycarcenac@cg81.fr
• Directrice des affaires culturelles :
Marie-Noelle Pommié
• Chef de service culture : **Claire Comet**
• Adjointe au chef service culture : **Françoise Lataste**

Conseil général du Tarn-et-Garonne (82)

www.cg82.fr
100 boulevard Hubert Gouze, BP 783
82013 Montauban Cedex
Tél. : 05 63 21 79 00 - Fax : 05 63 03 28 52
courrier@cg82.fr
• Directeur des affaires culturelles :
Claude Ravailhe
• Chef de service culture : **Françine Audoynaud**

ORGANISMES REGIONAUX

ADDA Gers (32)

Hôtel du département, BP 569
32022 Auch Cedex 9
Tél. : 05 62 67 47 47 - Fax : 05 62 67 47 50
addagers@wanadoo.fr

- Président : **René Daubriac**
- Directeur : **Benoît Rivière**
- Musique : **Françoise Lamarque**

Activités/missions : Association départementale pour le développement des arts.

ADDA Haute-Garonne (31)

www.cg31.fr
7 rue Jules Chalande
31000 Toulouse
Tél. : 05 34 45 58 30 - Fax : 05 34 45 58 32
accueil@adda31.fr

- Président : **Louis Bardou**
- Directeur : **Michel Doyard**
- Jeune public : **Sylvie Castro**
- Administratrice : **Sylvie Guillemot**
- Danse et musique : **Sylvie Castro**

Activités/missions : Association départementale pour le développement des arts.

ADDA Lot (46)

www.adda-lot.com
115 rue de l'Ile
46000 Cahors
Tél. : 05 65 20 60 30 - Fax : 05 65 20 60 38
contact@adda-lot.com

- Président : **André Bargues**
- Directeur : **Marc Philipon**
- Communication : **Mariel Missud**
- Danse et musique : **Stéphanie Landes**
- Théâtre : **Anne-Lise Vinciguerra**

Activités/missions : Association départementale pour le développement des arts.

ADDA Tarn (81)

Hôtel du département
81013 Albi Cedex 9
Tél. : 05 63 77 32 18 - Fax : 05 63 47 96 61
adda.tarn@wanadoo.fr

- Président : **Thierry Carcenac**
- Directeur : **Thierry Morlet**
- Administratrice : **Marie Halet**
- Danse : **Nathalie Auboiron**
- Musique : **Michel Besset, Alain Gonzalez**

Activités/missions : Association départementale pour le développement des arts.

ADDA Tarn-et-Garonne (82)

www.cg82.fr
37 faubourg du Moustier
82000 Montauban
Tél. : 05 63 22 10 18 - Fax : 05 63 66 78 38
adda82@wanadoo.fr

- Président : **Étienne Astoul**
- Directrice : **Mireille Coudreau**

Activités/missions : Association départementale pour le développement des arts.

ARPA Midi-Pyrénées

28 rue Léo Lagrange
31400 Toulouse
Tél. : 05 61 55 44 60 - Fax : 05 61 55 55 88
arpa@free.fr

- Président : **Patrick de Chirée**
- Directeur : **Jean-Louis Comoretto**
- Médiatrice culturelle : **Julie Beauté**

Activités/missions : promouvoir, développer et structurer la pratique vocale amateur dans la région Midi-Pyrénées.

✗ Mission départementale de la culture de l'Aveyron (12)

www.aveyron-culture.com
Centre culturel, 25 avenue Victor Hugo
12000 Rodez
Tél. : 05 65 73 80 80 - Fax : 05 65 73 80 51
mdc12.musiquedanse@wanadoo.fr

- Président : **René Quatrefages**
- Directrice : **Chantal Wittmann**

• Danse : **Muriel Berthier**
• Théâtre : **Florence Vezey**
• Musique : **Muriel Berthier**
Activités/missions : promouvoir et développer la culture sous toutes ses formes.

Nord-Pas-de-Calais

Conseil régional de Nord Pas-de-Calais

www.cr-npdc.fr
Hôtel de Région, Centre Rihour
59555 Lille Cedex
Tél. : 03 28 82 82 03 - Fax : 03 28 82 82 83
balnpdc@cr-npdc.fr
• Directeur des affaires culturelles : **Gilles Pette**
• Musiques actuelles : **Michel Kouteynikoff**
• Danse : **Laurence Brion**
• Théâtre : **Emmanuel Moulin**

Conseil général du Nord (59)

www.cg59.fr
51 rue Gustave Delory
59047 Lille Cedex
Tél. : 03 20 63 54 01 - Fax : 03 20 63 56 66
infocab@cg59.fr
• Directeur des affaires culturelles : **Laurent Séailles**
• Chef de service culture : **Karima Yekhlef**
• Conseillers de territoire Lille : **Isabelle Vigorie, Dominique Agnès, Romy Miquet**

Conseil général du Pas-de-Calais (62)

www.cg62.fr
Hôtel du département
Rue Ferdinand Buisson
62018 Arras Cedex 9
Tél. : 03 21 21 62 62 - Fax : 03 21 21 62 00
contact@cg62.fr
• Directeur général adjoint aux affaires scolaires et culturelles : **Daniel Tant**
• Directeur du développement culturel : **Didier Delacourt**
• Théâtre : **Bernard Bones**
• Musique et danse : **Dominique Guillot**

Domaine musiques du Nord-Pas-de-Calais

www.domaine-musiques.com
2 rue des Buisses
59000 Lille
Tél. : 03 20 63 65 80 - Fax : 03 20 63 65 90
contact@domaine-musiques.com
• Présidente : **Joëlle Longueval**
• Directeur : **Marc Cerdan**
• Administrateur : **Jean-Luc Choquel**
• Communication : **Olivier Dubois**
• Musique : **Gaby Bizien, Éric Deltour**
Activités/missions : Association régionale de développement de la musique.

La Clef des Chants

www.laclefdeschants.com
4 square Dutilleul
59000 Lille
Tél. : 03 20 30 82 58 - Fax : 03 20 30 80 95
accueil@laclefdeschants.com
• Président : **Alain Mahieu**
• Directeur : **Patrick Bève**
• Jeune public : **Marie-Astrid Stock**
• Administrateur : **Christophe Fourneau**
• Communication : **Franck Blanchard**
Activités/missions : offrir un nouveau type de rapport à l'art lyrique pour lui donner droit de cité auprès d'un large public parfois éloigné des Maisons d'opéra.

Pays-de-la-Loire

Conseil régional des Pays-de-la Loire

www.paysdelaloire.fr
1 rue de la Loire
44966 Nantes Cedex 9
Tél. : 02 28 20 50 00 - Fax : 02 28 20 50 05
accueil@paysdelaloire.fr
• Directeur des affaires culturelles : **Jack Maignan**
• Chef de service culture : **Thierry Durfort**
• Spectacle vivant : **Annie Richardeau**

ORGANISMES REGIONAUX

Conseil général de Loire-Atlantique (44)

www.cg44.fr
BP 94109
44051 Nantes Cedex 1
Tél. : 02 40 99 15 18 - Fax : 02 40 99 10 84
contact@cg44.fr

- Directeur des affaires culturelles : **Jean-Louis Bouillère**
- Action culturelle et patrimoine : **Sylvie Brétéché**
- Coordination secteur jeune public : **Jeanine Guibaud**
- Associations : **Pascale Bouju**

Conseil général du Maine-et-Loire (49)

www.cg49.fr
Place Michel Debré, BP 94104
49941 Angers Cedex 9
Tél. : 02 41 81 46 84 - Fax : 02 41 81 48 44
info@cg49.fr

- Directeur des affaires culturelles : **Olivier Martin**
- Chef de service culture : **Yves Roucher**
- Spectacle vivant : **Cécile Auvin**

Conseil général de la Mayenne (53)

www.cg53.fr
39 rue Mazagran, BP 1429
53014 Laval Cedex
Tél. : 02 43 66 53 53 - Fax : 02 43 66 53 20
doc@cg53.fr

- Directrice des affaires culturelles : **Corinne Bonnet**
- Théâtre, action culturelle : **Catherine Levannier**
- Danse : **Nathalie Bouchey**
- Musique : **Anne-Sarah Chevret**

Conseil général de la Sarthe (72)

www.cg72.fr
Hôtel du département, 40 rue Joinville
72072 Le Mans Cedex 9
Tél. : 02 43 54 72 72 - Fax : 02 43 28 88 03
contact@sarthe.com

- Chef de service culture : **Hervé de Colombel**
- Spectacle vivant : **Isabelle Ferrand**

Conseil général de Vendée (85)

www.vendee.fr
40 rue du Maréchal Foch
85923 La Roche-sur-Yon Cedex 9
Tél. : 02 51 34 48 66 - Fax : 02 51 34 49 92
pierre-marie.germain@cg85.fr

- Chef de service culture : **Philippe Saint-Jean**
- Jeune public : **Pierre-Marie Germain**
- Affaires culturelles : **Martin Morillon**

ADDM Loire-Atlantique (44)

www.culture.cg44.fr
19 rue Racine, BP 60319
44003 Nantes Cedex 1
Tél. : 02 51 84 38 88 - Fax : 02 51 84 05 55
contact@addm44.asso.fr

- Président : **Michel Merlet**
- Directeur : **Yves de Villeblanche**
- Jeune public : **Anne Vuillemin** (musique), **Élisabeth Lepape** (danse)
- Administratrice : **Céline Bernard**
- Communication : **Gaëlle Derennes**
- Danse : **Élisabeth Lepape**

Activités/missions : Association départementale danse et musique.

ADDM Maine-et-Loire (49)

www.addm49.asso.fr
Hôtel du département, BP 94104
49041 Angers Cedex 01
Tél. : 02 41 81 41 60 - Fax : 02 41 81 44 46
contact@addm49.asso.fr

- Président : **Roger Massé**
- Directeur : **François Legrand**
- Administratrice : **Françoise Courtin**
- Communication : **Katell Boivin**
- Danse : **Bruno Désert**
- Musique : **Sandrine Cadéac-Carlesso, Nicolas Crusson**

Activités/missions : Association départementale danse et musique.

ADDM Mayenne (53)

www.cg53.fr
Hôtel du département
39 rue Mazagran, BP 1429
53014 Laval Cedex
Tél. : 02 43 66 52 75 - Fax : 02 43 66 52 74
addm53@cg53.fr

- Président : **Jean-Pierre Dupuis**
- Directeur : **Baptiste Clément**
- Administratrice : **Danielle Jouault**
- Communication : **Steve Gérard**
- Danse : **Sophie Boulanger**
- Musique : **Anne-Sarah Chevret, Nicolas Moreau**

Activités/missions : Association départementale danse et musique.

Picardie

Conseil régional de Picardie

www.cr-picardie.fr
11 mail Albert 1er, BP 2616
80026 Amiens Cedex
Tél. : 03 22 97 37 51 - Fax : 03 22 97 39 00

- Directeur des affaires culturelles : **Thierry Bonté**
- Musiques actuelles : **Zohra Guelfat**
- Théâtre et danse : **Laurence Petit**

Conseil général de l'Aisne (02)

www.cg02.fr
Rue Paul Doumer
02013 Laon Cedex
Tél. : 03 23 24 60 60 - Fax : 03 23 24 61 55
doc@cg02.fr

- Directrice des affaires culturelles : **Marie-Odile Langlois**
- Chef de service culture : **Olivier Delcroix**
- Chargée de théâtre, danse, musique : **Marylise Renard**

Conseil général de l'Oise (60)

www.cg60.fr
1 rue Cambry, BP 941
60024 Beauvais Cedex
Tél. : 03 44 06 60 60 - Fax : 03 44 06 60 00
charles.locquet@cg60.fr

- Directeur des affaires culturelles : **Vincent Moisselin**
- Chef de bureau service culturel : **Catherine Amory**

Conseil général de la Somme (80)

www.cg80.fr
27 Mail Albert 1er, BP 2615
80026 Amiens Cedex 1
Tél. : 03 22 71 82 50 - Fax : 03 22 71 80 80
jcmarion@somme.fr

- Directeur des affaires culturelles : **Hugues Hairy**
- Théâtre et musique : **François Lebettre**
- Décentralisation culturelle : **Hacen Ayad**

ADAMA Aisne (02)

www.cg02.fr
Conseil Général de l'Aisne, rue Paul Doumer
02013 Laon Cedex
Tél. : 03 23 24 60 09 - Fax : 03 23 24 87 55
jmverneiges@cg02.fr

- Président : **Jean-Claude Dumont**
- Directeur : **Jean-Michel Verneiges**

Activités/missions : Association pour le développement des activités musicales.

ASSECARM Picardie

www.assecarm.com
19 bis rue Lamartine
80010 Amiens Cedex 1
Tél. : 03 22 72 16 17 - Fax : 03 22 72 42 38
contact@assecarm.com

- Directeur : **Frédéric Sannier**

Activités/missions : développer la musique et la danse en Picardie.

Poitou-Charentes

Conseil régional de Poitou-Charentes

www.cr-poitou-charentes.fr
15 rue de l'Ancienne Comédie
86021 Poitiers Cedex
Tél. : 05 49 55 77 52 - Fax : 05 49 55 77 88
postmaster@cr-poitou-charentes.fr

• Directeur des affaires culturelles : **Gérard Deniaux**
• Chef du service : **Jean-Marc Duroy**
• Spectacle vivant : **Maud Brun**

Conseil général de Charente (16)

www.cg16.fr
31 boulevard Émile Roux
16917 Angoulême Cedex 9
Tél. : 05 45 90 72 95 - Fax : 05 45 90 75 25
documentation@cg16.fr
• Directrice des affaires culturelles : **Maryse Vallet**
• Directeur adjoint : **Pierre Piton**
• Spectacle vivant : **Françoise Guichou**

Conseil général de Charente-Maritime (17)

www.charente-maritime.org
85 boulevard de la République
17076 La Rochelle Cedex 9
Tél. : 05 46 31 72 40 - Fax : 05 46 31 17 17
info@cg17.fr
• Directeur : **Michel Gallice**
• Directeur adjoint : **François Gourmel**

Conseil général des Deux-Sèvres (79)

www.cg79.fr
Rue de l'Abreuvoir
79021 Niort Cedex
Tél. : 05 49 06 79 76 - Fax : 05 49 79 08 08
com-net@cg79.fr
• Directrice des affaires culturelles : **Françoise Mousset-Pinard**
• Chef de service culture : **Madé Guitton**
• Président de la commission culture : **Jean-Louis Potiron**

Conseil Général de la Vienne (86)

www.cg86.fr
Hôtel du département, place Aristide Briand
86000 Poitiers
Tél. : 05 49 55 66 60 - Fax : 05 49 55 67 78
dacse@cg86.fr
• Directrice : **Laurence Barrière**
• Diffusion, programmation et théâtre : **Marie-Christine Brissonnet**
• Danse et musique : **Laurence Barrière**

ADDM Deux-Sèvres (79)

www.addm79.com
17a rue Saint-Symphorien
79000 Niort
Tél. : 05 49 32 97 57 - Fax : 05 49 32 97 10
addm79@wanadoo.fr
• Président : **Jean-Marie Morisset**
• Directeur : **Charles Dauverné**
• Communication : **Pierrick Elie**
Activités/missions : Association départementale danse et musique.

Agence régionale du spectacle vivant en Poitou-Charentes

91 boulevard du Grand-Cerf
86000 Poitiers
Tél. : 05 49 55 33 19 - Fax : 05 49 55 39 89
arsv@wanadoo.fr
• Président : **Daniel Lhomond**
• Directeur : **Jany Rouger**
• Communication : **Sylvie Caqué**
• Danse et théâtre : **Adrien Guillot**
• Musique : **Philippe Mangin, Anne Loussouarn** (musiques actuelles)
Activités/missions : soutenir les acteurs du spectacle vivant en Poitou-Charentes.

Provence-Alpes-Côte d'Azur

Conseil régional de Provence-Alpes-Côte d'Azur

www.cr-paca.fr
27 place Jules Guesde
13481 Marseille Cedex 20
Tél. : 04 91 57 54 21 - Fax : 04 91 57 51 51
info@hdr.cr-paca.fr
• Directeur : **François de Boigelin**
• Musique : **Philippe Delabarre, Sandrine Andreani**
• Théâtre : **Sylvaine Pontal**

ORGANISMES REGIONAUX

Conseil général des Alpes-de-Haute-Provence (04)

www.cg04.fr
13 rue du Docteur Romieu, BP 216
04003 Digne-les-Bains Cedex
Tél. : 04 92 30 04 84 - Fax : 04 92 32 35 80
cg04.dgs@wanadoo.fr
• Directeur des affaires culturelles :
Claude Bouliou

Conseil général des Hautes-Alpes (05)

www.cg05.fr
Place Saint-Arnoux, BP 159
05008 Gap Cedex
Tél. : 04 92 40 38 00 - Fax : 04 92 40 38 01
• Directeur : **Marc Leboucher**

Conseil général des Alpes-Maritimes (06)

www.cg06.fr
Route de Grenoble
06201 Nice Cedex 3
Tél. : 04 93 18 62 29 - Fax : 04 97 18 66 66
• Directeur des affaires culturelles :
Didier Rochette
• Chef de service culture : **Serge Soléan**

Conseil général des Bouches-du-Rhône (13)

www.cg13.fr
10 place de la Joliette
Atrium 10.2, BP 22513
13566 Marseille Cedex 2
Tél. : 04 91 99 90 00 - Fax : 04 91 21 14 99
• Directrice des affaires culturelles : **Michèle Soyer**
• Développement culturel : **Bernard Huchon**
• Théâtre et danse : **Nathalie Cabrera**
• Musique : **Alain Giraud**

Conseil général du Var (83)

www.cg83.fr
390 avenue des Lices, BP 1303
83076 Toulon Cedex
Tél. : 04 94 18 64 52 - Fax : 04 94 18 66 15
contact@cg83.fr
• Directrice : **Annie Cezée**
• Directeur adjoint : **Jocelyne Le Bihan**

Conseil général du Vaucluse (84)

www.cg84.fr
Place Viala
84909 Avignon Cedex 9
Tél. : 04 90 16 15 00 - Fax : 04 90 86 13 58
dircom@cg84.fr
• Directrice des affaires culturelles :
Marianne Robert
• Directrice-adjointe : **Josianne Peslard**

ADAC Alpes de Haute-Provence (04)

www.vivre-culture.com
42 boulevard Victor Hugo
04000 Digne-les-Bains
Tél. : 04 92 32 04 34 - Fax : 04 92 31 00 80
adac@vivre-culture.com
• Président : **Félix Moroso**
• Directeur : **Pierre Bonnet**
• Administratrice : **Edwige Payre**
Activités/missions : Association départementale d'action culturelle.

ADDM Vaucluse (84)

www.addm84.fr
51 rue des Fourbisseurs
84000 Avignon
Tél. : 04 90 86 11 62 - Fax : 04 90 85 86 59
infos@addm84.fr
• Président : **Michel Tanisier**
• Directrice : **Lyliane Dos Santos**
• Communication : **Patricia Gegou**
• Danse : **Anne-Françoise Geneix**
• Cirque : **Berengère Monier**
• Musique : **Nathalie Begue**
Activités/missions : Association départementale danse et musique.

ORGANISMES REGIONAUX

ADEM Alpes-Maritimes (06)

www.adem06.com
455 promenade des Anglais
06299 Nice Cedex 3
Tél. : 04 93 72 47 60 - Fax : 04 93 72 31 95
adem06@wanadoo.fr
• Président : **Alain Frère**
• Directeur : **Hubert Tassy**
• Jeune public : **Alain Joutard**
• Administratrice : **Monique Brocart**
• Communication : **Jackie Rieu**
Activités/missions : Délégation départementale à la musique et à la danse.

ADIAM Var (83)

www.adiam83.com
Hôtel de Clavier, 10 rue du Palais
83170 Brignolles
Tél. : 04 94 59 10 72 - Fax : 04 94 69 38 57
adiam@adiam83.com
• Président : **Alfred Gautier**
• Directeur : **Jean-Claude Herry**
• Communication : **Denis Hermite**
• Danse : **Amélie Clisson de Macedo**
• Musique : **Fabienne Lacroix, Françoise Dastrevigne**
Activités/missions : Association départementale d'informations et d'actions musicales et chorégraphiques.

ARCADE Provence-Alpes-Côte-d'Azur

www.arcade-paca.com
17 rue Venel, BP 84
13101 Aix-en-Provence Cedex 1
Tél. : 04 42 21 78 00 - Fax : 04 42 21 78 01
arcade@arcade-paca.com
• Président : **Alain Hayot**
• Directeur : **Bernard Maarek**
• Administratrice : **Danielle Rullier**
• Danse et musique : **Philippe Fanise, Emma Roche**
• Théâtre : **Olivier Berardi**
Activités/missions : Centre de ressources et de développement des arts du spectacle.

CDMDT Hautes-Alpes (05)

11 chemin des Matins Calmes
05000 Gap
Tél. : 04 92 46 97 00 - Fax : 04 92 46 97 07
s.meyer@cg05.fr
• Président : **Joël Bonnaffoux**
• Directeur : **Alexandre Girardin**
• Administratrice : **Valérie Dupuy**
• Communication : **Sandra Meyer**
• Musique : **Frédéric Voyer**
Activités/missions : Centre départemental musique, danse, théâtre.

Rhône-Alpes

Conseil régional de Rhône-Alpes

www.cr-rhone-alpes.fr
78 route de Paris, BP 19
69751 Charbonnières-les-Bains Cedex
Tél. : 04 72 59 43 54 - Fax : 04 72 59 53 13
• Chef de bureau : **Isabelle Chardonnier**
• Arts de la scène : **Catherine Cremet-Parella**

Conseil général de l'Ain (01)

www.cg01.fr
45 avenue d'Alsace-Lorraine, BP 114
01003 Bourg-en-Bresse Cedex
Tél. : 04 74 32 32 32 - Fax : 04 74 32 32 00
philippe.belair@cg01.fr
• Directeur général adjoint : **Gérard Bosquet**
• Directeur du développement culturel : **Pierre Rodriguez**

Conseil général de l'Ardèche (07)

www.cg07.fr
Place du Foirail
07000 Privas
Tél. : 04 75 66 79 30 - Fax : 04 75 66 77 77
info@cg07.fr
• Directeur général adjoint éducation et culture : **Christophe Vigne**
• Chef de service culture : **Bernard Verrier**
• Directrice des affaires culturelles : **Helga Sobota**

ORGANISMES REGIONAUX

Conseil général de la Drôme (26)

www.cg26.fr
26 avenue du Président Herriot
26026 Valence Cedex
Tél. : 04 75 79 26 26 - Fax : 04 75 42 08 40
com-externe@cg26.fr
• Directeur des affaires culturelles :
Jean-Yves Rozier

Conseil général de l'Isère (38)

www.cg38.fr
7 rue Fantin Latour, BP 1096
38022 Grenoble Cedex 1
Tél. : 04 76 00 38 38 - Fax : 04 76 00 38 35
cg38@cg38.fr
• Directeur de la culture et du patrimoine :
Claude Bardoux
• Chef de service culture : **Chantal Millet**

Direction des pratiques artistiques
du spectacle vivant
7 avenue des Maquis du Grésivaudan
38700 La Tronche
Tél. : 05 56 99 33 23 - Fax : 04 76 51 18 37
sce.pas@cg38.fr
• Directrice des affaires culturelles :
Christiane Audemard-Rizzo
• Danse et théâtre : **Françoise Gros**
• Musiques actuelles : **Patricia Bonnefoy**

Conseil général de la Loire (42)

www.cg42.fr
2 rue Charles de Gaulle
42022 Saint-Étienne Cedex 01
Tél. : 04 77 49 90 03 - Fax : 04 77 48 42 99
info@cg42.fr
• Directeur adjoint : **Jean-René Joandel**
• Musique : **Bernard Albaynac**

Conseil général du Rhône (69)

www.cg69.fr
29-31 cours de la Liberté
69483 Lyon Cedex 3
Tél. : 04 72 61 77 77 - Fax : 04 78 62 05 41
• Directrice des affaires culturelles :
Béatrice Combar-Lange
• Directeur adjoint et chargé du théâtre :
Jean-Luc Legay
• Musique : **André Gicquel**
• Danse : **Sylviane Garcia**

Conseil général de Savoie (73)

www.cg73.fr
4 rue du Château, BP 1802
73018 Chambéry Cedex
Tél. : 04 79 70 63 50 - Fax : 04 79 75 04 72
com@cg73.fr
• Directeur des affaires culturelles :
Philippe Veyrinas
• Mission arts vivants : **Hellen Guérin**
• Développement des publics : **Ludovic Guillier**

Conseil général de Haute-Savoie (74)

www.cg74.fr
18 avenue de Trésum
74000 Annecy
Tél. : 04 50 51 87 02 - Fax : 04 50 45 23 30
info@cg74.fr
• Directeur : **François Deschamps**

ADDIM de l'Ain (01)

www.addim01.fr
34 rue du Général Delestraint
01000 Bourg-en-Bresse
Tél. : 04 74 32 77 20 - Fax : 04 74 32 65 58
addim01@addim01.fr
• Président : **Jean-Yves Flochon**
• Directrice : **Juliette Rouillon-Durup**
• Enseignements artistiques pour professionnels :
Catherine Fargeot
• Danse et théâtre : **Sophie André**
Activités/missions : Association départementale pour le développement de la danse et de l'initiative musicale.

ADDIM Drôme (26)

www.addimdrome.asso.fr
11 rue Christophe Colomb, BP 1109
26011 Valence Cedex
Tél. : 04 75 44 20 00 - Fax : 04 75 44 00 84
addim-drome@wanadoo.fr
• Président : **Pierre Pieniek**
• Directeur : **Christian Chalieux**
• Jeune public : **Roland Bouchon**
• Administrateur : **Pilar Diaz**
• Communication : **Chrystel Duret**
• Danse : **Alexeï Issacovitch**
• Musique : **Eve Claudy** (musiques actuelles), **Roland Bouchon**
Activités/missions : Association départementale pour le développement de la danse et de l'initiative musicale.

Agence musique et danse Rhône-Alpes

www.lamdra.fr
32 rue de la République
69002 Lyon
Tél. : 04 72 77 84 30 - Fax : 04 72 77 84 39
lamdra@lamdra.fr
• Président : **Gérard Authelain**
• Directeur : **Jean-Claude Lartigot**
• Administrateur : **Cyril Puig**
• Communication : **Laetitia Mistretta**
• Danse : **Anne Expert**
• Musique : **Olivier Colin**
Activités/missions : œuvrer au développement musical et chorégraphique en Rhône-Alpes.

Association danse et musique en Savoie (73)

adms73.free.fr
67-79 Carré Curial, BP 213
73002 Chambéry
Tél. : 04 79 70 42 81 - Fax : 04 79 70 42 42
adms73@free.fr
• Président : **Jean-Pierre Ruffier**
• Directeur : **Pierre Boutin**
• Communication : **Claire Cambrinidis**
• Jeune public : **Anne-Marie Chapsal**
• Danse et musique : **Fabrice Chardon**
Activités/missions : favoriser l'accès à tous à une culture musicale et chorégraphique.

ODAC

18 avenue de Trasum
74000 Annecy
Tél. : 04 50 45 63 77 - Fax : 04 50 51 86 98
odac@cg74.fr
• Président : **Dominique Puthod**
• Directeur : **François Deschamps**
• Communication : **Sophie Extier**
• Théâtre : **Brice Albernhe**
• Musique : **Denis Lissot**
Activités/missions : Office d'action culturelle de Haute-Savoie.

Guadeloupe

Conseil régional de Guadeloupe (971)

www.cr-guadeloupe.fr
Avenue Paul Lacavé
97100 Basse-Terre
Tél. : 05 90 80 40 72 - Fax : 05 90 81 34 19
region.guadeloupe@cr-guadeloupe.fr
• Directrice des affaires culturelles : **Emmanuelle Saint-Martin**
• Chef de service culture : **Nicole Nestoret**

Conseil général de Guadeloupe (971)

www.cg971.fr
Fort Louis Delgres
97100 Basse-Terre
Tél. : 05 90 99 48 90 - Fax : 05 90 99 77 01
info@cg971.com
• Directeur : **Ernest Pépin**
• Adjointe : **Odile Rousillon**
• Action culturelle : **Jean-Marie Ruffe**
• Création et diffusion : **Marielle Plaisir**

Martinique

Conseil régional de Martinique (972)

www.cr-martinique.fr
Rue Gaston Deferre, BP 601
97200 Fort-de-France
Tél. : 05 96 59 63 00 - Fax : 05 96 59 80 33
• Directeur : **George Louisia**

Conseil général de Martinique (972)

www.cg972.fr,
Place François Mitterrand
97200 Fort-de-France
Tél. : 05 96 55 43 10 - Fax : 05 96 70 19 20
• Directrice des affaires culturelles :
Jocelyne Narfin
• Chef de bureau : **Christian Stéphanie-Victoire**

Guyane

Conseil régional de Guyane (973)

www.cr-guyane.fr
66 avenue du Général de Gaulle, BP 7025
97305 Cayenne Cedex
Tél. : 05 94 29 20 20 - Fax : 05 94 30 48 36
dgscrg@nplus.gf
• Directrice des affaires culturelles : **Lucie Blézes**
• Chargé de mission : **Jean-Louis Davant**

Conseil général de Guyane (973)

www.conseil-general.com
Place Léopold Heder
97307 Cayenne
Tél. : 05 94 28 86 50 - Fax : 05 94 29 55 25
cgsi@nplus.gf
• Directeur des affaires culturelles :
Claude Bonjotin
• Chef de service culture :
Marie-Patrice Benoît-Victorine

Réunion

Conseil régional de la Réunion (974)

www.regionreunion.com
Immeuble Futura
190 rue des Deux Canons
97490 Sainte-Clothilde
Tél. : 02 62 92 22 80 - Fax : 02 62 48 71 74
jerome.vellayoudom@cr-reunion.fr
• Directeur des affaires culturelles :
Patrick Bertil
• Chargé de mission : **Bernard Bayet**

Conseil général de la Réunion (974)

www.cg974.fr
18 rue de Paris
97488 Saint-Denis Cedex
Tél. : 02 62 94 87 00 - Fax : 02 62 90 39 99
bcanale@hotmail.com
• Directrice des affaires culturelles :
Catherine Chane-Kune
• Responsable de service : **Max Gence**

Saint-Pierre-et-Miquelon

Conseil général de Saint-Pierre-et-Miquelon

Place Monseigneur Maurer, BP 4208
97500 Saint-Pierre et Miquelon
Tél. : 05 08 41 01 02 - Fax : 05 08 41 22 97
cgspm@wanadoo.fr
• Directrice centre culturel : **Isabelle Lafargue**
• Responsable du service culture :
Nathalie Arthur

Direction territoriale de la jeunesse et des sports

19 rue Maître Georges Lefèvre
97500 Saint-Pierre et Miquelon
Tél. : 05 08 41 17 70 - Fax : 05 08 41 17 72
dtjs@cheznoos.net
• Directeur : **Jean-Luc Brouillou**
• Adjointe : **Annick Girardin**

ORGANISMES REGIONAUX

Réseau de La Ligue de l'enseignement

(Antennes en région développant une action significative dans le secteur jeune public)

Aquitaine

Fenêtres sur cour

www.fol24.org
82 avenue Georges Pompidou, BP 1055
24001 Périgueux Cedex
Tél. : 05 53 02 44 11 - Fax : 05 53 53 93 95
culture@fol24.org
• Culture : **Agnès Garcenot**
Réseau régional de diffusion du spectacle vivant de La Ligue de l'enseignement.

Fédération départementale des Landes

122 rue du Général de Lobit
40000 Mont-de-Marsan
Tél. : 05 58 06 31 32 - Fax : 05 58 06 05 81
falep.40@wanadoo.fr
• Culture : **Françoise Dubergey**
Réseau départemental de diffusion du spectacle vivant de La Ligue de l'enseignement.

Auvergne

Fédération départementale de Haute-Loire

1 chemin de la Sermone
43750 Vals près Le Puy
Tél. : 04 71 02 02 42 - Fax : 04 71 02 03 47
fol43@wanadoo.fr
• Culture : **Marie Pillon**
Réseau départemental de diffusion du spectacle vivant de La Ligue de l'enseignement et relais départemental du réseau Trouvailles.

Trouvailles

www.fal63.serviceculturel.org
Centre G. Couthon
21-25 place Delille
63000 Clermont-Ferrand
Tél. : 04 73 91 00 42 - Fax : 04 73 90 96 28
culture@fal63.org
• Culture : **Alain Vassort**
Réseau régional de diffusion du spectacle vivant de La Ligue de l'enseignement.

Centre

Passerelles

5 rue Samson
18000 Bourges
Tél. : 02 48 48 01 00 - Fax : 02 48 48 01 08
culture-fol18@laligue.org
• Culture : **Alain Aufrere**
Réseau régional de diffusion du spectacle vivant de La Ligue de l'enseignement.

Fédération départementale d'Eure-et-Loir

www.fol28.org
10 avenue de Bretagne, BP 51079
28302 Mainvilliers Cedex
Tél. : 02 37 84 02 84 - Fax : 02 37 84 05 99
culturel28@laligue.org
• Culture : **Nathalie Arnoux**
Réseau départemental de diffusion du spectacle vivant de La Ligue de l'enseignement.

Fédération départementale de l'Indre

www.fol36.org
23 boulevard de la Valla, BP 77
36002 Chateauroux Cedex
Tél. : 02 54 61 34 40 - Fax : 02 54 07 34 50
culturel@fol36.org
• Culture : **Yves Champigny**
Réseau départemental de diffusion du spectacle vivant de La Ligue de l'enseignement.

Fédération départementale de l'Indre-et-Loir

www.fol37.org
57 boulevard Heurteloup
37000 Tours
Tél. : 02 47 05 37 25 - Fax : 02 47 66 51 16
culture@fol37.org

ROBINSON

Chanson famille et jeune public

Prix Talent Mino 2003 JMF/ADAMI

Nouvel album

« Nouvelles de Mars »
(Récré-Actions/L'autre Distribution 2005)

Spectacle « Nouvelles de Mars »
Coproduction Scène Nationale de Narbonne
avec le soutien de l'ADAMI.

ROBINSON nous raconte le quotidien des hommes dans leur singularité, nous livrant avec tendresse et sans concession sa vision politique et civique du monde actuel.

Des textes ciselés, précis, vifs, aux thématiques contemporaines, des univers musicaux métissés et une équipe de musiciens complices font de ce spectacle un moment fort pour grandir ensemble.

« Robinson chante naturellement pour tous (...) abordant avec sensibilité, intelligence et humour, les questions qu'enfants et parents se posent au quotidien » *Chorus*

« Des cours d'histoire ou de géographie plus alléchants que tous les manuels » *Le Monde de l'éducation*

« Une bouffée d'oxygène pour tous » *Télérama*

« C'est fin et subtilement accroché à une vision du Monde dont tout exotisme gratuit est gommé au profit d'une réflexion accessible » *Répertoire*

« Robinson chante pour les petites oreilles »
(Récré-Actions/L'autre Distribution 1998)

ROBINSON : Chant, guitare
Marc BOIS : Claviers, chœurs, accordéon, guitare, flûte
Jean-Luc Mirault : Basse, chœurs, djembé, tube cajon
François Richomme : Batterie, chœurs, tablas, sampler
Mise en espace : Philippe Charleux
Création lumières : Sylvain Goran

« Loin de la Ville »
(Récré-Actions - Lakanal/L'autre Distribution 2001)

Contact : Récré-Actions - Licence 2 137578
Hervé Pépion
Tél/Fax : 02 54 49 72 24 - Mobile : 06 10 01 55 74
pepion.herve@wanadoo.fr • www.robinson.com.fr

Le théâtre Scène Nationale de Narbonne — adami

• Culture : **Mathieu Muselet**
Réseau départemental de diffusion du spectacle vivant de La Ligue de l'enseignement.

Fédération départementale du Loir-et-Cher

4 rue Bourseul
41000 Blois
Tél. : 02 54 43 10 96 - Fax : 02 54 43 99 20
culturel@fol41.asso.fr
• Culture : **Maryse Bourgeois-Poulin**
Réseau départemental de diffusion du spectacle vivant de La Ligue de l'enseignement.

Corse

Fédération départementale de Corse-du-Sud

15 parc du Belvédère, BP 27
20181 Ajaccio Cedex 1
Tél. : 04 95 21 41 97 - Fax : 04 95 21 23 03
falep2a@wanadoo.fr
• Culture : **Jean-Marc Glenat**
Réseau départemental de diffusion du spectacle vivant de La Ligue de l'enseignement.

Fédération départementale de Haute-Corse

Ancien Hôpital militaire
Rue Saint-François, BP 154
20292 Bastia Cedex
Tél. : 04 95 31 25 14 - Fax : 04 95 31 39 54
falep.2b@wanadoo.fr
• Culture : **Marie-Anne Santoni**
Réseau départemental de diffusion du spectacle vivant de La Ligue de l'enseignement.

Franche Comté

Côté Cour - Ligue de l'Enseignement du Jura

www.cotecour-fc.org
280 rue des Violettes, BP 185
39005 Lons-le-Saunier Cedex
Tél. : 03 84 35 12 00 - Fax : 03 84 24 60 38
cotecour@wanadoo.fr
• Culture : **Jean-Noël Matray, Julien Baudard**
Réseau régional de diffusion du spectacle vivant de La Ligue de l'enseignement.

Côté Cour - Ligue de l'Enseignement du Doubs

www.cotecour-fc.org
7 place Victor Hugo
25000 Besançon
Tél. : 03 81 25 06 36 - Fax : 03 81 25 06 45
culturel.urfolfc@wanadoo.fr
• Culture : **Cyril Devesa, Matthieu Varin**
Réseau départemental de diffusion du spectacle vivant de La Ligue de l'enseignement.

Côté Cour - Ligue de l'Enseignement de Haute-Saône

www.cotecour-fc.org
29 boulevard Charles de Gaulle, BP 137
70003 Vesoul Cedex
Tél. : 03 84 75 95 84 - Fax : 03 84 75 95 86
culture.fol70@wanadoo.fr
• Culture : **Pierre Jamet, Odile Ribière**
Réseau départemental de diffusion du spectacle vivant de La Ligue de l'enseignement.

Haute-Normandie

Fédération départementale de l'Eure

www.fol27.org
1 rue Saint-Thomas, BP 381
27003 Évreux
Tél. : 02 32 39 96 86 - Fax : 02 32 39 96 81
fol27@laligue.org
• Culture : **Isabelle Cartil-Tillon**
Réseau départemental de diffusion du spectacle vivant de La Ligue de l'enseignement.

ORGANISMES REGIONAUX

Ile-de-France

Fédération départementale des Yvelines

www.laligue78.org
18 boulevard Saint-Antoine, BP 77
78151 Le Chesnay Cedex
Tél. : 01 39 23 92 60 - Fax : 01 39 54 10 32
anne.coadic@laligue78.org
• Culture : **Anne Coadic**
Réseau départemental de diffusion du spectacle vivant de La Ligue de l'enseignement.

Languedoc-Roussillon

Chemins de Traverse Languedoc-Roussillon

www.fcol16.org
22 rue Antoine Marty, BP 24
11020 Carcassonne Cedex
Tél. : 04 68 11 43 00 - Fax : 04 68 72 60 22
culturel@fol11.org
• Culture : **Alain Baures**
Réseau régional de diffusion du spectacle vivant de La Ligue de l'enseignement.

Fédération départementale de l'Hérault

www.laligue34.org
40 faubourg Saint-Jaumes
34967 Montpellier Cedex 02
Tél. : 04 67 04 34 81 - Fax : 04 67 54 62 13
iseult.bertolinifol34@laligue.org
• Culture : **Iseult Bertolini**
Réseau départemental de diffusion du spectacle vivant de La Ligue de l'enseignement.

Fédération départementale de Lozère

www.fol48.org
23 rue de la Chicanette, BP 16
48001 Mende Cedex
Tél. : 04 66 49 00 30 - Fax : 04 66 49 03 72
culture48@fol48.org
• Culture : **Nicolas Trotouin**
Réseau départemental de diffusion du spectacle vivant de La Ligue de l'enseignement.

Fédération départementale des Pyrénées-Orientales

1 rue Michel Doutres
66027 Perpignan Cedex
Tél. : 04 68 08 11 11 - Fax : 04 68 67 58 02
culture.fol@wanadoo.fr
• Culture : **Guy Bouet**
Réseau départemental de diffusion du spectacle vivant de La Ligue de l'enseignement.

Limousin

FAL Corrèze

Rue de la Bride, BP 123
19004 Tulle Cedex
Tél. : 05 55 26 42 12 - Fax : 05 55 26 82 61
fal19.culture@wanadoo.fr
• Culture : **Hélène Lacassagne**
Réseau départemental de diffusion du spectacle vivant de La Ligue de l'enseignement.

Fédération départementale de la Creuse

1 rue Marc Purat, BP 343
23007 Gueret
Tél. : 05 55 61 44 10 - Fax : 05 55 61 44 24
culturefol23@wanadoo.fr
• Culture : **Delphine Bonnin**
Réseau départemental de diffusion du spectacle vivant de La Ligue de l'enseignement.

Fédération départementale de Haute-Vienne

www.laligue87.org
22 rue du Lieutenant Ménieux
87000 Limoges
Tél. : 05 55 03 36 00 - Fax : 05 55 79 08 42
sg.fol87@laligue.org
• Culture : **Claude Caillon**
Réseau départemental de diffusion du spectacle vivant de La Ligue de l'enseignement.

ORGANISMES REGIONAUX

Lorraine

Scènes et territoires

www.scenes-territoires.fr
Le Grand Sauvoy
17 route de Metz
54320 Maxéville
Tél. : 03 83 96 31 37 - Fax : 03 83 96 31 67
scenes.territoires@wanadoo.fr
• Culture : **Rémy Chapelain**
Réseau régional de diffusion du spectacle vivant de La Ligue de l'enseignement.

Fédération départementale de Moselle

3 rue Gambetta
57013 Metz Cedex 01
Tél. : 03 87 66 10 51 - Fax : 03 87 66 10 62
anim.culture57@laligue.org
• Culture : **Olivier Kull**
Réseau départemental de diffusion du spectacle vivant de La Ligue de l'enseignement.

Fédération départementale des Vosges

4 quai des Bons enfants
88000 Épinal
Tél. : 03 29 69 64 64 - Fax : 03 29 64 01 13
fol88.culturel@wanadoo.fr
• Culture : **Philippe Urbain**
Réseau départemental de diffusion du spectacle vivant de La Ligue de l'enseignement.

Midi-Pyrénées

Fédération départementale du Gers

36 rue des Canaris, BP 587
32020 Auch Cedex 9
Tél. : 05 62 60 64 29 - Fax : 05 62 60 08 31
falep32.laligue@voila.fr
• Culture : **Muriel Peres**
Réseau départemental de diffusion du spectacle vivant de La Ligue de l'enseignement.

Fédération départementale Hautes-Pyrénées

http://fol65.free.fr
1 rue Miramont
65000 Tarbes
Tél. : 05 62 44 50 50 - Fax : 05 62 44 50 59
rene.trusses@wanadoo.fr
• Culture : **Françoise Delile-Maniere, René Trusses**
Réseau départemental de diffusion du spectacle vivant de La Ligue de l'enseignement.

Fédération départementale du Tarn

11 rue Fonvieille
81011 Albi Cedex 9
Tél. : 05 63 54 10 09 - Fax : 05 63 38 35 34
jm.combelles@wanadoo.fr
• Culture : **Jean-Marie Combelles**
Réseau départemental de diffusion du spectacle vivant de La Ligue de l'enseignement.

Fédération départementale du Tarn-et-Garonne

BP 108
82001 Montauban Cedex
Tél. : 05 63 63 04 20 - Fax : 05 63 63 43 22
fol.82@free.fr
• Culture : **Germinal Climent**
Réseau départemental de diffusion du spectacle vivant de La Ligue de l'enseignement.

✗Nord-Pas-de-Calais

Fédération départementale Pas-de-Calais

www.fol62.org
1 Route nationale, BP 8
62131 Verquin Cedex
Tél. : 03 21 64 47 88 - Fax : 03 21 64 47 93
education.culture@ligue62.org
• Culture : **Isabelle Piaczynski**
Réseau départemental de diffusion du spectacle vivant de La Ligue de l'enseignement.

Pays-de-la-Loire

Spectacles en chemins

33 bis allée du Vieux Saint-Louis, BP 1424
53014 Laval Cedex
Tél. : 02 43 53 07 17 - Fax : 02 43 67 01 73
jeanpierre.guilloux@fal53.asso.fr
alain.guidoux@fal53.asso.fr
• Culture : **Jean-Pierre Guilloux, Alain Guidoux**
Réseau régional de diffusion du spectacle vivant de La Ligue de l'enseignement.

Poitou-Charentes

Chemins de Traverse Poitou-Charentes

33 rue Saint-Denis
86035 Poitiers Cedex
Tél. : 05 49 88 88 28 - Fax : 05 49 88 65 81
cheminsdetraverse@laligue-poitou-charentes.org
• Culture : **Christine Gremillon**
Réseau régional de diffusion du spectacle vivant de La Ligue de l'enseignement.

Provence-Alpes-Côte d'Azur

Fédération départementale des Alpes-de-Haute-Provence

www.laligue-alpesdusud.org
13 boulevard Victor Hugo
04000 Digne Les Bains
Tél. : 04 92 30 91 00 - Fax : 04 92 30 91 01
fol04@wanadoo.fr
• Culture : **Shéhérazade Bouslah**
Réseau départemental de diffusion du spectacle vivant de La Ligue de l'enseignement.

Rhône-Alpes

Fédération départementale de l'Ain

www.fol01.com
42 rue Charles Robin
01006 Bourg-en-Bresse
Tél. : 04 74 23 80 18 - Fax : 04 74 45 25 18
culturel@fol01.org
• Culture : **Céline Mathieu**
Réseau départemental de diffusion du spectacle vivant de La Ligue de l'enseignement.

Fédération départementale de l'Ardèche

www.fol07.org
Boulevard de la Chaumette, BP 219
07002 Privas Cedex
Tél. : 04 75 20 27 04 - Fax : 04 75 64 04 97
fol07@laligue.org
• Culture : **Annie Sorrel**
Réseau départemental de diffusion du spectacle vivant de La Ligue de l'enseignement.

Fédération départementale de la Drôme

26-32 avenue Sadi Carnot, BP 133
26001 Valence Cedex
Tél. : 04 75 82 44 68 - Fax : 04 75 42 41 45
agay.fol26@online.fr
• Culture : **Annie Gay**
Réseau départemental de diffusion du spectacle vivant de La Ligue de l'enseignement.

Fédération départementale de Loire

www.ligue-enseignement42.org
22 rue Paul Petit
42031 Saint-Étienne Cedex 2
Tél. : 04 77 49 54 85 - Fax : 04 77 49 54 81
culturel-laligue42@laligue.org
• Culture : **Gilles Epale**
Réseau départemental de diffusion du spectacle vivant de La Ligue de l'enseignement.

Fédération départementale du Rhône

20 rue François Garcin
69423 Lyon Cedex 03
Tél. : 04 72 60 04 70 - Fax : 04 72 60 04 71
service.culturel@fol-69.com
• Culture : **Marc Bernard**
Réseau départemental de diffusion du spectacle vivant de La Ligue de l'enseignement.

ORGANISMES REGIONAUX

Réseau Jeunesses Musicales de France

Association régionale Aquitaine

43 rue Édouard Manet
24650 Chancelade
Tél. : 05 53 03 55 08 - Fax : 05 53 03 55 08
• Président : **Jacques Daudou**

Association régionale Auvergne

73 avenue Jean-Baptiste Bulot
03200 Vichy
Tél. : 04 70 32 28 34 - Fax : 04 70 32 28 34
jmf.auvergne@wanadoo.fr
• Présidente : **Annie Roddier**

Association régionale Basse-Normandie

22 rue Boisard
61100 Bellou-sur-Huisne
Tél. : 02 33 73 76 47
• Présidente : **Gisèle Delaunay**

Association régionale Bretagne

4 rue de l'Église
29800 Landerneau
Tél. : 02 98 85 01 91 - Fax : 02 98 21 59 44
jmfbretagne@aol.com
• Présidente : **Françoise Dincuff**

Association régionale Centre

La Bénardière
28420 Argenvilliers
Tél. : 02 37 29 45 29
bernard.menaut@wanadoo.fr
• Président : **Bernard Menaut**

Association régionale Champagne-Ardenne

2 rue Henri Barbusse
51100 Reims
Tél. : 03 26 84 99 59 - Fax : 03 26 84 99 59
pajmf51@aol.com
• Présidente : **Paule de Buyst-Armanino**

Association régionale Corse

La Tyrrhénienne, rue des Martyrs
20200 Bastia
Tél. : 04 95 31 64 46 - Fax : 04 95 31 99 71
jmfcorse@free.fr
• Président : **Guy Dongradi**

Association régionale Franche-Comté

33 E rue Fontaine Écu
25000 Besançon
Tél. : 03 81 50 04 23 - Fax : 03 81 53 05 42
l.baillymaitre@wanadoo.fr
• Présidente : **Liliane Bailly Maitre**

Association régionale Haute-Normandie

La Maison du Bourg, Grande Rue
27520 Bourgtheroulde
Tél. : 02 35 81 60 12 - Fax : 02 35 81 60 12
• Président : **Max Fournier**

Association régionale Ile-de-France

20 rue Geoffroy l'Asnier
75004 Paris
Tél. : 01 44 61 86 86 - Fax : 01 44 61 86 88
• Présidente : **Geneviève Tabourel**

Association régionale Languedoc-Roussillon

5 rue Jean Laurès
34500 Béziers
Tél. : 04 67 30 08 91 - Fax : 04 67 30 08 91
jmf.languedocroussillon@lesjmf.org
• Présidente : **Andrée Perez**

Association régionale Limousin

3 rue Claude Farrère
19100 Brive-la-Gaillarde
Tél. : 05 55 87 40 04 - Fax : 05 55 87 72 71
jmf.limousin@club-internet.fr
• Président : **Charles Guillaume**

ORGANISMES REGIONAUX

Association régionale Lorraine

12 rue de l'Érimont
88230 Fraize
Tél. : 03 29 25 53 95
houvion.jean-paul@wanadoo.fr
• Président : **Jean-Paul Houvion**

Association régionale Midi-Pyrénées

Cité "La Tourette"
32170 Mielan
Tél. : 05 62 67 52 43 - Fax : 05 62 67 54 21
jef.hooten@wanadoo.fr
• Président : **Jean-François Hooten**

Association régionale Nord-Pas-de-Calais

31 rue des Fossés
59000 Lille
Tél. : 03 20 57 20 00 - Fax : 03 20 54 70 75
seille.jm@free.fr
• Président : **Jean-Michel Seille**

Association régionale Pays-de-Loire

14 rue Constantin Matéi
53810 Change
Tél. : 02 43 56 57 93 - Fax : 02 43 56 57 93
• Présidente : **Mauricette Semin**

Association régionale Poitou-Charentes

69 rue Creuzé
86100 Chatellerault
Tél. : 05 49 21 90 34 - Fax : 05 49 21 90 34
jmf.poitoucharentes@lesjmf.org
• Présidente : **Maryse Lavrard**

Association régionale Provence-Alpes-Côte-d'Azur

Villa Floréal
10 avenue de l'Olivetto
06000 Nice
Tél. : 04 93 81 13 34 - Fax : 04 93 81 13 34
jmfpaca@club-internet.fr
• Président : **Jean-Pierre Gregoire**

Association régionale Rhône-Alpes

7 rue Thomas Riboud
01000 Bourg-en-Bresse
Tél. : 04 74 22 42 24 - Fax : 04 74 22 42 24
jmf.rh.alpes@wanadoo.fr
• Présidente : **Marie-Françoise Calvet**

ORGANISMES FORMATION

Adatec

www.adatec-centre.com
37 avenue de Paris
45000 Orléans
Tél. : 02 38 79 95 79 - Fax : 02 38 79 95 78
- Directeur : **Dominique Bonny**
- Responsable des formations : **Bruno Sabouret de Nedde**

Agecif

agecif.com
22 rue de Picardie
75003 Paris
Tél. : 01 48 87 58 24 - Fax : 01 48 87 65 16
formation@agecif.com
- Directeur : **Denis Thévenin**
- Responsable des formations : **Émeline Cassiat**

Arcade

www.arcade-paca.com
Service formation
17 rue Venel, BP 84
13101 Aix-en-Provence Cedex 1
Tél. : 04 42 21 78 00 - Fax : 04 42 21 78 01
formationpro@arcade-paca.com
- Directeur : **Bernard Maarek**
- Responsable des formations : **Mireille Chabert**

Ardec

www.ardeclr.org
42 rue Adam de Craponne
34000 Montpellier
Tél. : 04 67 92 21 74 - Fax : 04 67 92 36 51
contact@ardeclr.org
- Directrice : **Isabelle Durany**
- Responsable des formations : **Isabelle Durany**

Arsec

www.arsec.org
8 rue du Griffon
69001 Lyon
Tél. : 04 78 39 01 05 - Fax : 04 78 28 98 22
arsec@arsec.org
- Directeur : **Francis Esther**
- Responsable des formations : **Fabienne Combot-Merley**

Artès

www.artes-formations.fr
11 rue des Olivettes, BP 41805
44018 Nantes Cedex 1
Tél. : 02 40 20 35 35 - Fax : 02 40 20 35 36
infos@artes-formations.fr
- Directeur : **Cyrille Bureau**

Avant-Mardi

www.avant-mardi.com
17 rue Valentin
31400 Toulouse
Tél. : 05 34 31 26 50 - Fax. : 05 34 31 26 55
formation@avant-mardi.com
- Directeur : **Williams Bloch**
- Responsable des formations : **Julie Pomarede**

Cagec

www.cagec.com
12 allée Duguay-Trouin, BP 42206
44022 Nantes Cedex 1
Tél. : 02 40 48 22 23 - Fax : 02 40 35 87 35
cagec@cagec.com
- Directrice : **Gaëlle Audéon**
- Responsable des formations : **Sylvie Ricordaire**

Enact

www.enact-nancy.cnfpt.fr
3 boulevard d'Austrasie
54000 Nancy
Tél. : 03 83 19 22 22 - Fax : 03 83 19 23 06
jeanlouis.reynet@cnfpt.fr
- Directeur : **Jean-Jacques Duffourc**
- Responsable des formations: **Jean-Louis Reynet**

Greta des arts appliqués

www.greta-artsappliques.org
92 avenue Galliéni
93170 Bagnolet
Tél. : 01 43 60 07 00 - Fax : 01 43 60 60 25
greta.spectacle@wanadoo.fr
- Directeur : **Bruno Schochtel**
- Responsable des formations : **Geneviève Abel**

Observatoire des politiques culturelles

www.observatoire-culture.net
1 rue du Vieux Temple
38000 Grenoble
Tél. : 04 76 44 33 26 - Fax : 04 76 44 95 00
opc.culture@wanadoo.fr
- Directeur : **Jean-Pierre Saez**
- Responsable des formations : **Jean-Pascal Quilès**

Ogaca

www.ogaca.org
8 boulevard de Nancy
67000 Strasbourg
Tél. : 03 88 76 24 10 - Fax. : 03 88 76 24 15
ogaca.formation@wanadoo.fr
- Directeur : **Luc Jambois**
- Responsable des formations : **Raphaëlle Vaginay**

Premier Acte

www.1acte.com
Futuroscope
5 rue Gaspard Monge
86130 Jaunay Clan
Tél. : 05 49 88 07 20 - Fax : 05 49 88 12 60
accueil@1acte.com
- Directeur : **Thierry Lucas**
- Responsable des formations : **Jean-Louis Patheiron**

Liliane Bottéon

Agence Sine Qua Non

Liliane Bottéon, qui êtes-vous ?
> Un lion en cage.

Comment définissez-vous votre activité ?
> Selon les pays ou selon chacun : entremetteuse, go-between ou facilitatrice.

Pourquoi avoir fait le choix professionnel du jeune public ?
> Par passion... pour les causes difficiles.

Votre première émotion de lectrice ?
> *Sans famille,* d'Hector Malot.

Votre première émotion de spectatrice ?
> À 7 ans, avec le Cirque d'Hiver.

Votre auteur de théâtre préféré ?
> Indépartageables : Koltès et Tchekhov.

Quelle définition du spectacle jeune public donneriez-vous aux adultes ?
> Par le théâtre, nous créons ensemble un espace de liberté poétique qui pourrait devenir un manifeste politique pour ces enfants avec qui nous vivons, que nous éduquons et que nous aidons à grandir.

Le spectacle jeune public dans dix ans ?
> Il sera ce que nous en ferons – tous ensemble – en arrachant aux financeurs les moyens et les lieux indispensables aux artistes.

Et que diriez-vous aux enfants ?
> Pour changer le regard sur vous-même, ouvrez les portes du théâtre pour y trouver ce que vous cherchez : le beau, le fraternel, l'intelligent, le provocant.

Votre rêve professionnel le plus fou ?
> Pouvoir, un jour, coproduire toutes les créations des compagnies que nous défendons, et les montrer chaque année pendant quelques jours de rencontres dans un théâtre à Paris.

La réaction d'un jeune spectateur qui vous a émue ?
> *«Moi, je l'aime parce qu'il me "parle" pour de vrai»* - Un garçon de 9 ans, à Villeurbanne, pour la création de *Chair de papillon,* de Damien Bouvet.

Entretien réalisé par Cyrille Planson

Agents et Entrepreneurs

Agence Sine Qua Non

www.agence-sinequanon.com
27 rue Fidèle Simon, BP 164
44613 Saint-Nazaire Cedex
Tél. : 02 51 10 04 04 - Fax : 02 51 10 04 05
info@agence-sinequanon.com
• Directrice : **Liliane Bottéon**
• Chargée de diffusion et de communication : **Marielle Carteron**
Année de création : 1993
Genre : pluridisciplinaire
Artistes représentés : **Cie Voix Off, Sandglass Theater - Éric Bass, Théâtre de Cuisine, Cie une Pluie de Pianos, Cie Mathieu, François et les Autres, Théâtre du Corps Cie Amiel, Cie Amoros et Augustin, Jacques Haurogné, Cie les Yeux Gourmands, Cie Agar, Olivier Letellier, Cie Françoise Pillet, Cie Émile Sabord, Cie Piccoli Principi, Théâtre Athénor, Cie Tro-Héol, Cie AMK, Théâtre pour Deux Mains, Tam Teatromusica.**

Amalys

18 allée Agrippine
77186 Noisiel
Tél. : 06 07 99 61 65
af.cabanis@wanadoo.fr
• Directrice : **Anne-Françoise Cabanis**
Année de création : 2004
Genres : musique, théâtre, pluridisciplinaire.
Artistes représentés : **Laurent Dupont, Claude Moreau Dansdesign (relais France), Cie Ca Luogo d'Arte (relais France).**

Association Clair de Lune

Les Cascades
319 rue Verte
59170 Croix
Tél. : 03 20 81 09 40
clair-de-lune@wanadoo.fr
• Directeur : **Dominique Declercq**
Année de création : 1992
Genres : musique, arts de la rue, conte, marionnettes.
Artistes représentés : **Marcel Maillet, Cie des Chaussettes en Pâte à Modeler, Catherine Jendrin, Cie Isée, Les Biskotos, Gius (relais France).**

Association Gustave

www.gustave.fr
60 rue Saint-Fort
33000 Bordeaux
Tél. : 05 56 51 16 09 - Fax : 05 56 51 14 52
conte@gustave.fr
• Directrice : **Marie-José Germain**
Année de création : 1997
Genre : conte
Artistes représentés : **Jérôme Aubineau, Frédéric Naud, Jeanne Ferron, Nathalie Thomas, Aimée de la Salle, Philippe Campiche.**

Big Bravo Spectacles

www.bigbravospectacles.com
2 rue des Trois Frères Salaün
22410 Saint-Quay-Portrieux
Tél. : 02 96 70 86 99 - Fax : 02 96 70 86 99
bigbravo@wanadoo.fr
• Directrice : **Sophie Glarner**
Année de création : 2003
Genre : pluridisciplinaire.
Artistes représentés : **Ernest Ahippah, Boufadou, Le Petit Zygomatique Artamuse, Katell, Les Repris de Justesse, Yves Ribis et Sophie Le Hunsec.**

Blue Velvet

www.catherinefontaine.com/marmaille.html
Avenue Gustave Delol
46110 Les Quatre-Routes
Tél. : 05 65 32 00 56 - Fax : 05 65 32 00 56
bluevelvet@catherinefontaine.com
• Directrice : **Marie-Christine Bazin**
Année de création : 1993
Genre : musique
Artistes représentés : **Catherine Fontaine et Marie**

Comme Il Vous Plaira

www.civp.net
117 rue de Charenton
75012 Paris
Tél. : 01 43 43 55 58 - Fax : 01 43 43 55 25
infos@civp.net
• Directeur : **Guillaume Granotier**
• Chargée de production et de diffusion : **Marianne d'Hardivillers**
Année de création : 1995
Genres : théâtre, conte, marionnettes, théâtre d'objets, théâtre musical.
Artistes représentés et projets : **Théâtre de l'Ombrelle, Nouveau Théâtre-CDN de Besançon, Théâtre Fantastique, Odyssées 78-CDN de Sartrouville, Cie Vertigo.**

Côté Cour

www.cote-cour.fr
12 domaine de Tocqueville
14750 Saint-Aubin-sur-Mer
Tél. : 02 31 96 31 31 - Fax : 02 31 97 51 56
contact@cote-cour.fr
Directeurs : **Christian Colin, Denis Géhanne**
Année de création : 1990
Genre : pluridisciplinaire
Artistes représentés : **Action Théâtre, Belladone Cie, Carole Blanc, Cie Écart, Théâtre de l'Écluse, Les Globe Trottoirs, Cie Les Idées Heureuses, Cie Kime, La Marphacie, Théâtre du Signe, Ombres et Lumières, Cie Sucre d'Orgue, Bruno Coupé, Cie Coloquinte, Damuthée, Cie Mandarine, Les Z'Imbert et Moreau, Ministère de la Magouille.**

Enfance et Musique

www.enfancemusique.asso.fr
17 rue Étienne Marcel
93500 Pantin
Tél. : 01 48 10 30 02 - Fax : 01 48 10 30 09
spectacles@enfancemusique.asso.fr
• Directeur : **Marc Caillard**
Année de création : 1981
Genres : musique, danse, théâtre, conte.
Artistes représentés : **Agnès Chaumié, Véronique His, Béatrice Maillet, Nathalie Ardilliez, Jean-Louis Esclapès, Théâtre Némo, Hélène Bohy.**

Festimôme

www.festimome.com
1 résidence Champagne
314 rue Faidherbe
59120 Loos
Tél. : 03 20 30 76 70
info@festimome.com
• Directeur : **Bruno Macou**
• Chargée de communication : **Audrey Verolier**
Année de création : 1998
Genre : pluridisciplinaire
Artistes représentés : **Pam, Lisa et son orchestre L'Histrion, Stabylo, Élixir, Pierre Gueyrard, L'Éléphant dans le Boa, Marie Prete, Zygomorf.**

Ici Même Productions

www.icimeme.fr
57 quai de la Prévalaye
35000 Rennes
Tél. : 02 99 79 24 35 - Fax : 02 99 79 26 07
icimeme@wanadoo.fr
• Directeur : **Maël Le Goff**
• Administratrice : **Valérie Chapon**
Année de création : 2001
Genres : théâtre, conte.
Artistes représentés : **Cie Loba-Annabelle Sergent, Cie Mornifle-Achille Grimaud.**

Iliode

www.iliode.org
Route de l'Ile Chevalier, Lande Vallée
29120 Pont l'Abbé
Tél. : 02 98 82 76 58 - Fax : 02 98 82 16 61
iliode@wanadoo.fr
• Directrice : **Véronique Guillo**
• Chargé de diffusion : **Jean-Marc Lesieur**
Année de création : 1999
Genres : musique, théâtre, arts de la rue.

La Compagnie CHOC TRIO présente

LES CLONES

Un spectacle burlesque et musical pour public familial.

Quatre clones sortent de leur boite à musique... A la recherche de l'original, ils vont se livrer à une lutte délirante, musicale et désopilante. Ces clowns sensibles utilisent leur corps avec énergie et leur instrument (saxophones et percussion) avec virtuosité comme moyens principaux d'expression. Une vraie performance visuelle, sans texte, éveillant tous les sens chez les enfants... y compris leur sens de l'humour !

« Les clones sont des mimes étonnants, des musiciens brillants et des clowns hilarants. On se surprend à rire comme un gosse, on oublie le temps et notre âge... »
LE JOURNAL DE SAÔNE ET LOIRE

« Ces clowns musiciens sont tordants. Pour tous les âges, fins et tendres, ils jouent à être des clones parfaits. Le spectacle est savoureux et réjouissant... »
L'e-GAZETTE DU FESTIVAL D'AVIGNON

Avec
Vincent Boisseau : Le clone soprano
Claude Cordier : Le clone ténor
Philippe Martin : Le clone baryton
Pierre Moulias : Le clone percussion

Mise en scène : Priscille Cordier Eysman
Compositions originales d'Ariane Cadier, Claude Cordier et Jean-Jacques Luteau
Lumières : Laurent Massé

Disponible en tournée - Dossier et vidéo sur simple demande

CONTACT : Priscille CORDIER
+33 (0)5 49 43 25 71 +33 (0)6 85 10 52 83 choctrio@wanadoo.fr
http://perso.wanadoo.fr/choctrio

Press'Graffity - Photo : Pierre Ruaud

Avec le soutien de l'Avant-Scène Cognac, la Région Poitou-Charentes, le Département de la Vienne, la ville de Lusignan, l'ADAMI et la SPEDIDAM.

Licence : 2-106628

Artistes représentés : **Gilles Thoraval, Cie Troubaquoi, Cie Honeymen, Cie Méli Malo.**

Ipisiti

BP 57402
29674 Morlaix Cedex
Tél. : 02 98 88 13 70 - Fax : 02 98 63 81 47
ipisiti@wanadoo.fr
• Directrice : **Marie-Laure Gicquel**
Année de création : 1991
Genres : pluridisciplinaire, musique.
Artistes représentés : **Gérard Delahaye, Théâtre des Tarabates.**

L'Aventure Musicale

www.aventure-musicale.com
81 rue du Pré Catelan
59110 La Madeleine
Tél. : 03 20 14 99 80 - Fax : 03 20 14 99 90
contact@aventure-musicale.com
• Directeur : **Bernard Candau**
Année de création : 1995
Genre : musique
Artistes représentés : **L'Autobus à Vapeur, Jean-Jacques Commien, Éric Bleuzé...**

L'Enfance de l'Art Carol de Montrichard

http://pageperso.aol.fr/cdemontrichard
La Forge
33750 Saint-Quentin-de-Baron
Tél. : 06 76 12 42 73 - 05 57 24 18 54
laforgedm@aol.com
• Conseillère artistique : **Carol de Montrichard**
• Coordination : **Michèle Bousquet**
Genres : musique, théâtre, théâtre d'objets, danse.
Artistes représentés : **Le Grain, Théâtre en Ciel, Vélo Théâtre, Graine de malice, Cie Et Caetera, Cie CàA, Cie La Nuit Venue.**
NB : L'Enfance de l'Art organise également en milieu rural des résidences d'artistes jeune public (essentiellement étrangers).

Le Square

17 boulevard Solférino
92500 Rueil-Malmaison
Tél. : 01 42 36 01 16 - Fax : 01 42 45 06 22
square.production@wanadoo.fr
• Directeur : **Jean Giroud**
Année de création : 1992
Genre : musique
Artistes représentés : **Les Zèbres en Pyjama, Les Courgettes Sauvages.**

Les Petits Ruisseaux

www.lespetitsruisseaux.com
2 cours du Liégat
75013 Paris
Tél. : 01 49 59 93 69 - Fax : 01 49 59 93 69
courrier@lespetitsruisseaux.com
• Directrice : **Martine Derrier**
Année de création : 1996
Genres : théâtre, arts de la rue, marionnettes.
Artistes représentés : **Rue Volant, Pacotille de la Resquille, Cie Délit de Façade.**

Mamie Productions

30 rue Jean Jaurès
44000 Nantes
Tél. : 02 40 12 04 80 - Fax : 02 40 12 05 72
mamieprod@free.fr
• Directeur : **Jean-Michel Beau**
• Chargé de communication : **Frédéric Praud**
Année de création : 1995
Genre : musique
Artistes représentés : **Bouskidou, Betty Boum, Petrek.**

Mary Josée Productions

www.henrides.net
4 passage de la Main d'Or
75011 Paris
Tél. : 01 49 29 55 50 - Fax : 01 47 00 12 01
e.jiroux@recremania.com
• Directeur : **Éric Jiroux**
• Chargée de communication : **Isabelle Moisan**
Année de création : 1977
Genre : musique
Artistes représentés : **Henri Dès**

"MAMAN DIT QU'IL NE FAUT PAS"

SOPHIE FORTE
AVEC ANTOINE SAHLER

Sophie FORTE Voix
Antoine SAHLER Piano

CHANSON JEUNE PUBLIC
6-10 ans

"Maman dit qu'il ne faut pas"

DUREE DU SPECTACLE :
60 minutes

1er album à paraître en 2006
(NIARK PRODUCTIONS)

Pourquoi j'ai écrit pour les enfants :

« Moi, les enfants, c'est pas mon truc ! » : voilà ce que l'on aurait pu m'entendre dire il y a quelques années. Les enfants me faisaient peur ! C'est en serrant dans mes bras un petit homme qui a aujourd'hui sept ans, le fils de mon mari, et ma petite fille de dix huit mois que je crois avoir compris comment les aborder sans tricher, avec sincérité, en les faisant rire, en retrouvant mon âme d'enfant et cet élan de vie magnifique qu'ils portent en eux.

Je suis accompagnée par mon pianiste, également compositeur de toutes les musiques, **Antoine Sahler.**

Nos chansons parlent d'amour (Ma soeur est amoureuse), d'interdits (Maman dit qu'il ne faut pas), d'imaginaire (Ma cabane en bois), mais aussi de petits bobos (Chic j'suis malade), de boulimie (Je m'en fous du clafoutis), d'adoption (Mon enfant du bout du monde) ou de mort (Grand-Père est au cimetière). Notre spectacle s'adresse aux enfants de six à dix ans mais bienvenue aussi aux grands frères et soeurs ainsi qu'aux « grands » enfants : les parents et grands-parents.

Sophie Forte

CC PRODUCTION
Contact Scène
CC Production
27 bis rue Charles VII
94130 Nogent-Sur-Marne
Tél : 01 48 72 32 97 / info@ccprod.org

Contact Médias
Brigitte Berthelot :
b-berthelot@wanadoo.fr
01 46 26 32 06
www.brigitteberthelot.com

Poisson Pilote Production

en collaboration avec Bluestuff Production et l'Étoile en Panne
www.ajthom.net
188 rue des Marais
01120 La Boisse
Tél. : 04 78 06 43 45 - 06 64 21 77 55
Fax : 04 78 06 02 19
ppilote@free.fr
• Directeur : **Jacques Thomasson**
Année de création : 2001
Genres : musique, arts de la rue, cirque.
Artistes représentés : **Jacques Mayoud, Petrek, Yvette Berger, Christian Merveille, Raphi Rafael, Cie Virevolte...**

Pour Faire Bouillir La Pluie

http://bouillir.la.pluie.free.fr
9 bis rue Blanche
95880 Enghien-les-Bains
Tél. : 01 34 12 47 63 - 06 16 89 64 69
Fax : 01 34 12 47 63
isabelletrubert@wanadoo.fr
• Directrice : **Isabelle Trubert**
Année de création : 2002
Genres : musique, théâtre.
Artistes représentés : **François Lemonnier, Élise Caron, Yves Rousseau, Jean-Rémy Guédon.**

Raison de plus

22 rue Orfila
75020 Paris
Tél. : 01 43 14 20 70 - Fax : 01 43 14 20 72
contact@agenceraisondeplus.com
• Directrice : **Chloé Cortinovis**
Année de création : 2002
Genres : musique, conte.
Artistes représentés : **Hélène Bohy, Muriel Bloch.**

Repérages Spectacles

www.reperages-spectacles.com
14 avenue Pascal
78600 Maison-Lafitte
Tél. : 01 34 93 92 44 - Fax : 01 39 12 11 04
peter.bu@reperages-spectacles.com
• Directeur : **Peter Bu**
Année de création : 1976
Genres : théâtre ,mime, conte, danse, marionnettes, magie, musique.
Artistes représentés : **Carmelo Cacciato, Cie La Valise, Théâtre des Deux Sources - Cie Paule d'Heria, Les Zanimos, Société des Mimes Cinglés, Habbe et Meik, Ilka Schönein - Théâtre Meschugge, Marionnettes Anton Anderlé, Perrotin et Carmelo.**

x Tous Azimuts Production

www.tous-azimuts-prod.com
4 rue des Minimes
72000 Le Mans
Tél. : 02 43 23 35 53 - 06 80 13 71 16
Fax : 02 43 23 35 53
tous.azimuts.prod@wanadoo.fr
• Directeur : **Ludovic Timon**
Année de création : 2004
Genres : musique, théâtre, cirque.
Artistes représentés : **Tarabiscooter, Steph et Mélo.**

Victorie Spectacles

4 passage de la Main d'Or
75011 Paris
Tél. : 01 49 29 55 50 - Fax : 01 47 00 12 01
e.mahe@recremania.com
• Directrice du département spectacles : **Émilie Mahé**
• Chargé de communication : **Éric Jiroux**
Année de création : 1990
Genre : musique
Artistes représentés : **Les Zèbres en Pyjama, Pakita, Les Déménageurs, Alain Schneider, Les Courgettes Sauvages, Amipagaille.**

ABBAC COMPAGNIE FRANCOIS CHAUVET a fêté ses 20 ans

8 créations

1985 IGLOO ET GLOO

1987 ATTENTION UN MONSTRE PEUT EN CACHER UN AUTRE

1990 ADOUMBA L'ELEPHANT DU MAHARADJAH

1992 CHATEAU M

1996 LE JARDIN DE LEONIE

1999 KARTIKO LE REVEUR DU DESERT

2002 BALI BALIKOU

2005 RENDEZ-VOUS A LA MAISON BLEUE

balade poétique et visuelle dans l'univers de Marc Chagall
en tournée jusqu'en juin 07

CONTACT : 02.40.77.22.10 - abbacchauvetfrancois@wanadoo.fr

photos de Bruno LEBEAU - RENDEZ-VOUS A LA MAISON BLEUE

Structures de création

1.2.3 Soleil (Compagnie)

2 rue de l'Espère
06510 Carros
Tél. : 04 93 29 22 53 - Fax : 04 93 29 22 53
cie123soleil@free.fr
• Direction : **Chantal Stora**
• Communication : **Nursen Ozmus**
Type : compagnie dramatique
Année de création : 1993
Genres : théâtre, marionnettes.
Public : dès 5 ans
Derniers spectacles : **Becs et ongles ; Manège ; Sans plume et 100 questions…**

7 en si (Compagnie)

www.7ensi.net
3 rue Richan
69004 Lyon
Tél. : 04 78 56 17 42 - Fax : 08 25 23 49 98
olivier.arnoux@tiscali.fr
• Direction : **Jocelyne Condat**
Type : compagnie dramatique
Année de création : 1997
Genres : arts de la rue, théâtre musical.
Public : dès 8 ans
Derniers spectacles : **C'est encore loin la mer ? ; Les Pas perdus ; C'est ainsi les petits…**

À Fleur de Peau (Compagnie)

52 rue d'Avron
75020 Paris
Tél. : 01 43 72 02 87 - Fax : 01 43 72 02 87
afleurmi@club-internet.fr
• Direction : **Michael Bugdahn, Denise Namura**
• Communication : **Marina Tullio**
• Diffusion : **Marina Tullio**
Type : compagnie chorégraphique
Année de création : 1986
Genre : danse
Public : dès 8 ans
Derniers spectacles : **Que reste-t-il de nos amours ? ; Un ange passe-passe ou Entre les lignes il y a un monde ; Rétrospective en duo ; Aller-retour simple…**

Alea Citta (Compagnie)

7 rue de la Citadelle
79200 Parthenay
Tél. : 05 49 71 36 64 - 06 63 95 18 70
aleacitta@cc-parthenay.fr
• Direction : **Sophie Lenfant**
• Diffusion : **Sylvie Bourasseau**
Type : compagnie chorégraphique
Année de création : 1991
Genres : danse, arts de la rue.
Public : dès 6 ans
Derniers spectacles : **Reflets ; Lecture dansée ; Les Amphibiens…**

À Suivre (Compagnie)

www.compagnie-a-suivre.com
8 l'Hommée
77320 Choisy-en-Brie
Tél. : 01 64 20 47 23 - Fax : 01 64 04 45 17
jm.hovsepian@compagnie-a-suivre.com - c.reynaud@compagnie-a-suivre.com
• Direction : **Jean-Marc Hovsépian**
• Administration : **Frédéric Lorget**
Type : compagnie dramatique
Année de création : 1994
Genres : pluridisciplinaire, théâtre, cirque.
Public : dès 2 ans
Derniers spectacles : **Hôtel Carton ; Chamboule tout ; Poussières de vies…**
• Contact diffusion : **Les Singulier's - André Schann** - 03 81 60 46 56

À Tirelarigot (Compagnie)

www.atirelarigot.com
Chevagny
71800 Saint-Julien-de-Civry
Tél. : 03 85 70 60 99 - Fax : 03 85 70 60 99
tirlarigot@wanadoo.fr
• Direction : **Christine Laveder**
• Administration : **Jean-Marie Jobard**
• Communication : **Magali Place**
• Diffusion : **Magali Place**
Type : compagnie dramatique
Année de création : 2004
Genres : musique, théâtre, théâtre musical.
Public : dès 9 mois
Label : Enfance et musique
Derniers spectacles : **Hola l'eau là ;**

Comptines en folie ; Le Dit de l'eau ; La Licorne enchantée...

À Tulle Tête (Compagnie)

31 passage des Tourelles
75020 Paris
Tél. : 01 40 30 92 45 - 06 80 05 78 69
Fax : 01 40 30 92 45
d.verpraet@free.fr
• Direction : **Dominique Verparet**
Type : compagnie dramatique
Année de création : 1995
Genres : musique, danse.
Public : dès 1 an
Derniers spectacles : **La Maison de Jack ; Manège ; Au fond de l'eau...**
• Contact diffusion : **Stéphane Scheleininger**
06 85 60 89 66

A & O (Compagnie)

3 cours Potiron
89420 Saint-André-en-Terre-Plaine
Tél. : 03 86 33 10 89 - 06 12 90 55 84
compagnieaeto@yahoo.fr
• Direction : **Joël Colas**
Type : compagnie dramatique
Année de création : 1999
Genres : arts de la rue, cirque, clown, magie.
Public : dès 3 ans
Derniers spectacles : **A et O présente & ; KAO...**

Abbac

Le Moulin Roty
44390 Saffré
Tél. : 02 40 77 22 10 - Fax : 02 40 77 22 10
abbacchauvetfrancois@wanadoo.fr
• Direction : **François Chauvet**
Type : compagnie dramatique
Année de création : 1985
Genres : pluridisciplinaire, théâtre.
Public : dès 4 ans
Derniers spectacles : **Rendez-vous à la maison bleue ; Bali balikou ; Kartiko le rêveur du désert ; Le Jardin de Léonie...**

Abricadabra théâtre

http://abricadabra.nerim.net
94 bis quai de la Loire
75019 Paris
Tél. : 01 42 03 39 07 - Fax : 01 40 18 16 55
abricadabra@nerim.net
• Direction : **Pascal Sanvic**
• Administration : **Lise Coquerel**
• Communication : **Nathalie Ferron**
• Diffusion : **Lise Coquerel**
Type : compagnie dramatique
Année de création : 1996
Genres : musique, danse, théâtre, conte, marionnettes, théâtre d'objets.
Public : dès 1 an
Derniers spectacles : **Quand les tiroirs font des histoires ; Du haut de mes trois pommes ; Nom d'un petit bonhomme ; À la recherche du doudou perdu...**

Accrorap (Compagnie)

www.accrorap.com
73 Grande Rue
25000 Besançon
Tél. : 03 81 82 15 22 - Fax : 03 81 81 73 40
contact@accrorap.com
• Direction : **Gilles Rondot, Kader Attou**
• Administration : **Coralie Basset**
Type : compagnie chorégraphique
Année de création : 1993
Genre : danse hip-hop
Public : dès 7 ans
Dernier spectacle : **Pourquoi pas ?...**

ACTA - Compagnie Agnès Desfossés

34 bis rue Alexis Varagne
95400 Villiers-le-Bel
Tél. : 01 39 92 46 81 - Fax : 01 39 94 89 05
contact@acta95.net
• Direction : **Agnès Desfossés**
• Administration : **Ophélie Cohen**
• Communication : **Nelly Auria**
• Diffusion : **Nelly Auria**
Type : compagnie dramatique
Année de création : 1989
Genres : pluridisciplinaire, musique, danse, théâtre, arts de la rue.

Public : dès 9 mois
Derniers spectacles : **ReNaissances ; Mira ! Le pays des reflets ; Sous la table ; Le Jardin des chimères...**

Actémobazar (Compagnie)

www.actemobazar.fr
Maison des Associations
1A place des Orphelins
67000 Strasbourg
Tél. : 03 88 22 59 93 - Fax : 03 88 22 59 93
actemobazar@club-internet.fr
• Direction : **Delphine Crubézy**
Type : compagnie dramatique
Année de création : 2002
Genres : musique, théâtre, marionnettes.
Public : dès 18 mois
Derniers spectacles : **À la volette ; La Solitude du coureur de fond...**

Acteurs Living Show (Compagnie)

95 place du Forum
42000 Saint-Étienne
Tél. : 04 77 41 92 97
• Direction : **Carlo Bondi**
Type : compagnie dramatique
Année de création : 1986
Genres : théâtre, musique.
Public : dès 3 ans
Derniers spectacles : **Le Grand Voyage de l'homme petit ; À deux pas de l'eau ; Immagini offerte ; Chansons pour filles et garçons sorties des cartons...**

Action Théâtre Enfance

www.action-theatre-enfance.com
7 rue Willy Brandt
92110 Clichy
Tél. : 01 47 37 02 43 - Fax : 01 42 70 64 03
imcm.ate@wanadoo.fr - cg.ate@wanadoo.fr
• Direction : **Michel Rosenmann**
• Administration : **Marie-Claire Moreau-Vignaud**
Type : compagnie dramatique
Année de création : 1988
Genre : théâtre, marionnettes.
Public : dès 3 ans
Derniers spectacles : **Un petit frère pas comme les autres ; Un petit roi qu'on entendait tousser ; L'histoire du pouce coquin...**

ADEM - Ensemble Tournevire

http://perso.wanadoo.fr/michel.barbier
Association pour le développement de l'éveil musical
4 rue Lucie
94350 Villiers-sur-Marne
Tél. : 01 49 30 94 67 - Fax : 01 49 30 88 60
association.adem@wanadoo.fr
• Direction : **Martine Dudragne**
Type : compagnie dramatique
Année de création : 1984
Genres : musique, danse, arts de la rue.
Public : dès 2 ans
Label : Studio SM - Arc en Ciel
Derniers spectacles : **Tournevire, Bal folk pour enfants...**

Agile (Compagnie)

www.compagnieagile.com
18 rue Würtz
75013 Paris
Tél. : 01 45 81 29 52 - 06 64 45 48 53
compagnieagile@free.fr
• Direction : **Gilles Martin**
• Administration : **Gilles Martin**
• Communication : **Laurence Aburbé**
• Diffusion : **Laurence Aburbé**
Type : compagnie dramatique
Année de création : 1998
Genres : pluridisciplinaire, théâtre,marionnettes.
Public : dès 4 ans
Derniers spectacles : **Les Deux Gredins ; La Farce de Maître Pathelin...**

Agitez le Bestiaire (Compagnie) ♡

www.agitezlebestiaire.com
21 rue du Grand Prieuré
75011 Paris
Tél. : 01 43 67 61 04 - Fax : 01 47 00 61 66
sdhima.annex12@free.fr
• Direction : **Gwenaël Le Boulluec, Nicolas Vidal**
• Administration : **Sotira Dhima**
• Communication : **Sotira Dhima**
• Diffusion : **Sotira Dhima**
Type : compagnie dramatique
Année de création : 1997

Serge Boulier

Compagnie Bouffou Théâtre

Serge Boulier, qui êtes-vous ?
> Un monsieur d'un peu plus de 40 ans qui tente de garder un peu d'insouciance.

Comment définissez-vous votre activité ?
> Je bricole des spectacles comme on bricole sa mobylette.

Pourquoi avoir fait le choix professionnel du jeune public ?
> C'est peut-être parce que c'est le pays de mon enfance, celui des «Si ! Ça s'peut !»

Votre première émotion de lecteur ?
> C'était en CE1 quand je ne savais pas lire couramment et que j'ai failli repasser en CP !

Votre auteur de théâtre préféré ?
> Beckett, parce qu'il nous dévoile l'importante futilité de nos vies.

Votre première émotion de spectateur ?
> *Guignol,* à l'école, avec la surprise de découvrir que derrière le castelet il y avait un monsieur en «marcel» qui le faisait bouger.

La définition du spectacle jeune public que vous donneriez-vous aux adultes ?
> Le spectacle jeune public c'est regarder les adultes d'en haut.

Et que diriez-vous aux enfants ?
> Regarde !

Le spectacle jeune public dans dix ans ?
> Toujours les mêmes débats et colloques, mais surtout des spectacles et des surprises à découvrir.

Votre rêve professionnel le plus fou ?
> Avoir du temps pour rater des trucs et recommencer.

La réaction d'un jeune spectateur qui vous a émue ?
> *«C'est nul, c'est des poésies».* (Jules, 7ans)

La réflexion la plus stupide entendue au sujet du spectacle pour le jeune public ?
> *«Le spectacle jeune public forme les spectateurs de demain.»*

Entretien réalisé par Cyrille Planson

Genres : pluridisciplinaire, théâtre, marionnettes, théâtre d'objets.
Public : dès 3 ans
Derniers spectacles : **L'Eau là ; La Terre nourrit tout ; Les Sages et les Fous ; Lopins...**

Agnès Chaumié

www.enfancemusique.asso.fr
Enfance et Musique
17 rue Étienne Marcel
93500 Pantin
Tél. : 01 48 10 30 02 - Fax : 01 48 10 30 09
spectacles@enfancemusique.asso.fr
Type : artiste musicale
Année de création : 1999
Genres : musique, danse.
Public : dès 9 mois
Label : Enfance et Musique
Derniers spectacles : **2 doigts de comédie ; Gratte-moi l'do...**
• Contact diffusion : **Wanda Sobczak**

Agnès Chavanon

www.amac-parole.com
AMAC, 250 rue Garibaldi
69003 Lyon
Tél. : 04 78 62 74 90 - Fax : 04 78 62 29 01
contact@amac-parole.com
Type : artiste
Année de création : 1981
Genre : conte
Public : dès 5 ans
Label : Naïve
Derniers spectacles : **Contes africains ; Loup y es-tu ? ; Histoire de parler...**
• Contact diffusion : **AMAC**

Aïa (Compagnie)

www.compagnie-aia.com
162 rue de Belleville
75020 Paris
Tél. : 01 43 58 73 87 - Fax : 01 43 58 73 87
aia.france@wanadoo.fr
• Direction : **Jean-Paul Denizon, Melita Poma**
• Diffusion : **Virna Cirignano**
Type : compagnie dramatique
Année de création : 1993
Genres : théâtre, marionnettes, théâtre à vue.
Public : dès 7 ans
Derniers spectacles : **Moi qui marche ; Qu'y a-t-il dans la malle du Capitaine ?...**

Aimée de la Salle

www.gustave.fr
Productions Gustave, 60 rue Saint Fort
33000 Bordeaux
Tél. : 05 56 51 16 09 - Fax : 05 56 51 14 52
conte@gustave.fr
Type : conteuse
Année de création : 1991
Genre : conte
Public : dès 2 ans
Derniers spectacles : **Enfantines ; Le Routabaga et ses amis...**

A.K. Entrepôt

18 rue de Provence
22000 Saint-Brieuc
Tél. : 02 96 78 76 38 - 06 76 63 26 38
akentrepot@wanadoo.fr
• Direction : **Laurance Henry, Érik Mennesson**
Type : compagnie dramatique
Année de création : 2000
Genres : pluridisciplinaire, théâtre.
Public : dès 18 mois
Dernier spectacle : **Maintenant ; Prémice(s) ; Mille morceaux de moi ; L'Absence...**

Aktéon Théâtre

www.akteon.fr
11 rue du Général Blaise
75011 Paris
Tél. : 01 43 38 20 00 - 01 43 38 74 62
theatre@akteon.fr
• Direction : **Michel Rosenmann**
• Administration : **Marie-Claire Moreau-Vignaud**
• Communication : **Agnès Renaud**
• Diffusion : **Agnès Renaud**
Type : compagnie dramatique
Année de création : 1995
Genre : théâtre
Public : dès 1 an
Dernier spectacle : **Arbustin et Crapaudine**

Aktuel Force

www.aktuelforce.com
35 allée Saint-Exupéry
93200 Saint-Denis
Tél. : 01 42 43 85 37
gabin@aktuelforce.com
• Direction : **Gabin Nuissier**
• Administration : **Mohamed Athamna**
Type : compagnie chorégraphique
Année de création : 1984
Genre : danse hip-hop
Public : dès 7 ans
Dernier spectacle : **Éléments**

Al Fonce (Compagnie)

http://alfonce02.free.fr
46 rue de la Crête
74960 Cran-Gevrier
Tél. : 04 50 46 08 97 - 06 03 13 87 76
alfonce@fr.st
• Direction : **Loïc Bardiot**
• Communication : **Alexandra Georges**
• Diffusion : **Alexandra Georges**
Type : compagnie dramatique
Année de création : 1995
Genres : théâtre, arts de la rue.
Public : dès 5 ans
Derniers spectacles : **Même pas peur ; Aglagla…**

Alain Manuelle

www.renardrock.com
9 Grande Rue
90130 Petit-Croix
Tél. : 03 84 19 40 01
alain@renardrock.com
Type : artiste musical
Année de création : 1998
Genres : pluridisciplinaire, musique, conte, marionnettes.
Public : dès 3 ans
Derniers spectacles : **Le Meilleur Papa du monde ; Le Petit Hibou et l'écureuil roux ; Un cadeau pour les étoiles…**

Alain Schneider

www.alainschneider.com
Victorie Spectacles, 4 passage de la Main d'or
75011 Paris
Tél. : 01 49 29 55 50 - Fax : 01 47 00 12 01
emilie@victorie-spectacles.com
Type : Artiste musical
Année de création : 2002
Genre : musique
Public : dès 3 ans
Label : Universal
Dernier spectacle : **Midi à 14h**
• Contact diffusion : **Émilie Mahé**

Alcantara (Compagnie)

www.compagnie-alcantara.com
12 ter place Garibaldi, Espace Associations
06300 Nice
Tél. : 04 93 80 20 43
compagniealcantara@yahoo.fr
• Direction : **Sophie Sergio**
• Communication : **Carol Nakari**
• Diffusion : **Carol Nakari**
Type : compagnie dramatique
Année de création : 2001
Genre : théâtre
Public : dès 3 ans
Derniers spectacles : **Les Chats en poésie ; Pourquoi ? Comment ? …**

Alcazar Marionnettes

http://alcazarmarionnettes.free.fr
48 rue des Abeilles
13001 Marseille
Tél. : 04 91 50 34 84 - 06 86 79 46 53
alcazarmarionnettes@free.fr
• Direction : **Thomas Tessier**
• Administration : **Corinne Marziou**
Type : compagnie dramatique
Année de création : 1996
Genres : musique, théâtre, marionnettes.
Public : dès 8 ans
Dernier spectacle : **L'Histoire de chat ou Le Maître botté**

Alfred Alerte (Compagnie)

150 rue Jean Jaurès
77186 Noisiel
Tél. : 01 64 80 40 83 - 06 81 47 12 68
• Direction : **Alfred Alerte**
Type : compagnie chorégraphique
Année de création : 1990
Genre : danse
Public : dès 7 ans
Derniers spectacles : **Exibus Kid ; Double Face...**

Alter-Nez (Compagnie)

http://cie.alternez.free.fr
3 bis rue Clément
38000 Grenoble
Tél. : 04 76 21 32 60 - 06 03 42 82 88
Fax : 04 76 21 32 60
cie.alternez@free.fr
• Direction : **Laetitia Boulle**
• Administration : **Laetitia Boulle, Guillaume Douady, Cyril Griot**
• Communication : **Caroline Lemoine**
• Diffusion : **Caroline Lemoine**
Type : compagnie dramatique
Année de création : 1996
Genres : théâtre, cirque, clown.
Public : dès 5 ans
Derniers spectacles : **C'est à moi les superhéros ; Edgar ; D'abord je suis tout p'tit...**

Alzhar

Friche La Belle de Mai, 41 rue Jobin
13003 Marseille
Tél. : 04 42 26 69 50 - 06 62 86 27 05
Fax : 04 42 26 69 50
carasso.poitevin@wanadoo.fr
• Direction : **Jeanne Poitevin, Maxime Carasso**
• Administration : **Karine Fourcy**
Type : compagnie dramatique
Année de création : 1993
Genres : théâtre, conte.
Public : dès 10 ans
Derniers spectacles : **Le Misanthrope** ; **Le Lion à grande gueule et l'Escargot gogo ; Britannicus ; Soucis de sorcier...**
• Contact diffusion : **Anne Torquéo**
01 40 35 03 78

Amédée Bricolo (Compagnie)

www.amedee-bricolo.org
34 rue des Poulies
45240 La Ferté-Saint-Aubin
Tél. : 02 38 64 61 53 - Fax : 02 38 76 64 38
amedee.bricolo@wanadoo.fr
• Direction : **Christian Massas**
• Administration : **Chantal Coquelet**
• Communication : **Yasmina Laabbassi**
• Diffusion : **Olivier Lecoq**
Type : compagnie dramatique
Année de création : 1987
Genres : théâtre, clown.
Public : dès 4 ans
Derniers spectacles : **Les Désillusionnistes ; Drôle d'oiseau ; Recueil ; Tête en l'air...**

Amies Croches (Les)

www.lesamiescroches.com
37 rue Calmels
75018 Paris
Tél. : 01 42 23 08 02
marionlepine@yahoo.fr
- lesamiescroches@yahoo.fr
• Direction : **Marika Mazzanti, Marion Lépine**
Type : groupe musical
Année de création : 2005
Genres : pluridisciplinaire, musique, théâtre, cirque.
Public : dès 3 ans
Dernier spectacle : **D'accord ?**

Amin (Compagnie)

http://amin.free.fr
2 rue Danielle Casanova
91178 Viry-Chatillon
Tél. : 01 69 44 88 83 - Fax : 01 69 44 88 83
amin@free.fr
• Direction : **Christophe Laluque**
• Administration : **Suheyla Burc**
Type : compagnie dramatique
Année de création : 1993
Genres : musique, théâtre.
Public : dès 3 ans
Dernier spectacle : **Minlababi ; Prométhée un trou dans les nuages ; Que disent les cochons quand le ciel est gris ? ; Une chèvre de Monsieur Seguin ou l'Éloge de la liberté...**

Six spectacles en tournée…
… et 20e création en 2006 !
Pascal Thevenin / Strasbourg
Compagnie
amédée
BRICOLO
théâtre burlesque
contact au 02 38 64 61 53 et sur www.amedee-bricolo.org

Amipagaille

Victorie Spectacles
4 passage de la Main d'or
75011 Paris
Tél. : 01 49 29 55 50 - Fax : 01 47 00 12 01
emilie@victorie-spectacles.com
• Administration : **Artist Factum, Éric Fourez**
Type : groupe musical
Année de création : 2003
Genres : musique, théâtre.
Public : dès 2 ans
Label : Universal
Dernier spectacle : **Des airs plein les poches**
• Contact diffusion : **Émilie Mahé**

AMK (Compagnie)

6 ruelle des Lavandiers
77940 Voulx
Tél. : 01 60 71 88 58 - Fax : 01 60 71 88 58
cieamk@yahoo.fr
• Direction : **Philippe Aufort, Cécile Fraysse**
• Administration : **Marion Le Guellec**
Type : compagnie dramatique
Année de création : 2000
Genres : théâtre, marionnettes.
Public : dès 6 ans
Derniers spectacles : **Voyage au centre de Rose ; De l'intérieur ; Le Mioche ; Certaines aventures de Mme Ka…**
• Contact diffusion : **Sine Qua Non**
02 51 10 04 04

Amoros et Augustin (Compagnie) ♡

www.amoros-augustin.com
La Fabrique de théâtre
13 rue de Phalsbourg
67000 Strasbourg
Tél. : 03 88 35 10 06 - Fax : 03 88 35 10 85
theatre@amoros-augustin.com
• Direction : **Luc Amoros, Michèle Augustin**
• Administration : **Mathieu Desanlis**
• Diffusion : **Bruno de Beaufort**
Type : compagnie dramatique
Année de création : 1979
Genres : danse, théâtre, théâtre d'ombres.
Public : dès 4 ans
Derniers spectacles : **Eden 2006 ; La Nuit où tu m'aimeras ; Avant la chute ; L'Œil nu…**
• Contact diffusion : **Sine Qua Non**

Amulette

www.groupe-amulette.com
13 bis rue des Champioux
95100 Argenteuil
Tél. : 01 34 11 39 47 - Fax : 01 39 82 13 80
contact@groupe-amulette.com
• Direction : **Didier Noblet**
Type : groupe musical
Année de création : 1978
Genre : musique
Public : dès 2 ans
Label : Universal, Victorie Music
Derniers spectacles : **Le Bonhomme de paille ; Le Bal rock des enfants ; Le Concert rock des enfants…**

André Mandarino (Compagnie)

Les Escargots Ailés
4 rue Jules Lobet
51000 Châlons-en-Champagne
Tél. : 03 26 68 01 13 - 06 80 72 46 58
Fax : 03 26 68 01 13
andre.mandarino@wanadoo.fr
• Direction : **André Mandarino**
Type : compagnie dramatique
Année de création : 2000
Genres : danse, cirque.
Public : dès 8 ans
Dernier spectacle : **Le Passeur**

Ankinéa Théâtre

Bonlieu Scène nationale
1 rue Jean Jaurès
74000 Annecy
Tél. : 04 50 33 44 21 - 01 43 97 93 37
Fax : 04 50 51 82 09
• Direction : **Franck Berthier**
• Administration : **Laurence Kévorkian-Berthier**
• Diffusion : **Fabienne Lorong**
Type : compagnie dramatique
Année de création : 1993
Genre : théâtre
Public : dès 9 ans
Dernier spectacle : **Le Gardeur de simence ; L'âme de l'a…**

Anne Kovalevsky

5 rue Sylvestre
69100 Villeurbanne
Tél. : 06 24 33 50 31 - Fax : 04 78 65 08 15
anne.kova@free.fr
Type : conteuse
Année de création : 1998
Genre : conte
Public : dès 4 ans
Label : Oui-Dire Éditions, Harmonia Mundi.
Derniers spectacles : **Petit chaperon rouge et cie ; Le Tiroir à histoire ; Temps qu'à faire ; Miklos fils de jument ; Éclats d'amour...**

Anne Leviel

62 rue Jean Jacques
62240 Longfossé
Tél. : 03 21 30 64 72 - 06 63 00 06 01
anne-leviel@wanadoo.fr
Type : conteuse
Année de création : 1997
Genre : conte
Public : dès 2 ans
Derniers spectacles : **Plume poule ; La Force des bêtes ; Bestioles en ribambelle ; Brin de persil et peau de souris ; Contes à manger tout de suite ; Boule de beurre...**

Annibal et ses éléphants

www.annibal-lacave.com
3 bis avenue Victoire Heurtault
92700 Colombes
Tél. : 01 41 19 08 88 - Fax : 01 41 19 08 88
annibal@annibal-lacave.com
• Direction : **Claudie Vigne**
Type : compagnie dramatique
Année de création : 1991
Genres : musique, danse, théâtre, arts de la rue.
Public : dès 8 ans
Derniers spectacles : **La Bête ; L'Étrange Cas du Dr Jekyll et de M. Hyde ; Le Secret des Livingson ; L'Ile du docteur Mario...**

Annie Gallay

34 rue Buisson
42530 Saint-Genest-Lerpt
Tél. : 04 74 95 63 47
Type : conteuse
Genres : conte
Public : dès 2 ans
Label : Raymond et Merveilles
Dernier spectacle : **Tête de Linotte et plume de cocotte...**

Anonima Teatro (Compagnie)

Mairie, place de l'Église
34230 Tressan
Tél. : 04 67 96 09 74 - 06 87 85 38 60
anonimateatro@yahoo.fr
• Direction : **Edwige Pluchart**
Type : compagnie dramatique
Année de création : 2001
Genres : théâtre, marionnettes.
Public : dès 3 ans
Dernier spectacle : **Si deux mains m'étaient contées ; Une histoire à Louis...**
• Contact diffusion : **Racont'art**
04 67 73 49 17

Antarès (Compagnie)

www.compagnie-antares.com
Rue Mauvernay
69290 Craponne
Tél. : 04 78 57 96 30 - Fax : 04 78 57 96 33
cieantares@wanadoo.fr
• Direction : **Nathalie Delecroix**
• Administration : **Magali Manojlovic**
• Communication : **Béatrice Corbin**
• Diffusion : **Béatrice Corbin**
Type : compagnie dramatique
Année de création : 1995
Genres : danse, clown.
Public : dès 5 ans
Derniers spectacles : **1, 2, 3, j'attends ; Ma grand-mère Carmela...**

Antidote (Compagnie)

www.sornettes.com
116 rue de Charenton
75012 Paris
Tél. : 06 62 17 99 77 - Fax : 01 40 24 05 22
sornettes@antidote.fr
• Direction : **Brigitte Le Borgne**
Type : compagnie dramatique
Année de création : 2005
Genres : musique, théâtre.
Public : dès 3 ans
Dernier spectacle : **Fête aux sornettes**

Antonin Chichoule (Compagnie)

12 rue du Cancel
13100 Aix-en-Provence
Tél. : 06 08 85 38 68
lartestcreation@aol.com
• Direction : **Luc Laudignon**
Type : compagnie dramatique
Année de création : 2002
Genres : théâtre, conte, marionnettes, théâtre d'objets.
Public : dès 1 an
Derniers spectacles : **Doudouli ; Monsieur Pierre et la sorcière du placard aux balais...**

Arbre à Couleurs (L')

8 allée de la Citadelle
08000 Charleville-Mézières
Tél. : 06 89 93 01 12
arbre.couleurs@laposte.net
- daniele.ronsin@laposte.net
• Direction : **Muriel Sanchez**
• Administration : **Danièle Ronsin**
Type : compagnie dramatique
Année de création : 2003
Genres : théâtre, cirque, marionnettes.
Public : dès 2 ans
Dernier spectacle : **La Dame aux secrets**

Arcane (Compagnie)

1 Sentier des Fossés
92190 Meudon
Tél. : 01 46 26 51 77 - 06 16 29 36 91
Fax : 01 46 26 51 77
cie.arcane@free.fr
Type : compagnie chorégraphique
• Direction : **Maria Ortiz-Gabella**
Année de création : 1972
Genre : danse
Public : dès 6 ans
Dernier spectacle : **Poussière d'étoiles**
• Contact diffusion : **Totem - Richard Barrière**
06 86 70 77 47

Arcosm (Compagnie)

www.mitiki.com
22 place de la Croix Rousse
69004 Lyon
Tél. : 06 84 62 08 85
contact@mitiki.com
• Direction : **Gaëlle Venuat**
• Administration : **Bertrand Guerry**
• Diffusion : **Bertrand Guerry**
Type : compagnie chorégraphique
Année de création : 2000
Genre : danse
Public : dès 7 ans
Dernier spectacle : **Échoa**

Aristobulle (Compagnie)

Le Village
07200 Rochecolombe
Tél. : 04 75 37 78 81 - 06 07 06 53 57
Fax : 04 75 37 72 34
aristobulle@free.fr
• Direction : **Françoise de Swetschin**
Type : compagnie dramatique
Année de création : 1987
Genres : théâtre, cirque.
Public : dès 3 ans
Derniers spectacles : **Illusion sur macadam ; Le Café des illusions ; L'Arbre magique ; C'est où nulle part...**
• Contact diffusion : **Martine Germain**
04 75 45 72 01

Aristophane et Michichi (Compagnie)

http://aristophane.michichi.free.fr
47 rue de la République
54000 Nancy
Tél. : 03 83 94 15 43
aristophane.michichi@laposte.net
• Direction : **Stéphanie Copine**

• Administration : **Nadia Lemradet**
Type : compagnie dramatique
Année de création : 2000
Genres : arts de la rue, marionnettes.
Public : dès 2 ans
Derniers spectacles : **DSO ; Julie et Mario ; Gino ; L'Histoire de Pierre...**

Arkétal

www.arketal.com
4 impasse de la Chaumière, BP 17
06401 Cannes Cedex
Tél. : 04 93 68 92 00 - Fax : 04 92 99 25 07
compagniearketal@wanadoo.fr
• Direction : **Greta Bruggeman**
Type : compagnie dramatique
Année de création : 1984
Genre : marionnettes
Public : dès 8 ans
Dernier spectacle : **Des papillons sous les pas**

Artamuse (Compagnie)

www.bigbravospectacles.com
10 square Grade Bollardière
35700 Rennes
Tél. : 02 99 87 06 51
bigbravo@wanadoo.fr
• Direction : **Marie-Claire Hénot**
Type : Artiste ou groupe musical
Année de création : 1999
Genres : pluridisciplinaire, musique, théâtre, marionnettes.
Public : dès 9 mois
Derniers spectacles : **Tiens le vent a tourné ; Douce écaille, poisson bleu...**
• Contact diffusion : **Big Bravo Spectacles Sophie Glarner** - 02 96 70 86 99

Artem (Compagnie)

BP 55
38092 Villefontaine Cedex
Tél. : 04 74 83 68 59
artem.theatre@wanadoo.fr
• Direction : **Brigitte Carle**
• Administration : **Guy Deloux**
Type : compagnie dramatique
Année de création : 1992
Genres : théâtre, conte.
Public : dès 8 ans
Dernier spectacle : **Agata et Cristi**
• Contact diffusion : **Alexandra Fognini**
06 86 56 57 72

Artfusion (Compagnie)

www.artfusion.fr
63 avenue Pasteur
10000 Troyes
Tél. : 03 25 80 14 24 - 06 77 20 45 34
art-fusion@wanadoo.fr
• Direction : **Jean-François Lemaire**
Type : compagnie dramatique
Année de création : 1994
Genres : danse, théâtre, théâtre d'objets, marionnettes.
Public : dès 3 ans
Derniers spectacles : **Variations buissonnières ; La Reine et la pierre de lumière...**

Articulation (Compagnie)

82 rue Jean-Pierre Timbaud
75011 Paris
Tél. : 01 43 38 51 53 - Fax : 01 43 38 51 53
cie.zazadidier@wanadoo.fr
• Direction : **Zaza Disdier**
Type : compagnie chorégraphique
Année de création : 1986
Genres : danse hip-hop, théâtre.
Public : dès 9 ans
Dernier spectacle : **La Tête à l'envers ; Vol plané...**
• Contact diffusion : **Nathalie Barraux**
08 71 79 53 65

Art Kaïk (Compagnie)

78-80 avenue de la Résistance
93100 Montreuil
Tél. : 01 42 87 74 28 - 06 64 71 86 89
art.kaik.cie@free.fr
• Direction : **Marie Wacker**
Type : compagnie dramatique
Année de création : 2003
Genre : théâtre
Public : dès 4 ans
Dernier spectacle : **C'est notre histoire, La Conférence...**

Art Tout Chaud

24 rue Saint-Leu
80000 Amiens
Tél. : 03 22 72 47 47 - Fax : 03 22 72 47 47
arttoutchaud@yahoo.fr
• Direction : **Hervé Germain**
Type : compagnie dramatique
Année de création : 1983
Genre : théâtre
Public : dès 8 ans
Dernier spectacle : **Don Jugal, du doux désir d'être deux à la misère des guerres ménagères...**
• Contact diffusion : **Nathalie Karp**
01 43 57 44 44

Art Zygote

70 rue de la Bâclerie
53000 Laval
Tél. : 02 43 53 20 34
artzygote@aol.com
• Présidente : **Monique Calvez**
• Administration : **Pascale Manceau**
Type : compagnie dramatique
Année de création : 1997
Genre : marionnettes
Public : dès 5 ans
Dernier spectacle : **La Chaussette jaune**
• Contact diffusion : **Véronique Collet**
02 99 27 88 10

Atalante (L')

18 place de l'Église
34160 Montaud
Tél. : 04 67 86 17 82 - Fax : 04 67 86 17 82
atalantehugel@yahoo.fr
• Direction : **Christiane Hugel**
• Administration : **Nathalie Carcenac**
Type : compagnie dramatique
Année de création : 1999
Genre : théâtre
Public : dès 3 ans
Derniers spectacles : **Ultramarine ; Ovo ; Herba Midori...**
• Contact diffusion : **Virginie Hopé**
06 76 75 21 24

Atelier 44

20 avenue de la Chézine
44360 Saint-Etienne-de-Montluc
Tél. : 02 40 85 90 76 - Fax : 02 40 85 90 76
atelier44@wanadoo.fr
• Direction : **Jean-Pierre Dallemand**
Type : compagnie dramatique
Année de création : 1976
Genres : théâtre, conte, marionnettes, théâtre d'objets.
Public : dès 3 ans
Derniers spectacles : **Il était tard ; Histoire de jouer ; Amandine d'ici ; La Désobéisseuse...**

Ateliers de la Boule Bleue

10 rue d'Aubilly
08000 Charleville-Mézières
Tél. : 03 24 59 96 26 - Fax : 03 24 59 96 26
lebouleblueue@aol.com
• Direction artistique : **Estelle et Édouard Baggs**
• Présidente : **Chantal Zeller**
Type : compagnie dramatique
Année de création : 1994
Genres : marionnettes, théâtre d'objets.
Public : **dès 4 ans**
Dernier spectacle : **Carremania ; Un jour il vit une pie ; Une histoire peut en cacher une autre ; Les Goinfres...**

Atelier du XIX (L')

Route d'Orange, BP 35
30650 Rochefort-du-Gard
Tél. : 04 90 31 85 75 - Fax : 04 90 31 85 75
atelierdu19@free.fr
• Direction : **Marie-Noëlle Esnault**
• Administration : **Nadine Dujon**
Type : compagnie dramatique
Année de création : 1995
Genre : théâtre
Public : dès 2 ans
Dernier spectacle : **4 et 4 font plus !**

Christian Duchange

Compagnie L'Artifice

Christian Duchange, qui êtes-vous ?
> Nous sommes tous des ogres plus ou moins éduqués.

Comment définiriez-vous votre activité ?
> Comme une énorme nécessité de transmettre cette bonne nouvelle.

Pourquoi avoir fait le choix professionnel du jeune public ?
> Pour débattre poétiquement de ce point de vue le plus tôt possible dans nos existences de funambules et prendre enfin de la hauteur.

Votre première émotion de lecteur ?
> Au collège, *L'Étranger*, de Camus.

Votre première émotion de spectateur ?
> Au lycée, un one woman show de la comédienne Zouc. Mon éveil culturel fut, hélas, tardif.

Votre auteur de théâtre préféré ?
> Le prochain que je mettrai en scène et que je chérirai autant que les précédents.

Le spectacle jeune public dans dix ans ?
> Ses créations débordantes d'invention et pleines d'intérêts pour les publics «éloignés» de la culture auront permis un renouveau des formes artistiques, et rendu ainsi la poésie plus populaire.

Quelle définition du spectacle jeune public donneriez-vous aux adultes ?
> Des spectacles qui s'adressent aux enfants de tous âges, centenaires inclus. Les spectateurs qui se croient adultes étant priés de rester à l'extérieur.

Et que diriez-vous aux enfants ?
> Poussez la toile et entrez donc vous installer...

Votre rêve professionnel le plus fou ?
> Que l'homéopathie théâtrale soit toujours plus efficace dans le traitement culturel de la bêtise.

La réaction d'un jeune spectateur qui vous a émue ?
> Ce qui m'émeut le plus, c'est le côté prévisible de l'enfant. Cet acte ou cette parole qui surgissent sans l'ombre du doute. De ces «sorties» qui dévoilent les traces encore fraîches de votre propre enfance, qu'en bon adulte, vous vous étiez appliqués à réinventer plus nobles.

La réflexion la plus stupide entendue au sujet du spectacle jeune public ?
> Cela serait délectable. Malheureusement je ne peux la dire afin de ne pas vexer certains programmateurs pour le «vieux public».

Entretien réalisé par Cyrille Planson

Ateliers Voyageurs (Les)

http://balloon.free.fr
2 rue Marceau
78800 Houilles
Tél. : 01 39 14 95 64 - 06 11 37 13 29
balloon@free.fr
• Direction : **Irène Golovine**
Type : compagnie dramatique
Année de création : 1996
Genre : théâtre bilingue
Public : dès 2 ans
Label : autoproduction
Derniers spectacles : **L'Cora ; Balloon ; La Mitaine…**

Atipik (Compagnie)

www.ricochet-jeunes.org/atipik
Association les Pipistrelles
3, Place du Paquis
08700 Joigny-sur-Meuse
Tél. : 03 24 55 50 30 - 06 22 33 89 14
cie.atipik@caramail.com
• Direction : **Elisabeth Algisi**
• Administration : **Georges-André Vuaroqueaux**
• Diffusion : **Georges-André Vuaroqueaux**
Type : compagnie dramatique
Année de création : 1997
Genres : conte, marionnettes, théâtre d'ombres.
Public : dès 1 an
Derniers spectacles : **Mamie ouate en Papouasie ; Chasse qui peut… ; Petit frère et petite sœur ; Boîtes à comptines…**

Au pays du Glou-Glou qui rend fou !

www.paysduglouglou.com
10 rue du Barrage
94500 Champigny-sur-Marne
Tél. : 01 55 96 38 32 - 06 88 23 54 68
lepaysduglouglou@free.fr
valerie.hamdi@free.fr
• Direction : **Sébastien Giraud**
• Administration : **Valérie Hamdi**
Type : compagnie dramatique
Année de création : 1998
Genres : théâtre, arts de la rue.
Public : dès 4 ans
Derniers spectacles : **Le Voyage de Fripouille ; Le Cimetière des pirates…**

Autobus à vapeur (L')

www.aventure-musicale.com
L'Aventure Musicale
81 rue du Pré Catelan
59110 La Madeleine
Tél. : 03 20 14 99 80 - Fax : 03 20 14 99 90
contact@aventure-musicale.com
• Direction : **Jean-Jacques Commien**
• Diffusion : **Xavier Gracin**
Type : groupe musical
Année de création : 1995
Genre : musique
Public : dès 5 ans
Dernier spectacle : **200 rêves à l'heure**

Avant-Propos (Compagnie)

www.compagnieavantpropos.com
8 avenue de la Gare
09290 Le Mas d'Azil
Tél. : 06 75 23 76 82 - 06 61 35 55 33
cie.avantpropos@wanadoo.fr
• Direction : **Sylvain Cura, Galaad Comgnard**
Type : compagnie dramatique
Année de création : 2001
Genres : théâtre, arts de la rue, cirque.
Public : dès 3 ans
Derniers spectacles : **Avec le Temps…con el tiempo (coproduction Cie Eurêka Théâtre) ; À la rencontre des Goléas…**

Aventure Musicale (L')

www.aventure-musicale.com
81 rue du Pré Catelan
59110 La Madeleine
Tél. : 03 20 14 99 80 - Fax : 03 20 14 99 90
contact@aventure-musicale.com
• Direction : **Bernard Candau**
• Diffusion : **Xavier Gracin**
Type : compagnie dramatique
Année de création : 1995
Genres : théâtre, chanson.
Public : dès 5 ans
Dernier spectacle : **Profigraicaosuglu**

Azimuts (Compagnie)

http://azimuts.cie.free.fr
2 place de la Mairie
55500 Le-Bouchon-sur-Saulx
Tél. : 03 29 78 66 60 - Fax : 03 29 78 66 60
azimuts.cie@free.fr
- Direction : **Michael Monnin**
- Diffusion : **Marjolaine Canova**

Type : compagnie dramatique
Année de création : 1998
Genre : arts de la rue
Public : dès 8 ans
Derniers spectacles : **Le Souvenir ; Les Brankignols ; La Multinationale ; Jardinsen transit...**

Babylone Système

Maison des associations du quartier Breucq
29 rue de Wasquehal
59491 Villeneuve d'Ascq
Tél. : 03 20 80 61 70 - Fax : 03 20 80 61 70
- Direction : **Samir Hammad**
- Administration : **Julie Colanap**

Type : compagnie chorégraphique
Année de création : 1994
Genre : danse
Public : dès 5 ans
Derniers spectacles : **Spague et ch'ti ; 5 You...**

Babyrama (Association)

19 rue Mirabeau
94600 Choisy-Le-Roi
Tél. : 01 58 42 04 36 - Fax : 01 58 42 04 19
babyrama@wanadoo.fr
- Direction : **Jérôme Trystram**

Type : compagnie dramatique
Année de création : 1996
Genre : musique
Public : dès 18 mois
Derniers spectacles : **Le Bal des fleurs ; Babyrama ; Babyrama circus...**

Badaboum Théâtre

www.badaboum-theatre.com
16 quai Rive Neuve
13007 Marseille
Tél. : 04 91 54 40 71 - Fax : 04 91 33 75 28
badaboumtheatre@libertysurf.fr
- Direction : **Laurence Janner**
- Administration : **Laurence Janner**
- Communication : **Magali Monges**
- Diffusion : **Magali Monges**

Type : compagnie dramatique
Année de création : 1990
Genre : théâtre
Public : dès 2 ans
Derniers spectacles : **Billy the kid ; La Ferme des animaux ; Le Voyage des 5 continents ; Coâ ; A la Mounette ; Quichotte...**

Balbibus (Le)

La Briqueterie, 2 rue Lescouvé
80000 Amiens
Tél. : 03 22 45 16 67 - Fax : 03 22 45 16 67
balbibus@hotmail.com
- Direction : **Benoît Brumhes**
- Administration : **William Prapal**

Type : compagnie dramatique
Année de création : 1999
Genres : musique, conte.
Public : dès 1 an
Derniers spectacles : **Allez hop orchestra ; L'Histoire de la musique ; Relever les conteurs ; Le P'tit Bibus ; Les P'tits Roberts...**

Ballet Biarritz

www.balletbiarritz.com
Gare du Midi, 23 avenue Foch
64200 Biarritz
Tél. : 05 59 24 67 19 - Fax : 05 59 24 75 40
ccn@balletbiarritz.com
- Direction : **Thierry Malandin**
- Administration : **Yves Kordian**
- Communication : **Sabine Lamburu**
- Diffusion : **Françoise Gisbert**

Type : compagnie chorégraphique
Année de création : 1998
Genre : danse
Public : dès 6 ans
Derniers spectacles : **Les Petits Riens ; Casse-Noisette...**

Ballet de l'Opéra-Théâtre d'Avignon et des Pays de Vaucluse

www.avignon.fr/opera
1 rue Racine, BP 111
84007 Avignon Cedex 01
Tél. : 04 90 82 42 42 - Fax : 04 90 82 81 42
• Direction : **Didier Herbet**
Type : compagnie chorégraphique
Année de création : 1825
Genres : musique, danse.
Public : dès 4 ans
Derniers spectacles : **La Flûte enchantée ; Cendrillon...**

Ballet Jazz Art

Espace Pleiade 5-7 rue du Moulin Vert
75014 Paris
Tél. : 01 45 40 44 66 - Fax : 01 45 40 49 99
razahammadi@voila.fr
• Direction : **Raza Hammadi**
• Administration : **Daniel Milan**
Type : compagnie chorégraphique
Année de création : 1980
Genre : danse
Public : dès 4 ans
Dernier spectacle : **Matisse Miniatures**

Baro d'Evel Cirk Compagnie ♡

Scène de cirque, 18 avenue Daumesnil
75012 Paris
Tél. : 01 43 40 48 60 - 06 82 28 89 87
Fax : 01 43 40 48 69
barodevel@hotmail.com
• Direction : **Géraldine Elie**
Type : compagnie dramatique
Année de création : 1998
Genres : arts de la rue, cirque.
Public : dès 7 ans
Derniers spectacles : **Bech Tout ; Le Chariot ; Petit cirque au marché.**

Béatrice Maillet

www.enfancemusique.asso.fr
Enfance et Musique, 17 rue Étienne Marcel
93500 Pantin
Tél. : 01 48 10 30 02 - Fax : 01 48 10 30 09
spectacles@enfancemusique.asso.fr
Type : conteuse, artiste musical.
Année de création : 1999
Genres : musique, conte.
Public : dès 9 mois
Label : Enfance et Musique
Derniers spectacles : **J'ai encore faim ; Il était une fois ni d'œufs, ni trois...**
• Contact diffusion : **Wanda Sobczak**

Begat Theater Compagnie

www.begat.org
Ferme de la Colle
04800 Gréoux-les-Bains
Tél. : 04 92 74 26 88 - 06 16 39 78 72
Fax : 04 92 74 26 88
contact@begat.org
• Direction : **Karin Holmström**
• Diffusion : **Nina Bühler**
Type : compagnie dramatique
Année de création : 1994
Genre : arts de la rue
Public : à partir de 5 ans
Derniers spectacles : **Fille frontière ; Le Jardin aveugle ; Les Clowns Photographes ; Yourgui !**

Bertille Théâtre et Compagnie

9 rue Paul Janet
38000 Grenoble
Tél. : 06 71 68 26 43 - Fax : 04 76 87 23 39
• Direction : **Bertille**
Type : compagnie dramatique
Année de création : 1989
Genres : théâtre, marionnettes.
Public : dès 5 ans
Dernier spectacle : **S'habiller de mots, La Colère des mots ; Sur le chemin des robes ; Qui pique ! ; Robe rouge...**

compagnie les ateliers voyageurs
Théâtre bilingue tout public
avec Irene Golovine, Hamid Réza javdan et Viviane Lesser
Au Théâtre Dejazet à Paris
à partir de décembre 2005
BALLOON
Spectacle tout public
en anglais et en français
2 jeunes femmes, Anne et Mary,
atterrissent accidentellement
dans le même désert,
elles ne peuvent pas se comprendre...
L'CORA
SPECTACLE TOUT PUBLIC
EN FRANÇAIS, ARABE, ET PERSAN
Nacer un nomade du désert
recceuille et guide Anne
à travers le Sahara
au rythme de la musique
et de son histoire...
http://balloon.free.fr
infos et réservations : 01 39 14 95 64

Betty Boum

http://bettyboum.free.fr/intro.htm
Mamie Production
30 rue Jean Jaurès
44000 Nantes
Tél. : 02 40 12 04 80 - Fax : 02 40 12 05 72
mamieprod@free.fr - bettyboum@fr.st
• Direction : **Paul Béranger**
Type : groupe musical
Année de création : 1998
Genre : musique
Public : dès 5 ans
Derniers spectacles : **Crois à tes rêves ; Le Bal du petit homme vert...**

Biskotos (Les)

www.biskotos.net
7 rue Basse
59800 Lille
Tél. : 03 21 51 69 12 - Fax : 03 20 13 10 19
infos@biskotos.net
• Direction : **Claude Candas**
• Administration : **Dorothée Stern**
Type : groupe musical
Année de création : 1999
Genre : musique
Public : dès 6 ans
Dernier spectacle : **Rock and roll park**
• Contact diffusion : **Clair de Lune - Dominique Declercq** - 03 20 81 09 40

Bob Théâtre

135 rue d'Antrain, BP 30309
35703 Rennes Cedex 7
Tél. : 02 99 63 15 10 - Fax : 02 99 63 15 10
btheatre@wanadoo.fr
• Direction : **Denis Athimon**
• Administration : **Flavie Rebours**
• Communication : **Flavie Rebours**
• Diffusion : **Flavie Rebours**
Type : compagnie dramatique
Année de création : 1998
Genres : marionnettes, théâtre d'objets.
Public : dès 5 ans
Derniers spectacles : **Nosferatu ; Hans et Greutel ; Du balai...**

Bolega Bolega (Compagnie)

6 bis rue du Moulin
11700 Pepieux
Tél. : 04 68 49 65 50 - 06 72 90 05 00
Fax : 04 68 27 40 49
• Direction : **Gioras Fischer**
Type : compagnie dramatique
Année de création : 1999
Genres : marionnettes, théâtre.
Public : dès 5 ans
Dernier spectacle : **Voyage sans fin ; L'Héritage de l'oncle Jules ; En Boîte !....**

Bons Becs (Les)

www.arts-spectacles-prod.com
Arts et spectacles Production
100 quai de la Rapée
75012 Paris
Tél. : 01 43 40 60 63 - Fax : 01 43 40 27 77
arts-spectacles-prod@wanadoo.fr
• Direction : **Colette Cohen**
Type : groupe musical
Année de création : 1996
Genres : musique, théâtre.
Public : dès 3 ans
Dernier spectacle : **Tempête sur les anches**

Boufadou

www.bigbravospectacles.com
9 impasse du Grand Rocher, Ploubazlanec
22620 Loguivy-de-la-Mer
Tél. : 02 96 70 86 99 - 06 75 25 08 91
bigbravo@wanadoo.fr
• Direction : **Manuelle Campos**
• Administration : **Big Bravo Spectacles - Sophie Glarner**
Type : groupe musical
Année de création : 1996
Genre : musique
Public : dès 3 ans
Label : Keltia Musique, Le Chant du Monde - Harmonia Mundi
Derniers spectacles : **Boufadou en concert ; L'Enfant de la mer...**

Bouffou Théâtre ♡

www.bouffoutheatre.com
Théâtre à la Coque, 3 rue de la Paix
56700 Hennebont
Tél. : 02 97 85 09 36 - Fax : 02 97 85 53 03
bouffou.theatre@wanadoo.fr
• Direction : **Serge Boulier**
• Administration : **Laurence Mener**
• Communication : **Laurence Mener**
• Diffusion : **Céline Fouillen**
Type : compagnie dramatique
Année de création : 1986
Genre : marionnettes
Public : dès 7 ans
Derniers spectacles : **Ciné magique ou L'Invention du rêve ; Mauvaise Herbe ; Bynocchio de Mergerac ; Vache à plumes (et autres poules à pis)...**

Bouldegom'théâtre

www.bouldegom.com
Quartier Bourgade, RN 100
04300 Mane
Tél. : 04 92 75 38 11 - 06 80 20 25 44
Fax : 04 91 91 81 14
zoorks@bouldegom.com
• Direction : **Pascal Forner**
• Administration : **Denis Fayollat**
• Communication : **Anaïs Jamet**
• Diffusion : **Anaïs Jamet**
Type : compagnie dramatique
Année de création : 1986
Genres : arts de la rue, marionnettes, théâtre d'objets.
Public : dès 7 ans
Derniers spectacles : **Sculpteurs de nuit ; Les Zöörks ; Les Quintuplettes dégingandées ; Solo...**

Boulevard Lannes Company

http://missloulou.free.fr
20 rue de Meaux
77515 Saint-Augustin
Tél. : 01 64 75 21 50 - Fax : 01 64 03 65 09
info@missloulou.com
• Direction : **Dominique Lannes**
• Administration : **Nicole Maujar**
• Communication : **Nicole Maujar**
• Diffusion : **Nicole Maujar**
Type : compagnie dramatique
Année de création : 1992
Genre : clown
Public : dès 3 ans
Derniers spectacles : **Miss Loulou z'amours ; Miss Loulou katastrophe ! ; Miss Loulou Loufoqueries...**

Bouskidou

www.bouskidou.fr
Mamie Production, 30 rue Jean Jaurès
44000 Nantes
Tél. : 02 40 12 04 80 - Fax : 02 40 12 05 72
mamieprod@free.fr - contact@bouskidou.com
Type : groupe musical
Année de création : 1982
Genre : musique
Public : dès 4 ans
Label : Mamie Production
Derniers spectacles : **T'as tout ton temps ; Les Fous de bal...**

Brakabrik

www.brakabrik.com
6 rue d'Aubette
04100 Manosque
Tél. : 04 92 72 90 42 - Fax : 04 92 72 90 42
brakabrik.theatre@club-internet.fr
• Direction : **Julie Dourdy**
• Administration : **Dominique Moulinier**
Type : compagnie dramatique
Année de création : 1979
Genres : théâtre, marionnettes.
Public : dès 1 an
Derniers spectacles : **Maux d'ogres ; Un monde de papier ; Ronds dans l'ô ; Poussières de contes...**

Brindefolie

www.carthago.org
Carthago Musiques du monde
13 avenue de Taillebourg
75011 Paris
Tél. : 01 44 93 50 86 - Fax : 01 44 93 54 38
brindefolie@tele2.fr
• Direction : **Olivier Prou, Thierry Bongarts Lebbe**

- Administration : **Thierry Bongarts-Lebbe**
- Communication : **Véronique Delroisse**
- Diffusion : **Véronique Delroisse**

Type : compagnie dramatique
Année de création : 2003
Genres : musique, théâtre.
Public : dès 5 ans
Label : Carthago
Derniers spectacles : **Bahia de Bretagne ; Snegourotchka, la fille du froid…**

Bruit qui court (Le)

www.bruit-qui-court.com
Place Charles Ourgault
31340 Villemur-sur-Tarn
Tél. : 05 61 09 92 59 - Fax : 05 61 09 92 59
infos@bruit-qui-court.com

- Direction : **Pierre Gosselin**
- Administration : **Julie Rigal**

Type : compagnie dramatique
Année de création : 1992
Genre : pluridisciplinaire
Public : dès 18 mois
Derniers spectacles : **Chut ! ; Anna à la ferme ; Le Jardin d'Anna ; Le Petit Monde d'Anna ; Mon manège à moi ; Les Petits Mondes ; Virgule…**

Bruno Belthoise

http://b.belthoise.free.fr
Les Nouveaux Talents
114 rue du Général de Gaulle
95320 Saint-Leu-la-Forêt
Tél. : 01 42 57 34 04 - 06 63 58 64 98
Fax : 01 42 57 34 04
nouveauxtalents@club-internet.fr

- Communication : **Hélène Josse**
- Diffusion : **Hélène Josse**

Type : artiste musical, conteur.
Année de création : 1986
Genres : musique, conte.
Public : dès 6 ans
Label : Frémeaux et associés
Derniers spectacles : **Histoire de Babar et Le carnaval des animaux ; Haensel et Gretel ; Jeux d'enfants…**

Bruno Coupé

www.brunocoupe.com
17 passage de la Haute Guais
35800 Dinard
Tél. : 02 99 88 14 06
bruno@brunocoupe.com
Type : artiste musical
Année de création : 1985
Genre : musique
Public : dès 3 ans
Label : Productions Mary-Josée, E-productions distribué par Universal
Derniers spectacles : **Drôle d'Anibal ; Monsieur Soleil…**

- Contact diffusion : **Bruno Coupé**

Bu (Compagnie)

www.spectaclebu.com
20 rue du Cygne Saint-Jacques
86100 Chatellerault
Tél. : 05 49 90 81 41 - 06 77 06 18 23
bu@spectaclebu.com - samdardaine@yahoo.fr

- Direction : **Benoît Szakow**
- Diffusion : **Samuel Dardaine**

Type : compagnie dramatique
Année de création : 1997
Genre : théâtre
Public : dès 5 ans
Dernier spectacle : **Samsabor et la plante de l'équilibre…**

Bulo

www.bulo.fr
Éclats de Lune
43 rue Georges Bizet
34830 Clapiers
Tél. : 04 67 55 95 46
bulo@bulo.fr

- Direction : **Audrey Rocher**
- Administration : **Marie-Hélène Palet**

Type : compagnie dramatique
Année de création : 2001
Genres : pluridisciplinaire, cirque.
Public : dès 3 ans
Derniers spectacles : **Nez en l'air ; Bulo et le cirque de Monsieur Murduglu ; Équilibres ; La Voie est libre…**

Bululu Théâtre

4 rue des Écouffes
75004 Paris
Tél. : 06 12 95 50 49 - Fax : 01 42 78 52 98
bululu@free.fr
• Direction : **Horacio Peralta**
Type : compagnie dramatique
Année de création : 1978
Genre : marionnettes
Public : dès 6 ans
Dernier spectacle : **Théâtre de partout**

Café crème (Compagnie)

www.cie-cafe-creme.com
12 rue de la Libération
69270 Fontaines-sur-Saône
Tél. : 04 78 22 50 75 - Fax : 04 78 22 49 72
cie-cafe-creme@wanadoo.fr
• Direction : **Cécile Bergame**
• Administration : **Loïc Bonnavia**
• Diffusion : **Loïc Bonnavia**
Type : compagnie dramatique
Année de création : 2000
Genre : conte
Public : dès 1 an
Label : Raymond et Merveilles, Didier Jeunesse
Derniers spectacles : **Les enfants qui ont des parents sont-ils toujours sages ? ; Suce-pomme ; Grand-mère Lumière ; Les Ruisseaux font du pédalo ; Contes fleurettes ; Sur le dos d'une souris...**

Caktus (Compagnie)

33 rue de l'Amiral Mouchez
75013 Paris
Tél. : 01 45 89 50 45
julien.tauber@laposte.net
• Direction : **Julien Tauber**
Type : conteur
Année de création : 2001
Genre : conte
Public : dès 6 ans
Dernier spectacle : **Contes à s'en retourner les oreilles...**

Camargo (Compagnie)

26 bis rue d'Estienne d'Orves
92260 Fontenay-aux-Roses
Tél. : 01 46 83 42 40 - Fax : 01 46 83 89 32
camargo@wanadoo.fr
• Direction : **Dominique Rebaud**
• Administration : **Arnaud Sauer**
• Diffusion : **Arnaud Sauer**
Type : compagnie chorégraphique
Année de création : 1991
Genre : danse
Public : dès 5 ans
Derniers spectacles : **Trois contes chorégraphiques ; Écritures ; Le Vol évanescent des rêves ; Pièces chorégraphiques pour cinq danseurs...**

Caméléon (Compagnie)

10 rue Théodore Rousseau
77300 Fontainebleau
Tél. : 01 43 58 76 76 - 06 08 71 29 80
compagnie.cameleon@laposte.net
• Direction : **Sophie Chénet, Brigitte Prévost**
• Communication : **Magali Ravier**
• Diffusion : **Magali Ravier**
Type : compagnie dramatique
Année de création : 1992
Genres : musique, théâtre, arts de la rue, théâtre musical.
Public : dès 1 an
Derniers spectacles : **Où vont les maisons ; Charivalire...**

Caracol (Compagnie) - Francine Vidal

Le Baudier
71460 Savigny-sur-Grosne
Tél. : 03 85 92 62 75 - Fax : 03 85 92 62 75
cie.caracol@wanadoo.fr
• Direction : **Francine Vidal**
• Administration : **Dominique Clermont**
• Communication : **Bérengère Turc**
• Diffusion : **Bérengère Turc**
Type : compagnie dramatique
Année de création : 2000
Genres : théâtre, conte.
Public : dès 7 ans
Derniers spectacles : **Bouche bée ; Atchi-Atcha...**

Carambole mûre (La)

18 rue Mabillon
75006 Paris
Tél. : 01 46 34 24 62 - Fax : 01 46 34 66 41
la-carambole-mure@noos.fr
• Direction : **Philippe Lacrosse**
• Communication : **Anaïs Braunschweig**
• Diffusion : **Anaïs Braunschweig**
Type : compagnie dramatique
Année de création : 2004
Genre : théâtre, conte, musique.
Public : dès 6 ans
Derniers spectacles : **Fanfare, madras... et la machine à pipi...**

Caravane (Compagnie)

51 bis rue des Casseaux
91140 Villebon-sur-Yvette
Tél. : 01 40 21 39 15
• Direction : **Jacques Brel, Stéphane Daunat**
Type : compagnie dramatique
Année de création : 1996
Genre : théâtre
Public : dès 12 ans
Dernier spectacle : **Histoire de vivre ; Des souris et des hommes ; Occupe-toi d'Amélie...**

Carmelo Cacciato

www.reperages-spectacle.com
Repérages Spectacles
14 avenue Pascal
78600 Maisons-Laffitte
Tél. : 01 34 93 92 44 - Fax : 01 39 12 11 04
peter.bu@reperages-spectacles.com
• Direction : **Carmelo Cacciato**
• Administration : **Pina de Salvo**
Type : compagnie dramatique
Année de création : 1980
Genres : pluridisciplinaire, mime, magie.
Public : dès 8 ans
Dernier spectacle : **Le Cercle magique ; Triomphe de la raison...**

Carnets de voyages (Compagnie)

17 rue de l'Église
22190 Plérin
Tél. : 02 96 73 04 34 - 06 80 44 07 86
Fax : 02 96 73 04 34
madame-k@wanadoo.fr
• Direction : **Guylaine Kasza**
• Administration : **Chantal Coquelet**
Type : compagnie dramatique
Année de création : 1989
Genre : conte
Public : dès 4 ans
Derniers spectacles : **La Passante ; Quand trois poules s'en vont au champ ! ; Mythe et naphtaline ; Quand le sultan s'évanouit...**

Caroline Castelli

www.caroline-castelli.com
15 allée Massenet
93270 Sevran
Tél. : 01 43 83 62 49
conteuse@caroline-castelli.com
info@caroline-castelli.com
Type : conteuse
Année de création : 1995
Genre : conte
Public : dès 4 ans
Derniers spectacles : **Chat qui rit rit, chat qui rit pas ; Baba Yaga, l'ogresse et le petit poucet ; Parcours des histoires clichoises ; Contes et merveilles ; Croque-Mitaine ; Le Tam-tam parleur...**

Caroline Sire

www.mondoral.org/carolinesire
12 rue Pierre Blanc
69001 Lyon
Tél. : 04 78 29 35 99 - Fax : 04 78 29 35 99
carolinelejeune@wanadoo.fr
Type : conteuse
Année de création : 1963
Genres : musique, conte.
Public : dès 1 an
Derniers spectacles : **Dame Liline et la licorne d'argent ; Petite île, petit peuple ; Le Fils du roi d'Irlande ; Le Panier de Liline ; Les Nuits du conteur ; Passages...**
• Contact diffusion : **Cie Café Crème - Loïc Bonnavia** - 04 78 22 50 75

Carpe Diem (Compagnie)

http://home.tele2.fr/ciecarpediem
3 avenue des Acacias
91210 Draveil
Tél. : 01 69 42 51 21
theatrecarpediem@tele2.fr - jmibeugnet@tele2.fr
• Direction : **Jean-Michel Beugnet**
Type : compagnie dramatique
Année de création : 1995
Genres : théâtre, conte.
Public : dès 6 ans
Derniers spectacles : **Don Quichotte ; Histoire comme ça ; Lectures à voir, gourmandises enfantines...**

Carré Blanc Compagnie Michèle Dhallu

Place des Cordeliers, BP 29
32130 Samatan
Tél. : 05 62 67 92 91 - Fax : 05 62 67 87 37
rossignol.f@free.fr
• Direction : **Michèle Dhallu**
• Administration : **Catherine Cua**
Type : compagnie chorégraphique
Année de création : 1986
Genre : danse
Public : dès 1 an
Derniers spectacles : **Au loin s'en vont les marins ; Grande lessive ; Voyage en Paéma ; Satie ; Le Ballet mal fagoté ; Chiffonnade...**
• Contact diffusion : **Françoise Rossignol**
01 43 08 20 87

Carton Louf (Compagnie)

La Grange au Coin
7 bis rue des Voûtes
63160 Billom
Tél. : 04 73 73 44 03 - Fax : 04 66 61 04 66
cartonlouf@wanadoo.fr
• Direction : **Ghislaine Haté**
Type : compagnie dramatique
Année de création : 2002
Genres : théâtre, arts de la rue.
Public : à partir de 3 ans
Dernier spectacle : **Oh ! Grand loup**

Cartoun Sardines Théâtre

www.cartounsardinestheatre.com
9 avenue Maxime
13015 Marseille
Tél. : 04 95 06 92 69 - Fax : 04 95 06 92 60
prod@cartounsardinestheatre.com
• Direction : **Philippe Car, Patrick Ponce**
• Communication : **Claude Pages**
Type : compagnie dramatique
Année de création : 1982
Genre : pluridisciplinaire
Public : dès 7ans
Derniers spectacles : **Tragédy ou La Nécessité des clowns dans l'humanité ; Mohican Dance ; Le Malade imaginé ; Histoire de Taor Malek, quatrième roi mage ; La Puce à l'oreille ; Tristan et Iseult...**

Catherine Fontaine et Marie

www.catherinefontaine.com/marmaille.html
Blue Velvet, Avenue Gustave Delol
46110 Les Quatre-Routes
Tél. : 05 65 32 00 56 - Fax : 05 65 32 00 56
contact@catherinefontaine.com
Type : groupe musical
Année de création : 1999
Genre : musique
Public : dès 2 ans
Label : Blue Velvet, Victor Mélodie
Derniers spectacles : **Concert pour la Marmaille ; Concert Mini Môme ; Dido et le soleil.**
• Contact diffusion : **Marie-Christine Bazin**

Catherine Gendrin

5 avenue de la Convention
94110 Arcueil
Tél. : 01 45 47 50 17 - Fax : 01 45 47 50 17
catherinegendrin@wanadoo.fr
• Direction : **Francine Ketfi**
Type : conteuse, comédienne.
Année de création : 1985
Genre : conte
Public : dès 2 ans
Dernier spectacle : **T'as mis où ta tête ?**
• Contact diffusion : **Clair de Lune**
Dominique Declercq - 03 20 81 09 40

Caus'toujours (Compagnie) - Titus

5 quai Métayer
79000 Niort
Tél. : 06 08 09 97 91
gerardbaraton@aol.com
• Direction : **Thierry Faucher**
• Communication : **Gérard Baraton**
• Diffusion : **Gérard Baraton**
Type : compagnie dramatique
Année de création : 2005
Genres : musique, théâtre, conte.
Public : dès 7 ans
Derniers spectacles : **Comment Mémé est montée au ciel ; La Chose...**

Cavaluna (Compagnie)

www.cavaluna.com
14 rue Saint Germain
93230 Romainville
Tél. : 01 57 42 92 46 - Fax : 01 57 42 92 46
cavaluna@worldonline.fr
• Direction : **Silvia Moreno, David Boutin**
Type : compagnie dramatique
Année de création : 1998
Genres : théâtre, arts de la rue.
Public : dès 4 ans
Derniers spectacles : **Ananké ; Les Clowns ; Callate ; Les Anges...**

CCN de Créteil Compagnie Montalvo-Hervieu

www.montalvo-hervieu.com
Maison des Arts de Créteil
1 place Salvador Allende
94000 Créteil
Tél. : 01 56 71 13 20 - Fax : 01 56 71 13 22
ccn@montalvo-hervieu.com
• Direction : **Dominique Hervieu, José Montalvo**
Type : compagnie chorégraphique
Année de création : 1984
Genre : danse
Public : dès 6 ans
Derniers spectacles : **On Danfe ; Les Paladins...**

CDN - Les Tréteaux de France

www.treteauxdefrance.com
11 rue Yvon-Villarceau
75116 Paris
Tél. : 01 45 01 91 32 - Fax : 01 45 01 69 37
• Direction : **Marcel Maréchal**
• Administration : **Jean-Luc Grandrie**
• Communication : **Marie-Hélène Brian**
• Diffusion : **Pascal Bracquemond**
Type : CDN
Année de création : 1959
Genre : théâtre
Public : dès 10 ans
Dernier spectacle : **La Très Mirifique Épopée de Rabelais**

CDN - Théâtre des 13 vents

www.theatre-13 vents.com
Domaine de Grammont, CS 69060
34965 Montpellier Cedex
Tél. : 04 67 99 25 25
direction@theatre-13vents.com
• Direction : **Jean-Claude Fall**
• Administration : **Benoît Joessel**
• Communication : **Valérie Bousquet**
Type : CDN
Année de création : 1968
Genre : théâtre
Public : dès 6 ans
Dernier spectacle : **C'est dans la tête ; Dors mon petit enfant...**

CDN de Besançon Nouveau théâtre

www.nouveau-theatre.com.fr
Parc du Casino, avenue Édouard-Droz
25000 Besançon
Tél. : 03 81 88 55 11 - Fax : 03 81 50 09 08
nouveautheatre@wanadoo.fr
• Direction : **Sylvain Maurice**
• Administration : **Serge Kolski**
• Communication : **Gilles Perrault**
Type : CDN
Année de création : 1970
Genres : théâtre, marionnettes.
Public : dès 9 ans
Dernier spectacle : **Oedipapa**

CDN Sartrouville

www.theatre-sartrouville.com
Place Jacques Brel, BP 93
78505 Sartrouville
Tél. : 01 30 86 77 77 - Fax : 01 39 14 87 91
infos@theatre-sartrouville.com
• Direction : **Claude Sévenier, Laurent Fréchuret**
• Directrice adjointe : **Martine Spangaro**
• Administration : **Marie-Claude Martin**
Type : centre dramatique national
Année de création : 1966
Genre : théâtre
Public : dès 6 ans
Derniers spectacles : **La Belle et les Bêtes ; Catalina in fine ; Sur la corde raide ; Je ris de me voir si belle; Snarks ; Savent-ils tout ? ; Mortel, le poème !...**

Centre dramatique Poitou-Charentes

66 boulevard Pont Achard, BP 504
86012 Poitiers Cedex
Tél. : 05 49 41 43 90 - Fax : 05 49 41 03 73
cdpc@club-internet.fr
• Direction : **Claire Lasne, Laurent Darcueil**
• Administration : **Vincent Gatel**
• Diffusion : **Vincent Gatel**
Type : CDN
Année de création : 1992
Genre : théâtre
Public : dès 5 ans
Dernier spectacle : **Princes et princesses**

Centre régional de la marionnette Nord-Pas-de-Calais

3 rue Vincent Auriol
59790 Rouchin
Tél.: 03 20 53 48 79 - Fax : 03 20 52 83 85
cmarionet@aol.com
• Direction : **Patrice Dewitte**
• Administration : **Stéphane Crocquey**
• Communication : **Jean-Luc Avart**
• Diffusion : **Mylène Wanacker**
Année de création : 1988
Type : compagnie dramatique
Genre: marionnettes
Public : dès 2 ans
Dernier spectacle : **Image d'Égypte**

CERAC

www.cerac.asso.fr
11 rue de la 1ère année
68240 Sigolsheim
Tél. : 03 89 24 52 12 - Fax : 03 89 78 13 34
info@cerac.asso.fr
• Direction : **Bernard Feldmann**
Type : Centre d'enseignement et de recherche artistique
Année de création : 1995
Genres : théâtre, danse, cirque.
Public : dès 4 - 5 ans
Dernier spectacle : **Le Magicien d'Oz**

C'est la Nuit (Compagnie)

76 rue Docteur Lemoine
51100 Reims
Tél. : 03 26 77 09 90 - Fax : 03 26 77 09 90
• Direction : **Pascal Adam**
Type : compagnie dramatique
Année de création : 1999
Genres : théâtre, marionnettes.
Public : dès 8 ans
Dernier spectacle : **Les aventures de Kmino Bemechit**

Chabatz d'Entrar (Compagnie)

ZI Megabo
87330 Mezière-sur-Issoire
Tél. : 05 55 68 32 80
chabatz@wanadoo.fr
• Administration : **Cyrille Tille, Olivier Léger**
Type : compagnie dramatique
Année de création : 1997
Genre : cirque
Public : à partir de 4 ans
Dernier spectacle : **Jardin de jeux**

Chant des Balles (Compagnie)

www.chantdeballes.com
407 route de Bayère
69380 Châtillon
Tél. : 04 72 54 46 39 - Fax : 04 72 54 46 39
mcmartin@chantdeballes.com
• Direction : **Vincent de Lavenère**
• Administration : **Marie-Claire Martin**
Type : compagnie dramatique
Année de création : 2000

Genres : musique, arts de la rue, cirque.
Public : dès 8 ans
Derniers spectacles : **Le Chant des balles ; Paï Saï…**

Chantier Théâtre

Le Bourg
24380 Saint-Paul-de-Serre
Tél. : 05 53 07 85 12 - Fax : 05 53 07 85 28
chantierth@aol.com
• Direction : **Florence Lavaud**
• Administration : **Philippe Lenson**
Type : compagnie dramatique
Année de création : 1988
Genres : théâtre
Public : dès 9 ans
Dernier spectacle : **Bienvenue au C.R.A.F. (Centre de Repos pour Artistes Fatigués)**

Charivari Compagnie

16 rue Claude Drivon
42800 Rive de Gier
Tél. : 04 77 75 82 63 - 06 22 31 86 17
Fax : 04 77 75 82 63
steph.decourchelle@wanadoo.fr
• Direction : **Stéphane Decourchelle**
• Communication : **Mélanie Vasseur**
• Diffusion : **Mélanie Vasseur**
Type : compagnie dramatique
Année de création : 2004
Genres : pluridisciplinaire, théâtre, cirque, conte, marionnettes.
Public : dès 2 ans
Derniers spectacles : **Continades à la sauce en cirk ; Nasr Eddin, pièce pour contes et jongleries…**

Charli Encor

www.reperages-spectacle.com
Repérages Spectacles
14 avenue Pascal
78600 Maisons-Laffitte
Tél. : 01 34 93 92 44 - Fax : 01 39 12 11 04
peter.bu@reperages-spectacles.com
• Direction : **Charly Saubestre**
Type : compagnie dramatique
Année de création : 1995
Genre : clown
Public : dès 4 ans
Dernier spectacle : **Bébé Charly**

Charlie Brozzoni (Compagnie)

1 rue Jean Jaurès
74000 Annecy
Tél. : 04 50 45 56 35 - Fax : 04 50 45 18 64
cie.brozzoni@wanadoo.fr
• Direction : **Charlie Brozzoni**
• Diffusion : **Philippe Puigserver**
Type : compagnie dramatique
Année de création : 1987
Genre : théâtre
Public : dès 6 ans
Dernier spectacle : **La Cabane dans la forêt**

Chenevoy (Compagnie)

Service culturel, 3 rue de Condé
60160 Montataire
Tél. : 06 60 75 25 51 - Fax : 01 45 65 25 51
yveschenevoy@oreka.com
• Direction : **Jean-François Gérard**
• Administration : **Valérie Moy**
• Diffusion : **Catherine Guizard**
Type : compagnie dramatique
Année de création : 1989
Genre : théâtre
Public : dès 6 ans
Derniers spectacles : **Les Saônes ; Salvador, la montagne, l'enfant et la mangue ; Carlito et le rayon de soleil…**
• Contact diffusion : **La Strada** - 06 60 43 21 13

Ches Panses Vertes

www.chespansesvertes.com
Maison du Théâtre, 24 rue Saint Leu
80000 Amiens
Tél. : 03 22 92 19 32 - Fax : 03 22 91 13 35
chespansesvertes@wanadoo.fr
• Direction : **Sylvie Baillon**
• Administration : **Laurent Gilbert**
• Communication : **Yvan Lombard**
• Diffusion : **Nathalie Szlamowicz**
Type : compagnie dramatique
Année de création : 1986
Genres : théâtre, marionnettes, théâtre d'objets.
Public : dès 3 ans
Derniers spectacles : **Coâ encore ! ; Un Don Quichotte…**

Chloé Gabrielli

Les Clapés
07200 Saint-Étienne de Boulogne
Tél. : 06 19 15 99 73 - Fax : 04 75 87 12 07
chloe.gabrielli@wanadoo.fr
Type : conteur
Année de création : 2005
Genre : conte
Public : dès 6 ans
Derniers spectacles : **Petits frissons ; 1,2,3 soleil ; Contes humoristiques ; Le Voyage de Lila ; Héroïnes des temps modernes...**
• Contact diffusion : **AMAC** - 04 78 62 74 90

Choc Trio (Compagnie)

http://perso.wanadoo.fr/choctrio
8 rue de la Gare
86600 Lusignan
Tél. : 05 49 43 25 71 - Fax : 05 49 43 25 71
choctrio@wanadoo.fr
• Responsable artistique : **Claude Cordier**
• Administratrice de production : **Priscille Cordier-Eysman**
• Communication : **Priscille Cordier-Eysman**
• Diffusion : **Priscille Cordier-Eysman**
Type : compagnie dramatique
Année de création : 1996
Genres : pluridisciplinaire, musique, clown.
Public : dès 5 ans
Dernier spectacle : **Les Clones**

Christelle Levenes

www.zanzibart.com/christelle.levenes
95 boulevard de la Liberté
44100 Nantes
Tél. : 06 63 17 44 51 - Fax : 02 40 40 22 53
christelle.levenes@club-internet.fr
• Administration : **Le Sourire en Amande**
Type : conteur
Année de création : 1994
Genre : conte
Public : dès 3 ans
Derniers spectacles : **La girafe qui voulait savoir pourquoi ; C'est pas la même différence ; À pas de lune...**

Christelle Pimenta

30 quai de Seine
78500 Sartrouville
Tél. : 01 39 57 28 36 - Fax : 01 39 57 28 36
naforo-ba@voila.fr
Type : conteur
Année de création : 2002
Genre : conte
Public : dès 18 mois
Derniers spectacles : **La Fille aux cheveux longs ; La Toute Petite, Petite Bonne Femme...**
• Contact diffusion : **Compagnie Naforo-ba - Jessy Pimenta.**

Christian Ferrari

224 avenue du Maine
75014 Paris
Tél. : 01 45 43 63 45 - Fax : 01 45 43 63 45
christianferrari@noos.fr
Type : artiste musical
Année de création : 1981
Genres : musique, conte.
Public : dès 3 ans
Label : Pour Parler
Derniers spectacles : **Mes favoris ; Mais comment va-t-on l'appeler ? ; Il y a une île ; Même les chansons ont des histoires...**
• Contact diffusion : **Association Pour Parler**

Christine Grimaldi (Compagnie)

41 rue Edmond Besse
33083 Bordeaux Cedex 132
Tél. : 05 56 39 36 81 - Fax : 05 56 39 64 07
christinegrimaldi@wanadoo.fr
• Direction : **Christine Grimaldi**
• Administration : **Mathilde Avigner**
• Diffusion : **Mariola Potiron**
Type : compagnie chorégraphique
Année de création : 1988
Genre : musique
Public : dès 4 ans
Dernier spectacle : **La Petite Barue**

Rachid Bouali

Conteur

Rachid Bouali, qui êtes-vous ?
> Je ne le sais pas moi-même. Si vous le savez, dites-le moi !

Comment définiriez-vous votre activité ?
> C'est l'éclate !

Votre première émotion de lecteur ?
> *Hansel et Gretel.*

Votre première émotion de spectateur ?
> En maternelle, un spectacle de marionnettes sur le thème de l'abandon.

Votre auteur de théâtre préféré ?
> Dario Fo.

Votre rêve professionnel le plus fou ?
> C'est déjà un rêve fou, ce métier.

Le spectacle jeune public dans dix ans ?
> Du spectacle jeune public…

Quelle définition du spectacle jeune public donneriez-vous aux adultes ?
> J'ai par principe de ne jamais définir. Quand c'est défini, c'est fini.

Et que diriez-vous aux enfants ?
> Et si on faisait une partie de cache-cache ?

La réaction d'un jeune spectateur qui vous a émue ?
> Un vrai bazar dans une salle, un va-et-vient permanent du public. Dépité, je me suis assis. Une blondinette de 2 ans et demi m'a pris dans ses bras et m'a consolé.

La réflexion la plus stupide entendue au sujet du spectacle pour le jeune public ?
> Entendre dire d'un ton condescendant : *«Oui, mais ça, c'est pour les enfants».*

Entretien réalisé par Cyrille Planson

Christophe Guilbaud

CBN Production
1 chemin de Mytalis
69970 Chaponnay
Tél. : 04 78 96 98 25 - Fax : 04 78 96 98 25
cbn-production@wanadoo.fr
• Direction : **Bernard Nardone**
Type : artiste musical
Année de création : 1994
Genre : musique
Public : dès 6 ans
Label : CBN Production
Derniers spectacles : **On est bien ; De l'air ; Bon voyage...**

Christophe Roche
Compagnie Le Cinquième Vent

La Rosière, 40 Les Quatre Vents
38780 Estrablin
Tél. : 04 74 16 88 49
christophe.e.roche@wanadoo.fr
• Direction : **Christophe Roche**
Type : compagnie dramatique
Année de création : 2000
Genres : musique, théâtre, théâtre d'objets.
Public : dès 3 ans
Derniers spectacles : **Star'Moire 2005 ; Ulysse, le cinquième vent ; Petite histoire improbable...**

Cingle plongeur (Compagnie)

15 allée du Chalet, BP 152
37210 Vouvray
Tél. : 02 47 52 71 51 - Fax : 02 47 52 71 51
annelaure.rouxel@free.fr
• Direction : **Anne-Laure Rouxel**
• Administration : **Servane Benardi**
• Communication : **Anne-Laure Rouxel, Servane Benardi**
• Diffusion : **Anne-Laure Rouxel, Servane Benardi**
Type : compagnie chorégraphique
Année de création : 1994
Genre : danse
Public : dès 1 an
Derniers spectacles : **Hopo'e ; 66 milliards cm³ seconde...**

Cirque du Pays de Galles

Grande Rue
70120 La Roche-Morey
Tél. : 03 84 91 07 46 - 06 07 63 97 73
Fax : 03 84 91 07 46
john.paul2@wanadoo.fr
• Direction : **John Paul**
• Administration : **Anne Lord**
Type : compagnie dramatique
Année de création : 1985
Genres : théâtre, arts de la rue, cirque.
Public : dès 6 ans
Derniers spectacles : **Zucco super héros ; Le Cirque de la famille Zucco ; Ne tombez pas !!! ; Il était une fois...**

Cirque Troc

c/o Dupont, 740 route de Saint-Romain
74930 Reignier
Tél. : 06 87 85 14 91
cirquetroc@yahoo.fr
• Direction : **Michel Rodrigue**
• Administration : **Muriel Gavard**
• Diffusion : **Grégory Presotto**
Type : compagnie dramatique
Année de création : 2002
Genres : pluridisciplinaire, musique, cirque, mime.
Public : dès 4 ans
Dernier spectacle : **Cœur d'art'i Show**

Clandestine (Compagnie)

www.clandestine.fr
Place de l'Horloge
04500 Montagnac-Montpezat
Tél. : 04 92 77 52 55 - 06 22 65 51 62
Fax : 04 92 77 52 56
clandestine@wanadoo.fr
• Direction : **Ester Bichucher**
• Administration : **Denis Fayollat**
Type : compagnie dramatique
Année de création : 1995
Genres : théâtre, marionnettes, théâtre d'objets.
Public : dès 5 ans
Dernier spectacle : **Multipli**

Claude Jardin

www.claudejardin.com
210 avenue Pierre Brossolette
92240 Malakoff
Tél. : 01 49 12 11 55 - Fax : 01 49 12 11 55
contact@claudejardin.com
Type : artiste musical
Année de création : 1995
Genre : musique
Public : dès 3 ans
Label : La Malle aux Trésors
Derniers spectacles : **En catimini ; Sacrée famille ; Super lapin…**
• Contact diffusion : **Les 3 p'tits Chats**

Claude Moreau

www.claudemoreau.com
36 rue Bichet
75010 Paris
Tél. : 06 15 17 23 59
moreau.c2@wanadoo.fr
• Direction : **Claude Moreau**
Type : artiste ou groupe musical
Année de création : 1980
Genre : musique
Public : dès 8 mois
Derniers spectacles : **Bonjour le jour ; Il était une fois la belle au bois dormant…**
• Contact diffusion : **Amalys - Anne-Françoise Cabanis** : 08 71 29 32 84 - 06 07 99 61 65

Claudie Obin

13 Petite Rue
89310 Annay-sur-Serein
Tél. : 03 86 82 65 62 - Fax : 03 86 82 65 62
claudie.obin@tiscali.fr
Type : conteur
Année de création : 1985
Genre : conte
Public : dès 7 ans
Label : Oui-Dire Éditions
Derniers spectacles : **Le Roi Arthur ; Ulysse ; Création du monde ; Thésée ; L'Épopée de Gilgamesh ; Héraclès…**
• Contact diffusion : **Centre des arts du récit de Grenoble** - 04 76 51 21 82

Claudine Régnier

www.claudineregnier.com
7 rue Marceau
93100 Montreuil
Tél. : 01 48 59 06 33
claudine@claudineregnier.com
Type : groupe musical
Année de création : 1985
Genre : musique
Public : dès 3 ans
Label : Naïve, Studio SM - Arc en Ciel
Derniers spectacles : **Ces drôles d'animaux ; Complètement mabulle ; Animalicieux ; Croqu'chansons…**

Claudio Basilio (Compagnie)

http://ciebasilio.9business.fr
40 Grande Rue
92100 Sèvres
Tél. : 01 46 23 03 08 - Fax : 01 46 23 03 08
ciebasilio@9business.fr
• Direction : **Claudio Basilio**
• Administration : **Sophie Le Guillou**
Type : compagnie chorégraphique
Année de création : 1996
Genre : danse
Public : dès 4 ans
Derniers spectacles : **Le Trésor de Tucuma ; De l'autre côté de la mer ; Gina sol…**

Coatimundi (Compagnie)

http://cie.coatimundi.club.fr
Maison de la vie associative
7 rue Antoine Ginoux
13160 Châteaurenard
Tél. : 04 90 94 54 49 - Fax : 04 90 94 54 49
cie.coatimundi@club-internet.fr
• Direction : **Jean Claude Leportier, Catherine Kremer**
• Communication : **Aurore Duprey**
Type : compagnie dramatique
Année de création : 1972
Genres : pluridisciplinaire, arts de la rue, marionnettes, théâtre d'objets, mime.
Public : dès 6 ans
Derniers spectacles : **Nous on sème ; Lézard Ménagé ; Chapeau la mer ; Polystyrène ; L'Oiseau prince ; Les Trois Vies de Zéfurine…**

Cœur de môme (Compagnie)

86 rue Aliénor d'Aquitaine
17350 Taillebourg
Tél. : 06 21 72 52 28
christine.knaub@free.fr
• Direction : **Christine Knaub**
Type : compagnie dramatique
Année de création : 1999
Genres : théâtre, conte, marionnettes, musique, danse.
Public : dès 3 ans
Derniers spectacles : **Au jardin de Lucie ; Lucie s'habille ; Grand-mère tortue ; Tyan et Yoko...**

Colette Migné

15 rue du Midi, bâtiment C2
31400 Toulouse
Tél. : 05 61 14 21 66
colette.conte@laposte.net
• Direction : **Colette Migné**
Type : compagnie dramatique
Année de création : 1991
Genres : conte, clown.
Public : dès 4 ans
Derniers spectacles : **Elle est fatiguée Pioupiou ; Hou là encore des histoires ; Contes pour rires...**

Compagnie Courants d'Airs

www.courants-dairs.com
MDA, cours Victor Hugo
84600 Valréas
Tél. : 04 90 28 10 44 - 06 10 29 19 26
Fax : 04 90 28 10 44
benoit@courants-dairs.com
• Direction : **Claire Coundours**
• Administration : **Benoît Malet**
• Communication : **Benoît Malet, Jean-François Piccardi, Émilie Chave**
• Diffusion : **Benoît Malet, Jean-François Piccardi, Émilie Chave**
Type : compagnie dramatique
Année de création : 1994
Genre : musique
Public : de 3 à 6 ans
Derniers spectacles : **Les Beaux Mioches ; Les nouvelles facéties de pile et face ; Chaussures Baluchon...**

Compagnie d'Arcalande

48 rue Alfred de Vigny
44300 Nantes
Tél. : 02 40 59 29 28 - 06 86 17 56 97
Fax : 02 40 59 29 28
• Direction : **Jeanine Qannari**
• Administration : **Claude Derdiri**
Type : compagnie dramatique
Année de création : 1994
Genres : pluridisciplinaire, théâtre, arts de la rue, conte.
Public : dès 5 ans
Derniers spectacles : **Goûtez-moi ça, L'Attrapeur de rêves...**

Compagnie d'Orion

15 rue des Montibœufs
75020 Paris
Tél. : 01 43 64 39 02 - 06 63 46 17 78
orion.claire@wanadoo.fr
• Direction : **Claire Bartoli**
• Communication : **Alice Delacour**
Type : compagnie dramatique
Année de création : 1992
Genres : théâtre, conte.
Public : dès 3 ans
Derniers spectacles : **L'Enfant bleu et les goûteurs de lune ; Dans le jardin de Picola ; Les Secrets de l'arbre du monde ; Nuit d'or, spectacle de contes dans le noir ; Oiseau moqueur et les pouvoirs de l'os à vœux, contes amérindiens...**

Compagnie de l'Arpette

www.arpette.org
43 avenue Cyrnos
06100 Nice
Tél. : 06 84 50 65 18 - Fax : 04 93 53 23 51
contact@arpette.org
• Direction : **Olivier Debos**
• Administration : **Fernand Debos**
• Communication : **Élisabeth Houy**
• Diffusion : **Olivier Debos**
Type : compagnie dramatique
Année de création : 1997
Genres : théâtre, clown.
Public : dès 4 ans

TOURNEVIRE Bal Folk pour Enfants

HÉLÈNE DUDRAGNE

Pour vos fêtes et animations (Noël, Carnaval, Printemps, fin d'année....) L'ensemble Tournevire, animé par Martine Dudragne, propose de faire la fête en dansant avec des amis au son des musiques traditionnelles du monde. Un authentique «bal folk» où les enfants, et tous ceux qui ont su le rester, sont les rois.

Un tour du monde musical, un répertoire riche et varié pour découvrir des pas, des figures, des musiques à écouter, mêlés à des sonorités nouvelles.

Martine, la «meneuse» de bal, joue des percussions, Ben tire et pousse les soufflets de ses accordéons diatoniques, tandis que Laurent joue du violon, de l'alto et des flûtes à bec.

Durée : 60 à 90 minutes selon l'âge des enfants.

Nous organisons avec vous cette animation (programmes à thèmes possibles et programmation spécifique pour les jeunes enfants et les crèches).
Séances de préparation, projets pédagogiques, formations enfants et adultes sur demande.

- Accordéons diatoniques : **Ben KACZMARECK**
- Violon, flûtes à bec : **Laurent VALERO**
- Contrebasse (option) : **Gary BRUNTON**
- Animation du bal, chant, percussions : **Martine DUDRAGNE**

Sonorisation sur demande.

Discographie

J'écoute – Je danse – *Ensemble Tournevire* – Compact 121820 SM 63
J'écoute – Je danse le monde – *Ensemble Tournevire* – Compact 1221SM 63
J'écoute, Je chante, Je danse – *Ensemble Tournevire* – Compact 2554 SM 63
Carnet de Bal – *Ensemble Tournevire* – Compact 2849 SM 63

Distribution

Studio SM – 7 rue des Canettes – 75006 PARIS
Tél : 01 44 32 12 70
Commande possible directement à l'ADEM

Contact Scène et animations

Martine Dudragne – Association Pour le Développement de l'Eveil Musical
4 rue Lucie – 94350 VILLIERS SUR MARNE
TEL : 01 49 30 94 67 – FAX : 01 49 30 88 60
Adresse Internet : association.adem @ wanadoo.fr
Site : http://assadem.free.fr

ADEM
Association pour le Développement de l'Eveil Musical

Derniers spectacles : **Rose et Bonbon ; Les Frères Allure, combats de clowns ; Sur la corde à linge...**

Compagnie de L'Enelle

www.enelle.org
97 boulevard Périer
13008 Marseille
Tél. : 04 91 48 85 64 - 06 20 84 71 03
diagne_lamine@yahoo.fr
• Direction : **Christiane Boucher**
• Administration : **Camilla Wahlstroëm**
• Diffusion : **Lamine Diagne**
Type : compagnie dramatique
Année de création : 2003
Genres : pluridisciplinaire, musique, danse, théâtre, conte.
Public : dès 5 ans
Derniers spectacles : **Asaman conte, conté, à raconter ; À propos du mystère ; Les Contes de l'oiseau Marabout...**

Compagnie de la Conque

http://perso.wanadoo.fr/laconque
11 passage Archambault
37000 Tours
Tél. : 02 47 20 72 32 - Fax : 02 47 20 72 32
conque@free.fr
• Direction : **Denis Garénaux**
• Administration : **Pascale Garzenne**
• Communication : **Hélène Gruau**
• Diffusion : **Denis Garénaux**
Type : compagnie dramatique
Année de création : 1995
Genres : marionnettes, théâtre d'objets.
Public : dès 5 ans
Dernier spectacle : **La Balle rouge**

Compagnie de la Courte Échelle Alya Théâtre

18 rue Daniel Niord
91600 Sauvigny-sur-Orge
Tél. : 01 69 96 25 25 - 06 12 33 34 42
Fax : 01 69 96 28 50
raymond.yana@wanadoo.fr - michelealbo@free.fr
• Direction : **Raymond Yana**
• Communication : **Marie Racine**
• Diffusion : **Marie Racine**
Type : compagnie dramatique
Année de création : 1979
Genres : théâtre, marionnettes, théâtre d'objets.
Public : dès 3 ans
Derniers spectacles : **Le Vilain pas beau ; Rumeurs ; Humeurs d'humains...**

Compagnie de la Grande Ourse

http://pierre.deschamps.monsite.wanadoo.fr
Mairie, 19270 Donzenac
Tél. : 05 55 85 67 93 - 06 81 52 73 60
compagniedelagrandeourse@wanadoo.fr
• Direction : **Pierre Deschamps**
• Administration : **Cathy Sutca**
• Communication : **Cathy Sutca**
Type : compagnie dramatique
Année de création : 1992
Genres : théâtre, conte.
Public : dès 4 ans
Derniers spectacles : **Faim de loup ; Jean des Pois verts...**

Compagnie de la Lune Rousse

14 avenue de Beaugency
44800 Saint-Herblain
Tél. : 02 40 76 93 37
• Direction : **Anne-Gaëlle Gauducheau**
Type : compagnie dramatique
Année de création : 1992
Genres : conte, musique, théâtre.
Public : dès 6 ans
Derniers spectacles : **Sorcières sorcières ; Le Piège de Pirandello ; Baco de Nantes ; Misturada ; Récits d'un Brésil imaginaire ; Afongandjia...**

Compagnie de la Reine

Théâtre Montansier, 13 rue des Réservoirs
78000 Versailles
Tél. : 01 39 20 16 00 - Fax : 01 39 53 43 21
• Direction : **Jean-Daniel Laval**
• Communication : **Catherine Spicq**
• Diffusion : **Catherine Spicq**
Type : compagnie dramatique
Année de création : 1999
Genre : pluridisciplinaire
Public : dès 4 ans
Dernier spectacle : **Les Petites Filles modèles**

Compagnie de la Tarande

Equinoxe Scène nationale
Avenue Charles de Gaulle, BP 306
36006 Châteauroux Cedex
Tél. : 02 54 08 35 84 - Fax : 02 54 08 35 90
info@equinoxe-lagrandescene.com
• Administration : **Agnès Sajaloli**
Type : compagnie dramatique
Année de création : 1998
Genre : théâtre
Public : dès 10 ans
Dernier spectacle : **J'ai été un enfant**

Compagnie de la Tortue Delphine Noly

18 rue Richebourg
25000 Besançon
Tél. : 06 13 52 55 16 - 06 09 46 64 33
dnoly@yahoo.fr - laurie.hagimont@wanadoo.fr
• Administration : **Laurie Hagimont**
Type : compagnie dramatique
Année de création : 1999
Genres : pluridisciplinaire, musique, danse.
Public : dès 4 ans
Derniers spectacles : **Gnak ! ; Les Petits Contes de là-bas et d'ici d'hier et d'aujourd'hui ; Mama ô...**

Compagnie des Épices Florence Desnouveaux

13 rue Taine
75012 Paris
Tél. : 01 42 01 07 19
florence.desnouveaux@wanadoo.fr
• Direction : **Corinne Debeaux**
• Administration : **Éric Mounier**
Type : compagnie dramatique
Année de création : 1995
Genres : théâtre, conte.
Public : dès 1 an
Derniers spectacles : **Chat ba da ; Contes doudou ; La Fête de Moussa ; Le Chat et le Perroquet ; Les Babouches de Lalla Aïcha ; Ombre et son théâtre...**

Compagnie des Foussages

45 rue Chalopin
69007 Lyon
Tél. : 04 78 61 36 01 - Fax : 04 78 61 36 01
louis.soret@wanadoo.fr
• Direction : **Louis Soret**
• Administration : **Pascale Ribeyre**
• Communication : **Pascale Ribeyre**
• Diffusion : **Louis Soret**
Type : compagnie dramatique
Année de création : 2002
Genres : musique, théâtre, conte.
Public : dès 7 ans
Derniers spectacles : **Contes drolactic du Maroc ; Grains de sagesse ; Contes et musiques de la Chine ancienne ; Histoire de sots et de sottes ; Contes et comptes ; Le Diable dans nos campagnes...**

Compagnie des Gueules Kassées

http://lgk.free.fr
11 rue Parmentier
21000 Dijon
Tél. : 03 80 71 20 56 - Fax : 03 80 74 24 66
lgk@free.fr
• Direction : **Ludovic Chantraine**
Type : compagnie dramatique
Année de création : 1998
Genre : pluridisciplinaire
Public : dès 7 ans
Derniers spectacles : **Le Pont de pierres et la peau d'images ; Les Aventures de Peter Pick ; Le Baron de Münchausen...**

Compagnie des Marionnettes d'Angoulême

www.marionnettes-angouleme.com
Espace Marengo
16000 Angoulême
Tél. : 05 45 69 32 10
mario16@club-internet.fr
• Direction : **Michel Belezy**
• Administration : **Arnaud Faure**
Type : compagnie dramatique
Année de création : 1975
Genres : pluridisciplinaire, marionnettes.
Public : dès 3 ans
Derniers spectacles : **Colargol ; Boucles d'or ;**

Bulles en vrac ; Le K ; Grand-père soleil ; L'accroche-notes...

Compagnie des Petits Miracles

www.theatre-enfants.com/puces
Soleillou
46250 Montclera
Tél. : 05 65 36 69 47 - Fax : 05 65 36 69 48
petits.miracles@wanadoo.fr
• Direction : **Jean-Dominique Kerignard**
• Communication : **Marie-Kateline Rutten**
• Diffusion : **Marie-Kateline Rutten**
Type : compagnie dramatique
Année de création : 1996
Genre : pluridisciplinaire
Public : dès 4 ans
Dernier spectacle : **Les Puces savantes**

Compagnie des Zonzons

www.guignol-lyon.com
2 rue Louis Carrand
69005 Lyon
Tél. : 04 78 28 92 57 - Fax : 04 78 30 00 52
zonzons@club-internet.fr
• Direction : **Philippe Auchere**
• Diffusion : **Raphaël Boussarie**
• Communication : **Stéphanie Lefort**
Type : compagnie dramatique
Année de création : 1994
Genres : marionnettes, théâtre d'objets, musique.
Public : dès 3 ans
Derniers spectacles : **L'Affaire H^2O ; L'Étang merveilleux ; Les Reines du père Noël ; Le Grand Magasin ; Guignol et la papillotte géante ; Le Frigo...**

Compagnie du Bleu Secret

www.bleusecret.org
29 bis rue de la Solidarité
75019 Paris
Tél. : 01 44 52 92 57 - 08 70 71 06 05
Fax : 01 44 52 92 57
leusecret2000@yahoo.fr
- contact@bleusecret.org
• Direction : **Fabienne Glabeck**
Type : compagnie dramatique
Année de création : 1997
Genre : conte
Public : dès 3 ans
Derniers spectacles : **Les Contes de l'aube ; La Sagesse de l'arbre ; La Controverse...**

Compagnie du Cercle

www.compagnieducercle.fr
La Maison du Conte
6-8 rue Albert Thuret
94550 Chevilly-Larue
Tél. : 01 49 08 08 50 - Fax : 01 45 46 21 91
contact@compagnieducercle.fr
• Direction : **Abbi Patrix**
• Administration : **Véronique Bourlon**
• Diffusion : **Candice Nozé**
Type : compagnie dramatique
Année de création : 1980
Genre : conte
Public : dès 10 ans
Label : Naïve
Dernier spectacle : **La petite fille qui...**

Compagnie du Chat Perché

21 rue Echauguette
78340 Les-Clayes-sous-Bois
Tél. : 01 34 81 20 74 - 06 86 18 53 72
Fax : 01 34 81 20 74
monique.frapat@wanadoo.fr
sabouraudvalerie@yahoo.fr
• Direction : **Monique Frapat**
• Administration : **Monique Frapat**
• Communication : **Valérie Sabouraud**
• Diffusion : **Valérie Sabouraud**
Type : compagnie dramatique
Année de création : 1989
Genres : théâtre, marionnettes.
Public : dès 1 an
Derniers spectacles : **La Maison des doudous ; Page 43 ou Le Secret du grenier ; Allo mon bébé ; Chez toi chez moi ; La Bonne Femme aux histoires ; Padodo...**

La compagnie du chemin

Des comédies musicales jeune public
à savourer en famille

Spectacles Jeune Public

www.cie-d-c.org

14, rue du point du jour. 41000 BLOIS. 02 54 78 72 78. www.cie-d-c.org

Compagnie du Chat Pitre

www.chat-pitre.com
www.spectaclelaballerouge.com
260 rue des Écoles
45560 Saint-Denis-en-Val
Tél. : 02 38 64 25 38 - Fax : 02 38 64 25 38
compagnieduchatpitre@wanadoo.fr
• Direction : **Franck Jublot**
• Administration : **Élise Moussion**
Type : compagnie dramatique
Année de création : 2001
Genres : musique, théâtre, théâtre d'objets animés.
Public : dès 4 ans
Dernier spectacle : **La Balle rouge**

Compagnie du Chemin

www.cie-d-c.org
14 rue du Point du Jour
41000 Blois
Tél. : 02 54 78 72 78 - 06 12 90 66 46
Fax : 02 54 78 01 39
d.heude@wanadoo.fr
• Président : **Jérôme Spiral**
• Direction : **Denis Heude**
• Administration : **Sandrine Le Goff**
• Communication : **Marie Mélanie**
• Diffusion : **Marie Mélanie**
Type : compagnie dramatique
Année de création : 1990
Genres : théâtre musical, comédie musicale.
Public : dès 3 ans
Derniers spectacles : **La Princesse et le Chevalier ; L'Ile enchantée ; Le Jardin extraordinaire ; La Fête dans la jungle...**

Compagnie du Fou de Bassan

http://f2b.chez.tiscali.fr
1 bis rue Bellavoine, bâtiment C
78230 Le Pecq
Tél. : 01 30 61 52 76 - 06 16 47 16 94
foudebassan@worldonline.fr
• Direction : **Stéphane Ripon**
Type : compagnie chorégraphique
Année de création : 1991
Genre : danse
Public : dès 5 ans
Derniers spectacles : **Clowneries ; Passe Passe...**

Compagnie du Jabron Rouge ♡

Le Village
26740 Montboucher-sur-Jabron
Tél. : 04 75 01 37 73 - Fax : 04 75 01 65 83
• Direction : **Nathalie Roques**
Type : compagnie dramatique
Année de création : 1996
Genre : marionnettes
Public : dès 3 ans
Derniers spectacles : **Au voleur ; Barbe Bleu et les 7 nains ; Superfiston ; Un grand amour ; Le Rouge et le Vert ; Jeux de Mo...**

Compagnie du Mayapo

http://perso.wanadoo.fr/lemayapo/
7 rue Dolaizon
43000 Le Puy-en-Velay
Tél. : 04 71 09 61 50 - Fax : 04 71 09 61 50
lemayapo@wanadoo.fr
• Direction : **Élizabeth Paugam**
• Administration : **Brigitte Barrier**
• Communication : **Béatrice Barthélémy**
• Diffusion : **Béatrice Barthélémy**
Type : compagnie dramatique
Année de création : 1979
Genres : pluridisciplinaire, théâtre, conte, marionnettes, théâtre d'objets.
Public : dès 18 mois
Derniers spectacles : **Le Mouton sur le toit ; Patatas Circus ; L'Arbre à palabres ; Pezzetino ; Le Mange-pantoufle ; Le Bain de cristal...**

Compagnie du Midi

13 boulevard de Magenta
75010 Paris
Tél. : 01 53 28 10 21 - Fax : 01 53 28 10 21
compagniedumidi@free.fr
• Administration : **Anne Gegu**
Type : compagnie dramatique
Année de création : 1998
Genre : théâtre
Public : dès 4 ans
Derniers spectacles : **Petit songe d'une nuit d'été ; Cabaretto ; Les Jouets...**

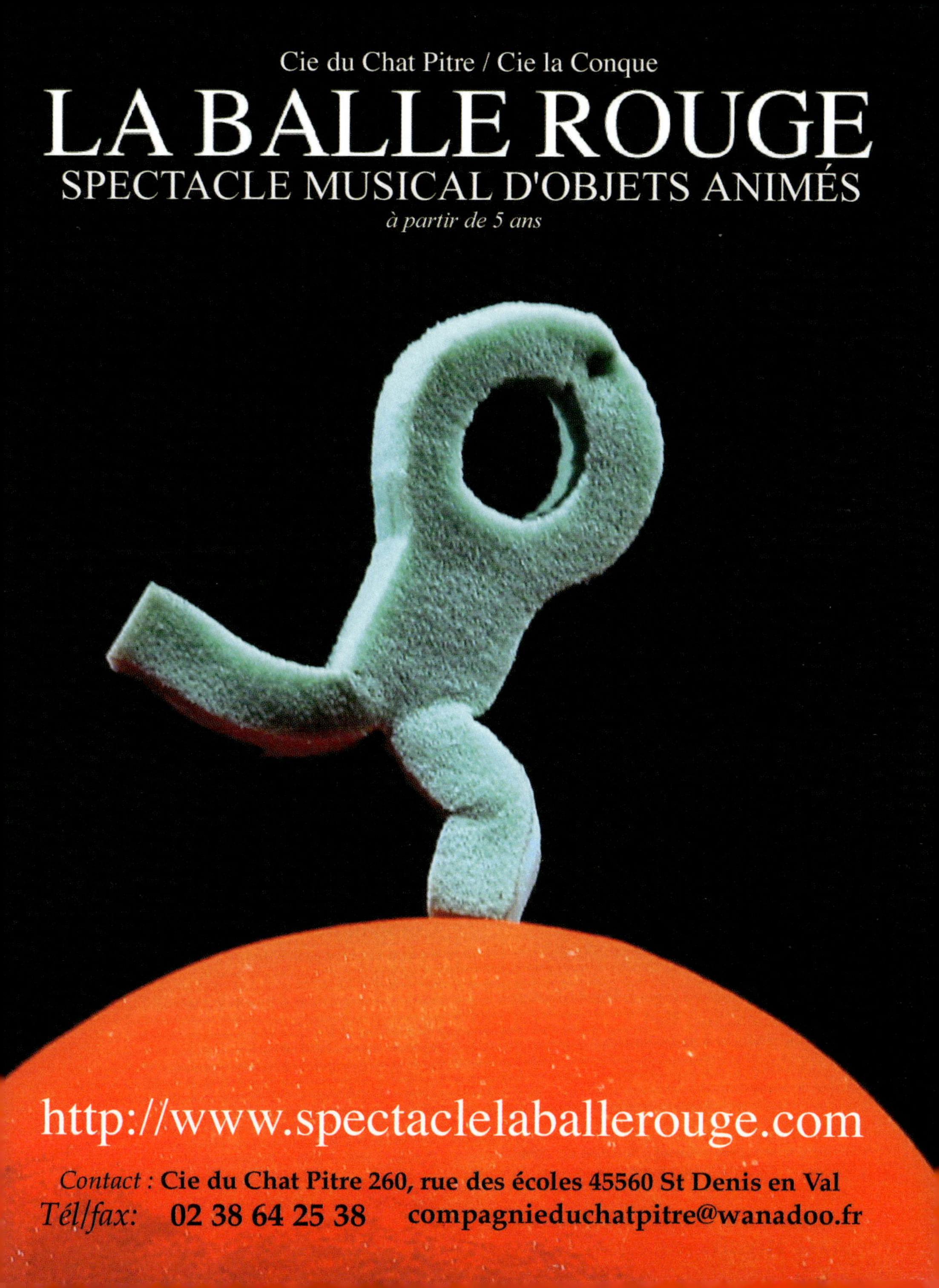
Cie du Chat Pitre / Cie la Conque
LA BALLE ROUGE
SPECTACLE MUSICAL D'OBJETS ANIMÉS
à partir de 5 ans
http://www.spectaclelaballerouge.com
Contact : Cie du Chat Pitre 260, rue des écoles 45560 St Denis en Val
Tél/fax: 02 38 64 25 38 compagnieduchatpitre@wanadoo.fr

Compagnie du Moulin

www.compagnie-du-moulin.com
30 rue Maréchal
30900 Nîmes
Tél. : 04 66 21 61 28 - 06 62 70 54 14
Fax : 04 66 21 61 28
k.taibaoui@nomade.fr
• Direction : **Kader Taibaoui**
• Communication : **Marie-Paule Anfosso**
• Diffusion : **Marie-Paule Anfosso**
Type : compagnie dramatique
Année de création : 1974
Genre : théâtre
Public : dès 6 ans
Dernier spectacle : **Les Contes des mille et une nuits**

Compagnie du Petit Monde

http://ptimonde.club.fr
Rue de l'Ardoise, BP 54
37420 Avoine
Tél. : 02 47 58 40 02 - Fax : 02 47 58 41 37
ptimonde@club-internet.fr
• Direction : **Marc Brazey**
• Diffusion : **Claire Hombert**
Type : compagnie dramatique
Année de création : 1987
Genres : théâtre, marionnettes, théâtre d'objets.
Public : dès 1 an
Derniers spectacles : **Toc-Toque ; Les Ailes du courage ; Circinus, Cinq sur cinq...**

Compagnie du Porte-voix

http://portevoix.free.fr
82 rue de Villiers
78300 Poissy
Tél. : 01 48 50 14 63 - 01 48 58 94 75
portevoix@free.fr
• Direction : **Florence Goguel, Hestia Tristani**
• Administration : **Ivan Siret**
• Diffusion : **Marie Abada-Simon**
Type : compagnie dramatique
Année de création : 1998
Genres : musique, théâtre, théâtre musical.
Public : dès 1 an
Derniers spectacles : **Gong ; À l'eau de rose...**
• Contact diffusion : **Marie Abada-Simon**

Compagnie du Tamanoir

www.theatredujardin.fr
9 rue Mandar
75002 Paris
Tél. : 01 40 67 97 67 - Fax : 01 40 67 78 21
letamanoir@wanadoo.fr
• Direction : **Adrien de Van**
• Communication : **Caroline Namer**
• Diffusion : **Ghislaine Laglantine**
Type : compagnie dramatique
Année de création : 1997
Genre : pluridisciplinaire
Public : dès 1 an
Label : autoproduction
Derniers spectacles : **La Légende du petit berger ; La Véritable Histoire de 3 petits cochons ; L'Oiseau bleu ; Céleste et le loup...**

Compagnie Labribus

www.labribus.com
58 rue Camélinat
93100 Montreuil
Tél. : 01 48 55 18 04 - Fax : 01 48 55 18 04
contact@labribus.com
• Direction : **Emmanuelle Warnier**
• Administration : **Corinne Fournel**
• Communication : **Nathalie Ansquer**
• Diffusion : **Nathalie Ansquer**
Type : compagnie dramatique
Année de création : 2000
Genres : pluridisciplinaire musique, théâtre, conte.
Public : dès 1 an
Derniers spectacles : **À vos amours ; L'Air de rien...**

Compagnie des Anges

55 rue du Docteur Roux
78390 Bois d'Arcy
Tél. : 01 39 42 06 62 - 06 62 03 89 80
florencecabes@free.fr
• Direction : **Florence Cabes**
• Administration : **Cédric Gaveau**
Type : compagnie dramatique
Année de création : 2000
Genre : théâtre
Public : dès 3 ans
Dernier spectacle : **Chocolatine dans papotages au potager**

Compagnie Jean-Pierre Lescot Les Phosphènes

9 rue Pasteur
94120 Fontenay-sous-Bois
Tél. : 01 48 76 59 39 - Fax : 01 48 76 46 85
ciejplescot.phosphenes@wanadoo.fr
• Direction : **Jean-Pierre Lescot**
• Administration : **Marie-Christine Bleureau**
Type : compagnie dramatique
Année de création : 1968
Genres : marionnettes, théâtre d'ombres.
Public : dès 3 ans
Dernier spectacle : **Les Rêveries d'Angèle, La Nuit du tendre, M. Clément ou la bonne humeur des coquillages, Cœur à horloge...**

Compagnie Pêpaloma

La Gaudinière
44360 Vigneux de Bretagne
Tél. : 06 25 64 24 62
pepaloma@yahoo.fr
• Direction : **Patù Montemault**
• Communication : **Patù Montemault**
• Diffusion : **Patù Montemault**
Type : compagnie dramatique
Année de création : 2003
Genres : clown, mime.
Public : dès 3 ans
Dernier spectacle : **Décembre 2003 ; Une Cigale dans la tête...**

Compagnie s'appelle Reviens (La)

Laure Félix, 10 rue Boyer Barret
75014 Paris
Tél. : 06 63 46 22 24 - 06 81 40 52 48
alice.laloy@free.fr - laure.felix@free.fr
• Direction : **Alice Laloy**
• Administration : **Laure Felix**
• Diffusion : **Laure Félix**
Type : compagnie dramatique
Année de création : 2001
Genres : danse, marionnettes, théâtre d'objets.
Public : dès 10 ans
Dernier spectacle : **D'états de femmes**

Compagnie Stéphanie Aubin

www.manegedereims.com
Le Manège de Reims
2 boulevard du Général Leclerc, BP 1063
51053 Reims Cedex
Tél. : 03 26 47 98 98 - 03 26 47 52 35
Fax : 03 26 88 95 34
info@manegedereims.com
• Direction : **Stéphanie Aubin**
• Administration : **Anne-Mathilde Guérin**
• Diffusion : **Anne-Marie Guérin**
Type : compagnie chorégraphique
Année de création : 1984
Genre : danse
Public : dès 7 ans
Dernier spectacle : **Miniatures**

Contes de la Chaise à Porteurs (Les)

www.chaise-a-porteurs.com
La Cordelière
38840 Saint-Lattier-la-Baudière
Tél. : 04 76 64 59 47 - 06 83 24 52 96
fred@chaise-a-porteurs.com
• Direction : **Frédéric Monnier**
Type : compagnie dramatique
Année de création : 1996
Genres : arts de la rue, théâtre, marionnettes.
Public : dès 3 ans
Derniers spectacles : **Les Momies ; Le Tas ; La Chaise à roulettes...**

Contre Pour (Compagnie)

http://contrepour.free.fr
Hangar des mines Reigoux
30140 Saint-Sébastien-d'Aigrefeuille
Tél. : 04 66 61 71 18 - Fax : 04 66 60 53 67
contrepour@tiscali.fr
• Direction : **Michel Dallaire, Christine Rossignol**
Type : compagnie dramatique
Année de création : 1990
Genres : cirque, clown.
Public : dès 5 ans
Derniers spectacles : **Hop-hop dans Hopopop ; The London Philharmonic Circus...**
• Contact diffusion : **Emmanuel Sembély**
06 60 20 08 41

Contre-ciel (Compagnie)

www.contreciel.fr
186 bis rue de la Roquette
75011 Paris
Tél. : 01 42 40 06 86 - Fax : 01 42 40 06 86
infos@contreciel.fr
• Direction : **Luc Laporte**
• Administration : **Danuska Usal**
Type : compagnie dramatique
Année de création : 1995
Genres : théâtre, marionnettes.
Public : dès 7 ans
Derniers spectacles : **L'Ébloui ; Le garçon aux sabots...**
• Contact diffusion : **Corinne Foucouin**
01 48 68 56 95 - 06 12 96 25 96

Corde à Vent (La)

231 chemin de Chalandré
01000 Saint-Denis-les-Bourg
Tél. : 04 74 24 42 77
la.corde.a.vent@wanadoo.fr
• Direction : **Gérard Chagnard, Sylvain Nallet**
• Diffusion : **Héléna Pichon**
Type : Artiste ou groupe musical
Année de création : 2003
Genre : musique
Public : dès 2 ans
Dernier spectacle : **Prises de bec**

Coup de balai (Compagnie)

58 rue Anne Frank
93100 Montreuil
Tél. : 01 48 58 75 45 - Fax : 01 48 58 75 45
coupdebalai@free.fr
• Direction : **Marie-Pierre La Garde**
Type : compagnie dramatique
Année de création : 1989
Genres : pluridisciplinaire, théâtre, danse.
Public : dès 2 ans
Derniers spectacles : **Moi, papa ours ; Les nouvelles de Tromboline et Foulbazar ; Quel genre de bisous ? ; À tire d'ailes...**

Courant d'air (Compagnie)

www.cie-courant-dair.com
86 rue de Chalezeule
25000 Besançon
Tél. : 03 81 61 21 24 - 06 76 04 60 55
Fax : 03 81 61 21 24
asso@cie-courant-dair.com
• Direction : **Françoise Bourgeon**
• Administration : **Marie-Laure Lanouzière**
• Diffusion : **Annie Dubet**
Type : compagnie chorégraphique
Année de création : 1989
Genres : musique, danse, arts de la rue.
Public : dès 4 ans
Derniers spectacles : **Raccourci ; À découvert...**

Courgettes sauvages (Les)

Victorie Spectacles
4 passage de la main d'or
75011 Paris
Tél. : 01 49 29 55 50 - Fax : 01 47 00 12 01
emilie@victorie-spectacles.com
• Administration : **Le Square**
Type : artiste ou groupe musical
Année de création : 1997
Genres : musique, théâtre.
Public : dès 5 ans
Label : Universal, Le Square
Dernier spectacle : **La Poubelle enchantée**
• Contact diffusion : **Émilie Mahé**

Créa

85 rue Anatole France
93600 Aulnay-sous-Bois
Tél. : 01 48 66 87 53 - Fax : 01 48 66 88 68
lecrea@wanadoo.fr
• Direction : **Didier Grojsmam**
• Administration : **Christian Eymery**
• Communication : **Séverine Martin**
• Diffusion : **Claude Bajonco**
Type : compagnie dramatique
Année de création : 1987
Genres : pluridisciplinaire, musique, danse, théâtre.
Public : dès 5 ans
Derniers spectacles : **Martin squelette ; Rutabaga, chansons de 1939 à 1945...**

Mise en scène: Marie-Pierre LAGARDE... Jeu: Pierrette Bonnefont, Anne Didon, Nathalie Grauss & Marie-Pierre Lagarde... Régie: Marie Bellot... Costumes: Corinne Guillaume 01 48 58 75 45 coupdebalai@free.fr

La Compagnie

COUP DE BALAI

présente

Moi, papa ours?

Spectacle dansé et joué

d'après l'album de Wolf Erlbruch

Editions Milan

autres spectacles:

Tromboline et Foulbazar (d'après Claude Ponti *éditions l'école des loisirs*)

Quel genre de bisous (d'après Nicole Claveloux *éditions Etre*)

À tire d'ailes (d'après Yvan Pommaux *éditions l'école des loisirs*)

....

Créature (Compagnie)

www.cie-creature.net
76 chemin des Ramiers
31700 Blagnac
Tél. : 05 62 74 13 09 - Fax : 05 62 74 13 08
le.dock@wanadoo.fr
• Direction : **Michel Broquin**
• Administration : **Myriam Chaabouni**
Type : compagnie dramatique
Année de création : 1991
Genres : théâtre, marionnettes, théâtre d'objets.
Public : dès 3 ans
Derniers spectacles : **Petite histoire de fête ; Flon-Flon et Musette ; Poucette ; C'est ta mère après tout ; Les Souliers rouges...**

Crescendo (Compagnie)

Le Cours
84570 Villes-sur-Auzon
Tél. : 04 90 30 81 22
ciecrescendo@hotmail.com
• Direction : **Yannick Bontoux**
• Administration : **Émilie Siaud**
• Communication : **Patrick Blandin**
• Diffusion : **Patrick Blandin**
Type : compagnie dramatique
Année de création : 1993
Genres : théâtre, clown.
Public : dès 5 ans
Dernier spectacle : **La Folle Aventure du clown Barbiche**

Cri de l'Aphone (Le)

http://cridelaphone.free.fr/cariboost1
17 Cité Verte
94370 Sucy-en-Brie
Tél. : 01 49 82 65 35
cridelaphone@free.fr
• Direction : **Luc Devèze, Ludovic Souliman**
Type : association
Année de création : 2000
Genres : pluridisciplinaire, théâtre, conte.
Public : dès 3 ans
Derniers spectacles : **Carpharnaüm, un polar noir noir noir ; Qui a tué Minou Bonbon ; Derrière chez moi ; Contes de pas d'ici...**

Croquenote (Association)

www.croquenote.com
Le Ponant, 96 boulevard Albert 1er
76600 Le Havre
Tél. : 06 85 83 12 21
didier.blons@croquenote.com
• Direction : **Didier Blons**
Type : Artiste ou groupe musical
Année de création : 1986
Genre : musique
Public : dès 3 ans
Derniers spectacles : **Comme frère et sœur ; Comptines en balade ; Sans tambour, ni trompette ; Bêtes de chants ; Maux d'enfants ; Sous rires...**
• Contact diffusion : **Gisèle Gille**
06 87 80 57 75

Croqueti (Compagnie)

www.croqueti.com
318 chemin du Maire, La Crau
13160 Châteaurenard
Tél. : 04 90 06 27 84 - Fax : 04 90 06 27 84
croqueti@wanadoo.fr
• Direction : **Steven Halstead**
• Administration : **Kathy Elissade**
Type : compagnie dramatique
Année de création : 1992
Genres : théâtre, conte, marionnettes, théâtre d'ombres.
Public : dès 3 ans
Derniers spectacles : **Sur le chemin des pensées ; Victor à la recherche du père Noël ; Le Gardien des couleurs...**
• Contact diffusion : **Claude Formosa**
06 15 37 59 38

Cubitus (Le)

www.lecubitus.com
La Ville Brossard
22690 La-Vicomté-sur-Rance
Tél. : 01 53 61 24 09 - 06 63 15 46 57
Fax : 01 53 61 24 09
contact@lecubitus.com
• Direction : **Jean-Yves Brignon**
• Diffusion : **Didier Loquin**
Type : compagnie dramatique
Année de création : 1992

Genre : théâtre
Public : dès 4 ans
Derniers spectacles : **Une étoile au soleil ; Compte de fées ; Élodine et les corsaires ; Élodine enchante Merlin ; Élodine et le pire Noël ; Kaab, enfant du Sahara…**

Cyclone

www.compagnie-cyclone.com
Hôtel de ville
66 rue de Paris
95500 Gonesse
Tél. : 01 46 71 07 63 - 06 60 76 07 63
Fax : 01 46 71 07 63
ciclone@free.fr
• Direction : **Philippe Penguy, Véronique Langeley**
• Communication : **Philippe Penguy, Véronique Langeley**
• Diffusion : **Philippe Penguy, Véronique Langeley**
Type : compagnie dramatique
Année de création : 1997
Genre : théâtre
Public : dès 3 ans
Derniers spectacles : **Perceval à la conquête du monde ; Le Roi Arthur…**

Dans les décors (Compagnie)

www.danslesdecors.com
9 rue de Capri
75012 Paris
Tél. : 01 46 28 98 07 - Fax : 01 46 28 98 07
contact@danslesdecors.com
• Direction : **Alexandre Vaz**
• Communication : **Stéphanie Pierron**
• Diffusion : **Stéphanie Pierron**
Type : compagnie dramatique et musicale
Année de création : 1998
Genres : comédie musicale, opérette.
Public : dès 4 ans
Derniers spectacles : **Le Chat botté ; Robin des bois ; Zorro ; Le Trésor des pirates ; Aladdin et la lampe magique ; Western Aventure…**

Daru (Compagnie) - Pôle du théâtre de marionnettes en Essonne

5-7 rue Victor Hugo, BP 51
91292 La Norville Cedex
Tél. : 01 64 90 69 88 - Fax : 01 64 90 69 88
• Direction : **Christian Chabaud**
• Administration : **Philippe Angrand**
• Communication : **Delphine Forest**
Type : compagnie dramatique
Année de création : 1976
Genre : marionnettes
Public : dès 7 ans
Dernier spectacle : **Alibaba et les 40 voleurs**

De Commerce et d'Industrie (Compagnie)

4-5 square des Madelonnettes
59800 Lille
Tél. : 03 20 12 07 22 - Fax : 03 20 13 08 20
dci-cie-theatrale@wanadoo.fr
• Direction : **Jean-Claude Giraudon**
• Administration : **Salika Mammar**
Type : compagnie dramatique
Année de création : 1985
Genre : théâtre
Public : dès 9 ans
Derniers spectacles : **Pierres de Gré ; À cour à jardin…**

Déclic Théâtre

www.declictheatre.net
La Marmite
17 avenue Stalingrad Nord
78190 Trappes
Tél. : 01 30 51 08 21 - Fax : 01 30 66 19 44
marmite@declictheatre.net
• Direction : **Alain Degois**
• Administration : **Géraldine Orquera**
• Communication : **Armelle Collomp**
Type : compagnie dramatique
Année de création : 1993
Genre : théâtre
Public : dès 5 ans
Derniers spectacles : **La Gamelle ; Des hauts et des bas…**

Délimélo

3 chemin Lou Partailloun
33610 Cestas
Tél. : 06 84 37 82 31
delimelo@wanadoo.fr
• Direction : **Éric Lelouvier**
Type : Artiste ou groupe musical
Année de création : 1989
Genre : musique
Public : dès 3 ans
Label : Studio SM - Arc en ciel, Nocturne
Derniers spectacles : **Il faut de tout pour faire un môme ; Promenons nous dans les voix ; Le Bal optimôme ; Animômes...**

Délit de façade (compagnie)

www.delitdefacade.com
Association La Tête dans les Nuages
16 avenue Gambetta
78500 Sartrouville
Tél. : 06 09 09 27 72
production@delitdefacade.com
• Administration : **Clara Duverne**
Type : compagnie dramatique
Année de création : 1997
Genres : pluridisciplinaire, théâtre, arts de la rue, marionnettes.
Public : dès 6 ans
Dernier spectacle : **Délit de façade**
• Contact diffusion : **Les Petits Ruisseaux - Emmanuel Magis** - 06 63 40 64 68

Démons et Merveilles

www.theatre-masque.org
21 rue Barra
49100 Angers
Tél. : 02 41 39 84 62 - Fax : 02 41 39 84 70
demons-et-merveilles@theatre-masque.org
• Direction : **Xavier Jollivet**
Type : compagnie dramatique
Année de création : 1987
Genres : théâtre, arts de la rue.
Public : dès 2 ans
Derniers spectacles : **Les Petits Silences ; Les Poules ; La Grande Épopée du petit bonhomme ; Les Bestioles ; Le Petit Chaperon rouge...**

Denis Couvreur

http://denis.couvreur.free.fr
75 rue de Courberieu
47 000 Agen
Tél. : 05 53 68 29 04 - 06 09 63 04 11
denis.couvreur@free.fr
Type : artiste ou groupe musical
Année de création : 1989
Genre : musique
Public : dès 6 mois
Label : M10
Derniers spectacles : **La Maison de coton ; Jonathan et le cerf-volant ; Né en l'air ; Si on partait.. ; Dans la maison de coton...**
• Contact diffusion : **Clair de Lune - Dominique Declercq** - 03 20 81 09 40

Déviation (Compagnie)

http://compagnie.deviation.free.fr
8 avenue Édouard Vaillant
93310 Le Pré Saint Gervais
Tél. : 01 49 93 01 42
dev4@club-internet.fr
• Direction : **Alain Mignon**
• Administration : **Nicolas Barral**
• Communication : **Juliette Ailhaud**
• Diffusion : **Juliette Ailhaud**
Type : compagnie dramatique
Année de création : 1991
Genres : arts de la rue, théâtre, musique.
Public : dès 6 ans
Dernier spectacle : **Profession voyageur ; Bavardages...**

Didascalie (Compagnie)

33 ter rue Gambetta
77220 Gretz
Tél. : 01 64 07 33 28
compagniedidascalie@tiscali.fr
• Direction : **Vincent Morieux**
Type : compagnie dramatique
Année de création : 1990
Genre : théâtre
Public : dès 3 ans
Dernier spectacle : **Histoire yin, histoire d'un jour ; Le Bonhomme de paille ; Incognito mais pas trop...**

Do-minots

Rue des Écoles
30440 Sumene
Tél. : 04 67 82 40 04
do-minots@wanadoo.fr
• Direction : **Muriel Pizza**
Type : compagnie dramatique
Année de création : 1998
Genre : marionnettes
Public : dès 2 ans
Derniers spectacles : **Titim bois-sec ; Chroniques potagères ; Le Rêve de la cane…**

Dominique Dimey

www.dominiquedimey.com
Association C'est le droit des enfants
Repères Production 9
2 rue des Entrepreneurs
75015 Paris
Tél. : 01 45 71 61 61 - Fax : 01 45 77 86 59
reperes.production@wanadoo.fr
• Direction de la production : **Bruno Laurent**
• Communication : **Axelle Menoni**
• Diffusion : **Axelle Menoni**
Type : artiste musical
Année de création : 1998
Genre : musique
Public : dès 4 ans
Label : Naïve
Derniers spectacles : **Touche pas ma planète ! ; Lettres à Georges Sand ; C'est le droit des enfants…**

Don Pedro et ses Dromadaires

http://donpedro-lesite.artistes.universalmusic.fr
Association Poésique
12 boulevard Auguste Blanqui
75013 Paris
Tél. : 01 43 36 25 44 - 06 09 89 27 43
Fax : 01 43 36 25 44
donpedro@fr.st - clavierbruno@noos.fr
• Direction : **Bruno Clavier**
Type : groupe musical
Année de création : 1995
Genre : musique
Public : dès 3 ans
Label : Universal
Derniers spectacles : **Le Chapeau de Don Pedro ; Jojo l'asticot ; La P'tite Famille ; Don Pedro Circus ; Le Voyage de Don Pedro…**

Dos à Deux (Compagnie)

http://dosadeux.com
132 boulevard de la Charonne
75020 Paris
Tél. : 01 43 42 98 89 - 06 16 40 14 85
dosadeux@dosadeux.com
• Direction : **Nathalie Redant**
• Communication : **Valérie Farge**
• Diffusion : **Nathalie Redant**
Type : compagnie dramatique
Année de création : 1997
Genre : théâtre
Public : dès 10 ans
Derniers spectacles : **Saudade ; Aux pieds de la lettre…**

Drolatic Industry (Compagnie) ♡

http://drolaticindustry.free.fr
Les Traviaux
35600 Sainte-Marie
Tél. : 02 99 71 25 82
drolatic.industry@laposte.net
• Direction : **Gilles Debenat, Maud Gérard, Christophe Anon**
Type : compagnie dramatique
Année de création : 2002
Genres : marionnettes, théâtre d'objets.
Public : dès 3 ans
Derniers spectacles : **Sam Trévor, héros intergalactique ; Jazir ; La Mort en cage ; L'Enfer du décor ; Voix dans le noir…**

Du'o (Compagnie)

Le Gajou
82240 Cayriech
Tél. : 06 21 01 27 79
cieduo@caramail.com
• Direction : **Jocelyn Peix**
• Diffusion : **Odile Emeriau**
Type : compagnie dramatique
Année de création : 2005
Genres : théâtre, conte, marionnettes.
Public : dès 4 ans
Derniers spectacles : **Le Cordonnier qui voulait changer le monde ; Barton et Léontine…**

Écla Théâtre

www.ecla-theatre.com
25 rue Michel Le Comte
75003 Paris
Tél. : 01 40 27 82 07 - Fax : 01 42 72 20 28
imdc@ecla-theatre.com
• Direction : **Igor de Chaillé**
• Communication : **Hélène Tharel**
• Diffusion : **Anne-Charlotte Lesquibe**
Type : compagnie dramatique
Année de création : 1987
Genres : musique, danse, théâtre.
Public : dès 4 ans
Derniers spectacles : **Dragons et Merveilles ; Casse-Noisette ; Le Médecin malgré lui ; Pierre et le loup...**

Éclats (Compagnie)

www.eclats.net
18 rue Vergniaud
33000 Bordeaux
Tél. : 05 56 52 52 64
info@eclats.net
• Direction : **Stéphane Guignard**
Type : compagnie dramatique
Année de création : 1987
Genres : musique, théâtre.
Public : dès 6 mois
Derniers spectacles : **Cousu main ; Eau douce ; On devine la mer tout près...**

Éléphant (Compagnie)

http://membres.lycos.fr/acelephant
34 rue Evrard
42350 La Talaudière
Tél. : 04 77 53 11 34 - Fax : 04 77 53 11 34
spitji@aol.com
• Direction : **Fabrice Maurice**
• Administration : **Maurice Grenier**
Type : groupe musical
Année de création : 2000
Genre : musique
Public : dès 3 ans
Dernier spectacle : **Le Musée de la souris ; J'ai avalé un éléphant...**

Élisa de Maury

42 chemin de la Maudinée
38150 Roussillon
Tél. : 04 74 86 51 29 - 06 62 36 51 29
Fax : 04 74 86 51 29
elisa.demaury@free.fr
Type : conteuse
Année de création : 1983
Genre : conte
Public : dès 4 ans
Label : Oui Dire Éditions
Derniers spectacles : **Fais moi peur que j'rigole ; De ci, de là et même ailleurs ; Dans les yeux du loup ; Sorcières, diables et autres rigolos. ; Lorsque les animaux parlaient aux hommes...**

Élisabeth Calandry

www.mondoral.org/elisabethcalandry
4 place Lionel Terray
38100 Grenoble
Tél. : 04 76 09 54 99 - 06 77 96 73 55
elisabethcalandry@wanadoo.fr
Type : conteuse
Année de création : 1995
Genre : conte
Public : dès 7 ans
Label : Oui Dire Éditions
Derniers spectacles : **Plus fort que le fer ; Le Goût de la neige ; La Noire, la blanche et la déplumée ; 100% pur chèvre ; Histoires fantastiques des Alpes ; Le Peuple du ciel...**

Élise Caron

http://bouillir.la.pluie.free.fr
Pour Faire Bouillir la Pluie
9 bis rue Blanche
95880 Enghien-les-Bains
Tél. : 01 34 12 47 63 - 06 16 89 64 69
Fax : 01 34 12 47 63
isabelletrubert@wanadoo.fr
• Administration : **Isabelle Trubert**
Type : artiste musicale
Année de création : 1980
Genre : musique

Public : dès 3 ans
Label : Le Chant du Monde - Harmonia Mundi
Derniers spectacles : **Chansons pour les petites oreilles ; Un, deux, trois..sourires !...**

Élodie Piancentino

12 rue Budé
75004 Paris
Tél. : 06 75 45 97 62
elo.piacentino@wanadoo.fr
Type : conteuse
Année de création : 1998
Genres : musique, conte.
Public : dès 8 ans
Label : Angel Cross Édition
Dernier spectacle : **Laure et la lune**
• Contact diffusion : **Jean-Claude Gangneux**
06 98 10 23 40

Emmanuelle Bunel (Compagnie)

20 avenue du Président Hoover
59000 Lille
Tél. : 06 22 65 90 81
• Direction : **Alexis Charrier**
• Administration : **Mélanie Hanscotte-Meny**
Type : artiste ou groupe musical
Année de création : 1998
Genres : musique, danse.
Public : dès 8 ans
Label : autoproduction
Dernier spectacle : **Partir !**

Emmanuel Grivet

http://danse-emmanuel-grivet.chez.tiscali.fr
5 impasse Max Aylac
31170 Tournefeuille
compagnie@danse-emmanuel-grivet.com
Tél. : 05 34 51 72 03 - Fax : 05 34 51 72 03
• Direction : **Emmanuel Grivet, Marie-Pierre Genard**
• Administration : **Sylvie Le Joly**
• Diffusion : **Sylvie Commagnac**
• Communication : **Sylvie Commagnac**
Type : compagnie chorégraphique
Année de création : 1993
Genre : danse
Public : dès 6 ans
Dernier spectacle : **Et pluie c'est tout**

Emmanuelle Lizière

Tigouli Production
31 avenue de Courcelles
93600 Aulnay-sous-Bois
Tél. : 01 48 19 66 08 - Fax : 01 48 19 66 08
continuo@wanadoo.fr
Type : Artiste ou groupe musical
Année de création : 2002
Genre : musique
Public : dès 9 mois
Label : Nocturne
Derniers spectacles : **Tigouli à la montagne ; Tigouli dans le jardin...**

En Attendant (Compagnie)

14 rue du Chaignot
21000 Dijon
Tél. : 03 80 44 96 64 - 06 72 01 75 16
enattendant@wanadoo.fr
• Direction : **Jean-Philippe Naas**
• Administration : **Christophe Drouhin**
• Diffusion : **Christophe Drouhin**
Type : compagnie dramatique
Année de création : 2001
Genres : danse, théâtre, conte, marionnettes.
Public : dès 4 ans
Derniers spectacles : **Là où souffle le vent, Entre deux lieux, entre deux êtres ; À corps ; Ani-maux ; L'Ombre d'Emma ; Comment Wang-Fô fût sauvé...**

Enfance et Chansons

http://toto.littoralmedia.com
Maison des associations, 8 place de la Paix
15000 Aurillac
Tél. : 04 71 43 51 55 - 06 70 20 03 20
jackclaibienvenu@aol.com
• Direction : **Clairette Bienvenu**
Type : groupe musical
Année de création : 2000
Genres : pluridisciplinaire, musique.
Public : dès 4 ans
Label : Enfance et Chanson
Derniers spectacles : **Toto et Compagnie ; Une tête de Toto ; Le Noël de Toto...**
• Contact diffusion : **Jacques Bienvenu**

Enfance et Théâtre

54 enclos Roger Vaillant
34130 Mauguio
Tél. : 04 67 56 61 49 - 06 87 50 16 47
enfancetheatre@wanadoo.fr
• Direction : **Jean-Luc Pontvieux**
• Communication : **Christelle Mélen**
• Diffusion : **Christelle Mélen**
Type : compagnie dramatique
Année de création : 2000
Genres : théâtre, marionnettes.
Public : dès 1 an
Derniers spectacles : **Une journée en mer ; De l'autre côté du miroir ; Marguerites, Tranches de vie ; Trois petits tours et puis s'en va...**

Ernest Ahippah

www.bigbravospectacles.com
53 avenue Aristide Briand
35000 Rennes
Tél. : 02 96 70 86 99
bigbravo@wanadoo.fr
Type : artiste ou groupe musical
Année de création : 1980
Genres : pluridisciplinaire, musique, danse, conte.
Public : dès 4 ans
Dernier spectacle : **Le Breton calciné**
• Contact diffusion : **Big Bravo Spectacles Sophie Glarner**

Esther Aumatell (Compagnie)

http://compagnieaumatell.free.fr
30 rue Jean Jaurès
44000 Nantes
Tél. : 06 64 11 63 18
compagnieaumatell@free.fr
• Direction : **Esther Aumatell**
• Communication : **Marthe Gauducheau**
• Diffusion : **Marthe Gauducheau**
Type : compagnie chorégraphique
Année de création : 1999
Genre : danse
Public : dès 7 ans
Derniers spectacles : **Les Nouvelles lunaires ; Alma...**

Étant donné (Compagnie)

www.etantdonne.fr
168 rue Eau de Robec
76000 Rouen
Tél. : 02 35 36 39 73
etantdonne@wanadoo.fr
• Direction : **Frédérike Unger, Jérôme Ferron**
• Administration : **Jean-Baptiste Bosson**
• Communication : **Jean-Baptiste Bosson**
• Diffusion : **Jean-Baptiste Bosson**
Type : compagnie chorégraphique
Année de création : 1998
Genres : danse, mime.
Public : dès 5 ans
Derniers spectacles : **En aparté ; Papotages...**

Eurêka Théâtre

La Pompe Verte, 52 rue Joseph Morion
73000 Chambéry
Tél. : 04 79 68 75 18 - 06 11 65 58 77
Fax : 04 79 68 75 18
eureka-theatre@9online.fr
• Direction : **Stéfan Litty**
Type : compagnie dramatique
Année de création : 1996
Genres : pluridisciplinaire, danse, théâtre, cirque, conte, marionnettes, clown.
Public : dès 3 ans
Derniers spectacles : **Quand la dernière feuille tombera ou La Légende magique des lutins ; Avec le temps...con el tiempo ; Solo circo-jonglo ; Teatro estetico...**

Fabien Bages

Cie Tairaufeu
12 passage Pierrier
92320 Châtillon
Tél. : 04 67 96 54 28 - Fax : 04 67 96 54 28
FBagesConteur@aol.com
Type : conteur
Année de création : 1988
Genre : conte
Public : dès 7 ans
Derniers spectacles : **Ma Langue au chat ; L'Année où les bêtes parlaient, conte pour la nuit de Noël ; Premier nectar, les premiers pas dans la mythologie grecque…**
• Contact diffusion : **Claire Péricard**
01 46 45 19 94

Famille Maestro (La)

www.famillemaestro.fr
19 avenue Schneider
92140 Clamart
Tél. : 06 07 80 46 38
contact@famillemaestro.fr
• Direction : **Mario Santangeli**
• Administration : **Gérard Liadouze**
• Communication : **Gérard Liadouze**
Type : groupe musical
Année de création : 2003
Genre : musique
Public : de 2 à 8 ans
Dernier spectacle : **La Famille Maestro opus 2**
• Contact diffusion : **Too much Production - Gérard Liadouze**

Farfadas (Les)

www.lesfarfadas.net
4 rue Joliot Curie
49124 Saint-Barthélémy-d'Anjou
Tél. : 02 41 96 80 20
contact@lesfarfadas.net
• Direction : **Carole Thibault**
Type : groupe musical
Année de création : 1996
Genre : musique
Public : dès 4 ans
Dernier spectacle : **Les Frères fadas**

Fatus

www.fatuscircus.com
18 rue de la Pierre-Levée
75011 Paris
Tél. : 01 47 00 64 93
contact@fatuscircus.com
Type : compagnie dramatique
Année de création : 1980
Genres : pluridisciplinaire, musique, danse, théâtre, arts de la rue, cirque.
Public : dès 7 ans
Derniers spectacles : **Fatus Opus Delirius ; Circus Fatus…**

Favier Théâtre

http://favier.theatre.free.fr
40 route de Varennes
77460 Souppes-sur-Loing
Tél. : 06 81 08 10 25
favier.theatre@free.fr
• Direction : **Marc Favier**
• Communication : **Julie Le Lagadec**
• Diffusion : **Julie Le Lagadec**
Type : compagnie dramatique
Année de création : 1997
Genre : théâtre
Public : dès 9 ans
Derniers spectacles : **Le Torchon brûle ; Molière médecin…**

Festimôme

www.festimome.com
FCP Production
1 résidence Champagne
314 rue Faidhere
59120 Loos
Tél. : 03 20 30 76 70 - Fax : 03 20 37 88 81
info@festimome.com
• Direction : **Bruno Macou**
Type : groupe musical
Année de création : 1998
Genres : musique, conte.
Public : dès 2 ans
Dernier spectacle : **Le mangeur de chagrin**

Fonfrède & Becker
chantent

Jazzy Mômes
UN CONCERT QUI SWINGUE

Les aventuriers de l'Alphabet
26 LETTRES EN CONTE ET CHANSONS

Pef en chansons
Dictionnaire des mots tordus
Chansons à se tordre

DE L'HUMOUR

Salut James
PETIT PARCOURS POÉTIQUE

Nouvel album en novembre 2005

À venir
Chansons à bouger
ON CHANTE, ON DANSE

FONFRÈDE & BECKER - 7 allée Gabrielle d'Estrées 75019 Paris - Tél. / fax : 01 42 06 55 61
E-MAIL : claude.fonfrede@wanadoo.fr
SITE : www.showbiznet.net/fonfrede&becker/

THEATRE DE L'IMAGE

Flash Marionnettes (Compagnie)

www.flashmarionnettes.org
54 rue du Faubourg National
67000 Strasbourg
Tél. : 03 88 23 12 79 - Fax : 03 88 32 99 11
info@flash-marionnettes.org
- Direction : **Ismail Safwan**
- Administration : **Eugénie Follea**
- Communication : **Eugénie Follea**
- Diffusion : **Eugénie Follea**

Type : compagnie dramatique
Année de création : 1981
Genres : théâtre, marionnettes.
Public : dès 7 ans
Derniers spectacles : **Pinocchio ; La Polyphone ; Les Pantagruéliques ; Babel France ; Un Roman de Renart...**

Fol à Pik (Compagnie)

www.athena.asso.fr
3 rue du Commerce
63200 Riom
Tél. : 06 62 67 43 83
folapik@9online.fr
- Direction : **Christophe Egrot**
- Communication : **Christophe Egrot, Sylvie Peltier**
- Diffusion : **Sylvie Peltier**

Type : compagnie dramatique
Année de création : 1991
Genres : pluridisciplinaire, musique, danse, théâtre.
Public : dès 3 ans
Dernier spectacle : **Tom et Léa**

Fonfrède et Becker

www.showbiznet.net/fonfrede&becker
7 allée Gabrielle d'Estrées
75019 Paris
Tél. : 01 42 06 55 61 - Fax : 01 42 06 55 61
claude.fonfrede@wanadoo.fr
- Direction : **Claude Fonfrède, Dominique Becker**

Type : groupe musical
Année de création : 1980
Genre : musique
Public : dès 3 ans
Label : Rym Musique, Arc en Ciel, Mango Jeunesse.
Derniers spectacles : **Les Aventuriers de l'alphabet ; Salut James ; Jazzy Mômes ; Chansons à bouger ; Pef en chansons...**

Frac Théâtre

Rue des Charmes
71260 Lugny
Tél. : 03 85 33 03 02
frac.theatre@wanadoo.fr
- Direction : **Michel Picard**
- Administration : **Marlène Perraud**

Type : compagnie dramatique
Année de création : 1985
Genre : théâtre musical
Public : dès 4 ans
Dernier spectacle : **Ametysse ; Petits arrangements ; Le Banquet de la mandibule...**

François Lemonnier

http://bouillir.la.pluie.free.fr
9 bis rue Blanche
95880 Enghien-les-Bains
Tél. : 01 34 12 47 63 - 06 16 89 64 69
Fax : 01 34 12 47 63
isabelletrubert@wanadoo.fr
- Administration : **Isabelle Trubert**

Type : artiste musical
Année de création : 1993
Genre : musique
Public : dès 1 an
Label : Le Chant du Monde - Harmonia Mundi.
Derniers spectacles : **En boule ; Quand j'étais petit ; Les Pieds dans l'eau ; Padici Padla...**

Françoise Pillet et Compagnie

13 rue Bourgon, 75013 Paris
Tél. : 01 45 81 51 71 - Fax : 01 45 65 08 35
pillet.cie@wanadoo.fr
- Direction : **Françoise Pillet**
- Administration : **Hélène Castonguay**

Type : compagnie dramatique
Année de création : 1974
Genre : théâtre
Public : dès 4 ans
Derniers spectacles : **Théâtre immobile ; Amours d'escalier ; Quand les mains murmurent ; Petite étude des dictionnaires...**
- Contact diffusion : **Sine Qua Non**

02 51 10 04 04

Tous les enfants chantent avec...
Gérard DALTON
15 ans de spectacle et de tournée en France et au Canada*
*"Le plus canadien des chanteurs français pour enfants" (Radio-Canada)
LA CAVERNE D'ALI-PAPA
ET AUTRES CHANSONS EN ACCORDEON !
Création Astuce Print
Photo O.Roydor
De 3 à 10 ans, un spectacle de DALTON,
c'est de la vitamine pour les oreilles !!
Chansons en accordéon
Gérard DALTON
Chansons en accordéon
Le P'tit magasin
Gérard DALTON et les Bons Brigands
Le p'tit magasin
Contact scène :
chansons à réactions
Tél/Fax : 03 88 66 24 30
g.dalton@wanadoo.fr
www.gerarddalton.com
Plaza Mayor Company
Distribution NOCTURNE
Chansons à Réactions
L'ILLIADE
BUREAU EXPORT

Freddy Zucchet

www.freddyzucchet.net
6 rue Racine
38500 Voiron
Tél. : 04 76 65 94 56 - 06 88 67 46 83
zucchet.freddy@neuf.fr
• Direction : **Freddy Zucchet**
• Administration : **Walid Harzi**
Type : artiste musical
Année de création : 1980
Genre : musique
Public : dès 6 ans
Label : Éditions Lugdivine
Derniers spectacles : **Superfastoche, chanson roudoudou pour les grands et les p'tits loups ; Croire au père Noël...**

Frédéric Naud

www.gustave.fr
Association Gustave, 60 rue Saint Fort
33000 Bordeaux
Tél. : 05 56 51 16 09 - Fax : 05 56 51 14 52
conte@gustave.fr
Type : conteur
Année de création : 1996
Genre : conte
Public : dès 5 ans
Derniers spectacles : **Contes à croquer des ogres ; Les Contes du potiron ; Contes de Noël ou Les Contes du premier corbeau ; Les Contes du loup qu'en dit long...**

GAM (Groupe d'animation et d'éducation musicale)

14 avenue de Saragosse
64000 Pau
Tél. : 05 59 84 22 90
gam.pau@wanadoo.fr
• Direction : **Jean-Paul Boileau**
• Administration : **Anne Lacassagne**
Type : groupe musical
Année de création : 1977
Genre : musique
Public : dès 18 mois
Dernier spectacle : **La Fête chez Crabidouille**

Garin Trousseboeuf (Compagnie)

Les Granges de l'Oisillière
44260 Savenay
Tél. : 02 40 56 82 11 - Fax : 02 40 56 82 11
garin-trousseboeuf@wanadoo.fr
• Direction : **Patrick Conan**
• Administration : **Dany Bourseau**
• Diffusion : **Dany Bourseau**
Type : compagnie dramatique
Année de création : 1987
Genres : théâtre, marionnettes.
Public : dès 6 ans
Derniers spectacles : **Alice à l'envers ; Diable ! ; À la bougie...**

Gens de Lorraine

www.gensdelorraine.com
2 place Saint-Martin
54670 Millery
Tél. : 03 83 24 03 45 - 03 83 24 00 43
Fax : 03 83 24 06 64
gensdelorraine@wanadoo.fr
• Direction : **Denis Bergerot**
Type : groupe musical
Année de création : 1976
Genre : musique
Public : dès 18 mois
Label : Gens de Lorraine
Derniers spectacles : **Le Berceau à musique ; Instruments anciens et chansons...**

Georges Momboye

www.ladanse.com/momboye
28 rue de la République
94700 Maison-Alfort
Tél. : 01 58 70 00 14 - Fax : 01 43 58 85 02
momboye@wanadoo.fr
• Direction : **Georges Momboye**
• Administration : **Muriel Adolphe**
• Diffusion : **Catherine Hérengt**
Type : compagnie chorégraphique
Année de création : 1992
Genre : danse
Public : dès 7 ans
Dernier spectacle : **Clair de Lune**

Gérard Dalton

www.gerarddalton.com
Chansons à réactions, 5 résidence Beaulieu
67400 Illkirch
Tél. : 03 88 66 24 30 - Fax : 03 88 66 24 30
chansonsareactions@wanadoo.fr
g.dalton@wanadoo.fr
• Direction : **Gérard Dalton**
Type : artiste musical
Année de création : 1989
Genre : musique
Public : dès 3 ans
Label : Sergent Major Company
Derniers spectacles : **La Caverne d'Ali Papa ; Chansons en accordéon ; Le Bal à chansons ; Le P'tit magasin ; Chapichantons…**

Gérard Delahaye

www.gerarddelahaye.com
Ipisiti, BP 57402
29674 Morlaix Cedex
Tél. : 02 98 88 13 70 - Fax : 02 98 63 81 47
ipisiti@wanadoo.fr
Type : artiste musical
Année de création : 1980
Genres : musique
Public : dès 6 ans
Label : Dylie Production
Derniers spectacles : **Quelle drôle de terre ; Vive l'Amour ! ; Nuit blanche sur l'île noire ; Rue Keravel…**
• Contact diffusion : **Ipisiti**
Marie-Laure Gicquel - 02 98 88 13 70

Gilles Diss

www.gillesdiss.com
Visuel, 2A rue Flin des Oliviers
51100 Reims
Tél. : 03 26 08 96 96 - Fax : 03 26 08 96 91
visuelorg@wanadoo.fr
• Direction : **José Carvalhosa**
Type : artiste musical
Année de création : 1995
Genre : musique
Public : dès 3 ans
Label : Visuel, l'Autre Distribution
Dernier spectacle : **Tic-tac et Pinpon**

Gilles Pauget

www.lamaisondepapier.com
12 rue Frédéric Mistral
69300 Caluire
Tél. : 04 78 23 60 58 - Fax : 04 78 23 60 58
gilles.pauget@wanadoo.fr
Type : artiste musical
Année de création : 1997
Genres : musique, conte.
Public : dès 6 ans
Label : Raymond et Merveilles
Derniers spectacles : **Le Trésor de Makeba ; Vagabondages…**

Gilles Thoraval

www.thoraval.free.fr
18 résidence Laouanicq
56520 Guidel
Tél. : 02 97 65 05 74 - 06 85 10 51 44
gilles.thoraval@free.fr
Type : artiste ou groupe musical
Année de création : 1981
Genre : musique
Public : dès 4 ans
Label : EOG Productions, Coop Breizh
Dernier spectacle : **Balade en «chantées».**
• Contact diffusion : **Iliode - Véronique Guillo**
02 98 82 76 58

Gilles Verièpe (Compagnie)

www.compagnie-gilles-veriepe.com
35 rue de la Verrerie
59140 Dunkerque
Tél. : 06 85 66 55 72
info@compagnie-gilles-veriepe.com
• Direction : **Bertrand Daunay**
• Administration : **Mélanie Hanscotte-Meny**
• Diffusion : **Anne Buffet**
Type : compagnie chorégraphique
Année de création : 2000
Genre : danse
Public : dès 3 ans
Derniers spectacles : **Spinning ; Kippec ; Egon, Emma und Zich ; Zich ; Mambo !…**

Globe Trottoirs (Les)

www.globetrottoirs.com
31 rue des Abondances
92100 Boulogne-Billancourt
Tél. : 01 45 26 06 81 - 06 98 33 86 40
Fax : 01 45 26 06 81
contact@globetrottoirs.com
• Administration : **Michèle Rosellini**
Type : compagnie dramatique
Année de création : 1998
Genre : théâtre
Public : dès 3 ans
Derniers spectacles : **Sacré silence ; Conte en vrac ; Il faut sauver le prince Épidabor…**

GMLV - Groupe de musiques vivantes de Lyon

www.reperages-spectacle.com
Repérages Spectacles
14 avenue Pascal
78600 Maisons-Laffitte
Tél. : 01 34 93 92 44 - Fax : 01 39 12 11 04
peter.bu@reperages-spectacles.com
• Direction : **Bernard Fort**
• Administration : **Laurence Bonadei**
• Communication : **Laurence Bonadei**
• Diffusion : **Laurence Bonadei**
Type : groupe musical
Année de création : 1996
Genre : musique
Public : dès 10 ans
Derniers spectacles : **Agoustigloo ; L'Aube éternelle ; Le Voyage d'Alice ; Récital de poésie sonore ; Le Safari dans le noir…**
• Contact diffusion : **Repérages Spectacles - Peter Bu**

Goûtes-y-donc (Compagnie) Pierre-Jean Zantman

18 rue Salvador Allende
91220 Bretigny-sur-Orge
Tél. : 06 23 08 36 29
pierre-jean.zantman@club-internet.fr
• Direction : **Pierre-Jean Zantman**
• Administration : **Claris Conseil**
• Communication : **Véronique Delroisse**
Type : artiste ou groupe musical
Année de création : 1999
Genres : musique, théâtre, théâtre d'objets.
Public : dès 1 an
Label : Au Merle Moqueur
Derniers spectacles : **Chante mi, chante moi ; Face de Lune…**

Grégoire and Co (Compagnie) Sylvie Le Quéré

www.bigbravospectacles.com
Cap Danse, 9 rue de la Poterie
22200 Pabu
Tél. : 06 71 58 87 06 - Fax : 02 96 44 74 29
ciegregoireandco@yahoo.fr
• Direction : **Sylvie Le Quéré**
• Administration : **Évelyne Valain-Ziegler**
• Communication : **Évelyne Valain-Ziegler**
Type : compagnie chorégraphique
Année de création : 1997
Genre : danse
Public : dès 3 ans
Derniers spectacles : **Taka ; Peau Mémoire…**
• Contact diffusion : **Big Bravo Spectacles - Sophie Glarner** : 02 96 70 86 99

Groupe 3.5.81

55 boulevard de Strasbourg
75010 Paris
Tél. : 01 42 46 67 21 - 06 86 07 60 38
Fax : 01 42 46 15 58
groupe-3.5.81@club-internet.fr
• Direction : **Patrick Simon, Dominique Paquet**
• Communication : **Marianne Viguez**
• Diffusion : **Virginie Garandeau**
Type : compagnie dramatique
Année de création : 1981
Genre : théâtre
Public : dès 7 ans
Éditeur : Éditions théâtrales jeunesse, L'École des loisirs.
Derniers spectacles : **Son parfum d'avalanche ; Chlore et froissements de nuits…**

Groupe Anamorphose

6 cours de Tournon, 33000 Bordeaux
Tél. : 05 56 48 11 20 - Fax : 05 56 48 11 21
ganamorphose@free.fr
• Direction : **Laurent Rogero**
• Administration : **Julie Lacoue-Labarthe**
• Communication : **Audrey Saboureau**
Type : compagnie dramatique
Année de création : 1993
Genre : pluridisciplinaire
Public : dès 10 ans
Derniers spectacles : **Héraclès, douze travaux ; Don Juan ; L'Enfant sur la montagne...**

Groupe Grenade

www.josette-baiz.com
37 boulevard Aristide Briand
13100 Aix-en-Provence
Tél. : 04 42 96 37 56 - Fax : 04 42 96 09 15
josette-aiz@wanadoo.fr
• Direction : **Josette Baïz**
• Administration : **Léonard Ballani**
• Diffusion : **Mathieu di Stefano**
Type : compagnie chorégraphique
Année de création : 1992
Genre : danse
Public : dès 6 ans
Derniers spectacles : **Barbe Bleue ; Zoom...**

Guilidoux (Les)

www.lesguilidoux.com
Les Quatre Chemins Bohème
4 rue Guy Ropartz
54000 Nancy
Tél. : 03 83 21 09 70
les.quatre.chemins@free.fr
• Direction : **James Haouzi**
Type : groupe musical
Année de création : 2002
Genres : musique, théâtre.
Public : dès 1 an
Label : M 10
Dernier spectacle : **Rêveritournelles**

Guillaume Ratte

http://guillaume.ratte.free.fr
44 rue Lafargue
59233 Maing
Tél. : 06 14 27 96 40 - Fax : 03 27 32 03 49
guillaume.ratte2@libertysurf.fr
• Direction : **Guillaume Ratte**
• Communication : **Valérie Desrousseaux**
• Diffusion : **Valérie Desrousseaux**
Type : artiste musical
Année de création : 1998
Genres : musique, théâtre, conte.
Public : dès 3 ans
Derniers spectacles : **Une tartine au chocolat ; C'est la rentrée...**

Guy Prunier

Raymond et Merveilles, 5 rue Monge
69100 Villeurbanne
Tél. : 04 72 37 49 97 - Fax : 04 72 15 08 60
raymond.et.merveilles@wanadoo.fr
• Direction : **Guy Prunier**
• Administration : **Geneviève Sicard**
Type : artiste ou groupe musical
Année de création : 1986
Genre : conte
Public : dès 2 ans
Label : Raymond et merveilles
Derniers spectacles : **Tour de méchants ; Ole ferme l'œil ; Rêche Peluche ; Chichoupas ; Haut les mains ; Histoires en douce...**
• Contact diffusion : **Héléna Pichon**
rm.spectacle@wanadoo.fr

Hadrien 2000

www.hadrien2000.com
Hôtel de ville, BP 116
84110 Vaison-la-Romaine
Tél. : 04 90 28 84 28 - Fax : 04 90 28 84 28
conseil.ab@wanadoo.fr
• Direction : **Annie Bastide**
• Administration : **André Weber**
• Communication : **Amina Meffre**
• Diffusion : **Nathalie Amérigo**
Type : compagnie dramatique
Année de création : 1998
Genres : théâtre, conte.
Public : dès 5 ans
Derniers spectacles : **Pom pom pom, histoires de pommes ; Amphytrion de Molière...**

Hélène Bohy

www.helene-bohy.com
Raison de plus
22 rue Orfila
75020 Paris
Tél. : 01 43 14 20 70 - Fax : 01 43 14 20 72
contact@agenceraisondeplus.com
Type : artiste musicale
Année de création : 1988
Genre : musique
Public : dès 1 an
Label : Enfance et Musique
Derniers spectacles : **Petit tango sur l'eau ; Tangonino…**
• Contact diffusion : **Raison de plus - Chloé Cortinovis, Aurélie Grosse**

Helios Perdita (Compagnie)

2 rue Gabriel Péri
20000 Ajaccio
Tél. : 01 43 42 46 14 - Fax : 01 43 42 46 14
helios.perdita@wanadoo.fr
• Direction artistique : **Théo Kailer, Valérie Furiosi**
• Administration : **Valérie Moy**
Type : compagnie dramatique
Année de création : 1994
Genre : théâtre
Public : dès 8 ans
Dernier spectacle : **L'Homme au chapeau**

Henri Dès

www.henrides.com
Mary-Josée Productions
4 passage de la Main d'Or
75011 Paris
Tél. : 01 49 29 55 50 - Fax : 01 47 00 12 01
e.jiroux@recremania.com
Type : artiste musical
Année de création : 1977
Genre : musique
Public : dès 3 ans
Label : Mary-Josée Productions
Dernier spectacle : **Henri Dès à l'Olympia**
• Contact diffusion : **Mary-Josée Productions - Éric Jiroux**

Hervé Demon

www.hervedemon.net
Canailles Rock
60 rue Joffre
59110 La Madeleine
Tél. : 03 20 31 01 83 - Fax : 03 20 31 01 83
hervedemon@free.fr
• Administration : **Catherine Dujardin**
• Diffusion : **Catherine Dujardin**
Type : Artiste musical
Année de création : 1988
Genre : musique
Public : dès 9 mois
Label : Fairplay, L'Autre distribution.
Derniers spectacles : **De coussins en câlins ; Padici Padla ; Le Bruit des galets ; Tout petit tout rikiki…**

Hervé Suhubiette

www.hervesuhubiette.com
Association Couplets Veston
31000 Toulouse
Tél. : 06 10 14 63 96
contact@hervesuhubiette.com
• Direction : **Aurore Tomas**
• Administration : **Paulette Bonnard**
Type : artiste musical
Année de création : 1995
Genre : musique
Public : dès 5 ans
Label : Couplets Veston, L'Autre Distribution.
Derniers spectacles : **Quartier libre ; La Grande Évasion…**
• Contact diffusion : **Prodij - Lyne Bouyjou**
06 15 33 93 79 (Aquitaine et Midi-Pyrénées)
association Triangle - Agnès Ferminne
06 72 71 53 54

Hibou d'chou

www.hiboudchou.fr
21-22 boulevard Jean-Baptiste Lebas
59000 Lille
Tél. : 03 20 58 04 01 - Fax : 03 20 58 04 01
infos@hiboudchou.fr
• Direction : **Jan Duseymski**
• Diffusion : **Jan Duseymski**
Type : groupe musical
Année de création : 2005

Genre : musique
Public : dès 3 ans
Derniers spectacles : **Jonny Fedebul ; Graine de Fleur ; L'arbre millénaire...**

Honeymen (Compagnie)

www.iliode.org
Iliode, route de l'Ile Chevalier, Lande Vallée
29120 Pont-l'Abbé
Tél. : 02 98 82 76 58 - Fax : 02 98 82 16 61
iliode@wanadoo.fr
Type : Artiste ou groupe musical
Année de création : 2002
Genre : musique
Public : dès 6 ans
Label : Coop Breizh, Iliode
Dernier spectacle : **Du blues dans mon quartier**
• Contact diffusion : **Véronique Guillo**

Hop ! Hop ! Hop ! (Compagnie)

www.christineleberre.com
4 allée de Verlaine
35000 Rennes
Tél. : 02 99 79 15 41
christine.leberre@free.fr
• Direction : **Christine Le Berre**
• Administration : **Nathalie Bouchy**
• Communication : **Nathalie Bouchy**
• Diffusion : **Nathalie Bouchy**
Type : compagnie chorégraphique
Année de création : 2004
Genre : danse
Public : dès 9 mois
Derniers spectacles : **La Petite Fille qui se prenait pour un oiseau ; Dame Couverture et Monsieur Seau...**

Idéal Deux Neuf (Compagnie)

160 avenue Ledru Rollin
75011 Paris
Tél. : 08 70 69 02 09 - Fax : 01 43 67 47 33
i.2.9@free.fr
• Direction : **Gillian Hilbum**
• Administration : **Corinne Guillaume**
• Diffusion : **Frédéric Gasnier**
Type : compagnie dramatique
Année de création : 2002
Genres : théâtre, conte.
Public : dès 7 ans
Derniers spectacles : **Rêver yêvé - douze chambres ; Le Vaillant ; Petit tailleur...**

Illico (Compagnie)

1 rue du Beck
59150 Wattrelos
Tél. : 01 40 38 24 51 - Fax : 01 42 05 34 11
fmarin2@wanadoo.fr
• Direction : **Thomas Lebrun**
• Administration : **Frédérique Marin**
Type : compagnie chorégraphique
Année de création : 1998
Genre : danse
Public : dès 5 ans
Dernier spectacle : **Histoires de pluies et de beau temps**

Illustre Famille Burattini (L')

BP 80
63150 La Bourboule
Tél. : 04 73 36 68 90
association-burattini@wanadoo.fr
• Direction : **Buratt**
Type : compagnie dramatique
Année de création : 1980
Genres : théâtre, arts de la rue, marionnettes.
Public : dès 5 ans
Derniers spectacles : **T'as d'beaux yeux tu sais, Carabosse ; Le Théâtre du mélodrame ; Le Manchot ; Le musée des contes de fées...**

Jabignol Théâtre

42 avenue de la Bourdonnais
75007 Paris
Tél. : 04 73 34 34 26 - 06 62 64 34 26
Fax : 04 73 36 13 30
mariepierredemarty@wanadoo.fr
• Direction : **Marie-Hélène Dupont**
• Diffusion : **Marie-Pierre Demarty**
Type : compagnie dramatique
Année de création : 1982
Genres : pluridisciplinaire, théâtre, marionnettes.
Public : dès 7 ans
Dernier spectacle : **Double dimanche**

Jacky Galou

www.py-internet.com/jacky-galou
5 rue Auguste Comte
94120 Fontenay-sous-Bois
Tél. : 01 44 32 12 74
• Administration : **Racont'art**
Type : artiste musical
Année de création : 1977
Genre : musique
Public : dès 3 ans
Label : Enfance et Musique, Arc en ciel.
Dernier spectacle : **Jacky Galou**
• Contact diffusion : **Enfance et musique**
01 48 10 30 02

Jacques Boilley

www.jacquesboilley.com
14 rue de Prieuré
39100 Jouhe
Tél. : 06 83 25 87 61 - Fax : 03 84 82 57 25
jacques-boilley@wanadoo.fr
Type : artiste musical
Année de création : 1991
Genre : musique
Public : dès 3 ans
Derniers spectacles : **Pirates et cie ; Rêver tout haut ; La Balade de l'épouvantail...**

Jacques Haurogné ♡

www.jacqueshaurogne.com
Le Pool, Villa Marotte
12 impasse Ressort
92240 Malakoff
Tél. : 01 41 17 01 03
le.pool@wanadoo.fr
Type : artiste ou groupe musical
Année de création : 1998
Genre : musique
Public : dès 4 ans
Derniers spectacles : **Jako, Les Fabulettes en concert ; L'arbre à musique...**
• Contact diffusion : **Sine Qua Non**
02 51 10 04 04

Jacques Mayoud

www.cooperation.net/jacques.mayoud
53 chemin de la Roue
38121 Chonas L'Amballan
Tél. : 04 74 15 96 87 - 06 79 85 46 97
Fax : 04 74 15 96 87
jacques.mayoud@wanadoo.fr - ppilote@free.fr
• Direction : **Jacques Mayoud**
• Administration : **Dominique Camard**
Type : artiste musical
Année de création : 1983
Genre : musique
Public : dès 6 ans
Label : Enfance et Musique, Naïve, Buda musique.
Derniers spectacles : **Les Pieds dans l'eau, chansons aquatiques ; Des sons dans l'eau ; Buveurs de lune...**
• Contact diffusion : **Poisson Pilote Production - Jacques Thomasson** - 04 78 06 43 45

Jacques Poustis

http://perso.wanadoo.fr/reve.realites
Plateau Caillou, BP 515
97867 Saint Paul - La Réunion
Tél. : 02 62 22 94 69 - Fax : 02 62 22 99 57
jpoustis@wanadoo.fr
Type : artiste musical
Année de création : 1977
Genres : pluridisciplinaire, musique, théâtre, conte, marionnettes.
Public : dès 3 ans
Derniers spectacles : **Music-hall marmaille ; Vous avez dit étrange ?...**

Jardin d'Alice (Le)

159 chemin du Martinet
84200 Carpentras
Tél. : 04 90 67 03 35
le-jardin-d-alice@wanadoo.fr
• Direction : **Sylvie Prabel-Quoirin**
• Administration : **Nadine Ramade**
Type : compagnie dramatique
Année de création : 1998
Genres : musique, théâtre, conte.
Public : dès 1 an
Derniers spectacles : **De toutes les couleurs ; Histoire à dos de livres ; Tout pour Yagouni ; Histoire de bêtes au pays des sables dorés...**

Javah (Compagnie)

http://perso.wanadoo.fr/javah
www.lespetitsruisseaux.com
35-37 avenue de la Résistance
93100 Montreuil
Tél. : 01 42 87 42 47
javah@ifrance.com
• Direction : **Gilbert Epron**
Type : compagnie dramatique
Année de création : 1998
Genre : marionnettes
Public : dès 8 ans
Derniers spectacles : **Pacotille de la resquille ; Peau d'ange...**
• Contact diffusion : **Les Petits Ruisseaux**
Martine Derrier - 01 49 59 93 69

Jean Humenry

www.commeci-commeca.com
8 route de Pierrefonds
60800 Crépy-en-Valois
Tél. : 03 44 87 16 23 - Fax : 03 44 59 12 64
jean.humenry@wanadoo.fr
Type : artiste musical
Année de création : 1976
Genre : musique
Public : dès 3 ans
Label : Comme-ci Comme-ça
Dernier spectacle : **Je regarde, j'écoute, je chante...**

Jean Naty-Boyer

http://membres.lycos.fr/philfr51
Animimes
1 Sente de Falaise
27620 Giverny
Tél. : 02 32 51 31 66
jeannaty@aol.com
• Direction : **Jean Naty-Boyer**
• Communication : **Association Chat-loupe**
• Diffusion : **Jean Naty-Boyer**
Type : artiste musical
Année de création : 1993
Genres : pluridisciplinaire, musique, danse, mime.
Public : dès 4 ans
Label : Naïve, Fuzeau, La Classe.
Dernier spectacle : **Petit bal des animaux**

Jean René

www.jean-rene.com
Vitamines Productions, Bas de Rochefort
69805 Saint-Martin-en-Haut
Tél. : 04 78 19 14 88 - Fax : 04 78 48 62 98
vitamines-prod@wanadoo.fr
• Direction : **Ruth Ducrozet**
Type : artiste musical
Année de création : 1985
Genre : musique
Public : dès 2 ans
Label : Vitamines Productions
Dernier spectacle : **Jean René**

Jean-Jacques Leprince

www.spectaclesleprince.com
Association Kerusso, 9 rue Grieu
76000 Rouen
Tél. : 02 35 89 44 10 - Fax : 02 35 89 44 10
jj.leprince@kerusso.fr
• Direction : **Virginie Beaucousin**
• Administration : **Thierry Beaucousin**
• Communication : **Lydie Martinez**
• Diffusion : **Lydie Martinez**
Type : artiste musical
Année de création : 1983
Genre : musique
Public : dès 3 ans
Label : Kerusso, Mayim.
Derniers spectacles : **Bigoudi le bon singe ; L'Anniversaire de Gaston le lion ; La Mandoline de Pierrot ; La Maison de si de la ; Le Bal des indiens ; Le Chocolat dansant...**

Jean-Luc Roudaut

www.jlroudaut.net
Keridaouen
29880 Plouguerneau
Tél. : 02 98 37 13 65 - 06 81 46 33 39
jeanluc.roudaut@wanadoo.fr
Type : artiste musical
Année de création : 1990
Genre : musique
Public : dès 2 ans
Label : autoProduction
Derniers spectacles : **La Ronde des z'animaux ; Jean-Luc Roudaut en concert...**

Jean-Marc et Anny Versini

www.versini.com
Marmottes Productions, 49 rue du Plateau
92350 Le-Plessis-Robinson
Tél. : 01 46 30 22 58 - Fax : 01 46 30 72 85
contact@versini.com
• Direction : **Jean-Marc et Anny Versini**
Type : artistes musicaux
Année de création : 1991
Genre : musique
Public : dès 2 ans
Label : Marmottes Productions
Derniers spectacles : **Les Marmottes à Bobino ; Les Marmottes font la fête ; Histoires d'animaux ; Dorémi l'oiseau ; Le Bal des papillons ; Au pays de la country music…**

Jean-Rémy Guédon

http://bouillir.la.pluie.free.fr
Pour Faire Bouillir la Pluie
9 bis rue Blanche
95880 Enghien-les-Bains
Tél. : 01 34 12 47 63 - 06 16 89 64 69
Fax : 01 34 12 47 63
isabelletrubert@wanadoo.fr
• Administration **: Isabelle Trubert**
Type : artiste musical
Année de création : 1984
Genre : musique
Public : dès 4 ans
Derniers spectacles : **Duominos ; Un, deux, trois.. sourires !…**

Jeanne Ferron

www.gustave.fr
Association Gustave
60 rue Saint Fort
33000 Bordeaux
Tél. : 05 56 51 16 09 - Fax : 05 56 51 14 52
conte@gustave.fr
Type : conteuse
Année de création : 1979
Genre : conte
Public : dès 3 ans
Derniers spectacles : **Le Mouton à réaction ; Les Contes de ma mère Laie…**

Jérôme Aubineau ♡

www.gustave.fr
Association Gustave
60 rue Saint Fort
33000 Bordeaux
Tél. : 05 56 51 16 09 - Fax : 05 56 51 14 52
conte@gustave.fr
Type : conteur
Année de création : 2001
Genre : conte
Public : dès 5 ans
Label : Association Gustave
Derniers spectacles : **J'veux pas dormir ! ; Salade d'histoires ; Même pas peur !…**

Jihad Darwiche

www.artistes.net/jihad
27 avenue Louis Guignard
84000 Avignon
Tél. : 04 90 85 08 97 - Fax : 04 90 85 08 97
jihad.darwiche@free.fr
• Communication : **Françoise Darwiche**
• Diffusion : **Françoise Darwiche**
Type : conteur
Année de création : 1984
Genre : conte
Public : dès 6 ans
Derniers spectacles : **Le Lion amoureux ; Contes de sagesse et d'Orient ; Les Mille et une nuits…**

Jo Akepsimas

21 rue Rossini
92000 Nanterre
Tél. : 01 47 21 49 04 - Fax : 01 47 21 58 03
jo.akepsimas@wanadoo.fr
Type : artiste musical
Année de création : 1968
Genre : musique
Public : dès 6 ans
Dernier spectacle : **Une heure de chansons**

José Manuel Caño Lopez (Compagnie)

www.ciecanolopez.fr
Château du Plessis-lès-Tours
37520 La Riche
Tél. : 02 47 38 29 29 - Fax : 02 47 38 35 65
plessis-theatres@wanadoo.fr
- Direction : **José Manuel Caño Lopez**
- Administration : **Nathalie Zylbersztein**
- Communication : **Stéphanie Jollec**
- Diffusion : **Françoise Caño Lopez**

Type : compagnie dramatique
Année de création : 1986
Genre : théâtre
Public : dès 3 ans
Derniers spectacles : **Mama luna, mama noche ; Des barbes bleues ; Les Malheurs de Sophie ; Kafka Labiche...**

Julie et Bastien (Compagnie)

www.julie-et-bastien.com
BP 52
93161 Noisy-le-Grand Cedex
Tél. : 01 64 03 18 12
jetb@free.fr
- Direction : **Bastien Guio**

Type : groupe musical
Année de création : 1979
Genre : musique
Public : dès 4 ans
Label : Arc en Ciel - Studio SM
Derniers spectacles : **Le Ciné de papa ; SOS livres !... ; Célia et les pirates...**

Kady Kaya

www.kadydit.net
Les Olympiades
35 avenue Pasteur
84130 Le Pontet
Tél. : 04 90 32 16 93
kady.fitini@wanadoo.fr
Type : conteuse
Année de création : 2000
Genre : conte
Public : dès 1 an
Derniers spectacles : **La Valise à histoires ; Les Croqueurs de contes ; Voyage en voisinage ; Au temps d'avant ; Télya et Jolicroco ; Filao le petit singe rigolo...**

Käfig (Compagnie) ♡

www.kafig.com
Menival Les Gravières, Tour 7
69800 Saint-Priest
Tél. : 04 78 21 48 74 - Fax : 04 78 21 90 69
compagnie@kafig.com
- Direction : **Mourad Merzouki**
- Administration : **Arnaud Champenois**
- Communication : **Marie-Laure Martelet**
- Diffusion : **Karine Desrues**

Type : compagnie chorégraphique
Année de création : 1996
Genre : danse
Public : dès 7ans
Dernier spectacle : **Corps est graphique ; Récital ; Terrain Vague...**

Katell

www.bigbravospectacles.com
16 rue Olivier Perrin
22110 Rostrenen
Tél. : 02 96 29 30 06
bigbravo@wanadoo.fr
Type : conteuse
Année de création : 1970
Genres : musique, conte.
Public : dès 4 ans
Dernier spectacle : **La Mangeuse d'étoiles**
- Contact diffusion : **Big Bravo Spectacles - Sophie Glarner** - 02 96 70 86 99

Kafteur (Le)

www.kafteur.com
3 rue Thiergarten
67000 Strasbourg
Tél. : 03 88 22 22 03 - Fax : 03 88 52 07 09
kafteur@wanadoo.fr
- Direction : **Jean-Luc Falbriard**
- Communication : **Emmanuelle Garzaro**

Type : compagnie dramatique
Année de création : 1993
Genres : théâtre, marionnettes.
Public : dès 7 ans
Dernier spectacle : **Le Petit Prince ; Sous mon nombril...**

Kossiwa (Compagnie)

www.kossiwa.fr.st
27 avenue de la Gare de Saint-Joseph
44300 Nantes
Tél. : 02 40 71 83 18 - Fax : 02 40 71 85 68
compagnie.kossiwa@free.fr
• Direction : **Flora Théfaine**
• Administration : **Christelle Guillotin, Sophie Séjourné**
• Communication : **Christelle Guillotin, Sophie Séjourné**
• Diffusion : **Christelle Guillotin, Sophie Séjourné**
Type : compagnie chorégraphique
Année de création : 1989
Genre : danse
Public : dès 3 ans
Derniers spectacles : **C'est un voyage qui n'a pas de pays ; Signes des temps ; Plissé soleil ; Je te donnerai, je te donnerai ; Bal plissé dansé…**

l'Espace d'un instant (Compagnie)

www.sildav.org
3 passage Hennel
75012 Paris
Tél. : 01 40 24 00 55 - Fax : 01 40 24 00 59
contact@sildav.org - salome@sildav.org
• Direction : **Dominique Dolmieu**
• Administration : **Célia David**
• Communication : **Céline Barcq**
• Diffusion : **Salomé Richez**
Type : compagnie dramatique
Année de création : 1985
Genres : théâtre, conte.
Public : dès 2 ans
Derniers spectacles : **Le Voyage de Kalo Dant ; Ajdar…**

La Chamade (Compagnie)

www.artetculture.net
23 rue de l'Horloge
30120 Le Vigan
Tél. : 04 67 81 90 08 - 06 82 99 57 82
charchame@hotmail.com
• Direction : **Martine Charreyre**
Type : compagnie dramatique
Année de création : 2000
Genres : théâtre clown, mime.
Public : dès 2 ans
Dernier spectacle : **Mouska**

L'Albatros (Compagnie)

www.ciealbatros.com
11 rue de l'Horloge
30120 Le Vigan
Tél. : 04 67 81 25 73 - Fax : 04 67 81 25 73
ciealbatros@hotmail.com
• Direction : **François Philipponnat**
• Administration : **Marie-Christine Calais**
• Communication : **Nadine Cabarrot**
• Diffusion : **Nadine Cabarrot**
Type : compagnie dramatique
Année de création : 1989
Genres : pluridisciplinaire, théâtre.
Public : dès 6 ans
Derniers spectacles : **Un tatouage sur l'épaule du vent ; Makumbé…**

L'Alinéa (Compagnie)

5 rue de la Révolution
93100 Montreuil
Tél. : 06 10 30 60 58 - Fax : 01 48 58 45 32
cie.alinea@wanadoo.fr
• Direction : **Thérèse Bérard**
• Administration : **Brice Coupey**
Type : compagnie dramatique
Année de création : 2002
Genres : musique, marionnettes, théâtre d'objets.
Public : dès 5 ans
Dernier spectacle : **Xy ou ma main est maboule**

L'Alouette (Compagnie)

Quartier Guffiage
84500 Bollène
Tél. : 04 90 30 09 39
lalouettelguerin@yahoo.fr
• Direction : **Laurent Guérin**
Type : compagnie dramatique
Année de création : 1986
Genres : cirque, clown.
Public : dès 3 ans
Derniers spectacles : **L'Ile des clowns ; 1, 2, 3 le clown ; Dessine-moi un clown…**

L' Apprentie Cie - Caroline Obin

Cité des associations, Boîte 66
93 la Canebière
93001 Marseille
Tél. : 04 91 33 72 15 - Fax : 04 91 33 72 15
lapprentiecompagnie@wanadoo.fr
• Direction : **Caroline Obin**
• Administration : **Hélène Fontelle**
• Diffusion : **Hélène Fontelle**
Type : compagnie dramatique
Année de création : 1997
Genres : pluridisciplinaire, cirque, clown.
Public : dès 10 ans
Dernier spectacle : **Y a pas de fumée sans feu de Dieu ; La Fabrique de liens...**

L'Apprenti Sorcier (Compagnie)

11 avenue Frédéric Joliot Curie
91270 Vigneux-sur-Seine
Tél. : 01 69 83 19 37 - 06 60 28 48 72
a.sorcier@wanadoo.fr
• Direction : **Danielle Apocale**
• Administration : **Mélanie Christensen**
Type : compagnie dramatique
Année de création : 2001
Genres : marionnettes, théâtre instrumental.
Public : dès 2 ans
Derniers spectacles : **Akira ; Contes de lumière ; Les Chèvres de Stekyaden ; Dans la fôret du grand silence...**

L'Artifice (Compagnie) ♡

4 place Darcy, BP 62427
21024 Dijon Cedex
Tél. : 03 80 30 12 91 - Fax : 03 80 30 12 91
lartifice@wanadoo.fr
• Direction : **Christian Duchange, Bernard Daisey**
• Administration : **Virginie Longchamp**
• Diffusion : **Virginie Longchamp**
Type : compagnie dramatique
Année de création : 1990
Genre : théâtre
Public : dès 8 ans
Derniers spectacles : **Lettres d'amour de 0 à 10 ; Crasse Tignasse ; Yvonne, princesse de Bourgogne ; Le Grand ramassage des peurs ; L'Ogrelet...**

L'Éolienne (Compagnie)

Colagnie des Fenets
60220 Saint-Arnoult
Tél. : 03 44 04 89 39 - Fax : 03 44 04 89 75
eolienne.carillon@wanadoo.fr
• Direction : **Florence Caillon**
Type : compagnie dramatique
Année de création : 1999
Genres : danse, arts de la rue cirque.
Public : dès 7 ans
Dernier spectacle : **Séquences**
• Contact diffusion : **Francis Marion**
02 35 33 20 29 - 06 03 45 03 64

L'Oreille en Verre (Compagnie)

18 rue Chenel
95130 Franconville
Tél. : 01 53 72 93 49 - Fax : 01 53 72 93 49
loreille.en.verre@free.fr
• Direction : **Victor Bianco, Claire Astor**
• Communication : **Claire David**
Type : compagnie dramatique
Année de création : 1999
Genres : théâtre, théâtre musical.
Public : dès 5 ans
Derniers spectacles : **C'est moi qui raconte ; Candide ; Le Voyage de grain d'sel...**

La Batahola de la pintura (Compagnie)

114 montée de la Grande Côte
69001 Lyon
Tél. : 06 62 39 94 46
batahola@voila.fr - amandinedorel@hotmail.com
• Direction : **Meedy Sigot**
• Administration : **Amandine Dorel**
• Communication : **Amandine Dorel**
• Diffusion : **Amandine Dorel**
Type : compagnie dramatique
Année de création : 1999
Genres : musique, théâtre, conte, marionnettes clown.
Public : dès 4 ans
Derniers spectacles : **Spectaculo pentru in puriçe ; Le Tisseur d'étoile ; Sida mon amour ; Entertainment Salomé...**

cie théâtre de la cheminée
sophie talabot - gérard bonnaud

Théâtre d'objets, spectacles pour les petites et les grandes personnes.

Tous nos spectacles racontent l'invisible joyeux qui nous habite.

" Lire Lire " *500e en mars 2006*

" Le Bal de l'Univers " *150e en avril 2006*

nouvelle création fin 2006 *(saison 2006 2007)*

" Teinté d'humanisme, de tolérance, de couleurs et de sons, l'univers de cette troupe, venue de Bourgogne, est fabuleux. " *Tulle, avril 2003*

" Une heure de tendresse joyeuse et de représentations naïves d'un univers idyllique... Jacques Prévert aurait aimé ces jeux de mots, ces collages poétiques..."
Les Dépêches, juillet 2000

" Avec mille astuces et petits trucs, le Théâtre de la Cheminée sème des graines de poésies pour que la parole vivante circule. " *Le Dauphiné Libéré, août 2001*

Spectacles créés avec l'aide du Ministère de la Culture Drac de Bourgogne, du Conseil Régional de Bourgogne, du Conseil Général de Saône et Loire, du canton de Cluny et du village de Donzy le National, avec le soutien à la diffusion du Grand Est et de l'onda.

bureau des artistes : F-71250 Donzy le National TF 03 85 59 66 67
tournées : Marie-France Pernin 00 33 6 80 33 80 23

www.theatre-enfants.com/cheminee
e-mail : mariefrance.pernin@wanadoo.fr

La Carreraie (Compagnie)

16 rue Pizay, BP 1102
69202 Lyon Cedex 01
Tél. : 04 74 31 79 78 - Fax : 04 74 31 79 78
carrerarie@wanadoo.fr
• Direction : **Steve Waring, Alain Gibert, Guy Villerd, Christian Rollet**
• Administration : **Sandrine Pusset**
Type : Artiste ou groupe musical
Année de création : 1979
Genres : musique, théâtre, conte.
Public : dès 3 ans
Label : Modal, Rym music.
Derniers spectacles : **Les Vacances de Woody ; Chine en Chine ; Les Domestiques du comte Azar ; Mâcheur de mots ; Le Tour de chant de Steve Waring ; Chnoques...**
• Contact diffusion : **Marie-Pierre Demarty**
04 73 36 13 30

La Grande Bleue

6 route des Verriers
34270 Vacquieres
Tél. : 04 67 59 06 47
lagrandebleue@free.fr
• Direction : **Jean-Baptiste Lombard**
• Diffusion : **Odile Lombard**
Type : compagnie dramatique
Année de création : 1982
Genres : théâtre, musique.
Public : dès 7 ans
Derniers spectacles : **L'Or du Jaguar ; Marco et le trésor de kuhilaïkhan ; Les aventures de Saxytrompe ; Balamouche et cordozar ; La Malédiction des pharaons...**

La Grande Ourse (Compagnie)

http://pierre.deschamps.monsite.wanadoo.fr
Mairie
19270 Donzenac
Tél. : 06 81 52 73 60
compagniedelagrandeourse@wanadoo.fr - cathy.sutca@wanadoo.fr
• Direction : **Pierre Deschamps**
• Administration : **Cathy Sutca**
• Communication : **Cathy Sutca**
• Diffusion : **Cathy Sutca**
Type : compagnie dramatique
Année de création : 1992
Genre : conte
Public : dès 5 ans
Derniers spectacles : **Faim de loup ; Jean des Pois Verts...**

La Langue Pendue Compagnie Rachid Bouali ♡

69 allée des Clématites
59650 Villeneuve d'Ascq
Tél. : 03 20 91 09 77
rachibouali@wanadoo.fr
• Direction : **Rachid Bouali**
• Administration: **Ici Même Productions - Valérie Chapon**
Type : compagnie dramatique
Année de création : 2002
Genres : théâtre, conte.
Public : dès 6 ans
Dernier spectacle : **Du coq à l'Ame**
• Contact diffusion : **Ici Même Productions**
02 99 79 24 55

La Lune Rousse (Compagnie)

64 avenue de Chenerny
44800 Saint-Herblain
Tél. : 02 40 76 93 37 - Fax : 02 40 76 93 37
lalunerousse@free.fr
• Direction : **Anne-Gaëlle Gauducheau**
• Communication : **Marthe Gauducheau**
• Diffusion : **Marthe Gauducheau**
Type : compagnie dramatique
Année de création : 1992
Genres : musique, théâtre, conte.
Public : dès 6 ans
Derniers spectacles : **Misturada, récits d'un Brésil imaginaire ; Baco de Nantes ; Sorcières, sorcières ; Afongandjia...**

La Métonymie

11 avenue du Président Roosevelt
94120 Fontenay-sous-bois
Tél. : 01 48 75 12 21 - Fax : 01 48 75 12 21
lametonymie@wanadoo.fr
• Président : **Xavier Maître**
• Direction : **Tina Kaartama**
• Administrateur : **Aurélie Letellier**
• Diffusion : **Aurélie Letellier**

Type : compagnie dramatique
Année de création : 1996
Genre : théâtre
Public : dès 12 ans
Dernier spectacle : **La Fabrique de Violence ; Mon Frère ; Le Cadeau...**

La Petite Fatrasie (Compagnie)

12 quai des Pêcheurs
67000 Strasbourg
Tél. : 03 88 36 47 94
• Direction : **Raymond Roumegous**
Type : compagnie dramatique
Année de création : 1980
Genre : théâtre
Public : dès 10 ans
Dernier spectacle : **Le Grand Lustukru**

La Puce à l'Oreille (Compagnie)

www.lapucealoreille.fr
La Burie
69620 Letra
Tél. : 04 74 71 31 15 - Fax : 04 74 71 36 01
lapucealoreille@wanadoo.fr
• Direction : **André et Laurence Tavernier**
Type : groupe musical
Année de création : 1990
Genre : musique
Public : dès 6 ans
Label : Raymond et Merveilles
Derniers spectacles : **Quoi qu'a dit ? ; Sur un air de Prévert ; Thank you very much Mr Trenet...**

La Puce à l'Oreille (Compagnie)

www.lespetitsruisseaux.com
90 rue Aristide Briand
68460 Lutterbach
Tél. : 06 84 64 62 26 - 06 82 91 04 78
lulu.ronget@wanadoo.fr
• Direction : **Jean-Luc Ronget**
• Administration : **Côté Jardin**
• Diffusion : **Marie-Bénédicte Lemaire**
Type : compagnie dramatique
Année de création : 1992
Genres : musique, marionnettes, théâtre d'objets.
Public : dès 3 ans
Derniers spectacles : **Tékimoi ? ; Sur un air de Prévert...**

La Strada (Compagnie)

1 bis avenue du Maréchal de Lattre de Tassigny
10000 Troyes
Tél. : 03 25 83 28 22 - Fax : 03 25 83 28 22
la-strada2@wanadoo.fr
• Direction : **Catherine Toussaint, François Cancelli**
Type : compagnie dramatique
Année de création : 1995
Genres : musique, théâtre, cirque.
Public : dès 8 ans
Dernier spectacle : **La Fabrique du Monde ; La tête sous l'oreiller...**

La Tête à Toto (Compagnie) Laurent Deschamps

www.laurentdeschamps.com
1 rue de la Salette
85600 Treize-Septiers
Tél. : 02 51 24 72 81 - Fax : 02 51 41 59 94
l.deschamps.teteatoto@wanadoo.fr
• Direction : **Laurent Deschamps**
• Administration : **Christine Citeau**
• Communication : **Christine Citeau**
• Diffusion : **Christine Citeau**
Type : groupe musical
Année de création : 1993
Genres : musique, théâtre.
Public : dès 2 ans
Label : La Tête à Toto
Derniers spectacles : **Rémi, l'ami du sol ; Samuel, l'apprenti sage ; Un animal, des amis mots...**

La Valise (Compagnie)

www.reperages-spectacle.com
Repérages Spectacles
14 avenue Pascal
78600 Maisons-Laffitte
Tél. : 01 34 93 92 44 - Fax : 01 39 12 11 04
peter.bu@reperages-spectacles.com
• Direction : **Fabien Bondil**
• Administration : **Claire Girod**
• Communication : **Claire Girod**
• Diffusion : **Peter Bu**
Type : compagnie dramatique
Année de création : 2001
Genres : danse, conte, marionnettes, mime.

Public : dès 10 ans
Derniers spectacles : **Oups ; L'Inconsolé...**

Laurent Dupont ♡

141 rue de Bagnolet
75020 Paris
Tél. : 01 40 31 34 03 - 06 83 85 38 67
Fax : 01 40 31 34 03
lodupont@libertysurf.fr
• Direction : **Laurent Dupont**
Type : metteur en scène
Année de création : 1985
Genres : pluridisciplinaire, musique, danse, théâtre, théâtre d'objets.
Public : dès 2 ans
Derniers spectacles : **Plis, sons ; AL di La ; Archipel...**
• Contact diffusion : **Amalys - Anne-Françoise Cabanis** - 08 71 29 32 84

Le Chat Perplexe (Compagnie)

www.lechatperplexe.com
Esplanade Charles de Gaulle, BP 93
23200 Aubusson
Tél. : 05 55 66 81 94 - Fax : 05 55 66 35 95
lechatperplexe@wanadoo.fr
• Direction : **Lucie Catsu, Estelle Coquin**
• Administration : **Virginie Giraud**
Type : compagnie dramatique
Année de création : 1995
Genres : musique, théâtre, conte, théâtre, d'objets.
Public : dès 2 ans
Derniers spectacles : **Le Chant du petit pois ; Embarquez ! ; Histoire de voir la lune ; Un pas dans la nuit ; Les Poilus...**

Le Clan des Songes (Compagnie)

www.clan-des-songes.com
19 bis avenue Saint-Germier
31600 Muret
Tél. : 05 34 46 01 09 - 05 61 50 84 37
Fax : 05 34 46 18 97
clan-des-songes@wanadoo.fr
• Direction : **Marina Montefusco**
• Administrateur : **Hervé Billeri**
Type : compagnie dramatique
Année de création : 1990
Genres : marionnettes, théâtre d'objets.
Public : dès 3 ans
Dernier spectacle : **Quand les poules auront des dents ; Louve ronde ; Cargo ; Qui a tué Monsieur Lenoir...**

Le Gestuaire (Compagnie)

64 avenue de Chenerny, 44800 Saint-Herblain
Tél. : 02 51 83 88 41 - Fax : 02 51 83 88 41
gestuairedt@free.fr
• Direction : **Danielle Maxent**
• Communication : **Marthe Gauducheau**
• Diffusion : **Marthe Gauducheau**
Type : compagnie dramatique
Année de création : 1983
Genres : danse, théâtre.
Public : dès 3 ans
Derniers spectacles : **Cache-cache ; Le Gardien de l'oubli...**

Le Préau - Établissement national de production et de diffusion artistiques

www.theatredupreau.fr
1 place Castel, BP 90104
14503 Vire Cedex
Tél. : 02 31 66 16 06 - Fax : 02 31 66 16 09
theatre.preau@libertysurf.fr
• Direction : **Éric de Dadelsen**
• Administration : **Dominique Larrondo**
• Communication : **Catherine de Gottal**
Type : CDN
Année de création : 1992
Genres : théâtre, conte.
Public : dès 3 ans
Derniers spectacles : **Fahrenheit 451 ; La Famille Toulemonde ; Ogrrre ! ; Le Voyage de Pierre l'Heureux...**
• Contact diffusion : **Corinne Foucouin**
01 48 68 56 98 - 06 12 96 25 96

MANDARINE

présente ses spectacles :

Miniatures...

spectacle d'animation pour les 18 mois / 3 ans

De la musique, des chants et des danses pour jouer avec les sons, le silence, apprivoiser son corps...
Un moment d'échange privilégié entre les plus petits et les adultes qui les accompagnent.

Concert de poche

Spectacle intimiste où se mêlent contes, chansons à gestes, à répondre ou à rêver, avec un soupçon de clownerie.

A partir de 3 ans

Illustration : Elsa Joubert

Bal pour enfants

En ronde, en couple, en farandole, en file indienne... un moment de **fête** et de **convivialité** **pour les 3 - 12 ans... et leurs parents !**
(répertoire maternelles et / ou primaires)

dernier CD sorti en octobre 2005

Mandarine - Maison des associations - 10.18 quart. du Grand Parc
14200 Hérouville St Clair
tél. / fax : 02.31.82.99.42 - assomandarine@libertysurf.fr
http://assomandarine.chez.tiscali.fr

Dans le cadre d'un soutien aux musiques actuelles, le Bal de Mandarine bénéficie de l'aide du Conseil Régional de Basse-Normandie, de la Direction Régionale des Affaires Culturelles (DRAC) de Basse-Normandie, des Conseils Généraux du Calvados, de la Manche et de l'Orne.

Le Souffleur de Verre (Compagnie)

La Bergerie
30 place Joseph Gardet
63800 Cournon d'Auvergne
Tél. : 04 73 69 85 16
ciesouffleur@hotmail.fr
• Direction : **Cédric Veschambre, Julien Rocha**
• Administration : **Armelle Dobrowolski**
Type : compagnie dramatique
Année de création : 2003
Genres : théâtre, conte, marionnettes, clown.
Public : dès 10 ans
Derniers spectacles : **Vals Dabula ; Plaisanteries ; Laisse-moi me taire...**

Le Théâtre de nuit (Compagnie)

Place de la Daraize
26340 Saillans
Tél. : 04 75 21 29 33 - 06 64 92 82 20
Fax : 04 75 21 29 33
aurelieaime@hotmail.com
• Direction : **Aurélie Morin**
• Administration : **Guillemette Dubois**
• Diffusion : **Guillemette Dubois**
Type : compagnie dramatique
Année de création : 2004
Genres : pluridisciplinaire, danse, marionnettes, théâtre d'ombres.
Public : dès 3 ans
Derniers spectacles : **Perpetuum Mobile... un petit tour de terre ; Petites migrations ...**

Léa - Association Amuse

www.spectacles.lea.com
Sylviane Schivre
9 rue Vulpian
75013 Paris
Tél. : 01 43 31 57 17 - 06 15 04 67 49
Fax : 01 43 31 57 17
spectacles@lea.com
• Direction : **Sylviane Schivre**
• Administration : **Isabelle Sourdey**
• Communication : **Isabelle Ricard**
• Diffusion : **Sylvianne Schivre, Christophe Rossi**
Type : artiste musical
Année de création : 1992
Genres : musique, conte, conte musical.
Public : dès 1 an
Label : autoproduction
Derniers spectacles : **Noël sous les tropiques ; Il était une voix ; Le Carnaval des Pitchouns ; Histoire de mamie Blues ; Eau + air = or ; Jazz et scat à tout âge...**

Les Chaussettes en Pâte à Modeler (Compagnie)

www.chpam.com
60 avenue Joffre
59110 La Madeleine
Tél. : 03 20 74 54 77
clair-de-lune@wanadoo.fr
• Direction : **Jean-Michel Bonia, Marcel Maillet**
Type : compagnie dramatique
Année de création : 1991
Genres : arts de la rue, marionnettes.
Public : dès 1 an
Derniers spectacles : **Fariboules ; Tricoti Picota ; Histoires en chaussettes ; La Chaussette à grande bouche ; Animodelés ; Le Trébule...**
• Contact diffusion : **Clair de Lune - Dominique Declercq** - 03 20 81 09 40

Les Chiffonnières (Compagnie)

11 rue du Lavoir
92240 Malakoof
Tél. : 01 41 17 04 22
chiffs@club-internet.fr
• Administration : **Séverine Petibon**
Type : compagnie dramatique
Année de création : 1996
Genre : marionnettes
Public : dès 8 ans
Derniers spectacles : **Le Baron perché ; Le Bal des fous...**

Les Anges Au Plafond (Compagnie)

56 rue Paul Vaillant Couturier
92240 Malakoff
Tél. : 01 46 56 68 28 - Fax : 01 46 56 68 28
trouve.camille@wanadoo.fr
• Direction : **Camille Trouvé, Brice Berthoud**
Type : compagnie dramatique
Année de création : 2000
Genres : marionnettes, théâtre d'objets.
Public : dès 10 ans
Dernier spectacle : **Les Nuits polaires**

Les Anges Nus (Compagnie)

54 rue du Faubourg National
67000 Strasbourg
Tél. : 06 17 18 59 81
lesangesnus@hotmail.com
• Direction : **Marion Grandjean**
Type : compagnie dramatique
Année de création : 2001
Genres : musique, théâtre, conte.
Public : dès 5 ans
Dernier spectacle : **Peau de loup ; La Folle Allure…**

Les Blouses bleues (Compagnie)

www.blousesbleues.com
Frédéric Dépret
18 rue Bacon
59000 Lille
Tél. : 03 28 04 57 65 - 06 08 46 13 51
blouses.bleues@wanadoo.fr
• Direction : **Frédéric Laforgue**
• Administration : **Katia Tudisco**
• Communication : **Katia Tudisco**
• Diffusion : **Katia Tudisco**
Type : compagnie dramatique
Année de création : 2000
Genres : musique, théâtre.
Public : dès 9 ans
Derniers spectacles : **Ne jetez pas bébé avec l'eau du bain ; Encore un peu de neige…**

Les Cailloux Sauvages (Compagnie)

16 rue de la Forge Royale
75011 Paris
Tél. : 01 43 54 01 80 - 06 87 34 81 39
cailloux-sauvages@voila.fr
• Direction : **Zaz Rosnet**
Type : compagnie dramatique
Année de création : 2002
Genres : conte, marionnettes, théâtre d'objets.
Public : dès 3 ans
Derniers spectacles : **Les Petites Aventures d'Ilö ; Kaïoudou ; Pourquoi tu pleures ?…**

Les Cailloux Sensibles (Compagnie)

8 place de la Mairie
60860 Blicourt
Tél. : 03 44 84 50 06- Fax : 03 44 84 06 76
lescaillouxsensibles@free.fr
• Direction : **Pierre-François Lucas**
• Communication : **Vincent Maida**
• Diffusion : **Vincent Maida**
Type : compagnie dramatique
Année de création : 1982
Genres : arts de la rue, marionnettes, théâtre d'ojets.
Public : dès 3 ans
Dernier spectacle : **Le roman de Renart ; Gaël et le vent dans la tête ; Pipo et la maison hantée ; L'Antigone d'azur ; La Tempête de Shakespeare ; M'Gulou et l'oiseau de pluie…**
• Contact diffusion : **Vincent Maida**
08 73 09 00 80

Les Caryatides (Compagnie)

71 rue Jenner
59800 Lille
Tél. : 03 20 74 41 31
caryatides@nordnet.fr
• Direction : **Cyril Viallon**
• Administration : **Sylvie Lefèvre**
• Diffusion : **Chloé Vancutgem**
Type : compagnie chorégraphique
Année de création : 1996
Genre : danse

Public : dès 5 ans
Dernier spectacle : **Je cacherai mes peurs sous le tapis**

Les Chercheurs d'Arts Associés (Compagnie)

82 Grand Rue
57050 Lorry-les-Metz
Tél. : 06 80 65 57 06
• Direction : **Raymond Fiabane**
Type : compagnie dramatique
Année de création : 1996
Genres : théâtre, théâtre d'ombre, théâtre d'objets.
Public : dès 5 ans
Dernier spectacle : **Le Vélo libraire**

Les Émus (Compagnie)

53 rue Perthuis
92140 Clamart
Tél. : 01 46 42 82 20 - 06 62 14 99 18
valerie.briffod@tiscali.fr
• Direction : **Isabelle Aucagne**
• Administration : **Valérie Briffod**
Type : compagnie dramatique
Année de création : 2004
Genre : conte
Public : dès 3 ans
Dernier spectacle : **La Petite Rouge**

Les Loupiots (Compagnie)

www.lesloupiots.com
21 rue Malakoff
92600 Asnières-sur-Seine
Tél. : 01 47 33 39 40 - Fax : 01 40 86 74 33
loupiots@wanadoo.fr
• Direction : **Janique Chiquerille**
• Communication : **Janique Chiquerille, Béatrice Écosse**
• Diffusion : **Béatrice Écosse**
Type : groupe musical
Année de création : 1992
Genres : musique, théâtre, cirque.
Public : dès 3 ans
Label : Universal
Derniers spectacles : **La Légende des 1001 plumes ; La Poubelle enchantée...**

Les Marmofolies (Compagnie)

www.marmofolies.com
BP 76
17410 Saint-Martin-de-Ré
Tél. : 06 86 25 45 43
contact@marmofolies.com
• Direction : **Donin**
Type : artiste ou groupe musical
Année de création : 1995
Genres : musique, théâtre.
Public : dès 2 ans
Label : Nocturne, Studio SM - Arc en ciel, autoproduction.
Derniers spectacles : **Baobal ; Une vache sur un mur ; Le Camelot de trémolos ; Scènes de manèges, manège à chanson...**
• Contact diffusion : **Jean-Jacques Robertine** 02 43 12 25 67 (Nord de la France), **Corinne Muller** - 05 62 13 78 29 (Sud de la France)

Les Mots du Vent (Compagnie)

www.lesmotsduvent.org
Pichaumeix
55300 Ailly-sur-Meuse
Tél. : 06 87 16 98 03
ecrire@lesmotsduvent.org
• Direction : **Olivier Noack**
Type : compagnie dramatique
Année de création : 1986
Genres : théâtre, arts de la rue, conte.
Public : dès 3 ans
Derniers spectacles : **Soleil rouge ; P'tit bout d'ici...**
• Contact diffusion : **Sophie Wilhelm**
sophie.wilhelm@lesmotsduvent.org

Les Mots Tissés

http://zanzibart.com/karyn
31 quater rue Victor Hugo
78700 Confflans-Sainte-Honorine
Tél. : 01 39 19 91 80
nourumazel@free.fr
• Direction : **Philippe Noury**
• Administration : **Philippe Noury**
• Communication : **Karyn Mazel-Noury**
• Diffusion : **Karyn Mazel-Noury**
Type : compagnie dramatique
Année de création : 1995

Genres : conte, conte musical.
Public : dès à 12 ans
Derniers spectacles : **Coucou le loup ; Contes du soleil levant ; Contes des profonteurs ; Molia Makasi ; Contes pour danser avec les loups ; Contes à croquer…**

Les Orpailleurs (Compagnie)

La Fonderie
15 rue Basfroi
75011 Paris
Tél. : 01 43 72 98 81 - 01 43 64 33 78
Fax : 01 43 56 71 82
lesorpailleurs@noos.fr
• Direction : **Jean-Christophe Bleton**
• Administration : **Laurence Baldy**
• Diffusion : **Cécile Le Glouët**
Type : compagnie chorégraphique
Année de création : 1990
Genre : danse
Public : dès 7 ans
Dernier spectacle : **De fil en aiguille**

Les Veilleurs (Compagnie)

Laval
69430 Marchampt
Tél. : 04 74 04 39 42 - 06 67 97 10 86
c.scelles@wanadoo.fr
marie-laure.boggio@wanadoo.fr
• Direction : **Christian Scelles**
• Diffusion : **Christian Scelles, Marie-Laure Boggio**
Type : compagnie dramatique
Année de création : 1998
Genres : théâtre, conte, marionnettes.
Public : dès 4 ans
Derniers spectacles : **Barbabec ; Kathputli ; Contes à semer…**

Les Yeux Gourmands (Compagnie)

Maison des Associations
67 rue Saint-François-de-Salle
73000 Chambéry
Tél. : 04 79 44 16 90 - Fax : 04 79 44 16 90
lesyeuxgourmands@free.fr
• Direction : **Philippe Rousseau, Véronique Chatard**
• Administration : **Katell Cozannet**
Type : compagnie dramatique
Année de création : 1991
Genres : musique, théâtre, conte.
Public : dès 5 ans
Derniers spectacles : **Alba et Beline ; Les Frères Tamburini ; Ah ! Vous dirais-je... ; Les yeux de Lilith ; Les Étranges Mues de Mrs Blue…**
• Contact diffusion : **Sine Qua Non**
02 51 10 04 04

Loba (Compagnie) Annabelle Sergent

50 rue des Banchais
49100 Angers
Tél. : 02 41 87 00 58 - 06 70 56 68 31
Fax : 02 41 87 00 58
cie.loba@wanadoo.fr
• Direction : **Annabelle Sergent**
• Administration : **Katia Dupont-Denonain**
Type : compagnie dramatique
Année de création : 2001
Genres : danse, conte.
Public : dès 15 mois
Derniers spectacles : **Chuuut ! ; Bottes de prince et bigoudis…**
• Contact diffusion : **Ici même Productions - Julie Comte** - 02 99 79 24 35

Loutka (Compagnie)

53-57 rue Étienne Dolet
94230 Cachan
Tél. : 01 45 46 69 14 - Fax : 01 45 46 69 14
• Direction : **Francis Jolit**
• Communication : **Catherine Guizat**
Type : compagnie dramatique
Année de création : 1982
Genres : théâtre, marionnettes.
Public : dès 7 ans
Dernier spectacle : **Docteur Johanes Faust**

Lulubelle (Compagnie)

34 avenue de la Puisaye
89000 Auxerre
Tél. : 03 86 51 77 49
• Président : **Philippe Thuru**
• Administration : **Christine Griveaux**
Type : compagnie dramatique
Année de création : 1995

Genre : spectacle d'objets
Public : dès 6 mois
Dernier spectacle : **Nomad ; Et rond et rond...**
• Contact diffusion : **Sakamalice**
Chantal Breteau - 02 41 61 33 85

L'Yonne en scène (Compagnie)

www.lyonne-en-scene.com
10 route de Saint-Georges, Perrigny, BP 283
89005 Auxerre Cedex
Tél. : 03 86 72 85 81 - Fax : 03 86 72 85 33
• Direction : **Jean-Pascal Viault**
• Administration : **Sylvie Courtin, Isabelle Thiault**
• Diffusion : **Élisabeth Foutrier**
Type : compagnie dramatique
Année de création : 2001
Genre : théâtre
Public : dès 4 ans
Derniers spectacles : **Les pieds dans le plat, La Tête la première Le Petit Bal perdu, Monsieur Lardéné...**

Magiciens de Musique (Les)

http://arobazmartin.chez.tiscali.fr
Le Fays n°9
89320 Cerisiers
Tél. : 03 86 96 27 23
martin.jea@wanadoo.fr
- magiciens.de.musique@libertysurf.fr
• Direction : **Marthe Martin-Leysen**
• Administration : **Jean Martin**
Type : compagnie dramatique
Année de création : 1992
Genres : pluridisciplinaire, musique.
Public : dès 3 ans
Derniers spectacles : **Les États d'âme d'une vache ordinaire ; Les Étoiles bleues ; Le Cartable magique ; Rêves de jouets...**
• Contact diffusion : **Sylvie Dupuch**
06 20 69 76 19

Mais Comment Fait-il ? (Compagnie)

20 rue de la Trinité, BP 40337
22203 Guingamp
Tél. : 02 96 43 74 15
mais.comment.fait.il@wanadoo.fr
• Administration : **Paul Tison**
Type : compagnie dramatique
Année de création : 1999
Genre : théâtre
Public : dès 7 ans
Derniers spectacles : **La Petite Histoire ; Un jour un loup...**

Malé Malé (Compagnie)

9 rue des Iris
86180 Buxerolles
Tél. : 06 25 25 43 86 - Fax : 05 49 52 66 36
c_malemale@yahoo.fr
• Direction : **Toumani Kouyaté**
Type : compagnie dramatique
Année de création : 2003
Genres : musique, conte.
Public : dès 6 ans
Derniers spectacles : **Cocolicoli, Les Puiseuses d'eau, De l'autre côté de la mer ; La Calebasse magique ; L'Écureuil à la conquête de l'or du python minyanba ; Le Pot de miel ; Takayal ; Paroles de futilités utiles...**

Mama Kaya

www.mamakaya.com
80 boulevard Sérurier
75019 Paris
Tél. : 01 42 39 85 38 - Fax : 01 42 39 85 38
mamakaya@mamakaya.com
• Direction : **Christophe Devillers**
• Diffusion : **Christophe Devillers**
Type : artiste ou groupe musical
Année de création : 1989
Genre : musique
Public : dès 4 ans
• Derniers spectacles : **Les Aventures du capitaine Looping ; Et tout ça c'est Mama Kaya...**

Mambo Swing Tagada

www.spectacle-chanson-enfant.com
Claude Seugnet
24 rue Castagnary
75015 Paris
Tél. : 01 45 30 59 98 - Fax : 01 45 30 59 98
mambo-swing-tagada@club-internet.fr
maswita@club-internet.fr
• Direction : **Claude Seugnet**
• Administration : **AFDIM**
Type : artiste ou groupe musical
Année de création : 1993
Genres : musique, conte.
Public : dès 3 ans
Label : Vanstory, Arc en Ciel
Derniers spectacles : **Baldingo ; Comme des pieds nickelés…**

Mandarine

http://assomandarine.chez.tiscali.fr
10-18 quatier du Grand Parc
14200 Hérouville Saint-Clair
Tél. : 02 31 82 99 42 - Fax : 02 31 82 99 42
assomandarine@wanadoo.fr
• Direction : **Benoît Viquesnel**
• Administration : **Mélanie Queuniet**
• Communication : **Mélanie Queuniet**
• Diffusion : **Mélanie Queuniet**
Type : artiste ou groupe musical
Année de création : 1983
Genres : musique
Public : dès 18 mois
Label : autoproduction, UFCV, l'Autre distribution.
Derniers spectacles : **Bal pour enfants ; Miniatures ; Concerto pour une poubelle jaune ; Concert de poche…**

Mandarine Blanche (La)

87-89 avenue Édouard Vaillant
93500 Pantin
Tél. : 01 48 32 47 06 - 06 80 16 92 55
Fax : 01 48 32 47 06
la.mandarineblanche@free.fr
• Direction : **Alain Batis**
• Administration : **Marie-Astrid Scano**
Type : compagnie dramatique
Année de création : 2002
Genres : musique, théâtre, conte.
Public : dès 6 ans
Derniers spectacles : **L'Eau de la vie ; Neige de Maxence Fermine ; Le Montreur ; L'Assassin sans scrupules, Hasse Karlson dévoile la terrible vérité : comment le femme est morte de froid sur le pont de chemin de fer…**
• Contact diffusion : **Corinne Foucouin**
01 48 68 56 98 - 06 12 96 25 96

Manège en chantier (Le)

2 chemin de la Briqueterie
33610 Canéjan
Tél. : 06 20 27 20 96 - 06 30 37 35 46
floo.olivier@wanadoo.fr
• Direction : **Monique Brana**
• Administration : **Florence Olivier**
• Diffusion : **Ida Blaszka, Florence Olivier**
Type : compagnie chorégraphique
Année de création : 2000
Genres : théâtre, lecture, danse.
Public : dès 6 mois
Derniers spectacles : **Anis et Dune au bal étoilé ; Un, deux, trio ! ; Balai-ballet…**

Manivelle Théâtre (La)

www.lamanivelle.com
18 rue Louis Lejeune
59290 Wasquehal
Tél. : 03 20 28 14 28 - Fax : 03 20 26 26 74
lamanivelle.theatre@wanadoo.fr
• Direction : **François Gérard**
• Administration : **Arnaud Dubremetz**
• Communication : **Estelle Derquenne**
• Diffusion : **Estelle Derquenne**
Type : compagnie dramatique
Année de création : 1978
Genre : théâtre
Public : dès 3 ans
Derniers spectacles : **Du bout des doigts ; Les Aventures de Pinocchio ; Il faut tuer Sammy ; La Fanfare du bout du monde…**

Mannick

www.mannick.com
113 boulevard Voltaire
75011 Paris
Tél. : 01 43 48 01 03 - Fax : 01 43 48 01 03
mannick.chansons@wanadoo.fr
Type : artiste musical
Année de création : 1976
Genre : musique
Public : dès 3 ans
Label : Studio SM - Arc en ciel
Dernier spectacle : **Mannick chante pour les enfants**

Manu Galvin

9 rue du Sahel
75012 Paris
Tél. : 01 46 28 75 15 - 06 03 01 25 07
manugalvin@free.fr
Type : Artiste musical
Année de création : 1980
Genre : musique
Public : dès 5 ans
Label : Bonsai Music
Dernier spectacle : **Chasseur de nuages**

Marc Pinget

Ruelle Saint Brice
08170 Haybes
Tél. : 03 24 41 10 97
marc.pinget@tiscali.fr
Type : Artiste musical
Année de création : 1986
Genres : musique, conte.
Public : dès 3 ans
Label : Chouette Musique
Derniers spectacles : **Dans la savane ; Bon voyage ; Si j'étais un sorcier ; Singeries...**

Marcel Zaragoza

36 impasse de la Vieille Bayorre
83400 Hyères
Tél. : 04 94 65 39 00 - Fax : 04 94 65 39 00
marcel@arghnet.com
• Direction : **Marcel Zaragoza**
Type : artiste musical
Année de création : 1986
Genres : musique, conte.
Public : dès 3 ans
Label : De plein vent, Frémeaux et associés
Derniers spectacles : **La Porte à chanter ; Le Lac des sorciers ; Récits d'Ulysse ; Les Aventures de Petit Jean, conte médiéval ; L'Ogre et la Clown...**

Marco Benard - l'IAO Animation

www.marcobenard.com
L'Escola
82140 Lavaurette
Tél. : 05 63 64 95 74
iao.association@club-internet.fr
• Communication : **Line Leroy**
• Diffusion : **Line Leroy**
Type : conteur
Année de création : 1993
Genre : conte
Public : dès 3 ans
Derniers spectacles : **À se décrocher la mâchoire ; Conte pour les tout-petits ; Coyote rit ; Puces et éléphants ; Le Tour du monde...**

Marien Tillet

http://marien.tillet.free.fr
1748 avenue Roger Salengro
92370 Chaville
Tél. : 06 84 04 01 06
marien.tillet@free.fr
Type : conteur
Année de création : 2000
Genre : conte
Public : dès 3 ans
Derniers spectacles : **La Fille aux cheveux longs ; Non, non, non ! C'est pas ça !...**

Marine Magrini

9 rue de Versailles
63320 Champeix
Tél. : 04 73 96 29 28
celine.magrini@wanadoo.fr
Type : artiste musical
Année de création : 1995
Genre : musique, conte.
Public : dès 3 ans
Label : autoproduction
Derniers spectacles : **Ratiti... Ratata ! ; Le Sac à chansons...**
• Contact diffusion : **Céline Magrini**
04 66 50 44 75

à partir de 3 ans

Ratiti ... Ratata !

Un album CD

Un spectacle

conte musical de

Marine Magrini

guitare, chant et récit

"C'est un tout petit rat dans le moulin à chansons...
Mais le chat... ne l'attrapera pas :
C'est un tout petit roi,
Mon anneau d'or est sa couronne."

Contact : celine.magrini@wanadoo.fr
Tél. 04 66 50 44 75 ou 04 73 96 29 28

Médiane (Compagnie)

www.ciemediane.com
Maison des associations, 1A place des Orphelins
67000 Strasbourg
Tél. : 03 88 59 47 24 - Fax : 06 88 59 47 24
ciemediane@aol.com
• Direction : **Catherine Sombsthay**
• Administration : **Maud Le Coq**
Type : compagnie dramatique
Année de création : 1984
Genres : marionnettes, théâtre d'objets.
Public : dès 4 ans
Derniers spectacles : **Ivi sa vie ; Valse Mathilda ; Lili Mélodie ; Le Vertige des hirondelles ; Le Manège aux illusions ; Quelques pierres dans la rivière Museur...**
• Contact diffusion : **Véronique Ejnes** - 03 88 60 25 03

Méli-Malo (Compagnie)

38 rue Guy Autret
29000 Quimper
Tél. : 02 98 90 48 10 - 06 16 42 72 06
melimalo3@yahoo.fr
• Direction : **Catherine Le Berre**
• Administration : **Dany Paréja - Iliode**
• Diffusion : **Dany Paréja**
Type : compagnie dramatique
Année de création : 2001
Genres : musique, théâtre.
Public : dès 9 mois
Derniers spectacles : **Sable ; Pom'...**

Mélomaniaque (Compagnie)

http://mr.barnabe.free.fr
51 rue des places
71100 Chalon-sur-Saône
Tél. : 03 85 48 94 12 - 06 14 77 09 32
melomaniaque@wanadoo.fr
• Direction : **Hugo Bouhier**
• Communication : **Romain Favre**
• Diffusion : **Bernard Fournier**
Type : groupe musical
Année de création : 2002
Genres : musique, théâtre, conte.
Public : dès 9 mois
Derniers spectacles : **Sopranino ; Chansonnettes pour petites oreilles...**

Meltingspot

14 rue Devred
59650 Villeneuve d'Ascq
Tél. : 03 20 47 56 47 - Fax : 03 20 47 96 48
meltingspot@wanadoo.fr
• Direction : **Farid Berki**
• Administration : **Sarra Mebarki**
• Diffusion : **Sarra Mebarki**
Type : compagnie chorégraphique
Année de création : 1994
Genre : danse
Public : dès 6 ans
Dernier spectacle : **Hip-no-tic**

Michka

www.michka.net/accueil.htm
4 rue Jacques Cartier
16100 Cognac
Tél. : 05 45 35 32 48
michka@michka.net - babin.karl@wanadoo.fr
• Direction : **Karl Babin**
• Administration : **Monique Berger**
Type : artiste musical
Année de création : 1987
Genre : musique
Public : dès 2 ans
Label : Dimascol Éditeurope
Derniers spectacles : **Rêves d'enfants ; Kidmania...**
• Contact diffusion : **Monique Bellocq**
05 45 32 45 92

Millenotes - Centre de création et de diffusion musicales

www.ccdm.fr
36 rue Bouton-Gaillard
77000 Vaux-Le-Pénil
Tél. : 01 60 68 03 37 - Fax : 01 64 09 19 77
ccdm@wanadoo.fr
• Direction : **Jean-Jacques Guéroult**
• Administration : **Anne Budan**
• Communication : **Anne Budan**
• Diffusion : **Anne Budan**
Type : artiste ou groupe musical
Année de création : 1998
Genres : pluridisciplinaire, musique, théâtre, marionnettes.
Public : Dès 1 ans

Label : CCDM
Derniers spectacles : **Histoire pour deux mains ; Un rêve de lumière ou cauchemar mon ami ; Voyage au pays des sons ; Félicienne magicienne ; La Maison Bonhomme ; Poussinet, sortiras tu de ton œuf ?...**

Ministère de la Jeunesse et de la Magouille (Le)

www.lemjm.com
2 Villa Bourg l'Evèque
35000 Rennes
Tél. : 02 99 63 15 12 - Fax : 02 99 63 15 10
contact@lemjm.com
• Direction : **Bertrand Bouessay**
• Communication : **Julien Pareja**
Type : artiste ou groupe musical
Année de création : 2003
Genre : musique
Public : dès 7 ans
Dernier spectacle : **Écoute ta mère et mange ton short !**
• Contact diffusion : **Théâtre Lillico Julien Pareja**

Môm'Song (Compagnie)

http://perso.wanadoo.fr/mom.song
14 rue des Hauts de Saint-Ouen
80610 Saint-Ouen
Tél. : 03 22 52 87 51 - Fax : 03 22 52 87 51
mom.song@wanadoo.fr
• Direction : **Béatrice Aguilar**
Type : groupe musical
Année de création : 1990
Genre : musique
Public : dès 2 ans
Label : Sergent Major Company
Derniers spectacles : **Malédiction au Château ; Hissez les voiles ; Le Grenier d'oncle Arthur ; Le Carnaval des mômes (bal) ; Zeste de fête (bal) ...**

Monica Lypso

Association Fantasia Latina
Monica Scheuer
3 rue Darboy
75011 Paris
Tél. : 01 43 57 10 43 - 06 14 58 00 23
Fax : 01 43 57 10 43
monicalypso@yahoo.fr
• Direction : **Monica Scheuer**
Type : artiste musicale
Année de création : 2002
Genre : musique
Public : dès 3 ans
Label : Victorie Music
Dernier spectacle : **Raggacomptines**

Monomotapa (Compagnie)

www.monomotapa.com
19-21 cours Marigny
94300 Vincennes
Tél. : 01 41 93 71 10 - 06 87 08 12 51
i.bal@monomotapa.com
• Direction : **Franck Lucas**
• Diffusion : **Isabelle Bal**
Type : groupe musical
Année de création : 2001
Genres : musique, conte, marionnettes.
Public : dès 5 ans
Derniers spectacles : **Le Petit Monde de Gustave ; Chansons de la Fontaine...**

Monsieur et Madame O (Compagnie)

www.reperages-spectacle.com
Repérages Spectacles
14 avenue Pascal
78600 Maisons-Laffitte
Tél. : 01 34 93 92 44 - Fax : 01 39 12 11 04
peter.bu@reperages-spectacles.com
• Direction : **Laurent Clairet**
• Administration : **Bernard Serez**
• Diffusion : **Peter Bu**
Type : compagnie dramatique
Année de création : 2001
Genres : mime, conte.
Public : dès 7 ans
Dernier spectacle : **Monsieur et madame O**

Monsieur le Conte (Compagnie)

25 rue du Vieux Séminaire
22000 Saint-Brieuc
Tél. : 06 75 41 33 39
cie.monsieurleconte@wanadoo.fr
• Direction : **Moïse Fdida**
• Administration : **Lucie Bruley**
Type : compagnie dramatique
Année de création : 2003
Genre : conte
Public : dès 6 ans
Label : autoproduction
Derniers spectacles : **Contes de Bagdad ; À tire d'aile ; Dis pourquoi ? ; Contes de Bagdad ; Ma Nishtana, contes de Pessah...**

Monsieur Nô ♡

www.monsieurno.com
Compagnie La Boîte à Bisous, 6 impasse du Sud
94120 Fontenay-sous-Bois
Tél. : 01 48 75 99 26 - 06 09 80 56 76
Fax : 01 48 75 99 26
monsieurno@wanadoo.fr
• Direction : **Claire Garnet**
Type : artiste musical
Année de création : 1999
Genre : musique
Public : dès 6 ans
Label : Bizou Music, L'Autre distribution, Virgin-Emi.
Dernier spectacle : **Une petite fête entre amis**

Morisse et Cie

5 rue de la Mare Lorillard
77280 Othis-Beaumarchais
Tél. : 02 98 78 23 91 - Fax : 02 98 78 21 25
corinne.foucouin@free.fr
• Direction : **Muriel Arnace**
• Administration : **Danuska Usal**
Type : compagnie dramatique
Année de création : 1956
Genres : conte, marionnettes.
Public : dès 3 ans
Derniers spectacles : **Au-delà des couleurs ; Les Derniers Géants ; Grand ours ; Mabo et Tolonyï ; Perline ; Watapi ; La Voie rouge...**
• Contact diffusion : **Corinne Foucouin**
01 48 68 56 98 - 06 12 96 25 96

Mornifle (Compagnie)

1 rue du Docteur Roux
56100 Lorient
Tél. : 02 97 21 32 63 - Fax : 02 97 21 32 62
achillegrimaud@aol.com
• Direction : **Achille Grimaud**
Type : compagnie dramatique
Année de création : 1999
Genre : conte
Public : dès 8 ans
Derniers spectacles : **Derrière le préau ; Coton Tige au pays des oreilles...**
• Contact diffusion : **Ici Même Productions**
02 99 79 24 35

Motus (Compagnie)

http://ciemotus.new.fr
18 rue des Margottes
93100 Montreuil
Tél. : 01 48 59 48 55 - 06 62 03 69 18
ciemotus@free.fr
• Direction : **François Babin**
• Administration : **François Babin**
• Communication : **Perrine Marck**
• Diffusion : **Perrine Marck**
Type : compagnie dramatique
Année de création : 2002
Genre : théâtre
Public : dès 4 ans
Dernier spectacle : **L'Armoire à bobards**

Mungo (Compagnie)

Association L'Usine à gaz
1 bis avenue d'Aniane
34150 La Boissière
Tél. : 04 67 54 53 19 - 04 67 59 57 70
isabelle.bach@libertysurf.fr
• Direction : **Isabelle Bach**
• Administration : **Joël Vilette**
Type : compagnie dramatique
Année de création : 2002
Genres : théâtre, marionnettes, clown.
Public : dès 4 ans
Dernier spectacle : **12 rue d'la joie**

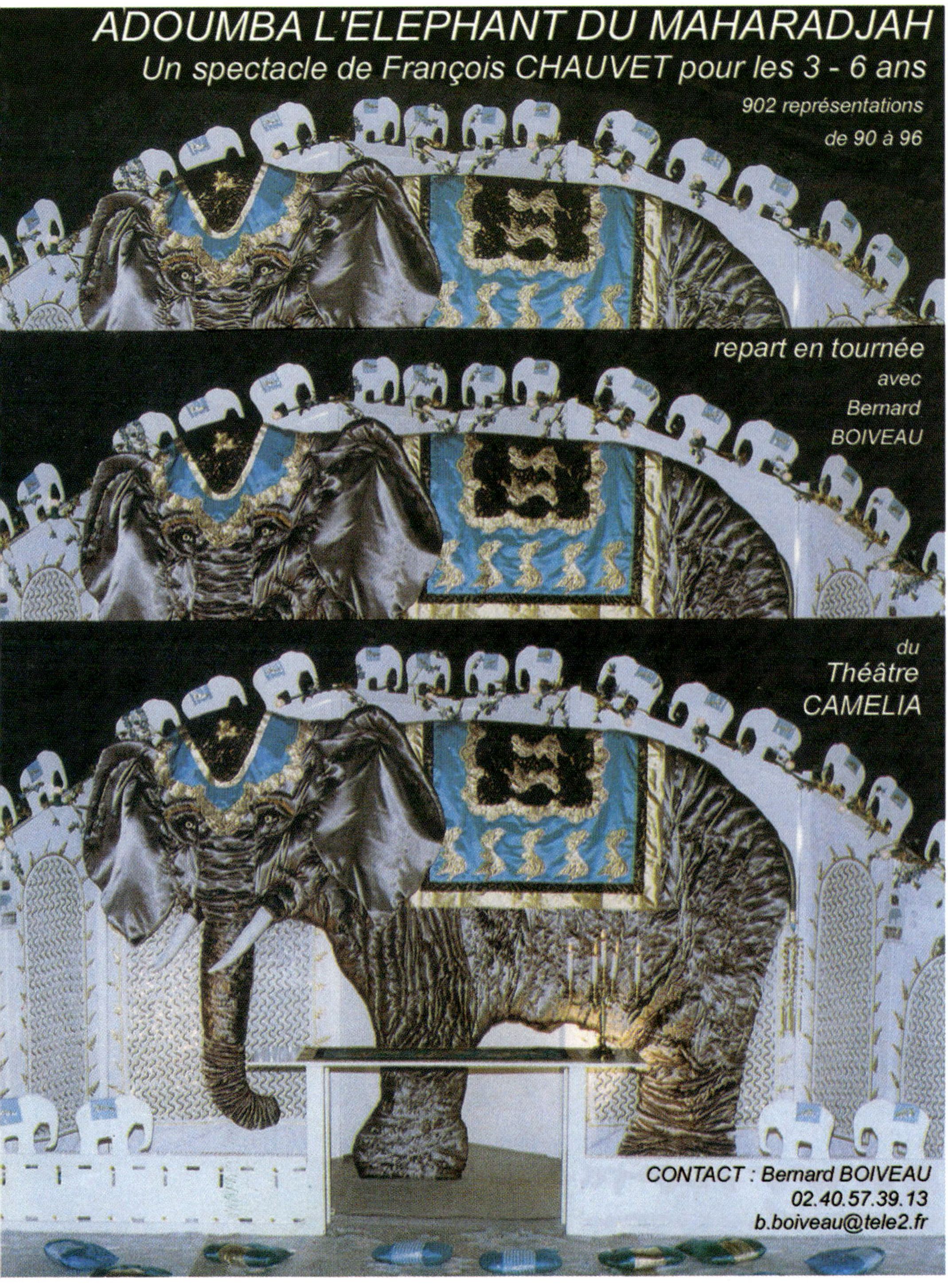
ADOUMBA L'ELEPHANT DU MAHARADJAH
Un spectacle de François CHAUVET pour les 3 - 6 ans
902 représentations
de 90 à 96
repart en tournée
avec
Bernard
BOIVEAU
du
Théâtre
CAMELIA
CONTACT : Bernard BOIVEAU
02.40.57.39.13
b.boiveau@tele2.fr

Muriel Bloch

Raison de plus
22 rue Orfila
75020 Paris
Tél. : 01 43 14 20 70 - Fax : 01 43 14 20 72
contact@agenceraisondeplus.com
Type : conteur
Année de création : 1979
Genre : conte
Public : dès 8 ans
Derniers spectacles : **Contes brésiliens ; Cocozumba ; Le Cheval de Troie ; Contes dansés dans une tasse de thé ; Un monde ailleurs…**
• Contact diffusion : **Chloé Cortinovis, Aurélie Grosse**

Myriam Dooge et les 12 étoiles (Compagnie)

www.myriamdooge.com
49 rue François de Guillebon
59110 La Madeleine
Tél. : 03 20 78 00 19 - Fax : 03 20 55 69 68
cie.myriam.dooge@wanadoo.fr
• Direction : **Myriam Dooge, Yan Corlay**
Type : compagnie chorégraphique
Année de création : 1987
Genre : pluridisciplinaire
Public : dès 4 ans
Dernier spectacle : **Hé, eau ; Les Fêtes secrètes ; Les Trois écus d'or…**

Myriam Naisy (Compagnie) L'Hélice

1 place Jean Rivet
31700 Blagnac
Tél. : 06 09 66 80 21 - Fax : 05 61 71 40 54
cmnhelice@aol.com
• Direction : **Myriam Naisy**
• Administration : **Nicolas Maye**
• Diffusion : **Myriam Naisy**
Type : compagnie chorégraphique
Année de création : 1988
Genre : danse
Public : dès 5 ans
Derniers spectacles : **À retours ; Trois petits secrets ; Les Danses initiales…**

Nadège Macleay (Compagnie)

Association la Tartaruca, Hameau de la Vacherie
10130 Davrey
Tél. : 06 07 03 32 26 - Fax : 01 47 00 61 66
n-macleay@club-internet.fr
• Direction : **Nadège Macleay**
• Administration : **Corinne Radice**
• Diffusion : **Corinne Radice**
Type : compagnie chorégraphique
Année de création : 1990
Genre : danse
Public : dès 8 ans
Dernier spectacle : **L'Empereur et le carreau de faience…**
• Contact diffusion : **Annex 12**
Corinne Radice - 01 43 67 85 05

Nathalie Ardilliez

www.enfancemusique.asso.fr
Enfance et Musique
17 rue Étienne Marcel
93500 Pantin
Tél. : 01 48 10 30 02 - Fax : 01 48 10 30 09
spectacles@enfancemusique.asso.fr
Type : chorégraphe
Année de création : 2001
Genres : théâtre d'ombres, claquettes.
Public : dès 9 mois
Dernier spectacle : **Apetipa**
• Contact diffusion : **Wanda Sobczak**

Nathalie Thomas

www.gustave.fr
Association Gustave
60 rue Saint Fort
33000 Bordeaux
Tél. : 05 56 51 16 09 - Fax : 05 56 51 14 52
conte@gustave.fr
Type : conteuse
Année de création : 1992
Genre : conte
Public : dès 2 ans
Dernier spectacle : **Le Hoquet de l'escargot**

Non de Nom (Compagnie)

58 rue de la Folie-Méricourt
75011 Paris
Tél. : 01 40 21 31 61 - Fax : 01 40 21 31 61
nondenom@club-internet.fr
• Direction : **Pascal Houbin**
• Administration : **Alain Tabakian**
Type : compagnie chorégraphique
Année de création : 1987
Genre : danse
Public : dès 10 ans
Dernier spectacle : **La petite fille qui...**

Note à Note

http://monsite.wanadoo.fr/note_a_note/
30 rue du Vélodrome
17000 La Rochelle
Tél. : 05 46 00 71 97 - 06 82 21 47 07
val.ter@wanadoo.fr
• Direction : **Valérie Terracole**
Type : groupe musical
Année de création : 2002
Genre : musique
Public : dès 3 ans
Dernier spectacle : **Un monde enchanté**

O'Navio Théâtre

9-11 rue du Capitaine Viguier
87000 Limoges
Tél. : 05 55 30 70 32 - Fax : 05 55 30 70 32
onavio@caramail.com
• Direction : **Alban Coulaud, Philippe Lopes**
• Administration : **Hassïa Jaafri**
Type : compagnie dramatique
Année de création : 1996
Genre : pluridisciplinaire
Public : dès 2 ans
Dernier spectacle : **Papalagui ; Flon Flon et Musette ; Mousse et les 26' ; En attendant le Petit Poucet...**

Objet Sensible

http://vachalaid.free.fr
La Balme
38680 Rencurel
Tél. : 04 76 36 12 26 - Fax : 04 76 36 12 26
vachalaid@yahoo.fr
• Direction : **Nathalie Della Vedova**
Type : compagnie dramatique
Année de création : 2004
Genre : marionnettes
Public : dès 2 ans
Dernier spectacle : **Mon nez**

OC et CO (Compagnie)

Maison des associations
1A place des Orphelins
67000 Strasbourg
Tél. : 03 87 08 87 47
• Direction : **Olivier Chapelet**
Type : compagnie dramatique
Année de création : 1997
Genre : théâtre
Public : dès 12 ans
Dernier spectacle : **Les Troyennes**

Octopus

www.label-octopus.org
6 rue du Forum, BP 527
74014 Annecy Cedex
Tél. : 04 50 57 53 13 - 06 68 95 24 94
Fax : 04 50 57 39 06
octopus74@voila.fr
• Direction : **Hélène Sakellaridès**
• Administration : **Martine Gauvin**
• Communication : **Hélène Sakellaridès**
• Diffusion : **Anne d'Hauthoille**
Type : compagnie dramatique
Année de création : 1993
Genre : pluridisciplinaire
Public : dès 18 mois
Derniers spectacles : **Le Collier de la Joconde ; Mini-cirque en pâte à modeler ; Le Secret de la souris ; Graphos et Motus au pays des baleines ! ; Tourniconti, le manège à spectacles...**

Odyssée Ensemble & Compagnie

www.odyssee-le-site.com
2 rue Mandelot
69005 Lyon
Tél. : 04 72 49 72 33 - Fax : 04 72 49 72 33
contact@odyssee-le-site.com
• Administration : **Anne Dornier**
• Communication : **Catherine Bosc**
• Diffusion : **Raphaël Lugbull, Anne Dornier**

Type : compagnie dramatique
Année de création : 1986
Genres : musique, théâtre, conte.
Public : dès 6 ans
Label : autoproduction
Derniers spectacles : **Carnets de notes ; Monsieur K. cabaret Kurt Weil ; Couleurs cuivres ; Amériques ; Le Cycle des destins...**

Oko (Compagnie)

1 bis Chemin de la Bodinière
85110 Saint-Germain-de-Princay
Tél. : 02 51 40 45 93 - Fax : 02 51 40 45 93
• Direction : **Catherine Chauvire**
Type : compagnie dramatique
Année de création : 1988
Genre : marionnettes
Public : dès 1 an
Dernier spectacle : **Minimalice**

Olivier Letellier

81 rue Saint-Maur
75011 Paris
Tél. : 06 62 46 44 50
letellieroliv@free.fr
Type : conteur, metteur en scène
Année de création : 1999
Genres : conte, théâtre d'objets.
Public : dès 8 ans
Dernier spectacle : **L'homme de fer**
• Contact diffusion : **Sine Qua Non**
02 51 10 04 04

Ouï-dire (Compagnie) - Christine Costa

www.artetsynergies.com
www.annesylvestre.com
Christine Costa
14 quai de la Megisserie
75001 Paris
Tél. : 06 63 80 73 89 - 04 67 59 84 20
Fax : 04 91 47 14 56
christinecosta@netcourrier.com
• Direction : **Christine Costa**
• Administration : **Grégory Fouché**
Type : groupe musical
Année de création : 1989
Genres : musique
Public : dès 3 ans
Label : De plein vent
Derniers spectacles : **Le Voyage d'Alzire ; La Revue des mots, des maux, des animaux ; Quand j's'rai p'tite ; Les Évasions gourmandes de Carmen Sucre...**
• Contact diffusion : **Les Arbres verts - Art et synergie musicale**

Ours du Scorff (Les)

www.lesoursduscorff.com
Ton all Produksion
3 rue des Milad
56630 Langonnet
Tél. : 02 97 23 82 82
ton.all@wanadoo.fr
• Administration : **Bertrand Dupont**
• Diffusion : **Bertrand Dupont**
Type : groupe musical
Année de création : 1992
Genre : musique
Public : dès 4 ans
Label : Keltia Musique
Dernier spectacle : **La Bonne Pêche**

P'tite Peste Production

www.ptitepeste.com
1 avenue Junot
75018 Paris
Tél. : 01 42 51 13 79 - 06 09 66 18 92
Fax : 01 42 54 73 42
p_titepeste@hotmail.com
• Direction : **Salomé Lelouch**
• Administrateur : **Rachel Arditi**
Type : compagnie dramatique
Année de création : 2004
Genres : pluridiciplinaire, théâtre.
Public : dès 3 ans
Dernier spectacle : **Un amour de sorcière ; Boubou bulle ; La Star des bestioles ; La forêt magique...**

Cie Contre-Ciel
Luc Laporte

L'Ebloui
de Joël Jouanneau
Le Garçon aux Sabots
de Marie-Line Laplante

www.contreciel.fr

Morisse et Cie
Muriel Arnace

Au delà des Couleurs
de Thierry Benquey
Les derniers Géants
de François Place
Grand-Ours
de François Place
Mabo et Tolonyï
de Muriel Arnace
Wojapi
Perline
La Voie Rouge

Théâtre du Préau
Éric de Dadelsen

La Famille Toulemonde
d'Éric de Dadelsen
Ogrrre !
de Philippe Dorin

www.theatredupreau.fr

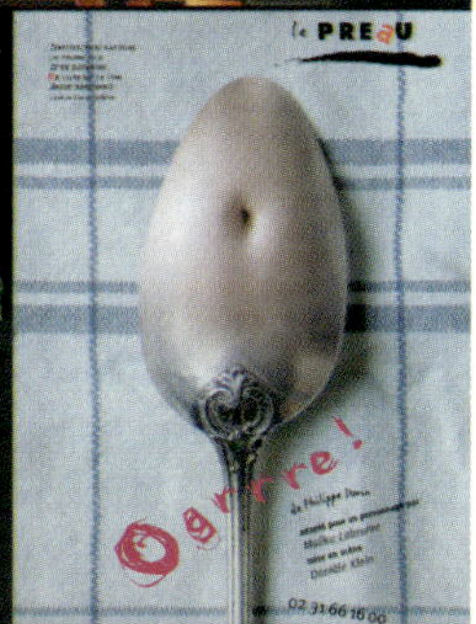

La Mandarine Blanche
Alain Batis

Neige
de Maxence Fermine
L'Eau de la Vie
d'Olivier Py
L'assassin sans scrupules…
de Henning Mankell

la.mandarineblanche@
free.fr

CONTACT - DIFFUSION

Corinne Foucouin 06 12 96 25 96 – 01 48 68 56 98 – corinne.foucouin@free.fr – http://corinnefoucouin.20six.fr

Pakita

www.pakitafaitlafete.com
52 rue du Four
75006 Paris
Tél. : 01 45 44 27 36 - 06 15 95 08 02
pakitalafee@wanadoo.fr
• Communication : **Florence Girard-Narozny**
Type : artiste ou groupe musical
Année de création : 1998
Genres : musique, théâtre, théâtre musical.
Public : dès 3 ans
Label : Universal ULM
Derniers spectacles : **Pakita, c'est la fête ; Pakita, la lune a besoin de toi ; Pakita, La fée rousse à lunettes ; Pakita, viens vite je t'invite ; Pakita qui a volé le livre des fées ?...**
• Contact diffusion : **Pakita & co - Victorie spectacles - Émilie Mahé** - 01 49 29 55 50

Pal Frenak (Compagnie)

Théâtre de la Faiencerie
Allée Nelson, BP 6
60109 Creil Cedex
Tél. : 01 44 83 68 48 - Fax : 01 44 83 68 37
• Direction : **Pal Frenak**
• Administration : **Stéphane Hivert**
Type : compagnie chorégraphique
Année de création : 1988
Genre : danse
Public : dès 5 ans
Dernier spectacle : **Trace2, Trace**

Papaq Compagnie ♡

17 rue de l'Oratoire
14000 Caen
Tél. : 02 31 85 90 00 - Fax : 02 31 85 90 00
papaq@free.fr
• Direction : **Françoise Grieu**
• Administration : **Stéphanie Keslair**
• Communication : **Myriam Khaldi**
• Diffusion : **Myriam Khaldi**
Type : groupe musical
Année de création : 2000
Genres : musique, conte, théâtre.
Public : dès 3 ans
Label : autoproduction
Dernier spectacle : **L'Enfant sans nom ; Le Roi Coléoptere ; Le Jour de la lune ; Monsieur Filoche...**

Papier Théâtre

www.theatre-de-papier.com
Mairie, BP 25
51400 Mourmelon-le-Grand
Tél. : 06 60 76 39 45 - Fax : 03 25 80 58 33
papier.theatre@wanadoo.fr
• Direction : **Alain Lecucq**
Type : compagnie dramatique
Année de création : 1990
Genre : marionnettes
Public : dès 6 ans
Dernier spectacle : **Le Loup sentimental**

Parler Debout (Compagnie)

http://parlerdebout.free.fr
68 rue Charles Infroit
94400 Vitry-sur-Seine
Tél. : 01 46 81 68 42 - Fax : 01 43 91 35 17
parler.debout@free.fr
• Direction : **Christian Paccoud**
Type : groupe musical
Année de création : 2000
Genre : musique
Public : dès 3 ans
Label : Le Loup du Faubourg
Derniers spectacles : **Polion le vagabond ; Arthur le pêcheur de chaussures...**

Pas Folle la Guêpe (Compagnie)

Résidence Formanoir, appartement 458
4 allée des Forsythias
33600 Pessac
Tél. : 05 56 15 35 43 - 06 84 07 01 40
ciepasfolle@aol.com
• Direction : **Anne Juquel**
Type : compagnie dramatique
Année de création : 2004
Genres : conte, théâtre, musical.
Public : dès 9 mois
Derniers spectacles : **Malle au cœur ; Mon chapeau à raconter...**

Patrick Di Scala

17 route de Brignais
69540 Irigny
Tél. : 06 10 80 56 57
patrick.discala@9online.fr
Type : artiste ou groupe musical
Année de création : 1983
Genre : musique
Public : dès 3 ans
Label : Comme-ci Comme-ça
Derniers spectacles : **Si bien caché ; Lève le nez...**

Perrotin et Carmelo (Compagnie)

www.reperages-spectacle.com
Repérages Spectacles
14 avenue Pascal
78600 Maisons-Laffitte
Tél. : 01 34 93 92 44 - Fax : 01 39 12 11 04
peter.bu@reperages-spectacles.com
• Direction : **Dominique Lemaire**
Type : compagnie dramatique
Année de création : 2000
Genres : conte, mime, magie.
Public : dès 8 ans
Derniers spectacles : **Le Triomphe de la raison ; L'Écrivain public ; Littérature en kit...**

Petipatapon (Compagnie)

47 rue du Borrego
75020 Paris
Tél. : 01 40 31 81 88 - 06 64 12 81 88
Fax : 01 40 31 81 88
oleka@noos.fr
• Direction : **Alma Fernandez**
• Administration : **Germana Prioletta**
• Diffusion : **Oleka Fernandez**
Type : compagnie dramatique
Année de création : 1994
Genres : théâtre, marionnettes.
Public : Dès 5 ans
Derniers spectacles : **La Légende du petit berger ; La Véritable Histoire des trois petits cochons ; Piou piou...**

Petit Théâtre (Le)

www.le-petit-theatre.com
16 rue d'Ozoir
77340 Pontault-Combault
Tél. : 01 60 29 11 15 - Fax : 01 60 29 02 48
aloncin@free.fr
• Direction : **André Loncin**
• Communication : **Ida Blaszka**
Type : compagnie dramatique
Année de création : 1987
Genres : théâtre, lecture.
Public : dès 4 ans
Derniers spectacles : **Dormir Debout, Chocolat littéraire...**
• Contact diffusion : **Ida Balszka**
01 30 40 05 03 - 06 60 26 21 69

Petite Fabrique (La)

Centre culturel Les Colonnes
4 rue du Docteur Castéra
33290 Blanquefort
Tél. : 05 56 95 49 11 - Fax : 05 56 95 49 09
lapetitefabrique@wanadoo.fr
• Direction : **Béatrice Heurtebise**
• Administration : **Florence Olivier**
Type : compagnie dramatique
Année de création : 2000
Genres : théâtre, marionnettes.
Public : dès 3 ans
Dernier spectacle : **Les rêves d'une grenouille ; Le journal de grosse patate...**

Petrek

http://petrek.fr
Poisson Pilote Production
188 rue des Marais
01120 La Boisse
Tél. : 04 78 06 43 45 - 06 64 21 77 55
Fax : 04 78 06 02 19
mamieprod@free.fr - ppilote@free.fr
Type : artiste ou groupe musical
Année de création : 2000
Genre : musique
Public : dès 6 ans
Dernier spectacle : **L'Air de rien**
• Contact diffusion : **Mamie Production**
02 40 12 04 80 - **Poisson Pilote Production**

Philipo

http://philipo.site.voila.fr
4 place de l'Église
41160 La-Ville-aux-Clercs
Tél. : 02 54 80 34 74
nathalie.lacour@cegetel.net
• Direction : **Dominique Philippeau**
Type : artiste ou groupe musical
Année de création : 2003
Genres : musique, conte.
Public : dès 2 ans
Label : Victor Mélodie
Derniers spectacles : **Les Z'animots ; Clowns musicaux...**

Philippe Roussel (Compagnie)

www.raymond-et-merveilles.com
19 rue Cour Billot
88000 Épinal
Tél. : 03 29 82 30 84 - 06 82 34 53 64
Fax : 03 29 82 30 84
cie.philipperoussel@wanadoo.fr
• Direction : **Philippe Roussel**
• Administration : **Pascale Prevot**
Type : groupe musical
Année de création : 1988
Genres : musique, théâtre.
Public : dès 1 an
Label : Raymond et Merveilles
Derniers spectacles : **Le Doudou d'Adrien ; Les Questions ; Bonsoir la lune...**

Pierre Delye - Cie du Chaudron

25 rue Édouard Vaillant
59510 Hem
Tél. : 03 20 80 74 91 - Fax : 03 20 80 74 91
• Administration : **Sandrine Henneuse**
Type : conteur
Année de création : 1994
Genre : théâtre, conte.
Public : dès 5 ans
Label : Didier Jeunesse
Derniers spectacles : **P'tit bonhomme et cie ; Les Aventures d'Archibald ; Même pas vrai !?**
• Contact diffusion : **Clair de Lune - Dominique Declercq** - 03 20 81 09 40

Pierre Doussaint (Compagnie)

23 rue Alfred Dehay
78130 Les Mureaux
Tél. : 01 30 91 99 30 - Fax : 01 30 91 44 96
compdoussaint@yahoo.fr
• Direction : **Pierre Doussaint**
• Administration : **Valérie Gros Dubois**
Type : compagnie chorégraphique
Année de création : 1991
Genres : danse, arts de la rue.
Public : dès 7 ans
Derniers spectacles : **Lion des glaces ; Free Free et Momo ; La Brigade...**

Pierre Gueyrard

Association Bout d'homme
Hameau Les Michels
13790 Peyniers
Tél. : 04 42 53 10 03 - 06 32 55 95 71
asso.bout.dhomme@wanadoo.fr
• Direction : **Hervé Montigny**
Type : artiste musical
Année de création : 1994
Genre : musique
Public : dès 5 ans
Label : Bout d'Homme
Derniers spectacles : **Oh ! Un nuage dans ma poche ; La Tête à Sylvius...**

Pierre Lozère

www.papaclown.com
BP 19
77760 Ury
Tél. : 01 64 69 85 09 - Fax : 01 64 69 85 09
info@papaclown.com
• Direction : **Pierre Lozère**
• Administration : **Pierre Lozère**
• Diffusion : **Marie-Jo Lozère**
Type : artiste ou groupe musical
Année de création : 1976
Genre : musique
Public : dès 2 ans
Label : Plbf Production
Dernier spectacle : **Au bonheur des enfants**

vingtième THEATRE

NOUVEAU THEATRE DE NOVEMBRE — DIRECTION PASCAL MARTINET

7 RUE DES PLATRIERES 75020 PARIS. TEL : 01 43 66 01 13. METRO MENILMONTANT

Le Vingtième Théâtre et la Compagnie Roseau Théâtre présentent

"Inspecteur Toutou"

14h30

de Pierre GRIPARI

Vendu pour avoir dit la vérité, le miroir magique de la reine de Blanche-Neige se retrouve dans le bureau de l'inspecteur Toutou. Méconnaissant les contes enfantins les plus célèbres, celui-ci embrouille et transforme leur déroulement. L'auteur souligne ici l'importance de la lecture.

La Provence : "Les acteurs interprètent ce texte d'une façon remarquable, avec brio. Que d'énergie!" Theatre.Enfants.com : "C'est très moderne, c'est aussi très drôle, parents et enfants rient en même temps...assez rare pour être souligné! Du cousu main."

La république du Centre : "Un spectacle remarquable."

Var matin : "Un véritable exercice de style, intelligent et original".

Mise en scène : Marie-Françoise et Jean-Claude BROCHE
Interprétation : Patrice DEHENT, Sylvie GONNORD,
Cyrille NITKOWSKI ou Sébastien MARÉCHAL, Jean-Claude BROCHE (vidéo)
Musique : Denis BOURBOULON - Lumière : Olivier BALBASTRE
Affiche : Jacques FERRANDEZ - Vidéo : Daniel MARTINEAU / Ali YEGANER

AVRIL 2006 / à 14h30

Le mercredi 5 avril, le samedi 8 avril
du 10 au 15 avril et du 18 au 22 avril
le mercredi 26 avril et samedi 29 avril

Originavre /Cie Roseau Théâtre est subventionnée par le Conseil Général d'Eure et Loir et la Région Centre

Région Centre — Eure&Loir Conseil Général

www.roseautheatre.org

MAIRIE DE PARIS

Pierrig Le Dréau et Slawek

http://pageperso.aol.fr/periglmld/index.html
Association Blues West Enfants
La Sauvagine, Le Bouillon
22490 Plouer-sur-Rance
Tél. : 02 96 86 87 59 - Fax : 02 96 86 87 59
periglmld@aol.com
• Direction : **Pierrig Le Dréau**
• Administration : **Pierre Lemée**
Type : groupe musical
Année de création : 1979
Genre : conte
Public : dès 2 ans
Label : Blues West Enfants
Derniers spectacles : **À califourchon sur Canasson ; Bal pour enfants ; La Gourmandise ; En avant matelot...**

Point du jour (Compagnie)

www.compagniepointdujour.com
27 rue de Villefranche
34090 Montpellier
Tél. : 04 67 54 19 13 - 06 13 56 17 84
compagniepointdujour@free.fr
• Direction : **Nicole Rechain**
• Administration : **Sylvie Thouzellier**
• Communication : **Sylvie Thouzellier**
• Diffusion : **Sylvie Thouzellier**
Type : compagnie dramatique
Année de création : 1995
Genres : musique, théâtre, marionnettes.
Public : dès 8 ans
Derniers spectacles : **Passe sans bruit ; Graines d'étoiles...**

Pois de senteur

La Gravette
31370 Monés
Tél. : 08 00 63 89 85
poisdesenteur@free.fr
• Direction : **Isabelle Bauer**
• Administrations : **Yasmina Marincovick, Marjorie Rigaud**
Type : compagnie dramatique
Année de création : 1996
Genres : théâtre, marionnettes.
Public : dès 2 ans
Derniers spectacles : **Nez Rouge le renne de Noël ; Le Potager de Néroline ; Le Gâteau de Néroline ; Nicolas le chocolat ; Néroline protège la nature ; Sirmin le petit sapin...**

Porte Lune (Compagnie)

www.portelune.com
2 rue Schoelcher
94000 Créteil
Tél. : 01 43 39 56 26 - Fax : 01 43 39 56 26
porte.lune@free.fr
• Direction : **Yves Javault**
Type : compagnie dramatique
Année de création : 1977
Genres : musique, arts de la rue, théâtre d'objets.
Public : dès 6 ans
Derniers spectacles : **Le Jeu des 7 familles du théâtre ; Gedeon Grimoire ; Snif et le voleur d'odeurs...**

Pour Ainsi Dire (Compagnie) ♡

1 rue Alfred Savouré
94220 Charenton-le-Pont
Tél. : 01 43 14 07 28 - Fax : 01 43 14 07 28
agnes.carre@wanadoo.fr
• Direction : **Sylviane Fortuny, Philippe Dorin**
• Administration : **Agnès Carré**
• Diffusion : **Agnès Carré**
Type : compagnie dramatique
Année de création : 1996
Genre : théâtre
Public : dès 5 ans
Derniers spectacles : **Le Monde, point virgule ; Ils se marièrent et eurent beaucoup...**

Praline Gay Para

1 square des Bouleaux
75019 Paris
Tél. : 01 42 02 65 03 - Fax : 01 42 02 65 03
pralinegaypara@free.fr - pavevolubile@free.fr
Type : conteuse
Année de création : 1981
Genre : conte
Public : dès 4 ans
Label : Enfance et Musique
Dernier spectacle : **Contes turbulents**
• Contact diffusion : **Sabine Delaunay**
06 63 61 40 12

Pupella-Noguès (Compagnie)

http://pupella.nogues.free.fr
46 chemin des Rosiers
31130 Quint-Fonsegrives
Tél. : 05 61 83 59 26 - Fax : 05 61 83 59 26
pupella.nogues@free.fr
• Direction : **Joëlle Noguès, Giorgio Pupella**
• Administration : **Véronique Dubarry**
Type : compagnie dramatique
Année de création : 1984
Genres : pluridisciplinaire, théâtre, marionnettes.
Public : dès 3 ans
Derniers spectacles : **Je pars... ; Mais où est passé le tamanoir ?...**

Quasicirq (Compagnie)

69 Grande Rue
77163 Dammartin-sur-Tigeaux
Tél. : 01 64 65 23 79 - Fax : 01 64 65 23 79
quasicirq.fredvero@tiscali.fr
• Direction : **Marie-Hélène Velazquez**
• Administration : **Frédéric Pfluger**
• Communication : **Véronique Pfluger**
• Diffusion : **Véronique Pfluger**
Type : compagnie dramatique
Année de création : 2001
Genres : pluridisciplinaire, théâtre, arts de la rue, cirque, marionnettes.
Public : dès 5 ans
Derniers spectacles : **Le pêcheur ; 13 rue Kliscnigg ; Théodule Breu, Montreur de grenouille...**

Rasposo (Compagnie)

www.rasposo.net
Cercot, Cedex 1260
71390 Moroges
Tél. : 03 85 47 93 72 - Fax : 03 85 47 91 84
rasposocie@aol.com
• Direction : **Fanny Molliens**
• Administration : **Chantal Schneider**
Type : compagnie dramatique
Année de création : 1987
Genres : théâtre, cirque.
Public : dès 4 ans
Dernier spectacle : **Cirque en fil**

Ratatouille théâtre (Le)

Friche du Pont de la Croix
30120 Le Vigan
Tél. : 04 67 82 53 95 - Fax : 04 67 82 53 95
tronor@wanadoo.fr
• Direction : **Michel Lafont**
• Communication : **Laurent Gouardes**
Type : compagnie dramatique
Année de création : 1998
Genre : marionnettes
Public : dès 8 ans
Derniers spectacles : **De mieux en mieux ; Le Monstre du Gévaudan...**

Rémi

www.comptinesetjeuxdedoigts.com
26 rue du Général Leclerc
71100 Chalon-sur-Saône
Tél. : 03 85 93 25 20 - 06 07 68 55 75
remi14@wanadoo.fr
Type : artiste ou groupe musical
Année de création : 1990
Genre : musique
Public : dès 1 an
Derniers spectacles : **Comptines et jeux de doigts ; Comptines d'hier et rémi...**

Rémouleurs (Les)

51 rue de Pontoise
95560 Montsoult
Tél. : 01 40 33 19 72 - Fax : 01 40 33 19 72
remouleurs@wanadoo.fr
• Direction : **Anne Bitran, Olivier Vallet**
• Administration : **Danuska Usal**
Type : compagnie dramatique
Année de création : 1983
Genre : marionnettes
Public : dès 6 ans
Derniers spectacles : **Hulul ou La Soupe aux histoires ; Lubie ; Ginette Guirolle, marionnette de bar...**
• Contact diffusion : **Valérie Teboulle**
01 42 52 07 57

Repris de justesse (Les)

www.bigbravospectacles.com
22 avenue Jules Guesde
29200 Brest
Tél. : 02 98 07 90 50
bigbravo@wanadoo.fr
• Direction : **Philippe Abalain**
Type : artiste ou groupe musical
Année de création : 1999
Genres : musique
Public : dès 8 ans
Derniers spectacles : **Junior Swing Parade ; Les Repris de justesse…**
• Contact diffusion : **Big Bravo Spectacles - Sophie Glarner** - 02 96 70 86 99

Retouramont (Compagnie)

www.retouramont.com
Maison du théâtre et de la danse
75-81 avenue de la Marne
93800 Épinay-sur-Seine
Tél. : 01 48 22 23 96 - Fax : 01 48 22 23 96
cie.retouramont@libertysurf.fr
• Direction : **Fabrice Guillot, Geneviève Mazin**
• Administration : **Denis Welkenhuyzen**
• Communication : **Anne-Claire Ridoret**
• Diffusion : **Anne-Claire Ridoret**
Type : compagnie chorégraphique
Année de création : 1986
Genre : danse
Public : dès 4 ans
Derniers spectacles : **Traversées d'ombres ; Réflexion de façade ; Juste sous mes pieds ; L'Avancée du gouffre ; Hisse et transparence…**

Rêve Lune (Compagnie)

9 rue Diderot
83500 La Seyne-sur-Mer
Tél. : 04 94 30 07 21 - Fax : 04 94 87 80 38
reve.lune@wanadoo.fr
• Direction : **Roseline Dauban, Jean-Noël Rodriguez**
Type : compagnie dramatique
Année de création : 1992
Genres : musique, théâtre, conte, marionnettes.
Public : dès 1 an
Label : autoproduction
Derniers spectacles : **Dans mon jardin il y a…** (inspiré de contes traditionnels) ; **Oundjao Kounate ; Moumouna…**

Robinson

www.robinson.com.fr
Hervé Pépion
10 rue Grande
36150 Vatan
Tél. : 02 54 49 72 24 - 06 10 01 55 74
Fax : 02 54 49 72 24
pepion.herve@wanadoo.fr
• Direction : **Robinson**
• Administration : **Hervé Pépion**
• Communication : **Hervé Pépion**
• Diffusion : **Hervé Pépion**
Type : artiste musical
Année de création : 1998
Genre : musique
Public : dès 4 ans
Label : Récré-actions
Dernier spectacle : **Nouvelles de mars**

Robinson (Compagnie)

Base sous-marine
Boulevard Alfred Daney
33300 Bordeaux
Tél. : 05 56 50 16 38 - Fax : 05 56 24 64 42
cie.robinson@wanadoo.fr
• Direction : **Claude Magne**
• Administration : **Uyen Bham**
Type : compagnie chorégraphique
Année de création : 1988
Genre : danse
Public : dès 6 mois
Derniers spectacles : **Va ou ; Pas moi ; Baleine…**

Rocky Bulle Compagnie Les Héliades

www.rockybulle.com
4 rue du Puits
28480 Happonvilliers
Tél. : 02 37 29 58 53 - Fax : 02 37 25 36 53
contact@rockybulle.com
• Direction : **Claude Theil**
• Administration : **Claude Theil**

• Communication : **Isabelle Rault**
• Diffusion : **Isabelle Rault**
Type : groupe musical
Année de création : 1990
Genres : musique, théâtre.
Public : dès 3 ans
Label : La Malle aux Trésors
Derniers spectacles : **Planète en promotion ; Comme une image ; Petit concert entre amis ; Au fil des fêtes ; Marchande de mots...**

Roger Cactus

www.rogercactus.com
Compagnie du Cactus
226 rue Vaillant Couturier
94140 Alfortville
Tél. : 01 43 96 28 81
rogercactus@libertysurf.fr
• Direction : **Françoise Noir**
Type : artiste musical
Année de création : 1993
Genre : musique
Public : dès 4 ans
Label : La Malle aux Trésors
Derniers spectacles : **Épique époque ! ; Rock pique Colégram ; Le Festi'bal ; Le Concert...**

Rogo Koffi Fiandor

www.aah-tout-theatre.com
Cie Gakokoé
8 rue Contejean
25200 Montbéliard
Tél. : 03 81 91 22 83 - Fax : 03 81 91 22 83
gakokoe@wanadoo.fr
• Direction : **Fabienne Sire**
• Communication : **Marcel Djondo**
• Diffusion : **Marcel Djondo**
Type : conteur
Année de création : 1998
Genre : conte
Public : dès 5 ans
Derniers spectacles : **Contes africains d'aujourd'hui ; Tête de tri...**

Rose-Claire Labalestra

11 avenue Aristide Briand
38600 Fontaine
Tél. : 06 13 15 23 81
rclabalestra@wanadoo.fr
Type : artiste ou groupe musical
Année de création : 1981
Genre : conte
Public : dès 5 ans
Derniers spectacles : **In bocca al lupo ; Quand la terre était jeune...**

Roseau Théâtre - Originavre

www.roseautheatre.org
30 espace Baron Lacour
28270 Bérou-la-Mulotière
Tél. : 02 37 48 37 42 - 06 10 79 63 22
Fax : 02 37 48 53 05
brocheroseau@wanadoo.fr
• Direction : **Marie-Françoise Broche**
Type : compagnie dramatique
Année de création : 1984
Genres : musique, théâtre.
Public : dès 4 ans
Derniers spectacles : **Inspecteur Toutou ; Les Contes de la rue Brocard ; Incroyables histoires de Maupassant ; L'Homme qui plantait des arbres ; Terre des hommes ; Jean Valjean...**

Rouge Malice (Compagnie)

www.rouge-malice.com
Musik Ap'passionato
39 bis rue Edmond Chapuis
39570 Montmorot
Tél. : 03 84 24 86 89 - Fax : 03 84 43 19 33
ap.passionato@wanadoo.fr
• Direction : **Annik Meschinet**
Type : groupe musical
Année de création : 1998
Genres : pluridisciplinaire, musique.
Public : dès 7 ans
Label : Musik Ap' passionato, Enfance et Musique.
Dernier spectacle : **Des rimes... dérape ! ; Jouap' la vie ! ; Le Voix du fruit...**

Rue Volant (Association)

28 rue Volant
92000 Nanterre
Tél. : 01 47 25 22 85
• Direction : **Martine Géminel**
Type : compagnie dramatique
Année de création : 2004
Genre : marionnettes
Public : dès 7 ans
Dernier spectacle : **Du p'tit bois pour l'hiver**
• Contact diffusion : **Les petits ruisseaux - Emmanuel Magis** - 06 63 40 64 68

Salvini (Compagnie)

7 rue du Repos
07300 Tournon-sur-Rhône
Tél. : 04 75 07 23 49 - 06 73 20 62 31
patrickjumel@aol.com
• Direction : **Patrick et Isabelle Jumel**
Type : compagnie dramatique
Année de création : 1995
Genres : théâtre, clown.
Public : dès 8 ans
Derniers spectacles : **Remue ménage ; Un lézard dans la boîte aux lettres...**
• Contact diffusion : **Ankou culture**

Samir Kacel

EOG Productions, Penhep
29800 Saint-Urbain
Tél. : 02 98 25 03 75 - Fax : 02 98 25 03 75
eogprod@aol.com
• Direction : **Alain Kerdoncuff**
Type : artiste ou groupe musical
Année de création : 1997
Genres : musique
Public : dès 3 ans
Label : EOG Productions
Dernier spectacle : **Carnet de Bal**

Sappas' (Compagnie)

http://cie.sappas.free.fr/site/
L'Escola
82240 Lavaurette
Tél. : 05 63 31 90 53 - Fax : 05 63 31 90 53
cie.sappas@free.fr
• Direction : **Jérémie Steil, Gilles Machat**
• Diffusion : **Julie Masse**
Type : compagnie dramatique
Année de création : 1997
Genre : arts de la rue
Public : dès 6 ans
Dernier spectacle : **Le Bâteau Sappas'**

Scènes en Seine

Théâtre Richelieu, 14 rue des Fossés
77130 Montereau
Tél. : 01 60 74 44 02 - 06 08 64 15 03
Fax : 01 60 74 44 02
scenes-en-seine@wanadoo.fr
• Direction : **Anne Benedetti**
Type : compagnie dramatique
Année de création : 1994
Genres : théâtre, conte.
Public : dès 5 ans
Dernier spectacle : **Neige neige**

Scopitone et Compagnie

32 bis rue de la Gare
56700 Hennebont
Tél. : 02 97 85 55 39 - 06 75 47 49 26
scopitone@tiscali.fr
• Administration : **Nadine Lapuyade**
• Diffusion : **Nadine Lapuyade**
Type : compagnie dramatique
Année de création : 2002
Genres : marionnettes, théâtre d'objets.
Public : dès 6 ans
Derniers spectacles : **Le Petit Chaperon rouge ; La Belle et la Bête...**

Sébastien Mossière

Lard'Enfer Productions, 4 square des Méliots
78310 Maurepas
Tél. : 01 42 03 00 30 - Fax : 01 42 03 00 33
lardenfer@hotmail.com
• Diffusion : **Frédéric Thibault**
Type : artiste
Année de création : 1995
Genre : magie
Public : dès 4 ans
Derniers spectacles : **L'Apprenti magicien ; Magicien tout est écrit...**

Compagnie ROUGE MALICE

Direction artistique et pédagogique : **Annik Meschinet**
Association MUSIK Ap'PASSIONATO - www.rouge-malice.com

L'art vocal ouvert à la diversité des cultures et des modes d'expressions d'aujourd'hui.

Précédentes créations :
Jouap' la vie ! Spectacles et CD (2000)
Des rimes... dérape ! Spectacles et CD (2003)

Concerts avec : **Soriba Kouyaté, Évasion, Jean Paul Poletti...**

Formations avec : **André Minvielle, Stefany Ganachaud et le CNC de Belfort, Eduardo Lopez...**

Des enfants et adolescents s'impliquent au sein d'un projet artistique, éducatif et citoyen, en partenariat avec des artistes professionnels.

Nouvelle création 2006-2007

LES VOIX DU FRUIT

CONCEPTION : Annik Meschinet

INTERPRÈTES :

- Vingt enfants et adolescents âgés de 9 à 18 ans
- Quatre musiciens :

William Lecomte : piano
Jérôme Lefebvre : guitares
Fawzy Al-Aiedy : oud - cor anglais - chant.
Pierre François Dufour : violoncelle, percussions.

Une fantaisie inspirée par le fruit des recherches écrites des jeunes. Des saveurs riches de mélodies et polyphonies, de percussions vocales, d'improvisations interactives, une musique originale, des images vidéo, un mouvement chorégraphique...

Un voyage sensuel, ludique et imaginaire au cœur du noyau de notre vie intime. Le fruit qui résonne à la croisée de nos chemins, que nous proposons de mettre en bouche et en oreille : couleur, rêve, secret et délire...

14 et 15 janvier 2006 Théâtre de Lons le Saunier
24 mars 2006 Grand Kursaal de Besançon

Sharlalune

EOG Productions
29800 Saint-Urbain
Tél. : 02 98 25 03 75 - Fax : 02 98 25 03 75
eogtour@aol.com - eogprod@aol.com
• Direction : **Alain Kerdoncuff**
Type : groupe musical
Année de création : 1999
Genres : musique, marionnettes.
Public : dès 5 ans
Derniers spectacles : **La Folie des jouets ; La Grande parade des chansons…**

SiPeuCirque

www.sipeucirque.org
La Fabrique de théâtre
13 rue de Phalsbourg
67000 Strasbourg
Tél. : 03 88 36 02 83 - Fax : 03 88 36 02 83
sipeu@sipeucirque.org
• Direction : **Luc Fontaine**
• Administration : **Sarah Juliette Morel**
Type : compagnie dramatique
Année de création : 1999
Genre : arts de la rue
Public : dès 6 ans
Dernier spectacle : **Cirque conférence**

Skappa (Compagnie) ♡

Friche La Belle de Mai
23 rue Guibal
13331 Marseille Cedex 3
Tél. : 04 95 04 95 64 - Fax : 04 95 04 95 64
skappamarseille@hotmail.com
• Direction : **Paolo Cardona, Isabelle Hervouët**
Type : compagnie dramatique
Année de création : 1998
Genre : théâtre
Public : dès 8 mois
Dernier spectacle : **Syncope, Uccelini Magic Twentieth Century…**

Sophie Forte

CC Production
27 bis rue Charles VII
94130 Nogent-sur-Marne
Tél. : 01 48 72 32 97 - 01 48 72 38 05
Fax : 01 48 72 38 91
info@ccprod.org
• Direction : **Pierrette Devineau, Thierry Durepaire**
• Communication : **Brigitte Berthelot**
01 46 26 32 06
• Diffusion : **Thierry Durepaire**
Type : artiste ou groupe musical
Année de création : 2005
Genre : musique
Public : dès 6 ans
Label : Niark Productions
Dernier spectacle : **Maman dit qu'il ne faut pas**

Sophie Houen

Ipisiti, BP 57402
29674 Morlaix
Tél. : 02 98 88 13 70 - Fax : 02 98 63 81 47
ipisiti@wanadoo.fr
Type : conteur
Année de création : 1995
Genre : conte
Public : dès 4 ans
Derniers spectacles : **Marcher sur les étoiles, C'est joli, mais ça pique ; La Terre est ronde ; Tu es à croquer ; Fricassée de nuits…**
• Contact diffusion : **Marie-Laure Gicquel**

Sopranofilm

2 bis passage Ruelle
75018 Paris
Tél. : 01 46 27 74 00
sopranofilm@club-internet.fr
• Direction : **Annie Dissaux**
• Administration : **Laure Castellanos**
Type : compagnie dramatique
Année de création : 1996
Genres : musique, théâtre, cinéma.
Public : dès 5 ans
Dernier spectacle : **Fantaisie**

Sous un autre angle (Compagnie)

3 rue Borrégo
75019 Paris
Tél. : 06 87 07 68 37
sousunautreangle@wanadoo.fr
• Direction : **Kevin Lapin, Olivier Faliez**
• Communication : **Sophie Leclercq**
Type : compagnie dramatique
Année de création : 2003
Genre : théâtre d'objets
Public : dès 6 ans
Derniers spectacles : **Les Musiciens de Brême ; Mad maths...**

Steph et Melo

Tous Azimuts Production
4 rue des Minimes
72000 Le Mans
Tél. : 02 43 23 35 53 - 06 80 13 71 16
Fax : 02 43 23 35 53
tous.azimuts.prod@wanadoo.fr
Type : compagnie dramatique
Année de création : 2001
Genre : cirque
Public : dès 7 ans
Dernier spectacle : **Cie Bu**
• Contact diffusion : **Ludovic Timon**

Stephy

www.stephyprod.com
Stéphyprod
219 ter rue Vaillant Couturier
94140 Alfortville
Tél. : 01 74 44 31 31 - 06 72 09 65 26
email@stephyprod.com
• Direction : **Stéphane Boyer**
• Communication : **Emmanuel Ducloux**
• Diffusion : **Emmanuel Ducloux**
Type : artiste ou groupe musical
Année de création : 1988
Genres : pluridisciplinaire, musique, théâtre, conte.
Public : dès 3 ans
Derniers spectacles : **Swing la lune ; Le Rock de la Sorcière ; La Fleur de toutes les couleurs ; Le Concert...**

Structures musicales Étienne Favre

www.structuresmusicales.com
L'Envers du Bouchet
74450 Le Grand Bornand
Tél. : 04 50 02 24 88 - 06 81 50 24 97
Fax : 04 50 02 24 88
musique.structures@wanadoo.fr
Type : groupe musical
Année de création : 1987
Genre : musique
Public : dès 1 an
Derniers spectacles : **Labyrinthe sonore ; Enfants vélomanes ; Jardin musical ; Eau et musique ; Iles sonores ; Instruments géants...**
• Contact diffusion : **Étienne Favre**

Sylvie de Berg (Compagnie)

15 rue Gametta
60540 Bornel
Tél. : 06 16 23 27 40 - Fax : 03 44 08 49 71
sylviedeberg@hotmail.com
Type : compagnie dramatique
Année de création : 1998
Genres : conte, chanson, arts de la rue.
Public : dès 18 mois
Derniers spectacles : **Le Doudou oublié ; Yeux grands ouverts et bouche bée ; Le Trésor des légendes de France et d'ailleurs ; Chair de poule ; La Ballade des Poubelles ; L'enfant qui cherchait de l'eau...**

Taïko (Compagnie)

www.compagnie-taiko.com
4 rue Léon Detroy
23450 Fresselines
Tél. : 05 55 89 85 97 - 06 07 11 74 37
Fax : 05 55 89 85 97
contact@compagnie-taiko.com
• Direction : **Daniel Violette**
• Communication : **Isabelle Bord**
• Diffusion : **Isabelle Bord**
Type : compagnie dramatique
Année de création : 1994
Genres : musique, marionnettes.
Public : dès 3 ans
Derniers spectacles : **Ti Tom en bois ; Demain les animaux ; Chapeaux ronds et chapeaux plats...**

Tairaufeu (Compagnie)

75 rue Jean Bouin
92320 Châtillon
Tél. : 01 46 45 19 94 - Fax : 01 46 64 49 64
cp.tairaufeu@free.fr
• Direction : **Martine Froissard**
• Administration : **Clotilde Niverd**
• Communication : **Claire Pericard**
• Diffusion : **Claire Pericard**
Type : compagnie dramatique
Année de création : 1994
Genres : musique, théâtre, conte.
Public : dès 3 ans
Derniers spectacles : **Ruses russes ; Défis ; Même pas peur ; Les Ogres...**

Tarabiscooter

www.tous-azimuts-prod.com
Tous Azimuts Production
4 rue des Minimes
72000 Le Mans
Tél. : 02 43 23 35 53 - 06 80 13 71 16
Fax : 02 43 23 35 53
tous.azimuts.prod@wanadoo.fr
Type : artiste ou groupe musical
Année de création : 2001
Genre : musique
Public : dès 3 ans
Label : Musiques Plurielles
Derniers spectacles : **Sac de billes et patatras ; L'Odyssée de Tarabi...**
• Contact diffusion : **Ludovic Timon**

Taxi-Conteur

http://taxi-conteur.monsite.wanadoo.fr
30 quai de Seine
78500 Sartrouville
Tél. : 01 39 57 28 36 - Fax : 01 39 57 28 36
taxi-conteur@caramail.com
naforo-ba@voila.fr
• Direction : **Jessy Pimenta**
Type : conteuse
Année de création : 1997
Genre : conte
Public : dès 3 ans
Derniers spectacles : **Neba la calebasse ; Ama la belle...**

Teca Calazans Groupe

3 avenue Mathilde
95210 Saint-Gratien
Tél. : 01 39 64 16 53
tecacalazans@wanadoo.fr
• Direction : **Teca Calazans**
Type : groupe musical
Année de création : 2000
Genre : musique
Public : dès 5 ans
Label : Frémeaux et associés
Dernier spectacle : **Écoute le Brésil**
• Contact diffusion : **Rita Sa Rego**
06 14 61 24 54

Tellem Chao (Compagnie)

www.tellemchao.fr.st
43 rue voltaire
93120 La Courneuve
Tél. : 06 84 90 01 92 - Fax : 01 49 34 17 99
tellemchao@hotmail.com
• Direction : **Mylène Ibazatène**
Type : compagnie dramatique
Année de création : 1995
Genres : pluridisciplinaire, théâtre, cirque, conte, clown.
Public : dès 4 ans
Derniers spectacles : **Yapa k'toi ; Moussa aux pays des ruses ; Doum Doum Patouka Dhambi...**

Tempestant ♡

www.tempestant.org
La Belle de Mai, 41 rue Join
13331 Marseille Cedex 3
Tél. : 04 95 04 95 37 - 06 80 72 41 63
Fax : 04 95 04 95 37
tempestant@lafriche.org
• Direction artistique : **Christiane-Camille Richard**
• Administration : **Benoît Martin**
• Communication : **Benoît Martin**
Type : compagnie dramatique
Année de création : 1978
Genres : pluridisciplinaire, théâtre.
Public : dès 3 ans
Derniers spectacles : **Ah ! La Maison ; Bonjour, curiosités ; Au secours ! je vole ! ; ... Et puis dormir...**

Théâtre à Bretelles

http://theatre.bretelles.free.fr
88 rue d'Alleray
75015 Paris
Tél. : 01 45 31 33 11 - 06 11 46 12 68
Fax : 01 45 32 93 31
aqlb@club-internet.fr
• Direction : **Laurent Berman, Anne Quesemand**
Type : compagnie dramatique
Année de création : 1976
Genre : théâtre
Public : dès 7 ans
Derniers spectacles : **L'histoire du rat qui voulait tout savoir ; Le Mousse au chocolat, spectacle à biscuire ; Histoires dans le tableau ; Histoire du rat qui voulait de l'amour ; L'histoire du rat qui voulait du lait ; La Mort-marraine...**

Théâtre à Malice

Les Picards
84490 Saint-Saturnin-les-Apt
Tél. : 04 90 05 77 47 - Fax : 04 90 05 77 47
theatremalice@libertysurf.fr
Type : compagnie dramatique
Année de création : 1994
Genres : théâtre, cirque.
Public : dès 3 ans
Derniers spectacles : **L'homme qui plantait des rêves ; Monsieur clown...**

Théâtre Alicante

2 rue des Vignes
43100 Brioude
Tél. : 06 09 01 57 24 - Fax : 03 24 56 47 50
stephane.aucante@worldonline.fr
• Direction : **Stéphane Aucante**
• Administration : **Annick Laudijois**
Type : compagnie dramatique
Année de création : 2002
Genres : conte musical, comédie musicale.
Public : dès 4 ans
Derniers spectacles : **Petit Ours visite le monde ; Monsieur Vieil Ours visite le monde ; La Ferme des animaux ; Le Saint Jongleur François ; Le Malentendu...**

Théâtre Athénor

www.athenor.com
22 rue du Bois Savary
44600 Saint-Nazaire
Tél. : 02 51 10 05 05 - Fax : 02 40 19 15 61
theatre@athenor.com
• Direction : **Brigitte Lallier-Maisonneuve**
• Administration : **Johan Nicolas**
• Communication : **Samuel Debouard**
Type : compagnie dramatique
Année de création : 1983
Genre : théâtre d'objets
Public : dès 2 ans
Dernier spectacle : **78 tours**
• Contact diffusion : **Sine Qua Non**
02 51 10 04 04

Théâtre Billenbois

www.billenbois.com
7 Grande Rue
37370 Neuvy-le-Roi
Tél. : 02 47 24 46 50 - Fax : 02 47 24 87 67
billenbois@wanadoo.fr
• Direction : **Louis Lansade**
• Communication : **Cécile Chollet**
• Diffusion : **Cécile Chollet**
Type : compagnie dramatique
Année de création : 1987
Genre : marionnettes
Public : dès 3 ans
Derniers spectacles : **Cochon fraise ; La Vache à rayures ; Salsifis Cirque ; Petit portrait peint...**

Théâtre Camélia

La Choutière
44360 Vigneux de Bretagne
Tél. : 02 40 57 39 13 - 06 61 88 92 08
Fax : 02 40 57 39 13
b.boiveau@tele2.fr
• Direction : **Bernard Boiveau**
• Diffusion : **Bernard Boiveau**
Type : compagnie dramatique
Année de création : 1990
Genres : pluridisciplinaire, théâtre, conte, théâtre d'objets.
Public : dès 3 ans
Derniers spectacles : **Adoumba l'Éléphant du Maharadjah ; Les Poules...**

Théâtre Chignilo Guignol

www.theatre-chignolo-guignol.com
Maison des animations
Avenue de la Bourgade
13610 Le Puy Sainte-Réparade
Tél. : 04 42 61 90 36 - Fax : 04 42 61 90 36
chignolo@free.fr
• Direction : **Gui Baldet**
Type : compagnie dramatique
Année de création : 1973
Genres : marionnettes, arts de la rue.
Public : dès 4 ans
Derniers spectacles : **Guignol à la rue ; Le Déménagement Fantastique, La Birtanclaque ; Le Voyage surprise...**

Théâtre de Cuisine ♡

www.theatredecuisine.com
La Friche La Belle de Mai
41 rue Jobin
13003 Marseille
Tél. : 04 95 04 95 87 - Fax : 04 95 04 95 87
thcuisine@free.fr
• Direction : **Christian Carrignon, Katy Deville**
• Administration : **Anne Maguet**
• Communication : **Anouchka Bonnardel**
Type : compagnie dramatique
Année de création : 1982
Genres : danse, théâtre d'objets.
Public : dès 4 ans
Derniers spectacles : **Le Journal d'Antigone ; Shakespeare-Perrault ; ... Ce ventre-là.. ; Duo dodu ; Curieuses ! ; Mémoire de Mammouth...**
• Contact diffusion : **Anouchka Bonnardel** (région Paca) - **Agence Sine Qua Non** (hors région Paca)

Théâtre de feu (Le)

www.theatre-de-feu.com
1 bis rue de la Madeleine
40000 Mont-de-Marsan
Tél. : 05 58 75 74 83 - Fax : 05 58 06 92 76
thdefeu@club-internet.fr
• Direction : **Jean-Claude Falet**
• Administration : **Diego Siniscalchi**
• Diffusion : **Sandrine Parrot**
Type : compagnie dramatique
Année de création : 1971
Genres : théâtre, théâtre d'objets.
Public : dès 6 ans
Derniers spectacles : **Les Milles et une nuit**

Théâtre de l'Écume

www.theatre-ecume.org
Manoir de Keryvallan
56400 Brec'h
Tél. : 02 97 24 36 37 - Fax : 02 97 24 33 77
theatre.ecume@wanadoo.fr
• Direction : **Alain-Luc Guhur, Yvette Hamonic**
Type : compagnie dramatique
Année de création : 1977
Genre : théâtre
Public : dès 8 ans
Derniers spectacles : **Hors-jeu ou Les Folles Tentatives de courir plus vite et sauter plus haut sans toucher l'élastique ; Le Voyageur des sables ; Coulisses à pistons ; Cirqu'onflexe...**

Théâtre de l'Éphémère

Théâtre Paul Scarron
8 place des Jacobins
72000 Le Mans
Tél. : 02 43 43 89 89 - Fax : 02 43 43 97 21
theatre-ephemere@wanadoo.fr
• Direction : **Jean-Louis Raynaud, Didier Lastèré**
Type : compagnie dramatique
Année de création : 1976
Genre : théâtre
Public : dès 13 ans
Derniers spectacles : **Plat de résistance ; Conte d'un matin sans lendemain ; En-quête/donc...**

Théâtre de l'Est Parisien

www.theatre-estparisien.net
159 avenue Gambetta
75020 Paris
Tél. : 01 40 31 20 96 - Fax : 01 43 64 07 50
infos@theatre-estparisien.net
• Direction : **Catherine Anne**
• Administration : **Claude Juin**
• Communication : **Anne-Marie Peigné**

tempestant

théâtre d'images

spectacles
jeune public/
tout public

formes brèves

interventions

événements

multimédia

tempestant - la friche la belle de mai 13331 marseille cedex 3
tempestant@lafriche.org - www.tempestant.org - 04 95 04 95 37

• Diffusion : **Claude Juin, Anne-Françoise Cabanis**
Type : compagnie dramatique
Année de création : 1962
Genre : théâtre
Public : dès 3 ans
Derniers spectacles : **Crocus et Fracas ; Du même ventre ; Le Petit Bonhomme vert (et le rouge) ; Ah là là ! quelle histoire ; Le Pays de rien...**

Théâtre de l'Ombrelle

www.civp.net
7 rue Robert et Sonia Delaunay
75011 Paris
Tél. : 01 43 70 42 19 - Fax : 01 43 70 52 24
infos@civp.net
• Direction : **Florence de Andia, Colette Blanchet, Sylvie Vallery-Masson, Françoise Rouillon**
• Communication : **Sophie Lagrange**
Type : compagnie dramatique
Année de création : 1978
Genres : théâtre, théâtre d'ombres.
Public : dès 3 ans
Derniers spectacles : **Chasseurs de lune ; Mozart, côté cour ; Ouvre-moi la porte ; Pas si bêtes...**
• Contact diffusion : **Comme il vous plaira - Sophie Lagrange** - 01 43 43 55 58

Théâtre de la Cheminée

Les Péthiauds
71250 Donzy-Le-National
Tél. : 03 85 59 66 67 - Fax : 03 85 59 66 67
mariefrance.pernin@wanadoo.fr
• Direction artistique : **Sophie Talabot, Gérard Bonnaud**
• Administration tournées : **Marie-France Pernin**
• Diffusion : **Marie-France Pernin**
Type : compagnie dramatique
Année de création : 1993
Genres : musique, théâtre, marionnettes, théâtre d'objets
Public : dès 3 ans
Derniers spectacles : **Lire lire ; Le Bal de l'univers...**
• Contact diffusion : **Marie-France Pernin**
04 70 06 67 38 - 06 80 33 80 23

Théâtre de la Licorne

16 rue Colson
59800 Lille
Tél. : 03 20 50 75 40 - Fax : 03 20 50 76 54
theatrelalicorne@wanadoo.fr
• Direction : **Claire Dancoisne**
• Administration : **Catherine Pomar**
• Diffusion : **Michèle Cuny**
Type : compagnie dramatique
Année de création : 1986
Genre : théâtre d'objets
Public : dès 7 ans
Dernier spectacle : **Les Miniatures de la licorne ; Chère famille ; Le Cirque de la licorne ; Bestiaire forain...**

Théâtre de la Lune

www.theatredelalune.fr
184 quai de Jemmapes
75010 Paris
Tél. : 01 42 41 04 40
theatredelalune@free.fr
• Direction : **Hugo Lagomarsino**
Type : compagnie dramatique
Année de création : 1981
Genres : théâtre, marionnettes.
Public : dès 4 ans
Derniers spectacles : **Patapies ; Les Cloches des 4 saisons ; Kopicodos ; Les Histoires de mère poule ; Cucendron et la pantoufle de vair ; Kaleidoscopico...**

Théâtre de la Mascara

3 impasse Kerouartz
02310 Nogent l'Artaud
Tél. : 03 23 70 07 68 - Fax : 03 23 70 41 83
mascara@la-mascara.net
• Direction : **Nicolas Jobert**
Type : compagnie dramatique
Année de création : 1974
Genres : théâtre, conte, arts de la rue.
Public : dès 3 ans
Derniers spectacles : **Ma maison, quelle histoire ! ; La nuit de toutes les couleurs ; Tipep et le secret de la petite pyramide ; Une folle idée...**

Théâtre de la Tête Noire ♡

www.theatre-tete-noire.com
La Chapelle Vieille
144 ancienne route de Chartres
45770 Saran
Tél. : 02 38 73 14 14 - Fax : 02 38 74 02 97
contact@theatre-tete-noire.com
• Direction : **Patrice Douchet**
• Administration : **Stéphane Lachaud**
• Diffusion : **Fanny Prud'homme**
Type : compagnie dramatique
Année de création : 1985
Genre : théâtre
Public : dès 3 ans
Derniers spectacles : **Une machine est une machine comme un machin est un machin mais en bien plus féminin ; Bouli Mino…**

Théâtre de Romette

8 rue Augustin Canard
43000 Le Puy en Velay
Tél. : 04 71 04 93 39
• Direction : **Johanny Bert**
• Administration : **Béatrice Barthélémy**
Type : compagnie théâtrale
Année de création : 2000
Genres : théâtre, marionnettes.
Public : dès 3 ans
Dernier spectacle : **Les Pieds dans les nuages ; Le Petit Bonhomme à modeler ; Peau d'Âne…**

Théâtre des 7 sources

Théâtre en Rond
Chemin de la Tour
aux Chartiers
94260 Fresnes
Tél. : 01 49 84 25 08
• Direction : **François Colombo**
• Administration : **Gilbert Lagneaux**
• Diffusion : **Claire Chemineau**
Type : compagnie dramatique
Année de création : 1981
Genres : pluridisciplinaire, théâtre.
Public : dès 3 ans
Dernier spectacle : **En route ; Paroles de cailloux ; Promenons-nous dans les bois ; Chaperon rouge…**

Théâtre des Alberts

42 chemin Lallemand
97423 Le-Guillaume
Tél. : 02 62 32 41 77 - Fax : 02 62 32 49 07
• Direction : **Vincent Legrand**
• Administration : **Florida Maillard**
• Communication : **Fabienne Bertocchi**
• Diffusion : **Fabienne Bertocchi**
Type : compagnie dramatique
Année de création : 1994
Genres : conte, marionnettes, théâtre d'objets.
Public : dès 7 ans
Derniers spectacles : **L'Ogre maigre et l'enfant fou ; Le Conte à Guiz et à Zieuter…**

Théâtre des Chimères

www.theatre-des-chimeres.com
75 avenue du Maréchal Juin
64200 Biarritz
Tél. : 05 59 41 18 19 - Fax : 05 59 23 41 11
tchimeres@wanadoo.fr
• Direction : **Jean-Marie Broucaret**
• Administration : **Marie-Julienne Hingant**
Type : compagnie dramatique
Année de création : 1979
Genre : théâtre
Public : dès 10 ans
Dernier spectacle : **Mamie mémoire**

Théâtre des Deux Sources Cie Paule d'Heria

www.reperages-spectacle.com
Repérages Spectacles, 14 avenue Pascal
78600 Maisons-Laffitte
Tél. : 01 34 93 92 44 - Fax : 01 39 12 11 04
peter.bu@reperages-spectacles.com
• Direction : **Paul Lera**
Type : compagnie dramatique
Année de création : 1986
Genres : pluridisciplinaire, musique, théâtre, conte, poésie.
Public : dès 3 ans
Derniers spectacles : **Marouchka et les douze mois ; Pioche à poèmes, Pié'vert-oaldia ; Ondine…**

Théâtre des Lyres

47 rue Léon Jouhaux
38100 Grenoble
Tél. : 04 76 15 28 36
les.lyres@tele2.fr
• Direction : **Gérard Richard, Gilles Imbert, Sylvie Moehlinger**
Type : compagnie dramatique
Année de création : 1987
Genres : théâtre, marionnettes.
Public : dès 18 mois
Derniers spectacles : **À la mer ; Biduloformes…**

Théâtre des Migrateurs

www.theatre-migrateurs.com
Maison de la vie associative
26200 Montélimar
Tél. : 04 75 53 79 16 - Fax : 04 75 53 79 16
lesmigrateurs@free.fr
• Direction : **Eva Hanke**
Type : compagnie dramatique
Année de création : 1995
Genres : musique, théâtre, conte.
Public : dès 5 ans
Derniers spectacles : **La Planète de Lola ; Spouk le pirate ; Mère Noël raconte ; Le Loup végétarien…**

Théâtre des Mots

http://perso.wanadoo.fr/raymond.et.merveilles/newsite/spectacles/alain_cham
Les Carrières
69210 Saint-Germain-sur-l'Arbresle
Tél. : 04 74 01 09 91 - 06 07 11 83 97
Fax : 04 74 01 23 97
theatredesmots@wanadoo.fr
• Direction : **Alain Chambost**
• Communication : **Marie-Claire Mazeillé**
• Diffusion : **Marie-Claire Mazeillé**
Type : groupe musical
Année de création : 1990
Genres : musique, conte.
Public : dès 3 ans
Label : Raymond et Merveilles, Enfance et Musique.
Derniers spectacles : **Bout d'ficelle ; Le Blues du loup ; Carapace ; La Machine à doudous…**

Théâtre des Quatre Saisons

http://theatredes4saisons.free.fr
4 rue de Prony
19100 Brive-la-Gaillarde
Tél. : 05 55 24 10 71 - 06 16 21 72 86
Fax : 05 55 24 10 71
theatredes4saisons@free.fr
• Direction : **Bernard et Rebecca Combradet**
Type : compagnie dramatique
Année de création : 1975
Genres : théâtre, marionnettes.
Public : dès 3 ans
Derniers spectacles : **On a perdu le printemps ; Le soleil part en vacances ; Le pays des nuages qui pleurent ; Les Bobos de p'tit hippo…**

Théâtre des TaraBates

Ipisiti, BP 57402
29674 Morlaix Cedex
Tél. : 02 98 88 13 70 - Fax : 02 98 63 81 47
ipisiti@wanadoo.fr
• Direction : **Philippe Saumont**
Type : compagnie dramatique
Année de création : 1998
Genres : marionnettes, théâtre d'objets.
Public : dès 18 mois
Derniers spectacles : **La Brouille ; Je t'aime papa ; Le Chaperon de ta couleur ; Puccinella…**
• Contact diffusion : **Marie-Laure Gicquel**

Théâtre du Caramel Fou

www.theatrecaramel.asso.fr
45 bis rue de Vauzelles
58000 Nevers
Tél. : 01 45 89 50 20 - 06 81 34 06 40
Fax : 01 44 74 62 23
• Direction : **Jean-Luc Revol**
• Administration : **Mina Jeanjean**
• Communication : **Mina Jeanjean**
• Diffusion : **Mina Jeanjean**
Type : compagnie dramatique
Année de création : 1986
Genre : théâtre
Public : dès 7 ans
Derniers spectacles : **La Fameuse Invasion de la Sicile par les ours ; La Farce enfantine de la tête du dragon…**

Théâtre du Champ Exquis

www.theatre.du.champ-exquis.net
Maison Paul Éluard, BP 20
14550 Blainville-sur-Orne
Tél. : 02 31 44 08 44 - Fax : 02 31 44 08 31
th_ce@yahoo.fr
• Direction : **Laure Rungette**
Type : compagnie dramatique
Année de création : 1988
Genres : théâtre, marionnettes.
Public : dès 3 ans
Derniers spectacles : **Pourquoi ; Roudoudou…**
• Contact diffusion : **Magali Ravier**
01 43 58 76 76

Théâtre du Corbeau Blanc

http://membres.lycos.fr/thcorbeau
17 rue des Farges
63118 Cebazat
Tél. : 01 69 90 09 52 - 06 16 16 83 39
Fax : 08 25 27 59 72
tcorbeau@tiscali.fr
• Direction : **Günther Leschnik**
• Diffusion : **Sophie Millon**
Type : compagnie dramatique
Année de création : 1991
Genres : théâtre, conte, conte musical.
Public : dès 4 ans
Derniers spectacles : **La Flûte enchantée ; Le Petit Chaperon rouge ; Les Voyages de Gulliver…**

Théâtre du Corps - Cie Amiel ♡

www.theatreducorps.com
55 rue du 329ème Fort de Tourneville
76620 Le Havre
Tél. : 02 32 85 00 00 - Fax : 02 32 85 00 02
theatre-du-corps@wanadoo.fr
• Direction : **Claude Godefroy, Sylvianne Fortuny**
• Administration : **Arnaud Granval**
Type : compagnie dramatique
Année de création : 1985
Genre : théâtre
Public : dès 10 ans
Dernier spectacle : **L'Envolé ; Les Crocodiles ne pleurent plus…**
• Contact diffusion : **Sine Qua Non**
02 51 10 04 04

Théâtre du Mantois

www.theatredumantois.org
18 rue de Gassicourt
78200 Mantes-la-Jolie
Tél. : 01 30 33 02 26 - Fax : 01 30 94 56 88
tmantois@wanadoo.fr.
• Direction : **Eudes Labrusse**
• Administration : **Guillaume Cousin**
• Communication : **Isabelle Boucher**
• Diffusion : **Isabelle Boucher**
Type : compagnie dramatique
Année de création : 1973
Genres : théâtre, conte, lectures, mises en espace.
Public : dès 5 ans
Dernier spectacle : **Les Contes du Ki Mo No**

Théâtre du Maquis

www.theatredumaquis.com
398 avenue Jean-Paul Coste, Le Bel Ormeau, N3
13100 Aix-en-Provence
Tél. : 04 42 38 94 38 - Fax : 04 42 93 08 49
contact@theatredumaquis.com
• Direction : **Pierre Béziers**
• Administration : **Émilie Halley**
• Communication : **Elsa Drymael**
• Diffusion : **Elsa Drymael**
Type : compagnie dramatique
Année de création : 1982
Genres : musique, théâtre.
Public : dès 3 ans
Derniers spectacles : **Kawa ; Falesa d'après Robert-Louis Stevenson de Pierre Béziers ; Lilith Icare…**

Théâtre du Risorius

www.risorius.org
Domaine de Moiry
58490 Moiry
Tél. : 03 86 21 29 82 - 06 80 06 31 94
Fax : 03 86 21 29 83
theatre.du.risorius@wanadoo.fr
• Direction : **Thierry Dupré**
• Administration : **Cédric Diano**
• Communication : **Catherine Bougerol**
Type : compagnie dramatique
Année de création : 1987
Genres : pluridisciplinaire, théâtre.
Public : dès 2 ans

Derniers spectacles : **Petit ours ; Lupo e Luigi ; Le Rêve de papa Topolino ; Volpino ; Le Tigre…**
• Contact diffusion : **Catherine Bougerol**
06 75 29 20 56

Théâtre du Tohu-Bohu

13E rue général Brulard
25000 Besançon
Tél. : 03 81 82 12 63 - Fax : 03 81 82 12 63
tohu.bohu@wanadoo.fr
• Direction : **Loïc Deschamps**
• Administration : **Marie Villette**
• Diffusion : **Marie Villette**
Type : compagnie dramatique
Année de création : 1995
Genres : théâtre, conte.
Public : dès 3 ans
Derniers spectacles : **Histoires salées ; Écoutez..voir ; Le Musée imaginaire…**

Théâtre Élixir

9 allée des Mougins
80000 Amiens
Tél. : 03 22 95 48 41 - 06 13 57 21 60 - 06 66 29 29 99
theatre.elixir@wanadoo.fr
• Direction : **Nathalie Doise, Emmanuel Cléré, Cécile Bougleux**
• Administration : **Clémentine Bellet**
• Communication : **Clémentine Bellet**
Type : compagnie dramatique
Année de création : 2000
Genre : théâtre
Public : dès 3 ans
Derniers spectacles : **T'es qui toi ? ; Quoi qu'il arrive…**

Théâtre en Kit (Compagnie)

1 rue Lamartine
54510 Tomblaire
Tél. : 03 83 33 14 52 - Fax : 03 83 33 12 11
lekit@free.fr
• Direction : **Marc Guépratte**
Type : compagnie dramatique
Année de création : 1982
Genre : théâtre
Public : dès 5 ans
Derniers spectacles : **Petites Frayeurs, Quand les semelles s'en mêlent…**

Théâtre Fantastique

www.civp.net
Comme il vous plaira
117 rue de Charenton
75012 Paris
Tél. : 01 43 43 55 58 - 06 62 15 55 58
Fax : 01 43 43 55 25
infos@civp.net
Type : compagnie dramatique
Année de création : 1983
Genres : théâtre, mime.
Public : dès 6 ans
Derniers spectacles : **Voyageur sans tête ; Sacré printemps…**

Théâtre international de Cahon

10 rue de Saigneville
80133 Cahon-Gouy
Tél. : 03 22 24 09 09 - 06 13 55 66 16
corinnekeller@wanadoo.fr
• Direction : **Corinne Keller**
• Diffusion : **Corinne Keller**
Type : compagnie dramatique
Année de création : 2005
Genres : pluridisciplinaire, théâtre, conte, clown.
Public : dès 3 ans
Derniers spectacles : **Zig Zag ; Les Inchpees…**

Théâtre Jeune Public de Strasbourg - CDN d'Alsace ♡

www.theatre-jeune-public.com
1 rue du Pont-Saint-Martin
67000 Strasbourg
Tél. : 03 90 23 68 68 - Fax : 03 88 75 62 40
tjp@theatre-jeune-public.com
bsteib@theatre-jeune-public.com
• Direction : **Grégoire Callies**
• Administration : **Anne Billaut**
• Communication : **Murielle Chevalier**
• Diffusion : **Bérangère Steib**
Type : CDN
Année de création : 1974
Genres : théâtre, marionnettes, théâtre d'objets.
Public : dès 5 ans
Derniers spectacles : **Les Veilleurs de jour ; La Neige au milieu de l'Été ; Modeste proposition ; Don Quichotte…**

Stéphy
Swing la Lune
www.StephyProd.com
Tél: 06 72 09 65 26
Spectacle sélectionné par
www.spectacle-pour-enfant.com

Théâtre du Chêne Vert

www.theatreduchenevert.com
Mairie, 85390 Mouilleron-en-Pareds
Tél. : 02 51 87 56 42 - Fax : 02 51 87 56 42
info@theatreduchenevert.com
• Direction : **Alain Merlet**
• Diffusion : **Sandy Philippot**
Type : compagnie dramatique
Année de création : 1996
Genre : théâtre
Public : dès 7 ans
Derniers spectacles : **Il faut tuer Sammy**

Théâtre Job

www.theatrejob.com
45 rue Permantade
33500 Bordeaux
Tél. : 05 56 92 28 41 - Fax : 05 56 31 94 79
job@theatrejob.com
• Direction : **Georges Berdot**
• Administration : **Georges Barax**
• Communication : **Andrée Sang**
Type : compagnie dramatique
Année de création : 1973
Genre : théâtre
Public : dès la petite enfance
Derniers spectacles : **Le Balayeur d'images ; Fantômes à vendre ; Le Coffre à jouer ; À petits pas contés ; Superbébé ; Poussières d'étoiles...**

Théâtre Louis Richard

www.theatre-louis-richard.com
26 rue du Château
59100 Rouaix
Tél. : 03 20 73 10 10 - Fax : 03 20 73 77 60
contact@theatre-louis-richard.com
• Direction : **Andrée Leroux**
• Communication : **Andrée Leroux**
• Diffusion : **Andrée Leroux**
Type : compagnie dramatique
Année de création : 1990
Genres : théâtre, conte marionnettes, théâtre d'objets.
Public : dès 8 ans
Derniers spectacles : **Le Fantôme de Canterville ; Contes chauds et Froids ; Bijou les jouets et les livres ; L'Île au Trésor ; Un loup dans un livre ; Les Contes du loup et du renard ; Danse petit marin...**

Théâtre Némo

30 rue de l'Égalité
93170 Bagnolet
Tél. : 01 48 58 93 52 - Fax : 01 58 57 69 08
theatre.nemo@club-internet.fr
- spectacles@enfancemusique.asso.fr
• Direction : **Jean-Louis Escalpès**
Type : compagnie dramatique
Année de création : 1991
Genre : théâtre
Public : dès 7 ans
Derniers spectacles : **Le Baiser du papillon ; Le Fil d'avril ; La Coulée douce...**
• Contact diffusion : **Enfance et Musique - Wanda Sobczak** - 01 48 10 30 02 - **Théâtre d'Angoulême - Philippe Le Gal** - 05 45 38 61 60

Théâtre par le Bas

17 allée de l'Arlequin
92000 Nanterre
Tél. : 01 47 78 70 88 - Fax : 01 47 73 97 85
letheatre@9online.fr
• Direction : **Jean-Luc Borg**
• Administration : **Christian Dailly**
Type : compagnie dramatique
Année de création : 1978
Genre : théâtre
Public : dès 3 ans
Dernier spectacle : **L'Ogre de zoupette ; Le Ramayana des marmots....**

Théâtre Pom'

44 rue de Bel Air
44000 Nantes
Tél. : 02 40 89 54 95 - Fax : 02 40 35 43 47
theatre.pom@wanadoo.fr
• Direction : **Brigitte Verlières, Catherine Le Moullec**
• Administration : **Fabien Ewenczyk**
• Communication : **Fabien Ewenczyk**
• Diffusion : **Fabien Ewenczyk**
Type : compagnie dramatique
Année de création : 1993
Genres : théâtre, théâtre d'objets.
Public : dès 3 ans
Dernier spectacle : **Bob babib**

Théâtre pour Deux Mains ♡

http://pour2mains.free.fr
Studio Saint-Georges
27 rue de la Gare Saint-Joseph
44300 Nantes
Tél. : 02 40 84 07 58 - Fax : 02 40 35 12 05
pour2mains@free.fr
• Direction : **Pascal Vergnault**
• Administration : **Valérie Kerleau**
• Communication : **Valérie Kerleau**
Type : compagnie dramatique
Année de création : 2001
Genres : marionnettes, théâtre d'objets.
Public : dès 2 ans
Derniers spectacles : **Qu'est-ce qu'on fait là ? ; Monsieur Monsieur…**
• Contact diffusion : **Sine Qua Non**
- 02 51 10 04 04

Théâtre Sans Toit

www.theatresanstoit.asso.fr
16 rue des Bourguignons
92600 Asnières
Tél. : 01 47 93 28 28 - Fax : 01 47 93 28 28
pierreblaise@ifrance.com
• Direction : **Pierre Blaise**
• Administration : **Createc - Catherine Arresteilles**
Type : compagnie dramatique
Année de création : 1984
Genre : marionnettes
Public : dès 2 ans
Derniers spectacles : **D'entrée de jeu ; Les Anges ; A contrario ; Les Castelets de fortune ; Les Dés sont jetés ; Romance dans les graves (avec Carpe Diem)**
• Contact diffusion : **Françoise Rossignol**

Théâtre Tohu-Bohu

www.tohu-bohu-theatre.com
5 chemin de la Holtzmatt
67200 Strasbourg
Tél. : 03 88 28 20 00 - Fax : 03 88 28 21 60
theatre.tohubohu@wanadoo.fr
• Direction : **Gilbert Meyer**
Type : compagnie dramatique
Année de création : 1990
Genres : théâtre, marionnettes, théâtre d'objets.
Public : dès 3 ans
Derniers spectacles : **Lisdo ou les échos du sale ; Tekitoa ; La Yourte aux contes ; C'est notre histoire…**

ThéâtrEnfance

15 rue des Baies Roses, Lotissement Les Ylangs
Cambaie
97460 Saint-Paul
Tél. : 02 62 45 01 61 - Fax : 02 62 45 01 61
theatrenfance@wanadoo.fr
• Direction : **Catherine Saget**
• Administration : **Pamela d'Arco**
Type : compagnie dramatique
Année de création : 1997
Genre : théâtre
Public : dès 3 ans
Dernier spectacle : **Les Sorcièz**

Timoun Fou (Compagnie) - Mimi Barthélemy

www.mimibarthelemy.com
28 rue d'Oran
75018 Paris
Tél. : 01 46 06 58 60 - Fax : 01 42 58 74 50
mimibarthelemy@wanadoo.fr
timounfou2004@yahoo.fr
• Direction : **Jacqueline Davila**
• Administration : **Angela de Vicenzo**
• Diffusion : **Martine Gentis**
Type : conteuse
Année de création : 1998
Genres : pluridisciplinaire, musique, théâtre, conte.
Public : dès 4 ans
Label : Enfance et Musique
Derniers spectacles : **Jeux de cailloux ; Voyage en papillon ; Quand les chats et les chiens parlaient ; Oranger magique…**

Tire pas la nappe (Compagnie)

Théâtre des Treize vents
Domaine de Grammont
34965 Montpellier Cedex 2
Tél. : 04 67 99 25 06 - Fax : 04 67 99 20 28
tirepaslanappe@theatre-13vents.com
• Administration : **Sylvine Dupré**
Type : compagnie dramatique

Année de création : 1997
Genre : théâtre
Public : dès 6 ans
Dernier spectacle : **La Terrible Nuit de Juliette**

Tom Nardone et les sales gosses

www.bernard-nardone.com
CBN Production
1 chemin de Mytalis
69970 Chaponnay
Tél. : 04 78 96 98 25 - Fax : 04 78 96 98 25
cbn-production@wanadoo.fr
• Direction : **Bernard Nardone**
Type : groupe musical
Année de création : 1994
Genre : musique
Public : dès 3 ans
Label : CBN Production
Dernier spectacle : **Chansons colorées**

Tootaphone

38 rue Marcel Sembat
56100 Lorient
Tél. : 02 97 85 55 39 - 06 75 47 49 26
tootaphone@tiscali.fr
• Administration : **Nadine Lapuyade**
Type : compagnie dramatique
Année de création : 2000
Genres : musique, théâtre.
Public : dès 5 ans
Dernier spectacle : **Max et mômes, Farce foraine**

Torrent-ciel (Compagnie)

86 rue Aliénor d'Aquitaine
17350 Taillebourg
Tél. : 06 21 85 13 59
jc.horn@wanadoo.fr
• Direction : **Alain Coppens**
Type : compagnie dramatique
Année de création : 2000
Genres : théâtre, musique.
Public : dès 4 ans
Derniers spectacles : **Les Aventures d'Alexandre le Gland ; La Vie cachée de Lucette Cholpe ; Pantin de Bois...**

Tourneboulé (Compagnie) ♡

16-18 boulevard Victor Hugo
59000 Lille
Tél. : 08 71 07 89 47
cie.tourneboule@free.fr
• Direction : **Marie Levasseur, Gaëlle Moquay**
Type : compagnie dramatique
Année de création : 2001
Genre : théâtre
Public : dès 8 ans
Derniers spectacles : **Les Petits Mélancoliques ; En chair et en sucre...**

Tourneciel

http://tourneciel.free.fr
5 rue Claude Monet
91400 Saclay
Tél. : 06 20 60 67 97
ptitamelie@yahoo.fr
• Direction : **Amélie Lepeytre**
Type : compagnie dramatique
Année de création : 2000
Genre : pluridisciplinaire
Public : dès 5 ans
Dernier spectacle : **Lou, les yeux fermés**

Trafic de Styles (Compagnie)

http://monsite.wanadoo.fr/traficdestyles
15 rue de Rosny
94120 Fontenay-sous-Bois
Tél. : 01 48 75 50 89 - Fax : 01 30 32 16 58
administration@traficdesstyles.com
-rebbouh.soraya@wanadoo.fr
• Direction : **Sébastien Le François**
• Administration : **Soraya Rebbouh**
• Diffusion : **Pascal Convert**
Type : compagnie chorégraphique
Année de création : 1997
Genre : danse
Public : dès 8 ans
Derniers spectacles : **Le Poids du ciel ; Spécimen ; Attention travaux ; Pas pied ; Mise en boite...**

Pascal Vergnault crée le **Théâtre pour deux mains** en 2001. L'objectif est de sensibiliser les publics à l'art de la marionnette et au théâtre d'objets par le biais de créations, d'ateliers et de rencontres. *« La Marionnette et l'écriture sont les outils de mon travail de création, ce travail est fait de rencontres avec des auteurs, des metteurs en scène, des plasticiens et des musiciens... »*

Depuis sa création, quatre spectacles ont vu le jour : « Jardin de poche » de Françoise Pillet, mise en scène de Yannick Pasgrimaud, « Monsieur, Monsieur » d'après Claude Ponti, mise en scène de François Parmentier, « Camping » de Fabienne Mounier, mise en scène de Fabienne Mounier et « Qu'est-ce qu'on fait là ? » d'après William Steig, mise en scène de François Parmentier.

Près de 600 représentations ont été données de mars 2001 à juin 2005.

Pascal Vergnault Théâtre pour deux mains

Monsieur, Monsieur.

d'après Claude Ponti

« Pas à pas, Monsieur, Monsieur nous conduit sur les traces de ses chaussures parties retrouver Mademoiselle Moiselle."

Spectacle tout public a partir de 2 ans.

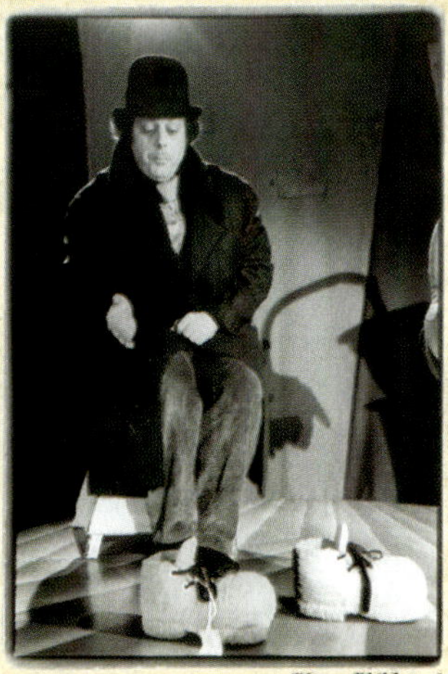

Photo : Phil Journé

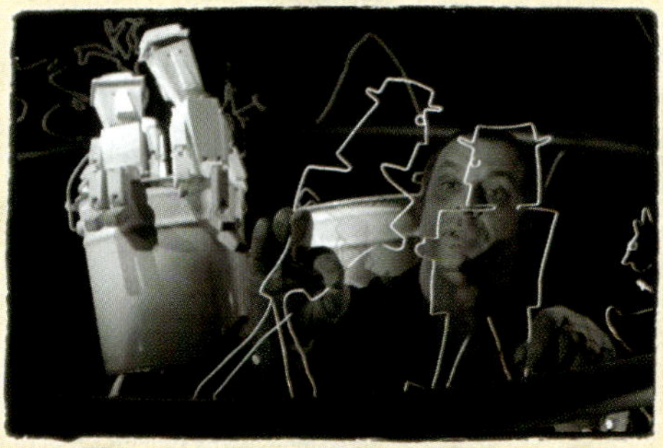

Photo : Phil Journé

Qu'est-ce qu'on fait là ?

de William Steig

« On nous a dit que l'homme descend du singe, nous allons mettre à jour que la marionnette descend de l'arbre. »

Spectacle tout public a partir de 3 ans.

Le Théâtre pour deux mains est conventionné par la Ville de Nantes et la Ville de Bouguenais subventionné par le Conseil Régional des Pays de Loire et le Conseil Général de Loire Atlantique.

Théâtre pour deux mains - Pascal Vergnault

Studio Saint-Georges des Batignolles - 27, avenue de la Gare Saint-Joseph- 44300 Nantes

Tel 02 40 84 07 58 – Fax 02 40 35 12 05 - Courriel : pour2mains@free.fr Site : http://pour2mains.free.fr

Association loi 1901 – Siret n° 43404293300029 – Code APE 923 A Licence n° 2-104725

Diffusion : **Agence Sine Qua Non** - Tel : 02 51 10 04 04 - Courriel : emmanuelle@agence-sinequanon.com

Transformateurs (Les)

http://les.transformateurs.free.fr
2 rue Mandelot
69005 Lyon
Tél. : 04 72 40 25 25
les.transformateurs@wanadoo.fr
• Direction : **Nicolas Ramond**
• Administration : **Christophe Dubois**
Type : compagnie dramatique
Année de création : 1992
Genres : théâtre, arts de la rue.
Public : dès 7 ans
Derniers spectacles : **La Petite Insomnie ; Les Identiques ; Le Collecteur de rêves....**
• Contact diffusion : **Bords de Scène - Edna Fainaru** - 01 41 90 09 41

Tribu d'essence (La)

Ancienne école des Lavaults
89630 Quarré-les-tombes
Tél. : 03 86 32 28 18 - Fax : 03 86 32 28 18
tribu.essence@wanadoo.fr
• Direction : **Saturnin Barré**
• Administration : **Françoise Loubet**
Type : compagnie dramatique
Année de création : 1997
Genre : théâtre
Public : dès 5 ans
Derniers spectacles : **L'Envolé ; En attendant le petit poucet...**

Triocéphale

17 rue Mathis
75019 Paris
Tél. : 01 42 09 44 15
mercieb@ch-blois.rss.fr
• Direction : **Éric Luter**
Type : groupe musical
Année de création : 1990
Genre : musique
Public : dès 3 ans
Label : Enfance et Musique
Dernier spectacle : **Chanson d'enfance couleur jazz**

Tro-Héol (Compagnie) ♡

22 rue de Kergoat
29180 Quemeneven
Tél. : 02 98 73 62 29 - Fax : 02 98 73 69 05
tro-heol@club-internet.fr
• Direction : **Martial Anton**
• Administration : **Dany Paréja**
Type : compagnie dramatique
Année de création : 1995
Genres : théâtre, marionnettes.
Public : dès 6 ans
Derniers spectacles : **Il faut tuer Sammy ; Artik ; La Mano ; La Ballade de Dédé...**
• Contact diffusion : **Sine Qua Non**
02 51 10 04 04

Troubaquoi ? (Compagnie)

www.iliode.org
Iliode, route de l'île Chevalier, Lande Vallée
29120 Pont-l'Abbé
Tél. : 02 98 82 76 58 - Fax : 02 98 82 16 61
iliode@wanadoo.fr
Type : compagnie dramatique
Année de création : 2001
Genre : cirque
Public : dès 3 ans
Dernier spectacle : **Anna et Anatole Tolle**
• Contact diffusion : **Véronique Guillo**

Un soir Ailleurs (Compagnie)

19 rue Jean-Pierre Besnard
91200 Athis-Mons
Tél. : 01 69 38 08 64 - Fax : 01 69 38 08 64
• Direction : **Céline Vaucenat**
Type : compagnie dramatique
Année de création : 1995
Genres : théâtre, danse.
Public : dès 4 ans
Dernier spectacle : **Lingua ou les corps éphémères**

Une Pluie de pianos (Compagnie)

Sine Qua Non
27 rue Fidèle Simon, BP 164
44613 Saint-Nazaire
Tél. : 02 51 10 04 04 - Fax : 02 51 10 04 05
info@agence-sinequanon.com
• Direction : **Fernando Maria Reyem**

Type : compagnie dramatique
Année de création : 2004
Genre : théâtre
Public : dès 8 ans
Dernier spectacle : **Et la puissance du très haut te couvrira de son ombre**

Vache à laid (La)

http://vachalaid.free.fr
La Balme
38680 Rencurel
Tél. : 04 76 36 12 26 - Fax : 04 76 36 12 26
vachalaid@yahoo.fr
• Direction : **Delphine Labes**
• Communication : **Nathalie Della Vedova**
• Diffusion : **Nathalie Della Vedova**
Type : compagnie dramatique
Année de création : 2000
Genres : musique, théâtre, arts de la rue, marionnettes.
Public : dès 3 ans
Derniers spectacles : **Le Méchant Petit Chaperon rouge ; Yabon Lala...**

Vache Bleue (La)

47 rue Jenner
59000 Lille
Tél. : 03 20 47 90 09
vache.bleue@voila.fr
• Administration : **Jean-Christophe Viseux**
Type : compagnie dramatique
Année de création : 1994
Genres : pluridisciplinaire, théâtre, arts de la rue, conte.
Public : dès 4 ans
Derniers spectacles : **Les Pieds dans la neige ; Soliloque ; Oim et Oit...**

Vercelletto et Compagnie

2 rue Mandelot
69005 Lyon
Tél. : 04 72 56 01 72 - Fax : 04 72 56 02 99
cieverce@free.fr
• Direction : **Laurent Vercelletto**
• Administration : **Halim Benhammouda**
• Diffusion : **Sylvie Flamant**
Type : compagnie dramatique
Année de création : 1994
Genre : théâtre
Public : dès 5 ans
Dernier spectacle : **Quai Ouest ; Petites histoires téléphoniques...**

Véronique His

www.enfancemusique.asso.fr
Enfance et Musique
17 rue Étienne Marcel
93500 Pantin
Tél. : 01 48 10 30 02 - Fax : 01 48 10 30 09
spectacles@enfancemusique.asso.fr
Type : chorégraphe
Année de création : 1988
Genres : musique, danse.
Public : dès 9 mois
Derniers spectacles : **2 doigts de comédie ; Comment ça va sur la terre ? ; Terre de lune...**
• Contact diffusion : **Wanda Sobczak**
01 48 10 30 02

Vers à pied (Compagnie)

104 rue de Richelieu
75002 Paris
Tél. : 06 17 65 26 90 - 06 25 30 40 40
cie.versapied@voila.fr
• Direction : **Pierre Koenig**
• Administration : **Pierre Koenig**
• Communication : **Annie Yver**
• Diffusion : **Annie Yver**
Type : compagnie dramatique
Année de création : 2004
Genres : musique, théâtre, conte, chant.
Public : dès 6 ans
Dernier spectacle : **Leçon de malice ou... la... Morale Ordinaire !...**

Vertigo (Compagnie) ♡

www.compagnievertigo.org
Le Bôlokal
65 rue Saint Germain
93230 Romainville
Tél. : 01 48 44 43 40 - Fax : 01 48 44 43 40
cievertigo@free.fr
• Direction : **Christine Roillet**
Type : compagnie dramatique
Année de création : 1987
Genres : musique, théâtre.
Public : dès 3 ans

Derniers spectacles : **La Barbe bleue ; la Reine des neiges ; Issa longues jambes ; Toi et moi, l'éloge de l'amitié ; De l'amour à Koukou-Nor ; La Poupée dimanche…**
• Contact diffusion : **Comme il vous plaira - Marianne d'Hardivillers** - 01 43 43 55 58

Vincent Gougeat

www.conteurtoutterrain.com
59 rue de la Demi-lune
80000 Amiens
Tél. : 03 22 72 67 59
vgougeat@aol.com
• Direction : **Vincent Gougeat**
Type : conteur
Année de création : 1990
Genres : pluridisciplinaire musique, théâtre, conte.
Public : dès 1 an
Derniers spectacles : **Le Plus Beau Cadeau du monde ; Le lapin qui n'aimait plus… ; La Forêt oubliée ; La poésie est un souffle ; Grand-mère à poussière…**

Vincent Malone

www.vincentmalone.com
W2 Productions
25 rue du Faubourg Poissonnière
75009 Paris
Tél. : 01 47 70 33 69
courrier@vincentmalone.com
w2productions@wanadoo.fr
Type : artiste musical
Année de création : 2005
Genre : musique
Public : dès 6 ans
Label : Naïve
Dernier spectacle : **Le Roi des papas en conserve**
• Contact diffusion : **Fabrice Prouf**

Vire Volte (Compagnie)

www.theatre-enfants.com
3D rue de la Beaune
93100 Montreuil
Tél. : 06 24 98 11 97 - 06 11 17 35 04
Fax : 01 48 70 00 55
theatre.la.noue@freesurf.fr
• Direction : **Hélène Hoffman**
• Administration : **Raymond Hoffman**
• Communication : **Julien Marion, Babette Gatt**
Type : compagnie dramatique
Année de création : 1987
Genres : pluridisciplinaire, musique, danse, théâtre, conte, marionnettes.
Public : dès 1 an
Derniers spectacles : **Alex Fildefer ; De l'autre côté ; Grain de riz ; L'Oiseau de feu…**

Virevolt (Compagnie)

Poisson Pilote
188 rue des Marais
01120 La Boisse
Tél. : 04 78 06 43 45 - 06 64 21 77 55
Fax : 04 78 06 02 19
ppilote@free.fr
• Direction : **Aurélie et Martin Cuvelier**
Type : compagnie dramatique
Année de création : 2000
Genre : cirque
Public : dès 6 ans
Derniers spectacles : **Coïncidences ; Entre deux…**
• Contact diffusion : **Jacques Thomasson**
04 78 06 43 45

Vis à Vis & Co

101 bis rue du Mont-Cenis
75018 Paris
Tél. : 01 42 62 58 74 - 06 82 84 06 56
olivier.prou@free.fr
• Direction : **Marie-Hélène Morsain**
• Administration : **Olivier Prou**
• Communication : **Véronique Delroisse**
01 42 12 05 99 - 06 60 53 65 56
• Diffusion : **Olivier Prou**
Type : groupe musical
Année de création : 2005
Genres : musique, conte, théâtre musical.
Public : dès 4 ans
Label : autoproduction
Dernier spectacle : **L'Arbre sans lumières**

Compagnie La Voix du Hérisson

Spectacles de théâtre musical jeune public
Auteur compositeur interprète Nelly Frenoux

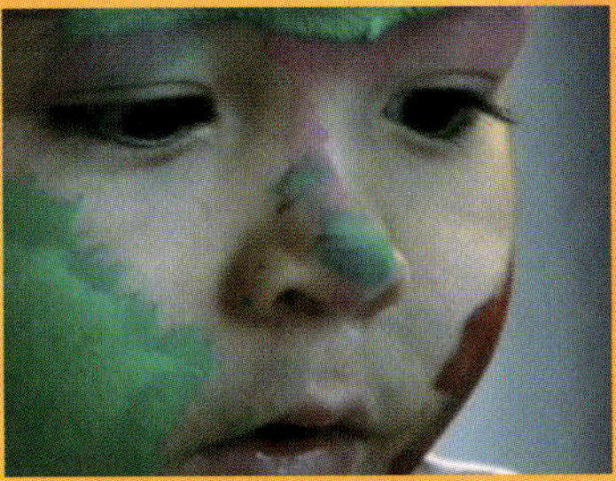

Naissances

murmures du tout début des choses

Duo pour une voix et un paysage d'images

Par petites touches sensibles et en duo avec les dispositifs vidéo, l'artiste nous guide pas à pas dans le plus mystérieux des voyages, celui de la naissance. Un spectacle en trois actes.

Création janvier 2006, pour les enfants à partir de 2 ans
Coproduction : Théâtre Nouvelle Génération / CDN Lyon, L'Amphithéâtre de Pont de Claix, La Voix du Hérisson

Pêcheurs de sons

Duo pour une voix et un paysage marin

Les enfants embarquent sur un tapis flottant, et là tout près d'eux, la chanteuse musicienne raconte la fameuse histoire de la chemise du capitaine.
Rythme, percussions et voix : Larguez les amarres !
La grande voile se gonfle et claque, les haubans bruissent, la mer tangue puis gronde et rugit...

Spectacle créé en 2000, pour les enfants à partir de 2 ans et demi
Coproduction : Théâtre de la Renaissance d'Oullins, La Voix du Hérisson

Bogue

Duo pour une voix et un paysage sonore

Une jardinière cultive son jardin musical, et distribue des bogues, fruits de l'arbre à sons. Sous une longue branche noueuse comme suspendue dans la brume du jardin, elle sème des graines enchantées ...

Spectacle créé en 1995, pour les enfants à partir de 2 ans
Production : La Voix du Hérisson

Créations réalisées avec le soutien de la DRAC Rhône Alpes, du Conseil Général de l'Isère, de la Ville de Grenoble

Contact : La Voix du Hérisson. 7 rue Maurice Barrès. 38 100 Grenoble. Tel/Fax : 04 76 63 08 80
lavoixduherisson@wanadoo.fr

Voix du Hérisson (La)

7 rue Maurice Barrès
38100 Grenoble
Tél. : 04 76 63 08 80 - Fax : 04 76 63 08 80
lavoixduherisson@wanadoo.fr
nelly.frenoux@wanadoo.fr
• Présidente : **Denise Faivre**
• Administration : **Gérard Chagniel**
• Communication : **Nelly Frenoux**
• Diffusion : **Nelly Frenoux, Christine Valla**
Type : compagnie dramatique
Année de création : 1991
Genres : musique, théâtre musical.
Public : dès 2 ans
Derniers spectacles : **Naissance, murmure du tout début des choses ; Pêcheur de sons ; Bogue...**

Voix Off (Compagnie)

Le Bourg, 18250 Neuvy-Deux-Clochers
Tél. : 02 48 79 47 28 - Fax : 02 48 79 47 28
zamimo@aol.com
• Direction : **Damien Bouvet**
• Administration : **Cathy Bouvet**
Type : compagnie dramatique
Année de création : 1996
Genres : théâtre clown, théâtre d'objets.
Public : dès 3 ans
Derniers spectacles : **Fini fini ; Kifélozof ; Chair de papillon ; Né ; Clown sur tapis de salon ; Petit cirque et les petits toros...**
• Contact diffusion : **Sine Qua Non**
- 02 51 10 04 04

Voix Public (Compagnie)

www.cievoixpublic.com
2 rue de l'Espère
06510 Carros
Tél. : 04 93 08 75 39
contact@cievoixpublic.com
• Direction : **Philippe Lecomte**
• Administration : **Rosa Pupo-Cuellar**
• Communication : **Hugo Musella**
Type : compagnie dramatique
Année de création : 1993
Genre : théâtre
Public : dès 6 ans
Derniers spectacles : **Poil de carotte ; Le Merveilleux Voyage de Nils Holgersson ; L'histoire de ceux qui sauvèrent le monde...**

Vox Alpina

www.voxalpina.com
La Servalanche
74450 Le Grand Bornand
Tél. : 04 50 63 27 40
voxalpina@wanadoo.fr
• Direction : **Nicolas Perrillat**
Type : compagnie dramatique
Année de création : 2003
Genres : pluridisciplinaire, musique, arts de la rue, conte.
Public : dès 7 ans
Derniers spectacles : **Autour de mon croezu, Contes et légendes de montagne ; La Montagne a des oreilles ; L'Kinke...**

Yannick Pasgrimaud

www.emilesabord.fr.st
Émile Sabord Productions, BP 48835
44188 Nantes Cedex 04
Tél. : 02 40 69 44 23 - Fax : 02 51 84 16 69
emilesabord@wanadoo.fr
• Direction : **Pierre-Yves Maby**
• Administration : **Hélène Gonnard**
Type : artiste musical
Année de création : 1990
Genres : théâtre, marionnettes, théâtre d'objets, clown.
Public : dès 8 ans
Dernier spectacle : **Ausmour**
• Contact diffusion : **Sine Qua Non**
- 02 51 10 04 04

Yves Ribis et Sophie Le Hunsec

18 rue Audren de Kerdrel
56100 Lorient
Tél. : 02 97 64 61 70
bigbravo@wanadoo.fr
• Direction : **Yves Ribis**
• Communication : **Yves Ribis**
Type : artistes musicaux
Année de création : 1998
Genre : musique
Public : dès 9 mois
Label : Kerig Productions, Coop Breizh
Dernier spectacle : **Kalon ur vamm**
• Contact diffusion : **Big Bravo Spectacles - Sophie Glarner**, 02 96 70 86 99

Yves Rousseau

http://bouillir.la.pluie.free.fr
Agence Pour Faire Bouillir la Pluie
9 bis rue Blanche
95880 Enghien-les-Bains
Tél. : 01 34 12 47 63 - 06 16 89 64 69
Fax : 01 34 12 47 63
isabelletrubert@wanadoo.fr
• Administration : **Isabelle Trubert**
Type : artiste musical
Année de création : 1988
Genre : musique
Public : dès 4 ans
Derniers spectacles : **Un, deux, trois .. sourires ! ; Duominos...**
• Contact diffusion : **Isabelle Trubert**

Z'imbert et Moreau (Les)

www.imbert-moreau.com
2 allée des Pétunias
37270 Montlouis-sur-Loire
Tél. : 02 47 50 86 07
info@imbert-moreau.com
• Direction : **François Imbert**
Type : artiste ou groupe musical
Année de création : 1970
Genres : pluridisciplinaire, musique, danse, théâtre.
Public : dès 2 ans
Label : Fim Production - Label'enfance
Derniers spectacles : **Les Belles Chansons de notre enfance ; Le Bal grenadine ; La Bamba des bambins...**

Zafou'rire (Compagnie)

www.zafourire.com
La Combe Verre
26160 Le Poët-Laval
Tél. : 04 75 46 46 49 - Fax : 04 75 46 46 49
zafou.rire@wanadoo.fr
• Direction : **Ciccina Carvello**
• Administration : **Françoise Boisset**
Type : compagnie dramatique
Année de création : 1998
Genre : théâtre, cirque.
Public : dès 3 ans
Dernier spectacle : **Cuisines, mode d'emploi**

Zanimos (Les)

www.leszanimos.com
La Fabrique de théâtre
13 rue de Phalsbourg
67000 Strasbourg
Tél. : 03 88 35 11 26 - Fax : 03 88 35 09 75
contact@leszanimos.com
• Direction : **Emmanuelle Marchal, Antoinette Cremona**
Type : compagnie dramatique
Année de création : 1997
Genres : arts de la rue, marionnettes.
Public : dès 5 ans
Derniers spectacles : **Le Marfand de fables ; Andrée Kupp, dresseuse et montreuse de légumes...**
• Contact diffusion : **Repérages Spectacles - Victoria Francart**

Zapoï (Compagnie) - Production le Grand Bleu

http://ciezapoi.free.fr
1 rue de Jemmapes
Résidence Ronzier, bâtiment 1
59300 Valenciennes
Tél. : 03 27 36 54 13 - 06 82 06 68 62
Fax : 03 20 09 21 52
zapoi@tele2.fr - adesideri@legrandbleu.com
• Direction : **Denis Bonnetier, Stanka Pavlova**
• Communication : **Anne Desideri**
• Diffusion : **Anne Desideri**
Type : compagnie dramatique
Année de création : 2001
Genres : pluridisciplinaire, marionnettes.
Public : dès 9 mois
Derniers spectacles : **Zapping lupus ; C'est un bout de papier...**

Zèbres en pyjama (Les)

Victorie Spectacles
4 passages de la main d'or
75011 Paris
Tél. : 01 49 29 55 50 - Fax : 01 47 00 12 01
emilie@victorie-spectacles.com
• Administration : **Le Square**
Type : groupe musical
Année de création : 1997
Genre : musique
Public : dès 5 ans
Label : Universal, Le Square.
Dernier spectacle : **Un après-midi sans histoire**
• Contact diffusion : **Émilie Mahé**

Zik Mômes

3 Jock 3 Production
2 rue des Beaumonts
94120 Fontenay-sous-Bois
Tél. : 01 42 38 22 58 - Fax : 01 42 38 11 35
contact@theatre-clavel.com
• Direction : **Sébastien Pimont**
• Administration : **Sébastien Pimont**
• Communication : **Delphine Origny**
• Diffusion : **Delphine Origny**
Type : artiste ou groupe musical
Année de création : 2001
Genre : musique
Public : dès 2 ans
Label : XIII bis Records
Derniers spectacles : **Zik Mômes 2 ; Pestacle encore plus mieux bien ; Zik Mômes 1, Pour nous les petits...**

Zut

www.coucouzut.com
Ovniprod
14 rue Claude Genin
38100 Grenoble
Tél. : 04 76 42 21 44 - 06 08 63 92 26
pascal.ovniprod@free.fr
• Production discographique : **Jokapé**
• Production scène : **Ovniprod**
• Diffusion : **Pascal Auclair, Brice Galloni, Fanny Giraudeau**
• Communication : **Pleine Lune**
pascal.pleinelune@free.fr
Type : groupe musical
Année de création : 1999
Genre : musique
Public : dès 4 ans
Label : Naïve
Dernier spectacle : **Zut en concert pour de vrai**

Alsace

67

Agence culturelle d'Alsace

www.culture-alsace.org
1 espace Gilbert Esteve, BP 25
67601 Sélestat Cedex
Tél. : 03 88 58 87 58 - Fax : 03 88 58 87 50
agence@culture-alsace.org
- Directeur : **Francis Gelin**
- Programmatrice JP : **Françoise Wyler**

Type : divers
Spectacles JP par saison : 4
Genre : pluridisciplinaire
Artistes accueillis : **Cécile Solin, Cie Jordi Bertran, Groupe Vishten, Théâtre de la Lune, Cie de l'Ange d'or, Le Canon à Patates, Ikaros Théâtre, Théâtre de la Brosserie - Birschtewriktheater, Le Marché aux Grains, Cie Les Anges Nus, L'Etoile du Nord, Théâtre de l'Envol, le Kafteur, les Witloof, Théâtre du Papyrus, Cie du Tire-laine, CDN de Besançon...**

Expressions Communes

www.expressions-communes.com
La Villa, 1 rue du Faubourg
67590 Schweighouse-sur-Moder
Tél. : 03 88 07 29 60 - Fax : 03 88 72 70 84
infos@expressions-communes.com
- Directeur : **Thierry Baechtel**
- Programmateur JP : **Thierry Baechtel**

Type : divers
Spectacles JP par saison : 15 à 20
Genre : pluridisciplinaire
Artistes accueillis : **Cie Amoros et Augustin, Piccolo Principi, Flash Marionnettes, Théâtre du Papyrus, Cie Créature, Cie Tohu-Bohu, Collectif SiPeuCirque, Cie Médiane, Cie Sémaphore, La Loupiote, Bouffou Théâtre, Nuna Théâtre, Fil Rouge Théâtre, Cie Jordi Bertran, Cie du Petit Monde, Ambulo Train Théâtre, Bob Théâtre, Tartine Reverdy, Cie Manivelle Association, Cie Les Anges Nus, Cie du Tire-laine...**

Le Kafteur

www.kafteur.com
3 rue Thiergorten
67000 Strasbourg
Tél. : 03 88 22 22 03 - Fax : 03 88 52 07 09
kafteur@wanadoo.fr
- Directeur : **Jean-Luc Falbriard**
- Programmatrice JP : **Aude Koegler**

Type : divers
Spectacles JP par saison : 5
Genre : pluridisciplinaire
Artistes accueillis : **Cie Sémaphore, Gavroche Théâtre, Marie Michel, Gérard Dalton...**

L'Illiade

www.illiade.com
Allée François Mitterrand
67400 Illkirch
Tél. : 03 88 65 31 06 - Fax : 03 88 65 31 01
illiade@mairie-illkirch-graffenstaden.fr
- Directeur : **Jean-Louis Kircher**
- Programmatrice JP : **Catherine Mosser**

Type : théâtre municipal
Spectacles JP par saison : 8
Genre : pluridisciplinaire
Artistes accueillis : **Hervé Demon, Tartine Reverdy, Flash Marionnettes, Cie Amoros et Augustin, Damien Bouvet, Ballet du Rhin, Théâtre du Papyrus...**

Maison des Arts et des Congrès La Castine de Reichshoffen

Centre Culturel, 42 avenue Foch
67110 Niederbronn-les-Bains
Tél. : 03 88 80 37 66 - Fax : 03 88 80 38 03
niederbronn-culture@wanadoo.fr
- Directeur : **Tarcise Schmitt**
- Programmateur JP : **Tarcise Schmitt**

Type : Théâtre municipal
Spectacles JP par saison : 3 à 4
Genres : pluridisciplinaire, théâtre, conte, marionnettes, théâtre d'objets, cirque, clown, mime.
Artistes accueillis : **La Luciole, Flash Marionnettes, Théâtre du Bambou,**

La Loupiote, Cie Tohu-Bohu, Tartine Reverdy, Hervé Demon, Cie Les Mots du Vent, Cie du Midi, Cie Plume d'éléphant, Cie Crescendo, Théâtre d'objets manipulés de Rennes, Théâtre Le Fil Rouge, Cie Clandestine, Jean-Luc Falbriard...

Opéra National du Rhin

www.opera-national-du-rhin.com
19 place Broglie, BP 320
67008 Strasbourg Cedex
Tél. : 03 88 75 48 00
opera@opera-national-du-rhin.com
• Directeur : **Nicholas Snowman**
• Programmateur JP : **Matthieu Rietzler**
Type : CCN et scène nationale (opéra)
Spectacles JP par saison : 7
Genres : pluridisciplinaire, musique, danse.
Artistes accueillis : **Les Jeunes Voix du Rhin, Conservatoire national de région de Strasbourg, Bertrand d'At...**

Relais culturel de Haguenau

www.ville-haguenau.fr
1 place Joseph Thierry
67500 Haguenau
Tél. : 03 88 73 30 54 - Fax : 03 88 73 44 04
relais.culturel@ville-haguenau.fr
• Directeur : **Daniel Chapelle**
• Programmateurs JP : **Daniel Chapelle, Catherine Leininger**
Type : théâtre municipal
Spectacles JP par saison : 5
Genre : pluridisciplinaire
Artistes accueillis : **Hervé Demon, Alain Schneider, Monsieur Nô, Cie du Jabron Rouge, Cie Agitez le Bestiaire, Cie La Lampiste, Théâtre du Papyrus, Théâtre de la Luciole, Cie Les Anges Nus, Théâtre Burle, Théâtre Dest, Les Tréteaux de France, Théâtre du Mouvement, Luc Schillinger, La Troupe du Phénix, Collectif SiPeuCirque, Les Witloof...**

Relais culturel de Wissembourg La Saline

Rue des Écoles
67160 Wissembourg
Tél. : 03 88 94 10 03 - Fax : 03 88 94 10 00
relais.culturel.wissembourg@wanadoo.fr
• Directeur : **Philippe Prost**
• Programmateurs JP : **Philippe Prost, Jérôme Bernard**
Type : divers
Spectacles JP par saison : 6
Genres : pluridisciplinaire, théâtre, marionnettes, théâtre d'objets, musique, danse, cirque.
Artistes accueillis : **Cie Jordi Bertran, Cie du Midi, Théâtre du Papyrus, Hervé Demon...**

TJP Strasbourg - CDN d'Alsace ♡

www.theatre-jeune-public.com
1 rue du Pont Saint-Martin
67000 Strasbourg
Tél. : 03 88 35 70 10 - Fax : 03 88 75 62 40
tjp@theatre-jeune-public.com
• Directeur : **Grégoire Callies**
• Programmateurs JP : **Grégoire Callies, Murielle Chevalier**
Type : centre dramatique national
Spectacles JP par saison : 20
Genres : théâtre, marionnettes, théâtre d'objets, arts de la rue.
Artistes accueillis : **Flash Marionnettes, Tempestant, Pour ainsi dire, Méli-Malo, Tohu-Bohu, Cie Smol-humour à tiroirs, Cie Les anges au plafond, Le Bruit qui court, Théâtre de nuit, Laurent Dupont.**

68

Espace culturel Le Parc

www.ribeauville.net
Mairie, 2 place de l'Hôtel de ville, BP 50037
68152 Ribeauvillé Cedex
Tél. : 03 89 73 20 00 - Fax : 03 89 73 37 18
culture.ribeauville@wanadoo.fr
• Directeur : **Christian Langenfeld**
• Programmateur JP : **Christian Langenfeld**
Type : théâtre municipal
Spectacles JP par saison : 4

Genre : pluridisciplinaire
Artistes accueillis : **TJP Strasbourg, Flash Marionnettes, Créa Théâtre, Cie Billenbois...**

Espace Grün

www.espace-grun.net
32 rue Georges Risler
68704 Cernay Cedex
Tél. : 03 89 75 74 87 - Fax : 03 89 75 47 50
espacegrun@wanadoo.fr
• Directeur : **Jacques Boura**
• Programmateur JP : **Jacques Boura**
Type : théâtre municipal
Spectacles JP par saison : 4 à 6
Genre : pluridisciplinaire
Artistes accueillis : **Cie Tabola Rossa, Cie Baro d'Evel Cirk, Cie Mana, Alain Imbert, Cie les Witloof, Cie du Tire-laine, Théâtre de Cuisine, Création CDN de Sartrouville, Cie Le Fil Rouge, Cie La Loupiote, Cie le Jabron Rouge, François Chauvet, Cie La Soupe...**

Espace Lézard

www.lezard.org
2 boulevard du Champ de Mars
68000 Colmar
Tél. : 03 89 41 70 77
contact@lezard.org
• Directeur : **François Laperrelle**
• Programmatrice JP : **Christine Bajard**
Type : divers
Spectacles JP par saison : 5
Genres : pluridisciplinaire, théâtre, conte, marionnettes, théâtre d'objets, musique, cirque. Artistes accueillis : **Bob Théâtre, Jihad Darwiche, Théâtre du Papyrus, Théâtre Mu, Cie Tire-laine, Benoit Schwartz Théâtre, Maât, Théâtre de la Lune, Margrit Gysin, Théâtre de la Pire Espèce, Cie les Anges au Plafond, Cie La Puce à l'Oreille, Cie La Bao Acou...**

La Passerelle

www.la-passerelle.fr
Au Trèfle, allée du Chemin Vert
68170 Rixheim
Tél. : 03 89 54 21 55 - Fax : 03 89 65 26 83
contact@la-passerelle.fr
• Directrice : **Christine Planel**
• Programmatrices JP : **Christine Planel, Céline Berthelard**
Type : divers
Spectacles JP par saison : 20
Genres : pluridisciplinaire, théâtre, conte, marionnettes, théâtre d'objets, musique, clown.
Artistes accueillis : **Cie le Clan des Songes, Théâtre des Quatre Mains, Bouffou Théâtre, Flash Marionnettes, Cie Tellem Chao, Cie La Puce à l'Oreille, Théâtre Montansier, Cie Puntoclown, Cie Janvier, Cie Via, Le Marché aux Grains, Théâtre de l'Écume, Théâtre de l'Envol, Cie La Loupiote, Cie Tartine Reverdy, Cie La Bao Acou, Cie A & O, Cie Lili Désastre, Cie du Tire-laine...**

Le Grillen
Salle des Musiques Nouvelles

19 rue des Jardins
68000 Colmar
Tél. : 03 89 21 61 80 - Fax : 03 89 21 61 81
grillen@calixo.net
• Directeur : **Philippe Wending**
• Programmateur JP : **Salvatore Armenia**
Type : scène musiques actuelles
Spectacles JP par saison : 10
Genres : pluridisciplinaire, théâtre, conte, marionnettes, théâtre d'objets, musique.
Artistes accueillis : **Marionnettes de Belfort, Théâtre de l'Écluse, Cie Tsiko, Cie Pokowapa, Stephan Hernada, François Pecchuira, Hot Sisters...**

Lucile Bodson

Institut International de la Marionnette

Lucile Bodson, qui êtes-vous ?
> Actuellement, directrice de l'Institut International de la Marionnette, lieu de formation et de recherche, j'ai débuté dans cette profession comme responsable du secteur jeune Public d'une Scène nationale.

Comment définissez-vous votre activité ?
> Ces fonctions me permettent d'avoir une réflexion sur l'évolution de la création contemporaine et son croisement avec la formation.

Le premier spectacle jeune public que vous avez programmé ?
> *Lettres des îles Baladar*, d'après Prévert, monté par le Théâtre des Jeunes Années.

Votre première émotion de lectrice ?
> Les romans de Georges Perec. J'avais 12-13 ans, et cette écriture fut une révélation.

Votre auteur de théâtre préféré ?
> Impossible de répondre !

Votre première émotion de spectatrice ?
> Dans le domaine théâtral, le théâtre de l'absurde de Ionesco, avec *Les chaises*.

Quelle définition du spectacle jeune public donneriez-vous aux adultes ?
> Un spectacle à aimer, à vivre et à partager ensemble.

Et que diriez-vous aux enfants ?
> Insister sur l'aspect «vivant» du spectacle et sur l'interaction entre les artistes et le public.

Votre rêve professionnel le plus fou ?
> Qu'il n'y ait plus de catégories dans les programmations pour que les œuvres soient données à voir pour ce qu'elles sont, et non en fonction des catégories auxquelles elles sont sensées appartenir. Je me réjouis de la transversalité actuelle !

Le spectacle jeune public dans dix ans ?
> De plus en plus présent dans les programmations tout public.

La réaction d'un jeune spectateur qui vous a émue ?
> Dire que c'est bien tout simplement. C'est le signe d'une émotion et cela suffit pour justifier tout le travail qui se fait dans ce domaine !

La réflexion la plus stupide qu'il vous a été donné d'entendre au sujet du spectacle pour le jeune public ?
> Le terme de «public captif», quelquefois employé lorsqu'il s'agit du public scolaire. C'est nier le rôle de «passeur» actif de l'enseignant et la force du théâtre.

Entretien réalisé par Cyrille Planson

Le Triangle

www.ville-huningue.fr
3 rue de Saint-Louis
68330 Huningue
Tél. : 03 89 89 98 20 - Fax : 03 89 89 69 74
letriangle@ville-huningue.fr
• Directeur : **Jacques Lamy-Chappuis**
• Programmateurs JP : **Jacques Lamy-Chappuis et Steve Ursprung**
Type : divers
Spectacles JP par saison : 6
Genres : pluridisciplinaire, théâtre, marionnettes, théâtre d'objets, musique, arts de la rue, cirque danse.
Artistes accueillis : **Cie Flex, Cie Theatro dei Piedi, Cie L'Inattendu, Cie Les Saintes Amères, Dorliss et Cie, Cie les Zanimos, Cie Pneu Pno, Bob théâtre, Démons et Merveilles.**

Théâtre de la Sinne

www.treteaux-alsace.com
39 rue de la Sinne
68100 Mulhouse
Tél. : 03 89 66 06 72 - Fax : 03 89 36 00 14
contact@treteaux-alsace.com
• Directeur : **André Leroy**
• Programmateur JP : **Tréteaux de Haute-Alsace**
Type : théâtre municipal
Spectacles JP par saison : 14-15
Genres : pluridisciplinaire, théâtre, conte, marionnettes, théâtre d'objets, musique, danse.
Artistes accueillis : **Mamémo, Teatro dell'Angelo, Théâtre des Quatre Mains, Cie Le Chat Perplexe, Teatro Gioco Vita, Cie Contre-Ciel, Cie Arcosm, Cie Agitez le Bestiaire, Théâtre Maât, Amédée Bricolo, Teatro delle Briciole, Dynamo Théâtre, Le Carrousel, Cie Pernette...**

Théâtre La Coupole

www.lacoupole.fr
2 Croisée des Lys
68300 Saint-Louis
Tél. : 03 89 70 03 13 - Fax : 03 89 70 91 49
info@lacoupole.fr
• Directeur : **Denis Beaugé**
• Programmateur JP : **Denis Beaugé**
Type : théâtre municipal
Spectacles JP par saison : 7 à 10
Genres : pluridisciplinaire, marionnettes, théâtre d'objets, musique, danse, cirque, clown.
Artistes accueillis : **Figurentheater Felucca, Cie Mediane, La Petite Fabrique, Cie Amoros & Augustin, Cie du Hérisson, Aimroutier, Création TJP Strasbourg, Cie Prêt à Porter, Anacoluthes...**

Théâtre municipal de Colmar

3 rue Unterlinden
68000 Colmar
Tél. : 03 89 20 23 01 - Fax : 03 89 20 29 01
theatre@ville-colmar.com
• Directeur : **Daniel Sala**
• Programmateur JP : **Daniel Sala**
Type : théâtre municipal
Spectacles JP par saison : 3
Genres : pluridisciplinaire, théâtre, conte, marionnettes.
Artistes accueillis : **Cie du Midi, Cie Cubitus, Cie du Nouveau Monde, Théâtre de l'Ombrelle...**

Aquitaine

24 Association Départementale de Développement Culturel

www.perigord.tm.fr
Espace culturel François Mitterrand, BP 1056
24001 Périgueux Cedex
Tél. : 05 53 06 40 00 - Fax : 05 53 06 40 01
addc@perigord.tm.fr
• Directrice : **Marie-Jeanne Vian**
• Programmatrice JP : **Anne-Marie Gros**
Type : divers
Spectacles JP par saison : 11
Genres : pluridisciplinaire, théâtre, conte, marionnettes, théâtre d'objets, cirque.
Artistes accueillis : **Théâtre Mu, Théâtre de la Cheminée, Cie Agnès Desfosses, Acta Théâtre, Théâtre de Cuisine, Théâtre du Pélican, Cie Pour Ainsi Dire, Praxinoscope Théâtre...**

Centre culturel de Bergerac

Place Gambetta
24100 Bergerac
Tél. : 05 53 57 71 51 - Fax : 05 53 61 30 01
centre-culturel@ville-bergerac.fr
• Directeur : **Jean-Jacques Limousin**
• Programmateur JP : **Jean-Jacques Limousin**
Type : théâtre municipal
Spectacles JP par saison : 10 à 15
Genre : pluridisciplinaire
Artistes accueillis : **Bouskidou, Théâtre du Caramel Fou, Pulse, Jacques Haurogné, Cie Litécox, Cie Robinson...**

L'Odyssée

15 rue Bodin
24000 Périgueux
Tél. : 05 53 05 94 60
• Directrice : **Chantal Achilli**
• Programmatrice JP : **Chantal Achilli**
Type : théâtre conventionné
Spectacles JP par saison : 8 à 10
Genre : pluridisciplinaire
Artistes accueillis : **Théâtre de Romette, Cie José Manuel Caño Lopez, Cie Gare Centrale, Jean-Marie Boulangassa, Annie Kiss, Hervé Suhubiette, Cie des Passagers de l'Aube, Cie Pour Ainsi Dire, Yaëm Ménassé, Maurice Delaistier, Kathie Serniclay, Pierre Fatus...**

33

Centre Simone Signoret

Chemin du Cassiot, BP 31
33610 Canéjan
Tél. : 05 56 89 38 93 - Fax : 05 56 75 24 69
signoret.canejan@wanadoo.fr
• Directrice : **Sophie Casteignau,**
• Programmatrice JP : **Sophie Casteignau**
Type : divers
Spectacles JP par saison : 20
Genre : pluridisciplinaire
Artistes accueillis : **Théâtre des Zygomars, Cie Agitez le Bestiaire, Cie Laena, Robinson, Erfreuliches Theater Erfurt, Lejo, Cie Tabola Rassa, Théâtre de la Pire Espèce, Cie du Réfectoire, ABBAC, Manège en Chantier, Groupe Anamorphose, Cie Les Arrosés, Smart Cie, Cie Opera Pagaï, Cie les Rémouleurs, Cie du Réfectoire, Cie Mungo, Théâtre Pour Deux Mains...**

Espace culturel du Bois Fleuri

Place du 8 mai 1945
33310 Lormont
Tél. : 05 56 38 39 05 - Fax : 05 56 38 39 05
• Directeur : **Serge Korjanevski**
• Programmatrice JP : **Danièle Cayla**
Type : théâtre municipal
Spectacles JP par saison : 9
Genres : pluridisciplinaire, théâtre, conte, marionnettes, théâtre d'objets, danse, clown.
Artistes accueillis : **Cie Aïa Paris, Cie du Réfectoire, Cie Apsaras, Chantier Théâtre, La Fabrique des Arts d'à Côté, Cie Nicole et Martin, Okidok, Cie Tabola Rassa, Théâtre Le Clou, Théâtre du Carrousel...**

Espace culturel Georges Brassens

Rue du 19 mars 1962, BP 38
33850 Léognan
Tél. : 05 57 96 01 30 - Fax : 05 57 96 01 31
ecgb.leognan@voila.fr
• Directrice : **Élizabeth Marias**
• Programmatrice JP : **Élizabeth Marias**
Type : théâtre municipal
Spectacles JP par saison : 2
Genre : pluridisciplinaire
Artistes accueillis : **Job Théâtre, Jean René...**

Espace culturel Treulon

Avenue de Verdun
33523 Bruges Cedex
Tél. : 05 56 16 77 00 - Fax : 05 56 16 77 09
info@mairie-bruges.fr
• Directeur : **Gérard Linsolas**
• Programmateur JP : **Gérard Linsolas**
Type : théâtre municipal
Spectacles JP par saison : 6 à 10
Genres : pluridisciplinaire, théâtre, marionnettes, théâtre d'objets, musique, danse, cirque, mime.
Artistes accueillis : **Les Petites Fugues, La Zita,**

Théâtre d'Ern, Malle Théâtre, Cie du Mayapo, Le Manège en Chantier, Temps Fort Théâtre, Démons et Merveilles, Cie Lucien Morisse, Cie Ouragane, Cie Créature...

Le Pin Galant

www.lepingalant.com
34 avenue du Maréchal de Lattre de Tassigny
33700 Mérignac
Tél. : 05 56 97 00 51 - Fax : 05 56 97 63 96
administration@lepingalant.com
• Directeur : **Jean-Paul Burle**
• Programmatrice JP : **Caroline de Tonnac**
Type : divers
Spectacles JP par saison : 5
Genre : musique
Artistes accueillis : **Henri Dès, Pakita, Robinson, Alain Schneider, Monsieur Nô, Rémi, Zik Mômes, Gibus, Dominique Dimey, Les Déménageurs, JMF, Les Gribouilleurs Sonores...**

Les Colonnes

4 rue du Docteur Castéra
33290 Blanquefort
Tél. : 05 56 95 49 00 - Fax : 05 56 95 49 09
elac@lescolonnes.ville-blanquefort.fr
• Directrice : **Catherine Simon**
• Programmatrice JP : **Catherine Simon**
Type : Théâtre conventionné
Spectacles JP par saison : 12 à 15
Genre : pluridisciplinaire
Artistes accueillis : **Royal de Luxe, Cirque Trottola, Les Witloof, Nkululeko Théâtre, Le Clou, Boyzie Cekwana, Lia Rodriguez, Herman Diephuis, Steve Waring, Théâtre Pour Deux Mains, Christian Gangneron, Maryseult Wieczorek, Cie Gare Centrale, Cie Vertigo, Théâtre à Quatre Mains, Bob Théâtre, Théâtre Les Lucioles, Le Petit Théâtre, Jazz Chamber Orchestra, Théâtre du Risorius, Cie Le Manège en Chantier...**

Opéra National de Bordeaux

www.opera-bordeaux.com
Place de la Comédie, BP 95
33025 Bordeaux
Tél. : 05 56 00 85 20 - Fax : 05 56 00 56 20
• Directeurs : **Thierry Fouquet, Anne-Sophie Brandalise**
• Programmateur JP : **Océane Dreanic**
Type : opéra
Spectacles JP par saison : 18
Genres : pluridisciplinaire, musique, danse.
Artistes accueillis : **Cie Retouramont, Cie Paul les Oiseaux, Cie Arcosm, Théâtre de Cuisine, Sphota, Eclats, Ensemble Reflex, Centre d'éveil artistique d'Aulnay-sous-Bois, Cie Louis Brouillard, Cie Trafic de Styles, Cie Robinson, Cie Le Chat Perplexe, Cie La Calebasse...**

Scène des Carmes

www.centreculturelde scarmes.fr
8 place des Carmes
33210 Langon
Tél. : 05 56 63 14 45 - Fax : 05 56 63 67 55
centreculturelde scarmes@wanadoo.fr
• Directrice : **Marie-Laure Lesgourgues**
• Programmatrice JP : **Marie-Laure Lesgourgues**
Type : théâtre municipal
Spectacles JP par saison : 8
Genre : pluridisciplinaire
Artistes accueillis : **Cie Robinson, Cie de l'Escalier qui Monte, Les Farfadas, Cie Le Manège en Chantier, Théâtre du Rivage, Temps Fort Théâtre, Burlocs Théâtre, Bouskidou...**

Théâtre du Pont Tournant

13 rue Charlevoix de Villers
33300 Bordeaux
Tél. : 05 56 11 06 11
theatre.pont-tournant@libertysurf.fr
• Directeur : **Stéphane Alvarez**
• Programmateur JP : **Stéphane Alvarez**
Type : divers
Spectacles JP par saison : 2 à 3

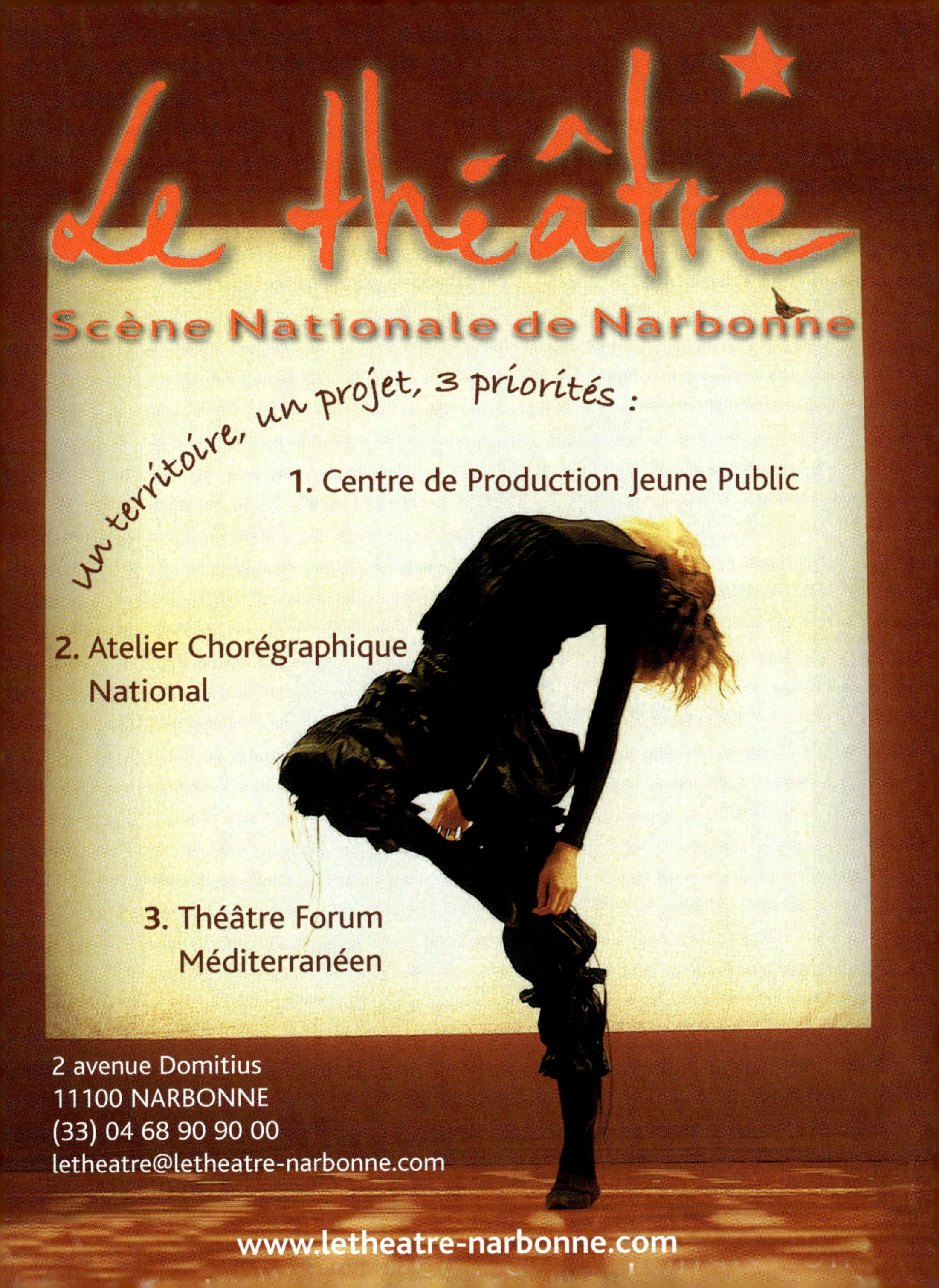
Le théâtre
Scène Nationale de Narbonne
Un territoire, un projet, 3 priorités :
1. Centre de Production Jeune Public
2. Atelier Chorégraphique National
3. Théâtre Forum Méditerranéen
2 avenue Domitius
11100 NARBONNE
(33) 04 68 90 90 00
letheatre@letheatre-narbonne.com
www.letheatre-narbonne.com

Genres : pluridisciplinaire, théâtre, marionnettes, musique, danse.
Artistes accueillis : **Nukku Matti, Cie Opéra Light, Théâtre de l'Écluse, Cie Entresols, Cie Les Enfants du Paradis...**

Théâtre La Pergola

Cie Présence, rue Fernand Cazères
33200 Bordeaux
Tél. : 05 56 02 62 04 - Fax : 05 56 02 70 45
theatrelapergola@wanadoo.fr
• Directeur : **Michel Cahuzac**
• Programmateurs JP : **Michel Cahuzac, Denis Goujon**
Type : théâtre conventionné
Spectacles JP par saison : 5
Genres : pluridisciplinaire, théâtre, conte.
Artiste accueilli : **Cie Présence...**

Théâtre National de Bordeaux en Aquitaine

www.tnba.org
Square Jean Vauthier, BP 7
33031 Bordeaux Cedex
Tél. : 05 56 33 36 60 - Fax : 05 56 92 81 50
tnba@tnba.org
• Directeur : **Dominique Pitoiset**
• Programmateur JP : **Sonia Moumen**
Type : centre dramatique
Spectacles JP par saison : 4 à 6
Genres : pluridisciplinaire, théâtre, marionnettes, théâtre d'objets, danse, cirque.
Artistes accueillis : **Johann Le Guillerm, Cirque ici, Cie Colla e Figli, Dominique Pitoiset...**

Théâtre Quatre Saisons

www.t4saisons.com
Parc de Mandauit
33170 Gradignan
Tél. : 05 56 89 03 23 - Fax : 05 56 75 52 95
contact@t4saisons.com
• Directrice : **Marie-Michèle Delprat**
• Programmatrice JP : **Marie-Michèle Delprat**
Type : théâtre municipal
Spectacles JP par saison : 5
Genre : pluridisciplinaire
Artistes accueillis : **Cie la Petite Fabrique, Cie Le Clan des Songes, Théâtre Incliné, Ranch O Banjo, Théâtre du tilleul, Cie Pour Ainsi Dire...**

40 Le CRABB

http://crabb.free.fr
231, avenue Montbron
40600 Biscarrosse
Tél. : 05 58 78 82 82 - Fax : 05 58 78 83 13
crabb@free.fr
• Directeur : **Jean-Marc Hélies**
• Programmateur JP : **Célia Sanchez**
Type : divers
Spectacles JP par saison : 3
Genre : pluridisciplinaire
Artistes accueillis : **Théâtre à cru, Cie Opéra Pagaï, Bouffou Théâtre, Gigi Bigot, Cie Le Manège en Chantier...**

Théâtre de Feu

www.theatre-de-feu.com
1 bis rue de la Madeleine
40000 Mont-de-Marsan
Tél. : 05 58 75 74 83 - Fax : 05 58 06 92 76
contact@theatre-de-feu.com
• Président : **Philippe Mary**
• Programmateur JP : **Jean-Claude Falet**
Type : divers
Spectacles JP par saison : 2 à 3
Genre : pluridisciplinaire
Artistes accueillis : **Théâtre du Caramel Fou, Cie Choc Trio...**

47 Centre culturel de Fumel

Place Georges Escande
47501 Fumel Cedex
Tél. : 05 53 40 46 71 - Fax : 05 53 71 35 16
pbagnara@cc-dufumelois.fr
• Directeur : **Pascal Bagnara**
• Programmateur JP : **Pascal Bagnara**
Type : théâtre municipal
Spectacles JP par saison : 10
Genres : pluridisciplinaire, théâtre, conte, marionnettes, théâtre d'objets, musique, danse.

Christian Dubuis

Programmateur

Christian Dubuis, qui êtes-vous ?
> Un ancien comédien devenu programmateur par passion.

Comment définiriez-vous votre activité ?
> Nous sommes les «passeurs» d'un art à mon avis indispensable vers un public essentiel.

Pourquoi avoir fait le choix professionnel du jeune public ?
> Il s'agit d'une rencontre déterminante plus qu'un choix résolu.

Votre première émotion de lecteur ?
> *Moby Dick,* de Melville, est pour moi le souvenir le plus marquant, inquiétant et fascinant de ma jeunesse.

Votre première émotion de spectateur ?
> «Le théâtre du jeune spectateur», de Claude Santelli… à la télévision !

Votre auteur de théâtre préféré ?
> Shakespeare.

Votre rêve professionnel le plus fou ?
> Un théâtre ambulant sur terre et sur mer.

Quelle définition du spectacle jeune public donneriez-vous aux adultes ?
> C'est un plaisir avant toute chose, un plaisir important pour bien vivre avec vos enfants.

Et que diriez-vous aux enfants ?
> Venez au théâtre, c'est du plaisir avant toute chose !

Le spectacle jeune public dans dix ans ?
> Avec inquiétude pour son devenir.

Le premier spectacle jeune public que vous avez programmé ?
> Je ne m'en souviens plus !

La réaction d'un jeune spectateur qui vous a émue ?
> Après un spectacle lorsqu'un jeune a des lumières dans les yeux et un sourire vague aux lèvres.

La réflexion la plus stupide qu'il vous a été donné d'entendre au sujet du spectacle vivant pour le jeune public ?
> *«C'est trop difficile pour les enfants !»*

Entretien réalisé par Cyrille Planson

Artistes accueillis : **Bouskidou, Cie Flash Marionnettes, Cie Humaine, Borloro Théâtre, Manège en Chantier, Bouffou Théâtre, Cie Jordi Bertran, Cie L'Escalier qui Monte, Cie du Réfectoire...**

Espace d'Albret

www.ville-nerac.fr
Quai de la Baïse, BP 51
47600 Nerac
Tél. : 05 53 97 40 50 - Fax : 05 53 97 40 51
spectacles.albret@ville-nerac.fr
• Directeur : **Étienne Mainguet**
• Programmateur JP : **Étienne Mainguet**
Type : théâtre municipal
Spectacles JP par saison : 8 à 10
Genre : pluridisciplinaire
Artistes accueillis : **Cie Gakokoé, Groupe Anamorphose, Animaçao, Les Farfadas, Cie Les Enfants du Paradis, Théâtre Ribambelle, Collectif Marmouzic, Théâtre du Terrain Vague, Cie du Réfectoire, Arène Théâtre, Théâtre de Romette, La Petite Fabrique, Théâtre du Chapeau, Frédéric Naud, Jérôme Aubineau...**

Théâtre Ducourneau

Place Ducourneau
47916 Agen Cedex 9
Tél. : 05 53 69 47 24 - Fax : 05 53 48 02 19
• Directeur : **Bruno Rapin**
• Programmateur JP : **Bruno Rapin**
Type : théâtre municipal
Spectacles JP par saison : 8
Genre : pluridisciplinaire
Artistes accueillis : **Théatre du Rivage, Théâtre du Caramel Fou, Jacques Haurogné, Cie Pulse, Hélène Bohy...**

Théâtre du Jour

www.theatredujour.fr
21 rue Paul Régnier
47000 Agen
Tél. : 05 53 47 82 09 - Fax : 05 53 87 66 28
Ciepierredebauche@wanadoo.fr
• Directeur : **Pierre Debauche**
• Programmateur JP : **Pierre Debauche**
Type : centre dramatique
Spectacles JP par saison : 4
Genres : pluridisciplinaire, théâtre, conte, marionnettes, musique, danse, clown, mime..
Artiste accueilli : **Cie Pierre Debauche...**

Théâtre Georges Leygues

Boulevard de la République
47300 Villeneuve-sur-Lot
Tél. : 05 53 70 37 24 - Fax : 05 53 40 07 88
theatregeorgesleygues@dial.oleane.com
• Directrice : **Stéphanie Roméro**
• Programmatrice JP : **Stéphanie Roméro**
Type : théâtre municipal
Spectacles JP par saison : 12
Genres : pluridisciplinaire, théâtre, conte, marionnettes, théâtre d'objets, musique, danse cirque, clown, mime.
Artistes accueillis : **Cie la Chrysalide, Théâtre du Caramel Fou, la Fabrique des Arts d'à Côté, Théâtre de Romette, Théâtre Pour Deux Mains, Théâtre de l'Épi d'or, Cie Agitez le Bestiaire, Cie Joli Temps de Chien, Centre dramatique Poitou-Charentes, Théâtre du Terrain Vague, Bouskidou...**

64

Biarritz Culture

www.biarritz.fr
Place des Résistants, BP 30185
64204 Biarritz Cedex
Tél. : 05 59 22 20 21 - Fax : 05 59 22 40 11
biarritz-culture@wanadoo.fr
• Directeur : **Laurence Pekar**
• Programmateur JP : **Laurence Pekar**
Type : divers
Spectacles JP par saison : 5 à 6
Genres : pluridisciplinaire, théâtre, marionnettes, théâtre d'objets, musique, danse.
Artistes accueillis : **Théâtre du Rivage, Théâtre des Chimères, Cie Éclats, Cie Créature, Cie Nomades, Cie Ouragane, Pop Produkzioak, Baron samedi, Ambulo Train Théâtre, Théâtre Gaspard, Cie Suforel, Bouffou Théâtre...**

Cabaret Luna Negra

http://lunanegra.free.fr
7 rue des Augustins
64100 Bayonne
Tél. : 05 59 25 78 05 - Fax : 05 59 25 55 07
lunanegra@free.fr
• Directeur : **Jean-Michel Dupont-Garcia**
• Programmateur JP : **Jean-Michel Dupont-Garcia**
Type : divers
Spectacles JP par saison : 10
Genres : pluridisciplinaire, théâtre, conte, marionnettes.
Artistes accueillis : **Cie Humaine, Cie Azika, Théâtre pas Sage...**

L'Agora

31 avenue Béziou
64140 Billère
Tél. : 05 59 62 10 42 - Fax : 05 54 32 39 28
agora.billere@free.fr
• Directeur : **Olivier Chaumont**
• Programmateur JP : **Olivier Chaumont**
Type : divers
Spectacles JP par saison : 20
Genres : pluridisciplinaire, théâtre, conte, marionnettes, théâtre d'objets, musique, danse cirque.
Artistes accueillis : **Théâtre Le Clou, Aimée Douce de la Salle, Agora Theater, Cie Agitez le Bestiaire, Pepito Mateo, Tof Théâtre, Cie Opéra Pagaï, Cie L'Artifice, Cie du Réfectoire, Bob Théâtre, Cie Vent d'Autan, Cie Garin Trousseboeuf, Cie Le Clan des Songes, Chantier Théâtre, Cie Jabron Rouge, Théatre de Cuisine, Cie Ramodal, Groupe Anamorphose, Ambulo Train Théâtre, Cie Trabola Rassa, Cie L'Olifant, Cie La Carrerarie, Bouffou Théâtre, Théâtre à quatre mains, Cie Voix Off, Frédéric Naud, Cie Trèfles Bleus, Cie Tombés du Ciel, Cie Créature, Ladji Diallo...**

Scène nationale de Bayonne et du Sud-Aquitaine

18 ter boulevard Alsace-Lorraine
64100 Bayonne
Tél. : 05 59 55 85 05 - Fax : 05 59 55 21 70
snbayonne@snbsa.fr
• Directeur : **Dominique Burucoa**
• Programmateur JP : **Alexandre Wojtowicz**
Type : scène nationale
Spectacles JP par saison : 7
Genres : pluridisciplinaire, théâtre, marionnettes, théâtre d'objets, musique, danse, cirque.
Artistes accueillis : **Cie Vent d'Autan, Théâtre du Caramel Fou, Théâtre de l'Ombrelle, Théâtre du Rivage, Cie La Nuit Venue, Cie du Jabron Rouge, Cie Les Tréteaux de la Pleine Lune, Théâtre sans toit, L'Autobus à Vapeur...**

Auvergne

03 Centre Athanor

www.centreathanor.com
Rue Pablo Picasso, BP 1144
03103 Montluçon Cedex
Tél. : 04 70 08 14 40 - Fax : 04 70 03 47 00
infos@centreathanor.com
• Directrice : **Brigitte Paulet**
• Programmatrice JP : **Marie-Claude Rochat**
Type : divers
Spectacles JP par saison : 3
Genres : pluridisciplinaire, théâtre, conte, marionnettes, théâtre d'objets, musique, danse.
Artistes accueillis : **Cie Étant donné, Démons et Merveilles, Bouffou Théâtre, Dominique Dimey, Cie Les Zanimos, La Java des Couleurs, Gigi Bigot, Action Théâtre Enfance, Théâtre des mots, Cie du Petit Monde, Cie Fol à Pik, Cie Arkétal...**

STRUCTURES DE DIFFUSION

Le Festin

www.lefestin-cdn.com
27 rue des Faucheroux
03100 Montluçon
Tél. : 04 70 03 86 18 - Fax : 04 70 03 86 17
theatre@lefestin-cdn.com
• Directeur : **Anne-Laure Liegeois**
• Programmateur JP : **Anne-Laure Liegeois**
Type : centre dramatique
Spectacles JP par saison : 1 à 2
Genres : pluridisciplinaire, théâtre, marionnettes, arts de la rue.
Artistes accueillis : **Cie Les Loups, L'Illustre Famille Burattini, Cie Opus...**

Yzeurespace

www.ville-yzeure.com
BP 29
03401 Yzeure Cedex
Tél. : 04 70 48 53 73 - Fax : 04 70 48 53 90
culture-yzeure@wanadoo.fr
• Directeur : **Jacky Berthon**
• Programmatrice JP : **Nathalie Duffault**
Type : théâtre municipal
Spectacles JP par saison : 15
Genre : pluridisciplinaire
Artistes accueillis : **Cie Amoros et Augustin, Théâtre de Romette, Cie Agitez le Bestiaire, Cie du Chat Perplexe, Les Zanimos, Beliash Théâtre, Petit Théâtre Dakoté...**

15 La Passerelle

17 bis place d'Armes
15100 Saint-Flour
Tél. : 04 71 60 75 00 - Fax : 04 71 60 75 01
passerelle.stflour@free.fr
• Directeur : **Serge Bouloc**
• Programmateur JP : **Serge Bouloc**
Type : théâtre municipal
Spectacles JP par saison : 4
Genres : pluridisciplinaire, théâtre, conte, marionnettes.
Artistes accueillis : **Cie Turbulence, Cie La Balançoire, Cie Coeur d'Artichaud...**

Théâtre d'Aurillac

4 rue de la Poste
15000 Aurillac
Tél. : 04 71 45 46 05 - Fax : 04 71 45 46 44
theatre@mairie-aurillac.fr
• Directeur : **Jean-Paul Peuch**
• Programmateur JP : **Jean-Paul Peuch**
Type : théâtre municipal
Spectacles JP par saison : 6
Genre : pluridisciplinaire
Artistes accueillis : **Cie Fol à Pik, Enfance et Théâtre, JMF...**

43 Théâtre du Puy-en-Velay

www.mairie-le-puy-en-velay.fr
29 rue Raphaël
43000 Le Puy-en-Velay
Tél. : 04 71 09 03 45 - Fax : 04 71 09 84 78
theatre@mairie-le-puy-en-velay.fr
• Directeur : **Jacky Rocher**
• Programmateur JP : **Jacky Rocher**
Type : théâtre municipal
Spectacles JP par saison : 7
Genres : pluridisciplinaire,théâtre, musique, danse, conte, théâtre d'objets.
Artistes accueillis : **Cie Propos, Théâtre de Romette, Gil Chovet, Annie Gallay, Cie Ramodal, Les Chercheurs d'Arts Associés...**

Théâtre municipal d'Yssingeaux

Place du Prieuré
43100 Yssingeaux
Tél. : 04 71 65 73 53 - Fax : 04 71 65 55 42
ville.yssingeaux@wanadoo.fr
• Directeur : **Christian Rochedix**
• Programmateur JP : **Christian Rochedix**
Type : théâtre municipal
Spectacles JP par saison : 8
Genre : pluridisciplinaire
Artistes accueillis : **Théâtre des Innocents, Théâtre de Romette, Théâtre du Mayapo, Guy Prunner, Comédie de Saint-Étienne, Cie Cœur d'artichaud, Création Espace 44, Cie La Lanterne Magique, Cie des Champs...**

63

Graines de spectacles

www.clermont-ferrand.fr
Direction de l'animation de la jeunesse et des loisirs, rue Lacépède
63000 Clermont-Ferrand
Tél. : 04 73 92 30 26 - Fax : 04 73 92 47 57
fcoupe@ville-clermont-ferrand.fr
• Directeur : **François Coupé**
• Programmateur JP : **François Coupé**
Type : théâtre municipal
Spectacles JP par saison : 14
Genres : pluridisciplinaire, théâtre, conte, marionnettes, théâtre d'objets, musique, danse clown.
Artistes accueillis : **Cie Amoros et Augustin, Cie Françoise Pillet, Cie Émile Sabord, Théâtre de marionnettes de Genève, Cie Clandestine, Bouffou Théâtre, CDN de Montluçon, Théâtre de Romette, Cie Tro-Héol, Cie Garin Trousseboeuf, Cie Image Aigüe, Cie L'Olifant, Guy Jutard, Théâtre Ovipare, Montalvo, Hervieu, Damien Bouvet, La Petite Fabrique, Cie Caracol, Cie les Orpailleurs...**

Espace culturel de Cournon

Place de l'Hôtel de ville
63804 Cournon d'Auvergne
Tél. : 04 73 69 90 40 - Fax : 04 73 69 90 53
culture@cournon-auvergne.fr
• Directeur : **Christian Habouzit**
• Programmateur JP : **Christian Habouzit**
Type : divers
Spectacles JP par saison : 25
Genre : pluridisciplinaire
Artistes accueillis : **Cie Petipatapon, Cie Fol à Pik, Cie Le Souffleur de Verre, Cie Clandestine, Cie Wood Delaporte, Cie Amoros et Augustin, Cie Vertigo, Cie Pour Ainsi Dire...**

Le Strapontin

www.issoire.fr
Médiathèque, parvis Raoul Ollier
63500 Issoire
Tél. : 04 73 89 71 52 - Fax : 04 73 89 41 05
culture@issoire.fr
• Directeur : **Didier Barrio**
• Programmatrice JP : **Martine Goutte**
Type : théâtre municipal
Spectacles JP par saison : 7
Genres : pluridisciplinaire, théâtre, marionnettes, théâtre d'objets, musique, danse, clown, mime.
Artistes accueillis : **Cie L'Éléfant, Bob Théâtre, Cie Jutard, Cie Abbac, Cie Clandestine, Cie Pupella-Noguès, Cie L'Artifice, Bouffou Théâtre...**

Sémaphore

Rue d'Aubiat
63118 Cebazat
Tél. : 04 73 87 43 43 - Fax : 04 73 87 43 44
semaphore@cebazat.fr
• Directeur : **Jacques Madebène**
• Programmateur JP : **Jacques Madebène**
Type : théâtre conventionné
Spectacles JP par saison : 5
Genre : pluridisciplinaire
Artistes accueillis : **Cie Fol à Pik, Cie Hervé Koubi, Théâtre Belaishe, Théâtre de Romette, Théâtre sans Toit, Jabignol Théâtre, Ateliers de la Colline, Kammertheater, Bouffou Théâtre...**

Basse-Normandie

14

Espace Jean Vilar

Square Niederwerrn
14123 Ifs
Tél. : 02 31 82 72 72 - Fax : 02 31 83 98 98
espace.jean.vilar@wanadoo.fr
• Directrice : **Brigitte Bertrand**
• Programmatrice JP : **Brigitte Bertrand**
Type : théâtre municipal
Spectacles JP par saison : 8
Genre : pluridisciplinaire théâtre, marionnettes théâtre d'ojets musique danse, cirque.
Artistes accueillis : **Cie Tro-Héol, Fawzy**

Al-Aiedy, Cie Max et Maurice, Bob théâtre, Démons et Merveilles, Cie Monsieur et Madame tout le monde, Papillon noir théâtre, Cie la pluie qui tombe, Théâtre Mu, Jacques Haurogné, Cie Articulations, Théâtre Exobus...

Le Forum

www.falaise.fr
MAC, Hôtel de ville
Place Guillaume Le Conquérant
14700 Falaise
Tél. : 02 31 41 66 80 - Fax : 02 31 41 66 86
nicolas.lebouteiller@falaise.fr
• Directeur : **Nicolas Lebouteiller**
• Programmateur JP : **Nicolas Lebouteiller**
Type : théâtre municipal
Spectacles JP par saison : 9
Genre : pluridisciplinaire
Artistes accueillis : **Papaq Cie, Le Préau, Les Caryatides, La Petite Fabrique, Cie Max et Maurice, Cie Étant Donné, Foz...**

Le Préau - Étalissement national de production et de diffusion artistiques

www.theatredupreau.fr
Place Castel, BP 90104
14500 Vire Cedex
Tél. : 02 31 66 16 06 - Fax : 02 31 66 16 09
theatre.preau@libertysurf.fr
• Directeur : **Éric de Daldelsen**
• Programmateurs JP : **Éric de Daldelsen, Catherine de Gottal**
Type : centre dramatique
Spectacles JP par saison : 12
Genres : pluridisciplinaire, théâtre, marionnettes, théâtre d'objets, danse, cirque.
Artistes accueillis : **Flash Marionnettes, Cie Pour Ainsi Dire, Cie Agitez le Bestiaire, Théâtre sans toit...**

Puzzle

28 rue de Bretagne
14000 Caen
Tél. : 02 31 38 28 28 - Fax : 02 31 50 22 95
e.puzzle@free.fr
• Directeur : **Kamel Zouiten**
• Programmateur JP : **Kamel Zouiten**
Type : divers
Spectacles JP par saison : 5
Genre : pluridisciplinaire
Artistes accueillis : **Cie Commédiamuse, Cie Tréhet, Papaq Cie...**

Théâtre Foz

4 rue Lechartier
14000 Caen
Tél. : 02 31 72 54 09 - Fax : 02 31 83 22 72
• Directeur : **Monique Calzas**
• Programmateur JP : **Monique Calzas, Roland Buys**
Type : scène musiques actuelles
Spectacles JP par saison : 6
Genres : pluridisciplinaire, théâtre, conte, marionnettes
Artistes accueillis : **Cie Amipagaille, Damuthée...**

Théâtre de Caen

www.theatre.caen.fr
135 boulevard du Maréchal Leclerc, BP 71
14007 Caen
Tél. : 02 31 30 48 20 - Fax : 02 31 30 48 29
theatre@ville-caen.fr
• Directeur : **Patrick Foll**
• Programmateur JP : **Patrick Foll**
Type : théâtre municipal
Spectacles JP par saison : 2
Genres : pluridisciplinaire, théâtre, conte, marionnettes, musique, danse.
Artistes accueillis : **Cie Montalvo-Hervieu, Momo...**

Théâtre du Champ Exquis

www.theatre-du-champ-exquis.net
Maison Paul Éluard, BP 20
14550 Blainville-sur-Orne
Tél. : 02 31 44 08 44 - Fax : 02 31 44 08 31
th_ce@yahoo.fr
• Directrice : **Laure Rungette**
• Programmatrice JP : **Laure Rungette**
Type : divers

Spectacles JP par saison : 6
Genres : pluridisciplinaire, théâtre, marionnettes, théâtre d'objets, musique, danse, arts de la rue, cirque.
Artistes accueillis : **Théâtre du Champ Exquis, Cie La Benn Produktik, Théâtre de Cuisine, Cie AK Entrepot, Cie Skappa, Cie Françoise Pillet, Le Préau, Cie Litécox, Enfance et musique Productions...**

Théâtre de Lisieux-Pays d'Auge

2 rue au Char, BP 95002
14105 Lisieux Cedex
Tél. : 02 31 61 04 40 - Fax : 02 31 32 38 84
theatre.lisieux@free.fr
- Directeur : **Dominique Raulet**
- Programmateur JP : **Dominique Raulet**

Type : divers
Spectacles JP par saison : 6
Genre : pluridisciplinaire
Artistes accueillis : **Le Préau, Papaq Cie, Théâtre de l'Ombrelle, Cie Act, Cie Influence...**

L'Archipel

www.archipel-granville.com
Office culturel, BP 329
50403 Granville Cedex
Tél. : 02 33 69 27 30 - Fax : 02 33 69 27 39
communication@archipel-granville.com
- Directrice : **Agnès Laigle-Duval**
- Programmatrice JP : **Agnès Laigle-Duval**

Type : théâtre municipal
Spectacles JP par saison : 10
Genre : pluridisciplinaire
Artistes accueillis : **Théâtre du Préau, Théâtre du Signe, Robinson, Bob Théâtre, Cie B. Martin, Théâtre des Mots, Théâtre de Cuisine, Laura Kibel...**

Le Trident

www.trident-sn.com
Place Général de Gaulle, BP 807
50108 Cherbourg-Octeville Cedex
Tél. : 02 33 88 55 50 - Fax : 02 33 88 55 59
laboite@trident-sn.com
- Directeur : **Pierre-François Roussillon**
- Programmatrice JP : **Bernadette Clauss**

Type : scène nationale
Spectacles JP par saison : 10
Genre : pluridisciplinaire
Artistes accueillis : **Chantier Théâtre, Cie Les Loups, Steve Waring, Le Préau, Hervé Robbe, Cie Montalvo-Hervieu, Dan Jemmet, Cie Le Phalène, Théâtre sans toit, Cie Mathieu, François et les autres...**

Salles communales de la Communauté de Communes de la Hague

www.lahague.com
ZA de la Maison Georges, BP 217
50442 Beaumont-Hague Cedex
Tél. : 02 33 01 53 33 - Fax : 02 33 01 93 48
- Directeur : **Samuel Mahaud**
- Programmatrice JP : **Agnès Dubost**

Type : divers
Spectacles JP par saison : 8
Genre : pluridiciplinaire
Artistes accueillis : **Cie Amaros et Augustin, Cie La Zita, Cie Papaq, Hervé Suhubiette, Bouffou Théâtre, Cie du Nouveau Jour...**

Théâtre municipal de Coutances

Les Unelles
rue Saint-Maur, BP 524
50205 Coutances Cedex
Tél. : 02 33 76 78 60 - Fax : 02 33 45 48 36
jslp@jazzsouslespommiers.com
- Directeur : **Denis Le Bas**
- Programmateurs JP : **Denis Le Bas, Jean-Paul Lecouteur, Corinne Leconte**

Type : théâtre conventionné
Spectacles JP par saison : 8
Genre : pluridisciplinaire
Artistes accueillis : **Théâtre à cru, Cie Retouramont, Fawzy Al-Aiedy, Théâtre du signe, Cie Flash Marionnettes, Cie 9.81, Cie Légitime folie, Groupe Baron samedi, Cie l'Artifice...**

théâtre de villeneuve les maguelone

la grande ourse

scène conventionnée jeunes publics
en languedoc-roussillon
direction martine combréas

04 67 69 58 00

lagrandeourse.theatre@wanadoo.fr

licences 34 - 1858. 34-1859. 34-1860.

Illustration - Anne-Laura Cantone

2005-2006

- Flash Marionnettes / Ismail Safwan - *Pinocchio / Théâtre et marionnettes*
- MCR Danse Cie / Kader Amzert - *Mixcité / Danse hip-hop* Coproduction
- Orchestre National de Montpellier - *Histoire de clarinette / Musique classique*
- Notoire / Thierry Bedard - *Eloge de l'analphabétisme / Théâtre d'intervention*
- Compagnie Créature / Oldile Brisset - *Flon-Flon et Musette / Théâtre et marionnettes*
- Compagnie Double jeu / Ingrid Tegyey - *Léon... / Théâtre* Coproduction
- Enfance & Théâtre / Christelle Melen - *Une journée en mer / Théâtre*
- Vélo Théâtre / C. Lemoine & T. Castaing - *Y'a un lapin dans le lune / Théâtre*
- Compagnie La pendue / Grenoble - *Le remède de Polichinelle*
- Les Tournesols / Roland Ramade - *C'est l'été / Chansons* Coproduction
- C.D.N. de Besançon / D; Caille-Perret & L. Bonnet - *Oedipapa / Théâtre et marionnettes*
- Cie Lunasol / Simona Acerbi - *Pezzettino / Petites histoires sonores avec surprises* Coproduction
- L'Artifice / Christian Duchange - *Lettres d'amour de 0 à 10 / Théâtre*
- Chantier Théâtre / Florence Lavaud - *Y'a t-il un auteur dans la salle / théâtre* Coproduction
- Academia Perduta / Marcello Chiarenza - *Hansel et Gretel / Théâtre*
- Bolega Bolega / Gioras Fisher - *En boîte ! / Théâtre et marionnettes* Coproduction
- Orchestre National de Montpellier - *Respighi, Boccherini, Schubert / Musique classique*
- L'Artifice / Christian Duchange - *Crasse-Tignasse / Théâtre*
- Voyage en Artistie / Valorisation des pratiques artistiques à l'école - *15 mai - 10 juin*
- Festival de Noël / *16 - 23 décembre*

• • •

Centre Culturel Bérenger de Frédol - BP 27 - 34751 Villeneuve lès Maguelone

61 Centre d'Animation et de Congrès

www.bagnolesdelorne.com
Rue du Professeur Louvel, BP 27
61140 Bagnoles-de-l'Orne
Tél. : 02 33 30 72 70 - Fax : 02 33 30 72 71
cab.bagnolesdelorne@wanadoo.fr
• Directeur : **André Cardeur**
• Programmateur JP : **Jacques Lecuyer**, (office départemental de la culture : 02 33 31 90 90)
Type : théâtre municipal
Spectacles JP par saison : 6
Genres : pluridisciplinaire, théâtre, conte, marionnettes, théâtre d'objets, musique, danse cirque.
Artistes accueillis : **Théâtre des Zygomars, Cie des Petits Bancs, Théâtre Exobus, Bouffou Théâtre, Cie Caracol, Cie La Jongle...**

La Luciole

www.laluciole.org
171 Route de Bretagne
61000 Alençon
Tél. : 02 33 32 83 33 - Fax : 02 33 32 84 34
eureka@laluciole.org
• Directeur : **Loïc Lecomte**
• Programmateur JP : **Loïc Lecomte**
Type : scène musiques actuelles
Spectacles JP par saison : 9
Genre : musique
Artistes accueillis : **Laurent Deschamps, Cie Robinson, Zut, Étienne Favre, Wally, François Lemonnier, La Tête à Toto, Papaq, Hervé Demon...**

Bourgogne

21 ABC association bourguignonne culturelle

Passage Darcy, BP 42407
21024 Dijon Cedex
Tél. : 03 80 30 59 78 - Fax : 03 80 50 18 08
abcdijon.jp-rural@wanadoo.fr
• Directeur : **Thierry Macia**
• Programmateur JP : **Thierry Macia**
Type : divers
Spectacles JP par saison : 4
Genre : pluridisciplinaire
Artistes accueillis : **Cie Tro-Heol, Cie Tabola Rassa, ensemble FA7, Cie Tempestant, Flash Marionnettes, Cie L'Artifice, Cie Teatro all'Improvviso...**

Le Bistrot de la Scène

203 rue d'Auxonne
21000 Dijon
Tél. : 03 80 67 87 39
bdelascene@hotmail.com
• Directeur : **François Mérilleau**
• Programmateur JP : **François Mérilleau**
Type : divers
Spectacles JP par saison : 17
Genre : pluridisciplinaire
Artistes accueillis : **Cie Violaine, Cie Zig Zag, Cie Ananké, Petit Chène Théâtre, Théâtre des Trois Solitudes, Cie Mélomaniaque, Cie Droubies Marionnettes, Cie Pêcheurs de Rêves, Cie la Carotte, Cie La Tête de Mule, Cie La Vouivre, Cie du Colibri, Caribou d'Cie, Cie 1,2,3 Lumières...**

Théâtre de Beaune

www.beaune.fr
BP 191
21206 Beaune Cedex
Tél. : 03 80 24 55 61 - Fax : 03 80 24 56 20
culture.theatre@mairie-beaune.fr
• Directrice : **Agnès Galabert**
• Programmatrice JP : **Agnès Galabert**
Type : théâtre municipal
Spectacles JP par saison : 3 à 5
Genre : pluridisciplinaire
Artistes accueillis : **Frac Théâtre, Cie les Yeux Gourmands, Théâtre à Cru...**

Théâtre de Dijon-Bourgogne

www.tdb-cdn.com
BP 72936
21029 Dijon
Tél. : 03 80 68 47 47 - Fax : 03 80 6847 48
infostheatre@tdb-cdn.com

• Directeur : **Robert Cantarella**
• Programmatrice JP : **Françoise Balais**
Type : centre dramatique
Spectacles JP par saison : 3
Genres : pluridisciplinaire, théâtre, marionnettes, théâtre d'objets, clown.
Artistes accueillis : **Chantier Théâtre, Cie l'Artifice, Piccoli Principi...**

58

Maison de la culture de Nevers et de la Nièvre

www.mcnn.fr
2 boulevard Pierre de Coubertin
58000 Nevers
Tél. : 03 86 93 09 00 - Fax : 03 86 93 09 01
infos@mcnn.fr
• Directeur : **Olivier Peyronnaud**
• Programmatrice JP : **Anne-Laure Pons**
Type : théâtre conventionné
Spectacles JP par saison : 10
Genre : pluridisciplinaire
Artistes accueillis : **Cie opinioni in movimento, Cie Chapertons, Cie Les Bleus de Travail, Cie Käfig, Cie Arcosm, Cie Antares, Cie La Loupiote, Cie Tintamarre et Boudeficelle, Théâtre du Caramel Fou, Cie Vertigo, Cie Tro-Héol, Cie Le Chat Perplexe, Monsieur Barnabé...**

71

Espace culturel Louis Aragon

www.ecla.fr.st
22 rue Victor-Hugo
71230 Saint-Vallier
Tél. : 03 85 67 78 22 - Fax : 03 85 67 78 21
eclastvallier@wanadoo.fr
• Directeur : **Christian Tramoy**
• Programmateur JP : **Christian Tramoy**
Type : théâtre municipal
Spectacles JP par saison : 9
Genre : pluridisciplinaire
Artistes accueillis : **Frac Théâtre, Théâtre Dest, Cie Suforel, Théâtre Astral, Cie Amoros et Augustin, Théâtre de la Cheminée, Théâtre de Cuisine, Cie Métaphore...**

Espace des Arts

www.espace-des-arts.com
5 bis avenue Nicéphore Niepce
71100 Chalon-sur-Saône
Tél. : 03 85 42 52 00 - Fax : 03 85 42 52 22
info@espace-des-arts.com
• Directeur : **Philippe Bouquet**
• Programmateur JP : **Philippe Bouquet**
Type : scène conventionnée
Spectacles JP par saison : 4
Genres : pluridisciplinaire, théâtre,danse, cirque.
Artistes accueillis : **Joël Jouanneau, Dominique Hervieu, Bertrand Bossard, Christiane Véricel, Jean-Yves Ruf...**

Petit Chêne Théâtre

Le Petit Midi, les Cras, Route D 980
71250 Cluny
Tél. : 03 85 58 13 09- Fax : 03 85 59 30 50
titchene@club-internet.fr
• Directeur : **Lorenzo Hébé**
• Programmateur JP : **Lorenzo Hébé**
Type : divers
Spectacles JP par saison : 3
Genres : pluridisciplinaire, théâtre, conte, marionnettes, théâtre d'objets.
Artistes accueillis : **François Lavallée, Laurence Benedetti, Théâtre Quesako, Christèle Pimenta, Pirouette Circus, Cie Mélodie, Théâtre Le Rocher des Dôms, Pandorra, La Scène Déménage...**

Scène nationale de Mâcon

1511 avenue Charles de Gaulle
71000 Mâcon
Tél. : 03 85 22 82 99 - Fax : 03 85 39 21 63
macon.scene.nationale@wanadoo.fr
• Directeur : **Laurence Terk**
• Programmateur JP : **Laurence Terk**
Type : scène nationale
Spectacles JP par saison : 4
Genres : pluridisciplinaire, théâtre,danse, cirque, clown.

Artistes accueillis : **Théâtre du Caramel Fou, Bruno Robert et Didier Klein, La Petite Fabrique, Théâtre du Risorius, Cie les Yeux Gourmands...**

Théâtre municipal d'Autun

www.autun.com
Hôtel de ville, Direction culture et événements
71400 Autun
Tél. : 03 85 86 80 60 - Fax : 03 85 86 80 28
affculture@autun.com
- Directeur : **Dominique Versepuy**
- Programmateur JP : **Philippe Baudin**

Type : théâtre municipal
Spectacles JP par saison : 2
Genre : pluridisciplinaire
Artistes accueillis : **Cie les Tréteaux de la pleine lune, Les Globes Trottoirs, Cie de l'Ange d'or, Cie Taxibrousse...**

89 L'Yonne en Scène

www.lyonne-en-scene.com
10 route de Saint-Georges, Perrigny, BP 283
89005 Auxerre Cedex
Tél. : 03 86 72 85 36 - Fax : 03 86 72 85 33
lyonne-en-scene@lyonne-en-scene.com
- Directeur : **Jean-Pascal Viault**
- Programmatrice JP : **Guylaine Villa**

Type : divers
Spectacles JP par saison : 12 à 15
Genre : pluridisciplinaire
Artistes accueillis : **Françoise Pillet, Horta Van Hoye, FRAC Théâtre, Cie Joëlle Bouvier, Théâtre de la Tête Noire, Cie Le Carrousel, Cie Le Bao Acou, Cie Amoros et Augustin, Teater My, L'Yonne en scène Cie, Cie les Piétons, Cie Les 3L, Lulubelle Cie, Cie Voix Off, Bouffou Théâtre, La Licorne, Cie Garin Trousseboeuf, Cie L'Artifice, Pocheros...**

Le Théâtre d'Auxerre

www.auxerre-le-theatre.com
54 rue Joubert
89000 Auxerre
Tél. : 03 86 72 24 24 - Fax : 03 86 72 24 25
info@auxerre-le-theatre.com
- Directrice : **Monica Gillouet-Gelys**
- Programmatrice JP : **Monica Gillouet-Gelys**

Type : théâtre conventionné
Spectacles JP par saison : 7
Genres : pluridisciplinaire, théâtre.
Artistes accueillis : **Steve Waring, Cie Carrerarie, Joëlle Bouvier, Théâtre de la Tête Noire, Yves Rousseau, Cie du Carrousel, Cie Amaros et Augustin.**

Théâtre municipal de Sens

www.portaildusenonais.fr
21 boulevard Garibaldi
89100 Sens
Tél. : 03 86 83 81 00 - Fax : 03 86 83 81 04
theatremunicipal@mairie-sens.fr
- Directrice : **Céline Lemahieu**
- Programmatrice JP : **Céline Lemahieu**

Type : théâtre municipal
Spectacles JP par saison : 6 à 8
Genres : pluridisciplinaire, théâtre, marionnettes, théâtre d'objets, musique, danse, cirque.
Artistes accueillis : **Françoise Pillet et Cie, Les Arbres Verts, Cie des 3 L, Le Carrousel, Très Tôt Théâtre, Cie de L'Œil d'Où, Cie Amoros et Augustin, Cie Garin Trousseboeuf...**

Bretagne

22 Bleu Pluriel

www.bleu-pluriel.com
23 rue du Stade
22950 Trégueux
Tél. : 02 96 71 33 15 - Fax : 02 96 71 33 70
bleupluriel@ville-tregueux.fr
- Directeur : **Jérôme Gourdais**
- Programmateur JP : **Jérôme Gourdais**

Type : théâtre municipal
Spectacles JP par saison : 5
Genre : pluridisciplinaire
Artistes accueillis : **Cie La Loupiote, Gérard Delahaye, Les Farfadas, Cie La Lune Rousse, Achille Grimaud, Cie Nathalie Cornille, Cie S'évad, Cie Pulse, Cie Ambulo, Cie Grégoire and co...**

L'Arche

Scène conventionnée pour l'enfance et la jeunesse Scène jeunes publics du Doubs

« Nous sommes tous des jeunes publics »

Implantée à Bethoncourt, commune de l'aire urbaine de Belfort – Montbéliard en Franche-Comté, l'Arche est une scène spécialisée depuis 1999 dans le spectacle à destination des jeunes publics – de 1 an à 106 ans ! Elle dispose de trois salles qui permettent de s'adapter à pratiquement toutes les configurations scéniques du spectacle jeune public.

Au service de tous les publics quels que soient leurs âges et leurs cultures, dans le respect des projets des artistes accueillis, sa programmation exigeante défriche l'univers foisonnant de la création pour le jeune public, dans tous les domaines et pratiques artistiques contemporaines.

L'Arche a vu dernièrement sa convention, signée avec l'Etat, le département, le Pays de Montbéliard et la Ville, renouvelée dans ses missions :

- de diffusion (plus de vingt spectacles et plus de cent représentations par saison en séances scolaires et familiales)
- de soutien à la création (coproductions, résidences, accompagnement et soutien du processus de création, préachats de spectacles d'artistes de référence ou de jeunes artistes notamment Kathy Deville, Nathalie Pernette, Christelle Mélen, Jean-Philippe Naas...)
- d'actions culturelles (rencontres avec les artistes, ateliers, actions de sensibilisation...)

Place des Fêtes
25200 Bethoncourt
Tél.+33 (0)3 81 97 35 12
Fax. +33 (0)3 81 92 98 47
www.scjp-larche.org
contact@scjp-larche.org

La Passerelle

www.lapasserelle.info
Place de la Résistance, BP 4133
22041 Saint-Brieuc Cedex 2
Tél. : 02 96 68 18 40 - Fax : 02 96 68 18 41
scenenationale@lapasserelle.info
• Directeur : **Alex Broutard**
• Programmatrice JP : **Anne Boubila**
Type : scène nationale
Spectacles JP par saison : 6
Genres : pluridisciplinaire, théâtre, conte, marionnettes, théâtre d'objets.
Artistes accueillis : **Bob Théâtre, Damien Bouvet, Théâtre de Cuisine, Cie Gare Centrale, Théâtre delle Briciole...**

Le Carré Magique

Parvis des Droits de l'Homme
22300 Lannion
Tél. : 02 96 37 19 20
accueil@carre-magique.com
• Directeur : **Roger Le Roux**
• Programmatrice JP : **Solange Brégam**
Type : théâtre conventionné
Spectacles JP par saison : 4 ou 5
Genres : pluridisciplinaire, théâtre, conte, marionnettes, théâtre d'objets, danse, cirque.
Artistes accueillis : **Cie La Bao Acou, Ambulo Train Théâtre, Théâtre de Cuisine, Cie s'Evad, Bouffou Théâtre, Turak Théâtre, Teatro Briciole...**

Théâtre de l'Arche

Mairie, Service culturel, BP 4
22220 Tréguier
Tél. : 02 96 92 31 25 - Fax : 02 96 92 22 29
service-culturel-treguier@wanadoo.fr
• Directeur : **Daniel Salarin**
• Programmateur JP : **Daniel Salarin**
Type : théâtre municipal
Spectacles JP par saison : 2
Genre : pluridisciplinaire
Artistes accueillis : **Philippe Saumont, Gérard Delahaye, T.O.M Théâtre, La Malle Théâtre, AK Entrepot, Marguerite et Cie...**

Théâtre des Jacobins

CODI, 34, rue Bertrand Robidou, BP 357
22106 Dinan
Tél. : 02 96 87 14 27 - Fax : 02 96 87 52 71
culture@cc-codi.fr
• Directrice : **Carole Landoux**
• Programmateur JP : **Pascal Perrin**
Type : divers
Spectacles JP par saison : 8
Genres : pluridisciplinaire, théâtre, conte, marionnettes, théâtre d'objets, musique, danse, arts de la rue, cirque, clown, mime.
Artistes accueillis : **Steve Waring, Cie Aïa, Théâtre de Cuisine, Cie S'Évad, Cie AK Entrepot, Théâtre du Préau...**

29

Centre culturel de Plouzané

www.ville-plouzane.fr
Hôtel de ville, BP 7
29280 Plouzané
Tél. : 02 98 31 95 30 - Fax : 02 98 49 31 33
mairie@ville-plouzane.fr
• Directrice : **Marie-Thérèse Renault**
• Programmateur JP : **Dominique Lester**
Type : théâtre municipal
Spectacles JP par saison : 14
Genre : pluridisciplinaire
Artistes accueillis : **Cie LGK, Théâtre des Zigomars, Teatro delle Briciole, Cie Juhel, Cie Les Zanimos, Théâtre Pour Deux Mains, Collectif Marmouzic, Gérard Delahaye, Ar Vro Bagan, Bob Théâtre, La Malle Théâtre, Cie Pinoc'h, Cie Tro Héol, Théâtre Maat, Cie Sac à Dos, Cie Bolega Bolega, Cie Ambulo Train Théâtre, Kammertheater, Théâtre du Loup Blanc, Cie Aïa, Gilles Thoraval...**

CLC du Guilvinec

Rue Méjou Bihan
29730 Le Guilvinec
Tél. : 02 98 58 22 65 - Fax : 02 98 58 32 82
clc.gv@wanadoo.fr
• Directeur : **Robert Seguin**
• Programmateur JP : **Robert Seguin**
Type : divers
Spectacles JP par saison : 5 à 10

Genre : pluridisciplinaire
Artistes accueillis : **Bob Théâtre, Bouskidou, Gérard Delahaye, Les Farfadas, Teatro delle Briciole...**

Groupement d'Action Culturelle

Place François Mitterrand
29800 Landerneau
Tél. : 02 98 21 61 50 - Fax : 02 98 21 53 94
gaclanderneau@free.fr
• Directeur : **Michel Lagouche**
• Programmatrice JP : **Solange Cloarec**
Type : divers
Spectacles JP par saison : 5
Genres : théâtre d'objets, danse.
Artistes accueillis : **Cie Chavirage, Cie Méli Malo, Cie Patrick Le Doarec, Théâtre pour Deux Mains, Cie Olivier Bodin...**

Le Sterenn - MJC de Tregunc

www.concar.net/sterenn
29910 Tregunc
Tél. : 02 98 50 95 93 - Fax : 02 98 50 27 65
mjctreg1@free.fr
• Directeur : **Yvan Vivier**
• Programmateur JP : **Philippe Revert**
Type : MJC
Spectacles JP par saison : 10 à 12
Genres : pluridisciplinaire, théâtre, conte, marionnettes, théâtre d'objets, musique, danse clown, mime.
Artistes accueillis : **Cie Lota, Cie Robinson, Les Ours du Scorff, Cie Montalvo-Hervieu, A.k Entrepot, Théâtre Job, Cie Pinoc'h, Gérard Delahaye, Ministère de la Jeunesse et de la Magouille, Ateliers de la Colline, Cie La Loupiote, Cie Arts et Couleurs, Teatro delle Briciole, Cie LGK...**

Très Tôt Théâtre

www.tres-tot-theatre.com
51 rue Jeanne d'Arc
29000 Quimper
Tél. : 02 98 64 20 35 - Fax : 02 98 64 32 44
trestottheatre29@wanadoo.fr
• Directeur artistique : **Jean-Claude Paréja**
• Directeur administratif : **Bernard Le Noac'h**
• Programmateur JP : **Jean-Claude Paréja**
Type : Théâtre du Finistère pour l'enfance et la jeunesse.
Spectacles JP par saison : 30
Genre : pluridisciplinaire
Artistes accueillis : **Chantier Théâtre, Cie L'Artifice, Tof Théâtre, Cie Étant Donné, Am Stram Gram, Théâtre de Cuisine, Cie Tro-Héol, Cie Amoros et Augustin, Cie Pour Ainsi Dire, Théâtre de la Tête Noire, Cie Méli Malo, Théâtre du Papyrus, Théâtre de la Galafronie, Théâtre Pour Deux Mains, Cie AMK, Théâtre du Copeau...**
NB : résidences, coproductions, rencontres professionnelles jeune public.

35

Antipode

www.rennet.org/antipode
2 rue André Trasbot
35000 Rennes
Tél. : 02 99 67 32 12 - Fax : 02 99 67 33 04
prog@mjc-antipode.com
• Directeur : **Thierry Ménager**
• Programmateur JP : **Jacques Sichler**
Type : MJC
Spectacles JP par saison : 2
Genre : musique
Artistes accueillis : **Mami Chan Band, Dragibus, Masai...**

Centre culturel de Liffré

www.ville-liffre.fr
Rue Pierre de Coubertin
35340 Liffré
Tél. : 02 99 68 58 58 - Fax : 02 99 68 67 16
centre.culturel@ville-liffre.fr
• Directrice : **Sylvie Juppin**
• Programmatrice JP : **Sylvie Juppin**
Type : théâtre municipal
Spectacles JP par saison : 12
Genre : pluridisciplinaire
Artistes accueillis : **Association Ode Gamme, Dokan Théâtre, Denis Couvreur, Les Zinz'indépendants, Cie du Goufignol, La Malle Théâtre, Cie Les Pilleurs d'Épaves,**

Cie Papaq, Cie du Merle Blanc, Cie des Chapertons, Cie les Troubaquoi, TOM Théâtre, Les Farfadas, Bouskidou, Hervé Démon, Collectif Marmouzic, Bal Mandarine...

Centre culturel Jacques Duhamel

www.mairie-vitre.fr
6 rue de Verdun
35500 Vitré
Tél. : 02 99 75 02 25 - Fax : 02 99 74 54 26
centreculturel@mairie-vitre.fr
- Directrice : **Anne Collonnier**
- Programmatrice JP : **Anne Collonnier**

Type : théâtre municipal
Spectacles JP par saison : 16
Genre : pluridisciplinaire
Artistes accueillis : **La Malle Théâtre, Cie Pinoc'h, Cie Santini, Cie Myriam Dooge et les 12 étoiles, Cie Abbac, François Chauvet...**

Espace Galatée

www.guichenpontrean.fr
Rue du Commandant Charcot
35580 Guichen
Tél. : 02 99 57 32 57 - Fax : 02 99 57 07 44
espace-galatee@wanadoo.fr
- Directeur : **Stéphane Haugec**
- Programmateur JP : **Stéphane Haugec**

Type : théâtre municipal
Spectacles JP par saison : 10
Genre : pluridisciplinaire
Artistes accueillis : **Cie Taïko, Cie Daru, Cie La Loupiote, Carrousel Théâtre, Cie Coup de Balai, Théâtre Dest, Maison de la Marionnette, Marie Toussaint et Gilles Pichois, Philippe Juste...**

Le Triangle

www.letriangle.org
Boulevard de Yougoslavie, BP 90160
35201 Rennes Cedex 2
Tél. : 02 99 22 27 27 - Fax : 02 99 22 27 33
triangle35@wanadoo.fr
- Directeur : **Charles-Édouard Fichet**
- Programmatrice JP : **Tania Szwed**

Type : théâtre conventionné
Spectacles JP par saison : 1 à 3
Genre : danse
Artistes accueillis : **La Petite Fabrique, Cie Larsen, Cie Étant Donné, Hervé Robbe...**

Opéra de Rennes

www.opera-rennes.fr
Place de la Mairie, BP 3126
35031 Rennes Cedex
Tél. : 02 99 78 48 68 - Fax : 02 99 78 48 65
opera@opera-rennes.fr
- Directeur : **Alain Surrans**
- Programmateur JP : **Alain Surrans**

Type : divers
Spectacles JP par saison : 1 à 2
Genres : musique, danse.
Artistes accueillis : **Cie du Pain d'Orge, La Petite Fabrique, Isabelle Alboulker, Production Opéra de Lyon...**

Pôle Sud

Rue Antoine Chatel, BP 37604
35176 Chartres-de-Bretagne Cedex
Tél. : 02 99 77 13 20 - Fax : 02 99 77 13 21
pole-sud-chartres@wanadoo.fr
- Directeur : **Dominique Grelier**
- Programmateur JP : **Dominique Grelier**

Type : théâtre municipal
Spectacles JP par saison : 7
Genres : pluridisciplinaire, théâtre, conte, marionnettes, théâtre d'objets, musique.
Artistes accueillis : **Petrek, Cie La Lune Rousse, Bob Théâtre, Cie Légitime Folie, Théâtre Bleu, Cie Santini...**

Théâtre Lillico Centre culturel le Rallye

135 rue d'Antrain, BP 30309
35703 Rennes Cedex 7
Tél. : 02 99 63 13 82 - Fax : 02 99 36 01 32
theatrelillico@wanadoo.fr
- Directrice artistique : **Christelle Hunot**
- Directeur administratif : **Christophe Tigier**
- Programmatrice JP : **Christelle Hunot**

Type : divers

TOUS SPECT-ATEURS

L'Espace Simone Signoret

Créé en 1994, l'**Espace Simone Signoret**, *scène conventionnée pour les résidences d'artistes et l'action culturelle*, a inscrit dès l'origine l'éducation artistique et culturelle comme l'un des piliers essentiels de son projet. Cet axe auquel est consacrée la moitié de son budget artistique se décline en 4 points.

Animation d'un Plan Local d'Éducation Artistique à l'École (PLEAE)

> **L'école du spectateur,** qui compte entre 12 et 15 spectacles joués en temps scolaire (50 à 80 représentations) vus par environ 10 000 enfants et parents spectateurs chaque saison.

> **L'enfant créateur,** qui propose dans les écoles une trentaine d'ateliers de pratique artistique menés par des artistes et les professeurs dans les domaines du cirque, du théâtre, des arts plastiques, de la danse contemporaine, du hip-hop, de la musique, du conte...(800 à 1000 enfants et adolescents impliqués chaque saison)

MACHABULLES, un festival jeune public créé en janvier 2005 qui propose 7 à 8 spectacles sur 2 jours le dernier week-end de janvier.

Une saison famille, programmation tout public de quelques-uns des spectacles de l'école du spectateur, notamment à destination des tout-petits.

Le Labo de l'imaginaire, atelier hors temps scolaire encadré également par des artistes destiné à sensibiliser les enfants à l'acte de création.

Espace Simone Signoret / Quai Saint-Germain / BP 207 / 51306 Vitry-le-François / www.espacesimonesignoret.com / Tél. : 03 26 72 85 50 / Fax. : 03 26 74 49 34 / Courriel : espacesimonesignoret@wanadoo.fr

Spectacles JP par saison : 7 à 9
Genre : pluridisciplinaire
Artistes accueillis : **Bob Théâtre, Piccoli Principi, Cie Skappa, Cie Aïe Aïe Aïe, Cie Voix Off, Bouffou Théâtre, Cie Garin Trousseboeuf, TOM, Cie Abbac, Cie AK Entrepot, Lulubelle Cie, Christine Le Berre, Zic Z'art, Scopitone et Cie, Théâtre de Cuisine, Théâtre de la Tête Noire, Cie des Chemins de Terre, Cie Magnanarelle, Cie Flash Marionnettes, Dragibus, MJM...**

56

CDDB - Théâtre de Lorient

11, rue Claire Droneau, BP 726
56107 Lorient Cedex
Tél. : 02 97 83 51 51 - Fax : 02 97 83 59 17
contact@cddb.fr
• Directeur : **Éric Vigner**
• Programmatrice JP : **Bénédicte Vigner**
Type : centre dramatique
Spectacles JP par saison : 2
Genres : pluridisciplinaire, théâtre.
Artistes accueillis : **Joël Jouanneau, Teatro delle Briciole, Dan Jemmet, M. Jacquelin, Cie Image Aigüe...**

Centre Culturel Athéna

Place du Gohlerez
56400 Auray
Tél. : 02 97 29 03 30 - Fax : 02 97 29 03 31
espace.athena@ville-auray.fr
• Directeur : **Christian Chamaillard**
• Programmateur JP : **Christian Chamaillard**
Type : théâtre municipal
Spectacles JP par saison : 10
Genres : pluridisciplinaire, théâtre, conte, marionnettes, musique, danse, cirque, clown.
Artistes accueillis : **Bouffou Théâtre, Flash marionnette, Agitez le bestiaire, Cie Amoros et Augustin, Robinson, Cie La Pluie qui tombe, Théâtre de l'Écume, Lulubelle cie, Cie Ramodal, Achille Grimaud.**

Centre Culturel l'Hermine

Rue Coudrin, BP 14
56370 Sarzeau
Tél. : 02 97 48 29 40 - Fax : 02 97 48 29 41
centreculturel.sarzeau@wanadoo.fr
• Directrice : **Anne Lenglart**
• Programmatrice JP : **Anne Lenglart**
Type : théâtre municipal
Spectacles JP par saison : 8
Genres : pluridisciplinaire
Artistes accueillis : **Cie Etant Donné, Cie Pinoc'h, Bouffou Théâtre, Le Caroussel, Cie Lulubelle, Hélène Bohy, Robinson, Bouskidou, Les Farfadas, Zut, Zéphir, Cie Garin Trousseboeuf, Théâtre Pom', Cie Méli Malo, Ambulo Train Théâtre, Ministère de la Jeunesse et de la Magouille, Mungo...**

Espace Jean Vilar

Place Delaune
56600 Lanester
Tél. : 02 97 76 01 47 - Fax : 02 97 81 42 50
espace.jeanvilar@ville-lanester.fr
• Directeur : **Yves Kerno**
• Programmateur JP : **Yves Kerno**
Type : théâtre municipal
Spectacles JP par saison : 4
Genres : théâtre d'objets, musique, danse.
Artistes accueillis : **Bouskidou, Bouffou Théâtre, Hervé Suhubiette...**

Grand Théâtre de Lorient

www.lorient.com
Place de l'Hôtel de ville, BP 30010
56315 Lorient Cedex
Tél. : 02 97 02 22 78 - Fax : 02 97 02 23 82
grandtheatre@mairie-lorient.fr
• Directrice : **Josette Joubier**
• Programmatrices JP : **Pascale Creff, Josette Joubier**
Type : théâtre municipal
Spectacles JP par saison : 12
Genre : pluridisciplinaire
Artistes accueillis : **Cie Agitez le Bestiaire, La Petite Fabrique, Cie Montalvo-Hervieu, Cie Béatrice Massin, Kammertheater en exil, Cie Tro-Héol, Tam Teatromusica, Raphy Rafaël, Bouskidou, Mélodie Théâtre, Cie Retouramont, Cie Le Carrousel,**

Dansdesign, Romanès Cirque Tzigane, Chapertons, Odyssée Ensemble & Cie, Ned Grujic, Cie Eskemm, Mélodie Théâtre, Cie Maryse Delente, Licedei, Hervieu, Noro & Rigout, Massin...

Le City - Le Scénith

Association Plateau en toute liberté
3 rue Roger Salengro
56100 Lorient
Tél. : 02 97 83 65 76
ptl@cegetel.net
• Présidente : **Marie-Laure Paugam**
• Programmateurs JP : **Emmanuelle Williamson, Christelle Bellec**
Type : divers
Spectacles JP par saison : 6
Genre : pluridisciplinaire
Artistes accueillis : **Théâtre de L'Écume, Cie Pinoche, AK Entrepôt, Ambulo Train Théâtre, Cie Garin Trousseboeuf, La Toupine...**

Théâtre Le Strapontin

Rue Docteur Rialland, BP 17
56620 Pont-Scorff
Tél. : 02 97 32 63 91 - Fax : 02 97 32 59 30
theatre.lestrapontin@wanadoo.fr
• Directrice : **Muriel David**
• Programmatrice JP : **Muriel David**
Type : théâtre municipal
Spectacles JP par saison : 5
Genres : pluridisciplinaire, théâtre, conte, marionnettes, théâtre d'objets, clown.
Artistes accueillis : **Théâtre de Cuisine, A.K. Entrepôt, Cie Gare Centrale, Théâtre de Galafronie, Bouffou Théâtre, Bob Théâtre, Jean-François Vrod, Cie Confluence...**

Centre

18 Les Bains-Douches

www.bainsdouches-lignieres.com.fr/
Place Anne Sylvestre
18160 Lignières
Tél. : 02 48 60 19 11 - Fax : 02 48 60 19 78
theatre.bains.douches@wanadoo.fr
• Directeur : **Jean-Claude Marchet**
• Programmateur JP : **Jean-Claude Marchet**
Type : Scène musiques actuelles
Spectacles JP par saison : 7 à 8
Genre : pluridisciplinaire
Artistes accueillis : **Dominique Dimey, Zététique Théâtre, Cie Antarès, Cie La Puce à l'Oreille, Cie Ambulo Train Théâtre, Gigi Bigot, Michel Hindenoch, Cie Sac à dos, Jofroi, Robinson, Cie Jordi Bertran...**

Théâtre Mac-Nab

37 avenue de la République
18100 Vierzon
Tél. : 02 48 53 02 60 - Fax : 02 48 71 72 91
mac-nab@ville-vierzon.fr
• Directeur : **Gilles Magréau**
• Programmateur JP : **Alain Aufrère**
Type : théâtre municipal
Spectacles JP par saison : 3
Genres : pluridisciplinaire, théâtre, conte, marionnettes, musique, danse.
Artistes accueillis : **Dominique Dimey, Robinson, Le Fil invisible, Pierre et le loup, Tartine Reverdy...**

28 Salle Simone Signoret

Mairie, Affaires culturelles, BP 60189
28401 Nogent-le-Rotrou
Tél. : 02 37 29 68 65 - Fax : 02 37 29 68 69
culture@ville-nogent-le-rotrou.fr
• Directeur : **Christian Foreau**
• Programmateur JP : **Christian Foreau**
Type : théâtre municipal
Spectacles JP par saison : 10
Genre : pluridisciplinaire
Artistes accueillis : **Théâtre Dest, Cie Amédée Bricolo, Théâtre des quatre Mains, Bouffou Théâtre...**

Théâtre de Chartres

www.ville-chartres.fr
Place de Ravenne
28000 Chartres
Tél. : 02 37 23 42 50 - Fax : 02 37 23 42 51
theatre@ville-chartres.fr
• Directeur : **Stéphane Leca**
• Programmateur JP : **Stéphane Leca**
Type : théâtre municipal
Spectacles JP par saison : 10
Genres : pluridisciplinaire, théâtre, marionnettes, théâtre d'objets, musique, danse.
Artistes accueillis : **Cie Acta, Cie Louis Brouillard, Cie les Caryatides, Cie Carré Blanc, Théâtre sans Toit, La Petite Fabrique, Cie eau geste, Cie Aricadrara...**

36 Centre culturel Albert Camus

Avenue de Bel-Air
36100 Issoudun
Tél. : 02 54 21 66 13
albert-camus.issoudun@libertysurf.fr
• Directrice : **Sophie Cazé**
• Programmatrice JP : **Cécile Gilet**
Type : théâtre municipal
Spectacles JP par saison : 6
Genre : pluridisciplinaire
Artistes accueillis : **Cie Tro-Héol, Cie Les Remouleurs, Cie Zaza Didier, Zut, André Loncin, Robinson, Cie Lulubelle, Cie Étant Donné, Cie Fa7, Cie Agitez le Bestiaire...**

Équinoxe

www.equinoxe-lagrandescene.com
Avenue Charles de Gaulle
36006 Châteauroux Cedex
Tél. : 02 54 08 35 82 - Fax : 02 54 08 35 90
info@equinoxe-lagrandescene.com
• Directeur : **François Claude**
• Programmatrice JP : **Élizabeth Lory**
Type : scène nationale
Spectacles JP par saison : 6
Genres : pluridisciplinaire, théâtre, conte, marionnettes, théâtre d'objets, musique, danse arts de la rue, cirque, clown.
Artistes accueillis : **Aurélie Morin, Cie AMK, Cie Le Chat Perplexe, Robinson, Cie Arscom, Fabrice Melquiot...**

Théâtre Maurice Sand - La Châtre

5 avenue George Sand
36400 La Châtre
Tél. : 02 54 48 20 10 - Fax : 02 54 48 58 72
theatremauricesand@pactlachatre.com
• Directrice : **Maryvonne Heckenroth**
• Programmatrices JP : **Maryvonne Heckenroth et Delphine Gabillat**
Type : divers
Spectacles JP par saison : 3
Genres : pluridisciplinaire, théâtre, conte, marionnettes, théâtre d'objets, musique.
Artistes accueillis : **Cie du Petit Monde, Cie du p'tit Piano sans Bretelles, Cie du Chat Pître, Cie Poursuite, Dominique Dimey...**

37 Centre chorégraphique national de Tours

www.ccntours.com
47 rue du Sergent Leclerc
37000 Tours
Tél. : 02 47 36 46 00 - Fax : 02 47 36 46 01
info@ccntours.com
• Directeur : **Bernard Montet**
• Programmateur JP : **Laurent Barré**
Type : CCN
Spectacles JP par saison : 2 à 3
Genre : Danse
Artistes accueillis : **Cie Käfig, Cie Daniel Larrieu, Cie Dominique Boivi, Cie Pascale Houbin, La Petite Fabrique, Cie Bernardo Montet, Cie Myriam Gourfink...**

Espace culturel d'Avoine

Rue de l'Ardoise
37420 Avoine
Tél. : 02 47 58 40 02 - Fax : 02 47 58 41 37
ptimonde@club-internet.fr
• Directeur : **Marc Brazey**
• Programmateur JP : **Marc Brazey**

L'Esplanade
OPÉRA THÉÂTRE DE SAINT-ÉTIENNE

Philémon & Baucis

Chère famille !

DE L'INTÉRIEUR

MULTIPLI

...Hachachi-le-menteur

SAVENT-ILS TOUT ?

La plus féroce des fées

La petite fabrique de pingouins

Je ris de me voir si belle

TONIGHT

Les fables

Ils se marièrent et eurent beaucoup

à la fontaine

SNARKS

CROCUS ET FRACAS

JÉRÉMY FISHER

Terrain vague

LE PAYS DE RIEN

l'île des esclaves

HULUL

MOSAÏQUE

Une saison pour les jeunes

L'Esplanade Opéra Théâtre de Saint-Étienne - secteur jeunes publics

Ville de Saint-Étienne

2005 > 2006

04 77 47 83 40

Type : théâtre municipal
Spectacles JP par saison : 6
Genre : pluridisciplinaire
Artistes accueillis : **Cie du Chat Pître, Cie Atelier de Papier, Cie Clandestine, Cie A&O, Cie Hanoumat...**

Espace Jean Cocteau

Sercice culturel de la ville, rue Maurice Ravel
37260 Monts
Tél. : 02 47 34 11 71 - Fax : 02 47 73 05 42
• Directrice : **Jacqueline Moracchini**
• Programmatrice JP : **Jacqueline Moracchini**
Type : théâtre municipal
Spectacles JP par saison : 3
Genre : pluridisciplinaire
Artistes accueillis : **Cie du Petit Monde, Cie des Trois Elfes, Cie Billenbois, Bastien...**

Grand Théâtre de Tours

www.tours.fr
34 rue de la Sellerie
37000 Tours
Tél. : 02 47 60 20 32 - Fax : 02 47 60 20 41
theatre@ville-tours.fr
• Directeur : **Jean-Yves Ossonce**
• Programmatrice JP : **Justine Auroy**
Type : théâtre municipal
Spectacles JP par saison : 2 à 5
Genre : pluridisciplinaire
Artistes accueillis : **Théâtre de l'Ombrelle, Brindefolie, Cie Ouï-dire, Cie Éclats, Cie Influence, Cie des Petites Fugues, Cie de l'Aloete, Cie du Tabouret...**

Oesia

www.ville-de-notre-dame-doe.fr
Rond-point de la Chassetière
37390 Notre-Dame d'Oé
Tél. : 02 47 41 34 57 - Fax : 02 47 49 22 00
nd.doe@wanadoo.fr
• Directeur : **Michel Fouchaux**
• Programmateur JP : **Michel Fouchaux**
Type : théâtre municipal
Spectacles JP par saison : 3 à 5
Genre : pluridisciplinaire
Artistes accueillis : **Jérôme Aubineau, Cie du Petit Monde, Cie Billenbois, Grégoire Mayet, Cie Colbok, Cie du Cincle Plongeur, Théâtre pour Deux Mains, les Z'Imbert et Moreau, Cie Troll, Les Copains de Quartier, Gilles Thoraval, Tiptonic...**

L'Atrium

Association culturelle de Saint-Avertin
39 Boulevard Paul Doumer
37550 Saint-Avertin
Tél. : 02 47 74 42 41 - Fax : 02 47 27 76 75
acsa2@wanadoo.fr
• Directeur : **Jean-Pierre Lautman**
• Programmatrice JP : **Agnès Kerjoant**
Type : théâtre municipal
Spectacles JP par saison : 2
Genres : pluridisciplinaire, théâtre, conte, marionnettes, théâtre d'objets, musique, danse.
Artistes accueillis : **Cie Pokowa-pa, Mariska, Robinson, Barroco Théâtre...**

La Pléiade

www.ville-lariche.fr
1 rue Léon Bourgeois
37520 La Riche
Tél. : 02 47 38 31 30 - Fax : 02 47 39 32 73
dac@ville-lariche.fr
• Directeur : **Benoît Pinero**
• Programmateur JP : **Benoît Pinero**
Type : théâtre municipal
Spectacles JP par saison : 4
Genre : pluridisciplinaire
Artistes accueillis : **Ezec Le Floc'h, Cie le P'tit Piano sans Bretelles, Cie le Pied d'Osacar, Hanoumat Cie, Cie Trait pour Trait, Bouffou Théâtre...**

RAC - Espace Malraux

www.ville-jouelestours.fr
Parc des bretonnières, BP 525
37305 Joué-les-Tours
Tél. : 02 47 73 73 33 - Fax : 02 47 67 27 15
espacemalraux@ville-jouelestours.fr
• Directeur : **Jean-Louis Dumont**

• Programmatrice JP : **Pascale Davy**
Type : théâtre municipal
Spectacles JP par saison : 15
Genre : pluridisciplinaire
Artistes accueillis : **Cie du p'tit Piano sans Bretelles, Cie Ouragane, Cie La Libentère, Hamadoun Tandina, Cie La Loupiote, Cie du Porte-voix, Théâtre Liliom, Cie Cincle Plongeur, Théâtre Billenbois, Cie Maillage, Cie AK Entrepôt, Cie Caméléon, Théâtre Nemo...**

X Théâtre Billenbois - Public en herbe

www.billenbois.com
7 Grande Rue
37370 Neuvy-le-Roi
Tél. : 02 47 24 46 50 - Fax : 02 47 24 87 67
billenbois@wanadoo.fr
• Directeur : **Louis Lansade**
• Programmatrice JP : **Cécile Chollet**
Type : divers
Spectacles JP par saison : 10
Genre : pluridisciplinaire
Artistes accueillis : **ATE, Cie La Loupiote, Théâtre de la Tête Noire, Bob Théâtre, Les Tarabates, Cie Hanoumat, Cie Amédée Bricolo, T.O.M., Théâtre des Mots, Cie La Nomade, Théâtre du Merle Blanc, Cie Antarès...**

41 La Halle aux grains

2 place Jean Jaurès
41000 Blois
Tél. : 02 54 90 44 00 - Fax : 02 54 90 44 01
bloisccb@halleauxgrains.com
• Directeur : **Gildas Le Boterf**
• Programmatrice JP : **Gwénola Le Corre**
Type : scène nationale
Spectacles JP par saison : 7
Genre : pluridisciplinaire
Artistes accueillis : **Cie Fa7, Cie Les Loups, Théâtre de la Tête Noire, Teatro delle Briciole, Cie Grenade, Cie Eau Geste, Dan Jemmet, Steve Waring, Cie Éclats, Cie Flash Marionnettes, Odile Duoc, Teatro Gioco Vita, Cie Étant Donné...**

L'Hectare - Scène de Vendôme Au Minotaure

www.scenedevendome.fr
BP 113
41106 Vendôme
Tél. : 02 54 89 44 20 - Fax : 02 54 89 44 21
scene.devendome@wanadoo.fr
• Directeur : **Frédéric Maurin**
• Programmateur JP : **Frédéric Maurin**
Type : théâtre municipal
Spectacles JP par saison : 2
Genre : pluridisciplinaire
Artistes accueillis : **Damien Bouvet, Théâtre du Rivage, Théâtre en Ciel, Cie Passeurs de Mémoire...**

45 Le Hangar

Service culturel
45120 Chalette-sur-Loing
Tél. : 02 38 89 59 40 - Fax : 02 38 98 92 79
mairie-chalette-culturel@wanadoo.fr
• Directeur : **Lionel Le Fort**
• Programmatrice JP : **Corinne Dordain**
Type : théâtre municipal
Spectacles JP par saison : 4
Genre : pluridisciplinaire
Artistes accueillis : **Cie Rasposo, Cie Escale, Steve Waring, Amédée Bricolo, Cie Lili Börn, Cie du Chat Pitre...**

Théâtre de la Tête Noire

144 ancienne route de Chartres
45770 Saran
Tél. : 02 38 73 14 14 - Fax : 02 38 74 02 97
• Directeur : **Patrice Douchet**
• Programmateur JP : **Patrice Douchet**
Type : théâtre conventionné
Spectacles JP par saison : 3
Genre : théâtre
Artistes accueillis : **Voix Off, Les Yeux Gourmands Trehol, Piccoli Principi Teatro Delle Briciole, Exous, Tep, Groupe 3.5.81...**

Théâtre des Longues Allées

Mairie, BP 90009
45800 Saint-Jean-de-Braye
Tél. : 02 38 61 92 62 - Fax : 02 38 61 92 68
• Directeur : **Bruno Genestre**
• Programmateur JP : **Bruno Genestre**
Type : théâtre municipal
Spectacles JP par saison : 15
Genre : pluridisciplinaire
Artistes accueillis : **Cie José Manuel Caño Lopez, Théâtre des Mots, Cie Lili Désastre, Cie du Chat Pitre, Théâtre du Préau, Cie Barbara Mélois, Tam Théatromusica, Hanoumat Cie, Tof Théâtre, Théâtre du Jabron Rouge, Théâtre Exobus, Cie Carton Louf, Cie Café Crème, Cie Vertigo...**

Champagne-Ardenne

08

Association Côté Cour

4 place de la République
08330 Vrigne-aux-bois
Tél. : 03 24 54 26 74 - Fax : 03 24 54 26 74
cote-cour.ardennes@wanadoo.fr
• Programmatrice JP : **Isabelle Vignaud**
Type : divers
Spectacles JP par saison : 5
Genres : pluridisciplinaire, théâtre, conte, marionnettes, théâtre d'objets, cirque, clown.
Artistes accueillis : **Hervé Suhubiette, Cie Pré-o-c-cupé, Créa Théâtre, Les Grandes Gueules, Actémobazar, Théâtre du Risorius, La Boite Noire, Cie du Petit Monde, La Malle Théâtre, Les Grandes Gueules, Art-Terre...**

Centre culturel de Nouzonville

6 boulevard Jean-Baptiste Clément, BP 21
08700 Nouzonville
Tél. : 03 24 37 37 49 - Fax : 03 24 53 75 11
centreculturel.nouzonville@wanadoo.fr
• Directeur : **Stéphane Aucante**
• Programmateur JP : **Stéphane Aucante**
Type : théâtre municipal
Spectacles JP par saison : 5 à 6
Genres : pluridisciplinaire
Artistes accueillis : **Cie La Boite Noire, Théatre Alicante, Théâtre du Risorius...**

Espace Louis Jouvet

16, place de Caen
08300 Rethel
Tél. : 03 24 39 67 75 - Fax : 03 24 39 67 75
theatre.louisjouvet.rethel@wanadoo.fr
• Directeur : **Jean-Philippe Mazzia**
• Programmateur JP : **Jean-Philippe Mazzia**
Type : théâtre conventionné
Spectacles JP par saison : 8 à 10
Genre : pluridisciplinaire
Artistes accueillis : **La Boîte Noire, Ludor Citrik, Théâtre de Romette, Icosaedre, Cie du Risorius, Olivier Constant, Actémobazar, Les Rémouleurs...**

Institut international de la Marionnette

www.marionnette.com
7 place Winston Churchill
08000 Charleville-Mézières
Tél. : 03 24 33 72 50 - Fax : 03 24 33 72 69
institut@marionnette.com
• Directrice : **Lucile Bodson**
• Programmatrice JP : **Lucile Bodson**
Type : divers
Spectacles JP par saison : 3
Genre : marionnettes
Artistes accueillis : **Cie C'est La Nuit, Cie Ches Panses Vertes, Cie Tempestant, Cie AMK, Anima Théatre, Théâtre de Nuit...**

Le Manège

www.lemanege.fr
Place Jacques Sourdille
08600 Givet
Tél. : 03 24 40 14 40 - Fax : 03 24 40 24 19
manegegivet@wanadoo.fr
• Directeur : **Jean-Jacques Gobert**
• Programmateur JP : **Jean-Jacques Gobert**
Type : divers
Spectacles JP par saison : 8
Genre : pluridisciplinaire

le p'tit MONDE

3ème édition

4/11 avril 2006 Hazebrouck

Pays Coeur de Flandre

- **BARBE BLEUE**
  Cie Cas Public (Québec)
- **LE A DE LEA (résidence de création)**
  Cie du Nouveau Jour (Nord/Pas de Calais)
- **L'ANNIVERSAIRE D'EVA**
  Théâtre Isocéle (Belgique)
- **MONSIEUR LARDRENE**
  L'Yonne en Scène (Auxerre)
- **CE VENTRE LA**
  Théâtre de Cuisine (Marseille)
- **ALIENTJE**
  Wiersma and Smeets (Pays-Bas)
- **LA MALEDICTION DE CAMBERWELL**
  Le Canard Noir et les Quatre Mains (Belgique)
- **LAISSEZ PORTER**
  Cie XY (Lille)
- **FAIT DIVERS**
  Cie Sac à Dos (Belgique)
- **LES MONSTRES DE MA MERE**
  L'Aventure ! (Lille)
- **HAMLET RACONTE AUX ENFANTS**
  tournée mondiale des villages
  Cie Filages (Lille)

HAZEBROUCK en Flandre

ALLOCATIONS FAMILIALES Caf d'Armentières

Liberté • Égalité • Fraternité RÉPUBLIQUE FRANÇAISE

Ministère Culture Communication

Conseil Général Département du Nord

RÉGION NORD PAS DE CALAIS

Centre culturel André Malraux
bp 30194
59524 Hazebrouck cedex
00 32 (0)3 28 49 52 88 .
www.centreandremalraux.com

Artistes accueillis : **Cie Lunatic, Le Créa Théâtre, Cie du Nouveau Jour, Cie Ouragane...**

MJC Calonne

www.mjc-calonne.org
Place Calonne
08200 Sedan
Tél. : 03 24 27 09 75 - Fax : 03 24 26 85 07
m.j.c.calonne@wanadoo.fr
- Directeur : **Laurent Biston**
- Programmateur JP : **Laurent Biston**

Type : MJC
Spectacles JP par saison : 12
Genres : pluridisciplinaire, théâtre, conte, marionnettes, théâtre d'objets, musique, danse.
Artistes accueillis : **Bob Théâtre, Cie Le Pied sur la Tête, Théâtre de Romette, Théâtre au Paradis, Cie Actémobazar, Cie Norbert Aboudarham, Théâtre de la Pire Espèce, Bouffou Théâtre, Théâtre du Risorius, Cie la Boîte Noire, Cie les Gueules Kassées, Cie les Grandes Gueules...**

10 Comédie Saint-Germain

Rue des Cerisiers
10120 Saint-Germain
Tél. : 03 25 72 52 44 - Fax : 03 25 49 08 47
comediesg@yahoo.fr
- Directeur : **Jean-Jacques Megel**
- Programmateur JP : **Jean-Jacques Megel**

Type : théâtre municipal
Spectacles JP par saison : 5
Genres : pluridisciplinaire, théâtre, marionnettes, théâtre d'objets, musique, cirque.
Artistes accueillis : **Cie Amoros et Augustin, Cie Tro-Héol, La Loupiote, Ambulo Train Théâtre, Flash Marionnettes, Ensemble Leporello...**

Espace Gérard Philipe

http://perso.wanadoo.fr/espacegerardphilipe
22 avenue du Maréchal Leclerc
10120 Saint-André-les-Vergers
Tél. : 03 25 49 62 81 - Fax : 03 25 71 39 18
espace.gerardphilipe@wanadoo.fr
- Directeur : **Olivier Bedel**
- Programmateur JP : **Olivier Bédel**

Type : théâtre municipal
Spectacles JP par saison : 4
Genre : pluridisciplinaire
Artistes accueillis : **Flash Marionnettes, Cie à suivre, Théâtre à Sornettes, Théâtre La Strada, Théâtre de Romette...**

Théâtre de Champagne

www.maisonduboulanger.com
Rue Louis Mony
10000 Troyes
Tél. : 03 25 76 27 61 - Fax : 03 25 80 89 63
contact@maisonduboulanger.com
- Directeur : **Emmanuel Saint-Mars**
- Programmatrice JP : **Sandrine Beltramelli**

Type : théâtre municipal
Spectacles JP par saison : 3
Genre : musique
Artistes accueillis : **Monsieur Nô, Cie Les Loupiots, Pajita, Alain Schneider...**

Théâtre de la Madeleine

Rue Jules Lebocey
10000 Troyes
Tél. : 03 25 43 32 10 - Fax : 03 25 43 32 14
theatredelamadeleine@wanadoo.fr
- Directeur : **Pierre Humbert**
- Programmateur JP : **Pierre Humbert**

Type : théâtre conventionné
Spectacles JP par saison : 10
Genres : pluridisciplinaire, théâtre, théâtre d'objets, musique, danse, cirque.
Artistes accueillis : **Puppentheater der Stadt Halle, Théâtr'âme, Cie Artfusion, Teatro Gioco Vita, Théâtre Le Clou, Cie les Arbres Verts, Théâtre Les Lucioles, Théâtre Rio Rose, Cie C'est la Nuit, Philippe Genty, Cie l'Air de Rien...**

51 Espace Simone Signoret

www.espacesimonesignoret.com
Quai Saint Germain, BP 207
51306 Vitry-le-François
Tél. : 03 26 72 85 50 - Fax : 03 26 74 49 34
espacesimonesignoret@wanadoo.fr
- Directeur : **Didier Le Corre**

• Programmateurs JP : **Didier Le Corre, Alice Collin**
• Communication : **Jean-François Garré**
Type : théâtre conventionné
Spectacles JP par saison : 20
Genre : pluridisciplinaire
Artistes accueillis : **Bob Théâtre, Théâtre de Cuisine, Tof Théâtre, Tartine Reverdy, Cie Agar, Théâtre Pour Deux Mains, La Boite Noire, Cie Myriam Dooge, Nada Théâtre, Cie Voix Off, Damien Bouvet, Hervé Suhubiette, Théâtre Ovipare, Cie Appel d'Air, François Pillet, Cie La Strada, Théâtre du Papyrus, Le Carrousel, PapierThéâtre, Cie C'est la Nuit, Cie Actémobazar, Théâtre de la Jacquerie, Praxinoscope Théâtre, Cie Larsen, Cie La Loupiote...**

Grand Théâtre de Reims

www.grandtheatredereims.com
13 rue Chanzy
51100 Reims
Tél. : 03 26 50 31 00 - Fax : 03 26 84 90 02
secretariat@grandtheatredereims.com
• Directeur : **Serge Gaymard**
• Programmateur JP : **Serge Gaymard**
Type : théâtre municipal
Spectacles JP par saison : 7
Genres : musique, danse.
Artistes accueillis : **Cie du Tabouret, Ballet Biarritz...**

Le Manège de Reims

www.manegedereims.com
2 boulevard du Général Leclerc, BP 1063
51053 Reims Cedex
Tél. : 03 26 47 98 98 - Fax : 03 26 88 95 34
info@manegedereims.com
• Directrice : **Stéphanie Aubin**
• Programmatrices JP : **Stéphanie Aubin, Bénédicte Picot**
Type : scène nationale
Spectacle JP par saison : 1
Genre : danse
Artistes accueillis : **Cie Nadège Macleay, Odile Duboc, Cirque Trottola, Georges Aperghis, Ensemble Reflex...**

Le Salmanazar

8 rue de Reims, BP 41
51202 Epernay Cedex
Tél. : 03 26 51 15 80 - Fax : 03 26 54 83 59
le.salma@wanadoo.fr
• Directeur : **Stéphane Fievet**
• Programmatrice JP : **Catherine Mongin**
Type : théâtre conventionné
Spectacles JP par saison : 6
Genre : pluridisciplinaire
Artistes accueillis : **Bouffou Théâtre, Cie Pour Ainsi Dire, Théâtre de Cuisine, Robinson, Kokoya, Cie La Strada Arcal...**

MJC Le Flambeau

www.mjc-leflambeau.com
13 rue de Betheny
51100 Reims
Tél. : 03 26 07 28 21 - Fax : 03 26 40 33 27
le-flambeau-mjc@wanadoo.fr
• Directeur : **Nicolas Dubois**
• Programmatrice JP : **Delphine Grojean**
Type : MJC
Spectacles JP par saison : 8
Genres : pluridisciplinaire, théâtre, conte, cirque, clown, mime.
Artistes accueillis : **Trac, Théâtre du Lin, Théâtre Aloual...**

Salle Sabine Sani

www.mjcay.com
5 rue de la Liberté
51160 Ay
Tél. : 03 26 55 18 44 - Fax : 03 26 55 78 34
mjc.ay@wanadoo.fr
• Directeur : **Jean-Marc Sartore**
• Programmatrice JP : **Sandrine Dailly**
Type : MJC
Spectacles JP par saison : 10
Genre : pluridisciplinaire
Artistes accueillis : **Théâtre du Papyrus, Cie La Loupiote, La Boite Noire, Didascalies, Bob Théâtre, Théâtre à Cru, Bouffou Théâtre, Cie La Licorne, La Strada, Ensemble FA7, La Comédie de Reims, L'Olifant,**

Cie Clandestine, Cie Ambulo Train Théâtre, Théâtre Maat, Cathon, Cathaix, Cie de Théâtre de Rue en Intérieur, Cie Nada Théâtre, Les Pilleurs d'Epaves, Cie l'Oeil du Tigre, Facteur Théâtre, Cie Vendaval, Cie Alliage Théâtre, Collectif Eutectic...

52 Association Tinta Mars

Maison du Pays de Langres, BP 132
52206 Langres Cedex
Tél. : 03 25 87 60 34 - Fax : 03 25 88 99 07
tintamars@wanadoo.fr
- Directeur : **Philippe Chanclu**
- Programmatrice JP : **Jocelyne Pagani**

Type : théâtre municipal
Spectacles JP par saison : 8
Genre : pluridisciplinaire
Artistes accueillis : **Cie Gare Centrale, Tof Théâtre, Théâtre Marabu, théâtre des Quatre Mains, Cie du Ruisseau, Théâtre Les Lucioles, Foule Théâtre, La Boite Noire...**

Le Nouveau Relax Théâtre de Chaumont

15 bis rue Levy Alphandery
52000 Chaumont
Tél. : 03 25 30 59 34
directeur.theatre@ville-chaumont.fr
- Directeur : **Pierre Kechkéguian**
- Programmateur JP : **Pierre Kechkéguian**

Type : théâtre municipal
Spectacles JP par saison : 4 à 5
Genre : pluridisciplinaire
Artistes accueillis : **Cie Mathieu, François et les autres..., Odylade, Théâtre du Champ Exquis...**

Salle Louis Aragon

www.ville-saintdizier.fr
Avenue Pasteur
52100 Saint-Dizier
Tél. : 03 25 56 19 13 - Fax : 03 25 56 19 13
culture@mairie-saintdizier.fr
- Directrice : **Françoise Arnaudeau**
- Programmatrice JP : **Françoise Arnaudeau**

Type : divers
Spectacles JP par saison : 2 à 3
Genre : pluridisciplinaire
Artistes accueillis : **Cie La Boite Noire, Cie Humbert, Cie Artfusion, Christian Schittenhelm...**

Corse

20 Théâtre Kallisté

Rue du Colonel Colonna d'Ornano
20000 Ajaccio
Tél. : 04 95 22 78 54 - Fax : 04 95 51 11 50
- Directrice : **Marie-Jeanne Nicoli**
- Programmatrice JP : **Marie-Jeanne Nicoli**

Type : théâtre municipal
Spectacles JP par saison : 5
Genres : pluridisciplinaire, théâtre, conte, danse, cirque.
Artistes accueillis : **Cie Tro-Héol, Théâtre de Cuisine, Cie Piccoli Principi...**

Théâtre de Propriano

Parc des Sports, BP 63
20110 Propriano
Tél. : 04 95 76 70 00 - Fax : 04 95 76 17 51
theatredepropriano@wanadoo.fr
- Directeur : **Charles Zeni**
- Programmateur JP : **Charles Zeni**

Type : théâtre conventionné
Spectacles JP par saison : 5
Genres : pluridisciplinaire, théâtre, conte, marionnettes, théâtre d'objets, musique, danse.
Artistes accueillis : **Cie Piccoli Principi, Pat O'Bine, Le Minuteman, A Riletta...**

Franche-Comté

25 L'Allan

www.lallan.fr
54 rue Clémenceau, BP 236
25204 Montbéliard
Tél. : 03 81 91 37 11 - Fax : 03 81 91 10 25
- Directeur : **Didier Levallet**
- Programmateur JP : **Didier Levallet**

Type : scène nationale

Spectacle JP par saison : 1
Genre : théâtre d'objets
Artiste accueilli : **Philippe Genty...**

L'Arche Scène conventionnée jeune public

www.scjp-larche.org
Place des Fêtes
25200 Bethoncourt
Tél. : 03 81 97 35 12 - Fax : 03 81 92 98 47
contact@scjp-larche.org
• Directeur : **Laurent Coutouly**
• Programmateur JP : **Laurent Coutouly**
Type : théâtre conventionné
Spectacles JP par saison : 20 à 25
Genres : pluridisciplinaire, théâtre, conte, marionnettes, théâtre d'objets, musique, danse, cirque.
Artistes accueillis : **Théâtre de Cuisine, La Corde à Vents, Namur Break Sensation, Théâtre de Romette, Prato Théâtre, Bob Théâtre, Cie Moglice von Verx, Cie l'Éolienne, Cie Enfance et Théâtre, Cie Actémobazar, Cie les Singuliers, Les Chercheurs d'Arts Associés, Cie du Singe Debout, Théâtre du Papyrus, Cie Tro-Héol, Cie Le Chat Perplexe, Théâtre Les Lucioles, Le Fil Rouge Théâtre, ABBAC, Ensemble FA7, Laurent Dupont, Cie Jean-Pierre Lescot...**

Théâtre Bacchus

6 rue de la Vieille Monnaie
25000 Besançon
Tél. : 03 81 82 22 48 - Fax : 03 81 82 62 49
theatre.bacchus@wanadoo.fr
• Directeur : **Jean Petrement**
• Programmatrice JP : **Maria Vendola**
Type : divers
Spectacles JP par saison : 5
Genre : pluridisciplinaire
Artistes accueillis : **Cie Bacchus, Cie du Grand Desherbage, Cie des Manches à Balais Korporation...**

Théâtre de l'Espace

Place de l'Europe, BP 2033
25050 Besançon Cedex
Tél. : 03 81 51 03 12 - Fax : 03 81 41 00 61
theatre.espace@wanadoo.fr
• Directeur : **Daniel Boucon**
• Programmateurs JP : **Daniel Boucon, Marie-Hélène Créquy**
Type : scène nationale
Spectacles JP par saison : 5
Genre : pluridisciplinaire
Artistes accueillis : **Teatro delle Briciole, Ilka Schroënber, Bob Théâtre, Christophe Véricel, Cie L'Artifice, Les Rémouleurs, Le Petit Théâtre, Cie Tro-Héol, Cie Pupella-Noguès, Cie Image Aigüe, Manches à Balais Korporation, Création CDN-Théâtre de Sartrouville...**

Haute-Normandie

27 Espace Philippe-Auguste

12 avenue Victor-Hugo
27700 Vernon
Tél. : 02 32 64 53 16 - Fax : 02 32 64 53 42
• Directrice : **Florence Beaussier**
• Programmatrice JP : **Florence Beaussier**
Type : théâtre municipal
Spectacles JP par saison : 8
Genres : pluridisciplinaire, théâtre, conte, marionnettes, théâtre d'objets, musique, danse, cirque, clown, mime.
Artistes accueillis : **Bouffou Théâtre, Théâtre des Quatre Mains, Cie Blin, Théâtre de l'Ombrelle, Théâtre du Petit Matin, Cie Okidok', Absolu Théâtre, Cie Le Voyageur Debout, Zut...**

L'Éclat

www.ville-pont-audemer.fr
Place du Général de Gaulle
27500 Pont-Audemer
Tél. : 02 32 41 81 31 - Fax : 02 32 41 81 51
leclat@ville-pont-audemer.fr
• Directeur : **Patrick Sénécal**

• Programmateur JP : **Patrick Sénécal**
Type : théâtre municipal
Spectacles JP par saison : 12
Genre : pluridisciplinaire
Artistes accueillis : **Cie Bernard Martin, Cie Les Gueules Kassées, Claude Theil, Séverine Adamy, Cie du Réfectoire, Troupe de l'Escouade, Cie Ouragane, Cie Confluence, Théâtre de Cuisine, Tof Théâtre, Cie s'Evad, Cie Étant Donné, La Fabrique des Arts d'à Côté...**

Scène nationale Evreux-Louviers

www.tesn.org
Place de Gaulle
27000 Evreux
Tél. : 02 32 78 85 20 - Fax : 02 32 78 85 29
tesn@clu-internet.fr
• Directeur : **Jacques Falguieres**
• Programmateur JP : **Robert Llorca**
Type : scène nationale
Spectacles JP par saison : 3
Genres : pluridisciplinaire, théâtre, danse.
Artistes accueillis : **Joël Pommerat Bertrand Bossard, Joël Jouanneau, Jean-Claude Gallotta...**

76

Centre culturel Marc Sangnier

www.ville-mont-saint-aignan.fr
Rue Nicolas Poussin
76130 Mont-Saint-Aignan
Tél. : 02 35 74 18 70 - Fax : 02 35 74 12 55
nicole.dupont@ville-mont-saint-aignan.fr
• Directrice : **Marion Camper**
• Programmatrice JP : **Nicole Dupont**
Type : théâtre municipal
Spectacles JP par saison : 8
Genres : pluridisciplinaire, théâtre, conte, marionnettes, théâtre d'objets, musique, danse, cirque.
Artistes accueillis : **Cie Pupella-Noguès, Cie Pas Ta Trace, Troupe De L'escouade, Cie Antares, Cie Le Petit Travers, Cie Retouramont, Flash Marionnettes, Lulubelle Cie...**

Centre culturel Voltaire

294 Route de Dieppe
76250 Deville-les-Rouen
Tél. : 02 35 68 48 91 - Fax : 02 35 68 52 38
• Directeur : **Adolphe Vasseur**
• Programmateur JP : **Adolphe Vasseur**
Type : théâtre municipal
Spectacles JP par saison : 8
Genres : pluridisciplinaire, théâtre, conte, marionnettes, théâtre d'objets.
Artistes accueillis : **Cie Démons et Merveilles, Cie du Chemin, Hugues Protat, François Normag, Cie Griffoul, Cie Julie et Bastien...**

Dieppe Scène nationale

www.dsn.asso.fr
Quai Bérigny
76374 Dieppe Cedex
Tél. : 02 35 82 04 43 - Fax : 02 32 90 00 34
contact@dsn.asso.fr
• Directeur : **Jérôme Lecardeur**
• Programmateur JP : **Jérôme Lecardeur**
Type : scène nationale
Spectacles JP par saison : 4
Genre : pluridisciplinaire
Artistes accueillis : **Flash Marionnettes, Bertrand Bossard, Joël Pommerat...**

Espace culturel de la Pointe de Caux

BP 95
76700 Gonfreville-l'Orcher
Tél. : 02 35 13 16 60 - Fax : 02 35 13 16 47
• Directrice : **Vanessa Giffard**
• Programmateur JP : **Cédric Lavisse**
Type : théâtre municipal
Spectacles JP par saison : 5
Genre : pluridisciplinaire
Artistes accueillis : **Cie Créature, Cie Max et Maurice, les Chatertons, Peplum et Othello...**

Espace culturel François Mitterrand

Parc Georges Piesse
76380 Canteleu
Tél. : 02 35 36 95 80 - Fax : 02 35 36 95 81
espace-culturel@ville-de-canteleu.com
• Directeur : **Bertrand Lanoais**
• Programmateur JP : **Bertrand Lanoais**
Type : théâtre municipal
Spectacles JP par saison : 8
Genre : pluridisciplinaire
Artistes accueillis : **Théâtre Foz, Théâtre de l'Écume, Théâtre de Romette...**

X

L'Oreille qui traîne

www.rouencitejeunes.org
Rouen Cité Jeunes, MJC Rouen Rive Gauche, Place des Faienciers
76100 Rouen
Tél. : 02 32 81 53 63 - Fax : 02 32 81 53 61
oreille@rouencitejeunes.org
• Directeur : **Philippe Ferney**
• Programmatrice JP : **Julie Lenormand**
Type : MJC
Spectacles JP par saison : 2 à 3
Genre : pluridisciplinaire
Artistes accueillis : **Évelyne Pèlerin N'Go Maa, Cie Les P'tits Cailloux...**

Le Rayon Vert

14 rue de la Grâce de Dieu
76460 Saint-Valéry-en-Caux
Tél. : 02 35 97 25 47 - Fax : 02 35 97 94 50
rayon-vert@ville-saint-valery-en-caux.fr
• Directeur : **Dominique Sarah**
• Programmateur JP : **Dominique Sarah**
Type : théâtre conventionné
Spectacles JP par saison : 6
Genres : pluridisciplinaire, théâtre, conte, marionnettes, théâtre d'objets, musique, danse, cirque.
Artistes accueillis : **Cie Pupella-Noguès, Théâtre de la Briciole, Cie La Phalène, Cie Caryatides, Cie des Deux Mondes, Théâtre de la Cheminée, Joël Pommerat, Odile Duboc...**

Le Rive Gauche

www.ville-saintetiennedurouvray.fr
20 avenue Val l'Abbé
76800 Saint-Étienne-du-Rouvray
Tél. : 02 32 91 94 90 - Fax : 02 32 91 94 99
lerivegauche@ser76.com
• Directeur : **Robert Labaye**
• Programmateur JP : **Robert Labaye**
Type : théâtre conventionné
Spectacles JP par saison : 5
Genres : pluridisciplinaire, théâtre, conte, marionnettes, théâtre d'objets, musique, danse, cirque, clown, mime.
Artistes accueillis : **Flash Marionnettes, Papaq Cie, Théâtre De L'écume, L'Éolienne, Oliver Letellier, Le Chapeau Rouge, Théâtre Des Jeunes Spectateurs, Cie Du Tabouret, Nadine Hernu, La Zita, Joël Jouanneau, Agnès Limbos, Ahmed Madani, Roland Shön...**

Le Sillon

Mairie, Service culturel
76650 Petit Couronne
Tél. : 02 32 11 57 00 - Fax : 02 35 68 12 68
sillon@ville-petit-couronne.fr
• Directrice : **Annie Mabilais**
• Programmatrice JP : **Annie Mabilais**
Type : théâtre municipal
Spectacles JP par saison : 6
Genre : pluridisciplinaire
Artistes accueillis : **Cie Étant Donné, L'Écharde, Théâtre Dest, Cie La Boîte Noire, Troupe De l'Escouade, Cie Turak...**

Le Sirocco

www.lesiroco.com
Rue Odievre
76430 Saint-Romain-de-Colbosc
Tél. : 02 35 20 57 92 - Fax : 02 35 20 70 96
• Directeur : **Bruno Régnier**
• Programmateur JP : **Bruno Régnier**
Type : divers
Spectacles JP par saison : 5 à 6
Genre : pluridisciplinaire

Artistes accueillis : **Cie du Pianoapoules, Cie des Cailloux Sensibles, Cie Labribus, Les Versini, Cie Amédée Bricolo, Cie Chant de Balles, Cie du Piano à Pouce...**

Théâtre Charles Dullin

www.theatre-charles-dullin.com
Allée des Arcades
76120 Grand-Quevilly
Tél. : 02 35 68 48 91 - Fax : 02 35 68 52 38
calen@wanadoo.fr
• Directeur : **Adolphe Vasseur**
• Programmateur JP : **Adolphe Vasseur**
Type : théâtre municipal
Spectacles JP par saison : 3
Genres : pluridisciplinaire, théâtre, conte, marionnettes, théâtre d'objets, musique.
Artistes accueillis : **Cie Griffoul, Cie du Chemin, Cie Démons et Merveilles, François Normag, Hugues et Dorothée Protat, Ilva Scali...**

Théâtre de la Foudre

Rue François Mitterrand
76140 Le Petit-Quevilly
Tél. : 02 35 72 67 55 - Fax : 02 35 03 33 67
contact@scenationale.fr
• Directeur : **Gérard Marcon**
• Programmatrice JP : **Annie Coci**
Type : scène nationale
Spectacles JP par saison : 8
Genres : pluridisciplinaire, théâtre, marionnettes, danse, cirque.
Artistes accueillis : **Chantier Théâtre, Joël Jouanneau, Cie Käfig, Cie Amoros et Augustin, Cie Annibal et ses Éléphants, Flash Marionnettes, Cie des deux Mondes...**

Théâtre de l'Écharde

16 rue Flahaut
76000 Rouen
Tél. : 02 35 89 42 13 - Fax : 02 35 89 93 86
theatreecharde@hotmail.com
• Directeurs : **Marie-Christine Garay, François-Xavier Vassard**
• Programmateurs JP : **Marie-Christine Garay, François-Xavier Vassard**
Type : théâtre conventionné
Spectacles JP par saison : 8 à 10
Genres : pluridisciplinaire, théâtre, conte, marionnettes, théâtre d'objets, danse.
Artistes accueillis : **Théâtre Du Lin, Cie Faux Comme Il Faut, Cie Théâtre Mu, Théâtre De l'Écharde, Cie Bob Théâtre, Cie Remue-Méninges, Cie Théâtre De La Cheminée, Théâtre De Romette, Eugène Guignon Et Delphine Franck, La Fabrique des Arts d'à Côté, Théâtre Des Chimènes, Théâtre De La Licorne, Cie Robinson, Théâtre Isocèle, Cie Le Clan Des Songes, Théâtre Foz, Théâtre Des Petites Fugues, Cie Ches Panses Vertes, Cie Le Voyageur Debout, Cie Garin Trousseboeuf...**

Théâtre de l'Hôtel de ville Le Petit Théâtre

www.ville-lehavre.fr
Service culturel - saison côté Mômes
Hôtel de ville, BP 51
76084 Le Havre Cedex
Tél. : 02 35 19 42 13 - Fax : 02 35 19 45 04
benedicte.lerat@ville-lehavre.fr
• Directeur : **Walter Walbrou**
• Programmatrice JP : **Bénédicte Lerat**
Type : théâtre municipal
Spectacles JP par saison : 13
Genres : pluridisciplinaire, théâtre, conte, marionnettes, théâtre d'objets, musique, danse.
Artistes accueillis : **Cie Caus' Toujours, Mike Kenny, Troupe De L'Escouade, Cie Étant Donné, Cie Retouramont, Cie Dram Bakus, Philippe Dorin, Laurent Fréruchet, Jean-Claude Grumberg, Olivier Letellier, Cie Médiane...**

Théâtre du Château

Place Isabelle d'Orléans
76260 Eu
Tél. : 02 35 50 20 97 - Fax : 02 35 06 07 64
theatre@ville-eu.fr
• Directrice : **Alice Orange**
• Programmatrice JP : **Alice Orange**
Type : théâtre municipal
Spectacles JP par saison : 2

Genre : pluridisciplinaire
Artistes accueillis : **Cie Parci Parla, Cie Louis Brouillard, Le Théâtre des Mots...**

Ile-de-France

Abricadabra Théâtre Péniche antipode

75

http://abricadabra.nerim.net
94 bis quai de la Loire
75019 Paris
Tél. : 01 42 03 39 07 - Fax : 01 40 18 16 55
abricadabra@nerim.net
• Directrice : **Lise Coquerel**
• Programmatrice JP : **Nathalie Ferron**
Type : divers
Spectacles JP par saison : 12 à 14
Genre : pluridisciplinaire
Artistes accueillis : **Cie Abricadabra, Cie les Zenerg'Humaines, Cie les VireVolte, Théâtre de la Fronde, Brakabrik Théâtre, Cie Petipatapon, Lua Cheia...**

Auditorium du Louvre

www.louvre.fr
Palais du Louvre
75058 Paris Cedex 1
Tél. : 01 40 20 55 55 - Fax : 01 40 20 54 30
auditorium@louvre.fr
• Directeur : **Jean-Marc Terrasse**
• Programmatrices JP : **Delphine Vanhove, Sophie Walter**
Type : divers
Spectacles JP par saison : 15
Genres : pluridisciplinaire, théâtre, conte, marionnettes, musique, danse, mime.
Artistes accueillis : **Muriel Bloch et Les Trois 8, La Petite Fabrique, Cirque Plume, Mireille Perrier, Marianne Denicourt, Jihad Darwiche, Muriel Bloch et Guilla Thiam, Anna Lazowski, Maurizio Scaparro, Herman Diephus, Corinne Garcia, Catherine Marnas, Patrice Chamoiseau, Salim Daw, Praline Gay-Para et Jean-François Piette, Theresa et Mahmut Demir...**

Bobino

20 rue de la Gaîté
75014 Paris
Tél. : 01 43 27 24 24 - Fax : 01 43 27 72 27
• Directrice : **Isabelle Rahavi**
• Programmatrice JP : **Isabelle Rahavi**
Type : divers
Spectacles JP par saison : 2
Genre : pluridisciplinaire
Artistes accueillis : **Cie Les Loupiots, Marmottes Productions...**

Caves Saint Jean

71 rue de la Folie-Regnault
75011 Paris
Tél. : 01 44 84 01 67- Fax : 01 40 18 35 78
• Directrice : **Jocelyne Auclair**
• Programmatrice JP : **Jocelyne Auclair**
Type : divers
Spectacles JP par saison : 5
Genres : pluridisciplinaire, théâtre, conte, marionnettes.
Artistes accueillis : **Cie du Dragon, Sortie de Secours, Cie Patachon, César Majeur, Théâtre en Chocolat...**

Comédie de la Passerelle

http://comedie.passerelle.free.fr
102 rue Orfila
75020 Paris
Tél. : 01 43 15 03 70 - Fax : 01 43 15 08 30
comediedelapasserelle@yahoo.fr
• Directeur : **Fabrice Feltinger**
• Programmatrice JP : **Fabienne Galula**
Type : divers
Spectacles JP par saison : 15
Genre : pluridisciplinaire
Artistes accueillis : **Souad Amidou, Cie Les Bonnimenteurs, Théâtre de la Croisée, Les Trois Coups, La Douce Ironie, La Cie Gazelle, La Cie des Anges, Ultrasutane, La Bande à Zazou, Cie Camminino, Lard'enfer...**

Comédie Française salle du Studio Théâtre

www.comedie-française.fr
Place Colette
75001 Paris
Tél. : 08 25 10 16 80
• Directeur : **Marcel Bozonnet**
• Collaboratrice JP : **Marie Baron**
Type : théâtre
Spectacle JP par saison : 1
Genre : théâtre

Espace Château Landon Théâtre

31 rue du Château Landon
75010 Paris
Tél. : 01 46 07 85 77 - Fax : 01 46 07 08 73
espacechateaulandon@wanadoo.fr
• Directeur : **Antoine Prost**
• Programmateur JP : **Gino Ozzeta**
Type : divers
Spectacles JP par saison : 9
Genres : pluridisciplinaire, théâtre, marionnettes, mime.
Artistes accueillis : **Cie Des Atomes, Cie Du Midi, Cie La Ptite Semelle, Cie Lilliput, Cie Sous Les Décors, Cie Parci-Parlà, Pirates Productions, Cie Cisso, Cie Le Bac A Sable, Cie Du Petit Pont, Cie Nestor Kouca, Cie L'Oreille En Verre, Cie Du Vivier...**

Espace Paris Plaine

www.brancion-paris15.asso.fr
13 rue du Général Guillaumat
75015 Paris
Tél. : 01 40 43 01 82 - Fax : 01 42 50 47 77
espaceparisplaine@wanadoo.fr
• Directrice : **Cécile Junqua-Reiff**
• Programmatrice JP : **Cécile Junqua-Reiff**
Type : MJC
Spectacles JP par saison : 7
Genres : pluridisciplinaire, théâtre, marionnettes, théâtre d'objets, danse, cirque, clown.
Artistes accueillis : **Les Trottoirs Du Hasard, Les Tréteaux De La Pleine Lune, Ballets Ethéry Pagava, Cie Du Mystère Bouffe, Théâtre Du Coteau, Petites Choses Et Cie, Cie Dans Les Décors, Théâtre De L'ombrelle, Dominique Dimey...**

Funambule

53 rue des Saules
75018 Paris
Tél. : 01 42 23 88 83 - Fax : 01 46 06 31 97
Ste-funambule@wanadoo.fr
• Directeur : **Jean-Marc Casalta**
• Programmateur JP : **Jean-Marc Casalta**
Type : divers
Spectacles JP par saison : 3
Genres : pluridisciplinaire, théâtre, conte, marionnettes, clown.
Artistes accueillis : **Cie Homogène, Cie Pieds dans un Pot de Fleurs...**

Kiron Espace

www.kiron.fr
10 rue la Vacquerie
75011 Paris
Tél. : 01 44 64 11 50 - Fax : 01 43 73 55 10
scene@kiron-espacom
• Directeur : **Jean-Pierre Besnard**
• Programmateur JP : **Jean-Marie Lehec**
Type : divers
Spectacles JP par saison : 2
Genre : pluridisciplinaire
Artistes accueillis : **Cie Florian Sitbon, Cie Le Poulailler...**

La Guinguette Pirate

www.guinguettepirate.com
Association Ouest Est
23 rue Olivier Métra
75020 Paris
Tél. : 01 43 43 86 46 - Fax : 01 43 49 68 79
ouest.est@free.fr
• Directrice : **Aurélie Grondard**
• Programmatrice JP : **Aurélie Grondard**
Type : divers
Spectacles JP par saison : 30
Genres : pluridisciplinaire, théâtre, conte, marionnettes, théâtre d'objets, musique, danse.

Artistes accueillis : **Grain de Riz, Cie Virevolte, Cie Ca ne S'attrape pas avec du Papier Tue-mouche, Comme une Image, Cie Les Héliades, Don Pedro et ses Dromadaires, Théâtre de l'Equipée, Cie l'Espace d'un Instant, Cie Bipède, Lulu Productions...**

L'Archipel

www.larchipel.net
17 boulevard de Strasbourg
75010 Paris
Tél. : 01 48 00 04 20 - Fax : 01 48 00 05 09
larchipel@larchipel.net
• Directeur : **Pierre Dyens**
• Programmateur JP : **Pierre Dyens**
Type : divers
Spectacles JP par saison : moins de 10
Genres : théâtre, conte, théâtre d'objets, musique, ciné-concert.
Artistes accueillis : **Jacques Cambra, Nelly Pouget.**

L'Étoile du Nord

www.etoiledunord-theatre.com
16 rue Georgette Agutte
75018 Paris
Tél. : 01 42 26 47 47 - Fax : 01 42 26 63 98
contact@etoiledunord-theatre.com
• Directeurs : **Bernard Djaoui et Jean Macquiron**
• Programmateur JP : **Bernard Djaoui**
Type : scène conventionnée
Spectacles JP par saison : 7 à 9
Genres : théâtre, théâtre d'objets danse.
Artistes accueillis : **Le Fil Rouge Théâtre, Cie Idéal Deux Neuf, Cie du Porte-Voix, Cie Miettes de Spectacles, Cie AMK, Cie Loutka, Cie À Tulle Tête, Cie Ouragane...**

Le Local

www.le-local.net
18 rue de l'Orillon
75011 Paris
Tél. : 01 46 36 11 89
ombrenlumiere@worldonline.fr
• Directeur : **Gabriel Debray**
• Programmateur JP : **Gabriel Debray**
Type : théâtre conventionné
Spectacles JP par saison : 6
Genres : pluridisciplinaire, théâtre, conte, marionnettes, théâtre d'objets.
Artistes accueillis : **Fabienne Morane et Isabelle Morane, Les Escamboleurs, Omblène de Benque, Cie Stratégie du Poisson...**

Le Double Fond

www.doublefond.com
1 place du Marché Sainte-Catherine
75004 Paris
Tél. : 01 42 71 40 20
contact@doublefond.com
• Directeur : **Dominique Duvivier**
• Programmateur JP : **Dominique Duvivier**
Type : divers
Spectacles JP par saison : 2
Genre : magie
Artistes accueillis : **Le Nain, Alexandra Duvivier...**

Le Théâtre aux Mains Nues

http://perso.wanadoo.fr/tmn
7 square des Cardeurs
75020 Paris
Tél. : 01 43 73 01 82 - Fax : 01 43 73 01 82
alain.recoing@wanadoo.fr
• Directeur : **Alain Recoing**
• Programmateur JP : **Alain Recoing**
Type : divers
Spectacles JP par saison : 5
Genre : marionnettes
Artistes accueillis : **La Fabrique Des Arts D'à Côté, Vire-Volte, Cie Théâtre T, Cie Sanvic - Abracadabra Théâtre, Tro-Héol, Cie Des Trois Singes, Cie Aboudbras, Kokoya Cie Théâtrale, Cie Théâtre Aux Mains Nues, Cie Théâtre Manarf, Cie Les Konpé Ti Moun, Cie Arnica, Cie La Mémoire Et L'Instant, Cie Par Les Villages, Cie Le Masque Et Son Double, Cie l'Alinéa...**

Le Point Virgule

7 rue Sainte-Croix-de-la-Bretonnerie
75004 Paris
Tél. : 01 42 78 67 03 - Fax : 01 42 78 23 22
lepointvirgule@noos.fr
• Directrice : **Marie-Caroline Burnat**
• Programmatrice JP : **Marie-Caroline Burnat**
Type : divers
Spectacles JP par saison : 2 à 3
Genres : pluridisciplinaire, théâtre, musique.
Artistes accueillis : **Cie Parciparla, La Famille Maestro, Elsa Fournet...**

Le Théo Théâtre

www.theotheatre.com
20 rue Théodore Deck
75015 Paris
Tél. : 01 45 57 92 74 - Fax : 01 45 58 66 90
teyssier@theotheatre.com
• Directeurs : **Olivier Courbier, François Teyssier**
• Programmatrice JP : **Florence Fouere**
Type : divers
Spectacles JP par saison : 12
Genres : pluridisciplinaire, théâtre, conte, marionnettes, musique, clown, mime.
Artistes accueillis : **Cie La Strada, Cie Courant D'Air, Cie Dans Les Rêves de Léon...**

Métamorphosis, théâtre de magie de Paris

www.metamorphosis-spectacle.fr
Sur berge face au 3, quai de Montebello
75005 Paris
Tél. : 01 43 54 08 08 - Fax : 01 43 54 09 08
theatremagie@aol.com
• Directrice : **Chantal Saint-Jean**
• Programmateur JP : **Jan Madd**
Type : divers
Spectacle JP par saison : 1
Genre : magie
Artistes accueillis : **Jan Madd et sa cie...**

Opéra Comique

www.opera-comique.com
5 rue Favart
75002 Paris
Tél. : 01 42 44 45 40 - Fax : 01 49 26 05 93
• Directeur : **Jérôme Savary**
• Programmateur JP : **Jérôme Savary**
Type : divers
Spectacle JP par saison : 1
Genre : théâtre d'objets
Artistes accueillis : **Péniche Opéra...**

Opéra national de Paris

www.operadeparis.fr
120 rue de Lyon
75012 Paris
Tél. : 01 40 01 17 89 - Fax : 01 40 01 16 16
• Directeur : **Gérard Mortier**
• Programmatrice JP : **Agnès de Jacquelot**
Type : opéra
Spectacles JP par saison : 7
Genres : pluridisciplinaire, musique, danse.
Artistes accueillis : **Ensemble Justiniana, CREA, Cie Beau Geste, Cie Camargo, Cie Caryatides, Cie Pernette, La Petite Fabrique, Georges Aperghis, Cie Eolipile, Cie Caroline Gautier, Cie La Pluie Qui Tombe, Didier Lockwood, François Raulin...**

Palais des Glaces

www.palaisdesglaces.com
37 rue du Faubourg du Temple
75010 Paris
Tél. : 01 42 02 05 25 - Fax : 01 42 02 10 25
palaisdesglaces2@wanadoo.fr
• Directeur : **Jean-Pierre Bigard**
• Programmateur JP : **Jean Graziani**
Type : divers
Spectacle JP par saison : 1
Genres : pluridisciplinaire, théâtre.
Artiste accueilli : **Guy Grimberg - Cie C'est pour de rire...**

Parc de la Villette

www.villette.com
211 avenue Jean Jaurès
75019 Paris
Tél. : 01 40 03 77 26 - Fax : 01 40 03 75 06
• Directeur : **Jean-François Chougnet**
• Directeur de la programmation :
Pierre Hivernat
• Spectacles vivants, musique: **Frédéric Mazelly**
• Arts de la rue, cirque :
Christophe Blandin-Estournet
• Rencontres de la Villette : **Philippe Mourat**
Type : divers
Spectacles JP par saison : 10 à 15
Genres : marionnettes,théâtre d'objets, musique, arts de la rue, cirque, clown.
Artistes accueillis : **Cirque Plume, Les Arts Sauts, Waidspeicher théâtre, Cie La Tortue Magique, Anne Montange…**

Sudden Théâtre

www.suddentheatre.fr
14 bis rue Sainte-Isaure
75018 Paris
Tél. : 01 42 62 35 00 - Fax : 01 42 57 40 74
sudden@wanadoo.fr
• Directeur : **Raymond Acquaviva**
• Programmateur JP : **Raymond Acquaviva**
Type : divers
Spectacles JP par saison : 3
Genres : théâtre, musique.
Artistes accueillis : **Cie Patchwork, Cie du Cyclone, Cie Les Infidèles, Cie Joli Temps de Chien...**

Théâtre Clavel

3 rue Clavel
75019 Paris
Tél. : 01 42 38 22 58 - Fax : 01 42 38 11 35
contact@theatre-clavel.com
• Directeur : **Pascal Martinet**
• Programmateur JP : **Sébastien Pimont**
Type : divers
Spectacles JP par saison : 15
Genres : théâtre, conte, marionnettes, musique, danse, arts de la rue, cirque, clown.
Artistes accueillis : **Cie 3 Jock 3, Cie Agile, Cie Les Zinz' Indépendants, Cie Chapiteau d'Afrique, L'atelier du Rêve, Cie Ardaître, Cie Les Renzo, Cie Les Châteaux de Sables, Cie Brazzaville, Cirque Branquignol...**

Théâtre Comédia

www.theatrecomedia.com
4 boulevard de Strasbourg
75010 Paris
Tél. : 01 42 38 22 22
• Directeur : **Maurice Molina**
• Programmatrice JP : **Danielle Mathieu-Bouillon**
Type : divers
Spectacles JP par saison : 3 ou 4
Genres : théâtre, conte, musique, danse.
Artistes accueillis : **Écla Théâtre...**

Théâtre de la marionnette à Paris

www.theatredelamarionnette.com
38 rue Basfroi
75011 Paris
Tél. : 01 44 64 79 70 - Fax : 01 44 64 79 72
info@theatredelamarionnette.com
• Directrice : **Isabelle Bertola**
• Programmatrice JP : **Isabelle Bertola**
Type : divers
Spectacles JP par saison : 3
Genres : marionnettes, musique.
Artistes accueillis : **Cie Amoros et Augustin, Cie Tempestant, Cie Françoise Pillet, Cie AMK, Waidspreicher theater, Cie pour ainsi dire, Théâtre de nuit, Théâtre en ciel...**

Théâtre de l'Épouvantail

http://theatrepouvantail.free.fr
6 rue de la Folie Méricourt
75011 Paris
Tél. : 01 43 55 14 80
theatrepouvantail@free.fr
• Directeur : **Dominique Parot-Lafon**
• Programmateur JP : **Dominique Parot-Lafon**
Type : divers
Spectacles JP par saison : 8 à 12
Genre : pluridisciplinaire

Artistes accueillis : **Les Bonimenteurs, Vox Populi, Cie La Douce Ironie, Cie Gazelle, Martine Mangeon, Hervé Dosnon, Isabelle Chabert, Christian Lamouroux, Théâtre de l'Espiègle, Cie Déclik Théâtre...**

Théâtre de l'Est Parisien

www.theatre-estparisien.net
159 avenue Gambetta
75020 Paris
Tél. : 01 43 64 80 80 - Fax : 01 43 64 07 50
infos@theatre-estparisien.net
• Directrice : **Catherine Anne**
• Programmatrice JP : **Catherine Anne**
Type : divers
Spectacles JP par saison : 5
Genres : pluridisciplinaire, théâtre.
Artistes accueillis : **Joël Pommerat, Philippe Aufort, Joël Jouanneau, Philippe Dorin, Christian Duchange, Stéphane Delbassé, Znorko...**

Théâtre de Nesle

www.galeriedenesle.com
8 rue de Nesle
75006 Paris
Tél. : 01 46 34 61 04 - Fax : 01 43 25 00 00
agnes@galeriedenesle.com
• Directeur : **Jean-Luc Mirande**
• Programmatrice JP : **Agnès Lafetat**
Type : divers
Spectacles JP par saison : 6
Genre : pluridisciplinaire
Artistes accueillis : **ATE, Cie Foulbazar, Cie Les Fruits Défendus, Théâtre du Hibou, Cie des Petits Lutins...**

Théâtre des Variétés

www.theatre-des-varietes.fr
7 boulevard Montmartre
75002 Paris
Tél. : 01 42 33 11 41 - Fax : 01 42 33 98 88
• Directeur : **Jean-Marc Dumontet**
• Programmateur JP : **Jean-Marc Dumontet**
Type : divers
Spectacles JP par saison : 1à 2
Genre : pluridisciplinaire
Artiste accueilli : **Cie C'est Pour de Rire, Guy Grimerg...**

Théâtre du Jardin

www.theatredujardin.fr
Jardin d'acclimatation, Bois de Boulogne
75116 Paris
Tél. : 01 40 67 97 67 - Fax : 01 40 67 78 21
• Directeur : **Adrien De Van**
• Programmateur JP : **Adrien De Van**
Type : divers
Spectacles JP par saison : 10
Genres : pluridisciplinaire, théâtre, marionnettes, théâtre d'objets musique, danse.
Artistes accueillis : **Cie Le Tamanoir, Cie La Part des Anges, Cie le Bruit qui court, Théâtre de l'Ombrelle, Cie Petipatapon, Le Cubitus...**

Théâtre du Rond-Point

www.theatredurondpoint.fr
2 bis avenue Franklin D.Roosevelt
75008 Paris
Tél. : 01 44 95 98 00 - Fax : 01 42 25 03 16
contact@theatredurondpoint.fr
• Directeur : **Jean-Michel Ribes**
• Programmateur JP : **Jean-Daniel Magnin**
Type : divers
Spectacles JP par saison : 2
Genres : pluridisciplinaire, théâtre.
Artistes accueillis : **Fabrice Melquiot, Olivier Py...**

Théâtre du Temps

http://site.voila.fr/theatredutemps
9 rue du Morvan
75011 Paris
Tél. : 01 43 55 10 88 - Fax : 01 69 30 08 05
junji.fuseya@wanadoo.fr
• Directeur : **Fuseya Junji**
• Programmateur JP : **Angel Lopez**
Type : divers
Spectacles JP par saison : 4
Genres : pluridisciplinaire, théâtre.

Théâtre Dunois ♡

www.theatredunois.org
108 rue du Chevalet
75013 Paris
Tél. : 01 45 84 72 00 - Fax : 01 45 86 39 24
theatre.dunois@free.fr
• Directrice : **Nelly Le Grévellec**
• Programmatrice JP : **Nelly Le Grévellec**
Type : théâtre conventionné
Spectacles JP par saison : 15 à 20
Genre : pluridisciplinaire
Artistes accueillis : **Cie Wood-Delaporte, Cie Cincle Plongeur, Cie Claire Laronde, Cie Dansdesign, Cie Les Orpailleurs, Théâtre Du Grand Marché, Cie Les Escaboleurs, Le Petit Théâtre, TJP de Strasbourg, Ensemble FA7, Praxinoscope Théâtre, Cie Amoros et Augustin, Ensemble Aleph, Cie Le Chat Pitre...**

Théâtre Espace Marais

www.theatreespacemarais.com
22 rue Beautreillis
75004 Paris
Tél. : 01 48 04 91 55 - Fax : 01 48 04 94 40
contacttem@club-internet.fr
• Directeurs : **Michel Bouttier, Sissia Buggy**
• Programmateurs JP : **Michel Bouttier, Sissia Buggy**
Type : divers
Spectacles JP par saison : 8 à 10
Genres : pluridisciplinaire, théâtre, danse.
Artistes accueillis : **Cie Michel B, Cie Théâtre qui Danse...**

Théâtre Le Bout

www.lebout.com
6 rue Frochot
75009 Paris
Tél. : 01 42 85 11 88 - Fax : 01 42 85 11 99
contact@lebout.com
• Directeur : **Alexandre Delimoges**
• Programmateur JP : **Alexandre Delimoges**
Type : divers
Spectacle JP par saison : 1
Genres : pluridisciplinaire, théâtre.
Artiste accueilli : **Cie Globe Trottoirs...**

Théâtre le Guichet Montparnasse

www.guichetmontparnasse.com
15 rue du Maine
75014 Paris
Tél. : 01 43 27 88 61 - Fax : 01 43 27 88 61
• Directrice : **Annie Vergne**
• Programmatrice JP : **Isabelle Delage**
Type : divers
Spectacle JP par saison : 1
Genre : théâtre
Artiste accueilli : **Cie de la Douce Ironie...**

Théâtre les Blancs Manteaux

www.blancsmanteaux.fr
15 rue des Blancs Manteaux
75004 Paris
Tél. : 01 48 87 15 84 - Fax : 01 42 72 89 16
info@blancsmanteaux.fr
• Directrices : **Magali Lugan, Fabienne Goudeau**
• Programmatrices JP : **Magali Lugan, Fabienne Goudeau**
Type : divers
Spectacles JP par saison : 4 à 5
Genre : pluridisciplinaire
Artistes accueillis : **Cie Gabilolo...**

Théâtre Mouffetard

www.theatremouffetard.com
73 rue Mouffetard
75005 Paris
Tél. : 01 43 36 87 88 - Fax : 01 45 35 31 15
theatremouffetard@free.fr
• Directeur : **Pierre Santini**
• Programmateur JP : **Pierre Santini**
Type : théâtre municipal
Spectacles JP par saison : 2
Genres : théâtre, conte, marionnettes, théâtre d'objets, musique.
Artistes accueillis : **Cie l'Aventure musicale, Cie Pierre Santini...**

Théâtre National de Chaillot

www.theatre-chaillot.fr
1 place du Trocadéro
75116 Paris
Tél. : 01 53 65 30 00 - Fax : 01 47 27 39 23
rp@theatre-chaillot.fr
• Directeur : **Ariel Goldenberg**
• Programmateur JP : **Dominique Hervieu**
Type : théâtre municipal
Spectacles JP par saison : 3
Genres : pluridisciplinaire, théâtre, conte, marionnettes, théâtre d'objets, musique, danse.
Artistes accueillis : **Dominique Boivin, Béatrice Massin, Dominique Hervieu, Käfig, Gallotta, E. Garcia Romeu...**

Théâtre Trévise

www.theatre-trevise.com
14 rue de Trévise
75009 Paris
Tél. : 01 45 23 35 45 - Fax : 01 48 00 94 10
thierry@theatre-trevise.com
• Directeur : **Thierry Manciet**
• Programmateur JP : **Thierry Manciet**
Type : divers
Spectacles JP par saison : 4
Genres : pluridisciplinaire, musique.
Artistes accueillis : **Les Z'imbert et Moreau, Zut, Amulette, Mambo Swing Tagada...**

Tréteaux de France

www.treteauxdefrance.com
11 rue Yvon Villarceau
75116 Paris
Tél. : 01 45 01 91 32 - Fax : 01 45 01 69 37
• Directeur : **Marcel Maréchal**
• Programmateur JP : **Jean-Luc Grandrie**
Type : centre dramatique
Spectacle JP par saison : 1
Genres : pluridisciplinaire, théâtre.
Artiste accueilli : **Cie L'Œil du silence...**

Vingtième Théâtre

www.vingtiemetheatre.com
7 rue des Plâtrières
75020 Paris
Tél. : 01 43 66 01 34 - Fax : 01 46 36 76 75
• Directeur : **Pascal Martinet**
• Programmateur JP : **Pascal Martinet**
Type : théâtre municipal
Spectacles JP par saison : 6
Genre : pluridisciplinaire
Artistes accueillis : **Cie Le Sourire en amande, 3 Jock 3, AJAC Est en Ouest...**

77

Centre culturel Jacques Prévert

Place de Pietrasanta
77270 Villeparisis
Tél. : 01 64 67 59 60
centre-culturel-jacques-prevert@wanadoo.fr
• Directeur : **Mohamed Zasbir**
• Programmatrice JP : **Marilyne Daugé**
Type : théâtre municipal
Spectacles JP par saison : 5
Genres : pluridisciplinaire, théâtre, marionnettes, théâtre d'objets, musique.
Artistes accueillis : **Bouffou Théâtre, Cie Annibal et ses Éléphants, Cie La Mandarine Blanche, Le Théâtre T, Le Petit Théâtre, L'Yonne en Scène, Cie Le Clan des Anges, Mamemo, TJP, CDN d'Alsace, Naïf Théâtre...**

Centre culturel Le Moustier

www.thorigny.fr
1 ter rue du Moustier
77400 Thorigny-sur-Marne
Tél. : 01 60 07 89 65 - Fax : 01 64 02 83 50
direction.moustier@thorigny.fr
• Directrice : **Marion Geoffroy**
• Programmatrice JP : **Marion Geoffroy**
Type : théâtre municipal
Spectacles JP par saison : 7
Genre : pluridisciplinaire
Artistes accueillis : **Le Petit Théâtre, Cie Kokoya, Cie A Suivre, La Fabrique des Arts d'à Côté, Cie Didarcalie, Cie Comme il Vous Plaira, Morisse et Cie...**

Espace Charles Vanel

Mairie, Service culturel
22 boulevard Gallieni
77400 Lagny-sur-Marne
Tél. : 01 64 12 47 50 - Fax : 01 64 12 47 55
direction-cukturelleswlagny-sur-marne.fr
• Directrice : **Jacqueline Didoli-Branville**
• Programmatrice JP : **Jacqueline Didoli-Branville**
Type : théâtre municipal
Spectacles JP par saison : 4
Genre : pluridisciplinaire
Artistes accueillis : **Ensemble Fa7, Cie Carré Blanc, Théâtre sans toit...**

Espace Lino Ventura
Théâtre des arts et culture de Torcy

www.ville-torcy.fr
Place de l'Appel du 18 juin 1940
77200 Torcy
Tél. : 01 60 37 37 61 - Fax : 01 60 37 37 36
culturel@mairie-torcy.org
• Directrice : **Emmanuelle Jouan**
• Programmatrice JP : **Delphine Marty-Classeau**
Type : théâtre municipal
Spectacles JP par saison : 5
Genres : pluridisciplinaire, théâtre, conte, marionnettes, musique, danse, cirque.
Artistes accueillis : **Cie Agar, Théâtre Meschugge, Ensemble FA7, Cie l'Artifice, Cie à Tulle Tête, Cie Amoros et Augustin...**

Espace Saint-Jean

Place Saint-Jean
77000 Melun
Tél. : 01 64 52 10 95 - Fax : 01 64 09 11 46
espacesaintjean@wanadoo.fr
• Directeur : **Michel Berthelot**
• Programmatrice JP : **Francine Bridier**
Type : théâtre municipal
Spectacles JP par saison : 7
Genres : pluridisciplinaire, théâtre, conte, marionnettes, théâtre d'objets, musique, mime.
Artistes accueillis : **Henri Dès, Rémi, Cie Des Trois Chardons, La Fabrique des Arts d'à Côté, Cie l'Instant Mômes, Planète Tom Tom, Gibus, Saforel, Roseau Théâtre, Théâtre Du Bambou, Morisse et Cie, La Loupiote, Grifforel, Hervé Demon...**

La Bergerie Nangis

www.ville-nangis.fr
Mairie - Service culturel
77370 Nangis
Tél. : 01 64 60 52 09 - Fax : 01 64 60 52 32
serviceculturel@ville-nangis.fr
• Directeur : **Loïc Rabache**
• Programmatrice JP : **Isaelle Delavallée**
Type : théâtre municipal
Spectacles JP par saison : 3
Genre : pluridisciplinaire
Artistes accueillis : **Jean-Rémy Guédon et Yves Rousseau, Cie l'Air de rien, Le Petit Théâtre...**

La Coupole
Scène nationale de Sénart

www.scenenationale-senart.com
Rue Jean-François Millet, BP 107
77380 Combs-la-Ville
Tél. : 01 60 34 53 70 - Fax : 01 60 34 53 64
administration@scenenationale-senart.fr
• Directeur : **Jean-Michel Puiffe**
• Programmatrice JP : **Caroline Simpson-Smith**
Type : scène nationale
Spectacles JP par saison : 8
Genres : pluridisciplinaire, théâtre, conte, marionnettes, théâtre d'objets, musique, danse, cirque, clown
Artistes accueillis : **La Petite Fabrique, Cie des 2 mondes, Cie Les loups, Le petit Bal, Cie Brozzoni, Sévérine Adamy, Théâtre de la Cheminée, Jean-Pascal Viault, Damien Bouvet, Cie s'Evad, Dominique Hervieu, Satchie Noro, Béatrice Massin, La Petite Fabrique, Cie les Zanimos, Jean-Pascal Viault, Sévérine Adamy...**

La Courée

www.mairie-de-collegien.fr
20 rue de Melun
77090 Collégien
Tél. : 01 60 35 90 81 - Fax : 01 60 35 19 88
programmation@lacouree-de-collegien.com
• Directeur : **Marc Forest**
• Programmateur JP : **Marc Forest**
Type : divers
Spectacles JP par saison : 8
Genres : pluridisciplinaire, théâtre, conte, marionnettes, théâtre d'objets, musique, danse.
Artistes accueillis : **Philippe Genty, Ensemble FA7, La Fabrique des Arts d'à Côté, Théâtre Avant-Quart, Jean-Marc Hosvépian, Théâtre sans Toit...**

La Ferme des Jeux

Rue Ambroise Pro
77000 Vavy-le-Péril
Tél. : 01 64 71 91 20 - Fax : 01 64 71 91 21
lafermedesjeux@wanadoo.fr
• Directeur : **Thierry Bilisko**
• Programmateur JP : **Thierry Bilisko**
Type : divers
Spectacles JP par saison : 2 à 3
Genre : pluridisciplinaire
Artistes accueillis : **Volpino, Cie Atelier de l'Orage...**

Le Mas

800 avenue de l'Europe
77350 Le Mée-sur-Seine
Tél. : 01 64 87 55 36 - Fax : 01 64 87 55 55
info@le-mee-sur-seine.fr
• Directeur : **Michel Dauvergne**
• Programmatrice JP : **Michèle Cauquil**
Type : théâtre municipal
Spectacles JP par saison : 3
Genres : pluridisciplinaire, théâtre, musique.
Artistes accueillis : **Cie Colette Roumanoff, Monsieur Nô, Alain Schneider...**

MJC Boris Vian

www.mjcpontault.asso.fr
14 rue de Bellevue
77340 Pontault-Combault
Tél. : 01 60 28 62 40 - Fax : 01 60 29 55 39
mjcborisvian@free.fr
• Directeur : **Lionel Petitdidier**
• Programmateur JP : **Fabien Bassas**
Type : MJC
Spectacles JP par saison : 3
Genres : pluridisciplinaire, théâtre, conte, marionnettes, théâtre d'objets, musique, danse.
Artistes accueillis : **Cie Vertigo, Ensemble FA7, Cie la Boîte Noire, Cie Carré Blanc, Cie Vire-Volte, Cie la Fabrique des Arts d'à Côté...**

Théâtre des Sablons

6 rue des Sablons
77300 Fontainebleau
Tél. : 01 64 22 97 39
theatre.sablons@tiscali.fr
• Directrice : **France Girard**
• Programmatrice JP : **France Girard**
Type : divers
Spectacles JP par saison : 3
Genres : pluridisciplinaire, théâtre, conte, marionnettes, théâtre d'objets, musique, clown, mime.
Artistes accueillis : **Cie Les Châteaux de Sable, Cie Julie et Bastien, Cie Écoutez-Voir, Cie Taïko, Bilbo, Marilou Robillard, Cie Les Alchimistes...**

78 CAC Georges Brassens

18 rue de Gassicourt
78200 Mantes-la-Jolie
Tél. : 01 30 63 03 30 - Fax : 01 30 63 04 75
cacgb@wanadoo.fr
• Directeur : **Joël Le Crosnier**
• Programmatrice JP : **Céline Rannou**
Type : divers
Spectacles JP par saison : 10 à 15
Genre : pluridisciplinaire
Artistes accueillis : **Babyrama, Cie Tamèrantong, Les Versini, Cie les Trois**

Chardons, Théâtre du Mantois, Cie des Zonzons, Cie Métaphore, Cie Ate, Cie Pipa Sol, James Van Der Staeten, Cie du Chat Perché, Snarks...

Centre Culturel Jean Vilar

www.mairie-marlyleroi.fr
44 allée des Épines
78160 Marly-le-Roi
Tél. : 01 39 58 74 87 - Fax : 01 39 58 23 47
c.c.jean.vilar@wanadoo.fr

- Directrice : **Josette Vimont**
- Programmatrice JP : **Alexia Brière**

Type : divers
Spectacles JP par saison : 6
Genres : pluridisciplinaire, théâtre, conte, marionnettes, théâtre d'objets, musique, danse.
Artistes accueillis : **Acta, Laena, Pointure 23, Cie Vertigo, Théâtre de Nuit, Abbac, Pakita, Point Virgule, L'Olifant, Kim Winter, Théâtre de L'Ecume, Théâtre du Menteur, Cie Banquise, Le Poulailler, Les Zèbres en Pyjama, Thalia Théâtre, Cie Contre Ciel, Le Regard du Loup, Alain Schneider...**

Centre culturel La Barbacane

Place du 8 mai 1945
78650 Beynes
Tél. : 01 34 91 06 58 - Fax : 01 34 89 99 22
labarbacane@wanadoo.fr

- Directeur : **Jean Feugere**
- Programmatrice JP : **Isabelle Arifon**

Type : théâtre municipal
Spectacles JP par saison : 6 à 8
Genre : pluridisciplinaire
Artistes accueillis : **Cie Retouramont, Cie L'Oligant, Cie GrosMécano...**

Espace Albert Camus

4 rue de la Beauce
78310 Maurepas
Tél. : 01 30 66 54 40 - Fax : 01 30 66 54 02
f.colin@maurepas.net

- Directrice : **Françoise Colin**
- Programmatrice JP : **Françoise Colin**

Type : théâtre municipal
Spectacles JP par saison : 9 à 10
Genres : pluridisciplinaire, théâtre, conte, marionnettes, théâtre d'objets, musique, danse, arts de la rue, cirque, clown, mime.
Artistes accueillis : **Théâtre De Romette, Théâtre Sans Toit, Cie Tempestant, Cie Ouragane, Julie Brochen, Stéphanie Tesson, Dirk Opstaele, Cie Jardins Insolites, Grupo De Rua De Niteroi, Cie Du Porte-Voix, Cie JP Lescot...**

Estaminet Café Culture

www.ville-magny-les-hameaux.fr
1 place Pierre Bérégovoy
78114 Magny-les-Hameaux
Tél. : 01 30 23 44 28 - Fax : 01 30 47 10 09
estaminet@magny-les-hameaux.fr

- Directeur : **Georges Silvestre**
- Programmatrice JP : **Eugénie Bertaud**

Type : scène musiques actuelles
Spectacles JP par saison : 15
Genre : musique
Artistes accueillis : **Les Ours Du Scorff, Papaq Cie, Cie Porte Voix, Steve Waring, Henri Dès, Mano Kaya...**

L'Onde Théâtre

www.londe.fr
8 bis avenue Louis Bréguet
78140 Vélizy-Villacoublay
Tél. : 01 34 58 03 69 - Fax : 01 34 58 03 68
londe@londe.fr

- Directeur : **Lionel Massétat**
- Programmatrice JP : **Sandrine Galtier**

Type : théâtre municipal
Spectacles JP par saison : 10
Genres : pluridisciplinaire, théâtre, conte, marionnettes, théâtre d'objets, musique, danse, cirque, clown, mime.
Artistes accueillis : **Cie l'Atalante, Théâtre du Gros Mécano, Agora théâtre, La Cie de la Reine...**

La Ferme de Bel Ebat

www.ville-guyancourt.fr
1 place de Bel Ébat
78280 Guyancourt
Tél. : 01 30 48 33 44 - Fax : 01 30 48 33 76
lafermedebelebat@ville-guyancourt.fr
• Directeur : **Laurent Flamarion**
• Programmateur JP : **Laurent Flamarion**
Type : théâtre municipal
Spectacles JP par saison : 10
Genre : pluridisciplinaire
Artistes accueillis : **Cie Jean-Pierre Lescot, Cie Pour Ainsi Dire, Cie Tempestant, TJP de Strasbourg...**

La Nacelle - Théâtre du Mantois

www.theatredumantois.org
Rue de Montgardé
78410 Aubergenville
Tél. : 01 30 95 37 76 - Fax : 01 30 95 51 01
lanacelle.tdm@wanadoo.fr
• Directeur : **Eudes Labrusse**
• Programmateur JP : **Eudes Labrusse**
Type : divers
Spectacles JP par saison : 8
Genre : pluridisciplinaire
Artistes accueillis : **La Petite Fabrique, Théâtre par le Bas, Alfredo Arias, Cie Cantabile, Labiscou Cie...**

Le Chapiteau de Porchefontaine

Théâtre Montansier, 13 rue des Réservoirs
78000 Versailles
Tél. : 01 39 20 16 15 - Fax : 01 39 53 43 21
versailleschapiteaux@yahoo.fr
• Directeur : **Jean-Daniel Laval**
• Programmateur JP : **Carl Hallak**
Type : divers
Spectacles JP par saison : 20
Genres : pluridisciplinaire, théâtre, conte, marionnettes, théâtre d'objets, musique, danse, arts de la rue, cirque, clown, mime.
Artiste accueilli : **Cie de la Reine, Cie Méli Mélo...**

Le Colombier

www.ommasec.com
Rue de la Ferme
78200 Magnanville
Tél. : 01 30 92 70 33 - Fax : 01 30 92 87 28
ommaseclecolombier@wanadoo.fr
• Directeur : **Bruno Couvreur**
• Programmateur JP : **Bruno Couvreur**
Type : théâtre municipal
Spectacles JP par saison : 12
Genre : pluridisciplinaire
Artistes accueillis : **Bob Théâtre, Cie Ouragane, Cie OZ, Cie L.G.K., Action Théâtre Enfance, Amin Cie, Théâtre Du Copeau, Théâtre pour Deux Mains, Théâtre de La Chaloupe, Cie Gare Centrale, Abricadabra Théâtre, Clan Des Songes, La Fabrique des Arts d'à Côté, Les Rémouleurs, Cie Sac à Dos, Cie des Quatre Mains, Atelier de La Colline, Papaq Cie, Théâtre Mâât...**

Le Nickel

50 rue du Muguet
78120 Rambouillet
Tél. : 01 34 94 82 77 - Fax : 01 34 85 81 07
francoise.pointard@rambouillet.fr ou
alexandra.bic@rambouillet.fr
• Directrice : **Françoise Pointard**
• Programmatrices JP : **Françoise Pointard et Alexandra Bic**
Type : théâtre municipal
Spectacles JP par saison : 6 à 8
Genres : pluridisciplinaire, théâtre, marionnettes, théâtre d'objets, musique, danse, arts de la rue, cirque, clown, mime.
Artistes accueillis : **Théâtre de l'Écume, Tarak Théâtre...**

Le Prisme

www.leprisme.agglo-sqy.fr
Quartier des 7 Mares
78990 Élancourt
Tél. : 01 30 51 46 06 - Fax : 01 30 51 75 41
prisme@agglo-sqy.fr
• Directrice : **Sabine Cossin**

• Programmatrice JP : **Sabine Cossin**
Type : divers
Spectacles JP par saison : 10
Genre : pluridisciplinaire
Artistes accueillis : **Théâtre du Copeau, Théâtre La Cavale, Cie AIA, Cie Les Tréteaux de la Pleine Lune, Cie Thalia Théâtre, Cie Voix-Off, La Petite Fabrique, Cie Accrorap...**

Le Saxe

2 rue des Champs
78260 Achères
Tél. : 01 39 11 86 21 - Fax : 01 39 11 64 10
lesax@lesax.org
• Directeur : **Jérôme Vannier**
• Programmateur JP : **Frédéric Lamandé**
Type : théâtre municipal
Spectacles JP par saison : 10
Genre : pluridisciplinaire
Artistes accueillis : **Cie Flash Marionnettes, Cie Pour Ainsi Dire, Cie Amoros & Augustin, Cie Bouffou Théâtre, Mr Nô, Tuyo, Cie La Fabrique des Arts d'à Côté, Cie Dos à Deux, Théâtre à Crû, Cie Caracol, Cie S'Évad...**

Le Triplex

www.ville-houilles.fr
Hôtel de ville, Service culturel
16 rue Gambetta, BP 120
78805 Houilles Cedex
Tél. : 01 30 86 33 82 - Fax : 01 30 86 33 61
emmanuel.mallet@ville-houilles.fr
• Directeur : **Gilles Dresse**
• Programmateur JP : **Emmanuel Mallet**
Type : théâtre municipal
Spectacles JP par saison : 3 à 5
Genres : pluridisciplinaire, théâtre, conte, marionnettes, théâtre d'objets, arts de la rue.
Artistes accueillis : **Cie En attendant, Cie les Zanimos, Hamed Bouzzine, Odyssées 78, Cie Lili Börn, la Fabrique des Arts d'à Côté, Société royale des marionnettes St-gilloise, CDN Sartrouville, Odyssées 78...**

Maison pour tous

33 bis rue Louise Michel
78711 Mantes-la-Ville
Tél. : 01 34 77 53 86 - Fax : 01 34 77 53 86
mpt-mlv@tiscali.fr
• Directrice : **Nathalie Granet**
• Programmatrice JP : **Nathalie Granet**
Type : MPT
Spectacles JP par saison : 3
Genres : pluridisciplinaire, théâtre, conte, marionnettes, théâtre d'objets, mime.
Artistes accueillis : **J.M. Dagary, J.L. Tutakowski, David Le Gall, Sophie Kluzek...**

Théâtre Alexandre Dumas

www.saintgermainenlaye.fr
Place André Malraux, BP 8308
78108 Saint-Germain-en-Laye Cedex
Tél. : 01 30 87 03 03 - Fax : 01 30 87 06 60
theatre@saintgermainenlaye.fr
• Directeur : **Pierre de Hert**
• Programmateur JP : **Jean-Claude Derry**
Type : théâtre municipal
Spectacles JP par saison : 4
Genres : pluridisciplinaire, théâtre, conte, marionnettes, musique, danse clown.
Artistes accueillis : **Écla Théâtre, Cie de l'Enfant roi, Cie Morisse, Marionnettes du Tournefou, Tréteaux de la Pleine Lune, Les Witloof, Jean-Claude Grunberg, Herbe Tendre Production...**

Théâtre Alphonse Daudet

26 rue du Moulin à Vent
78310 Coignères
Tél. : 01 30 62 36 00 - Fax : 01 30 62 47 94
eadaudet@wanadoo.fr
• Directeur : **François Guillon**
• Programmateur JP : **François Guillon**
Type : théâtre municipal
Spectacles JP par saison : 4
Genre : pluridisciplinaire
Artistes accueillis : **Théâtre du Champ Exquis, Théâtre du Préau, Odyssée 78 CDN de Sartrouville...**

Théâtre de Fontenay

www.theatre-montansier.com
Place du 8 mai 1945
78330 Fontenay-le-Fleury
Tél. : 01 30 07 10 52 - Fax : 01 30 45 42 52
theatrefontenaylefleury@wanadoo.fr
• Directeur : **Jean-Daniel Laval**
• Programmateur JP : **Jean-Daniel Laval**
Type : théâtre conventionné
Spectacles JP par saison : 3
Genre : pluridisciplinaire
Artiste accueilli : **Cie Jean-Daniel Laval**

Théâtre de la Celle-Saint-Cloud

www.ville-lacellesaintcloud.fr
8 avenue Charles De Gaulle
78170 La Celle Saint-Cloud
Tél. : 01 30 78 11 58 - Fax : 01 3 82 06 86
affairesculturelles@ville-lacellesaintcloud.fr
• Directeur : **Fabrice Marim**
• Programmateur JP : **Fabrice Marim**
Type : théâtre municipal
Spectacles JP par saison : 9
Genre : pluridisciplinaire
Artistes accueillis : **Cie Vertigo, Amédée Bricolo, Roseau Théâtre, Théâtre de la lune, Cie Bernard Martin...**

Théâtre de Sartrouville - CDN ♡

www.theatre-sartrouville.com
Place Jacques Brel, BP 93
78505 Sartrouville Cedex
Tél. : 01 30 86 77 77 - Fax : 01 39 14 87 91
infos@theatre-sartrouville.com
• Directeurs : **Claude Sévenier, Laurent Fréchuret**
• Directrice adjointe : **Martine Spangaro**
• Programmateur JP : **Dominique Bérody**
Type : centre dramatique national
Spectacles JP par saison : 10
Genres : théâtre, marionnettes, musique, danse.
Artistes accueillis : **Théâtre de Cuisine, Cie Didascalie, Joël Jouanneau, Les Yeux Gourmands, Cie L'Artifice...**

Théâtre du Vésinet

www.vesinet.org
59 boulevard Carnot, BP 76
78110 Le Vésinet
Tél. : 01 30 15 66 00 - Fax : 01 39 76 16 51
theatre.vesinet@wanadoo.fr
• Directeur : **Emmanuel Plassard**
• Programmateur JP : **Emmanuel Plassard**
Type : divers
Spectacles JP par saison : 12
Genre : pluridisciplinaire
Artistes accueillis : **Théâtre De La Tête Noire, Cie Accrorap, Cie Ti Moun Fou, Odyssée, Ensemble et Cie, Cie Leporello, Cie Croc-en-Jambe, Théâtre De Cuisine, Cie Trafic de Styles, Théâtre de L'ombrelle, Cie Du Matamore, Steve Waring, La Petite Fabrique, Théâtre En Anglais, Abricadabra Théâtre, Théâtre du Frêne, Claude Bazin, Cie Remise À Neuf, Fawzy Al Aiedy, Cie Articulation, Monsieur Nô, Sylvain Le Crom, Soy Création, Mimi Barthélémy...**

Théâtre Gérard Philipe

Square de l'Hôtel de ville, BP 106
78211 Saint-Cyr-l'École Cedex
Tél. : 01 30 14 82 95 - Fax : 01 30 23 09 91
boutiqueculturelle@saintcyr78.fr
• Directeur : **Silvio Pacitto**
• Programmateur JP : **Silvio Pacitto**
Type : théâtre municipal
Spectacles JP par saison : 6 à 8
Genres : pluridisciplinaire, théâtre, conte, marionnettes, théâtre d'objets, musique, danse, Arts de la rue, cirque, clown, mime.
Artistes accueillis : **Théâtre de Romette, Théâtre de l'Ombrelle, Flash Marionnettes, Démons et Merveilles, Théâtre de L'Écume, Zut, CDN de Sartrouville, Cie JP Lescot, Cie Suforel, Cirque On-Off, Steve Waring...**

Théâtre Nouvelle-France

9 rue Pottier
78150 Le Chesnay
Tél. : 01 39 23 23 39 - Fax : 01 39 23 23 00
• Directrice : **Lucie Mathias**
• Programmateur JP : **Xavier Brouard**
Type : théâtre municipal
Spectacles JP par saison : 3
Genres : pluridisciplinaire, théâtre, marionnettes, musique.
Artistes accueillis : **Les Z'imbert et Moreau, La Cie de la Reine, Don Pedro et ses Dromadaires...**

Théâtre Simone Signoret

12 place Romagné
78700 Conflans-Sainte-Honorine
Tél. : 01 39 72 57 19 - Fax : 01 39 72 61 77
theatre.signoret@wanadoo.fr
• Directeur : **Dominique Sautot**
• Programmatrice JP : **Leïla Benhabylès**
Type : divers
Spectacles JP par saison : 6
Genres : pluridisciplinaire, théâtre, conte, marionnettes, théâtre d'objets, musique, danse, arts de la rue, cirque, mime.
Artistes accueillis : **Cie L'éolienne, Laurent Fréchuret, Cie Piccoli Principi, Bouffou Théâtre, Cie Dos A Deux, Cie O Cirque, Cie Tuyo, Flash Marionnettes, Cie L'artifice...**

91

Centre culturel Louis Ratel

Allée des Castors
91520 Bièvres
Tél. : 01 69 41 51 30 - Fax : 01 69 41 82 42
• Directeur : **Stéphane Ripon**
• Programmateur JP : **Stéphane Ripon**
Type : théâtre municipal
Spectacles JP par saison : 3
Genres : pluridisciplinaire, théâtre, conte, marionnettes, musique, danse clown.
Artistes accueillis : **Cie du Fou de Bassan...**

Centre culturel Marcel Pagnol

www.mairie-bures-sur-yvette.org
Rue Descartes
91440 Bures-sur-Yvette
Tél. : 01 69 18 79 50 - Fax : 01 69 18 79 56
centre.culturel@mairie-bures-sur-yvette.org
• Directrice : **Jocelyne Morel**
• Programmatrice JP : **Françoise Lorion**
Type : théâtre municipal
Spectacles JP par saison : 6
Genre : pluridisciplinaire
Artistes accueillis : **La Girandole (Félicie Fabre), Cie Les Anges Au Plafond, Cie Sanvic, Cie Un Soir Ailleurs, Le Théâtre Du Paire...**

Centre culturel Paul Bailliart

www.paul-bailliart.com
6 allée de Québec
91300 Massy
Tél. : 01 69 75 12 80 - Fax : 01 69 20 82 08
contact@paul-bailliart.com
• Directeur : **Christian Maugein**
• Programmatrice JP : **Patricia Montel**
Type : théâtre conventionné
Spectacles JP par saison : 10
Genres : pluridisciplinaire, théâtre, conte, marionnettes, danse.
Artistes accueillis : **Damien Bouvet, Cie En Attendant...**

Centre culturel René Cassin

Rue des Vergers Saint-Jacques
91410 Dourdan
Tél. : 01 64 59 52 31 - Fax : 01 64 59 25 91
centreculturel.dourdan@wanadoo.fr
• Directeur : **Michel Noël**
• Programmatrice JP : **Véronique Zourane**
Type : divers
Spectacles JP par saison : 2 à 4
Genre : pluridisciplinaire
Artistes accueillis : **Pierre Lozère, Amédée Bricolo, Théâtre Astral...**

Espace Marcel Carné

Place Marcel Carné
91240 Saint-Michel-sur-Orge
Tél. : 01 69 04 98 33 - Fax : 01 69 46 30 80
• Directeur : **Loïc Lannou**
• Programmateur JP : **Éric Gouédard**
Type : théâtre municipal
Spectacles JP par saison : 4 à 6
Genres : pluridisciplinaire, théâtre, conte, marionnettes, théâtre d'objets, musique, danse, arts de la rue, cirque, clown, mime.
Artistes accueillis : **Cie Lescot, Steve Waring...**

La Terrasse

Avenue de la Terrasse
91190 Gif-sur-Yvette
Tél. : 01 69 18 69 36 - Fax : 01 69 18 69 36
culturel@mairie-gif.fr
• Directrice : **Chantal Bulliat-Calès**
• Programmatrice JP : **Chantal Bulliat-Calès**
Type : théâtre municipal
Spectacles JP par saison : 10
Genre : pluridisciplinaire
Artistes accueillis : **Cie Ouragane, Théâtre de l'Ombrelle, Théâtre du Préau, Théâtre de l'Écume, Cie la Courte Échelle, Cie Pour Ainsi Dire...**

MJC de Chilly-Mazarin

18 rue Pierre Mendès-France
91380 Chilly-Mazarin
Tél. : 01 69 09 01 87 - Fax : 01 69 09 26 17
• Directeur : **Marc Verhaverbeke**
• Programmateurs JP : **Marc Verhaverbeke, Éric Chevreau**
Type : MJC
Spectacles JP par saison : 10
Genres : pluridisciplinaire, théâtre, conte, marionnettes, théâtre d'objets, musique, danse, arts de la rue, cirque, clown, mime.
Artistes accueillis : **Cie Ouragane, Cie Retouramont, Cie Tàbola Rossa, Les Globe-Trottoirs, Ambulo Train Théâtre, Cie Les Petits Pas, Cie A Suivre, Cie Sirènes, Cie A.T.E., Cie Courte Échelle, Alya Théâtre, Théâtre du Menteur, Roger Cactus, Cie Toute Une Nuit...**

MJC Fernand Léger

45 allée Aristide Briand
91100 Corbeil-Essonnes
Tél. : 01 64 96 27 69 - Fax : 01 60 88 06 25
• Directeur : **Yann Moullec**
• Programmatrice JP : **Sandrine Gueudry**
Type : MJC
Spectacles JP par saison : 4
Genres : pluridisciplinaire, théâtre, conte, marionnettes, théâtre d'objets, clown.
Artistes accueillis : **Cie L'Olifant, Cie Petit Monde, Les Châteaux de Sable, Patamouss, Gérard Delahaye, Hervé Demon, Joffroi, 3 Jock 3, Dominique Diney, Théâtre T, Théâtre de l'Œuf, Les Fabulettes, Cie Vertigo...**

Pôle Marionnette Essonne Compagnie Daru

www.polemarionnette.com
5-7 rue Victor Hugo, BP 51
91292 La Norville
Tél. : 01 64 90 69 88 - Fax : 01 64 90 69 88
cie-daru@wanadoo.fr
• Directeurs : **Christian Chabaud, Philippe Angrand**
• Programmateur JP : **Christian Chabaud**
Type : divers
Spectacles JP par saison : 5
Genres : marionnettes, théâtre d'objets.
Artistes accueillis : **Cie Jean-Pierre Lescot, L'Olifant, Cie Daru, Cie A.T.E., Taptoe, Crea-Théâtre, Cie Tro-Héol, Drolatic Industry...**

Salons du Château Salle Pablo Neruda

www.morsang-sur-orge.fr
Mairie, service culturel
Square Alexandre Christophe
91390 Morsang-sur-Orge
Tél. : 01 69 72 20 30 - Fax : 01 69 72 20 37
morsangculture@nomade.fr

• Directeur : **Alain Douté**
• Programmatrice JP : **Magali Squire**
Type : divers
Spectacles JP par saison : 10
Genres : pluridisciplinaire, théâtre, conte, marionnettes, théâtre d'objets, musique, danse arts de la rue, mime.
Artistes accueillis : **Bululu Théâtre, Cie Sirènes, Cie Pour L'Artisanat des Menteurs, Proxinoscope Théâtre, Cie Virevolte, Chiffonade, Démons et Merveilles...**

Théâtre d'Étampes

Service culturel, place Geoffroy Saint-Hilaire
BP 109
91152 Étampes Cedex
Tél. : 01 69 92 69 07 - Fax : 01 69 92 69 03
• Directrice : **Gabriela Lacoste**
• Programmatrice JP : **Aurore Labbé**
Type : théâtre municipal
Spectacles JP par saison : 10
Genre : pluridisciplinaire
Artistes accueillis : **Cie Tro-Héol, Didier Brice, Cie Articulation, Théâtre du Menteur, Baptiste et Cie Zibaldoni, K Maieu Cie, Cie Caméléon, Cie Claudio Basilio, Théâtre Exobus...**

Théâtre de l'Envol

http://amin.free.fr
4 rue Danièle Casanova
91170 Viry-Chatillon
Tél. : 01 69 44 88 83 - Fax : 01 69 44 88 83
amin@free.fr
• Directeurs : **Christophe Laluque, Amin Cie**
• Programmateur JP : **Christophe Laluque**
Type : théâtre municipal
Spectacles JP par saison : 3
Genre : pluridisciplinaire
Artistes accueillis : **Cie Javah, Théâtre Suivant, Cie Les Anges Mi-Chus...**

Théâtre de Longjumeau

www.theatre-longjumeau.com
20 avenue du Général de Gaulle
91160 Longjumeau
Tél. : 01 69 09 05 05 - Fax : 01 69 10 00 65
• Directeur : **Jack-Henri Soumère**
• Programmateur JP : **Laurent Desprats**
Type : théâtre municipal
Spectacles JP par saison : 3
Genres : pluridisciplinaire, théâtre.
Artiste accueilli : **Théâtre Astral...**

92 Atrium de Chaville

www.ville-chaville.fr
3 parvis Robert Schuman
92370 Chaville
Tél. : 01 47 09 70 70 - Fax : 01 47 09 70 73
atriumdechaville@free.fr
• Directeur : **Hervé Meudic**
• Programmatrice JP : **Saba Roux**
Type : divers
Spectacles JP par saison : 4
Genres : pluridisciplinaire, théâtre, conte, marionnettes, musique, danse.
Artistes accueillis : **Théâtre Arrière-scène, Théâtre de Gros Mécano, Théâtre Motus, Théâtre Maât...**

Bouquin Affamé

www.bouquinaffame.com
6 rue Dagobert
92110 Clichy
Tél. : 01 47 39 30 67 - Fax : 01 47 39 30 67
bouquin.affame@wanadoo.fr
• Directeur : **Fabrice Boy**
• Programmateur JP : **Vincent Drouot**
Type : scène musiques actuelles
Spectacles JP par saison : 5
Genres : pluridisciplinaire, théâtre, conte, théâtre d'objets, musique.
Artistes accueillis : **Cie Spouk, Cie la Rispe, Cie Ballapapas...**

Centre Culturel de Courbevoie Espace Carpeaux

www.sortiracourbevoie.com
14 bis square de l'Hôtel de ville
92400 Courbevoie
Tél. : 01 43 33 63 52 - Fax : 01 46 67 98 78
• Directeur : **Jacques Favart**
• Programmatrice JP : **Isabelle Gairaud**
Type : divers
Spectacles JP par saison : 7
Genres : pluridisciplinaire, théâtre, conte, marionnettes, musique, clown.
Artistes accueillis : **Pascal Sanvic, Théâtre de la Lune, Monsieur Nô, Cie Blin, Cie Morisse, ATE Théâtre, Cie 3 jock 3, Cie Patchwork, Cie Imaginaire, Jacques Haurogné, Viva la Commedia...**

Espace 89

157 boulevard Galliéni
92390 Villeneuve-la-Garenne
Tél. : 01 47 98 11 10 - Fax : 01 47 94 89 33
culture.villeneuve@wanadoo.fr
• Directeur : **Jean-Luc Borg**
• Programmateurs JP : **Jean-Luc Borg, Géraldine Guiblin**
Type : théâtre municipal
Spectacles JP par saison : 5 à 7
Genres : pluridisciplinaire, théâtre, conte, marionnettes, théâtre d'objets, musique, danse, arts de la rue.
Artistes accueillis : **Théâtre Par Le Bas, Serge Hureau, Steve Waring, Monsieur Nô, Cie du Caramel Fou, Théâtre du Paradis, Théâtre du Mantois, Cie Les Rémouleurs, Cie Passeurs de Mémoire, Cie Acte, Baba Yaga, Cie Hannibal et ses Éléphants, Cie La Loupiote...**

Espace Icare

www.espace-icare.com
31 boulevard Gambetta
92130 Issy-les-Moulineaux
Tél. : 01 40 93 44 50 - Fax : 01 40 93 46 07
infos@espace-icare.com
• Directeur : **Jean-Philippe Brun**
• Programmateur JP : **Jean-Philippe Brun**
Type : MJC
Spectacles JP par saison : 3
Genre : pluridisciplinaire
Artistes accueillis : **Cie Tout Allant Vers, Cie du Merle blanc, Cie Retouramont...**

L'Avant-Seine Théâtre de Colombes

www.lavant-seine.com
88 rue Saint-Denis
92700 Colombes
Tél. : 01 56 05 00 76 - Fax : 01 56 05 86 41
• Directeur : **Marc Lesage**
• Programmatrice JP : **Marie-Claude Noiran**
Type : divers
Spectacles JP par saison : 3 à 4
Genre : pluridisciplinaire
Artistes accueillis : **Cie Le Temps De Vivre, Théâtre Du Caramel Fou, Théâtre Bouches Décousues, Cie Annibal et ses Éléphants...**

La Saison Jeune Public de Nanterre

www.mairie-nanterre.fr
Service du développement culturel
10 rue des Anciennes Mairies
92000 Nanterre
Tél. : 01 41 37 94 20 - Fax : 01 47 21 48 73
• Directrice : **Nathalie Djaoui**
• Programmatrice JP : **Nathalie Djaoui**
Type : théâtre municipal
Spectacles JP par saison : 25
Genre : pluridisciplinaire
Artistes accueillis : **Praxinoscope, Cie En Attendant, Briciole, Agnès Limbos, Cie Amoros & Augustin, Théâtre de la Licorne, Bouffou Théâtre...**

Les Trois Pierrots

www.3pierrots.fr
6 rue du Mont Valérien
92210 Saint-Cloud
Tél. : 01 46 02 74 44 - Fax : 01 47 71 04 00
cc3p@saintcloud.fr
• Directeur : **Pierre Avrial**
• Programmatrice JP : **Isabelle Lenoir-Lafont**

Type : théâtre municipal
Spectacles JP par saison : 7
Genres : pluridisciplinaire, théâtre, conte, marionnettes, musique, danse cirque.
Artistes accueillis : **Rémi, Cie du Héron Perché, Boulevard Lannes Company, Cie du Chemin, Cie Dans les Décors, Pakita, Cie Parci Parlà, EclaThéâtre, Miss Loulou...**

Palais de la Culture

www.mairie-puteaux.fr
19-21 rue Chantecoq
92800 Puteaux
Tél. : 01 46 92 96 40 - Fax : 01 49 01 93 67
jfgassot@mairie-puteaux.fr
• Directeur : **Jean-François Gassot**
• Programmatrice JP : **Marine Bertel**
Type : théâtre municipal
Spectacles JP par saison : 3
Genres : pluridisciplinaire, théâtre, marionnettes.
Artistes accueillis : **Cie Ici Londres, ÉclaThéâtre, Théâtre du Petit Miroir...**

Sèvres Espace Loisirs

www.sel-sevres.org
47 Grande Rue
92310 Sèvres
Tél. : 01 41 14 32 32 - Fax : 01 41 14 32 10
sel@sel-sevres.org
• Directeur : **Alain Michaud**
• Programmatrice JP : **Clémentine de Maistre**
Type : théâtre municipal
Spectacles JP par saison : 7
Genres : pluridisciplinaire, théâtre, marionnettes, théâtre d'objets, musique.
Artistes accueillis : **Les Lézards Visuels, Le Théâtre de l'Ombrelle, Groupe Démons et Merveilles, Cie de l'Imaginaire, Les Enfants de la Comédie, Théo Théâtre, Théâtre de la Lune, EclaThéâtre, Cie Les Tréteaux de la Pleine Lune, Cie Vertigo, Cie des Marionnettes du Champ de Mars et du Ranelagh...**

Théâtre André Malraux

www.tam.fr
Place des Arts, BP 135
92504 Rueil-Malmaison Cedex
Tél. : 01 41 39 07 74 - Fax : 01 47 08 24 47
tamrueil@aol.com
• Directeur : **Jean-Claude Derry**
• Programmateurs JP : **Jean-Claude Derry, Sophie Dorsène**
Type : théâtre municipal
Spectacles JP par saison : 10
Genres : pluridisciplinaire, théâtre, conte, marionnettes, théâtre d'objets, danse, cirque.

Théâtre de Montrouge

www.ville-montrouge.fr
2 place Émile Cresp
92120 Montrouge
Tél. : 01 46 12 75 70 - Fax : 01 46 12 75 64
culture@ville-montrouge.fr
• Directeur : **Antoine Sainte Fare Garnot**
• Programmateur JP : **Claude Ryser**
Type : théâtre municipal
Spectacle JP par saison : 1
Genre : pluridisciplinaire
Artiste accueilli : **Jean-Daniel Laval...**

Théâtre des Sources

8 avenue Dolivet
92260 Fontenay-aux-Roses
Tél. : 01 41 13 40 80 - Fax : 01 41 13 40 89
com.theatresources@wanadoo.fr
• Directeur : **Gérald Chatelain**
• Programmatrice JP : **Claire Gotlibowicz**
Type : théâtre conventionné
Spectacles JP par saison : 7 à 10
Genres : pluridisciplinaire, théâtre, conte, marionnettes, théâtre d'objets, musique, danse.
Artistes accueillis : **Cie Vertigo, Praxinoscope Théâtre, Cie Myriam Dooge, Cie Les Chiffonnières, Serge Hureau, Cie La Loupiote...**

STRUCTURES DE DIFFUSION

Théâtre du Coteau

10 rue Louis Pergaud
92350 Le Plessis-Robinson
Tél. : 01 46 30 45 29
theatrecoteau@tiscali.fr
• Directeur : **Éric Fauveau**
• Programmateur JP : **Éric Fauveau**
Type : théâtre municipal
Spectacles JP par saison : 10 à 12
Genres : pluridisciplinaire, théâtre, conte, marionnettes, théâtre d'objets, musique, danse, arts de la rue, cirque, clown, mime.
Artistes accueillis : **Cie Arcane, Théâtre Némo, Famille Maestro, Orphéon, Théâtre T, Artfusion, Carpe Diem, Roger Cactus, Théâtre du Hibou, Cie Courant d'Air, Les Globe Trottoirs...**

Théâtre Firmin Gémier

Place Firmin Gémier
92160 Antony
Tél. : 01 42 37 31 19 - Fax : 01 46 66 68 14
theatrefirmingemier@wanadoo.fr
• Directeur : **Marc Jeancourt**
• Programmateurs JP : **Agathe Van Steenkiste, Marc Jeancourt**
Type : théâtre conventionné
Spectacles JP par saison : 5
Genre : pluridisciplinaire
Artistes accueillis : **Cie les Rémouleurs, Cie Arcosm, Cie Theater Taptoe, Cie Les Arrosés, Cie Circo Aereo, Cie Dos à deux, Christian Gangneron...**

Théâtre Jean Arp

www.theatrearp.com
22 rue Paul Vaillant-Couturier
92140 Clamart
Tél. : 01 41 90 17 00 - Fax : 01 41 90 17 09
theatrearp@clamart.fr
• Directeur : **Farid Bentaieb**
• Programmatrice JP : **Laurence Ackermann**
Type : théâtre municipal
Spectacles JP par saison : 10
Genre : pluridisciplinaire
Artistes accueillis : **Théâtre de la Tête Noire, Cie Propos, Serge Hureau, Bouffou Théâtre, Théâtre Manarf, Cie Amoros et Augustin, Cie les Orpailleurs, Cie Pour Ainsi Dire, Steve Waring...**

Théâtre Jean Vilar de Suresnes

www.theatre-suresnes.fr
16 place Stalingrad
92150 Suresnes
Tél. : 01 41 18 85 85 - Fax : 01 45 06 30 80
theatre@theatre-suresnes.fr
• Directeur : **Olivier Meyer**
• Programmatrice JP : **Edwige Cabelo**
Type : théâtre conventionné
Spectacles JP par saison : 6
Genres : pluridisciplinaire, théâtre, conte, marionnettes, théâtre d'objets, cirque, clown.
Artistes accueillis : **Théâtre sans toit, Damien Bouvet, Agitez le Bestiaire, Cie Amédée Bricolo, Théâtre du Préau, TJP Strasbourg, Cie Méli-Mélo, Cie Les Gribouilleurs Sonores...**

Théâtre Le Vanves

www.ville-vanves.fr
12 rue Sadi-Carnot
92170 Vanves
Tél. : 01 41 33 92 91 - Fax : 01 41 33 92 74
theatre@ville-vanves.fr
• Directeur : **José Alfarroba**
• Programmatrice JP : **Anouchka Charbey**
Type : théâtre municipal
Spectacles JP par saison : 7 à 8
Genres : pluridisciplinaire, théâtre, marionnettes, théâtre d'objets, musique, danse.
Artistes accueillis : **Agitez Le Bestiaire, Cie Amoros et Augustin, L'Yonne en Scène, Praxinoscope Théâtre, Flash Marionnettes, Cie Ouragane, Pascal Ayerbe & Co, Cie Lartka, Théâtre sans Toit, Cie JP Lescot, Cie L'Emporte Pièces, Cie Contre-Ciel, Morisse et Cie, Papaq Cie, Cie Chavirage, Cie Françoise Pillet, Cie Agnès Limbos, Daru, Abbac, Cie Thomas Duchatelet, Cie Les Enfants de La Lune...**

Théâtre Les Gémeaux

49 avenue George Clémenceau
92330 Sceaux
Tél. : 01 46 60 05 64 - Fax : 01 46 61 54 55
lesgemeaux@wanadoo.fr

- Directrice : **Françoise Letellier**
- Programmatrice JP : **Sandra Dechaud**

Type : scène nationale
Spectacles JP par saison : 6
Genre : pluridisciplinaire
Artistes accueillis : **Théâtre de l'Ombrelle, Théâtre Fantastique, Vélo Théâtre, Théâtre Pour Deux Mains, Cie Piccoli Principi, La Petite Fabrique, Morisse et Cie, Mamemo, Jabignol Théâtre...**

Théâtre municipal de Neuilly

4 rue de Chézy
92200 Neuilly-sur-Seine
Tél. : 01 40 88 93 94 - Fax : 01 40 88 93 95
theatresdeneuilly@wanadoo.fr

- Directrice : **Anne Bourbier**
- Programmatrice JP : **Anne Bourbier**

Type : théâtre municipal
Spectacles JP par saison : 9
Genres : pluridisciplinaire, théâtre, conte, marionnettes, musique, danse.
Artistes accueillis : **Cie Taiko, Cie Antarès, Théâtre de la Girandole, Cie Aia, Cie Kokoya, Dominique Pompougnac, Hervé Démon, Cie du Roseau, Théâtre du Kronope, Flash Marionnettes, Théâtre des Petites Fugues, Did'Lo Prod, Cie du Midi...**

Théâtre Victor Hugo

www.bagneux92.fr
14 avenue Victor Hugo
92220 Bagneux
Tél. : 01 46 63 10 54 - Fax : 01 46 64 13 28
theatre@mairie-bagneux.fr

- Directrice : **Marie-Lise Fayet**
- Programmatrice JP : **Marie-Lise Fayet**

Type : théâtre municipal
Spectacles JP par saison : 6
Genres : pluridisciplinaire, théâtre, marionnettes, musique.
Artistes accueillis : **Cie Action Théâtre Enfance, Théâtre de l'ombrelle, Amin Théâtre, Théâtre d'Ern...**

93

Espace 93 Victor Hugo

www.clichy-sous-bois.fr
3 place de l'Orangerie
93390 Clichy-sous-Bois
Tél. : 01 43 88 22 36 - Fax : 01 43 51 03 32
espace93@ville-clichy-sous-bois.fr

- Directeur : **Gérard Auger**
- Programmatrice JP : **Brigitte Sicard**

Type : théâtre municipal
Spectacles JP par saison : 12
Genres : pluridisciplinaire, théâtre, conte, marionnettes, musique, danse.
Artistes accueillis : **Traffic de Style, Ballet Jazz Art, Association Autour de Vous, Théâtre des Mots, La Rajbaia, ThéâtreT, La Fontaine aux Images...**

Espace Jacques Prévert ♡

134 rue Anatole France
93600 Aulnay-sous-Bois
Tél. : 01 48 68 87 81

- Directeur : **Christophe Ubelmann**
- Programmateur JP : **Christian Dubuis**

Type : théâtre municipal
Spectacles JP par saison : 15
Genres : pluridisciplinaire, théâtre, conte, marionnettes, théâtre d'objets, musique, danse, cirque, clown.
Artistes accueillis : **Le CREA, Le Petit Théâtre, Cie Ca ne s'attrape pas avec du Papier Tue-mouche, Cie Trafic de styles, Cie Acta, Cie Arcosm, Am Stram Gram le Théâtre de Genève, Théâtre Mu, Dominique Paquet, Groupe 3.5.81, Fabrice Melquiot, Nathalie Papin...**

Espace Michel Simon

36 rue de la République
93160 Noisy-le-Grand
Tél. : 01 49 31 02 02 - Fax : 01 49 31 02 69
service.culturel@ville-noisylegrand.fr
• Directeur : **Max Serveau**
• Programmatrice JP : **Véronique Lecluse**
Type : théâtre municipal
Spectacles JP par saison : 12
Genre : pluridisciplinaire
Artistes accueillis : **Les Tréteaux de la Pleine Lune, Cie du Sillage, Cie Articulation, Théâtre Ovipare, Ilka Schönbein, Cie Agitez le Bestiaire, Cie Créature, Cie Retouramont, Teatro delle Briciole, Le Petit Théâtre, Cie Alain Batis, Cie Contre Ciel, Cie Illico, Cie des Équilibres...**

Espace V

www.ville-villepinte.fr
Hôtel de ville
93420 Villepinte
Tél. : 01 41 52 53 00 - Fax : 01 41 52 53 09
• Directrice : **Sylvie Marchand**
• Programmatrice JP : **Sylvie Marchand**
Type : théâtre municipal
Spectacles JP par saison : 5
Genre : pluridisciplinaire
Artistes accueillis : **Philippe Genty, Cie des Feuillantines, Cie Art Kaïk, Théâtre al Dente, Cie du Dragon, Sortie de Secours Théâtre, Cie les Zinz'Indépendants...**

Le Forum

www.forumculturel.asso.fr
Place de la Libération
93150 Le Blanc-Mesnil
Tél. : 01 48 14 22 16 - Fax : 01 48 14 22 29
• Directeur : **Xavier Croci**
• Programmatrice JP : **Hélène Snyders**
Type : théâtre conventionné
Spectacles JP par saison : 8 à 10
Genre : pluridisciplinaire
Artistes accueillis : **Cie Actémobazar, CDN d'Alsace, Cie La Mandarine Blanche, Thierry Bedard, Notoire, Ambulo Train Théâtre, Cie Porte-Voix, Cie La Metonymie, Cie du Hérisson, Chorégraphe Kasja Giertz, Sébastien Lefrançois...**

Le Triton

www.letriton.com
11 bis rue du Coq Français
93260 Les Lilas
Tél. : 01 40 72 83 13 - Fax : 01 49 72 83 11
contact@letriton.com
• Directeur : **Jean-Pierre Vivante**
• Programmateur JP : **Jean-Pierre Vivante**
Type : divers
Spectacles JP par saison : 2
Genres : théâtre, conte, musique.
Artistes accueillis : **Élise Caron, Zé Jam...**

Maison du théâtre et de la danse

75-81 avenue de la Marne
93800 Épinay-sur-Seine
Tél. : 01 48 26 45 00 - Fax : 01 42 35 85 18
mtd-epinay@wanadoo.fr
Type : théâtre conventionné (municipal en janvier 2006)
Spectacles JP par saison : 5
Genres : pluridisciplinaire, théâtre, marionnettes, danse.
Artistes accueillis : **Cie Mélodie Théâtre, Cie Le Carroussel, Flash Marionnettes...**

Salle des fêtes de Sevran

www.ville-sevran.fr
Service culturel
9 rue Gabriel Péri
93270 Sevran
Tél. : 01 49 36 51 75 - Fax : 01 49 36 52 03
bzappini@ville-sevran.fr
• Directeur : **Bruno Zappini**
• Programmatrice JP : **Évelyne Massoutre**
Type : théâtre municipal
Spectacles JP par saison : 19
Genre : pluridisciplinaire
Artistes accueillis : **Flash Marionnettes, AK Entrepôt, Praxinoscope Théâtre,**

Laurent Dupont, Cie Pour Ainsi Dire, Piccoli Principi, La Voix Du Hérisson, Cie Le Dithyrambe, Théâtre De Cuisine, Teatro Delle Briciole, Théâtre Du Mouvement, ACTA Agnès Desfossés...

Scène Jean-Roger Caussimon L'Odéon

1 place du Bicentenaire de la Révolution Française
93290 Tremblay-en-France
Tél. : 01 49 63 42 90
odeon.caussimon@wanadoo.fr
• Directeur : **Patrick Beaunieux**
• Programmatrice JP : **Isabelle Lefebvre**
Type : divers
Spectacles JP par saison : 6
Genre : musique
Artistes accueillis : **Cie Porte-Voix, Ensemble Fa7, Théâtre de l'Écume, Catherine Fontaine, Tartine Reverdy...**

Théâtre André Malraux

1 bis rue Guillemeteau
93220 Gagny
Tél. : 01 43 02 81 33 - Fax : 01 43 81 04 41
• Directrice : **Delphine Usai**
• Programmatrice JP : **Delphine Usai**
Type : théâtre municipal
Spectacles JP par saison : 5
Genres : pluridisciplinaire, théâtre, conte, musique.
Artistes accueillis : **Théâtre du Songe d'Or, Cie l'Amour au Travail, Yvette Harmonic...**

Théâtre des Bergeries

1 rue Jean-Jaurès
93130 Noisy-le-Sec
Tél. : 01 49 42 67 17 - Fax : 01 48 46 10 70
theatredesbergeries@noisylesec.fr
• Directrice : **Monique Berger-Marceau**
• Programmatrice JP : **Muriel Dagorne**
Type : théâtre municipal
Spectacles JP par saison : 8
Genres : pluridisciplinaire, théâtre, conte, marionnettes, théâtre d'objets, musique, danse.
Artistes accueillis : **Cie Agitez Le Bestiaire, Cie Mathieu, François Et Les Autres, Le Praxinoscope Théâtre, Cie Voix Off - Damien Bouvet, Jean-Rock Gaudreault, Le Théâtre De Nuit, Flash Marionnettes, Cie L'Artifice, Théâtre Motus...**

Théâtre Les Roches

http://les.roches.free.fr
10 rue des Roches
93100 Montreuil
Tél. : 01 49 88 79 87 - Fax : 01 55 86 97 19
les.roches@freesbee.fr
• Directeurs : **Serge Dangleterre, Christine Vallat**
• Programmateur JP : **Serge Dangleterre**
Type : théâtre municipal
Spectacles JP par saison : 3
Genre : pluridisciplinaire
Artistes accueillis : **Cie Foul'bazar, Épices et Parfums...**

94

Auditorium et salle des fêtes de Gentilly

www.ville-gentilly.fr
Mairie, Service culturel
58-60 avenue Raspail
94250 Gentilly
Tél. : 01 41 24 27 10 - Fax : 01 41 24 27 19
culture@ville-gentilly.fr
• Directrice : **Anne Morello**
• Programmatrice JP : **Hélène Vignal**
Type : salle municipale
Spectacles JP par saison : 10
Genres : pluridisciplinaire, théâtre, conte, marionnettes, musique, danse, arts de la rue, cirque.
Artistes accueillis : **Kokoya Cie Théâtrale, Pointure 23, Yves Javault & Patrick Woindrich, Ensemble Fa7, Cie Cavaluna, Pascal Ayerbe, Cie Alchimie, Trottoir Express, Cie L'Abribus, André Borbé, Les Zèbres, Mie Félicité Ebokéa, La Fabrique des arts d'à côté...**

Centre culturel de Champigny - sur-Marne

51 rue Louis Talamoni
94500 Champigny-sur-Marne
Tél. : 01 41 77 10 30 - Fax : 01 41 77 10 38
info.direction@culture-champigny94.fr
• Directrice : **Danielle Bellini**
• Programmatrice JP : **Nathalie Boutier**
Type : théâtre municipal
Spectacles JP par saison : 7
Genres : pluridisciplinaire, théâtre, conte, marionnettes, théâtre d'objets, musique, danse.
Artistes accueillis : **Papaq Cie, Olivier Letellier, Cie Du Tabouret, Cie Loutka, Cie Myriam Dooge, Cie Tourneboulé, Ensemble Alter Égo, Cie Du Porte Voix...**

Centre culturel de Chevilly-Larue

www.ccchevilly-larue.com
102 avenue du Général de Gaulle
94550 Chevilly-Larue
Tél. : 01 41 80 69 60 - Fax : 01 41 80 69 61
resa@ccchevilly-larue.com
• Directeur : **Michel Jolivet**
• Programmatrice JP : **Marie-Hélène Bonnot**
Type : divers
Spectacles JP par saison : 9
Genre : pluridisciplinaire.
Artistes accueillis : **Cie Amoros Et Augustin, Cie Du Cercle, Cie Articulation, Cie La Puce À L'oreille, Cie Des Rémouleurs, Chantier Théâtre, Cie Furinkaï...**

Centre culturel de Sucy

Ferme de Grandval, 27-29 rue de Grand Val
94370 Sucy-en-Brie
Tél. : 01 45 90 25 12 - Fax : 01 45 90 71 78
centre-culturel@ville-sucy.fr
• Directrice : **Marie-Blanche Vilquin**
• Programmatrice JP : **Virginie Moulin**
Type : théâtre municipal
Spectacles JP par saison : 2
Genres : pluridisciplinaire, théâtre, conte, marionnettes, musique, arts de la rue, cirque.
Artistes accueillis : **Roseau Théâtre, Théâtre de l'Ombrelle, Le Cri du Phare, Les Compagnons du Sans-souci et le Cubitus, Théâtre des Asphodèles...**

Centre culturel Le Forum

www.ville-boissy-saint-leger.fr
Place du Forum, quartier de la Haie Griselle
94470 Boissy-Saint-Léger
Tél. : 01 45 10 26 99 - Fax : 01 45 10 26 94
• Directrice: **Évelyne Pennanec'h**
• Programmatrice JP : **Évelyne Pennanec'h**
Type : théâtre municipal
Spectacles JP par saison : 4
Genre : pluridisciplinaire
Artistes accueillis : **Association Enfance et Musique, Cie Les Globe Trottoirs, Théâtre de L'Écume, Cie Julie et Bastien, Cie Tchekchouka, Cie Loutka...**

Espace culturel André Malraux

2 place Victor Hugo
94270 Le Kremlin-Bicêtre
Tél. : 01 49 60 62 16 - Fax : 01 49 60 76 16
agecam@aol.com
• Directeur : **Jean-François Save**
• Programmateur JP : **Jean-François Save**
Type : théâtre municipal
Spectacles JP par saison : 6
Genre : pluridisciplinaire
Artistes accueillis : **Cie Faux Comme Il Faut, Cie Ouragane, Cie La Marotte, Cie En Roue Libre, Cartounsardines Théâtre, La Petite Fabrique, La Fabrique des Arts s'à Côté, Cie Les Loups, Dominique Dimay, Cie Abbondanza-Bertoni...**

Espace Jean Vilar

1 rue Paul Signac
94110 Arcueil
Tél. : 01 46 15 09 93 - Fax : 01 46 15 09 72
eleonore.jouan@mairie-conseil.fr
• Directeur : **Dominique Moussard**
• Programmatrice JP : **Elisabeth Henry**
Type : théâtre municipal
Spectacles JP par saison : 12
Genre : pluridisciplinaire
Artistes accueillis : **Punto, Cie A Tulle Tête,**

Cie s'Evad, Babyrama, Théâtre Du Risorius, Cie Lili Désastre, Cie Mayapo, Cie Ambulo Train Théâtre, Dansdesign, Cie Les Cailloux Sensibles...

Espace Paul Valéry

72-74 avenue Ardouin
94420 Le Plessis-Trévise
Tél. : 01 45 94 38 92 - Fax : 01 45 94 79 49
frederic-buthod@club-internet.fr
• Directeur : **Frédéric Buthod**
• Programmateur JP : **Frédéric Buthod**
Type : théâtre municipal
Spectacles JP par saison : 6
Genres : pluridisciplinaire, théâtre, conte, marionnettes, théâtre d'objets.
Artistes accueillis : **Cie Morisse, Zut, La Mandarine Blanche, Cie des Marionnettes, Les Zèbres En Pyjama...**

La Maison du conte

www.lamaisonduconte.com
8 rue Albert Thuret
94550 Chevilly-Larue
Tél. : 01 49 08 50 85 - Fax : 01 45 46 21 91
info@lamaisonduconte.com
• Directeurs : **Michel Jolivet, Abbi Patrix**
• Programmateur JP : **Michel Jolivet**
Type : divers
Spectacles JP par saison : 3
Genres : théâtre, conte.
Artistes accueillis : **Olivier Letellier, Olivier Noack, Florence Desnouveaux...**

Les Théâtres de Maison Alfort

Théâtre Claude Debussy
et Nouvel espace culturel Charentonneau
BP 147
94702 Maison-Alfort
Tél. : 01 41 79 17 21 - Fax : 01 43 96 12 14
theatredebussy@club-internet.fr
• Directeurs : **Christian Ducray, Gilles Machto**
• Programmatrice JP : **Martine Carlier**
Type : théâtre municipal
Spectacles JP par saison : 5
Genres : pluridisciplinaire, théâtre, conte, marionnettes, musique, danse.
Artistes accueillis : **Cie Aïa, Théâtre de L'Écume, Cie Pour Ainsi Dire, Cie Chant des Balles, Cie Le Petit Théâtre, Cie Kokoya, Cie Pour Faire Bouillir La Pluie, Théâtre du Caramel Fou...**

Maison des Arts André Malraux

www.maccreteil.com
Place Salvador Allende
94000 Créteil
Tél. : 01 45 13 19 00 - Fax : 01 43 98 48 08
• Directeur : **Didier Fusillier**
• Programmateur JP : **Jean-Luc Jamet**
Type : scène nationale
Spectacles JP par saison : 9
Genre : pluridisciplinaire.
Artistes accueillis : **Le petit Théâtre, Cie Méli-Mélo, Théâtre des Jeunes Années, Cie Annibal et ses Éléphants, Théâtre de l'Ombrelle, Théâtre fantastisque, Théâtre des marionnettes de Genève, Tania Da Costa et Armand Éloi, Flash Marionnettes, Cie Loutka, Cie Jean-Pierre Lescot, Théâtre des Petites Fugues....**

Maison pour Tous Gérard Philipe

118 rue Youri Gagarine
94800 Villejuif
Tél. : 01 46 86 08 05 - Fax : 01 46 86 51 43
mpt.gerardphilipe@ville-villejuif.fr
• Directrice : **Pascale Cosnier**
• Programmatrice JP : **Séverine Salaün**
Type : MPT
Spectacles JP par saison : 4
Genre : pluridisciplinaire
Artistes accueillis : **Musicausse & Campagn'art, Cie A vos Souhaits, Association Oko, Cie Hérisson...**

MJC Louise Michel

2 avenue du Parc des Sports
94260 Fresnes
Tél. : 01 46 68 71 62 - Fax : 01 46 68 44 47
jadorval@wanadoo.fr
- Directeur : **Jacques Dorval**
- Programmateur JP : **Jacques Dorval**

Type : MJC
Spectacles JP par saison : 8
Genres : pluridisciplinaire, théâtre, conte, marionnettes, théâtre d'objets, musique, danse arts de la rue, cirque.
Artistes accueillis : **Cie Métaphore, Théâtre des Deux Sources, Cie Imaginaire, Cie Les Ateliers Voyageurs, Cie les Zinz'independants, Cie Remue Ménage, Zelda and Co, Cie Le Mardi Brass Band, Cie Goûtes-y-donc...**

Salle Jacques Brel Espace Gérard Philipe

Affaires culturelles municipales
Fontenay en Scène
166 boulevard Galliéni
94120 Fontenay-sous-Bois
Tél. : 01 48 75 44 88 - Fax : 01 43 94 30 09
fontenayenscene@wanadoo.fr
- Directrice : **Évelyne Biriben-Geha**
- Programmatrice JP : **Véronique Moret**

Type : théâtre municipal
Spectacles JP par saison : 8
Genre : pluridisciplinaire
Artistes accueillis : **Le Préau, Teatro La Ribalta, La Petite Fabrique, Ensemble Tuyo, Le Petit Théâtre, Cie la Carrérarie, Cie Pour Ainsi Dire...**

Salle Georges Brassens

4 rue Boieldieu
94350 Villiers-sur-Marne
Tél. : 01 49 41 31 70 - Fax : 01 49 30 52 40
dir.culturel@mail-villiers94.com
- Directrice : **Aurélie Rossignol**
- Programmatrice JP : **Véronique Codis**

Type : théâtre municipal
Spectacles JP par saison : 2 à 3
Genre : pluridisciplinaire
Artistes accueillis : **Pointure 23, Théâtre de L'Écume, Trois Petites Choses...**

Théâtre Antoine Vitez d'Ivry ♡

www.ivry94.fr
1 rue Simon Dereure
94200 Ivry-sur-Seine
Tél. : 01 46 70 21 55 - Fax : 01 46 70 22 23
- Directrice : **Leïla Cukierman**
- Programmatrice JP : **Leïla Cukierman**
- Communication : **Marie-Agnès Bocquien**

Type : théâtre municipal
Spectacles JP par saison : 8
Genre : pluridisciplinaire
Artistes accueillis : **Les Ours Du Scorff, Kên Higelin, Cie Faux Comme Il Faut, Cie Vire Volte, Ilka Schönbein, Jacques Haurogné, Philippe Roussel, Annibal et ses Éléphants, Carmelo et Perrotin, Micheline Uzan, Eve Le Dig, Jacques Mayoud, Georges Mombaye, Pascale Houin et Patrix Abbi....**

Théâtre de Cachan

21 avenue Louis Georgeon, 94230 Cachan
Tél. : 01 49 69 60 00 - Fax : 01 46 65 32 63
- Directeur : **Jean-Pierre Prévost**
- Programmateur JP : **Jean-Pierre Prévost**

Type : Théâtre municipal
Spectacles JP par saison : 8
Genre : pluridisciplinaire
Artistes accueillis : **Théâtre du Sable, Théâtre Drak, Cie Les Globe Trottoirs, Théâtre L'Envol, Cie Jean-Pierre Lescot, Zut...**

Théâtre de Choisy-le-Roi

4 avenue de Villeneuve Saint-Georges
94600 Choisy-le-Roi
Tél. : 01 48 90 89 79 - Fax : 01 48 52 40 78
theatrechoisy@magic.fr
- Directeur : **Didier Mootorat**
- Programmateur JP : **Pascal Tafuri**

Type : théâtre conventionné
Spectacles JP par saison : 8
Genre : pluridisciplinaire
Artistes accueillis : **Cie l'Emporte-Pièces,**

Damien Bouvet, Cie Agitez Le Bestiaire, Cie Pour Ainsi Dire, Cie Che Panses Vertes, Cie Arscom, Christian Merveille, Hervé Demon, Tuyo, Cie Carré Blanc, Théâtre sans Toit, Cie Loutka, Cie Javah...

Théâtre de Saint-Maur

20 rue de la Liberté
94100 Saint-Maur
Tél. : 01 48 89 22 11- Fax : 01 42 83 75 22
atelier-theatre-de-la-cite@wanadoo.fr
- Directeur : **Daniel Royan**
- Programmateur JP : **Dominique Panel**

Type : théâtre municipal
Spectacles JP par saison : 7
Genres : théâtre, marionnettes, musique, pluridisciplinaire.
Artistes accueillis : **Théâtre Al Dente, Cie Les Trois Temps, Cie Métaphore, Cie Antidote, Cie Dans Les Décors, Cie Du Chat Perché...**

Théâtre Jean Vilar de Vitry-sur-Seine

1 place Jean Vilar
94400 Vitry-sur-Seine
Tél. : 01 55 53 10 70 - Fax : 01 55 53 10 66
theatrejvilarvitry@yahoo.fr
- Directeur : **Gérard Astor**
- Programmateur JP : **Gérard Astor**

Type : théâtre municipal
Spectacles JP par saison : 5 à 6
Genres : pluridisciplinaire, théâtre, conte, marionnettes, musique, danse, cirque.
Artistes accueillis : **Jean-Marie Machado et Jean-Jacques Fdida, Cie En Roue Libre, Praline Gay-Para, Cie Contre-Ciel, Cie La Carriole, Christian Ferrari, Cie Le Petit Théâtre, Cie Agitez Le Bestiaire...**

Théâtre René Panhard

www.ville-thiais.fr
Place du Général Leclerc
94320 Thiais
Tél. : 01 46 80 46 58 - Fax : 01 48 92 42 38
contact@ville-thiais.fr
- Directrice : **Sylvie Dedenis**
- Programmatrice JP : **Sylvie Dedenis**

Type : théâtre municipal
Spectacles JP par saison : 6
Genres : pluridisciplinaire, théâtre, conte, musique, danse.
Artistes accueillis : **Cie EclaThéâtre, Animage, Cie De La Reine, Comme Il Vous Plaira, Cie Le Poulailler...**

Théatre Roublot

71 rue Rouglot
94120 Fontenay-sous-Bois
Tél. : 01 48 76 59 39 - Fax : 01 48 76 46 85
ciejplescot.phosphorus@wanadoo.fr
- Directeur : **Jean-Pierre Lescot**
- Programmateur JP : **Jean-Pierre Lescot**

Type : Théâtre municipal
Spectacles JP par saison : 10
Genre : marionnettes
Artistes accueillis : **Drak, Lalek, Bouffou Théâtre, Sans Toit Cie, Groco Vita, L'Olifant, Genty, Schön, Hubert Jappelle, Daru, Eoutka...**

95 Ermont sur scènes

www.ville-ermont.fr
3 rue Saint-Flaive
95120 Ermont
Tél. : 01 34 44 03 80 - Fax : 01 34 44 03 89
ermont-sur-scenes@ville-ermont.fr
- Directeur : **Jean-Christophe Tailliez**
- Programmateur JP : **Jean-Christophe Tailliez**

Type : théâtre municipal
Spectacles JP par saison : 15
Genres : pluridisciplinaire, théâtre, conte, marionnettes, théâtre d'objets, musique, danse, cirque, clown.
Artistes accueillis : **Cie Nathalie Cornille, Théâtre des Zygomars, Jacques Haurogné, Cie Alain Batis, Théâtre de L'Écume, Cie Kobol Marionnettes, Théâtre des Mots, Cie F Théâtre, Cie Skappa, Praxinoscope Théâtre, Théâtre Pierre Fresnay, Théâtre de L'Aventure; Flash Marionnettes, Ankinea Théâtre, Cie La Métonymie,**

La Mandarine Blanche, Man D'Dappa, Théâtre De La Licorne, Jacques Haurogné, Habbe Et Meik...

Espace Charles Aznavour

95400 Arnouville-les-Gonesse
Tél. : 01 30 11 16 16 - Fax : 01 30 11 16 05
- Directrice : **Françoise Labbée**
- Programmatrice JP : **Françoise Labbée**

Type : Théâtre municipal
Spectacles JP par saison : 10 à 12
Genres : pluridisciplinaire, théâtre, conte, marionnettes, théâtre d'objets, musique, danse, cirque, clown, mime.
Artistes accueillis : **Cie Suforel, la Fabrique des Arts d'à Côté, Cie Jean-Pierre Lescot, Cie Acta, Morisse et Cie, Praxinoscope Théâtre, Vertigo, Action Théâtre Enfance, Théâtre de l'Ombrelle, Zut, Bouffou Théâtre...**

Espace Lino Ventura

www.garges.net
Avenue du Général de Gaulle
95141 Garges-lès-Gonesse
Tél. : 01 34 45 29 50 - Fax : 01 34 45 29 65
lino.ventura@villedegarges.net
- Directrice : **Emmanuelle Weisz**
- Programmatrice JP : **Emmanuelle Weisz**

Type : théâtre municipal
Spectacles JP par saison : 8
Genres : pluridisciplinaire, théâtre, marionnettes, théâtre d'objets, musique, danse, cirque.
Artistes accueillis : **Théâtre De L'entracte, Les Zèbres en Pyjama, Théâtre sans toit, Dominique Hervieu, Démons et Merveilles, Cie Suforel, Cie Acta, Cie Articulation, Cie Contre-Ciel (Joël Jouanneau), Bouffou Théâtre, Le Théâtre Nemo, Damien Bouvet, La Petite Fabrique, Cie Nomades, Cie La Phalène, Association Le Loup Gris, Action Théâtre Enfance...**

Espace Saint Exupéry

32 bis rue de la Station
95130 Franconville
Tél. : 01 39 32 66 05 - Fax : 01 34 13 07 62
sandrine.ayrole@ville-franconville.fr
- Directeur : **Sirane Semerciyan**
- Programmatrice JP : **Sandrine Ayrole**

Type : théâtre municipal
Spectacles JP par saison : 8 à 10
Genre : pluridisciplinaire
Artistes accueillis : **Cie Pour Ainsi Dire, Cie Contre Ciel, Cie Michelle Dhaller, Praxinoscope Théâtre, Cie Les Remouleurs, Théâtre de la Tête Noire, Teatro Delle Briciole, Cie Etant Donné, Cie les Escaboleurs...**

L'Apostrophe

www.lapostrophe.net
Place des Arts, BP 60307
95027 Cergy-Pontoise Cedex
Tél. : 01 34 20 14 25 - Fax : 01 34 20 14 20
lapostrophe@lapostrophe.net
- Directeur : **Jean-Joël Le Chapelain**
- Programmatrice JP : **Élizabeth Bos**

Type : scène nationale
Spectacles JP par saison : 6
Genre : pluridisciplinaire
Artistes accueillis : **Cie Dominique Houdart, Jeanne Heuclin, Théâtre Le Clou, Cie Idéal Deux Neuf, Cie La Calebasse, Théâtre Jeune Public de Strasbourg, Ensemble Odyssée, Cie Chenevoy, Cie Trafic de Styles...**

Salle André Malraux

Centre administratif, 4 place de Navarre
95203 Sarcelles Cedex
Tél. : 01 34 38 20 85 - Fax : 01 34 38 20 50
ocmsarcelles@yahoo.fr
- Directrice : **Fabienne Fontanelle**
- Programmatrice JP : **Fabienne Fontanelle**

Type : théâtre municipal
Spectacles JP par saison : 4
Genre : pluridisciplinaire
Artistes accueillis : **Cie Alinéa, Richard**

Abecera, Amulette, Hervé Demon, Morisse et Cie, Théâtre du Regain, Théâtre du Bambou, Cie Suforel, Théâtre T...

Salle de Vauréal

www.mairie-vaureal.fr
36 mail Mendès France
95490 Vauréal
Tél. : 01 34 43 49 92 - Fax : 01 34 43 80 31
• Directrice : **Françoise Laugier**
• Programmatrice JP : **Françoise Laugier**
Type : centre social et culturel Agora, bibliothèque, écoles.
Spectacles JP par saison : 15
Genre : pluridisciplinaire
Artistes accueillis : **Tic Tac Théâtre, Théâtre appat, Théâtre 95, Festival théâtrale Val d'Oise, Conteurs professionnels, Théâtre à ciel ouvert, Association Nej'ma, Cie Pipa Sol, Théâtre des Chataîgniers.**

Théâtre 95

www.theatre95.fr
Allée du Théâtre, BP 70098
95021 Cergy-Pontoise
Tél. : 01 34 20 11 00 - Fax : 01 30 38 13 32
contact@theatre95.fr
• Directeur : **Joël Dragutin**
• Programmateur JP : **Joël Dragutin**
Type : théâtre conventionné
Spectacles JP par saison : 3 à 4
Genres : pluridisciplinaire, théâtre, conte, marionnettes.
Artistes accueillis : **Françoise Pillet et Cie, Cie Le Geste et La Parole, Théâtre sans toit, Théâtre de la Tête Noire, Théâtre de la Manchette, Star Théâtre, Cie Daru, Cie Le Petit Théâtre...**

Théâtre Jean Marais

www.ville-saintgratien.fr
Place François Truffaut
95210 Saint-Gratien
Tél. : 01 39 89 24 42 - Fax : 01 39 89 93 89
• Directrice : **Carine Roma-Clément**
• Programmatrice JP : **Carine Roma-Clément**
Type : théâtre municipal
Spectacles JP par saison : 10
Genres : pluridisciplinaire, théâtre, conte, musique, danse, clown.
Artistes accueillis : **Cie Siloë, Cie Le Poulailler, Cie A Tulle Tête...**

Théâtre Roger Barat d'Herblay

Place de la Halle
95220 Herblay
Tél. : 01 39 97 40 30 - Fax : 01 39 97 86 60
trbh@herblay.fr
• Directrice : **Janie Lalande**
• Programmatrice JP : **Janie Lalande**
Type : théâtre municipal
Spectacles JP par saison : 7
Genre : pluridisciplinaire
Artistes accueillis : **Les Déménageurs Associés, Le Théâtre en Pointe, Blin, Cie du Caramel Fou, Cie L'Instant Môme, Bouffou Théâtre, Cie Poursuite, Opéra de Poche...**

Théâtre Silvia Monfort

12 rue Pasteur
95350 Saint-Brice-sous-Forêt
Tél. : 01 39 33 01 81 - Fax : 01 39 33 01 98
theatre@ccopf.fr
• Directeur : **Éric Checco**
• Programmateur JP : **Éric Checco**
Type : théâtre municipal
Spectacles JP par saison : 6 à 8
Genres : pluridisciplinaire, théâtre, conte, marionnettes, théâtre d'objets, danse, mime.
Artistes accueillis : **Cie La Loupiote, Aktéon Théâtre, Théâtre Passerelle, Théâtre Vallée, Théâtre Cartoon Sardines, ÉclaThéâtre, Théâtre de l'Écume...**

Languedoc-Roussillon

11

Le Théâtre - Scène Nationale de Narbonne

www.letheatre-narbonne.com
2 avenue Domitius
11100 Narbonne
Tél. : 04 68 90 90 00 - Fax : 04 68 90 90 09
letheatre@letheatre-narbonne.com
• Directeur : **Dominique Massadau**
• Programmateur JP : **Pascal Paris**
Type : scène nationale
Spectacles JP par saison : 12 à 13
Genre : pluridisciplinaire
Artistes accueillis : **Nomade Cirque, Héloise, Robinson, Action Théâtre Enfance, Théâtre Pour Deux Mains, Accademia perduta romagna teatri, Cie Gare Centrale, Cie Skappa!, Cie Brozzoni, Cie Robinson, Cie ABBAC, Cie La Métonymie...**

Scène des Trois Ponts

Service culturel, BP 1100
11421 Castelnaudary Cedex
Tél. : 04 68 23 69 11 - Fax : 04 68 94 60 82
troisponts@ville-castelnaudary.fr
• Directrice : **Laurence Vaysse**
• Programmatrice JP : **Laurence Vaysse**
Type : théâtre municipal
Spectacles JP par saison : 6
Genre : pluridisciplinaire
Artistes accueillis : **Cie Soa-Toa, Cirque On Off, Cie Tire pas la Nappe, Cie Amédée Bricolo, Cie Ni 1 Ni 2...**

30

Le Cratère

www.lecratere.fr
Square Pablo Néruda, BP 216
30104 Alès
Tél. : 04 66 52 90 00 - Fax : 04 66 52 76 80
• Directeur : **Denis Lafaurie**
• Programmateur JP : **Denis Lafaurie**
Type : scène nationale
Spectacles JP par saison : 10
Genres : pluridisciplinaire, théâtre, conte, marionnettes, théâtre d'objets, musique, danse arts de la rue, cirque, clown.
Artistes accueillis : **Hamed Bouzzine, Flash Marionnettes, Famille Burattini, Centre dramatique Poitou-Charentes, Cie Cantabile, Robinson, Cie Amoros et Augustin, Cie ABBAC...**

Théâtre de Nîmes

Place de la Calade, BP 1463
30017 Nîmes Cedex 1
Tél. : 04 66 36 65 00 - Fax : 04 66 36 65 15
contact@theatredenimes.com
• Directeurs : **Catherine Laugier, François Noël**
• Directeurs artistiques : **Jérôme Deschamps, Macha Makeïeff**
Type : théâtre municipal
Spectacles JP par saison : 5
Genre : pluridisciplinaire
Artistes accueillis : **Grégoire Callies, Julien Mellano, Denis Athimon, Lore Bargès Franq de Quengo Étienne Foyer, Cie Pernette, Vincent Goethals, Emmanuelle Bastet, Jean-Pierre Vincent, Jean-Pierre Garnier, Marion Guerrero, Cie Käfig, Odyssée Ensemble et Cie, Cie Pupella-Noguès...**

Théâtre du Grau-du-Roi Espace Jean-Pierre Cassel

Allée Victor Hugo
30240 Le Grau-du-Roi
Tél. : 04 66 51 10 73 - Fax : 04 06 51 10 79
• Directeur : **Jo Spalma**
• Programmatrice JP : **Véronique Danis**
Type : théâtre municipal
Spectacles JP par saison : 6
Genre : pluridisciplinaire
Artistes accueillis : **Cie les Colporteurs, Luis Zornoza Boy, Cie Remise à 9, Flash Marionnettes, Cie les Têtes de Bois, Théâtre du Mouvement...**

Théâtre du Quaternaire

12 rue de l'Ancien Vélodrome
30000 Nîmes
Tél. : 04 66 38 09 31 - Fax : 04 66 38 81 70
martinetti_e@cg30.fr

- Directeur : **Michel Talon**
- Programmateur JP : **Emmanuel Martinetti**

Type : divers
Spectacles JP par saison : 5 à 6
Genres : pluridisciplinaire théâtre marionnettes, musique, danse, théâtres d'objets.
Artistes accueillis : **Cie Clandestine, Cie Cinémusique, L'Illustre Famille Burattini, Serge Hatem et Olivier Chabasse, Cie Jean-Paul Schoffit, Ratatouille Théâtre, Le Cirque de Paul, Cie Antares...**

34

Centre André Malraux

10 rue de la Mouette
34170 Castelnau-le-Lez
Tél. : 04 67 02 99 40 - Fax : 04 67 02 99 44

- Directrice : **Hélène Chanteloup**
- Programmatrice JP : **Hélène Chanteloup**

Type : MJC
Spectacles JP par saison : 6
Genre : pluridisciplinaire
Artistes accueillis : **Susana Azquinezer, Joël Collot Théâtre, Goupe Noces...**

Kawa Théâtre

18 rue Fouques
34000 Montpellier
Tél. : 04 67 58 15 45 - Fax : 04 67 58 59 05
contact@kawatheatre.com

- Directeur : **Bertrand Mayet**
- Programmateur JP : **Bertrand Mayet**

Type : divers
Spectacles JP par saison : 2
Genre : pluridisciplinaire
Artistes accueillis : **La Briganderie, Scenofolies, Les Gloom's...**

La Cigalière

www.ville-serignan.fr
Rayonnant, parc de La Cigalière
34410 Sérignan
Tél. : 04 67 32 63 26 - Fax : 04 67 37 03 83
lacigaliere-com@wanadoo.fr

- Directeur : **Jean Varela**
- Programmateur JP : **Jean Varela**

Type : théâtre municipal
Spectacles JP par saison : 10
Genre : pluridisciplinaire
Artistes accueillis : **Cie Tire pas la Nappe, Théâtre Mosaïque, Cie in Situ, Triptyk Théâtre, Cie l'Heure du Loup, Los Exentricos, Cie Propos, Robinson, Cie l'Atalante, Théâtre du Fust...**

La Grande Ourse - Scène conventionnée jeune public ♡

Théâtre de Villeneuve-lès-Maguelone
235 boulevard des Maures
34750 Villeneuve-lès-Maguelone
Tél. : 04 67 69 58 00 - Fax : 04 67 69 34 19
lagrandeourse.theatre@wanadoo.fr

- Directrice : **Martine Combréas**
- Programmatrice JP : **Martine Combréas**

Type : théâtre conventionné
Spectacles JP par saison : 22 à 25
Genres : pluridisciplinaire, théâtre, marionnettes, danse, musique classique.
Artistes accueillis : **Notoire, Orchestre National de Montepelllier, Cie Créature, Enfance et Théâtre, Vélo théâtre, Cie La Pendue, Centre Dramatique National de Besançon, Chantier Théâtre, Cie Lunasol, Cie Sac à Dos, Cie l'Artifice, Academia Perduta, Cie Tire pas la nappe, Cie Papyrus, Bolega-Bolega, Théâtre des Quatre Mains...**

Opéra national de Montpellier

www.opera-montpellier.com
11 boulevard Victor Hugo
34000 Montpellier
Tél. : 04 67 60 19 80

- Directeur : **Christophe Seuferle**
- Programmatrice JP : **Mariannick Attali**

Type : scène nationale
Spectacles JP par saison : 5
Genres : pluridisciplinaire, marionnettes, musique.
Artistes accueillis : **La Péniche Opéra, Opéra Junior, Les Marionnettes de Salzboring...**

Salle Lamouroux

4 place Clément Bécat
34570 Murviel-les-Montpellier
Tél. : 04 67 47 73 48
art.mixte.theatre@wanadoo.fr
• Directeurs : **Joël Collot, Paul-Marie Plaideau**
• Programmateur JP : **Joël Collot**
Type : théâtre municipal
Spectacles JP par saison : 3
Genres : pluridisciplinaire, théâtre, conte, marionnettes, théâtre d'objets, arts de la rue, cirque, clown.
Artistes accueillis : **Cie Balthazar, AOC...**

Scène nationale de Sète

Avenue Victor Hugo
34200 Sète
Tél. : 04 67 74 32 52 - Fax : 04 67 74 05 72
courrier@theatredesete.com
• Directeur : **Yvon Tranchant**
• Programmatrice JP : **Isabelle Blancher**
Type : scène nationale
Spectacles JP par saison : 7
Genre : pluridisciplinaire
Artistes accueillis : **Cie du Jabron Rouge, Cie Robinson, Cie Bolega Bolega, Cie Moglice Von Verx, Théâtre Pour Deux Mains, Comédie-française, Ballets C de la B, Cie Faux Mouvement, Alain Béhar, Tiger Lillies Circus, Hôtel Modern, Cekwana, Hervieu, Merzouki, Abdel Sefsaf, Martin Schwietzke, André Minvielle, Lonely Circus, Teatro delle Briciole...**

Théâtre de Béziers

Allée Paul Riquet
34500 Béziers
Tél. : 04 67 36 82 83 - Fax : 04 67 28 41 29
dircult@ville-beziers.fr
• Directeur : **Bruno Deschamps**
• Programmateur JP : **Bruno Deschamps**
Type : théâtre municipal
Spectacles JP par saison : 8
Genres : pluridisciplinaire, théâtre, conte, marionnettes, théâtre d'objets, musique, danse, cirque, clown, mime.
Artistes accueillis : **ATE, Cie Cartoun Sardines, Troupe du Licedei, Théâtre de L'ombrelle, Cie L'instant Mômes, La Rampe Teatre Interegional Occitan, Sylvain Maurice...**

X Théâtre de la Plume

www.plumetheatre.com
6 rue Guillaume Pellicier
34070 Montpellier
Tél. : 04 67 58 73 78 - Fax : 04 67 58 73 78
plumetheatre@aol.com
• Directrice : **Claudine Lahaye-Godoffe**
• Programmateur JP : **Serge Godoffe**
Type : divers
Spectacles JP par saison : 20
Genre : pluridisciplinaire
Artistes accueillis : **Les Lucioles, Cie Scenofolies, Cie Clair de lune, Minibus, Cie Art mixte, Cie Exétéra, Cie Leming's, Cie Cabosse, Théâtre en flamme, Cie du Clapas...**

X Théâtre de Poche

29 Grande Rue
34200 Sète
Tél. : 04 67 74 02 83
Ciefabulette@aol.com
• Directrice : **France Dehanne Lee**
• Programmatrice JP : **France Dehanne Lee**
Type : divers
Spectacles JP par saison : 25
Genres : pluridisciplinaire, théâtre, conte, marionnettes, théâtre d'objets, musique, clown, mime.
Artistes accueillis : **Cie Scenofolies, Pas de Lese Art, Petite Planète, Cie du Capitaine, Les Boucans...**

Théâtre Gérard Philipe

7 rue Pagès
34000 Montpellier
Tél. : 04 67 58 71 96 - Fax : 04 67 58 23 99
mpt.j.ricome@wanadoo.fr
• Directrice : **Florence Breysse**
• Programmatrice JP : **Florence Breysse**
Type : théâtre municipal
Spectacles JP par saison : 15
Genres : pluridisciplinaire, théâtre, conte, marionnettes, théâtre d'objets, musique, danse, arts de la rue, clown, mime.
Artistes accueillis : **El Baal, Cie du Bruit qui Court, Cie du Capitaine, D'Clic...**

Théâtre Jean Vilar

www.ville-montpellier.fr/theatrejeanvilar
155 rue de Boulogne
34184 Montpellier Cedex
Tél. : 04 67 40 41 39 - Fax : 04 67 40 28 65
secretariat-theatre.jvilar@ville-montpellier.fr
• Directeur : **Luc Braemer**
• Programmateurs JP : **Luc Braemer, Stéphanie Bertrand**
Type : Théâtre municipal
Spectacles JP par saison : 4 à 5
Genres : pluridisciplinaire, théâtre, marionnettes, cirque.
Artistes accueillis : **Cie Théâtre du Maquis, Cie Art mixte, Cie les Têtes de Bois, Flash Marionnettes...**

X Théâtre La Vista

42 rue Adam de Craponne
34000 Montpellier
Tél. : 04 67 58 90 90 - Fax : 04 67 58 91 58
theatrelavista@free.fr
• Directrice : **Lise Sinon**
• Programmatrice JP : **Lise Sinon**
Type : divers
Spectacles JP par saison : 14
Genres : pluridisciplinaire, théâtre, conte, marionnettes, théâtre d'objets, musique, danse, arts de la rue, cirque, clown, mime.
Artistes accueillis : **Splash Théâtre, Cie du Bruit qui Court, Anonima Theatro, Art Mixte, Tête de Bois, Les Graines du Temps, Cie du Poing de Singe, Cie Zovak...**

48 Scènes Croisées de Lozère - Adda

www.addascenescroisees.fr
13 boulevard de Britexte, BP 95
48003 Mende Cedex
Tél. : 04 66 65 75 75 - Fax : 04 66 65 75 76
adda.scenescroisees@wanadoo.fr
• Directeur : **Jean-Pierre Siorat**
• Programmateur JP : **Jean-Pierre Kircher**
Type : théâtre conventionné
Spectacles JP par saison : 20
Genre : pluridisciplinaire
Artistes accueillis : **Cie Propos, Denis Plassard, Cie Pupella-Noguès, Le Triptik Théâtre, Cie Juin 88, Cie Françoise Pillet, Cie Labyrinthes...**

Théâtre municipal de Mende

www.mende.fr
Mairie, Service culturel
Place Charles de Gaulle
48000 Mende
Tél. : 04 66 49 85 93 - Fax : 04 66 49 10 78
culture@mende.fr
• Directrice : **Christelle Mazel**
• Programmatrice JP : **Christelle Mazel**
Type : théâtre municipal
Spectacles JP par saison : 10
Genres : pluridisciplinaire, théâtre, marionnettes, théâtre d'objets, musique, danse, cirque.
Artistes accueillis : **Cie Rasposo, Cie Robinson, Cie Bolega Bolega...**

66 La Fabrica

25 rue de la Neige
66130 Ille-sur-Tet
Tél. : 04 68 84 08 09
la-fabrica-66@wanadoo.fr
• Directrice : **Chantal Daney**
• Programmatrice JP : **Chantal Daney**
Type : divers
Spectacles JP par saison : 5

Genre : pluridisciplinaire
Artistes accueillis : **La Pendue, Les Frocs du Ciel, Cie L'Artifice, Los Excentricos, Cie Marie-Paule B...**

Le Théâtre

45 rue Rabelais
66000 Perpignan
Tél. : 04 68 62 38 62 - Fax : 04 68 62 38 67
affaires-culturelles@mairie-perpignan.com
• Directrice : **Marie-Françoise Barbera**
• Programmatrice JP : **Marie-Françoise Barbera**
Type : théâtre municipal
Spectacles JP par saison : 5
Genres : pluridisciplinaire, théâtre, conte, marionnettes, théâtre d'objets, musique, danse, cirque, clown, mime.
Artistes accueillis : **Cie Puppela Nogues, Cie Nomades, L'Atalante, Les Trigonelles, Cie Los Excentricos, Cie de l'Artifice, Le Gué des 4 saisons...**

Limousin

Centre socio-culturel
19 Raoul Dautry

29 avenue Raoul Dautry
19100 Brive-la-Gaillarde
Tél. : 05 55 23 02 78 - Fax : 05 55 84 87 81
centre.raouldautry@free.fr
• Directrice : **Carole Soumillon**
• Programmatrices JP : **Myriem Hocine-Bey et Michèle Birou**
Type : divers
Spectacles JP par saison : 6
Genres : pluridisciplinaire, théâtre d'objets.
Artistes accueillis : **Cie Les Enfants du Paradis, Théâtre des Quatre Saisons, Magic Circus, Bouffou Théâtre...**

Théâtre de la Grange

12 rue René Glangeaud, Rivet
19100 Brive-la-Gaillarde
Tél. : 05 55 86 97 99 - Fax : 05 55 86 13 81
theatredelagrange@wanadoo.fr
• Présidente : **Michèle Birou**
• Programmatrice JP : **Isabelle Machado**
Type : divers
Spectacles JP par saison : 2
Genres : pluridisciplinaire, théâtre, conte, théâtre d'objets, danse, clown.
Artistes accueillis : **Cie La Grande Ourse, Théâtre du Cri, Cie Apartés, Cie O'Navio, Cie Arcane, Cie Le Chat Perplexe, Théâtre du Sorbier, Cie Monsieur et Madame Tout le Monde...**

Théâtre des Sept Collines

www.septcollines.com
Impasse Latreille, BP 163
19005 Tulle Cedex
Tél. : 05 55 26 89 60- Fax : 05 55 26 88 74
contact@septcollines.com
• Directrice : **Solange Charlot**
• Programmatrices JP : **Solange Charlot, Nathalie Besançon-Pouget**
Type : théâtre municipal
Spectacles JP par saison : 5
Genres : pluridisciplinaire, théâtre, conte, marionnettes, théâtre d'objets, musique, danse.
Artistes accueillis : **Le Chat Perplexe, L'Olifant, Le Maxiphone, Agitez Le Bestiaire, Fol A Pik, Théâtre à Cru, Cie A Tulle Tête, Cie Hors-Séries, Ambulo Train Théâtre, La Petite Fabrique, Théâtre du Caramel Fou, Cie Camargo, Ensemble Fa7, Cie Caméléon, Robinson, Cie Monsieur et Madame Tout Le Monde, Les Chercheurs d'art Associés, Enfance et Théâtre, Les Rémouleurs...**

23 Espace de l'Écluse

Avenue de la Liberté
23300 La Souterraine
Tél. : 05 55 63 46 46 - Fax : 05 55 63 46 47
info-ecluse@wanadoo.fr
• Directrice : **Aurélie Tonin**
• Programmatrice JP : **Aurélie Tonin**
Type : divers
Spectacles JP par saison : 9
Genres : pluridisciplinaire, théâtre, conte,

marionnettes, théâtre d'objets, musique, cirque.
Artistes accueillis : **Bouffou Théâtre, Cie Flash Marionnettes, Cie du Chat Perplexe, Cie des Musiques à Ouir, Cie Méli-Mélo, Groupe Démons et Merveilles, Théâtre Mu, Nicole Rivier, Louisa Gaillard, Cie Ouragane, Groupe Lazare...**

Théâtre Jean Lurçat Scène nationale d'Aubusson

www.ccajl.com
Avenue des Lissiers, BP 11
23200 Aubusson
Tél. : 05 55 83 09 09 - Fax : 05 55 83 09 18
infos@ccajl.com
• Directeur : **Gérard Bono**
• Programmateur JP : **Gérard Bono**
Type : scène nationale
Spectacles JP par saison : 7 à 8
Genre : pluridisciplinaire
Artistes accueillis : **Cie des Loups, Jabignol Théâtre, Théâtre de la Cheminée, Cie Le Chat Perplexe, Agnès Limbos, CDN Sartrouville, Cie Les Rémouleurs...**

87

Centre Culturel Jean Gagnant

7 avenue Jean Gagnant
87000 Limoges
Tél. : 05 55 45 94 00 - Fax : 05 55 45 94 14
• Directeur : **Hubert Bonnefond**
• Programmatrice JP : **Catherine Meyraud**
Type : théâtre conventionné
Spectacles JP par saison : 12
Genre : pluridisciplinaire
Artistes accueillis : **Cie Étant Donné, Cie Agar, Cie O' Navio Théâtre, Cie Caméléon, Fawzy Al-Aiedy, Puppela Nogues, Cie Gare Centrale, Cie Pour Ainsi Dire...**

Centre culturel Jean-Pierre Fabrègues

www.saint-yrieix.com
6 avenue du Maréchal de Lattre de Tassigny
87500 Saint-Yrieix
Tél. : 05 55 08 88 77 - Fax : 05 55 08 19 35
culture@saint-yrieix.com
• Directeurs : **Isabelle Rouffaud, Régis Plaud**
• Programmatrice JP : **Isabelle Rouffaud**
Type : théâtre municipal
Spectacles JP par saison : 9
Genre : pluridisciplinaire
Artistes accueillis : **La Petite Fabrique, Flash Marionnettes, Théâtre de Vire, Chantier Théâtre, Muriel Bloch, Cie Les Chiffonières, Lulubelle Cie, Le Chat Perplexe, Théâtre de Cuisine...**

Centre culturel municipal Jean Moulin

www.ville-limoges.fr
76 rue des Sagnes
87280 Limoges
Tél. : 05 55 35 04 10 - Fax : 05 55 35 98 26
• Directeur : **Hubert Bonnefond**
• Programmatrice JP : **Sylvie Noël**
Type : théâtre municipal
Spectacles JP par saison : 10
Genres : pluridisciplinaire, théâtre.
Artistes accueillis : **Cie Acta, Cie Étant Donné, Mitiki, Cie de la Tarande, Cie A Tulle Tête, O'Navio Théâtre, Cie Le Chat Perplexe, Théâtre de Romette, La Cordonnerie, Cie Monsieur et Madame tout le monde, Cie Arscom, Cristi Urbaka...**

Centre culturel Robert Margerit

www.ville-isle.fr
Carrefour de l'Europe
87170 Isle
Tél. : 05 55 50 26 24 - Fax : 05 55 05 09 83
info@ville-isle.fr
• Directeur : **Hervé Faure**
• Programmatrice JP : **Marie-France Morelon**

Type : théâtre municipal
Spectacles JP par saison : 10
Genres : pluridisciplinaire, théâtre, conte, théâtre d'objets, musique, danse
Artistes accueillis : **Pierre Chêne, Cie Troll, Dominique Dimey, Les Mangeurs de Songe, Cie Avant Car, Théâtre à Bretelles, La Boîte à Sel, Thibault...**

Théâtre de l'Union

www.theatre-union.fr
20 rue des Coopératives
87006 Limoges Cedex
Tél. : 05 55 79 74 79 - Fax : 05 55 77 37 37
adm@theatre-union.fr
• Directeur : **Pierre Pradinas**
• Programmateurs JP : **Pierre Pradinas, Mona Guichard**
Type : centre dramatique
Spectacles JP par saison : 3
Genre : pluridisciplinaire
Artistes accueillis : **Théâtre de Sartrouville, Cie Image aïgu, Cie Philippe Genty...**

Lorraine

54

Centre culturel André Malraux

www.centremalraux.com
BP 126
54504 Vandoeuvre-les-Nancy
Tél. : 03 83 56 15 00 - Fax : 03 83 53 21 85
ccam@centremalraux.com
• Directeur : **Dominique Repecaud**
• Programmatrice JP : **Julie Doneda**
Type : scène nationale
Spectacles JP par saison : 7
Genre : pluridisciplinaire
Artistes accueillis : **Cie La Strada, Théâtre 2 l'Acte, Cie Opus, Cie Voix off, Cie les Filles d'Aplomb, Théâtre Skazka de Sibérie, Cie AMK, Les Chiffonnières, Le Fil Rouge, Théâtre de Cuisine, Turate...**

Centre culturel Jean L'Hôte

Place Poirson
54230 Neuves-Maison
Tél. : 03 83 47 59 57 - Fax : 03 83 47 40 52
ccjlhote@wanadoo.fr
• Directeur : **Jean-Luc Mauffrey**
• Programmateur JP : **Jean-Luc Mauffrey**
Type : théâtre municipal
Spectacles JP par saison : 12
Genres : pluridisciplinaire, théâtre, conte, marionnettes, théâtre d'objets, musique, danse, arts de la rue, cirque, clown, mime.
Artistes accueillis : **Cie La Loupiote, Cie Café-crème, Théâtre de Romette, Théâtre des Quatre Mains, Théâtre des mots, Théâtre du Papyrus, Théâtre de Cuisine, Théâtre Dest, Bob Théâtre, Cie Jabron Rouge, Théâtre du Champ Exquis, Flash Marionnettes, Vélo Théâtre...**

Centre culturel Pablo Picasso

Place Leclerc
54310 Homécourt
Tél. : 03 82 22 27 12 - Fax : 03 82 22 80 60
ccpicasso@wanadoo.fr
• Directeur : **Jean-Michel Maman**
• Programmateur JP : **Jean-Michel Maman**
Type : théâtre conventionné
Spectacles JP par saison : 14
Genres : pluridisciplinaire, théâtre, musique, danse.
Artistes accueillis : **Théâtre des Jeunes Années de Lyon, Cie L'Atalante, Flash Marionnettes, Théâtre du Tilleul, Théâtre du Copeau, Cie Gare Centrale, Le Granit, Teatro Delle Briciole, Théâtre du Paradis, Cie Sosana Marcelino...**

L'Actée

Rue du Béarn
54400 Cosnes
Tél. : 03 82 24 58 41 - Fax : 03 82 25 68 50
theatre-poche.pays-haut@wanadoo.fr
• Directrice : **Lydie Ferry**
• Programmateurs JP : **Lydie et Daniel Ferry**

Type : divers
Spectacles JP par saison : 6
Genres : pluridisciplinaire, théâtre, marionnettes, danse.
Artistes accueillis : **Nadine Ledru, Théâtre du Risorius...**

Salle Poirel

www.nancy.fr
3 rue Victor Poirel
54000 Nancy
Tél. : 03 83 32 31 25 - Fax : 03 83 32 90 25
ensemblepoirel@mairie-nancy.fr
- Directeur : **Claude Hausermann**
- Programmateur JP : **Claude Hausermann**

Type : théâtre municipal
Spectacles JP par saison : 10
Genres : pluridisciplinaire, théâtre, conte, marionnettes, théâtre d'objets, musique, danse.
Artistes accueillis : **Percussions Claviers de Lyon, Cie La S.O.U.P.E., Cie L'Éolienne, La Petite Fabrique, CDN Sartrouville, Cie Le Petit Travers, Adel Akim, Théâtre d'Ivry, Caus'Toujours, Théâtre de la Tête Noire, Scène nationale Evreux Louviers, Joël Jouanneau, Théâtre Lumière, Cie Soy Creation, Cie L'Oreille en Verre, Le Théâtre à Quatre Mains, Cie Vertigo, Cie Mathieu, Paul et les autres, Centre dramatique Poitou-Charentes, Cie Flash Marionnettes, Cie L'Instant Mômes, Cie La Strada...**

Théâtre de Lunéville

www.luneville.fr
3 place Saint-Rémy
54300 Luneville
Tél. : 03 83 76 23 31 - Fax : 03 83 76 23 31
culture@mairie-luneville.fr
- Directrice : **Florence Faivre**
- Programmatrice JP : **Florence Faivre**

Type : théâtre municipal
Spectacles JP par saison : 7
Genre : pluridisciplinaire
Artistes accueillis : **Cie Amoros & Augustin, Vélo Théâtre, Théâtre de Cuisine, Cie Les Tempestants, Tof Théâtre, Théâtre du Copeau, Théâtre des quatre Mains, Bouffou Théâtre, Cie Tabolà Rassa, TJP de Strasbourg, Nada Théâtre, Cie Wiersma et Smeets, Cie Point du Jour, Ambulo Train Théâtre, Théâtre du Tohu Bohu, Cie Actémobazar...**

Théâtre Gérard Philipe

Avenue de la Libération, BP 3
54390 Frouard
Tél. : 03 83 49 29 34 - Fax : 03 83 24 32 39
tgp-frouard@wanadoo.fr
- Directeur : **Philippe Sidre**
- Programmateur JP : **Philippe Sidre**

Type : théâtre conventionné
Spectacles JP par saison : 5
Genre : pluridisciplinaire
Artistes accueillis : **Théâtre Burle, BoufouThéâtre, Cie Tabola Rossa, Théâtre Ovipare, Cie des Chercheurs d'Arts Associés, Marc Lauras, Théâtre du Papyrus, La Balestra...**

55

ACB - Scène nationale de Bar-le-Duc

7 rue Jeanne d'Arc
55000 Bar-le-Duc
Tél. : 03 29 79 42 78
ACB55@wanadoo.fr
- Directeur : **Jean Deloche**
- Programmateur JP : **Jean Deloche**

Type : scène nationale
Spectacles JP par saison : 3 à 4
Genre : pluridisciplinaire
Artistes accueillis : **Cie Icosaèdre, Cie Amoros et Augustin, Cie l'Emporte-pièce...**

57

L'Adagio

www.mairie-thionville.fr
Place Marie-Louise
57100 Thionville
Tél. : 03 82 88 26 86 - Fax : 03 82 88 26 89
action.musicale@mairie-thionville.fr
- Directrice : **Brigitte Fazan**

• Programmatrice JP : **Brigitte Fazan**
Type : conservatoire
Spectacles JP par saison : 5 à 6
Genre : musique
Artistes accueillis : **Duo Clé du Ciel, Étienne Sibille, Ougla et les sons, Kalimba, Alain Taraschini et JM Gion, L'Atelier de l'Imaginaire...**

L'Arsenal

www.mairie-metz.fr/arsenal
Avenue Ney
57000 Metz
Tél. : 03 87 39 92 00 - Fax : 03 87 75 21 52
ars@arsenal.mairie-metz.fr
• Directrice : **Christine Raffin**
• Programmatrice JP : **Michèle Paradou**
Type : divers
Spectacles JP par saison : 4
Genres : pluridisciplinaire, musique, danse, cirque.
Artistes accueillis : **Concert Lorrain, La Petite Fabrique, Martin Matalon...**

Môm Théâtre

www.rombas.com
Maison de l'enfance
48 rue de Villers
57120 Romas
Tél. : 03 87 67 74 79 - Fax : 03 87 67 74 80
momtheatre@aol.com
• Directeur : **Jean-Michel Schildknecht**
• Programmatrice JP : **Jean-Michel Schildknecht**
Type : pluridisciplinaire
Spectacles JP par saison : 20
Genres : pluridisciplinaire, musique, danse, cirque.
Artistes accueillis : **Cie l'Arbre Rouge, Cécile Bergame, Caroline Sire, Cie les Zanimos, Cie Arts et Couleurs, Théâtre des Quatre Mains, Cie Sémaphore, Les Witloof, Cie du Jabron Rouge...**

Scène de l'Hôtel de ville

Service culturel, 2 rue du Maire Massing
57200 Sarreguemines
Tél. : 03 87 98 93 58 - Fax : 03 87 98 93 04
• Directeur : **Jean-Marc Wasserman**
• Programmateur JP : **Jean-Marc Wasserman**
Type : théâtre municipal
Spectacles JP par saison : 3
Genre : pluridisciplinaire
Artistes accueillis : **Démons et Merveilles, Sipeucirque, Cie du Midi, Théâtre du Bambou, Théâtre en Kit, Miliane Productions, Cabaretto, Oliver Twist, Tableau Gâteau...**

88 Espace Georges Sadoul

26-28 quai Carnot
88100 Saint-Dié-des-Vosges
Tél. : 03 29 56 14 09 - Fax : 03 29 55 12 28
egsadoul2@wanadoo.fr
• Directrice : **Véronique Pagnoux**
• Programmatrice JP : **Véronique Pagnoux**
Type : théâtre municipal
Spectacles JP par saison : 6
Genre : pluridisciplinaire
Artistes accueillis : **Les Trois Chardons, Cie LGK, Théâtre Dest, Les Zanimos, JMF, Les Gueules Cassées...**

Le Trait d'Union

1 rue Regnault
88300 Neufchâteau
Tél. : 03 29 94 99 50 - Fax : 03 29 94 99 56
trait-dunion@mairie-neufchateau.fr
• Directeur : **Michel-Jean Thomas**
• Programmateur JP : **Michel-Jean Thomas**
Type : théâtre municipal
Spectacles JP par saison : 10
Genres : pluridisciplinaire, théâtre, marionnettes, théâtre d'objets, musique, danse, arts de la rue.
Artistes accueillis : **Démons et merveilles, Théâtre du Paradis, En verre et Contre tout, Ici et Maintenant Théâtre, Théâtre du Bambou, Cie la strada, Théâtre de l'utopie, Alliage Théâtre...**

Maison de la culture et des loisirs de Gérardmer

www.mclgerardmer.com
1 boulevard de Saint-Dié
88400 Gérardmer
Tél. : 03 29 63 65 05 - Fax : 03 29 63 65 00
contact@mclgerardmer.com
• Directeur : **Dominique Mallaise**
• Programmatrice JP : **Olga Tisserant**
Type : MJC
Spectacles JP par saison : 6
Genre : pluridisciplinaire
Artistes accueillis : **Claude Jardin, Pierre Chène, J.M. Le Couturier, Fanfred et Becker, Théâtre d'Est, Théâtre de l'Ecume, Théâtre du Paradis, Cie Taïko, Théâtre en Kit, JMF...**

Midi-Pyrénées

09 Espace culturel de Lavelanet

1 place Henri Dunant
09300 Lavelanet
Tél. : 05 61 01 81 41- Fax : 05 61 01 10 55
lavelanet.culture@wanadoo.fr
• Directrice : **Nadine Cubilie**
• Programmatrice JP : **Dahbia Bélhacène**
Type : Théâtre municipal
Spectacles JP par saison : 4
Genres : pluridisciplinaire, théâtre, conte, marionnettes, théâtre d'objets, danse, arts de la rue, cirque, clown, mime.
Artistes accueillis : **Flash Marionnettes, Cie Les Frocs du Ciel, Art mixte, Cie Tintamarre et boudeficelle, Cie du Jabron Rouge, Cie Créature, Tara Théâtre, Cie Pupella-Noguès...**

12 MJC de Rodez

www.mjcrodez.com
1 rue Saint-Cyrire, BP 515
12005 Rodez Cedex
Tél. : 05 65 67 01 13- Fax : 05 65 67 51 51
accueil@mjcrodez.com
• Directeur : **Bruno Houlès**
• Programmatrice JP : **Nora Triby**
Type : MJC
Spectacles JP par saison : 6
Genres : pluridisciplinaire, théâtre, marionnettes, musique, cirque, clown.
Artistes accueillis : **Cie Aia, Bouffou Théâtre, Cie Créature, Cie Clan des Songes...**

Théâtre municipal de Villefranche-de-Rouergue

Quai du Temple
12200 Villefranche-de-Rouergue
Tél. : 05 65 45 76 74 - Fax : 05 65 81 77 75
• Directeur : **Patrick Brugel**
• Programmatrice JP : **Christiane Lauriac**
Type : Théâtre municipal
Spectacles JP par saison : 3
Genres : pluridisciplinaire, théâtre, marionnettes, théâtre d'objets.
Artistes accueillis : **Cie L'Ours Funamule, Cie La Loupiotte, Cie Histrion, Théâtre du Chamboulé, Théâtre Molotoff...**

31 Centre Culturel de Ramonville

Place Jean Jaurès
31520 Ramonville
Tél. : 05 61 73 00 48 - Fax : 05 61 73 05 00
centre-culturel@mairie-ramonville.fr
• Directrice : **Martine Bourdy**
• Programmatrice JP : **Martine Bourdy**
Type : divers
Spectacles JP par saison : 25
Genres : pluridisciplinaire, théâtre, conte, marionnettes, théâtre d'objets, théâtre, danse, arts de la rue, cirque.
Artistes accueillis : **Chantier Théâtre, Bob Théâtre, Bouskidou, Robinson, Cie Skappa, Cie Agitez Le Bestiaire, Cie Les Zanimos, Cie Garin Trousseboeuf, Bouffou Théâtre, Théâtre pour deux mains, Damien Bouvet, Flash Marionnettes, Taf Théâtre, Cie L'Artifice...**

STRUCTURES DE DIFFUSION

Espace Culturel Altigone

www.ville-saint-orens.fr
Place Jean Bellières
31650 Saint-Orens de Ganneville
Tél. : 05 61 39 17 39 - Fax : 05 62 24 39 20
altigone@mairie-saint-orens.fr
- Directeur : **Jean-Paul Rouillé**
- Programmateur JP : **Jean-Paul Rouillé**

Type : Théâtre municipal
Spectacles JP par saison : 15
Genre : pluridisciplinaire
Artistes accueillis : **Mama Kaga, Steve Waring, Yllana, Cie Colette Roumanoff, Amédée Bricolo...**

Espace Yves Montand

2 rue Salgareda
31140 Saint-Alban
Tél. : 05 62 75 09 52- Fax : 05 61 70 16 17
stalban-culture@wanadoo.fr
- Directrice : **Béatrice Houllier**
- Programmatrice JP : **Béatrice Houllier**

Type : divers
Spectacles JP par saison : 6
Genre : pluridisciplinaire
Artistes accueillis : **Cie Siloë, Cie À Pas de Louve, Cie Le Jabron Rouge, Cie l'Acte Chanson, Cie Les Enfants du Paradis, Cie Koikadi, Cie Théâtre des Deux Mains, Cie Rouges Les Anges, Cie Tabola Rassa...**

Le Chapeau Rouge

56 allée Charles de Fitte
31300 Toulouse
Tél. : 05 61 22 27 77 - Fax : 05 61 22 35 89
lechapeaurouge@mairie-toulouse.fr
- Directeur : **Alain Graille**
- Programmatrice JP : **Fabienne Leguevaques**

Type : Théâtre municipal
Spectacles JP par saison : 5 à 6
Genre : pluridisciplinaire
Artistes accueillis : **Cie du Réfectoire, Théâtre de la Vallée, Cie Pupella-Noguès...**

MJC Roguet Saint-Cyprien

www.mjcroguet.com
9 rue de Gascogne
31300 Toulouse
Tél. : 05 61 77 26 09 - Fax : 05 61 77 26 06
mjc.roguet@wanadoo.fr
- Directeur : **Philippe Leveque**
- Programmateur JP : **Philippe Leveque**

Type : MJC
Spectacles JP par saison : 3
Genres : pluridisciplinaire, théâtre, conte, marionnettes, musique, danse.
Artistes accueillis : **Cie Kiroul, Cie Vendaval...**

Odyssud

www.odyssud.com
4 avenue du Parc
31700 Blagnac
Tél. : 05 61 71 75 10 - Fax : 05 61 71 75 45
- Directeur : **Emmanuel Gaillard**
- Programmatrice JP : **Laure Nusset**

Type : théâtre municipal
Spectacles JP par saison : 10
Genre : pluridisciplinaire
Artistes accueillis : **Théâtre Ovipare, Cie Beau Geste, Cie Robinson, Steve Waring, Hervé Suhubiette, Cie Créature, Autobus & Vapeur, Jérôme Thomas, Théâtre Pour Deux Mains, Les Chiffonniers, Le Carrousel...**

Salle Jacques Brel

www.castanet-tolosan.fr
Hôtel de ville, 29 avenue de Toulouse
31325 Castanet-Tolosan Cedex
Tél. : 05 62 71 70 40 - Fax : 05 62 71 70 41
- Directrice : **Carole Potier**
- Programmatrice JP : **Carole Potier**

Type : théâtre municipal
Spectacles JP par saison : 3
Genres : pluridisciplinaire, théâtre, musique, arts de la rue.
Artistes accueillis : **Tara Théâtre, Cie Folavril, Jeanne Ferron, Les Z'imbert & Moreau, Cie Santini...**

Salle Nougaro

www.sallenougaro.com
Association Loisirs Arts et Culture, BP 2
31931 Toulouse Cedex 9
Tél. : 05 61 93 03 03 - Fax : 05 61 18 70 31
philippe.couret@ccairbus.com
• Directeur : **Philippe Couret**
• Programmatrice JP : **Caroline Faure**
Type : divers
Spectacles JP par saison : 3
Genres : pluridisciplinaire, marionnettes, théâtre d'objets, musique, danse, cirque.
Artistes accueillis : **Cie Le Bruit Qui Court, La Grande Evasion, Zut, Carmen Campagne, La Java Des Couleurs, Les Farfadas, Coussin Couça, Ballet Balai...**

Théâtre du Capitole

www.theatre-du-capitole.org
Place du Capitole, BP 41408
31014 Toulouse Cedex 06
Tél. : 05 61 22 31 31- Fax : 05 61 22 24 34
valerie.mazarguil@mairie-toulouse.fr
• Directeur : **Nicolas Moël**
• Programmatrice JP : **Valérie Mazarguil**
Type : Théâtre municipal
Spectacles JP par saison : 7
Genres : musique, opéra, danse.
Artistes accueillis : **Chœurs d'enfants du Capitole, Ballet du Capitole, Anne-Catherine Gillet, Frédéric Caton...**

Théâtre du Pavé

www.theatredupave.org
34 rue Maran
31400 Toulouse
Tél. : 05 62 26 43 66 - Fax : 05 61 52 32 69
contact@theatredupave.org
• Directeur : **Francis Azéma**
• Programmatrice JP : **Corinne Mariotto**
Type : divers
Spectacles JP par saison : 3 à 4
Genre : pluridisciplinaire
Artistes accueillis : **Cie Créature, Cie Joli Temps de Chien, Cie Tara Théâtre, Théâtre du Chamboulé...**

TNT
Théâtre national de Toulouse Midi-Pyrénées

www.tnt-cite.com
1 rue Pierre Baudis, BP 50919
31009 Toulouse Cedex
Tél. : 05 34 45 05 28- Fax : 05 34 45 05 10
info@tnt-cite.com
• Directeur : **Jacques Nichet**
• Programmatrice JP : **Laurie Marsoni**
Type : centre dramatique
Spectacles JP par saison : 5
Genres : pluridisciplinaire, théâtre, marionnettes, théâtre d'objets, cirque.
Artistes accueillis : **Cie L'heure Du Loup, Cie Brozzoni, CDN De Sartrouville, Moks-Ensemble De Brême, Cie Skappa!, Cie L'artifice, Alessandro Libertini, Cie Pour Ainsi Dire, Cie Les Loups, Am Stram Gram Théâtre l'Albatros, Teatro Delle Briciole, Teatro Gioco Vita, Cie AMK, Cie Pupella Noguès....**

Circuits
32 Scène conventionnée d'Auch

Centre Cuzin, rue Guynemer
32000 Auch
Tél. : 05 62 61 65 02 - Fax : 05 62 05 38 29
circuits.scene@mairie-auch.fr
• Directeur : **Marc Fouilland**
• Programmateur JP : **Marc Fouilland**
Type : divers
Spectacles JP par saison : 4 à 7
Genre : pluridisciplinaire
Artistes accueillis : **Cie Turbulences, Cie Mungo, Cie du Réfectoire, Cie Pré-O-C-Cupé, Le Jongleur de Fables, Smart Cie, Cie MAO, Cie Carré Blanc, Cie Les Zanimos, Cie Le Clan des Songes, Tara Théâtre, Cie Sac à Dos, Cie Nicole et Martin, Bouffou Théâtre...**

46 Centre culturel intercommunal de Figeac

2 boulevard Louis Pasteur
46100 Figeac
Tél. : 05 65 34 24 78 - Fax : 05 65 34 00 48
• Directeur : **Clément Germinal**
• Programmateur JP : **Jean-Marc Fuentes**
Type : théâtre municipal
Spectacles JP par saison : 6
Genre : pluridisciplinaire
Artistes accueillis : **Théâtre des Zigomars, Cie Balsamique, Cie Chat Perplexe, Théâtre du Rivage…**

Théâtre de Cahors

www.mairie-cahors.fr/theatre
Place François Mitterrand
46000 Cahors
Tél. : 05 65 20 88 55 - Fax : 05 65 23 95 16
theatredecahors@mairie-cahors.fr
• Directeur : **José Sobrecases**
• Programmateur JP : **José Sobrecases**
Type : théâtre municipal
Spectacles JP par saison : 3 à 4
Genres : pluridisciplinaire, théâtre, conte, marionnettes, théâtre d'objets, musique, danse, cirque, clown.
Artistes accueillis : **Cie Pupella-Noguès, Cie Manolo and Co, Association Musique en Liberté, Cie Balsamique Théâtre, Cie du Vide, Cie Prêt-A-Porter, Cie Contre-Ciel, Cie Les Déménageurs Associés, Cie Théâtre 2 L'acte, Ambulo Train Théâtre...**

65 Centre culturel Maintenon

Rue Alfred Roland
65200 Bagnères-de-Bigorre
Tél. : 05 62 95 49 18 - Fax : 05 62 95 28 65
• Directrice : **Anne Kossar**
• Programmatrice JP : **Anne Kossar**
Type : théâtre municipal
Spectacles JP par saison : 10 à 12
Genres : pluridisciplinaire, théâtre, conte, marionnettes, théâtre d'objets, musique, danse.
Artistes accueillis : **Théâtre Saperlipopette, Le Quai de la Fabrique, Cie Créature, Cie Contre-Escarpe, Théâtre de la Bulle, Cie L'Iroquois, Les Titiriteros, Maurice Cie, La Cie du Quatre Collectif de la Vache Folle…**

La Maison du Savoir

www.neste-nistos.com
4 bis avenue des Châtaigniers
65150 Saint-Laurent-du-Neste
Tél. : 05 62 39 78 48 - Fax : 05 62 39 78 58
maison.de.neste@wanadoo.fr
• Directrice : **Nadine Tibini**
• Programmatrice JP : **Nadine Tibini**
Type : Théâtre municipal
Spectacles JP par saison : 10 à 12
Genre : pluridisciplinaire
Artistes accueillis : **Animaçao, Groupe Noces, Olivier Apat et les Trèfles Bleus, Théâtre de la Lune, Cie Ni Une Ni Deux, Smala Bleu Théâtre, Théâtre Saperlipopette, Cie Les Doigts dans le Nez…**

Le Parvis

www.parvis.net
Route de Pau, BP 20
65421 Ibos
Tél. : 05 62 90 08 55 - Fax : 05 62 90 60 20
secretariat@parvis.net
• Directeur : **Marc Belit**
• Programmateur JP : **Valérie Tujague**
Type : scène nationale
Spectacles JP par saison : 18
Genre : pluridisciplinaire
Artistes accueillis : **Cie Brozzoni, Théâtre Pour Deux Mains, Théâtre de Cuisine, Théâtre 2 l'Acte, Le Clan des Songes, Cie du Réfectoire...**

81 L'Athanor

Place de l'Amitié entre les Peuples, BP 42
81002 Albi
Tél. : 05 63 38 55 55 - Fax : 05 63 38 55 65
athanor.sn@wanadoo.fr
• Directeur : **Ivan Morane**
• Programmateurs JP : **Ivan Morane, Marie-Josée Guil**

Type : scène nationale
Spectacles JP par saison : 10
Genres : pluridisciplinaire, théâtre, marionnettes, théâtre d'objets, musique, danse, cirque, clown.
Artistes accueillis : **Cie Opinioni in Movimento Laura Scozzi, Cie Vent d'Autan, Cie Chantier Théâtre, Association L'oreille Hardie, Cie Médiane, Cie Tempestant, Cie La Puce à L'Oreille, Théâtre de Cuisine, Cie Voix Off, Käfig, Skappa', Bronks, Briciole, AMK, Choream, Coq à L'Ame, Cie Pour Ainsi Dire, Abbondansa et Bertoni, Cie Image Aigüe, Bertille et Cie, Theater Meschugge, Cie Pupella-Noguès, Aktuel Force, Saporta...**

Lo Bolegason

www.bolegason.org
69 rue d'Auque, BP 143
81103 Castres
Tél. : 05 63 62 15 61 - Fax : 05 63 62 15 60
bolegason@bolegason.org
• Directeur : **Marc Tison**
• Programmateur JP : **Marc Tison**
Type : scène musiques actuelles
Spectacles JP par saison : 3
Genres : théâtre, conte, musique.
Artistes accueillis : **Jihad Darwiche, Saïd Ramdam, Colette Migné...**

Théâtre de Castres

Mairie, Service culture
81100 Castres
Tél. : 05 63 71 59 93 - Fax : 05 63 71 59 88
g.dam@ville-castres.fr
• Directeur : **Gilles Dam**
• Programmateur JP : **Gilles Dam**
Type : théâtre municipal
Spectacles JP par saison : 3
Genre : pluridisciplinaire
Artistes accueillis : **Cie Rouge, Cie Les Anges, Cie Les Voyageurs Immobiles, En votre Cie, Cie Siloë...**

Centre culturel de Moissac

24 rue de la Solidarité
82200 Moissac
Tél. : 05 63 04 63 85 - Fax : 05 63 04 57 40
cculturelmoissac@wanadoo.fr
• Directeur : **Michèle Fontaine**
• Programmatrice JP : **Chloé Restivo**
Type : divers
Spectacles JP par saison : 5
Genres : pluridisciplinaire, théâtre, marionnettes, théâtre d'objets, musique, danse.
Artistes accueillis : **Cie Maxiphone, Cie Manège en Chantier, Cie des Petites Fugues, Cie de la Volière, Cie la Tarande...**

82 Le Local - Espace Jean Durozier

307 avenue de Montech
82000 Montauban
Tél. : 05 63 03 59 76 - Fax : 05 63 03 59 67
perrillate@wanadoo.fr
• Directrice : **Chantal Durozier**
• Programmatrice JP : **Chantal Durozier**
Type : divers
Spectacles JP par saison : 10
Genres : pluridisciplinaire, théâtre, conte, marionnettes, théâtre d'objets, clown.
Artistes accueillis : **Cie Bille en tête, Cie Créature, Cie La Part Manquante...**

Médiathèque Castelsarrasin

1 place Omer Sarraut
82100 Castelsarrasin
Tél. : 05 63 32 75 44 - Fax : 05 63 32 75 49
mediathequemunicipalecastelsarrasin@wanadoo.fr
• Directrice : **Marie-Lyse Artel**
• Programmatrice JP : **Marie-Lyse Artel**
Type : divers
Spectacles JP par saison : 4
Genres : théâtre, conte.
Artistes accueillis : **Nozart Cie, Anne Chaintron, Marie-Josée Lafon, Matianna Barrault, Sylvain Boulouis...**

Nord-Pas-de-Calais

59

Centre André Malraux

www.centreandremalraux.com
Place Degroote, BP 30194
59524 Hazebrouck
Tél. : 03 28 49 52 88 - Fax : 03 28 41 05 41
philippe.le-claire@wanadoo.fr
• Directeur : **Philippe Le Claire**
• Programmateur JP : **Philippe Le Claire**
Type : association
Spectacles JP par saison : 4
Genres : musique, cirque.
Artistes accueillis : **Cie Clair de Lune, Théâtre T et cie, Bouskidou, Cie Baladeux...**

Centre régional de la marionnette

3 rue Vincent Auriol
59790 Ronchin
Tél. : 03 20 53 48 79 - Fax : 03 20 52 83 85
cmarionet@aol.com
• Directeur : **Patrice Dewitte**
• Programmatrice JP : **Mylène Vanacker**
Type : divers
Spectacles JP par saison : 25
Genres : pluridisciplinaire, théâtre, marionnettes.
Artistes accueillis : **Cie Histrian, Brakabrik Théâtre, Théâtre musical à coulisses, Centre régional de la marionnette...**

Danse à Lille CDC

www.dansealille.com
Le Gymnase
5 rue du Général Chanzy, BP 30453
59058 Roubaix Cedex 1
Tél. : 03 20 20 70 30 - Fax : 03 20 02 38 94
contact@dansealille.com
• Directrice : **Catherine Dunoyer de Segonzac**
• Programmatrice JP : **Catherine Dunoyer de Segonzac**
Type : divers
Spectacles JP par saison : 3 à 6
Genre : danse
Artistes accueillis : **Cie Félicette Chazerand, Cas Public, Hélène Blackburn, Cie La Pluie qui Tombe, Nathalie Baldo...**

X Espace Athéna

www.mjc-athena.org
Place du 8 mai 1945
59880 Saint-Saulve
Tél. : 03 27 28 15 30 - Fax : 03 27 28 15 42
accueil@mjc-athena.org
• Directeur : **Michel Bouville**
• Programmateur JP : **Michel Bouville**
Type : MJC
Spectacles JP par saison : 4
Genres : pluridisciplinaire, théâtre, conte, marionnettes, théâtre d'objets, musique.
Artistes accueillis : **Hervé Suhubiette, Cie LKG, Ateliers de la Colline, Cie la Puce à l'Oreille...**

Espace Gérard Philipe

Place Charles de Gaulle
59750 Feignies
Tél. : 03 27 68 39 02 - Fax : 03 27 68 39 02
• Directeur : **Gilles Souris**
• Programmateur JP : **Gilles Souris**
Type : théâtre municipal
Spectacles JP par saison : 2 à 5
Genre : pluridisciplinaire
Artistes accueillis : **Cie Filope, L'Apprenti Magicien, Contes des 1001 nuits...**

La Manivelle Théâtre

www.lamanivelletheatre.com
18 rue Louis Lejeune
59290 Wasquehal
Tél. : 03 20 28 14 28 - Fax : 03 20 26 26 74
lamanivelle.theatre@wanadoo.fr
• Directeur : **François Gérard**
• Programmateurs JP : **François Gérard, Estelle Desquenne**
Type : théâtre conventionné
Spectacles JP par saison : 12
Genres : théâtre, conte, musique.
Artistes accueillis : **L'Oiseau Mouche, Théâtre du Paradis, L'Aventure, La Chandelle...**

La Rose des Vents

www.larosedesvents-scenenationale.com
Boulevard Van Gogh, BP 10153
59653 Villeneuve d'Ascq Cedex
Tél. : 03 20 61 96 90 - Fax : 03 20 61 96 91
larosedesvents2@wanadoo.fr
• Directeur : **Didier Thibaut**
• Programmateur JP : **Stéphane Frimat**
Type : scène nationale
Spectacles JP par saison : 7
Genre : pluridisciplinaire
Artistes accueillis : **Damien Bouvet, Bob Théâtre, Agnès Limbos, Pascale Platel, Tof Théâtre, Bouffou Théâtre, Cie En attendant...**

Le Bateau feu

www.lebateaufeu.com
Place du général de Gaulle, BP 2064
59376 Dunkerque Cedex 01
Tél. : 03 28 51 40 30 - Fax : 03 28 51 40 31
secretariat@lebateaufeu.com
• Directeur : **Jean-Paul Noël**
• Programmatrice JP : **Catherine Muller**
Type : scène nationale
Spectacles JP par saison : 8
Genre : pluridisciplinaire
Artistes accueillis : **Teatro delle Briciole, L'heure du loup, Théâtre de Cuisine, Jardins Insolites, Centre dramatique Poitou-Charentes, Kopergietery, Théâtre de Nuit...**

Le Colisée de Roubaix

www.coliseeroubaix.com
Association Colisée Roubaix Culture, BP 4
59051 Roubaix Cedex 1
Tél. : 03 20 24 46 56 - Fax : 03 20 24 19 18
colisee-roubaix@wanadoo.fr
• Directrice : **Brigitte Leman**
• Programmatrice JP : **Brigitte Leman**
Type : divers
Spectacles JP par saison : 4
Genre : pluridisciplinaire
Artistes accueillis : **Théâtre du Funamule, Cie l'Œil du Silence, Les Tréteaux de la Pleine Lune...**

Le Garage - Théâtre de l'Oiseau-mouche

138 Grande Rue
59100 Roubaix
Tél. : 03 20 65 96 50 - Fax : 03 20 73 61 72
oiseau-mouche@nordnet.fr
• Directeur : **Amoro Carbajal**
• Programmateur JP : **Amoro Carbajal**
Type : divers
Spectacles JP par saison : 4
Genres : pluridisciplinaire, théâtre, marionnettes, danse.
Artistes accueillis : **Cie Pih-Poh, Cie Le Passe-murailles, Cie La Pluie d'Oiseaux, La Manivelle Théâtre, Cie de l'Oiseau-mouche...**

Le Grand Bleu

www.legrandbleu.com
36 avenue Marx Dormoy
59000 Lille
Tél. : 03 20 09 45 50 - Fax : 03 20 09 21 52
grandbleu@legrandbleu.com
• Directeur : **Bernard Allombert**
• Programmateur JP : **Bernard Allombert**
Type : divers
Spectacles JP par saison : 21
Genres : pluridisciplinaire, théâtre, marionnettes, danse, cirque.
Artistes accueillis : **Théâtre de nuit, Théâtre du Maquis, Groupe Anamorphose, Theatro La Ribalta, Cie Les Transformateurs, Trafic de Styles, Les Blouses Bleues, Montalvo et Hervieu, Collectif Masque, Cie Barbichou, Cie Caryatides, Cie Zapoï, Claire Lasne, Théâtre de Poche, Cie Melting Pot, Cie Accrorap, Collectif 6eme Sens, Babylone VI teme, Cie Nicole et Martin, De Commerce et d'Industrie, Cie José Manuel Caño Lopez...**

STRUCTURES DE DIFFUSION

Le Phénix

www.lephenix.fr
BP 39
59301 Valenciennes Cedex
Tél. : 03 27 32 32 00 - Fax : 03 27 32 32 01
contact@lephenix.fr
• Directeur : **Lew Bogdan**
• Programmateur JP : **Lew Bogdan**
Type : scène nationale
Spectacles JP par saison : 10
Genres : pluridisciplinaire, théâtre, musique, danse.
Artistes accueillis : **Cie du Caramel Fou, Cie Brozzoni, Cie l'Ultime et Co, Cie Opinioni in Movimento, Laure Scozzi, Cyril Viallon, Cie Joker...**

Le Prato

6 allée de la Filature
59000 Lille
Tél. : 03 20 52 71 24 - Fax : 03 20 85 28 94
prato.theatre@wanadoo.fr
• Directeur : **Gilles Defacque**
• Programmatrice JP : **Patricia Kapusta**
Type : théâtre conventionné
Spectacles JP par saison : 2 à 4
Genres : pluridisciplinaire, cirque, clown.
Artistes accueillis : **Théâtre Le Prato, Cie Vies à vies, Jérôme Thomas, Cie Tire-Laine...**

Les Arcades

16 rue Kleber
59155 Faches-Thumesnil
Tél. : 03 20 62 96 96
arcades@ville-fachesthumesnil.fr
• Directeur : **Éric Dupont**
• Programmatrice JP : **Valérie Demarque**
Type : divers
Spectacles JP par saison : 7 à 8
Genres : pluridisciplinaire, théâtre, conte, marionnettes, théâtre d'objets, musique, danse, arts de la rue, cirque.
Artistes accueillis : **Cirque On Off, Circum, Cie Méli Mélo, Les Marionnettes, En Pâte À Modeler, Cie Ouragane, Denis Couvreur, Cie La Belle Histoire...**

L'Hippodrome

www.hippodromedouai.com
Place du Barlet, BP 79
59502 Douai Cedex
Tél. : 03 27 99 66 60 - Fax : 03 27 99 66 61
secretariat@hippodromedouai.com
• Directrice : **Marie-Agnès Sevestre**
• Programmatrice JP : **Françoise Rouze**
Type : scène nationale
Spectacles JP par saison : 7
Genres : pluridisciplinaire, théâtre, conte, marionnettes, théâtre d'objets, musique.
Artistes accueillis : **Joël Jouanneau, Cie des Têtes en Bois, La Clef des Chants, Sylvain Maurice, Cie Brozzoni, Vincent Goethals, Jobignot Théâtre, Ensemble Fa7, Cie Suforel, Théâtre de L'ombrelle, Théâtre des Deux Mondes, Cie Daru, Cie Chant Des Balles, Théâtre du Carrousel, Ensemble Odyssée, Flash Marionnettes, Cie Image Aigue, Cie Jean-Pierre Lescot, Théâtre du Papyrus, La Carrérarie, Théâtre du Bambou...**

Opéra de Lille

www.opera-lille.fr
2 rue des Bons Enfants, BP 133
59001 Lille Cedex
Tél. : 03 28 38 40 50 - Fax : 03 28 38 40 54
communication@opera-lille.fr
• Directrice : **Caroline Sonrier**
• Programmatrice JP : **Caroline Sonrier**
Type : divers
Spectacles JP par saison : 8
Genre : pluridisciplinaire
Artistes accueillis : **Concert d'Astrée, l'Ensemble Reflex, Muziktheater transparant, CDN de Sartrouville, Georges Aperghis, Julie Brochen...**

Palais du Littoral

Maison communale, BP 149
59760 Grande Synthe
Tél. : 03 28 23 65 50 - Fax : 03 28 23 65 60
departement.artistique@ville-grande-synthe.fr

- Directrice : **Hélène Balny**
- Programmatrice JP : **Hélène Balny**

Type : théâtre municipal
Spectacles JP par saison : 15
Genre : pluridisciplinaire
Artistes accueillis : **Cie Ankinéa Théâtre, Cie de Lyse, Brigitte Le Borgne, Isabelle Gervet, Cie de L'Oiseau Mouche, Cie Az-Art, De Commerce et d'Industrie, Ambulo Train Théâtre, Dynamo Théâtre, Cie Mathieu, François et les Autres, Cie Vendaval, Maïmouna Gueye, Cie Accrorap, Les Têtes de Vainqueurs, Le Théâtre du Chapeau, Cie 12 Balles dans la Peau, Cie Le Passe-Muraille, Cie Les Gueules Kassées, Howard Butten, Cie Tourneboulé, Anne Leviel, Cie de la Tarande, Cie Filages...**

X Saison culturel de Wattrelos

www.ville-wattrelos.fr
Hôtel de ville
59150 Wattrelos
Tél. : 03 20 81 65 87 - Fax : 03 20 81 64 27
marie-pierre.gomet@ville-wattrelos.fr

- Directeur : **Jean Chenevière**
- Programmatrice JP : **Marie-Pierre Gomet**

Type : divers
Spectacles JP par saison : 20
Genres : pluridisciplinaire, théâtre, conte, marionnettes, théâtre d'objets, musique, danse, cirque.
Artistes accueillis : **Cie Amoros et Augustin, Théâtre du Copeau, Cie Méli Malo, Cie Théâtre des Mots, Cie La Volière, Cie Retouramont, Théâtre du Papyrus, Cie Sac à Dos, Cie Accrorap, Cie Magic Électro, Théatre Dest, Jean-Louis Jacopin...**

✓ Salle Jean Cocteau

www.mjcroix.com
93 rue Jean Jaurès
59170 Croix
Tél. : 03 20 72 42 12 - Fax : 03 20 72 53 20
mjc@mjcroix.com

- Directeur : **Thierry Leurent**
- Programmateur JP : **Thierry Leurent**

Type : MJC
Spectacles JP par saison : 5
Genres : pluridisciplinaire, théâtre, conte, marionnettes, musique, cirque.
Artistes accueillis : **Théâtre de la Manivelle, Cie Abacca, Cie Filages, Théâtre de l'Aventure, Théatre de la Chandelle...**

Scènes mitoyennes

www.scenes-mitoyennes.fr.tc
Place du Général de Gaulle
59540 Caudry
Tél. : 03 27 70 09 60 - Fax : 03 27 70 09 61
bbetchen@worldonline.fr

- Directeur : **Benoît Betchen**
- Programmateur JP : **Benoît Betchen**

Type : théâtre municipal
Spectacles JP par saison : 5 à 6
Genre : pluridisciplinaire
Artistes accueillis : **Cie Exobus, Cie Retouramont, Hervé Suhubiette, Labyrinthe Théâtre, Cie l'Autobus à Vapeur, Cie Ouragane, Cie Balad'eux...**

Théâtre des Forges René Carpentier

Rue Berlioz
59125 Trith-Saint-léger
Tél. : 03 27 24 69 20 - Fax : 03 27 24 57 81
les.daltons1@wanadoo.fr

- Directrice : **Marie-Françoise Masseguerra**
- Programmatrice JP : **Marie-Françoise Masseguerra**

Type : théâtre municipal
Spectacles JP par saison : 7
Genre : pluridisciplinaire
Artistes accueillis : **Roseau Théâtre, Cie La Fabrique du Vent, Cie Joker, Théâtre de l'Embellie...**

Théâtre des Trois Chênes

Rue Bailler
59530 Le Quesnoy
Tél. : 03 27 28 78 20 - Fax : 03 27 42 34 82
• Directeur : **Christophe Bethegnies**
• Programmateur JP : **Christophe Bethegnies**
Type : théâtre municipal
Spectacles JP par saison : 4
Genre : pluridisciplinaire
Artistes accueillis : **Roseau Théâtre, Cie Nomades, La Clef des Chants, Hervé Demon, Les Biskotos...**

Théâtre du Manège

www.lemanege.com
Rue de la Croix, BP 105
59602 Maubeuge Cedex
Tél. : 03 27 65 65 40 - Fax : 03 27 65 93 80
lemanege@wanadoo.fr
• Directeur : **Didier Fusillier**
• Programmatrice JP : **Bertille Coudevylle**
Type : scène nationale
Spectacles JP par saison : 8
Genres : pluridisciplinaire, théâtre, conte, marionnettes, théâtre d'objets, musique, danse, arts de la rue, cirque, clown.
Artistes accueillis : **Cie du Tire-laine, Cyril Viallon, Bronks, Jérôme Thomas, Cie Méli Mélo, Bouffou Théâtre, Cie Leporello, Cie Voix Off...**

Théâtre du Millénaire

www.cca-lamadeleine.fr
35 rue Saint-Joseph
59562 La Madeleine Cedex
Tél. : 03 20 55 19 51 - Fax : 03 20 21 14 88
ccapa@nordnet.fr
• Directeur : **Jean-Marie Bourriquet**
• Programmateur JP : **Jean-Marie Bourriquet**
Type : divers
Spectacles JP par saison : 15
Genres : pluridisciplinaire, théâtre, conte, marionnettes, théâtre d'objets, danse, arts de la rue, cirque, clown, mime.
Artistes accueillis : **Coopérative des Moulins, La Manivelle Théâtre, Théâtre d'ici et d'Ailleurs, Cie Marchand de Sonnettes, Cie du Moment...**

Théâtre du Square

Square Jean Monnet
59120 Loos
Tél. : 03 20 10 40 70 - Fax : 03 20 10 40 79
sgivry@ville-loos.fr
• Directrice : **Laurence Warlop**
• Programmatrice JP : **Laurence Warlop**
Type : théâtre municipal
Spectacles JP par saison : 8 ou 10
Genres : pluridisciplinaire, théâtre, conte, marionnettes, musique, danse, clown.
Artistes accueillis : **Cie la Belle Histoire, Cie l'Histrion, Cie Barbichou, Denis Couvreur, Cie Artichot, Cie Nathalie Cornille...**

Tréteaux Jeune Public

Hospice d'Havré
59200 Tourcoing
Tél. : 03 20 68 54 14 - Fax : 03 20 68 54 10
mpbronchart@ville-tourcoing.fr
• Directrice : **Hélène Corselle**
• Programmatrice JP : **Marie-Paule Bronchart**
Type : théâtre municipal
Spectacles JP par saison : 10
Genre : pluridisciplinaire
Artistes accueillis : **La Manivelle Théâtre, Cie Virevolte, Jardins Insolites, L'Autobus à Vapeur, Ensemble Fa 7, Cie Nathalie Cornille, Cie Parci-Parla, Atelier lyrique de Tourcoing, Crea Théatre, Théatre du Public, Atelier de la Colline...**

62

Centre culturel d'agglomération Daniel Balavoine

www.centreculturelbalavoine.fr
3 rue Henri Puype
62510 Arques
Tél. : 03 21 88 94 80
complexe-culturel-balavoine@wanadoo.fr
• Directrice : **Fabienne Brioudes**
• Programmatrice JP : **Fabienne Brioudes**
Type : divers
Spectacles JP par saison : 20
Genre : pluridisciplinaire
Artistes accueillis : **Marguerite et Cie,**

Théâtre La Cavale, Cie Toute une Nuit, Cie Gilles Vérièpe, Théâtre l'Embellie, Théâtre Le Rossignol de L'Empereur, La Fabrique Théâtre, Théâtre de la Mandragore, Cie Joker, De Commerce et d'Industrie, Cie Les Mutants, Cie Margot Marcelle...

X
Centre culturel Henri Matisse

10 rue de Verdun, BP 52
62951 Noyelles-Godault Cedex
Tél. : 03 21 13 83 83 - Fax : 03 21 13 83 84
monchy@wanadoo.fr
- Directeur : **Sylvain Monchy**
- Programmateur JP : **Sylvain Monchy**

Type : divers
Spectacles JP par saison : 6 à 8
Genre : pluridisciplinaire
Artistes accueillis : **Denis Couvreur, Nathalie Kractik, Pierre Delye, Duo gossophonie, Cie Babel' Oued, Simon Gauthier, Lyrazouki.**

Culture Commune Scène nationale du bassin minier du Pas-de-Calais

www.culture-commune.asso.fr
11-19 rue de Bourgogne
62750 Loos-en-Gohelle
Tél. : 03 21 14 25 35 - Fax : 03 21 14 25 30
contact@culture-commune.asso.fr
- Directrice : **Chantal Lamarre**
- Programmatrice JP : **Delphine Gouard**

Type : scène nationale
Spectacles JP par saison : 8
Genres : pluridisciplinaire, théâtre, conte, marionnettes, théâtre d'objets, musique, danse, arts de la rue, cirque.
Artistes accueillis : **Cie Alis, Cie les Colporteurs, Cie Nathalie Cornille, Cie Tourneboulé, Cie le Phalène, Cie Ouragane, Cie Méli Mélo, Cie Javah...**

Espace culturel George Brassens

www.centre-culturel-brassens.fr.st
Rue des sources, BP 903
62280 Saint-Martin-Boulogne
Tél. : 03 21 10 04 90 - Fax : 03 21 10 04 91
espace.brassens@wanadoo.fr
- Directeur : **Joël David**
- Programmateur JP : **Joël David**

Type : théâtre municipal
Spectacles JP par saison : 15
Genre : pluridisciplinaire
Artistes accueillis : **Cie Piste sur Scène, Denis Couvreur, Le Petit Orphéon, Cie Joker, Maimouna Gueye, Cie du Labyrinthe, Cie T.D.C, Cie Jean-Pierre Lescot, Théâtre de l'Embellie, Cie Vandaval, Rollmops Théâtre, Cie LGK, Cie Le Sourire du Chat, Cie le Faune à Deux Têtes, Théâtre de l'Éclaircie, l'Autobus à Vapeur, Manivelle Théâtre, Cie Les Rémouleurs, Cie du Jabron Rouge...**

X
La Comédie de l'Aa

14 place Ribot
62500 Saint-Omer
Tél. : 03 21 38 55 24 - Fax : 03 21 38 54 63
comedie.aa@wanadoo.fr
- Directrice : **Christine Souillard**
- Programmatrice JP : **Christine Souillard**

Type : divers
Spectacles JP par saison : 12
Genres : pluridisciplinaire, théâtre, conte, marionnettes, théâtre d'objets, musique, cirque, clown, mime.
Artistes accueillis : **La Manivelle Théâtre, Hervé Suhubiette, Virga, Théâtre du Copeau Denis Couvreur...**

✓
Maison de l'Art et de la Communication

www.mac.ville-sallaumines.fr
Rue Arthur Lamendin
62430 Sallaumines
Tél. : 03 21 67 00 67 - Fax : 03 21 67 18 24
mac@mairie-sallaumines.fr
- Directeur : **Paskal Castelein**

• Programmateur JP : **Pascal Castelein**
Type : divers
Spectacles JP par saison : 8
Genres : pluridisciplinaire, théâtre, conte, marionnettes.
Artistes accueillis : **Cie La Voix au Chapitre, Rémi Boussengui, Bouskidou, Cie Démons et Merveilles...**

Théâtre d'Arras

Place du Théâtre, BP 147
62003 Arras Cedex
Tél. : 03 21 71 76 30 - Fax : 03 21 51 68 40
• Directeur : **Max Gaillard**
• Programmateur JP : **Jean-Pierre Cliquet**
Type : théâtre conventionné
Spectacles JP par saison : 7 à 11
Genres : pluridisciplinaire, théâtre, conte, marionnettes, théâtre d'objets, musique, danse.
Artistes accueillis : **Acta, Cie Agnès Desfossés, Ches Panses Vertes, Groupe Tuyo, Cie Pour Ainsi Dire, La Galafronie, Fous à réaction Associés, Cie Carré Blanc, Théâtre Musical Possible, Théâtre du Papyrus, Théâtre de la Tête Noire, L'Arrière-Scène, Le Carrousel...**

Théâtre Monsigny

Rue Monsigny
62200 Boulogne-sur-Mer
Tél. : 03 21 87 37 15
culture@ville-boulogne-sur-mer.fr
• Directeur : **Claude Allan**
• Programmatrice JP : **Marie-France Rouxel**
Type : théâtre municipal
Spectacles JP par saison : 6
Genre : pluridisciplinaire
Artistes accueillis : **La Manivelle Théâtre, Cie Chats Pitres et Rats Conteurs, Cie Soy Création, Théâtre du Monde Perdu, Démons et Merveilles, Cie Caryatides...**

Théâtre municipal de Montreuil-sur-Mer

www.lelien.fr
Association Passerelles, Hôtel Saint-Walloy, BP 6
62170 Montreuil-sur-Mer
Tél. : 03 21 81 57 78 - Fax : 03 21 81 16 17
passerelles@lelien.fr
• Directrice : **Sylvie Deguine**
• Programmatrice JP : **Sylvie Deguine**
Type : théâtre municipal
Spectacles JP par saison : 6
Genres : pluridisciplinaire, théâtre, conte, théâtre d'objets, musique, danse, arts de la rue, cirque, clown.
Artistes accueillis : **La Manivelle Théâtre, Cie Chemin Faisant, Cie La Fabrique du Vent, les Biskotos, Cie Grande Gamme, Cie Gilles Verièpe, Cie A Vrai Dire, Cie Canailles Rock...**

Pays-de-la-Loire

44 ARC - Art et Culture

24 rue de la Balinère
44400 Rezé
Tél. : 02 51 70 78 01 - Fax : 02 51 70 78 09
com.arc@mairie-reze.fr
• Directeur : **Maurice Cosson**
• Programmateur JP : **Maurice Cosson**
Type : théâtre conventionné
Spectacles JP par saison : 5
Genre : pluridisciplinaire
Artistes accueillis : **Flash Marionnettes, Cie Brozzoni, Cie Nicole et Martin, Tara Théâtre, Bouffou Théâtre...**

Centre culturel Athanor

Avenue Anne de Bretagne, BP 85219
44350 Guérande
Tél. : 02 40 24 73 73 - Fax : 02 40 62 04 01
athanor@ville-guerande.fr
• Directrice : **Arzelle Caron**
• Programmatrice JP : **Arzelle Caron**
Type : théâtre municipal
Spectacles JP par saison : 8
Genres : pluridisciplinaire, théâtre, conte, théâtre d'objets.

Artistes accueillis : **Cie Garin Trousseboeuf, Cie A.K Entrepôt, Cie Ambulo Train Théâtre, Théâtre de l'Est Parisien...**

Centre culturel Piano'cktail

www.pianocktail.fr
Rue Ginstein Gustavsburg, BP 4109
44340 Bouguenais
Tél. : 02 40 65 05 25 - Fax : 02 40 65 09 24
pianocktail@ville-bouguenais.fr
• Directrice : **Sandrine Rauck**
• Programmatrice JP : **Sandrine Rauck**
Type : théâtre municipal
Spectacles JP par saison : 11
Genres : pluridisciplinaire, théâtre, conte, marionnettes, théâtre d'objets, musique, danse, cirque, clown, mime.
Artistes accueillis : **Amédée Bricolo, Cie Tro-Héol, Cie L'Instant Même, Théâtre Ovipare, Théâtre des Quatre Mains, Cie Vertigo, Théâtre Pour Deux Mains, Cie Le Chat Perplexe, Hanoumat Cie...**

Théâtre Athénor

www.athenor.com
82 rue du Bois Savary
44600 Saint-Nazaire
Tél. : 02 51 10 05 05 - Fax : 02 40 19 15 61
theatre@athenor.com
• Directrice : **Brigitte Lallier-Maisonneuve**
• Programmatrice JP : **Brigitte Lallier-Maisonneuve**
Type : théâtre conventionné
Spectacles JP par saison : 40
Genre : pluridisciplinaire
Artistes accueillis : **Cie PIccoli Principi, Cie Garin Trousseboeuf, Joël Pommerat, Théâtre de l'Est Parisien, Cie Le Rousse...**

Espace culturel Capellia

www.lachapellesurerdre.fr
Chemin de Roche blanche
44240 La Chapelle-sur-Erdre
Tél. : 02 40 72 09 01 - Fax : 02 40 72 96 18
capellia@lachapellesurerdre.fr
• Directeur : **Michel Pinard**
• Programmateur JP : **Michel Pinard**
Type : théâtre municipal
Spectacles JP par saison : 12
Genre : pluridisciplinaire
Artistes accueillis : **Cie Abbal, Théâtre Pom', Les Ours du Scorff, Bouskidou, Gestuaire Danse Théâtre, Cie Pinoch', Cie Ouragane, Mamemo, Habe et Meik, Cie du Hameçon, Les Matapeste, Les Cousins, Cie La Lune Rousse, Cie Chic Epoque, Cie Kossiwa, Cie Les Aphoristes, Cie Hanoumat...**

Espace culturel Cap Nort

Mairie, Service culturel
30 rue Aristide Briand
44390 Nort-sur-Erdre
Tél. : 02 51 12 01 43 - Fax : 02 40 72 16 09
culture@nort-sur-erdre.fr
• Directeur : **Christophe Nevoux**
• Programmateur JP : **Christophe Nevoux**
Type : théâtre municipal
Spectacles JP par saison : 6
Genres : pluridisciplinaire, théâtre, conte, marionnettes, théâtre d'objets, musique, danse, cirque, clown, mime.
Artistes accueillis : **Théâtre du Balgan, Cie Créature, Cie Garin Trousseboeuf, Théâtre de la Jacquerie, Bin-bin...**

Espace culturel de la Fleuryaie

www.mairie-carquefou.fr
Rue Léonard de Vinci
44470 Carquefou
Tél. : 02 40 68 72 72 - Fax : 02 40 68 89 64
theatre@mairie-carquefou.fr
Directeur : **Michel Nadal**
Programmatrice JP : **Véronique Mabilais**
Type : théâtre municipal
Spectacles JP par saison : 14
Genre : pluridisciplinaire
Actistes accueillis : **Bouskidou, Théâtre de Cuisine, Collectif Marmouzic, Bouffou Théâtre, Théâtre Nuit, Steve Waring, Cie Le Chat Perplexe, Théâtre de l'Entracte, Cie Tango Sumo...**

STRUCTURES DE DIFFUSION

Espace culturel Le Champilambart

13 route des Dorices
44330 Vallet
Tél. : 02 40 36 42 81 - Fax : 02 40 36 45 49
champilambart@vallet.fr

- Directrice : **Isabelle Driguez**
- Programmatrice JP : **Isabelle Driguez**

Type : théâtre municipal
Spectacles JP par saison : 12
Genre : pluridisciplinaire
Artistes accueillis : **Les Ours du Scorff, Bouskidou, Théâtre des Zigomars, les Farfadas, les Zanimos, Utopium Théâtre...**

Espace culturel Paul Guimard

Boulevard Jules Ferry
44540 Saint-Mars-la-Jaille
Tél. : 02 40 97 07 91 - Fax : 02 40 97 48 80
culture@saint-mars-la-jaille.fr

- Directrice : **Annick Mainnemare**
- Programmatrice JP : **Annick Mainnemare**

Type : théâtre municipal
Spectacles JP par saison : 4
Genres : pluridisciplinaire, théâtre, conte, marionnettes, théâtre d'objets, musique, danse.
Artistes accueillis : **Théâtre des Zigomars, Ambulo Train Théâtre, Cie LGK, Cie Science 89...**

Espace culturel Sainte-Anne

Rue des Ajoncs
44410 Saint-Lyphard
Tél. : 02 40 91 49 67 - Fax : 02 40 91 36 81
anne-cecile.gouret@mairie-saint-lyphard.fr

- Directeur : **Jean-Claude Frémin**
- Programmatrice JP : **Anne-Cécile Ibry**

Type : théâtre municipal
Spectacles JP par saison : 3
Genres : pluridisciplinaire, théâtre, conte, marionnettes, théâtre d'objets, musique, danse.
Artistes accueillis : **Cie Little Théâtre, Pépito Matéo, Hanoumat Cie, Amédée Bricolo...**

Ligéria

www.sainte-luce-loire.com
Hôtel de ville, Service culturel
80 rue de la Loire, BP 88109
44981 Sainte-Luce-sur-Loire Cedex
Tél. : 02 40 68 16 38 - Fax : 02 40 68 16 01
infos@sainte-luce-loire.com

- Directeur : **Philippe Bricard**
- Programmateurs JP : **Philippe Bricard, Alexandra Guilloux**

Type : théâtre municipal
Spectacles JP par saison : 4
Genres : pluridisciplinaire, théâtre, conte, marionnettes, théâtre d'objets, musique, danse, arts de la rue, cirque, clown, mime.
Artistes accueillis : **Farfadas, Cie Ambulo Train Théâtre, Cie Écart, Jacques Haurogné...**

Maison de la Culture de Loire-Atlantique

www.mcla.asso.fr
68 rue du Général Buat, BP 30111
44001 Nantes Cedex 1
Tél. : 02 28 24 28 24 - Fax : 02 28 24 28 35
contact@mcla.asso.fr

- Directeur : **Philippe Coutant**
- Programmatrice JP : **Marion Echevin**
- Communication : **Valérie Contet**

Type : théâtre conventionné
Spectacles JP par saison : 8
Genre : pluridisciplinaire
Artistes accueillis : **Bob Théâtre, Théâtre Pom', Théâtre Pour Deux Mains, Théâtre Le Clou, Bouffou Théâtre, Nada Théâtre, Cie AMK, Théâtre de la Jacquerie, Cie Garin Trousseboeuf...**

Médiathèque

10 rue Jean Macé
44230 Saint-Sébastien-sur-Loire
Tél. : 02 40 80 86 20
mediatheque@ville-saint-sebastien44.fr

- Directrice : **Bernadette Welker-Fortune**
- Programmatrice JP : **Bernadette Welker-Fortune**

Type : divers
Spectacles JP par saison : 4

Genre : pluridisciplinaire
Artistes accueillis : **Cie Pinoc'h, Atelier 44, Cie Laena, Théâtre du Pré en Bulles, Théâtre Pom', Robert Nana...**

Onyx - La Carrière

www.onyx-culturel.org
1 place Océane Zone Atlantis, BP 224
44815 Saint-Herblain
Tél. : 02 28 25 25 00 - Fax : 02 40 92 18 77
communication@onyx-culturel.org
• Directeur : **Paul Morizeau**
• Programmateur JP : **Jean-Noël Charpentier**
Type : divers
Spectacles JP par saison : 10
Genres : pluridisciplinaire, théâtre, marionnettes, théâtre d'objets, musique, danse, cirque.
Artistes accueillis : **Théâtre Pour Deux Mains, Chantier Théâtre, La Petite Fabrique, Bouffou Théâtre, Cie Arscom, Cie Point Virgule, Cie Quelqu'un, Théâtre Pom', Yannick Pasgrimaud, CDN Sartrouville, Vincent Goethals, Cie Kossiwa, Cie Pal Frenak, Cie Gianni Joseph, Cie Retouramont, Cie Zephyr, Cie Monsieur et Madame Tout le Monde...**

Terrain Neutre Théâtre

www.tntheatre.com
11 allée de la Maison Rouge
44000 Nantes
Tél. : 02 40 12 12 28 - Fax : 02 40 47 16 92
info@theatre.com
• Directeur : **Grégory Commeyne**
• Programmateur JP : **Grégory Commeyne**
Type : divers
Spectacles JP par saison : 7
Genre : pluridisciplinaire
Artistes accueillis : **Théâtre des 7 lieux, Cie Lilirome, Cie Arludie, Cie Pepaloma, Cie Tootaphone, Cie du Moulin en Herbe...**

Théâtre de la Gobinière

37 avenue de la Ferrière
44700 Orvault
Tél. : 02 51 78 33 33 - fax : 02 51 78 33 39
• Directeur : **Yann Olivier**
• Programmatrice JP : **Anne Meignen**
Type : théâtre municipal
Spectacles JP par saison : 9
Genre : pluridisciplinaire
Artistes accueillis : **Théâtre Pom', Philippe Sizaire, Théâtre du Préambulles, Astuces et compagnie, Théâtre pour deux mains, Cie Paq' la Lune, Théâtre du Merle Blanc, Pointure 23...**

Théâtre de Verre

27 place Charles de Gaulle
44110 Châteaubriand
Tél. : 02 40 81 16 19 - Fax : 02 40 81 17 80
tdv.administration@wanadoo.fr
• Directeur : **Frédéric Pithois**
• Programmateur JP : **Frédéric Pithois**
Type : théâtre municipal
Spectacles JP par saison : 3 à 5
Genre : pluridisciplinaire
Artistes accueillis : **Théâtre à Cour, Cie José Manuel Caño Lopez, Théâtre Pom', Hanoumat Cie...**

Théâtre Quartier Libre

www.theatre-ancenis.com
Place Rohan
44150 Ancenis
Tél. : 02 51 14 17 17 - Fax : 02 51 14 17 18
theatre.ancenis@wanadoo.fr
• Directeur : **Dominique Dahéron**
• Programmateur JP : **Dominique Dahéron**
Type : théâtre municipal
Spectacles JP par saison : 10
Genre : pluridisciplinaire
Artistes accueillis : **Théâtre Pom', Staccato, Théatro Gioco Vita, Bouskidou...**

49

Centre culturel de Segré

Hôtel de ville, place Aristide Briand
49502 Segré Cedex
Tél. : 02 41 92 17 83 - Fax : 02 41 92 81 02
caroline.geraud@ville-segre.fr
- Directrice : **Caroline Géraud**
- Programmatrice JP : **Caroline Géraud**

Type : théâtre municipal
Spectacles JP par saison : 3
Genre : pluridisciplinaire
Artistes accueillis : **Jean René, Jo Bithume...**

Centre Georges Brassens

www.ville-avrille.fr
Parc Brassens, BP 40117
49243 Avrillé Cedex
Tél. : 02 41 31 11 30
brassens.culture@ville-avrille.fr
- Directeur : **Olivier Huard**
- Programmateur JP : **Olivier Huard**

Type : théâtre municipal
Spectacles JP par saison : 4
Genre : pluridisciplinaire
Artistes accueillis : **Les Trapettistes, Steve Waring, Cie Loba-Annabelle Sergent, Cie Artigüe, Cie Arcane, Danielle Mainville...**

Le Jardin de Verre

13 boulevard Gustave Richard
49300 Cholet
Tél. : 02 41 65 13 58 - Fax : 02 41 65 76 00
jardindeverre@wanadoo.fr
- Directeur : **Michel Lallier**
- Programmateur JP : **Michel Lallier**

Type : MJC
Spectacles JP par saison : 4
Genre : pluridisciplinaire
Artistes accueillis : **Cie les Gueules Kassées, Cie de l'Instant Mômes, Monsieur Nô, Cie Les Bonimenteurs, TOF Théâtre, Cie Grizli Philibert...**

Nouveau Théâtre d'Angers CDN Pays de la Loire

www.nta-angers.fr
12 place Imbach
49101 Angers Cedex 02
Tél. : 02 41 88 90 08 - Fax : 02 41 88 32 80
contact@nta-angers.fr
- Directeur : **Claude Yersin**
- Programmatrice JP : **Régine Montoya**

Type : centre dramatique
Spectacles JP par saison : 3
Genres : pluridisciplinaire, théâtre, marionnettes, théâtre d'objets.
Artistes accueillis : **Cie L'Artifice, Teatro Gioco Vita, Cie Bronks, Pascale Platel...**

Théâtre de Beaufort-en-Vallée

Hôtel de ville, Service culturel
49250 Beaufort-en-Vallée
Tél. : 02 41 79 74 60 - Fax : 02 41 79 74 61
- Directeur : **François Baunez**
- Programmateur JP : **François Baunez**

Type : théâtre municipal
Spectacles JP par saison : 5
Genre : pluridisciplinaire
Artistes accueillis : **Cie les Violons de Chabanes, Cie Pinoc'h, Cie le Geste à la Parole, Cie Papaq...**

Théâtre de l'Hôtel de ville

Place Jean XXIII
49124 Saint-Barthélémy d'Anjou
Tél. : 02 41 96 12 81 - Fax : 02 41 93 92 75
thv@ville-stbarth.fr
- Directeur : **Michel Auger**
- Programmateur JP : **Michel Auger**

Type : théâtre municipal
Spectacles JP par saison : 6
Genres : pluridisciplinaire, théâtre, conte, marionnettes, théâtre d'objets, musique, danse, cirque, clown, mime.
Artistes accueillis : **Steve Waring, Les Ours du Scorff, Bouskidou, Théâtre Pom', Cie La Pluie qui Tombe, Bouffou Théâtre...**

Théâtre de Saumur

www.ville-saumur.fr
Hôtel de ville, re Molière, BP 300
49408 Saumur Cedex
Tél. : 02 41 83 30 85 - Fax : 02 41 83 30 89
affaires.culturelles@ville-saumur.fr
• Directeur : **Christian Mousseau-Fernandez**
• Programmateur JP : **Christian Mousseau-Fernandez**
Type : théâtre municipal
Spectacles JP par saison : 10
Genre : pluridisciplinaire
Artistes accueillis : **Théâtre de Sartrouville, Cie Sac à dos, Cie Flash Marionnette, Cie Arts et couleurs.**

Théâtre des Dames

www.ville-lespontsdece.fr
Mairie
Direction du développement culturel
7 rue Charles de Gaulle
49130 Les Ponts-de-Cé
Tél. : 02 41 79 75 75
centre.culturel@ville-lespontsdece.fr
• Directeur : **Daniel Carcel**
• Programmatrice JP : **Sophie Soumano**
Type : théâtre municipal
Spectacles JP par saison : 6
Genre : pluridisciplinaire
Artistes accueillis : **Cies Hanoumat et le pied d'Oscar, Cie théâtre du tiroir, Cie Abbac, Cie Métis, Ambulo Train théâtre, Cie Théâtre pour deux mains…**

Théâtre du Champ de Bataille

10 rue du Champ de Bataille
49100 Angers
Tél. : 02 41 72 00 94 - Fax : 02 41 72 00 94
champdebataille@voila.fr
• Directrice : **Marie Roudil**
• Programmatrice JP : **Céline Renou**
Type : divers
Spectacles JP par saison : 3 à 5
Genres : pluridisciplinaire, théâtre, conte, marionnettes, théâtre d'objets, musique, danse clown, mime.
Artistes accueillis : **Cie Lez'arts vers, Artbigüe Cie, Cie Paq La Lune, Archipel Indigo...**

Théâtre municipal de Cholet

www.ville-cholet.fr
81 place Travot
49300 Cholet
Tél. : 02 41 49 25 58 - Fax : 02 41 49 29 45
theatre@ville-cholet.fr
• Directeur : **Jacques Mignon**
• Programmateurs JP : **Jacques Mignon, Guillaume Robin**
Type : théâtre municipal
Spectacles JP par saison : 10
Genre : pluridisciplinaire
Artistes accueillis : **Atelier théâtre entrance, Art pluriel Action, Cie Trombines, Association CRC...**

53

Le Carré

www.le-carre.org
4 bis rue Horeau, BP 357
53203 Château-Gontier Cedex
Tél. : 02 43 09 21 50 - Fax : 02 43 09 21 51
contact@le-carre.org
• Directeur : **-**
• Programmatrice JP : **Christine Oudart**
Type : scène nationale
Spectacles JP par saison : 8
Genres : pluridisciplinaire, théâtre, conte, marionnettes, théâtre d'objets, musique, danse.
Artistes accueillis : **Skappa, Cie Le Chat Perplexe, Flash Marionnettes, Cie Quelquns, Théâtre à Cru, Cie Garin Trousseboeuf, Cie Matthieu, François et les autres, Théâtre de Cuisine, Abbac, Cie Étant Donné...**

Le Kiosque

7 place Juhel
53100 Mayenne
Tél. : 02 43 30 10 16 - Fax : 02 43 00 96 44
c.c.le.kiosque@wanadoo.fr
• Directeur : **Valentin Lemée**
• Programmateur JP : **Bruno Fléchard**
Type : divers

Spectacles JP par saison : 10
Genre : pluridisciplinaire
Artistes accueillis : **Santini, Les Farfadas, Démons et Merveilles, Scaramouche, Abbac, Mavana...**

72

Centre culturel Joël Le Theule

www.sable-sur-sarthe.fr
16 rue Saint-Denis
72300 Sablé-sur-Sarthe
Tél. : 02 43 62 22 20 - Fax : 02 43 62 22 21
culture@sablesursarthe.fr
- Directeur : **Jean-Bernard Meunier**
- Programmatrice JP : **Nicole Redouet**

Type : divers
Spectacles JP par saison : 10
Genre : pluridisciplinaire
Artistes accueillis : **Cie Morisse, Cie Gare Centrale, Cie L'Abribus, Cie Le Chat Perplexe, Cie Pinoc'h, Cie Chant de Balles, Théâtre Foz, Ensemble Amarillis, Cie l'Eventail, Cie Mathieu, François et les Autres, Hervé Demon, Christian Ferrari, François Lemonnier, Christian Merveille, Cie Tro-Héol, Cie Amoros et Augustin, Cie José Manuel Caño Lopez, Contre Jour, CCN de Franche-Comté, Cie Les Brigands, Zut, Cie Flash Marionnettes, Ambulo Train Théâtre, Cie Melting Pot, Lili Moutarde, Théâtre de l'Ombrelle, Théâtre Foz, Cie Piccoli Principi, Cie Tabola Rassa, Cie Gare Centrale...**

Espace culturel Henri Salvador

www.coulaines.fr
Place de la Gironde
72190 Coulaines
Tél. : 02 43 82 30 13 - Fax : 02 43 82 39 70
jlpastor.coulainesculture@wanadoo.fr
- Directeur : **Jean-Luc Pastor**
- Programmateur JP : **Jean-Luc Pastor**

Type : divers
Spectacles JP par saison : 8
Genres : pluridisciplinaire, théâtre, conte, marionnettes, théâtre d'objets, musique, danse, mime.
Artistes accueillis : **Cie Influence, Cie Clandestine, Théâtre Billenbois, Cie Jamais 203, Démons et Merveilles, Cie Piccoli Principi, Théâtre des Mots, Cie Guy Jutard, Cie Saturne Pas Rond, Cie Le Clan des Songes, Cie La Courte Échelle, Papaq Cie, Théâtre du Merle Blanc, Théâtre Mu, Mélodie Théâtre, Pyro Concept, Théâtre du Kronope, Hanoumat Cie, Cie à Tulle Tête, Cie du Caramel Fou, Action Théâtre Enfance, Steve Waring...**

Espace Scelia

www.sargeleslemans.fr
Rue Didier Pironi
72190 Sargé-lès-Le-Mans
Tél. : 02 43 76 38 50 - Fax : 02 43 76 38 51
scelia.sarge72@wanadoo.fr
- Directrice : **Michèle Benoit**
- Programmatrice JP : **Michèle Benoit**

Type : théâtre municipal
Spectacles JP par saison : 2 à 3
Genres : pluridisciplinaire, théâtre, musique.
Artistes accueillis : **Cie Robin et Juteau, Cie Les Enfants Perdus, Théâtre en Chantier, Cie de Gens Pluriels...**

L'Espal

www.theatre-espal.net
60-62 rue de l'Estérel
72058 Le Mans
Tél. : 02 43 50 21 51 - Fax : 02 43 50 21 59
- Directeur : **Hany Prosenow**
- Programmateur JP : **Céline Guinot**

Type : théâtre conventionné
Spectacles JP par saison : 5
Genres : pluridisciplinaire, théâtre, conte, marionnettes, théâtre d'objets, musique, danse.
Artistes accueillis : **Cie Amoros et Augustin, Théâtre de Cuisine, Cie Piccoli Principi, Théâtre des Deux Mondes...**

Palais des Congrès et de la culture du Mans

www.lemans-congres.com
Cité Cénomane, rue d'Arcole
72000 Le Mans
Tél. : 02 43 43 59 59 - Fax : 02 43 43 59 69
evenements@ville-lemans.fr
• Directeur : **Bruno Ray**
• Programmateur JP : **Olivier Obeuf**
Type : divers
Spectacles JP par saison : 4
Genres : pluridisciplinaire, théâtre, conte, marionnettes, danse, cirque.
Artistes accueillis : **Démons et Merveilles, Cie du Strapontin, Théâtre Dest, Théâtre de l'Enfumeraie...**

Salle Jean Carmet

Hôtel de ville, Service culturel
72700 Allonnes
Tél. : 02 43 83 42 25 - Fax : 02 43 83 42 47
culture@ville-allonnes.fr
• Directeur : **Gérard Lantier**
• Programmateurs JP : **Gérard Lantier, Marie-Anne Durand**
Type : scène musiques actuelles
Spectacles JP par saison : 6
Genres : pluridisciplinaire, théâtre, marionnettes, théâtre d'objets, musique, danse, arts de la rue, cirque, clown.
Artistes accueillis : **Démons et Merveilles, Stanislas, Théâtre du Mayapo, Cie la Pire Espèce, Cie C'est Bon Signe, Didier André et Jean-Paul Lefeuvre, Tof Théâtre, Bouffou Théâtre, Cie Gare Centrale, Cirque Clandestin, Théâtre à Deux Mains, Bob Théâtre, Garin Trousseboeuf, Théâtre du mouvement...**

Théâtre Épidaure

1 rue de la Grosse Pierre
72440 Bouloire
Tél. : 02 43 35 75 61 - Fax : 02 43 35 60 78
nba.spectacles@libertysurf.fr
• Directeurs : **Didier Bardoux, Pierre Sarzacq**
• Programmatrice JP : **Valérie Gilles**
Type : théâtre conventionné
Spectacles JP par saison : 6
Genre : pluridisciplinaire
Artistes accueillis : **Cie Escale, Théâtre Pour Deux Mains, Cie Didascalies, Papaq Cie, Bouffou Théâtre, Théâtre du Préau, Cie Les Aphoristes, Famille Morallès, Cie NBA Spectacles...**

Val'Rhonne

Allée de l'Europe
72230 Moncé-en-Belin
Tél. : 02 43 42 29 48 - Fax : 02 43 42 97 61
valrhonne@wanadoo.fr
• Directeur : **Claude Morihain**
• Programmateur JP : **Claude Morihain**
Type : divers
Spectacles JP par saison : 2 à 6
Genres : pluridisciplinaire, théâtre, conte, marionnettes, théâtre d'objets, musique, danse, arts de la rue, cirque, clown, mime.
Artistes accueillis : **Théâtre à Quatre mains, Cie LGK...**

85 Espace Herbauges

www.villedesherbiers.com
Rue de la Prise d'Eau
85500 Les Herbiers
Tél. : 02 51 6695 41 - Fax : 02 51 66 87 99
herbauges@villedesherbiers.com
• Directeur : **Philippe Bretaud**
• Programmatrice JP : **Céline Gilbert**
Type : théâtre municipal
Spectacles JP par saison : 15
Genre : pluridisciplinaire
Artistes accueillis : **Grizzli, Philibert Tambou, Paq la Lune, Théâtre Pom', Théâtre du Pré en Bulles, Théâtre du Chêne Vert, Cie Garin Trousseboeuf, Pulse, Cie Abbac, Atelier 44, Chantier Théâtre, Bouffou Théâtre, Françoise Pillet et Cie, Cie S'Evad, Choc Trio, Gigi Bigot, Cie Loba, Cie Quelqu'unS, Cie Le Lutin, Les Pilleurs d'Épaves...**

Le Chapiteau, arts nomades

Hôtel de ville, Service animations culturelles
85021 La Roche-sur-Yon
Tél. : 02 51 47 49 07
• Directeur : **Didier Coirint**
• Programmatrice JP : **Emmanuelle Sindraye**
Type : divers
Spectacles JP par saison : 7
Genres : pluridisciplinaire, théâtre, conte, marionnettes, théâtre d'objets, musique, danse, arts de la rue, cirque.
Artistes accueillis : **Cie les Passeurs de Contes, Cie l'Epate en l'Air, Ensemble FA 7, Pascal Ayerbe & Cie, Cie Oko, Théâtre en kit, Théâtre Mu, Pierre Deschamps...**

Le Manège

www.scene-nat-rochesuryon.com
Rue Pierre Bérégovoy
85017 La Roche-sur-Yon
Tél. : 02 51 47 83 80 - Fax : 02 51 47 83 89
contact@scene-nat-rochesuryon.com
• Directeur : **Daniel Ramponi**
• Programmatrice JP : **Mylène Idier-Auvinet**
Type : scène nationale
Spectacles JP par saison : 17
Genres : pluridisciplinaire, théâtre, conte, marionnettes, théâtre d'objets, danse, cirque.
Artistes accueillis : **Théâtre Pour Deux Mains, Cie de la Grande Ourse, Cie Skappa!, Jean-Louis Cousseau, Théâtre de Romette, Cie Garin Trousseboeuf, Théâtre des Marionnettes de Genève, Théâtre du Loup Blanc, Cie Gros Mécano, Cie Mathieu, François et les Autres...**

Les Salorges

Quai Jean Bart
85330 Noirmoutier
Tél. : 02 51 39 01 22 - Fax : 02 51 39 88 48
ville.de.noirmoutier@wanadoo.fr
• Directeur : **Jérôme Leduc**
• Programmateur JP : **Jérôme Leduc**
Type : théâtre municipal
Spectacles JP par saison : 10
Genre : pluridisciplinaire
Artistes accueillis : **Cie des Écumes, Laurent Deschamps, Cie les Héliades, Démons et Merveilles, Cie des Ondes, Cie Temps fort...**

Picardie

02 Le Forum

Place Yves Brinon
02300 Chauny
Tél. : 03 23 52 23 52 - Fax : 03 23 39 62 60
forum.chauny@wanadoo.fr
• Directeur : **Jérôme Decressin**
• Programmateur JP : **Jérôme Decressin**
Type : divers
Spectacles JP par saison : 10
Genres : pluridisciplinaire, théâtre, conte, marionnettes, musique, danse, cirque.
Artistes accueillis : **Ribouldingue et Faribole, Cie Daru, Cie Mom'song...**

Maison de la culture de Gauchy

Rue Gabriel Péri
02430 Gauchy
Tél. : 03 23 40 20 00 - Fax : 03 23 40 20 01
mclgauchy@wanadoo.fr
• Directeur : **Jean-Paul Davion**
• Programmateur JP : **Jean-Paul Davion**
Type : divers
Spectacles JP par saison : 15
Genres : pluridisciplinaire, théâtre, conte, marionnettes, théâtre d'objets, musique, danse, arts de la rue, cirque.
Artistes accueillis : **Flash Marionnettes, Bouffou Théâtre, Théâtre de la Passerelle, Fawzy Al-Aeidy...**

Maison des arts de Laon

Place Gisèle Aubry
02000 Laon
Tél. : 03 23 26 30 30 - Fax : 03 23 26 30 35
amouly@ville-laon.fr
• Directrice : **Anne Mouly**
• Programmatrice JP : **Anne Mouly**
Type : théâtre municipal
Spectacles JP par saison : 5

Genres : pluridisciplinaire, théâtre, musique.
Artistes accueillis : **Cie L'Autobus à Vapeur, Cie Les Loupiots, Cie Joker...**

Théâtre Saint-Médard

www.theatresaintmedard.com
20 rue Pépin le Bref
02200 Soissons
Tél. : 03 23 53 54 42 - Fax : 03 23 53 54 42
acaly@theatresaintmedard.com
• Directeur : **Fabrice Decarnelle**
• Programmateur JP : **Fabrice Decarnelle**
Type : divers
Spectacle JP par saison : 1
Genres : pluridisciplinaire, théâtre.
Artiste accueilli : **Cie Acaly...**

60

Espace Jean Legendre

www.espacejeanlegendre.com
Place Briet Daubigny
60200 Compiègne
Tél. : 03 44 92 76 83 - Fax : 03 44 20 33 62
administration@espacejeanlegendre.com
• Directeur : **Éric Rouchaud**
• Programmatrice JP : **Audrey Matel**
Type : théâtre conventionné
Spectacles JP par saison : 10
Genres : pluridisciplinaire, théâtre, conte, marionnettes, théâtre d'objets, musique, danse cirque.
Artistes accueillis : **Cie Propos, Joël Jouanneau, Cie Mamemo, Cie Méli Mélo, Action Théâtre Enfance, Cie Ches Panses vertes, Cie Théâtre fantastique, Cie Amoros et Augustin, Cie Caryatides, Cie Carré Blanc, Cie Papaq, Robinson, Teatro La Ribalta, Cie Gare Centrale, Cie Passeurs de mémoires...**

L'Ouvre-Boîte

www.asca-asso.com
8 rue de Bourgogne
60000 Beauvais
Tél. : 03 44 10 30 80 - Fax : 03 44 10 30 88
ouvreboite@asca-asso.com
• Directeur : **Marc Vedrine**
• Programmatrice JP : **Rafaële Paul-Camus**
Type : scène musiques actuelles
Spectacles JP par saison : 10
Genre : musique
Artistes accueillis : **Delimelo, Rocksbulle, Serge Bulot, Bakari Diarra...**

Théâtre du Beauvaisis

Place George Brassens
60000 Beauvais
Tél. : 03 44 06 08 22 - Fax : 03 44 06 08 29
tdb.direction@wanadoo.fr
• Directrice : **Martine Legrand**
• Programmatrice JP : **Martine Legrand**
Type : théâtre conventionné
Spectacles JP par saison : 15 à 20
Genre : pluridisciplinaire
Artistes accueillis : **Robinson, Jean-Claude Gallota, Christiane - Camille Richard, Cie Jean-Pierre Lescot, Nathalie Cornille, Damien Bouvet, Flash Marionnettes, Bouffou Théâtre, Dan Jemmet...**

Théâtre du Chevalet

6 place Aristide Briand
60400 Noyon
Tél. : 03 44 93 28 20 - Fax : 03 44 93 28 30
lechevalet@noyon.fr
• Directrice : **Christine Cadours**
• Programmatrice JP : **Christine Cadours**
Type : théâtre municipal
Spectacles JP par saison : 8
Genre : pluridisciplinaire
Artistes accueillis : **Cie du Chat Pitre, Cie La Conque, Cie Vire Volte, Théâtre de la Noue, Les Trottoirs du hasard, Théâtre du Caramel fou, Cie Tro-Héol, Action Théâtre Enfance, Cie la Soufflerie, Cie Patchwork...**

80

Centre culturel Jacques Tati

Rue du 8 mai 1945
80090 Amiens
Tél. : 03 22 46 01 14 - Fax : 03 22 47 60 53
centreculturejacquestati@wanadoo.fr
• Directrice : **Zohra Larbi-Akil**
• Programmatrice JP : **Zohra Larbi-Akil**
Type : divers

Spectacles JP par saison : 5
Genre : pluridisciplinaire
Artistes accueillis : **Ches Panses Vertes, Théâtre Némo, Cie Pupella-Noguès, Le Petit Théâtre, Théâtre du Lin, Éclats d'Etats, La Guimbarde, Théâtre à Deux Mains, Labribus...**

Comédie de Picardie

www.comdepic.com
62 rue des Jacobins
80000 Amiens
Tél. : 03 22 22 20 20 - Fax : 03 22 22 20 29
comdepic@comdepic.com
• Directeur : **Gérard Lefevre**
• Programmatrice JP : **Marie-Laure Lecourt**
Type : théâtre conventionné
Spectacles JP par saison : 3
Genres : pluridisciplinaire, théâtre, marionnettes.
Artistes accueillis : **Flash Marionnettes, Ankinéa Théâtre, Cie Annibal et ses Éléphants, Chantier Théâtre, Théâtre de la Véranda, Anima Motrice, Cie Urenevay, TEP, Passeurs le Mémoire, Eclats d'Etats, Le Grand Bleu, Théâtre de Menteur, Cie Loutka, L'Aventure Musicale, Naïf Théâtre, Théâtre de l'Ombrelle...**

CSC Étouvie

Avenue de Picardie, BP 1231
80000 Amiens
Tél. : 03 22 43 03 52 - Fax : 03 22 43 29 96
cscetouvie@free.fr
• Directeur : **Étienne Desjonquères**
• Programmateur JP : **Étienne Desjonquères**
Type : divers
Spectacles JP par saison : 2
Genre : pluridisciplinaire
Artistes accueillis : **Cie A&O...**

La Lune des Pirates

www.lalune.net
51 passage Bélu
80000 Amiens
Tél. : 03 22 22 14 05 - Fax : 03 22 97 88 01
pirates@lalune.net
• Directeur : **Frédéric Carre**
• Programmateur JP : **Frédéric Carre**
Type : scène musiques actuelles
Spectacles JP par saison : 2 à 3
Genre : musique
Artistes accueillis : **Délimélo, Bakari Diarra, Rocky Bulle...**

Maison de la Culture d'Amiens

www.maisondelaculture-amiens.com
Place Léon Gontier, BP 0631
80006 Amiens Cedex 1
Tél. : 03 22 97 79 77 - Fax : 03 22 97 79 90
accueil@mca-amiens.com
• Directeur : **Gilbert Fillinger**
• Programmatrices JP : **Émilie Vautrin, Karine Branchelot**
Type : scène nationale
Spectacles JP par saison : 4
Genres : pluridisciplinaire, théâtre, conte, marionnettes, théâtre d'objets, musique, danse, arts de la rue, cirque, clown, mime.
Artistes accueillis : **Teatro Kismet Opéra, Cie Voix Off, Damien Bouvet, Zic Zazou, Théâtre des Deux Mondes, Théâtre du Lin, Création Ankinéa Théâtre, Élise Caron, Orchestre de Picardie, Musique en Herbe Orchestra, Cie du Nouveau Jour, La Fabrique des Arts d'à Côté, Théâtre de l'Est Parisien, Cie Annibal et ses éléphants, Théâtre en Kit...**

Poitou-Charentes

16 L'Avant-Scène

www.avantscene.com
1 place Robert Schuman
16121 Cognac Cedex
Tél. : 05 45 82 17 24 - Fax : 05 45 36 12 84
lavantscene@ifrance.com
• Directeur : **René Marion**
• Programmateur JP : **René Marion**
Type : divers
Spectacles JP par saison : 15
Genre : pluridisciplinaire
Artistes accueillis : **Théâtre de Cuisine, Cie Gare Centrale, Bob Théâtre, Cie Amazone, Théâtre en vue, Zététique Théâtre...**

La Palène

http://lapalene.unireseau.com
Boulevard d'Encamp
16170 Rouillac
Tél. : 05 45 96 80 38 - Fax : 05 45 96 47 82
asso.lapalene@wanadoo.fr
• Directeur : **Jean-Michel Perez**
• Programmateur JP : **Jean-Michel Perez**
Type : divers
Spectacles JP par saison : 7
Genres : pluridisciplinaire, théâtre, marionnettes, théâtre d'objets, arts de la rue, cirque.
Artistes accueillis : **Cie Attention Fragile, Cie Inouïe, Bouskidou, Le Zététique Théâtre, José le Piez, Théâtre de la Pire Espèce, Théâtre Dest, Orion Danse, Cie Caracole, Théâtre Maat...**

Théâtre d'Angoulême

www.theatre-angouleme.org
Avenue des Maréchaux, BP 287
16007 Angoulême Cedex
Tél. : 05 45 38 61 61 - Fax : 05 45 38 61 51
infos@theatre-angouleme.org
• Directeur : **Joël Gunzburger**
• Programmatrice JP : **Marie-Christine Léger**
Type : scène nationale
Spectacles JP par saison : 15
Genres : pluridisciplinaire, théâtre, conte, marionnettes, théâtre d'objets, musique, danse, Arts de la rue, cirque, clown, mime.
Artistes accueillis : **Cie Amoros et Augustin, Thomas Germaine, Cie Jean Boillot, Théâtre à Spirale, Yannick Jaulin, Orchestre de l'Oiseau Rock, Teatro delle Briciole, Cie L'Éolienne, Maury Deschamps, Cie L'Impatient, Théâtre de l'Est Parisien, Cie Feria Musica, Regina Welk, Cie Docha, Cie à Fleur de Peau, Cie La Tarande, Cie Mathieu, François et les autres...**

Théâtre de la Couronne

1 allée des Sports
16400 La Couronne
Tél. : 05 45 67 17 00 - Fax : 05 45 67 48 26
theatredelacouronne@wanadoo.fr
• Directeur : **Franck Fourmy**
• Programmateurs JP : **Franck Fourmy, Aurélie Zadra**
Type : divers
Spectacles JP par saison : 5
Genres : pluridisciplinaire, théâtre, conte, marionnettes, théâtre d'objets, musique, danse.
Artistes accueillis : **Théâtre des Quatre Mains, Zététique Théâtre, Cie Amoros et Augustin, Théâtre de la Pire Espèce, Bouffou Théâtre...**

17

Carré Amelot

www.carre-amelot.net
10 bis rue Amelot, BP 309
17013 La Rochelle Cedex 1
Tél. : 05 46 51 14 70 - Fax : 05 46 27 03 25
contact@carre-amelot.net
• Directrice : **Christelle Beaujeon**
• Programmatrice JP : **Christelle Beaujeon**
Type : divers
Spectacles JP par saison : 13
Genre : pluridisciplinaire
Artistes accueillis : **Cie Käfig, Théâtre sans toit, Théâtre Fantastique, Cie Retouramont, Cie Reveïda, Billie Rose et Ael K1, Cie Amoros et Augustin, Théâtre du Petit Miroir, Théâtre Nemo, Théâtre de La Pire Espèce, Quatuor 1084° C, Théâtre Dest, Cie José Manuel Caño Lopez, Cie VireVolte, Cie Tempestant, Tara Théâtre, Cie des Chiffonnières, Cie La Pluie qui Tombe, Cie Oko...**

La Maline

www.ardc-la-maline.net
Le Mail, BP 45
17670 La Couarde-sur-Mer
Tél. : 05 46 29 93 53 - Fax : 05 46 29 63 09
ardc@wanadoo.fr
• Directeur : **Pierre Soler**

• Programmateur JP : **Pierre Soler**
Type : divers
Spectacles JP par saison : 6 à 10
Genre : pluridisciplinaire
Artistes accueillis : **Théâtre Dest, Théâtre du Roseau, Théâtre de la Pire Espèce, Théâtre des Quatre Saisons, Bob Théâtre...**

Théâtre de La Coupe d'Or

101 rue de la République
17300 Rochefort
Tél. : 05 46 82 15 10 - Fax : 05 46 99 27 00
theatre-coupedor@wanadoo.fr
• Directeur : **Vincent Léandri**
• Programmateur JP : **Vincent Léandri**
Type : théâtre conventionné
Spectacles JP par saison : 4 à 5
Genres : pluridisciplinaire, théâtre, conte, marionnettes, théâtre d'objets, musique, danse.
Artistes accueillis : **Cie Tempestant, Le Petit Théâtre, Cie des Rémouleurs, Théâtre du Fust, Cie Pour Ainsi Dire, Odile Dusoc, Théâtre de l'Ombrelle, André Wilms, Lin Yuan Shang, Joël Pommerat, Thierry Balasse...**

79 Le Moulin du Roc Scène nationale de Niort

www.moulinduroc.asso.fr
9 boulevard Main, BP 405
79004 Niort Cedex 04
Tél. : 05 49 77 32 30 - Fax : 05 49 77 32 31
moulinduroc@moulinduroc.asso.fr
• Directeur : **Bernard Bonnet**
• Programmatrice JP : **Brigitte Castiglioni**
Type : scène nationale
Spectacles JP par saison : 8
Genre : pluridisciplinaire
Artistes accueillis : **Théâtre du Loup Blanc, Cie Arscom, Cie José Manuel Caño Lopez, Cie Le Chat Perplexe, Ambulo Train Théâtre, Cie les Zanimos, Morisse et Cie, Cie Pointure 23, Cie Robinson, Bouskidou, Théâtre de Romette, Cie Le Point d'Ariès, Cie Le Clan des Songes, TJP Strasbourg, Théâtre Dest, Théâtre de la Toupine, Cie Suforel, Théâtre André Loncin...**

Théâtre de Bressuire

1 place Barante
79800 Bressuire
Tél. : 05 49 74 46 32 - Fax : 05 49 74 46 34
theatre@ville-bressuire.fr
• Directeur : **Alain Crendal**
• Programmateur JP : **Alain Crendal**
Type : théâtre municipal
Spectacles JP par saison : 6 à 8
Genres : pluridisciplinaire, théâtre, musique, danse.
Artistes accueillis : **Théâtre de Romette, Cie Pinoc'h, Cie Gianni Joseph, Cie La Pluie qui Tombe, Flash Marionnettes...**

Théâtre de Thouars

www.theatre-thouars.com
Association S'il Vous Plait
5 boulevard Pierre-Curie
79100 Thouars
Tél. : 05 49 66 24 24 - Fax : 05 49 68 00 96
silvousplait@theatre-thouars.com
• Directeur : **Yves Chuillet**
• Programmateurs JP : **Yves Chuillet, Lise Collos**
Type : théâtre conventionné
Spectacles JP par saison : 5 à 6
Genres : pluridisciplinaire
Artistes accueillis : **Théâtre de la Tête Noire, Théâtre de Cuisine, Christian Carignon, Théâtre de l'Omberelle, Cie Tro-Héol...**

86 Centre de Beaulieu

10 boulevard Savari
86000 Poitiers
Tél. : 05 49 44 80 40 - Fax : 05 49 46 90 66
pdgd@centredebeaulieu.fr
• Directrice : **Anne-Marie Chaignon**
• Programmatrice JP : **Anne-Marie Lalu**
Type : divers
Spectacles JP par saison : 9
Genre : pluridisciplinaire
Artistes accueillis : **Le Vélo Théâtre, Cie Skappa, Cie Agitez le Bestiaire, Ensemble Reflex, Sylvain Kassap, Cie Illico, Le Cincle Plongeur, Arcosm...**

L'Arantelle

Le Clos des Roches
86340 Roches-Prémarie
Tél. : 05 49 42 05 74 - Fax : 05 49 42 93 58
larantelle@wanadoo.fr
• Directeur : **Jean-Luc Guillemet**
• Programmateur JP : **Jean-Luc Guillemet**
Type : divers
Spectacles JP par saison : 2
Genre : pluridisciplinaire
Artistes accueillis : **Cie le bruit du Frigo, Cie la Tarte aux plumes…**

Théâtre du Trèfle

25 rue du général Sarrail
86000 Poitiers
Tél. : 05 49 88 23 91 - Fax : 05 49 41 88 00
vero-trefle@wanadoo.fr
• Directrice : **Marie-Claude Morland**
• Programmatrice JP : **Gaëlle Barrault**
Type : théâtre municipal
Spectacles JP par saison : 3
Genre : pluridisciplinaire
Artistes accueillis : **Déclic théâtre, Cie Entrées de jeu, Cie Baladeu'x…**

Provence-Alpes-Côte d'Azur

04 MJC Le Bruit qui court

1 allée de Provence
04100 Manosque
Tél. : 04 92 72 19 70 - Fax : 04 92 72 65 22
• Directeur : **Paul Leroux**
• Programmatrice JP : **Anne Maldan**
Type : MJC
Spectacles JP par saison : 12
Genre : pluridisciplinaire
Artistes accueillis : **Cie des Petits Bancs, Cie Itinérances, Tara Théâtre, Claire Granjon, Bouldegom'Théâtre, Cie Loba, Cie Clandestine, Les Witloof, Théâtre de Cuisine, Cie Tempestant, Cie les Chercheurs d'Arts Associés...**

Odyssée

Service culturel, Ferme de Font-Robert
04160 Château-Arnoux
Tél. : 04 92 64 27 34 - Fax : 04 92 62 60 67
ccmd.culture@wanadoo.fr
• Directeur : **Robert Pasquier**
• Programmatrice JP : **Yamina Drif**
Type : divers
Spectacles JP par saison : 5 à 6
Genres : pluridisciplinaire, théâtre, conte, marionnettes, théâtre d'objets, musique, danse.
Artistes accueillis : **Cie Itinérances, Vélo Théâtre, Cie Remue-Méninges, Théâtre du Papyrus, Théâtre du Loup Blanc, Cie Clandestine, Teatro delle Briciole...**

05 Centre municipal culture et Loisirs de Gap

Boulevard Pierre et Marie Curie
05000 Gap
Tél. : 04 92 51 55 28 - Fax : 04 92 52 77 04
cmcl@ville-gap.fr
• Directrice : **Michèle Baudoin**
• Programmatrice JP : **Yvette Motlik**
Type : divers
Spectacles JP par saison : 6
Genres : pluridisciplinaire, théâtre, marionnettes, théâtre d'objets, musique, danse.
Artistes accueillis : **Cie LGK, La Voix du Hérisson, Ambulo Train Théâtre, Cie Thom et la p'tite Semelle, Paraq Cie...**

Théâtre Le Cadran

45 avenue de la République
05100 Briançon
Tél. : 04 92 25 52 52 - Fax : 04 92 25 52 53
theatre-le-cadran@wanadoo.fr
• Directeur : **René-André Reiso**
• Programmateur JP : **Alain Neddam**
Type : divers
Spectacles JP par saison : 3
Genre : pluridisciplinaire
Artistes accueillis : **Flash Marionnettes, Cie Vertigo, La Petite Fabrique, Joël Jouanneau, CDN Sartrouville, Ensemble Leporello, Ensemble Télémaque...**

06

Forum Nice Nord

10 boulevard Comte de Falicon
06100 Nice
Tél. : 04 93 84 24 37 - Fax : 04 93 51 82 87
forumnicenord@wanadoo.fr
• Directrice : **Anne-Marie Morganti**
• Programmatrice JP : **Anne-Marie Morganti**
Type : divers
Spectacles JP par saison : 10
Genres : pluridisciplinaire, marionnettes, théâtre d'objets, musique, danse, cirque, clown, mime.
Artistes accueillis : **Les Accrostichs, Cie Onstap, Cie Trafic de Styles, Cie Le Pied sur la Tête, Cie du Voyageur Debout, JMF...**

Opéra de Nice

www.opera-nice.org
4-6 rue Saint-François-de-Paule
06300 Nice
Tél. : 04 92 17 40 51 - Fax : 04 93 80 34 83
paul-emile.fourny@ville-nice.fr
• Directeur : **Paul-Émile Fourny**
Type : divers
Spectacles JP par saison : 7
Genres : pluridisciplinaire, musique, danse.
Artiste accueilli : **Chœur de l'Opéra de Nice, Orchestre Philarmonique de Nice...**

Théâtre de Grasse

www.theatredegrasse.com
2 avenue Maximin Isnard
06130 Grasse
Tél. : 04 93 40 53 03 - Fax : 04 93 40 53 04
info@theatredegrasse.com
• Directeur : **Jean Flores**
• Programmateur JP : **Frank-Éric Retière**
Type : théâtre conventionné
Spectacles JP par saison : 10
Genres : pluridisciplinaire, théâtre, conte, marionnettes, théâtre d'objets, musique, danse, arts de la rue, cirque, clown, mime.
Artistes accueillis : **Cie Studio Libre, Théâtre du Fust, Cie La Loupiote, Cie Mauvais esprits, Cie Arcosm, Cie Grenade, Cie 26 000 couverts...**

Théâtre de la Cité

www.ifrance.com/theatredelacite
3 rue Paganini
06000 Nice
Tél. : 04 93 16 82 69 - Fax : 04 93 16 13 64
tdlcn@free.fr
• Directrice : **Maya Cohen**
• Programmatrice JP : **Muriel Gouge**
Type : théâtre conventionné
Spectacles JP par saison : 26
Genres : pluridisciplinaire, théâtre, conte, marionnettes, théâtre d'objets, musique, danse clown.
Artistes accueillis : **Cie des Loups, Marionnettes de Zagreb, Cie Miranda, Cie Rouge Éphémère, Cie Théâtre Chou, Cie Vis Fabula, Théâtre du Septentrion, Cie La Balladine, Stéphan, Cie Superfragilistic, Théâtre du Verseau, Cie Arnika, Cie de l'Arpette, Cie Alcantara, Théâtre Trimages, Cie Emera Nox...**

Théâtre de la Tour

www.nice.fr
63 boulevard Gorbella
06100 Nice
Tél. : 04 97 13 43 12 - Fax : 04 92 07 86 55
philippe.roustan@ville-nice.fr
• Directeur : **Philippe Roustan**
• Programmateur JP : **Philippe Roustan**
Type : théâtre municipal
Spectacles JP par saison : 25
Genres : pluridisciplinaire, théâtre, conte, marionnettes, musique, arts de la rue, cirque, clown, mime.
Artistes accueillis : **Cie Miranda, Cie Emera Nox, Cie Alcantara, Cie La Hulotte...**

Théâtre des Oiseaux

www.bardesoiseaux.com
6 rue de l'Abbaye
06300 Nice
Tél. : 04 93 80 21 93 - Fax : 04 93 80 21 93
contact@bardesoiseaux.com
• Directrice : **Noëlle Perma**
• Programmatrice JP : **Valentina Mascetti**
Type : divers
Genres : pluridisciplinaire, théâtre.
NB : Début des spectacles jeune public en décembre 2006...

Théâtre Georges Brassens

Parc Layet
06700 Saint-Laurent-du-Var
Tél. : 04 92 12 40 64 - Fax : 04 93 14 42 96
actionculture@franceplus.com
• Directrice : **Violette Kazakoff**
• Programmatrice JP : **Violette Kazakoff**
Type : théâtre municipal
Spectacles JP par saison : 5 à 6
Genres : pluridisciplinaire, théâtre, conte, musique.
Artistes accueillis : **JMF, Les Singuliers...**

Théâtre Michel Daner

3 place de la Libération
06240 Beausoleil
Tél. : 04 93 78 87 00 - Fax : 04 93 78 92 53
culture.animation-villedebeausoleil@wanadoo.fr
• Directeur : **Stéphan Gaffoglio**
• Programmateur JP : **Stéphan Gaffoglio**
Type : théâtre municipal
Spectacles JP par saison : 3
Genres : pluridisciplinaire, théâtre, marionnettes.
Artistes accueillis : **Cie La Loupiote, Cie du Chemin, Cie Arkétal...**

Théâtre Trimages

www.theatretrimages.chez.tiscali.fr
17 rue Alsace-Lorraine
06000 Nice
Tél. : 04 93 16 89 36 - Fax : 04 93 87 39 72
theatre.trimages@tiscali.fr
• Directrice : **Marie-Claire Blanco**
• Programmatrices JP : **Marie-Claire Blanco, Jenny Torrès**
Type : divers
Spectacles JP par saison : 6
Genre : pluridisciplinaire
Artistes accueillis : **Théâtre Chou, L'Illustre Cie, Cie Tiers, Boulevard du Cirque...**

13 Badaboum Théâtre

www.badaboum-theatre.com
16 quai de Rive Neuve
13007 Marseille
Tél. : 04 91 54 40 71 - Fax : 04 91 33 75 28
contact@badaboum-theatre.com
• Directrice : **Laurence Janner**
• Programmatrice JP : **Laurence Janner**
Type : divers
Spectacles JP par saison : 23
Genres : pluridisciplinaire, théâtre, conte, marionnettes.
Artistes accueillis : **Ljubljana puppett théâtre, Cie le Serpent Vert, Cie des Bonimenteurs, Cie Blaguebolle, Christine Costa...**

Ballet Preljocaj - Pavillon Noir

www.preljocaj.org
53 avenue Mozart, CS 30824
13627 Aix-en-Provence Cedex 1
Tél. : 04 42 93 48 00 - Fax : 04 42 93 48 01
ballet@preljocaj.asso.fr
• Directrice : **Nicole Said**
• Programmatrice JP : **Carole Redolfi**
Type : CCN
Spectacles JP par saison : 6
Genre : danse
Artistes accueillis : **La Petite Fabrique, Cie Castafiore, Cie Grenade, Jacques Fargearel, Yann Giraldoux...**

Café musique la Fonderie

14 cours Saint-Louis
13100 Aix-en-Provence
Tél. : 04 42 63 10 11 - Fax : 04 42 21 00 10
fonderie@free.fr
• Directeur : **Jean-Michel Lasserre**
• Programmateur JP : **Jean-Michel Lasserre**
Type : scène musiques actuelles
Spectacles JP par saison : 4
Genres : pluridisciplinaire, théâtre, conte, musique, danse.
Artistes accueillis : **Cie Hors-série, Cie Postdata, Senna'ga Cie, Théâtre des Ateliers, Cie Olinda, Canaima Association, Benin en Provence...**

Café-Musiques Portail Coucou

www.portail-coucou.com
Place Porte Coucou
13300 Salon-de-Provence
Tél. : 04 90 56 27 99 - Fax : 04 90 56 23 12
portail.coucou@free.fr
• Directeur : **Balbi William**
• Programmateur JP : **Roland Conti**
Type : scène musiques actuelles
Spectacles JP par saison : 1 à 5
Genres : pluridisciplinaire, théâtre, musique.
Artistes accueillis : **Cie Mascarille, Cie L'Informel...**

Centre de développement culturel de Saint-Martin-de-Crau

Place François Mitterrand
13310 Saint-Martin-de-Crau
Tél. : 04 90 47 06 80 - Fax : 04 90 47 40 07
direction.cdc.smc@wanadoo.fr
• Directeur : **Jean-Louis Aubertin**
• Programmatrice JP : **Sandra Guernier**
Type : divers
Spectacles JP par saison : 7
Genres : pluridisciplinaire, théâtre, conte, musique, danse, mime.
Artistes accueillis : **Flash Marionnettes, Cie Chapertons, Morisse et Cie, Théâtre de Romette...**

Complexe culturel des Terres Blanches

www.boucbelair.com
Mairie, Service des Affaires culturelles
13320 Bouc-Bel-Air
Tél. : 04 42 94 93 78 - Fax : 04 42 94 93 65
culture@boucbelair.com
• Directrice : **Laurence Hebrard**
• Programmatrice JP : **Laurence Hebrard**
Type : théâtre municipal
Spectacles JP par saison : 6
Genre : pluridisciplinaire
Artistes accueillis : **Cie Théâtre du Kronope, Cie Medirane, Cie Wood Delaporte...**

Dock des Suds

www.dock-des-suds.org
12 rue Urbain V
13002 Marseille
Tél. : 04 91 99 00 00 - Fax : 04 91 91 73 85
fiesta.des.suds@wanadoo.fr
• Directeur : **Bernard Aubert**
• Programmatrice JP : **Catherine Vestieu**
Type : divers
Spectacle JP par saison : 1
Genres : pluridisciplinaire, théâtre, conte, musique, danse, arts de la rue, cirque, clown.
Artistes accueillis : **Les Raggateurs, Massilia Force, Caporir'art, Grand Sud Percussions, Parade de Monstres, Cirque Pouce, Cirque en Bulles, Ass Artriballe, Sambaïsi...**

Forum culturel de Berre-L'Étang

www.forumdeberre.com
Rue Fernand Léger
13130 Berre-L'Étang
Tél. : 04 42 10 23 60 - Fax : 04 42 85 03 75
forumculturel@wanadoo.fr
• Directeur : **Patrick Veyron**
• Programmatrice JP : **Isabelle Defossez**
Type : divers
Spectacles JP par saison : 8
Genre : pluridisciplinaire
Artistes accueillis : **Cie Tabola Rassa, Cie Loba, Vélo Théâtre, Théâtre du Copeau,**

Théâtre de Cuisine, Gioco Vita, Teatro Delle Briciole, Robinson...

La Minoterie Compagnie Théâtre Provisoire

www.minoterie.org
9,11 rue d'Hozier
13002 Marseille
Tél. : 04 91 90 07 94 - Fax : 04 91 90 17 74
info@minoterie.org
• Directrice : **Pierrette Monticelli**
• Programmatrice JP : **Pierrette Monticelli**
Type : théâtre conventionné
Spectacles JP par saison : 2
Genres : pluridisciplinaire, théâtre, théâtre d'objets, musique, danse.
Artistes accueillis : **Itinerrances, Théâtre des Personnes et des Choses, Cie La Rage, Théâtre de l'Arc-en-terre, Cie Pour Ainsi Dire, Joël Jouanneau...**

Le Balthazar

http://aubalthazar.com
3 place Paul Cézanne
13006 Marseille
Tél. : 04 91 42 59 57 - Fax : 04 91 92 00 41
contact@aubalthazar.com
• Directrice : **Magali Saumon**
• Programmatrice JP : **Carole Mendy**
Type : scène de musiques actuelles
Spectacles JP par saison : 11
Genres : théâtre, musique, danse.
Artistes accueillis : **Les Ateliers Hip Hop, La Friche...**

Le Parvis des Arts

www.parvisdesarts.com
8 rue du Pasteur Heuzé
13003 Marseille
Tél. : 04 91 64 06 37 - Fax : 04 91 64 42 34
contact@parvisdesarts.com
• Directeur : **Olivier Arnéra**
• Coordinateur artistique : **Olivier Arnéra**
Type : divers
Spectacles JP par saison : 3
Genre : pluridisciplinaire
Artistes accueillis : **Cie du Funambule, Cie des Pétroleuses, Cie des Petits Bancs...**

Le Sémaphore

www.theatre-semaphore-portdebouc.com
Rue Turenne
13110 Port-de-Bouc
Tél. : 04 42 06 39 09 - Fax : 04 42 06 32 01
theatre.semaphore@wanadoo.fr
• Directeur : **Pierre Grafféo**
• Programmateur JP : **Pierre Grafféo**
Type : théâtre conventionné
Spectacles JP par saison : 5
Genre : pluridisciplinaire
Artistes accueillis : **Cie Bouldegom' Théâtre, Morisse et Cie, Théâtre de Cuisine, Cie Cirkologium, Théâtre Mu, Théâtre Ovipare, Cie Gare Centrale, Théâtre de Romette, Cie Intermezzo...**

Office Municipal de la Culture

Hôtel de ville
13109 Simiane-Collongue
Tél. : 04 42 22 62 34 - 04 42 22 81 51
Fax : 04 42 22 62 30
culturel.office@wanadoo.fr
• Directeur : **Sabine Grimault**
• Programmatrice JP : **Sabine Grimault**
Type : divers
Spectacles JP par saison : 4
Genre : pluridisciplinaire
Artistes accueillis : **Cie Alzhar, Cie Itinerrances, Cie À Suivre...**

Théâtre d'Arles

www.theatre-arles.com
43 rue Jean Granaud
13200 Arles
Tél. : 04 90 52 51 55 - Fax : 04 90 52 51 59
accueil@theatre-arles.com
• Directeur : **Dominique Chenet**
• Programmatrice JP : **Dolores Fernandez**
Type : théâtre conventionné
Spectacles JP par saison : 6

Genres : pluridisciplinaire, théâtre, conte, marionnettes, théâtre d'objets, musique, danse, arts de la rue, cirque, mime.
Artistes accueillis : **Damien Bouvet, Cie Voix Off, Vélo Théâtre, Claire Le Michel, Cie Un Soir Ailleurs, Flash Marionnettes, Gilles Crépin, Cie Bronx, Cie Arketal, Cie Vertigo, Association Notoire, Théâtre Mosaïque, Le Carrousel, Suzanne Lebeau, Pascale Platel, Cie Wood-Delaporte...**

Théâtre de Lenche

4 place de Lenche
13002 Marseille
Tél. : 04 91 91 52 22 - Fax : 04 91 90 96 16
lenche@wanadoo.fr
• Directeur : **Maurice Vinçon**
• Programmateur JP : **Frédéric Berry**
Type : théâtre municipal
Spectacles JP par saison : 1 à 3
Genre : pluridisciplinaire
Artistes accueillis : **Cie Tempestant, Cie Vertigo, Cie L'Egregore...**

Théâtre de l'Olivier - Espace 233

http://theatredelolivier.com
Boulevard Léon Blum
13800 Istres
Tél. : 04 42 55 24 77 - Fax : 04 42 56 95 36
contact@theatredelolivier.com
• Directrice : **Anne Renault**
• Programmatrices JP : **Anne Renault, Géraldine Blanchet**
Type : théâtre conventionné
Spectacles JP par saison : 7
Genre : pluridisciplinaire
Artistes accueillis : **Tempestant, Amoros et Augustin, Robinson, Théâtre Mosaïque, Théâtre Mu, Le théâtre de nuit, Mamémo, Cie les loup...**

Théâtre des Salins ♡

www.theatre-des-salins.fr
19 quai Paul Doumer
13500 Martigues
Tél. : 04 42 49 02 01 - Fax : 04 42 49 02 09
administration@theatre-des-salins.fr
• Directrice : **Annette Breuil**
• Programmatrice JP : **Annette Breuil**
Type : scène nationale
Spectacles JP par saison : 10
Genre : pluridisciplinaire
Artistes accueillis : **Marguerite et Cie, Morisse et Cie, Cie Jardins Insolites, Cie Am Stram Gram, Cie Clandestine, CDN de Sartrouville, Cie B. Initials, Cie Arcosm, Théâtre de Cuisine, Skappa!, Cie Pernette, Cie Vertigo, Système Castafiore, Cie Annibal et ses Éléphants, Théâtre Rumeur, Image Aigüe...**

Théâtre du Golfe

Boulevard Anatole France
13600 La Ciotat
Tél. : 04 42 08 92 87 - Fax : 04 42 08 92 87
theatre.du.golfe@wanadoo.fr
• Directeur : **Dominique Bluzet**
• Programmateurs JP : **Dominique Bluzet, Isabelle Portoleau**
Type : théâtre municipal
Spectacles JP par saison : 7
Genres : pluridisciplinaire, théâtre, conte, marionnettes, théâtre d'objets, musique.
Artistes accueillis : **Théâtre du Nouveau Monde, Cie les Têtes de Bois, Bob Théâtre, Betty Heurtebise, Pascal Montrouge, Ismaël Benabdelouhab, Annabelle Playe...**

Théâtre La Colonne

Rue Marcel Paul
13800 Miramas
Tél. : 04 90 50 05 26 - Fax : 04 90 50 00 84
chabbert.guy@wanadoo.fr
• Directeur : **Guy Chabbert**
• Programmateur JP : **Guy Chabbert**
Type : divers

Spectacles JP par saison : 4
Genres : pluridisciplinaire, théâtre, danse.
Artistes accueillis : **Théâtre du Maquis, L'Envolée Cirque, Cie Lalage, Cie Kino Loko, Cie Reveiida...**

Théâtre Massalia ♡

www.theatremassalia.org
La Friche Belle de Mai
41 rue Jobin
13331 Marseille Cedex 3
Tél. : 04 95 04 95 70 - Fax : 04 95 04 95 67
massalia@lafriche.com
- Directeur : **Philippe Foulquié**
- Programmateur JP : **Patrick Laisney**
- Communication : **Véra Maero**

Type : théâtre municipal
Spectacles JP par saison : 25 à 30
Genres : théâtre, conte, marionnettes, théâtre d'objets, musique, danse, arts de la rue, cirque, clown.
Artistes accueillis : **Cie des pas sages, Guibaldet, Cie Créature, Cie de L'Enelle, Cie du Grand Hôtel, Cie La Métonymie, Cie Lunasol, Teatro delle briciole, Cie de Briques et de Broc...**

Théâtre municipal Armand

67 boulevard Nostradamus
13300 Salon-de-Provence
Tél. : 04 90 56 00 82 - Fax : 04 90 56 69 30
theatre@salon-de-provence.fr
- Directeur : **Éliane Delacour**
- Programmateur JP : **Éliane Delacour**

Type : théâtre municipal
Spectacles JP par saison : 3 à 4
Genres : pluridisciplinaire, théâtre, théâtre d'objets, musique, danse.
Artistes accueillis : **Cie La Galvaude, Cie du Moulin, Cie M.T.H., Ballet Jazz Art, Théâtre des Trois Hangars, Cie Illico Presto...**

83

Centre Culturel de Saint-Raphaël

www.ville-saintraphael.fr
Place Gabriel Péri
83700 Saint-Raphaël
Tél. : 04 98 11 89 03 - Fax : 04 98 11 89 04
f.baudimont@ville-saintraphael.fr
- Directrice : **Florence Baudimont**
- Programmatrice JP : **Florence Baudimont**

Type : divers
Spectacles JP par saison : 8
Genre : pluridisciplinaire
Artistes accueillis : **Zut, Cie Vélo Théâtre, Luc Amoros, Tratro delle Bricole, Théâtre de l'Entre-acte, Cie Les Tréteaux de la Pleine Lune...**

Le Rocher

Avenue Marx Dormoy
83130 La Garde
Tél. : 04 94 08 99 35 - Fax : 04 94 08 99 09
le.rocher@free.fr
- Directrice : **Nadine Agin**
- Programmateur JP : **Cyril Hautcœur**

Type : théâtre municipal
Spectacles JP par saison : 6 à 7
Genre : pluridisciplinaire
Artistes accueillis : **Bouledegom' Théâtre, Cie du Chien à bois, Cie Rêve Lune, Cie Itinerrance, Théâtre pour deux mains, Attention Fragile, Théâtre de Cuisine, Cie la Puce à l'Oreille, Cie Lunasol, Le Vélo théâtre, Théâtre du Copeau...**

Opéra Toulon Provence Méditerranée

Boulevard de Strasbourg
83000 Toulon
Tél. : 04 94 93 03 76 - Fax : 04 94 09 30 29
- Directeur : **Claude-Henri Bonnet**
- Programmateur JP : **Claude-Henri Bonnet**

Type : divers
Spectacles JP par saison : 4
Genre : musique
Artiste accueilli : **Péniche Opéra...**

Théâtre Appolinaire

Association Théâtre Europe, BP 27 Tamaris
83504 La-Seyne-sur-Mer
Tél. : 04 94 06 84 00 - Fax : 04 94 30 83 79
informations83@yahoo.fr
• Directrice : **Françoise Baudisson**
• Programmateur JP : **Thierry Dion**
Type : théâtre municipal
Spectacles JP par saison : 5
Genre : pluridisciplinaire
Artistes accueillis : **Théâtre de la Lune, Théâtre à Malice, Cie du Midi...**

Théâtre Denis

www.ville-hyeres.fr
Mairie, Affaires culturelles
83412 Hyères
Tél. : 04 94 00 78 80 - Fax : 04 94 00 79 40
herve.ruffier@mairie-hyeres.com
• Directeur : **Hervé Ruffier**
• Programmatrice JP : **Myriam Villain**
Type : théâtre municipal
Spectacles JP par saison : 10
Genre : pluridisciplinaire
Artistes accueillis : **Cie Courte Échelle, Cie du Midi, Cie Itinerrance...**

Théâtres en Dracénie

www.theatresendracenie.com
Boulevard Georges Clémenceau
83300 Draguignan
Tél. : 04 94 50 59 50 - Fax : 04 94 50 59 51
administration@theatresendracenie.com
• Directeur : **Liberto Valls**
• Programmatrice JP : **Monique Chabert**
Type : théâtre conventionné
Spectacles JP par saison : 15
Genre : pluridisciplinaire
Artistes accueillis : **Chantier Théâtre, Bouffou Théâtre, Cie En Attendant, Joël Jouanneau, Cie Pour Ainsi Dire, Cie Amoros et Augustin...**

84

AJMI - La Manutention

www.jazzalajmi.com
4 rue Escalier Sainte-Anne
84000 Avignon
Tél. : 04 90 86 08 61 - Fax : 04 90 86 40 87
info@jazzalajmi
• Directeur : **Jean-Paul Richard**
• Programmateur JP : **Jean-Paul Richard**
Type : scène musiques actuelles
Spectacle JP par saison : 1
Genre : musique
Artistes accueillis : **Sophie Agnel et Juliette Agnel, Catherine Jauniaux...**

Akwaba-Ka Théâtre

http://akwabatheatre.free.fr
500 Chemin des Matouses
84470 Châteauneuf-de-Gadagne
Tél. : 04 90 22 55 54 - Fax : 04 90 22 55 54
akwabatheatre@free.fr
• Directeur : **Maurice Lévèque**
• Programmatrice JP : **Christine Matos**
Type : divers
Spectacles JP par saison : 3
Genre : pluridisciplinaire
Artistes accueillis : **Théâtre de Félicie, Cie La Parlote, L'Arbre à Contes, Petiton...**

Auditorium de Vaucluse Jean Moulin

974 chemin des Estourans, BP 14
84250 Le Thor
Tél. : 04 90 33 97 32 - Fax : 04 90 33 74 82
sab.audit@nerim.net
• Directeur : **Raymond Duffaut**
• Programmateur JP : **Raymond Duffaut**
Type : divers
Spectacles JP par saison : 12
Genres : pluridisciplinaire, théâtre, conte, marionnettes, musique, danse.
Artistes accueillis : **Henri Dès, Rémi Charmasson, Cie Myriam Naisy, ÉclaThéâtre, Guillaume Séguron, Groupe Démons et Merveilles...**

Maison du Livre et de la Culture

Quartier des Écoles
84480 Bonnieux
Tél. : 04 90 75 81 30 - Fax : 04 90 75 81 32
mlec-bonnieux@wanadoo.fr
• Directrice : **Stéphanie de Césare**
• Programmatrices JP : **Véronique Bourgue, Stéphanie de Cesare**
Type : divers
Spectacles JP par saison : 3
Genres : pluridisciplinaire, théâtre, conte, marionnettes, théâtre d'objets, musique, clown.
Artistes accueillis : **Cie Croqueti, L'Atelier de la Pierre Blanche...**

Maison du Théâtre pour enfants

www.eveilartistique.free.fr
20 avenue Monclar
84000 Avignon
Tél. : 04 90 85 59 55 - Fax : 04 90 85 65 39
ass-eveilartistique@wanadoo.fr
• Directrice : **Claire Wilmlart**
• Programmatrice JP : **Claire Wilmlart**
Type : MPT
Spectacles JP par saison : 4
Genre : pluridisciplinaire
Artistes accueillis : **Vélo Théâtre, Coatimundi, Subito Presto, Théâtre à Malice, Cie VireVolte, Le Jardin d'Alice, Théâtre du Papyrus, CDN 13 Vents, Enfance et Théâtre, Théâtre Némo...**

Opéra-Théâtre d'Avignon et du Pays du Vaucluse

www.avignon.fr/fr/culture/opera/
BP 111
84007 Avignon Cedex 1
Tél. : 04 90 82 42 42 - Fax : 04 90 82 81 42
• Directeur : **Didier Herbet**
• Programmateur JP : **Raymond Duffaut**
Type : théâtre municipal
Spectacles JP par saison : 1 à 3
Genre : pluridisciplinaire
Artistes accueillis : **Ballet de l'Opéra-Théâtre d'Avignon...**

Saison culturelle d'Apt

Mairie, Service culturel
84400 Apt
Tél. : 04 90 04 52 47 - Fax : 04 90 04 52 48
culture.apt@wanadoo.fr
• Directeur : **Rémy Sta**
• Programmatrice JP : **Élisabeth Sendyk**
Type : divers
Spectacles JP par saison : 4 à 5
Genres : pluridisciplinaire, théâtre, conte, marionnettes, musique, arts de la rue, cirque, clown, mime.
Artistes accueillis : **Cie La Petite Fabrique, Cie Roseau Théâtre, Cie La Loupiote, Jan Nouvé Mabelly, Cie la Fabrique des Arts d'à Côté, Théâtre de l'Ombrelle, Bouskidou...**

Théâtre de Cavaillon

www.theatredecavaillon.com
Rue du Languedoc, BP 205
84306 Cavaillon Cedex
Tél. : 04 90 78 64 60 - Fax : 04 90 76 22 67
contact@theatredecavaillon.com
• Directeur : **Jean-Michel Gremillet**
• Programmateur JP : **Jean-Michel Gremillet**
Type : scène nationale
Spectacles JP par saison : 8
Genre : pluridisciplinaire
Artistes accueillis : **Ensemble Leporello, Vélo Théâtre, François Cervantes, Pascal Rambert, Joël Jouanneau...**

Théâtre municipal de Pertuis

90 boulevard Victor-Hugo
84120 Pertuis
Tél. : 04 90 09 07 05 - Fax : 04 90 09 77 11
theatre.municipal@mairie-pertuis.fr
• Directeur : **Éric Moeglin**
• Programmateur JP : **Éric Moeglin**
Type : théâtre municipal
Spectacles JP par saison : 2
Genre : pluridisciplinaire
Artiste accueilli : **Cie La Naïve...**

Rhône-Alpes

01

La Tannerie

www.la-tannerie.com
123 place de la Vinaigrerie
01000 Bourg-en-Bresse
Tél. : 04 74 21 04 55 - Fax : 04 74 21 97 86
la.truffe.et.les.oreilles@wanadoo.fr
• Directeur : **Éric Belkirat**
• Programmatrice JP : **Anne Huiton**
Type : scène musiques actuelles
Spectacles JP par saison : 2 à 3
Genre : musique
Artistes accueillis : **Palavanna, La Corde à Vents...**

Théâtre de Bourg-en-Bresse

www.theatre-bourg.com
11 place de la Grenette
01004 Bourg-en-Bresse
Tél. : 04 74 50 40 00 - Fax : 04 74 22 49 66
info@theatre-bourg.com
• Directeur : **Wilfrid Charles**
• Programmateur JP : **Wilfrid Charles**
Type : théâtre conventionné
Spectacles JP par saison : 7 à 9
Genres : pluridisciplinaire, théâtre, conte, marionnettes, théâtre d'objets, musique, danse cirque, clown.
Artistes accueillis : **Guy Prunier, Cie Raymond & Merveilles, Ambulo Train Théâtre, Bouskidou, Cie L'Olifant, Théâtre des Jeunes Années, Guy Jutard, Théâtre des Marionnettes, de Genève, Théâtre de Romette, Petrek, Cie Pupella-Nogués, Josette Baïz, Cie Grenade...**

07

La Presqu'île

http://lapresquile.free.fr
12 bis rue de Fontanes
07100 Annonay
Tél. : 04 75 33 15 54 - Fax : 04 75 33 24 96
lapresquile@free.fr
• Directeur : **Serge Largeron**
• Programmateur JP : **Serge Largeron**
Type : divers
Spectacles JP par saison : 5
Genre : pluridisciplinaire
Artistes accueillis : **Cie du Théâtre des Mots, Cie Fred Bendongué, Bernard Abeille, Cie de la Courte Echelle, Gilbert Brossard, Cie Teatro del Vento, Joël Lokossou...**

Théâtre de Mazade

27 boulevard de la Corniche
07200 Aubenas
Tél. : 04 75 93 31 56 - Fax : 04 75 93 31 56
theatre.de.mazade@wanadoo.fr
• Directrice : **Alison Corbett**
• Programmatrice JP : **Alison Corbett**
Type : divers
Spectacles JP par saison : 8
Genres : pluridisciplinaire, théâtre, marionnettes, théâtre d'objets.
Artistes accueillis : **Cie Arnica, Cie Facetie, Arketal, Teatron Théâtre de Jérusalem, Cie Ambulo, Cie du Beau Sauvage, Lermuze Cie, Balsamique Théâtre, Théâtre de marionnettes de Genève, Cie Pupella-Noguès...**

Théâtre de Privas

Place André Malraux, BP 623
07006 Privas Cedex
Tél. : 04 75 64 62 00 - Fax : 04 75 64 35 10
theatredeprivas@theatredeprivas.com
• Directeurs : **Élizabeth Macocco, Dominique Lardenois**
• Programmateurs JP : **Élizabeth Macocco, Dominique Lardenois**
Type : théâtre conventionné
Spectacles JP par saison : 4 à 5
Genre : pluridisciplinaire
Artistes accueillis : **Bouskidou, Okidok2, Cie Nicole et Martin, Mourad Merzouki - Cie Käfig, Cie Feria Musica, La Carrérarie, La Petite Fabrique, Théâtre du Loup Blanc, Cie Amoros et Augustin...**

26

Comédie de Valence

www.comediedevalence.com
Place Charles Huguenel
26000 Valence
Tél. : 04 75 78 41 71 - Fax : 04 75 78 41 72
comedie.de.valence@wanadoo.fr
• Directeurs : **Philippe Delaigue, Christophe Perton**
• Programmateur JP : **Nicolas Roux**
Type : centre dramatique
Spectacle JP par saison : 1
Genre : théâtre
Artistes accueillis : **Teatro Kismet Opera, Olivier Py...**

Le Calepin - Espace Théâtral

15 rue des Belges
26200 Montélimar
Tél. : 04 75 01 38 07 - Fax : 04 75 01 38 07
calepin26@aol.com
• Directrice : **Huguette Païo**
• Programmatrice JP : **Huguette Païo**
Type : divers
Spectacles JP par saison : 3
Genre : pluridisciplinaire
Artiste accueilli : **Cie du Jabron Rouge...**

Régie du spectacle et du cinéma

1 place du Théâtre
26216 Montélimar
Tél. : 04 75 00 79 00 - Fax : 04 75 00 79 02
regie.spectacle@mairie-montelimar.fr
• Directeur : **Frédéric Lévèque**
• Programmateur JP : **Frédéric Lévèque**
Type : théâtre municipal
Spectacles JP par saison : 5 à 8
Genre : pluridisciplinaire
Artistes accueillis : **Théâtre du Kronope, Théâtre Ovipare, Cie Okidok2, Cie Vertigo, Cie Courants d'airs, Valentine Cie, Cie Didascalie, Cie Fred Bendongué, JMF...**

Théâtre de la Courte Échelle

Quai Sainte-Claire
26100 Romans
Tél. : 04 75 02 20 76 - Fax : 04 75 70 92 83
Cie.courte-echelle@wanadoo.fr
• Directeur : **Denis Donger**
• Programmateur JP : **Denis Donger**
Type : théâtre conventionné
Spectacles JP par saison : 9
Genres : pluridisciplinaire, théâtre, conte, marionnettes, théâtre d'objets, musique, danse, cirque.
Artistes accueillis : **Cie Traction Avant, Cie Antarès, Cie Rasposo, Cie Didascalie, Cie TJA, Cie Action Théâtre Enfance, Cie Catherine Massiot, Théâtre de Romette...**

Théâtre le Fenouillet

Le Fenouillet
26160 Saint-Gervais-sur-Roubion
Tél. : 04 75 53 84 74- Fax : 04 75 53 86 06
theatrelefenouillet@wanadoo.fr
• Directeur : **Alain Bauguil**
• Programmateur JP : **FOL 26**
Type : divers
Spectacles JP par saison : 4
Genres : pluridisciplinaire, théâtre, conte, marionnettes, théâtre d'objets, musique, danse, clown.
Artistes accueillis : **Cie Traction Avant, Lila Khaled, Tromboline et Fulbazar...**

Théâtre les Aires

www.theatre-les-aires.com
Quartier des Aires
26150 Die
Tél. : 04 75 22 27 28 - Fax : 04 75 22 22 36
contact@theatre-les-aires.com
• Directeur : **Jacques Coutureau**
• Programmatrice JP : **Eugénie Issacouitch**
Type : théâtre municipal
Spectacles JP par saison : 3
Genre : pluridisciplinaire
Artistes accueillis : **Théâtre de nuit, Cie Les Oiseaux de Passage, Drôle d'ami...**

38

CinéThéâtre de la Ponatière

www.ville-echirolles.fr
Square du 22 août 1944
38130 Échirolles
Tél. : 04 76 20 64 03 - Fax : 04 76 40 42 34
• Directeur : **Diego Zaccaria**
• Programmatrice JP : **Éliane Baracetti**
Type : théâtre municipal
Spectacles JP par saison : 6
Genre : pluridisciplinaire
Artistes accueillis : **Cie Les Rémouleurs, Cie Coeur d'Artichaut, Cie Les Évadés, Cie Tintamarre et Boudeficelle, Cie José Manuel Caño Lopez, Cie Propos...**

Espace 600

97 galerie de l'Arlequin
38100 Grenoble
Tél. : 04 76 29 42 82
espace600@club-internet.fr
• Directrice : **Geneviève Lefaure**
• Programmatrice JP : **Geneviève Lefaure**
Type : théâtre municipal
Spectacles JP par saison : 18
Genre : pluridisciplinaire
Artistes accueillis : **Théâtre de Cuisine, Cie Arcosm, Cie Pour ainsi dire, Cie l'Artifice, Cie Les Phosphènes...**

Hexagone

www.hexagone-meylan.asso.fr
24 rue des Aiguinards
38240 Meylan
Tél. : 04 76 90 09 80 - Fax : 04 76 41 04 49
administration@hexagone-meylan.asso.fr
• Directeur : **Antoine Conjard**
• Programmateur JP : **Antoine Conjard**
Type : scène nationale
Spectacles JP par saison : 6
Genres : pluridisciplinaire, théâtre, théâtre d'objets, musique, danse, cirque.
Artistes accueillis : **Cie Käfig, Cie Rasposo, Cie les mains, les pieds et la tête aussi, Béatrice Massin, Lia Rodrigues et Boyzie Cekwana, Cie 111, Phil Soltanoff, Théâtre Le Carrousel, Théâtre du Fust, La Petite Fabrique, Christian Gangneron, Damien Bouvet...**

L'AmphiThéâtre

www.amphitheatre-pontdeclaix.com
Place des Iles de Mars
38800 Pont-de-Claix
Tél. : 04 76 98 40 40 - Fax : 04 76 98 24 10
amphi-pdc@wanadoo.fr
• Directeur : **Michel Belletante**
• Programmateurs JP : **Pierre Tarrare, Michel Belletante**
Type : théâtre conventionné
Spectacles JP par saison : 4
Genres : pluridisciplinaire, théâtre.
Artistes accueillis : **Théâtre de la Romette, Théâtre et Cie, Cie La Voix du Hérisson, Cie Aristobulle...**

L'Heure Bleue

www.ville-st-martin-dheres.fr/distraire/heure-bleue
Rue Jean Vilar
38400 Saint-Martin-d'Hères
Tél. : 04 76 14 08 08 - Fax : 04 76 62 74 09
• Directeur : **Jacky Castang**
• Programmateur JP : **Jacky Castang**
Type : théâtre municipal
Spectacles JP par saison : 4 à 6
Genre : pluridisciplinaire
Artistes accueillis : **Théâtre de cuisine, Cie l'Air de l'ouie, Cie Inouie, Cie le Capitan...**

MJC de Voiron

93 avenue Jean Jaurès
38500 Voiron
Tél. : 04 76 65 90 83 - Fax : 04 76 65 84 88
mjc-com@wanadoo.fr
• Directeur : **Jean Franco**
• Programmateur JP : **Yvette Bastard**
Type : MJC
Spectacles JP par saison : 2
Genres : marionnettes, arts de la rue, cirque.
Artistes accueillis : **Cie de la Chaise à Porteurs, Cie Andante Casimollo...**

Scènes du San de l'Isle d'Abeau

www.san-isledabeau.fr
SAN de l'Isle d'Abeau, Service culture,
Centre Simone Signoret
38091 Villefontaine
Tél. : 04 74 96 78 96 - Fax : 04 74 96 28 73
ville-nouvelle-culture@wanadoo.fr
• Directeurs : **Serge Maestro, Rémi Galand**
• Programmatrice JP : **Pascale Danon-Hamelin**
Type : divers
Spectacles JP par saison : 10
Genres : pluridisciplinaire, théâtre, conte, marionnettes, théâtre d'objets, musique, danse, cirque, clown, mime.
Artistes accueillis : **Cie Alfred Alerte, Martine Peters, Olivier Battesti, Cie Nicole et Martin, Cie La Carrérarie, Teatro delle Briciole, Bouskidou, Cie du Jabron Rouge, Cie Sac à Son, Théâtre du Papyrus, Cie du Carrousel, Bouffou Théâtre, Yvette Berger, Raphy Rafael et son trio, Guy Prunier, Cie 7 en si...**

Théâtre Jean Vilar

www.bourgoinjallieu.fr
12 rue de la République
38300 Bourgoin-Jallieu
Tél. : 04 74 28 05 73 - Fax : 04 74 93 19 25
theatre@bourgoinjallieu.fr
culture@bourgoinjallieu.fr
• Directeur : **Gilles Thorand**
• Programmateur JP : **Gilles Thorand**
Type : théâtre municipal
Spectacles JP par saison : 5
Genres : pluridisciplinaire, théâtre, conte, marionnettes, théâtre d'objets, musique, danse, arts de la rue, cirque, clown.
Artistes accueillis : **Les Farfadas, Théâtre de Galaphronie, Cie Adelante, Cie Tempestant, Cie Graine de Malice, Steve Waring, Théâtre Mu, Théâtre du Mouvement, Théâtre de la Cheminée, Théâtre du Risorius...**

42 L'Esplanade Opéra Théâtre de Saint-Étienne

www.saint-etienne.fr
Jardin des Plantes, BP 237
42013 Saint-Étienne Cedex 2
Tél. : 04 77 47 83 47 - Fax : 04 77 47 83 69
esplanade.jeunes@saint-etienne.fr
• Directeur : **Jean-Louis Pichon**
• Programmateur JP : **Jean-Francois Hubert**
Type : centre dramatique national
Spectacles JP par saison : 20
Genres : pluridisciplinaire, théâtre, conte, marionnettes, théâtre d'objets, musique, danse, arts de la rue, cirque, clown, mime.
Artistes accueillis : **Cie La Querelle, Turak, Opéra de Lyon, Cie Käfig, Cie La Licorne, Cie Grenade, Théâtre de l'Est Parisien, Cie Pour Ainsi Dire, La Petite Fabrique...**

Maison de la culture Le Corbusier

www.ville-firminy.fr
Rue de Saint-Just-Malmont
42700 Firminy
Tél. : 04 77 10 07 77 - Fax : 04 77 56 47 37
• Directeur : **Daniel Couriol**
• Programmatrice JP : **Alice Karpov**
Type : théâtre municipal
Spectacles JP par saison : 5 à 6
Genre : pluridisciplinaire
Artistes accueillis : **Cie du Clair-obscur, Théâtre de Romette, les Yeux Gourmands, Petrek, Ekangha, Théâtre Mu, Vercelleto et Cie...**

Salle du Grand Marais

www.riorges.fr
439 avenue Galliéni
42153 Riorges
Tél. : 04 77 23 80 25 - Fax : 04 77 23 80 29
service.culturel@riorges.fr
• Directeur : **Philippe Fauche**
• Programmateur JP : **Cyrille Meilheurat**
Type : divers
Spectacles JP par saison : 5 à 6
Genre : pluridisciplinaire

Artistes accueillis : **Gil Chovet, Théâtre pour Deux Mains, Le Cri de la Bouilloire...**

Théâtre des Pénitents

Place des Pénitents
42600 Montbrison
Tél. : 04 77 96 39 16 - Fax : 04 77 96 39 48
- Directeur : **Dominique Canard**
- Programmateur JP : **Dominique Canard**

Type : théâtre municipal
Spectacles JP par saison : 7
Genres : pluridisciplinaire, théâtre, conte, musique, cirque.
Artistes accueillis : **Théâtre de l'Écume, Bouskidou, Zic Zazou, Pierrette Dupoyet, Le Petit Bal perdu, Coeur d'Artichaut Théâtre...**

69

Centre culturel Charlie Chaplin

www.centrecharliechaplin.com
Place de la Nation
69120 Vaulx-en-Velin
Tél. : 04 72 04 81 18 - Fax : 04 72 04 37 03
chaplin@centrecharliechaplin.com
- Directeur : **Marc Masson**
- Programmateur JP : **Bernard Fontaine**

Type : théâtre conventionné
Spectacles JP par saison : 3 à 4
Genres : pluridisciplinaire, théâtre, conte, marionnettes, musique, danse.
Artistes accueillis : **La Carrérarie, Théâtre de la Cheminée, Cœur d'Artichaud, Guy Prunier, Albert Simond, Flash Marionnettes...**

Centre Théo Argence

Place Ferdinand Buisson
69800 Saint-Priest
Tél. : 04 78 20 02 50 - Fax : 04 78 20 90 31
- Directeur : **Jean-Louis Sackur**
- Programmateur JP : **Jean-Louis Sackur**

Type : théâtre municipal
Spectacles JP par saison : 5
Genres : pluridisciplinaire, théâtre, conte, marionnettes, théâtre d'objets, musique, danse, cirque.
Artistes accueillis : **Théâtre de la Cheminée, Bouffou Théâtre, Cie Éclats d'États, Théâtre Pour Deux Mains, Cie des Musiques en Mouvement, Flash Marionnettes, Piccoli Principi, Bouskidou...**

Espace Albert Camus

1 rue Maryse Bastié
69500 Bron
Tél. : 04 72 14 63 40 - Fax : 04 78 41 07 99
com.eac@wanadoo.fr
- Directrice : **Martine Chevalier**
- Programmatrice JP : **Martine Chevalier**

Type : théâtre municipal
Spectacles JP par saison : 7
Genres : pluridisciplinaire, musique, danse, cirque, clown.
Artistes accueillis : **Cie l'instant Mômes, Cie Démons et Merveilles, Cie Käfig, La Petite Fabrique, Association Plic-Ploc, Ensemble Odyssée, Compania Albadulake...**

Espace culturel de Saint-Genis-Laval

8 rue des Ecoles, BP 80
69565 Saint-Genis-Laval Cedex
Tél. : 04 78 86 82 28 - Fax : 04 78 86 82 79
ecrire@mairie-saintgenislaval.fr
- Directrice : **Célia Deliau**
- Programmatrice JP : **Célia Deliau**

Type : théâtre municipal
Spectacles JP par saison : 5
Genre : pluridisciplinaire
Artistes accueillis : **Cédric Marchal, Compania Albadulake, Cie Étant donné, la Cordonnerie, Cie Mauvais Esprits, Christian Merveille, Raymond et Merveilles, Petrek, Patrick Beckers, La Puce à l'Oreille, Raphy Rafael, Guy Jutard, Yvette Berger, Cie Acta...**

Espace Louise Labé

www.saint-symphorien-ozon.fr
13 avenue Robert-Schumann
69360 Saint-Symphorien d'Ozon
Tél. : 04 78 02 36 36 - Fax : 04 78 02 36 00
mairie@saint-symphorien-ozon.fr
- Directrice : **Ingrid Chiressi**

• Programmatrice JP : **Ingrid Chiressi**
Type : théâtre municipal
Spectacles JP par saison : 3 à 4
Genres : pluridisciplinaire, théâtre, conte, musique, cirque.
Artistes accueillis : **Quintet à vent propres, Cie du chat qui louche, Théâtre de l'iris...**

Espace Tonkin

www.netleoville.org
1 rue Salvador-Allende
69100 Villeurbanne
Tél. : 04 78 93 11 38
• Directeur : **Patrick Sillans**
• Programmatrice JP : **Véronique Desroches**
Type : divers
Spectacles JP par saison : 15
Genres : pluridisciplinaire, théâtre, conte, marionnettes, théâtre d'objets, musique, danse.
Artistes accueillis : **Cie à petits pas, Cie Les Lêonnes, Cie Détours, Petrek, Duo Masero, Cie Fred Bendongue...**

Le Briscope

Parc de l'Hôtel de ville
69530 Brignais
Tél. : 04 78 05 31 13 - Fax : 04 78 05 62 40
briscopespectacles@mairie-brignais.fr
• Directeur : **Yvan Loaëc**
• Programmateur JP : **Yvan Loaëc**
Type : théâtre municipal
Spectacles JP par saison : 7
Genre : pluridisciplinaire
Artistes accueillis : **Cie des Objets Fous, Cie de la Courte Échelle, Baobab et Cie, Cie Manches à Balais Korporation, Cie La Voix du Hérisson, Cie La Carrérarie, Cie des Insomniaques...**

L'Épicerie Moderne

www.epiceriemoderne.com
Place René Lescot
69320 Feyzin
Tél. : 04 72 89 98 70 - Fax : 04 72 89 98 79
contact@epiceriemoderne.com
• Directeur : **Hervé Mondon**
• Programmatrice JP : **Karine Fage**
Type : scène musiques actuelles
Spectacles JP par saison : 6
Genre : musique
Artistes accueillis : **Dragibus, Cie Gueule de Loup...**

Le Polaris

www.lepolaris.org
Avenue de Gambetta, BP 397
69960 Corbas
Tél. : 04 72 51 45 55 - Fax : 04 72 50 84 82
lepolaris@lepolaris.org
• Directrice : **Odile Groslon**
• Programmatrice JP : **Odile Groslon**
Type : théâtre municipal
Spectacles JP par saison : 8
Genre : pluridisciplinaire
Artistes accueillis : **Guy Prunier, Cécile Bergame, Théâtre sans toit, La Cordonnerie, Cie Etant Donné, Théâtre Mu, Hervé Demon, Théâtre de la Cheminée, Cie Virevolte, Théâtre Ovipare, Créa Théâtre, La Malle Théâtre, Bouskidou, Yvette Berger, Cie Propos, Flash Marionnettes, Steve Waring, Petrek, Cie Terrain d'Entente, Cartoun Sardines, Pépito Matéo, Cie Josette Baïz, Cie le Petit Travers, Vercelletto et Cie...**

Le Radiant

www.leradiant.com
1 rue Jean Moulin, BP 45
69642 Caluire-et-Cuire
Tél. : 04 72 27 45 20 - Fax : 04 72 27 45 21
administration@leradiant.com
• Directeur : **Gérard Guipont**
• Programmateurs JP : **Gérard Guipont, Alain Duret**
Type : théâtre municipal
Spectacles JP par saison : 7
Genres : pluridisciplinaire, théâtre, marionnettes, théâtre d'objets, musique, cirque.
Artistes accueillis : **Démons et Merveilles, Teatro Kismet, Chantier Théâtre, Robinson, Christian Merveille, Charlie Chaplin,**

Jean-Pierre Caporossi, Heavy Fingers, Théâtre du Copeau, Cie Virevolte, Les Acrostiches, Duel, Laurent Cirade, Paul Staïcu, Avener, La Framboise Frivole, Cie La Puce à l'Oreille, Cie Caravane, Cie du Loup...

Le Toboggan

www.letoboggan.com
14 avenue Jean Macé
69150 Decines
Tél. : 04 72 93 30 00 - Fax : 04 72 93 30 01
toboggan@letoboggan.com
• Directeur : **Jean-Paul Bouvet**
• Programmateur JP : **Thierry Bergey**
Type : théâtre conventionné
Spectacles JP par saison : 10
Genres : pluridisciplinaire, théâtre, conte, théâtre d'objets, danse.
Artistes accueillis : **Cie Nicole et Martin, Cie l'Artifice, Abbac, Cie Arcosm, Cie Éolipile, Cie Malka...**

Maison de la Rencontre

21 rue Edouard Aynard
69130 Ecully
Tél. : 04 78 33 64 33 - Fax : 04 78 33 26 95
maison.rencontre@ville-ecully.fr
• Directrice : **Chantal Charvy**
• Programmatrice JP : **Chantal Charvy**
Type : théâtre municipal
Spectacles JP par saison : 5
Genre : pluridisciplinaire
Artistes accueillis : **Philippe Bizot, Jonglage Clown, Cie Propos, Cie Vulcain, Guy Prunier...**

Maison du livre, de l'image et du son François Mitterrand

247 cours Émile Zola, BP 5044
69601 Villeurbanne Cedex
Tél. : 04 78 68 04 04 - Fax : 04 78 68 30 39
mlis@mairie-villeurbanne.fr
• Directrice : **Catherine Maisonneuve**
• Programmatrice JP : **Françoise Jolivet**
Type : divers
Spectacles JP par saison : 1 à 2
Genre : pluridisciplinaire
Artistes accueillis : **Cie L'Air de Rien, Richard Abécéra, Abou Fall, Melisdjane...**

Théâtre de Givors

2 rue Puits Ollier, BP 87
69702 Givors Cedex
Tél. : 04 72 24 25 50 - Fax : 04 72 49 04 99
saisons.theatre@wanadoo.fr
• Directrice : **Françoise Pouzache**
• Programmatrice JP : **Françoise Pouzache**
Type : théâtre conventionné
Spectacles JP par saison : 3 à 4
Genres : pluridisciplinaire, théâtre, conte, marionnettes, théâtre d'objets, musique, cirque, clown.
Artistes accueillis : **Guy Prunier, Cie Graine de malice, Théâtre Loyal du Trac, Odyssée Ensemble & Cie, Cie Montalvo-Hervieu, Cie La Cordonnerie, Christian Merveille, Théâtre Mu, Agnès Limbos, Théâtre de l'Artifice...**

Théâtre de la Renaissance

www.theatrelarenaissance.com
7 rue Orsel
69600 Oullins
Tél. : 04 72 39 74 91 - Fax : 04 78 50 76 51
theatre.renaissance@ville-oullins.fr
• Directeurs : **Étienne Paoli, Jean Lacornerie**
• Programmateurs JP : **Étienne Paoli, Laurent Amblard**
Type : théâtre conventionné
Spectacles JP par saison : 4 à 6
Genres : pluridisciplinaire, théâtre, musique.
Artistes accueillis : **Théâtre du Fust, Chantier Théâtre, Cie Ecuador, Cie des chiffonières, Ensemble Justiniana, CDN de Sartrouville...**

Théâtre de la Tête D'Or

www.theatretetedor.com
60 avenue Maréchal de Saxe
69003 Lyon
Tél. : 04 78 95 46 69 - Fax : 04 78 71 77 08
contact@theatretetedor.com
• Directrice : **Jacqueline Bœuf**

• Programmatrice JP : **Jacqueline Bœuf**
Type : divers
Spectacle JP par saison : 1
Genres : pluridisciplinaire, théâtre.
Artiste accueilli : **Cie du Théâtre de la Tête d'Or...**

Théâtre de Venissieux

www.ville-venissieux.fr
8 boulevard Laurent Gérin
69631 Vénissieux Cedex
Tél. : 04 72 90 86 60 - Fax : 04 72 90 86 69
theatre-venissieux@wanadoo.fr
• Directrice : **Gisèle Godart**
• Programmatrice JP : **Gisèle Godart**
Type : théâtre municipal
Spectacles JP par saison : 7
Genres : pluridisciplinaire, théâtre, conte, marionnettes, théâtre d'objets, musique, danse, arts de la rue, cirque, clown, mime.
Artistes accueillis : **Bouskidou, Cie VireVolte, Mathurin Bolze, Turak Théâtre, Cie La Cordonnerie, Cie José Manuel Caño Lopez, Cie Didascalie...**

Théâtre de Villefranche

www.theatredevillefranche.asso.fr
Place de la Sous-Préfecture, BP 301
69665 Villefranche Cedex
Tél. : 04 74 68 02 89 - Fax : 04 74 60 04 38
centreculturel.villefranche@wanadoo.fr
• Directeur : **Alain Moreau**
• Programmateur JP : **Alain Moreau**
Type : théâtre conventionné
Spectacles JP par saison : 6
Genre : pluridisciplinaire
Artistes accueillis : **Flash Marionnettes, Théâtre Am Stram Gram, Cie du Jabron Rouge, Théâtre de la Tête Noire, Théâtre du Carrousel, Cie Jean-Pierre Lescot, Cie La Cordonnerie, Cie Nicole et Martin, Philippe Roussel, Quatuor Debussy, Cie Arscom...**

CDN Théâtre Nouvelle Génération

www.tng-lyon.fr
23 rue de Bourgogne
69009 Lyon
Tél. : 04 72 53 15 15 - Fax : 04 72 53 15 19
administration : 04 72 53 15 10
renseignements@tng-lyon.fr
• Directeur : **Nino d'Introna**
• co-directrice artistique et programmatrice : **Annick Bajard**
• Communication : **Nathalie Gandy**
Type : centre dramatique national
Spectacles JP par saison : 14
Genres : pluridisciplinaire, théâtre, conte, marionnettes, théâtre d'objets, musique, danse, cirque, clown, mime.
Artistes accueillis : **Cie Gare Centrale, Cie des Deux Mondes, Cie La Raracca, Teatro dell'angelo, Théâtre Am Stram Gram, Cie Les Yeux gourmands, Josette Baïz et le Groupe Grenade, La Voix du Hérisson, Cie Pour Ainsi Dire, Ensemble Reflex, Percussions Claviers de Lyon...**

73 AMAC

Rue Bruno Rollet
73300 Saint-Jean-de-Maurienne
Tél. : 04 74 59 87 00 - Fax : 04 74 59 87 00
amac@saintjeandemaurienne.fr
• Directeur : **Emmanuel Lavandier**
• Programmateur JP : **Emmanuel Lavandier**
Type : théâtre municipal
Spectacles JP par saison : 7
Genres : pluridisciplinaire, théâtre, conte, marionnettes, théâtre d'objets, musique, danse, arts de la rue, cirque, clown, mime.
Artistes accueillis : **Cie Jean-Pierre Lescot, Cie Voyageurs Debout, Jean-Jacques Milteau, Cie du Jabron Rouge, Ensemble Hexagone, Cie du Théâtre de l'Iris, Théâtre Job, En Scène et Ailleurs, Théâtre du Kronope, Teatro dell'Angelo de Turin, Théâtre Patamouss', Cie Jean-Pierre Lescot...**

Espace Malraux scène nationale de Chambéry et de la Savoie

www.espacemalraux-chambery.fr
67 place François Mitterand, BP 147
73001 Chambéry Cedex
Tél. : 04 79 85 55 43 - Fax : 04 79 85 26 29
contact@espacemalraux-chambery.fr
• Directeur : **Olivier Atlan**
• Programmatrice JP : **Olivier Atlan**
Type : scène nationale
Spectacles JP par saison : 8
Genres : pluridisciplinaire, théâtre, marionnettes, théâtre d'objets, musique, danse, cirque, clown.
Artistes accueillis : **Le Carrousel, Joël Pommerat, Cie Louis Brouillard, Damien Bouvet, Théâtre Am Stram Gram, Ilka Schönbein, Les Yeux Gourmands, Cie VireVolt...**

Le Dôme Théâtre

www.dometheatre.com
135 place de l'Europe, BP 181
73200 Albertville
Tél. : 04 79 10 44 80 - Fax : 04 79 10 44 89
administration@dometheatre.com
• Directrice : **Françoise Gourbeyre**
• Programmatrice JP : **Françoise Gourbeyre**
Type : théâtre conventionné
Spectacles JP par saison : 11
Genres : pluridisciplinaire, théâtre, théâtre d'objets, musique, danse, cirque.
Artistes accueillis : **Cie du Marais, Eurêka Théâtre, Carlo Bondi, Romanès Cirque Tsigane, Théâtre de l'Ombrelle, Cie Étant donné, Théâtre du Carrousel...**

MJC Le Totem

www.mjc-chambery.com
311 Faubourg Montmellian
73000 Chambéry
Tél. : 04 79 85 05 84 - Fax : 04 79 33 64 59
• Directrice : **Marie Cavalière**
• Programmateur JP : **Philippe Paillasson**
Type : MJC
Spectacles JP par saison : 7
Genres : pluridisciplinaire, théâtre, marionnettes, musique, cirque, clown.
Artistes accueillis : **Cie Sortie de Route, Cie Les Paillasses...**

Théâtre du Casino

3 rue des Fleurs
73100 Aix-les-Bains
Tél. : 04 74 88 68 10 - Fax : 04 79 88 68 11
• Directeur : **Jean-Marc Pognini**
• Programmatrice JP : **Marie-Pierre Lanet**
Type : théâtre municipal
Spectacles JP par saison : 10
Genres : pluridisciplinaire, théâtre, conte, musique, danse.
Artistes accueillis : **Écla Théâtre, Maurice et Cie, Cie Colette Roumanoff, Les Déménageurs, la Boulevard Cannes Cie...**

74 Bonlieu Scène Nationale

www.bonlieu-annecy.com
1 rue Jean Jaurès, BP 294
74007 Annecy Cedex
Tél. : 04 50 33 44 00 - Fax : 04 50 51 82 09
bsn@bonlieu-annecy.com
• Directeur : **Salvador Garcia**
• Programmatrice JP : **Peggy Viola**
Type : scène nationale
Spectacles JP par saison : 10
Genre : pluridisciplinaire
Artistes accueillis : **Cie Amoros & Augustin, Teatro delle Bricciole, Cie Tempestant...**

Le Rabelais

21 Route de Frangy
74960 Meythet
Tél. : 04 50 22 39 97 - Fax : 04 50 22 39 58
rabelais@nwc.fr
• Directeur : **Laurent Boissery**
• Programmateur JP : **Laurent Boissery**
Type : théâtre municipal
Spectacles JP par saison : 12 à 15
Genres : pluridisciplinaire, théâtre, conte, marionnettes, théâtre d'objets, musique, danse, clown.

Artistes accueillis : **Cie Voyageur Debout, Zut, Théâtre de la Toupine, Les Pailass', Cie Balafon, Cie Demons et Merveilles, Cie Tabola Rassa, Jordi Bertran, Cie François Peretti, Théâtre Patamouss'...**

Maison des Allobroges

www.cluses.com
Association culturelle clusienne
14 place des Allobroges
74300 Cluses
Tél. : 04 50 98 07 73 - Fax : 04 50 96 04 87
maisondesallobroges@wanadoo.fr
• Directrice : **Catherine Huillet-Miraton**
• Programmatrice JP : **Catherine Huillet-Miraton**
Type : théâtre municipal
Spectacles JP par saison : 5
Genres : pluridisciplinaire, théâtre, conte, marionnettes, musique, danse, arts de la rue, cirque, clown, mime.
Artistes accueillis : **Cie du Théâtre du Corbeau, Cie La Cordonnerie...**

Maison des Arts Thonon-Évian

www.mal-thonon.org
4 bis avenue d'Évian
74200 Thonon
Tél. : 04 50 71 39 47 - Fax : 04 50 71 47 71
alain@mal-thonon.org
• Directeur : **Thierry Vautherot**
• Programmateur JP : **Thierry Vautherot**
Type : scène musiques actuelles
Spectacles JP par saison : 8
Genres : pluridisciplinaire, théâtre, théâtre d'objets, musique, cirque.
Artistes accueillis : **Cie Les Yeux Gourmands, Théâtre Am Stram Gram, Teatro Kismet Opéra, El Comedians, Cie Vertigo, Théâtre du Caramel Fou...**

Relais culturel de château rouge

www.chateau-rouge.net
1 route de Bonnevile, BP 293
74112 Annemasse Cedex
Tél. : 04 50 43 24 25 - Fax : 04 50 43 24 26
adm@chateau-rouge.net
• Directeur : **Jacques Maugein**
• Programmatrice JP : **Annie Derome**
Type : scène musiques actuelles
Spectacles JP par saison : 6 à 8
Genres : pluridisciplinaire, théâtre, conte, marionnettes, théâtre d'objets, musique, danse clown, mime.
Artistes accueillis : **Théâtre de la Tête Noire, Théâtre des marionnettes de Genève, Cie Brozzoni, Cie La Cordonnerie, Cie Vertigo, Cie du Jabron Rouge, Groupe Grenade...**

La Réunion

97 Théâtre du Grand Marché

www.cdoi-reunion.com
2 rue du Maréchal Leclerc
97400 Saint-Denis-de-la-Réunion
Tél. : 02 62 20 33 99 - Fax : 062 21 01 60
centre-dramatique.reunion@wanadoo.fr
• Directeur : **Ahmed Madani**
• Programmateur JP : **Stéphane Maisonneuve**
Type : centre dramatique
Spectacles JP par saison : 5
Genres : pluridisciplinaire, théâtre, marionnettes, théâtre d'objets.
Artistes accueillis : **Damien Bouvet, Christine Pouquet, Agnès Limbos, Baro d'Evel Cirk Cie, Cie Amoros et Augustin, Caroline Obin, Cie Théâtrenfance, Théâtre des Alberts...**

Théâtre les Bambous

www.le-reso.com
2 rue Jean Moulin, 97470 Saint-Benoît
Tél. : 02 62 50 38 63 - Fax : 02 62 50 45 61
theatre@lesbambous.com
• Directeur : **Frédéric Robin**
• Programmateur JP : **Frédéric Robin**
Type : théâtre conventionné
Spectacles JP par saison : 4
Genres : théâtre, conte, marionnettes, théâtre d'objets, arts de la rue, cirque.
Artistes accueillis : **Cie Garin Trousseboeuf, Cie Antre deux, Cie Théâtrenfance, Cie du Chiendent, Mimi Barthélémy, Gille Crépin, Cie Épices et parfums...**

1, 2, 3 Théâtre

www.theatre-estparisien.net
Théâtre de l'Est Parisien
159 avenue Gambetta
75020 Paris
Tél. : 01 40 31 20 96 - Fax : 01 43 64 07 50
infos@theatre-estparisien.net
• Directrice : **Catherine Anne**
• Programmatrice : **Catherine Anne**
Année de création : 2004
Périodicité : annuelle
Dates : mars-avril
Bouclage programmation : juin
Nombre spectacles JP : 4
Genre : théâtre
Artistes accueillis : **Catherine Anne, Joël Jouanneau, Nathalie Bensard, Philippe Aufort...**

À Pas contés

Association Bourguignonne Culturelle
4 passage Darcy
21000 Dijon
Tél. : 03 80 30 98 99 - Fax : 03 80 50 18 08
abcdijon.information@wanadoo.fr
• Directeur : **Thierry Macia**
• Programmateur : **Thierry Macia**
Année de création : 2001
Périodicité : annuelle
Dates : janvier-février
Bouclage programmation : fin septembre
Nombre spectacles JP : 30
Genres : théâtre, conte, marionnettes, théâtre d'objets, musique, danse, arts de la rue, cirque.
Artistes accueillis : **Cie Caméléon, Théâtre de l'Est parisien, Cie En attendant, Orion Danse, Les Voix de l'insolite, Théâtre du Risorius, Cie Amoros et Augustin, TJP Strasbourg, Manoli, Brozzoni...**
NB : créations, résidences, rencontres professionnelles.

Arts d'heures buissonnières

Théâtre d'Arras
BP 147
62003 Arras Cedex
Tél. : 03 21 71 66 16 - Fax : 03 21 51 68 40
contact@theatredarras.com
• Directeur : **Max Gaillard**
• Programmateur : **Jean-Pierre Cliquet**
Année de création : 1996
Périodicité : biennale
Dates : mars
Bouclage programmation : mai
Nombre spectacles JP : 6
Genre : théâtre
Artiste accueilli : **Cie Fond de scène, Le Théâtre musical possible, Toon Tellegen, Accadenia Perduta/Romagna teatri, Theater De Spiegel...**

Au Bonheur des Mômes

www.aubonheurdesmomes.com
BP 11
74450 Le Grand Bornand
Tél. : 04 50 02 78 05 - Fax : 04 50 02 78 01
infos@aubonheurdesmomes.com
• Directeur : **Alain Benzoni**
• Programmateur : **Alain Benzoni**
Année de création : 1991
Périodicité : annuelle
Dates : fin août
Bouclage programmation : fin mars
Nombre spectacles : 70
Genres : théâtre, conte, marionnettes, théâtre d'objets, musique, danse, arts de la rue, cirque, clown, mime.
Artistes accueillis : **Cie Albadulake, Cie Arts et couleurs, Cie Al Fonce, Éveil petite enfance, Théâtre des Amarelles, Avner l'excentrique, Cie Balad'eux, Cie de la Vega, Les Boucans, Cie Cirque troc...**
NB : créations, coproductions, résidences, formations, rencontres professionnelles.

Au fil de la Doller

www.festival-marionnettes-masevaux.com
Association De fil en forme
19 rue du Loup
68520 Burnhaupt-le-Bas
Tél. : 03 89 82 41 99 - 06 82 31 04 78
m-b.lemaire@wanadoo.fr
• Directeur : **Bernard Krafft**
• Programmatrice : **Marie-Bénédicte Lemaire**
Année de création : 2002
Périodicité : annuelle
Dates : mi-juillet
Bouclage programmation : fin décembre
Nombre spectacles JP : 10
Genres : théâtre, marionnettes, théâtre d'objets.
Artistes accueillis : **Théâtre d'Ern, Les Babas au Rhum, Cie La Pendue, La S.O.U.P.E., Théatre des Amarelles, Aga La Sorcière...**

Biennale du Théâtre Jeunes Publics

www.biennale-tja.fr
2 avenue Adolphe Max
69005 Lyon
Tél. : 04 72 77 02 30 - Fax : 04 78 37 22 52
info@biennale-tja.fr
• Directeurs : **Maurice Yendt, Michel Dieuaide**
• Programmateurs : **Maurice Yendt, Michel Dieuaide**
Année de création : 1977
Périodicité : biennale
Dates : juin
Bouclage programmation : janvier
Nombre spectacles JP : 30
Genres : théâtre, conte, marionnettes, théâtre d'objets, musique, danse, arts de la rue, cirque, clown.
Artistes accueillis : **Théâtre fantastique, Cie Les Yeux gourmands, Quatuor Debussy, Cie Didascalie, Théâtre des Jeunes Années, Théâtre de Cuisine, Théâtre de la Tête noire, Cie José Manuel Caño Lopez, Am Stram Gram, Théâtre sans fil...**
NB : créations, coproductions, formations, rencontres professionnelles.

Biennale internationale des arts de la marionnette

www.theatredelamarionnette.com
www.biam2005.com
Théâtre de la Marionnette
38 rue Basfroi
75011 Paris
Tél. : 01 44 64 79 70 - Fax : 01 44 64 79 72
info@theatredelamarionnette.com
• Directeurs : **Isabelle Bertola, Christophe Blandin-Estournet**
• Programmateurs : **Isabelle Bertola, Christophe Blandin-Estournet**
Année de création : 2001
Périodicité : biennale
Dates : fin mai-début juin
Bouclage programmation : fin décembre
Nombre spectacles JP : de 3 à 5
Genres : marionnettes, théâtre d'objets.
Artistes accueillis : **Emmanuelle Trazic et Benoit Richter, Cie AMK, Théâtre sans toit, Tof Théâtre...**
NB : coproductions, résidences, rencontres professionnelles.

Cep Party

www.pays-vignoble-nantais.org
Syndicat mixte du pays du vignoble nantais
Allée du Chantre, BP 74
44190 Clisson
Tél. : 02 40 36 09 10 - Fax : 02 40 36 09 15
cep-party@wanadoo.fr
• Chargée de mission du développement culturel : **Aurore Chevalier**
• Programmatrice : **Isabelle Driguez**
Année de création : 2004
Périodicité : annuelle
Dates : mi-avril
Bouclage programmation : décembre
Nombre spectacles JP : 7
Genres : théâtre, marionnettes, musique, danse, cirque.
Artistes accueillis : **Yannick Pasgrimaud, Cie Energumen, Cie Les Zanimos, La Smart Cie, Théâtre POM, Pulse, Les Acrostiches,**

Les Pilleurs d'épaves, Bouskidou, Utopium théâtre...

Cirq'oui

www.cirquoui.net
10 bis rue Louis Blanc
24000 Périgueux
Tél. : 05 53 53 58 49 - Fax : 05 53 53 58 49
contact@cirquoui.net
• Directeur : **David Gilbergues**
• Programmateur : **Aurélie Nancy**
Année de création : 2002
Périodicité : annuelle
Dates : avril-mai
Bouclage programmation : novembre
Nombre spectacles JP : 2
Genres : théâtre, conte, marionnettes, musique, arts de la rue, cirque, clown.
Artistes accueillis : **Cie Mouton à 5 pattes, Cirque sans raisons, Cie Zygomatiques, Cie Tout par terre, Cie Drologoss, Cie Pile Poil, Cie Drologoss, Cie Delphine-Priam...**

Confluences

http://perso.club-internet.fr/ptimonde
La Compagnie du Petit Monde
Rue de l'Ardoise, BP 54
37420 Avoine
Tél. : 02 47 58 40 02 - Fax : 02 47 58 41 37
ptimonde@club-internet.fr
• Directeur : **Marc Brazey**
• Programmateur : **Marc Brazey**
Année de création : 2001
Périodicité : annuelle
Dates : dernière semaine d'octobre
Bouclage programmation : avril
Nombre spectacles JP : 11
Genres : théâtre, conte, marionnettes, musique, danse, clown.
Artistes accueillis : **Théâtre Dest, Cie Tabola Rassa, Cie du Jabron rouge, Théâtre Mu, Cie Hanoumat, Immo, Cie du Petit Monde, La Carrerarie, Cie Café crème, Bouffou Théâtre...**
NB : créations

Contenbus

www.autourdevous.org
5 rue de la Révolution
93100 Montreuil
Tél. : 01 48 18 76 68 - Fax : 01 48 18 76 64
contact@autourdevous.org
• Directrice : **Laurence Cassaignard**
• Programmatrice : **Laurence Cassaignard**
Année de création : 1999
Périodicité : annuelle
Dates : fin juin - mi-juillet
Bouclage programmation : octobre
Nombre spectacles JP : 3 à 4
Genre : conte
Artistes accueillis : **Théâtre de la Noue, Christelle Levénès, Claire Péricard, Jeanine Qannari, Fabien Bages...**

Contes et rencontres

www.foyers-ruraux.com
10 quartier des Carmes, BP 113
48003 Mende Cedex
Tél. : 04 66 49 23 93 - Fax : 04 66 49 27 61
fdfr48@wanadoo.fr
• Directrice : **Marie Huguet**
• Programmatrice : **Marie Huguet**
Année de création : 1992
Périodicité : annuelle
Dates : fin janvier-début février
Bouclage programmation : fin août
Nombre spectacles JP : 15
Genres : conte, musique.
Artistes accueillis : **Les Castanhaires, Claude Alranq, Colette Migné, Madeleine Clauzon, Rachid Bouali, Sylvie Delom, Cie Batifol, Cie du Tire-laine, Térésa Canet, Cécile Bergame...**

Cornegidouille, v'là les artistes !

www.cornegidouille.com
Théâtre de Chartres
Place de Ravenne
28000 Chartres
Tél. : 02 37 84 05 91 - Fax : 02 37 23 42 79
lucasrub@free.fr

MOMIX
Festival international jeune public - KINGERSHEIM
25 compagnies - 70 représentations - Expositions - Rencontres professionnelles
www.momix.org
CREA - 27 rue de hirschau 68260 Kingersheim 03 89 57 30 57
centre de rencontre, d'échange et d'animation Kingersheim

• Directeurs : **Nathalie Arnoux, Jean-Philippe Lucas Rubio**
• Programmateurs : **Nathalie Arnoux, Jean-Philippe Lucas Rubio**
Année de création : 2003
Périodicité : annuelle
Dates : mi-février-fin mars
Bouclage programmation : juin
Nombre spectacles JP : 16
Genres : théâtre, conte, marionnettes, théâtre d'objets, musique, mime.
Artistes accueillis : **Lézartikal, Gadjo Combo, Cie Retouramont, Damien Bouvet, Tartine Reverdy, Zététique Théâtre, Bob Théâtre, Émilie Loger et Camille Richard...**
NB : résidences

Cuba Hoy ! Terres de rencontres

www.yemaya.asso.fr
12 rue François Mansart
31500 Toulouse
Tél. : 05 61 11 28 29 - Fax : 05 61 11 26 16
yemaya1@club-internet.fr
• Directrices : **Gisèle Limoine, Christine Weber**
• Programmatrices : **Gisèle Limoine, Christine Weber**
Année de création : 1998
Périodicité : annuelle
Dates : février
Bouclage programmation : fin septembre
Nombre spectacles JP : 2 à 4
Genres : théâtre, conte, marionnettes, théâtre d'objets, musique, danse, cirque, clown, mime.
Artistes accueillis : **Cie Les Marmofolies, Cie Sôa-Tôa, Iao Animation, Ray Mundo Theater...**

Débits de paroles

www.autourdevous.org
Association Autour de vous
La Fonderie, 104-106 rue Édouard Vaillant
93100 Montreuil-sous-Bois
Tél. : 01 48 18 76 68 - Fax : 01 48 18 76 64
contact@autourdevous.org
• Directrice : **Laurence Cassaignard**
• Programmateur : **Céline Gallet**
Année de création : 2005
Périodicité : annuelle
Dates : mi-mars
Bouclage programmation : janvier
Nombre spectacles JP : 3
Genres : conte, arts de la parole.
Artistes accueillis : **Pierre Rosat, Théâtre Sango'a...**

Des Petits Riens

www.oddc22.com
ODDC
2 bis place Saint-Michel
22000 Saint-Brieuc
Tél. : 02 96 60 86 10 - Fax : 02 96 52 07 60
despetitsriens@oddc22.com
• Directeur : **Olivier Couqueberg**
• Programmateur : **Pascal Del'din**
Année de création : 2001
Périodicité : annuelle
Dates : avril
Bouclage programmation : fin octobre
Nombre spectacles JP : 7
Genres : théâtre, marionnettes, théâtre d'objets, clown.
Artistes accueillis : **Cie La Puce à l'oreille, Théâtre de la Toupine, Théâtre du Risorius, AK Entrepôt, Théâtre des Tarabates, Théâtre du Merle blanc, Cie Barbès 35, Cie DigorDor, Cie l'Entreprise, Emma La clown...**
NB : créations, coproductions, résidences, rencontres professionnelles.

Des Pieds et des Mains

19 rue Blondel
75002 Paris
Tél. : 06 62 81 73 29 - Fax : 01 40 41 91 37
~~despiedsdesmains@free.fr~~ la-grosse-entreprise@wanadoo.fr
• Directrice : **Valérie Boisson**
• Programmateurs : **Valérie Boisson, Caroline Duhamel, Nicolas Vergneau**
Année de création : 2004
Périodicité : annuelle
Dates : 2ème week-end de juillet

~~mail a renvoyer~~
~~au bonheur des~~
~~mômes~~

+ voir mail fx

montheatre@aol.com
infos@theatreandacom.com

ph? cuader
45 carambole[redacted]

Bouclage programmation : avril
Nombre spectacles : 13
Genres : marionnettes, théâtre d'objets, musique, danse.
Artistes accueillis : **Cie Les Anges au Plafond, Jeanne Mordoj, Cie Ex-Nihili, Cies La S.O.U.P.E. & Clandestines Ficelles, Cie Créatures, Cie Illico, Cie Baro d'Evel Cirk...**

Des Rêveurs éveillés

www.ville-sevran.fr
5 rue Gabriel Péri
93270 Sevran
Tél. : 01 49 36 51 75 - Fax : 01 49 36 52 03
emassoutre@ville-sevran.fr
- Directeur : **Bruno Zappini**
- Déléguée du festival : **Évelyne Massoutre**

Année de création : 1991
Périodicité : annuelle
Dates : mi-janvier-début février
Bouclage programmation : juin
Nombre spectacles : 13
Genres : théâtre, conte, marionnettes, théâtre d'objets, musique, danse.
Artistes accueillis : **Cie les Rémouleurs, AK Entrepôt, Laurent Dupont, Cie Pupella-Noguès, Praxinoscope, Le Fil rouge, Chantal Roussel, Cie En attendant, Vélo Théâtre, Théâtre du Chocolat...**
NB : créations, coproductions, résidences, formations.

DraguiFolies Passerelles en Dracénie

www.theatresendracenie.com
Théâtre en Dracénie
Boulevard Georges Clémenceau
83300 Draguignan
Tél. : 04 94 50 59 59 - Fax : 04 94 50 59 41
infos@theatresendracenie.com
- Directeur : **Liberto Valls**
- Programmateur : **Liberto Valls, Monique Chabert**

Année de création : 1994
Périodicité : annuelle
Dates : début juillet
Bouclage programmation : fin mai
Nombre spectacles : 6
Genres : théâtre, musique, danse, arts de la rue, cirque, clown.
Artistes accueillis : **Compagnie Contre pour, Cie Les Petits Miracles, Patrick Tridon, Christian Berthelot, L'Illustre Famille Burattini, Cie Trois Points de suspension...**

Échappée belle (L')

www.echappee-belle.org
4 rue du Docteur Castéra
33290 Blanquefort
Tél. : 05 56 95 49 00 - Fax : 05 56 95 49 09
elac@lescolonnes.ville-blanquefort.fr
- Directrice : **Catherine Simon**
- Programmatrice : **Catherine Simon**

Année de création : 1992
Périodicité : annuelle
Dates : 1ère quinzaine de juin
Bouclage programmation : fin février
Nombre spectacles : 25
Genres : théâtre, marionnettes, arts de la rue, cirque.
Artistes accueillis : **L'Illustre Famille Burattini, Cie Batchata, Théâtre de la Pire Espèce, Cie Vendaval, Cie Nicole et Martin, Carmelo et Perrotin, Théâtre de Romette, O.P.U.S., Tof Théâtre, Théâtre de la Tête noire...**
NB : créations, coproductions, résidences, rencontres professionnelles.

Éclats d'Auteurs

www.aulnay-sous-bois.com
Espace Jacques Prévert
134 rue Anatole France
93600 Aulnay-sous-Bois
Tél. : 01 48 68 08 18 - Fax : 01 48 69 35 22
administration@ejp93.com
- Directeur : **Christophe Ubelmann**
- Programmateur : **Christian Dubuis**

Année de création : 2003
Périodicité : annuelle
Dates : 2ème quinzaine d'avril

Bouclage programmation : avril
Nombre spectacles JP : 4
Genre : théâtre
Artistes accueillis : **Cie Alain Batis, Groupe 3.5.81...**
NB : rencontres professionnelles

Enchanteur

www.festimome.com
1 résidence Champagne, 314 rue Faidherbe
59120 Loos
Tél. : 03 20 30 76 70 - Fax : 03 20 37 88 81
infos@festimome.com
• Directeur : **Bruno Macou**
• Programmateur : **Bruno Macou**
Année de création : 2004
Périodicité : annuelle
Dates : février
Bouclage programmation : août
Nombre de spectacles JP : 10
Genres : musique, théâtre, marionnettes, clown, magie, mime, conte, danse.
Artistes accueillis : **Cie L'Histrion, Cie Élixir, Clown Stabylo...**
NB : créations, coproductions.

Enfance du monde

L'Artchipel
Boulevard Gouverneur Félix Elbou, BP 280
97105 Basse-Terre Cedex
Tél. : 05 90 99 29 13 - Fax : 05 90 99 29 20
lartchipel@wanadoo.fr
• Directeur : **Jose Pliya**
• Programmateur : **Jose Pliya**
Année de création : 1999
Périodicité : biennale
Dates : mars
Bouclage programmation : décembre
Nombre spectacles JP : 10
Genres : théâtre, conte, marionnettes, théâtre d'objets, musique, danse.
Artistes accueillis : **Lizin a Kont et Raphaël Annerose, Kontakaz, Praline Gay-Para et Sandra Nkake, Kodjo Sylvain Méhoum, Cie de la Vega, Jean-Claude Grumberg, Cie Teatro all'improvisio, Théâtre d'Illusia, Fawzy Al Aiedy...**
NB : rencontres professionnelles, formations.

Enfance théâtre création

www.clochardscelestes.com
Théâtre des Clochards Célestes
7 rue Alsace-Lorraine
69001 Lyon
Tél. : 04 78 28 35 19 - Fax : 04 78 28 34 43
info@clochardscelestes.com
• Directrice : **Laurence Longin**
• Programmatrice : **Élisabeth Saint-Blancat**
Année de création : 1988
Périodicité : annuelle
Dates : 1ère dizaine de juin
Bouclage programmation : mars
Nombre spectacles JP : 5
Genres : théâtre, marionnettes, théâtre d'objets, musique, danse.
Artistes accueillis : **Théâtre de Romette, Cie Malin pour mon âge, Cie Pas de loup, Cie Ekangha, Cie Le Caillou rouge...**

Enfant phare

5 bis rue du Mûrier
37000 Tours
Tél. : 02 47 20 02 00 - Fax : 02 47 05 91 05
enfantsphare@wanadoo.fr
• Directrice : **Isabelle Boulanger**
• Programmatrice : **Isabelle Boulanger**
Année de création : 1999
Périodicité : annuelle
Dates : 2ème semaine de juin
Bouclage programmation : fin décembre
Nombre spectacles JP : 5 à 10
Genres : théâtre, conte, marionnettes, théâtre d'objets, musique, danse, clown.
Artistes accueillis : **Cie Espiègle, Théâtre Exobus, Cie Café crème, Ratatouille Théâtre, La Fabrique des arts d'à côté, Françoise Pillet Cie, Cie Siloé, Cie La Loupiote, Cie Le Clan des songes, Cie Éclats...**

Escales

www.festival-escales.com
Théâtre Mu, chez Eurotempo
43 rue des Hérideaux
69008 Lyon
Tél. : 04 78 76 44 43 - 06 85 02 19 14
Fax : 04 78 75 81 78
theatre.mu@free.fr

- Directeur : **Bob Mauranne**
- Programmateur : **Bob Mauranne**

Année de création : 2003
Périodicité : annuelle
Dates : mi-juin
Bouclage programmation : fin décembre
Nombre spectacles JP : 15
Genres : marionnettes, théâtre d'objets, musique.
Artistes accueillis : **Cie Christophe Roche, Cie du Point du jour, Cie G.R.A.A.L., Cie Le Bruit qui court, Théâtre du Vide-poches, Cie Michka, Cie La Fabrique des arts d'à côté, Cie L'Alinéa, Cie Une île au large, Cie Arnica...**

Escapades

www.eredejeu.fr
Association Ere de jeu
71 rue Robespierre
93100 Montreuil
Tél. : 01 48 59 19 74 - Fax : 01 48 59 19 74
pascale.paulat@eredejeu.fr

- Directrice : **Pascale Paulat**
- Programmatrice : **Pascale Paulat**

Année de création : 2004
Périodicité : annuelle
Dates : juin
Bouclage programmation : fin novembre début décembre
Nombre spectacles JP : 10
Genres : théâtre, musique, danse, cirque.
Artistes accueillis : **Cie Le Fil rouge, Cie L'Yonne en scène, Cie Du Porte voix...**

Et Moi Alors ?

www.theatregerardphilipe.com
Théâtre Gérard Philipe - CDN
59 boulevard Jules Guesde
93207 Saint Denis Cedex
Tél. : 01 48 13 70 00 - Fax : 01 42 43 63 48
info@theatregerardphilipe.com

- Directeur : **Alain Ollivier**
- Programmateur : **Alain Ollivier**

Année de création : 2003
Périodicité : annuelle
Dates : mi-avril - mi-mai
Bouclage programmation : novembre
Nombre spectacles JP : 7
Genres : théâtre, marionnettes, danse, théâtre d'ombres.
Artistes accueillis : **Cie Louis Brouillard, Théâtre de Fust, Théâtre sans toit...**

Festavril

www.villedesherbiers.com
Mairie - service culturel
Rue Prise d'Eau
85500 Les Herbiers
Tél. : 02 51 66 95 41 - Fax : 02 51 66 87 99
cgilbert@villedesherbiers.com

- Directeur : **Jackie Riffaud**
- Programmatrice : **Céline Gilbert**

Année de création : 2001
Périodicité : annuelle
Dates : 2ème week end d'avril
Bouclage programmation : novembre
Nombre spectacles JP : 8
Genres : musique, danse, théâtre.
Artistes accueillis : **Cie S'évad, Les Diablotins, Les Pilleurs d'épaves, Les Zanimos, Cie Ambulo train Théâtre, Le Lutin Théâtre d'images...**

Festi'Drôle

http://festidrole.free.fr
Asta'Drôle
Mairie
32420 Simorre
Tél. : 05 62 65 37 29 - Fax : 05 62 65 35 37
festidrole.astadrole@wanadoo.fr
• Directrice : **Maryse Gali**
• Programmatrice : **Stéphanie Mainfroid**
Année de création : 1995
Périodicité : annuelle
Dates : 1er week-end de juillet
Bouclage programmation : fin janvier
Nombre spectacles JP : 4
Genres : conte, marionnettes, musique, arts de la rue.
Artistes accueillis : **Cie Oboubambulle, Cie Rital Brocante, Tobrogoï, Cie Kiroul, Les Frères Balloovitch...**
NB : rencontres professionnelles

Festi'mômes

Centre communal d'action sociale
56230 Questembert
Tél. : 02 97 26 62 05 - Fax : 02 97 26 15 25
maisondesjeunesquestembert@wanadoo.fr
• Directeur : **Christophe Collin**
• Programmatrice : **Céline Michelot**
Année de création : 2005
Périodicité : annuelle
Dates : novembre
Bouclage programmation : fin juillet
Nombre spectacles JP : 10
Genres : théâtre, marionnettes, théâtre d'objets, musique, danse, cirque, mime, théâtre d'ombre.
Artistes accueillis : **Laurent Dupont, Cie Méli-Mélo, Bouffou Théâtre, Théâtre de l'Écume, Cie Les Petits Miracles, Cie AK Entrepôt, Cie Les Troubaquoi, Cie Artem, Cie Imaginaire Ensemble FA7...**
NB : rencontres professionnelles, formations.

Festimôm'

www.rombas.com
Maison de l'enfance
48 rue de Villers
57120 Rombas
Tél. : 03 87 67 74 79 - Fax : 03 87 67 74 80
momtheatre@aol.com
• Directeur : **Jean-Michel Schildknecht**
• Programmateur : **Jean-Michel Schildknecht**
Année de création : 2000
Périodicité : annuelle
Dates : dernière quinzaine de mars
Bouclage programmation : août
Nombre spectacles JP : 7
Genres : théâtre, conte, marionnettes, cirque, magie.
Artistes accueillis : **Cie La Lanterne Magique, Théâtre à Cru, Lejo, Cie Aristobulle, Les Wiltoof, Cie Le Clan des Songes, Théâtre du Copeau, Cie Turbulence...**

Festival de chansons jeunes publics

www.magny-les-hameaux.fr
L'Estaminet Café Culture
Esplanade Gérard Philipe
78114 Magny-les-Hameaux
Tél. : 01 30 23 44 28 - Fax : 01 30 47 10 09
estaminet@magny-les-hameaux.fr
• Directeur : **Georges Silvestre**
• Programmatrice : **Eugénie Bertaud**
Année de création : 2003
Périodicité : annuelle
Dates : mi-mars
Bouclage programmation : décembre
Nombre spectacles JP : 6
Genres : conte, musique.
Artistes accueillis : **Les Ours du Scorff, Cie La Carrérarie, Cie Porte-voix, Laboîtàsons, Papaq Cie, Les Farfadas...**

Festival du conte Têtes en l'air

1 ter rue Eustache Restout
14000 Caen
Tél. : 02 31 72 54 09 - Fax : 02 31 83 22 72
• Directrice : **Monique Calzas**
• Programmateurs : **Monique Calzas et Rowland Buys**
Année de création : 1995
Périodicité : annuelle
Dates : 1ère quinzaine de novembre
Bouclage programmation : fin juin
Nombre spectacles JP : 18
Genre : théâtre, conte.
Artistes accueillis : **Gilles Bizouerne, Jihad Darwiche, Virginie Lagarde, Sophie Houen, Myriam Pellican, Christiane Vitard, Sam Cannarozzi....**
NB : créations, coproduction, formations, rencontres professionnelles.

Festival de la Marelle

www.theatre-dest.fr.st
Théâtre Dest
31 rue du Parc
57280 Maizières les metz
Tél. : 03 87 80 29 34 - Fax : 03 87 51 87 63
festival.marelle@club-internet.fr
• Directeur : **Olivier Dupuis**
• Programmateur : **Olivier Dupuis, Maricke Doremus.**
Année de création : 2001
Périodicité : annuelle
Dates : 1ère quinzaine de juillet
Bouclage programmation : fin février
Nombre spectacles JP : 15 à 20
Genres : théâtre, conte, marionnettes, théâtre d'objets, musique, danse, arts de la rue, cirque, clown, mime.
Artistes accueillis : **Jean-Rémy Guédon, Yves Rousseau, Hanoumat Cie, Robinson, Théâtre de Nuit, Cie Azimut, Théâtre de la Toupine, Nathalie Krajcik, Théâtre de l'Envie, Cie Vire Volte, Cie La Pendue...**
NB : formations, rencontres professionnelles.

Festival de la marionnette de Forges-Les-Eaux

Mairie, Service culturel
76440 Forges-Les-Eaux
Tél. : 02 32 89 94 20 - Fax : 02 32 89 94 24
service.com@ville-forges-les-eaux.fr
• Directrice : **Martine Bonino**
• Programmatrice : **Martine Bonino**
Année de création : 2001
Périodicité : annuelle
Dates : début juillet
Bouclage programmation : avril
Nombre spectacles JP : 7
Genres : marionnettes, théâtre d'objets.
Artistes accueillis : **Cie Action Théâtre enfance, Théâtre Musique Coulisses Cie les Durand...**

Festival de marionnettes

www.dives-sur-mer.com
Mairie
Rue du Général de Gaulle
14160 Dives-sur-Mer
Tél. : 02 31 28 12 53 - Fax : 02 31 24 42 28
patrick.boutigny@wanadoo.fr
• Directrice : **Yvonne Le Hénaff**
• Programmateur : **Patrick Boutigny**
Année de création : 1986
Périodicité : annuelle
Dates : mi-juillet
Bouclage programmation : février
Nombre spectacles JP : 20
Genres : marionnettes, théâtre d'objets.
Artistes accueillis : **Cie La Pendue, Cie Y'a Qu'a, Cie Suforel, Cie Arnica, Cie La Vache à Laid, Cie Drolactic Industry, Cie Garin Trousseboeuf, Cie Stratégie du Poisson, Cie AMK, Cie Alinea...**

Festival de marionnettes

Théâtre du Côteau
10 rue Louis Pergaud
92350 Le Plessis Robinson
Tél. : 01 46 30 45 29
• Directeur : **Éric Fauveau**
• Programmateur : **Éric Fauveau**

Année de création : 2005
Périodicité : annuelle
Dates : mi-mars
Bouclage programmation : fin juin
Nombre spectacles JP : 5-6
Genres : marionnettes, théâtre d'objets.
Artistes accueillis : **Cie Une poignée d'Images, Cie Le Boléro, La P'tite Semelle Cie...**

Festival de marionnettes de Grenoble

www.adaep.fr.st
ADAEP, 163 cours Berriat
38000 Grenoble
Tél. : 04 76 96 55 88 - Fax : 04 76 48 38 72
adaep@wanadoo.fr
• Directeur : **Loic Cloez**
• Programmateur : **Loic Cloez**
Année de création : 2003
Périodicité : annuelle
Dates : février
Bouclage programmation : octobre
Nombre spectacles JP : 15
Genres : marionnettes, théâtre d'objets.
Artistes accueillis : **La Pendue, Drolatic Industry, Cie les Contes de la chaise à porteur, ratatouille Théâtre, Cie Graine de vie...**
NB : résidences, rencontres professionnelles.

FestiVal de Marne Les Refrains des gamins

www.festivaldemarne.org
79-81 avenue Danielle Casanova
94200 Ivry-sur-Seine
Tél. : 01 45 15 07 07 - Fax : 01 45 15 07 00
• Directeur : **Jean-Claude Barens**
• Programmateur jeune public : **Gilles Avisse**
Année de création : 1987
Périodicité : annuelle
Dates : 1ère quinzaine d'octobre
Bouclage programmation : mai - juin
Nombre spectacles JP : 16
Genres : musique, cirque.
Artistes accueillis : **Les Trapettistes, Michel Mazzilli et Cie L'Air de l'Ouïe, Elise Caron, Jean-Rémy Guedon, Yves Rousseau, Robinson, Cie d'Est en Ouest, L'Autobus à Vapeur, Véronique Le Berre & Luiz de Aquino, Acteurs Living Show, Vincent Malone, Vis-a-vis & co...**

Festival de Noël

Centre culturel Bérenger de Frédol
La Grande Ourse
235 boulevard des Moures
34750 Villeneuve-lès-Maguelone
Tél. : 04 67 69 58 00 - Fax : 04 67 69 34 19
lagrandeourse.theatre@wanadoo.fr
• Directrice : **Martine Combréas**
• Programmatrice : **Martine Combréas**
Année de création : 2003
Périodicité : annuelle
Dates : fin décembre
Bouclage programmation : août
Nombre spectacles JP : 10
Genres : théâtre, conte, marionnettes.
Artistes accueillis : **Cie Les Têtes de bois, Théâtre en L'R, Cie Point du jour, Philip Martz et Bernard Collins, Cie Mungo...**

Festival des Clowns, des burlesques et des excentriques

www.lesamovar.net
Théâtre Le Samovar
165 avenue Pasteur
93170 Bagnolet
Tél. : 01 43 60 76 46
• Directeur : **Franck Dinet**
• Programmateur : **Franck Dinet**
Année de création : 2001
Périodicité : annuelle
Dates : mi-mars
Bouclage programmation : novembre
Nombre spectacles JP : 10
Genres : théâtre, musique, danse, cirque, clown.
Artistes accueillis : **Cie les Fusains, Hélène Gustin, Daphnée Clouzeau, Meriem Menant, Les Arrosés, Vincent Coppin, Miguel et Gazoline, Joe de Paul, François Pilon, Hélène Risterucci...**

Festival de Sédières

www.sedieres.fr
Château de Sédières
19320 Clergoux
Tél. : 05 55 27 76 40 - Fax : 05 55 27 69 64
• Directeur : **Thierry Rouhaud**
• Programmatrice : **Céline Peronne**
Année de création : 1973
Périodicité : annuelle
Dates : juillet-août tous les mercredis
Bouclage programmation : fin mars
Nombre spectacles JP : 8
Genres : théâtre, conte, marionnettes, musique, cirque.
Artistes accueillis : **Les Farfadas, Cie des Chercheurs d'arts associés, Monsieur Nô, Lucie Catsu, Xavier Lesèche, Nicole Bockem, Cie Choc trio, Cie La Malle Théâtre, Théâtre du Terrain Vague...**
NB : résidences

Festival des Forêts

www.festivaldesforets.fr.st
6 Promenade Saint-Pierre des Minimes
60200 Compiegne
Tél. : 03 44 40 28 99 - Fax : 03 44 40 28 99
festivaldesforets@wanadoo.fr
• Directeur : **Bruno Ory-Lavollée**
• Programmateur : **Bruno Ory-Lavollée**
Année de création : 1992
Périodicité : annuelle
Dates : fin juin - mi-juillet
Bouclage programmation : février
Nombre spectacles JP : 3
Genres : musique classique
Artistes accueillis : **Christophe Tessier, Hervé Cligniez...**

Festival des Francophonies théâtrales pour la jeunesse

www.theatredumantois.org
18 rue Gassicourt
78200 Mantes La Jolie
Tél. : 01 30 33 02 26 - Fax : 01 30 33 02 30
tmantois@club-internet.org
• Directeur : **Eudes Labrusse**
• Programmateur : **Eudes Labrusse**
Année de création : 1990
Périodicité : biennale
Dates : mars-avril
Bouclage programmation : fin juin
Nombre spectacles JP: 15
Genres : théâtre, conte, marionnettes, danse, cirque.
Artistes accueillis : **Cie Cantabile, Cie Articulation, La Fabrique à théâtre...**
NB : créations, résidences, rencontres professionnelles.

Festival des Mômes de Montbéliard

Comité des Fêtes
25200 Montbéliard
Tél. : 03 81 91 86 26 - Fax : 03 81 94 92 28
cfmontbeliard@aol.com
• Directrice : **Josette Billault-Lebossé**
• Programmatrice : **Josette Billault-Lebossé**
Année de création : 2000
Périodicité : annuelle
Dates : fin août
Bouclage programmation : fin mars
Nombre spectacles JP: 10
Genres : théâtre, marionnettes, théâtre d'objets, musique, arts de la rue, cirque.
Artistes accueillis : **Cie du Midi, Cie Les Contes de la Chaise à Porteur, Cie des Gueules Kassées, Cie Papaq, Don Pedro, Lupo et Luigi, Les Badabulles, Cie Demons et merveille, Cie la Geudaine...**

Festival de Spectacles Jeunes Publics

15 place de la Mairie
63800 Cournon d'Auvergne
Tél. : 04 73 69 90 40 - Fax : 04 73 69 90 53
culturel.cournon@free.fr
• Directeur : **Christian Habouzit**
• Programmateur : **Christian Habouzit**
Année de création : 1995
Périodicité : annuelle
Dates : 2ème quinzaine d'avril

Bouclage programmation : janvier
Nombre spectacles JP : 20
Genres : théâtre, conte, marionnettes, théâtre d'objets, musique, danse, clown, mime.
Artistes accueillis : **Théâtre des Lyres, Cie Françoise Pillet, Cie Le Souffleur de verre, Cie Fol a Pik, Cie Clandestine, Cie Wood-Le Crik, Cie Labribus, Théâtre du Capricorne, VireVolte, Cie Les Cailloux sauvages...**
NB : résidences

Festival du Conte interculturel

www.festivalduconte.org
35 rue Permentade
33000 Bordeaux
Tél. : 05 56 91 32 08 - Fax : 05 56 92 22 27
contact@festivalduconte.org
• Chargée de mission : **Caroline Melon**
• Programmatrice : **Caroline Melon**
Année de création : 1991
Périodicité : annuelle
Dates : mi-juin
Bouclage programmation : octobre
Nombre spectacles JP : 50
Genres : conte, musique, arts de la rue.
Artistes accueillis : **Didier Kowarsky, Gwenaëlle Simon, Jean-Philippe Ibos et Tony Leite, Renée Robitaille, Supermika, Théâtre de Romette, Eric Kuratlé, Cie Les Enfants du paradis, Cie Le Petit à petit, Annabelle Sergent...**

Festival international de la marionnette de Mirepoix

http://filentrope.free.fr
Association Fil en Trope
52 rue Victor Hugo
09500 Mirepoix
Tél. : 05 61 68 20 72
filentrope@free.fr
• Présidente : **Josiane Guilpain**
• Programmatrice : **Anne Decourt**
Année de création : 1989
Périodicité : annuelle
Dates : début août
Bouclage programmation : mai
Nombre spectacles JP : 14
Genres : théâtre, marionnettes, théâtre d'objets, musique.
Artistes accueillis : **Les Anges au Plafond, La S.O.U.P.E., Théâtre Mu, Bouffou Théâtre, AK Entrepôt, Ratatouille Théâtre, Le Montreur...**

Festival international de théâtre d'enfants

http://lefite.free.fr
7 rue Étienne Dolet
31500 Toulouse
Tél. : 05 62 16 00 78 - Fax : 05 61 54 59 12
fite2@free.fr
• Directrice : **Marie-Claude Baboulène**
• Programmatrice : **Marie-Claude Baboulène**
Année de création : 1987
Périodicité : annuelle
Dates : mi-juin
Bouclage programmation : mars
Nombre spectacles JP : 22
Genres : théâtre
Artistes accueillis : 22 compagnies et près de 300 jeunes comédiens français et étrangers, **Faits d'hiver, Étincelles Théâtre, Théâtre Molotof, Les Loustics, La Nouvelle Petite Scène, Les Galapians, La Belugo...**

Festival mondial des théâtres de marionnettes

www.festival-marionnette.com
BP 249
08103 Charleville-Mezières Cedex
Tél. : 03 24 59 94 94 - Fax : 03 24 56 05 10
festival@marionette.com
• Directeur : **Christophe Milhau**
• Programmateur : **Christophe Milhau**
Année de création : 1961
Périodicité : trisannuelle
Dates : 3ème semaine de septembre
Bouclage programmation : fin décembre
Nombre spectacles JP : 30
Genres : marionnettes, théâtre d'objets, théâtre d'ombres.

Artistes accueillis : **Abricadabra, Cie de l'Échelle, Théâtre des Alberts, Aristophane et Michichi, Arketal, Ate, Atelier 44, Cie Atipik, Théâtre Bleu, Théâtre d'Ern...**
NB : résidences, rencontres professionnelles.

Festival théâtral du Val D'Oise

www.thea-valdoise.org
21 bis avenue de la Division Leclerc
95170 Deuil-la-Barre
Tél. : 01 34 17 99 00 - Fax : 01 39 34 70 68
fest.theatralduvaldoise@wanadoo.fr
- Directeur : **Alain Léonard**
- Programmateur : **Alain Léonard**

Année de création : 1983
Périodicité : annuelle
Dates : mi-octobre - fin novembre
Bouclage programmation : janvier
Nombre spectacles JP : 7
Genres : théâtre, marionnettes.
Artistes accueillis : **La Rousse, Cie Pour Ainsi Dire, Compagnie Les Petits Pas, Théâtre sans toit, Le Théâtre en pointe, Praxinoscope, Cie Voix public...**

Glitterbird, Rencontres européennes pour la petite enfance

www.glitterird.com - www.dansdesign.com
Amalys, 18 allée Agrippine
77186 Noisiel
Tél. : 08 71 29 32 34 - 06 07 94 61 65
Fax : 01 60 17 49 83
amalys@wanadoo.fr
- Directrice : **Anne-Françoise Cabanis**
- Programmatrice : **Ellen Os**

Année de création : 2006
Périodicité : biennale
Dates : mi-octobre
Nombre de spectacles JP : 6
Genres : théâtre, conte, marionnettes, objets.
NB : créations, coproductions, formations, rencontres professionnelles.

Graine de public

www.pierrotin.net
Mairie - service culturel
Rue du Puits Merot
76320 Saint-Pierre-Lès-Elbeuf
Tél. : 02 32 96 95 78 - Fax : 02 32 96 95 71
culture@pierrotin.net
- Directeur : **Laurent Motte**
- Programmateur : **Laurent Motte**

Année de création : 1999
Périodicité : annuelle
Dates : novembre-décembre
Bouclage programmation : fin juin
Nombre spectacles JP : 8
Genres : théâtre, conte, marionnettes, théâtre d'objets, musique, danse.
Artistes accueillis : **Théâtre des Quatre Mains, Théâtre pour Deux mains, Cie du Chat Perplexe, Théâtre de l'Écarde, Cie Par les villages...**
NB : créations, coproductions, résidences.

Graines de mai

www.ville-yzeure.com
APAYB, BP 6
03401 Yzeure Cedex
Tél. : 04 70 20 87 83 - Fax : 04 70 48 53 90
culture-yzevre@wanadoo.fr
- Directeur : **Jacky Berthon**
- Programmateur: **Jacky Berthon**

Année de création : 2002
Périodicité : annuelle
Dates : 2 ème quinzaine de mai
Bouclage programmation : décembre
Nombre spectacles JP : 15
Genre : pluridisciplinaire
Artistes accueillis : **Théâtre du Risorius, Cie du Bout des doigts, Cie Remise à 9, Cie La Balançoire, Cie Les Zanimos, Cie Enfance et théâtre, Cie Agitez le Bestiaire...**
NB : créations

Idéklic, Festival international pour l'enfant

www.ideklic.fr
6 rue des Sports
39260 Moirans-en-Mortagne
Tél. : 03 84 42 00 28 - Fax : 03 84 42 64 02
festival.ideklic@wanadoo.fr
• Directeur : **Jean-Raymond Scicluna**
• Programmatrice : **Anne-Marie Gazzini**
Année de création : 1990
Périodicité : annuelle
Dates : mi-juillet
Bouclage programmation : janvier
Nombre spectacles JP : 35
Genres : théâtre, conte, marionnettes, théâtre d'objets, musique, danse, arts de la rue, cirque, clown, mime.
Artistes accueillis : **Cie Ouragane, Cie Les Arrosoirs, Acta Cie Agnès Desfosses, Gérard Dalton, Cie Benoit Sicat, Cie Passeurs de contes, Cie Orion, Cie Graine de vie, Collectif Le Petit Travers, Bernard Massuir...**

Journée mondiale du conte

www.webzinemaker.com/journeemondiale
Caroline Castelli
15 allée Massenet
93270 Sevran
Tél. : 01 43 83 62 49 - 06 81 83 90 55
conteuse@caroline-castelli.com
• Directrice : **Caroline Castelli**
• Programmateur : **Ghjuvan' Tardi**
Année de création : 2002
Périodicité : annuelle
Dates : mi-mars
Bouclage programmation : décembre
Genre : conte
Artistes accueillis : **Alice Dhume, Sully Andoche, Sarah Maïa, Quadriconteur...**
NB : tous les conteurs sont les bienvenus.

L'Été des enfants, histoire d'Animaux

www.parcsaintecroix.com
Parc Animalier Sainte-Croix
57810 Rhodes
Tél. : 03 87 03 92 05
parc.stecroix@wanadoo.fr
• Directeurs : **Pierre et Laurent Singer**
• Programmateur : **Aparté 57** (03 87 07 68 80)
Année de création : 2001
Périodicité : annuelle
Dates : juillet-août
Bouclage programmation : décembre
Nombre spectacles v : 15
Genres : théâtre, conte, marionnettes, musique.
Artistes accueillis : **Théâtr'alambic, Cie des Chercheurs d'Arts Associés, Aurea Ba, Carton Louf, Gabriel Kinsa, Innocent Yapi...**

La Mousson d'Été Ateliers d'Hiver

www.meec.org
Abbaye des Prémontrés
54700 Pont-à-Mousson
Tél. : 03 83 81 20 22 - Fax : 01 48 59 29 03
compagnie.boomerang@wanadoo.fr
• Directeur : **Michel Didym**
• Programmateur : **Michel Didym**
Année de création : 2004
Périodicité : annuelle
Dates : mi-février
Bouclage programmation : décembre
Nombre spectacles JP : 2
Genres : théâtre, musique.
Artiste accueilli : **Serge Valletti...**
NB : formations, rencontres professionnelles.

Larguez les amarres

www.theatresendracenie.com
Théâtre en Dracénie
Boulevard Georges Clémenceau
83300 Draguignan
Tél. : 04 94 50 59 59 - Fax : 04 94 50 59 41
infos@theatresendracenie.com
• Directeur : **Liberto Valls**

• Programmateur : **Liberto Valls, Monique Chabert**
Année de création : 2001
Périodicité : annuelle
Dates : janvier
Bouclage programmation : mai
Nombre spectacles JP : 10
Genres : théâtre, musique, danse.
Artistes accueillis : **Am Stram Gram, Cie Les Grandes Gueules, Cie Amoros et Augustin, Joël Jouanneau, Christine Roillet, Cie Vertigo, Christian Berthelot, Chantier Théâtre, Cie Pour Ainsi Dire, Bouffou Théâtre...**

La Tête dans les Nuages

www.theatre-angouleme.org
Théâtre d'Angoulême
Avenue des Maréchaux, BP 287
16007 Angoulême Cedex
Tél. : 05 45 38 61 62 - Fax : 05 45 38 61 51
infos@theatre-angouleme.org
• Directeur : **Joël Gunzburger**
• Programmatrice : **Marie-Christine Léger**
Année de création : 1998
Périodicité : annuelle
Dates : 2ème quinzaine de mars
Bouclage programmation : mars (de l'année précédente)
Nombre spectacles JP : 10
Genres : théâtre, conte, théâtre d'objets, musique, danse, cirque, théâtre d'ombre.
Artistes accueillis : **Cie L'Éolienne, Caus'toujours, La Boîte noire, Praxinoscope, Teatro delle Briciole, Jardins insolites, Théâtre Nemo, Kora et Chant Mandingue, Cie Dansdesign...**
NB : rencontres professionnelles

La Vallée 100 Voix des Fleurs

www.lafabrique.info
La Fabrique, rue Amiral Courbet
24110 Saint Astier
Tél. : 05 53 02 41 99 - Fax : 05 53 03 91 61
contact@lafabrique.info
• Directeur : **Yannick Biot**
• Programmateur : **Ligue de l'enseignement** - 05 53 02 44 00
Année de création : 1994
Périodicité : annuelle
Dates : mai
Bouclage programmation : novembre
Nombre spectacles JP : 15
Genres : théâtre, conte, marionnettes, théâtre d'objets, musique, danse.
Artistes accueillis : **Cie la Puce à l'Oreille, Cie du Porte-Voix, Cie Jamais 2 sans 3, Cie Clandestine, Cie La Pendue, Nicole et Martin...**
NB : créations, coproductions, résidences.

Le Chainon Manquant

www.reseau-chainon.com
35 rue Bertrand Panouse
31170 Tournefeuille
Tél. : 05 34 51 48 88 - Fax : 05 34 51 27 74
reseau@reseau-chainon.com
• Directeur : **Bruno Graziana**
• Programmateur : **Bruno Graziana**
Année de création : 1990
Périodicité : annuelle
Dates : dernière semaine de mars
Bouclage programmation : fin septembre
Nombre spectacles JP : 15
Genres : théâtre, conte, marionnettes, théâtre d'objets, musique, danse.
Artistes accueillis : **Cie Créature, Cie La Puce à l'oreille, Cie Vire Volte, Théâtre des Quatre mains, Cie Le Chat perplexe, Cie Bouldegom'théâtre, Théâtre des Tarabates, Drolactic Industry, Théâtre de la Pire Espèce, Ministère de la jeunesse et de la magouille...**
NB : coproductions, résidences, rencontres professionnelles.

Le Lâcher d'Oreilles

www.lepolaris.org
Centre culturel Le Polaris
Avenue de Corbetta, BP 397
69960 Corbas
Tél. : 04 72 51 45 55 - Fax : 04 72 50 84 82
lepolaris@lepolaris.org

• Directeurs : **Odile Groslon, Guy Prunier**
• Programmatrice : **Odile Groslon**
Année de création : 1997
Périodicité : biennale
Dates : fin novembre
Bouclage programmation : fin mai
Nombre spectacles JP : 18
Genres : conte, musique
Artistes accueillis : **Annie Rumani, Jacques Mayoud, Annie Gallay, Béatrice Maillet, Guy Prunier, Cie 7 en si, Cie Café crème, Gilles Pauget, La Puce à l'oreille...**
NB : créations, coproductions, résidences.

Le Printemps des Tout-petits

Cie Vire Votte
3D rue de la Beaune
93100 Montreuil
Tél. : 06 24 98 11 97 - 06 11 17 35 04
theatre.la.noue@freesurf.fr
babette.gatt@freesurf.fr
• Directrice : **Hélène Hoffmann**
• Programmatrice : **Hélène Hoffmann**
Année de création : 1999
Périodicité : annuelle
Dates : mai
Bouclage programmation : janvier
Nombre spectacles JP : 10
Genres : théâtre, marionnettes, théâtre d'objets, musique, danse, conte.
Artistes accueillis : **Cie Vire Volte, Cie Skappa, Claire Vialon, Cie Ça ne s'attrape pas avec du papier tue-mouche, Théâtre du Champ exquis, Cie Acta, Cie du Porte-voix, Cie Théâtre T, Cie A Tulle tête, Cie L'Apprenti-sorcier...**

Le Printemps du conte

Mairie, Service culturel
62200 Boulogne-sur-Mer
Tél. : 03 21 87 73 03 - Fax : 03 21 87 80 89
culture@ville-boulogne-sur-mer.fr
• Directrice : **Marie-France Rouxel**
• Programmatrice : **Marie-France Rouxel**
Année de création : 2001
Périodicité : annuelle
Dates : avril-mai
Bouclage programmation : septembre
Nombre spectacles JP : 20
Genres : théâtre d'objets, musique.
Artistes accueillis : **Cie Pulse, Magrethe Holgünd, Fiona Mac Leod, Françoise Barret, Cie La Mandarine Blanche, Annie Kiss, Marion Cailleret, Nicolette, Suzy Ronel, Karyne Mazel Neury...**
NB : créations, coproductions.

Le P'tit Monde

www.centreandremalraux.com
Centre culturel André Malraux
Place Degroote, BP 30194
59524 Hazebrouck
Tél. : 03 28 49 52 88 - Fax : 03 28 41 05 41
philippe.le-claire@wanadoo.fr
• Directeur : **Philippe Le Claire**
• Programmateur : **Philippe Le Claire**
Année de création : 2003
Périodicité : annuelle
Dates : 1 ère quinzaine d'avril
Bouclage programmation : juin
Nombre spectacles JP : 12
Genres : théâtre, marionnettes, théâtre d'objets, musique, danse.
Artistes accueillis : **Cie du Nouveau Jour, Théâtre de Cuisine, L'Yonne en scène, Cie Sac à Dos, Théâtre des Quatre Mains, Cie XY, Cie Filage, L'Aventure...**
NB : résidences, formations.

Le Rendez-vous des p'tits veinards

Centre européen des contes de fée, BP 1
63150 La Bourboule
Tél. : 04 73 36 19 13 - Fax : 04 73 36 19 13
• Directeur : **Buratt**
• Programmateur : **Buratt**
Année de création : 1994
Périodicité : annuelle
Dates : 1ère semaine d'août
Bouclage programmation : juillet
Nombre spectacles JP : 10
Genres : marionnettes, arts de la rue, cirque.
Artiste accueilli : **Cie Tsé Tsé**
NB : résidences

Les Allumés du verbe

www.les-allumes-du-verbe.org
Association Gustave
60 rue Saint-Fort
33000 Bordeaux
Tél. : 05 56 51 16 09 - 05 56 44 80 47
Fax : 05 56 51 14 52
contact@les-allumes-du-verbe.org
• Directrice : **Marie-José Germain**
• Programmatrice : **Marie-José Germain**
Année de création : 1990
Périodicité : annuelle
Dates : dernière semaine de juillet
Bouclage programmation : janvier
Nombre spectacles JP : 15
Genre : conte
Artistes accueillis : **Jeanne Ferron, Cie La Pendue, Les Manufactures Verbales, Yannick Jaulin, Michel Faubert, Cie Leandre-Clair, Patrick Ewen, Cie des chemins de terre, Cie des Femmes à barbe, Nathalie Le Boucher...**

Les Années Joué

www.ville-jouelestours.fr
Hôtel de ville, BP 108
Service événementiel
37300 Joué-lès-Tours
Tél. : 02 47 39 70 00 - Fax : 02 47 39 76 02
j.lansari@ville-jouelestours.fr
• Directeur : **Jamal Lansari**
• Programmateur : **Jamal Lansari**
Année de création : 1998
Périodicité : annuelle
Dates : 1er week-end de juin
Bouclage programmation : janvier
Nombre spectacles JP : 10
Genres : musique, arts de la rue, cirque.
Artistes accueillis : **Rital Brocante, Les Tréteaux du Cœur Volant, Cie Festibal, Cie Chabataz d'Entrar, Cie Malabar, Kleïd, La Funambule du Rêve...**

Les Cabrioles de carambole

37 Faubourg du Moustier
82000 Montauban
Tél. : 05 63 63 78 17 - Fax : 05 63 63 78 17
asso.carambole@libertysurf.fr
• Directrice : **Marie-Ange Kansaye**
• Programmatrice : **Chloé Restivo**
Année de création : 1988
Périodicité : annuelle
Dates : 2ème quinzaine d'octobre, de décembre et de mars
Bouclage programmation : fin juin
Nombre spectacles JP : 20
Genres : théâtre, conte, marionnettes, théâtre d'objets, musique, danse, arts de la rue, cirque, clown.
Artistes accueillis : **Cie Relise à 9, Cie TPO La Mandoune, Cie Folavril, Cie du Porte-voix, Marco Bernard, Théâtre des Mots, Cie Étincelle, Cie Betty Boum, Cie Théâtre 2 l'Acte, Cie La Créature...**
NB : coproductions, résidences.

Les Champs de la marionnette

www.polemarionnette.com
Cie Daru
5/7 rue Victor Hugo
91290 La Norville
Tél. : 01 64 90 69 88 - Fax : 01 64 90 69 88
Cie.daru@polemarionnette.com
• Directeur : **Christian Chabaud**
• Programmateur : **Christian Chabaud**
Année de création : 1999
Périodicité : annuelle
Dates : mi-novembre - fin décembre
Bouclage programmation : février
Nombre spectacles JP : 9
Genres : théâtre, marionnettes, théâtre d'objets.
Artistes accueillis : **Compagnie Le Cri du Papillon, Compagnie Loutka, Cie Tro-héol, Compagnie Daru, La Sorcière aux dents Vertes, Cie de la Courte Échelle, Cie Jean-Pierre Lescot...**

Les Élancés

www.theatredelolivier.com
Théâtre de l'Olivier
Boulevard Léon Blum
13800 Istres
Tél. : 04 42 55 24 77 - Fax : 04 42 56 95 36
contact@theatredelolivier.com
• Directrice : **Anne Renault**
• Programmatrie : **Anne Renault**
Année de création : 1999
Périodicité : annuelle
Dates : 1 ère quizaine de février
Bouclage programmation : mi-novembre
Nombre spectacles JP : 7
Genres : danse, cirque.
Artistes accueillis : **Jean-Claude Gallota, Josette Baiz, Cie Kafig, Jérôme Thomas, Cie du Sillage, Accrostiches, Nouveaux Nez...**
NB : coproductions, résidences rencontres professionnelles.

Les Enfantillages

www.ville-cholet.fr
Théâtre Municipal
81 place Travot
49300 Cholet
Tél. : 02 41 49 25 58 - Fax : 02 41 49 26 22
grobin@ville-cholet.fr
• Directeur : **Jacques Mignon**
• Programmateur : **Guillaume Robin**
Année de création : 1998
Périodicité : annuelle
Dates : mi-juillet - début août
Bouclage programmation : fin février
Nombre spectacles JP : 7
Genres : théâtre, théâtre d'objets, musique, cirque, clown, mime.
Artistes accueillis : **Cie Heyoka, Cie Pest'acles, Cie Le Théâtre du Chapeau, Cie Troubaquoi, Le Théâtre du p'tit Lait, Cie Sortie de Secours Théâtre, Cie René Palacios, Association Tootaphone, Cie Les Contes de la Chaise à Porteur...**

Les Esclaffades

Montferrand
22100 Saint-Helen
Tél. : 06 80 83 01 85
tacotrance@wanadoo.fr
• Directeur : **Pascal Perrin**
• Programmateur : **Pascal Perrin**
Année de création : 1992
Périodicité : annuelle
Dates : dernier dimanche de juin
Bouclage programmation : fin février
Nombre spectacles JP : 4
Genres : musique, arts de la rue, cirque, clown.
Artistes accueillis : **Bouskidou, Mark Houchin, Ray Mondo Theater, Tuba or Not, Yatotomob, Fantastic Shorty Show, Les Sapeurs Sanglés, Forus de Bal, Tais-toi et Jongle !...**

Les Festives

www.embardee.fr/festival/festival.htm
Hôtel de ville, Place d'Armes
32140 Hesdin
Tél. : 03 21 81 53 48 - Fax : 03 21 06 53 89
embardee@wanadoo.fr
• Directeurs : **Riton Carballido, Sylvie Moreaux**
• Programmateurs : **Riton Carballido, Sylvie Moreaux**
Année de création : 2002
Périodicité : annuelle
Dates : 1ère semaine de juillet
Bouclage programmation : mars
Nombre spectacles JP : 1
Genres : théâtre, conte, théâtre d'objets, musique, danse, clown.
Artistes accueillis : **Théâtre de la Gayolle, Hamid Oukattou, La Manivelle Théâtre...**
NB : créations, coproductions, résidences, formations.

Les Giboulées de la Marionnette

www.theatre-jeune-public.com
Théâtre Jeune Public
1 rue du Pont Saint Martin
67000 Strasbourg
Tél. : 03 88 35 70 10 - Fax : 03 88 75 62 40
tjp@theatre-jeune-public.com
• Directeur : **Grégoire Callies**
• Programmatrice : **Anne-Françoise Cabanis**
Année de création : 1997
Périodicité : annuelle
Dates : 1ère quinzaine de mars
Bouclage programmation : juin
Nombre spectacles JP : 20
Genres : marionnettes, théâtre d'objets.
Artistes accueillis : **Cie Point du Jour, Cie Puppella-Noguès, Cie Les Anges Au Plafond, Nada Théâtre, Théâtre La Licorne, Cie La S.O.U.P.E, Cie Ca'Luogo d'Arte, Cie Théâtre sans toit, Cie Garin Trousseboeuf, Les Journées mondiales du conte...**
NB : créations, coproductions, résidences.

Les Idiolectes

http://theatreenface.free.fr
Théâtre en face, Espace Claudie André-Deshays
25 rue Carnot
76190 Yvetot
Tél. : 02 35 95 65 10 - Fax : 02 35 95 19 30
theatre-en-face@wanadoo.fr
• Directeur : **Daniel Duboc**
• Programmatrice : **Alice Dehays**
Année de création : 1998
Périodicité : biennale
Dates : mi-octobre
Bouclage programmation : fin juin
Nombre spectacles JP : 5
Genre : théâtre
Artistes accueillis : **Théâtre du Préau, Théâtre du Monde Perdu, Cie L'heure du loup, Cie La Métonymie, Cie les models déposés...**

Les P'tites Canailles

Théâtre du Périscope
6 rue de Bourgogne
30000 Nîmes
Tél. : 04 66 76 10 56 - Fax : 04 66 21 13 66
periscope@wanadoo.fr
• Directeur : **Jean-Pierre Wollmer**
• Programmateur : **Jean-Pierre Wollmer**
Année de création : 2000
Périodicité : annuelle
Dates : avril
Bouclage programmation : octobre
Nombre spectacles JP : 5
Genres : théâtre, conte, marionnettes, théâtre d'objets, musique.
Artistes accueillis : **Cie Tempestant, Cie Grenier a pouet-pouet, Cie Point du Jour, Théâtre Mosaïque, Cie Yann Lheureux...**

Les Ribambelles de Lorraine

Centre culturel Pablo Picasso
Place Leclerc
54310 Homécourt
Tél. : 03 82 22 27 12 - Fax : 03 82 22 80 60
ccpicasso@wanadoo.fr
• Directeurs : **Jean-Michel Maman, Fabienne Lorong**
• Programmatrice : **Fabienne Lorong**
Année de création : 1995
Périodicité : biennale
Dates : mi-mars - mi-avril
Bouclage programmation : mi-janvier
Nombre spectacles JP : 14
Genres : théâtre, conte, marionnettes, théâtre d'objets, danse.
Artistes accueillis : **Théâtre de l'Orange Bleue, Cie La Loupiote, Cie Sosana Marcelino, Michel Hindenoch, Carlo Bondi, Cie Acteurs living show, Théâtre loyal du trac, Cie Gare centrale, La Fabrique des arts d'à côté, Cie Labribus, Cie Théâtre du paradis...**
NB : créations, coproductions, résidences, formations, rencontres professionnelles.

Les Ricochets d'Avril

www.lecratere.fr
Le Cratère
16 rue Jean Castagno
30100 Alès
Tél. : 04 66 52 90 00 - Fax : 04 66 52 76 80
info@lecratere.fr
- Directeur : **Denis Lafaurie**
- Programmateur : **Denis Lafaurie**

Année de création : 2004
Périodicité : annuelle
Dates : fin mars - début avril
Bouclage programmation : janvier
Nombre spectacles JP : 5
Genres : théâtre, conte, marionnettes, musique.
Artistes accueillis : **Cie l'Atalante, Robinson, Benoît Sicat, Cie les Cailloux Sauvages...**

Les Rythmes du Marais

2 place Baudoyer
75181 Paris Cedex 04
Tél. : 01 44 54 75 21
rythmesdumarais@free.fr
- Président : **Pierre Hossieux**
- Directeur artistique : **Claude Moreau**

Année de création : 2004
Périodicité : annuelle
Dates : 2 ème quinzaine de mai
Bouclage programmation : fin janvier
Nombre spectacles JP : 10
Genres : théâtre, marionnettes, théâtre d'objets, musique.
Artistes accueillis : **AMK, L'Alinéa, Laurent Dupont...**

Les Salles Mômes

www.hennebont.com
Centre culturel
Rue Gabriel Péri
56700 Hennebont
Tél. : 02 97 36 17 30 - Fax : 02 97 36 51 42
jpdhollande@mairie-hennebont.fr
- Directeur : **Jean-Philippe Dhollande**
- Programmateur : **Jean-Philippe Dhollande**

Année de création : 2003
Périodicité : annuelle
Dates : dernière quinzaine d'octobre
Bouclage programmation : fin mars
Nombre spectacles JP : 4
Genres : conte, marionnettes, théâtre d'objets.
Artistes accueillis : **Bouffou Théâtre, Achille Grimaud, Théâtre de la Toupine, Théâtre du Risorius...**
NB : rencontres professionnelle.

Les Yeux dans la Lune

27 rue Bussy Lindien
13006 Marseille
Tél. : 04 91 42 67 27 - Fax : 04 91 42 67 27
zitalanuit@wanadoo.fr
- Directeurs : **Jean-Baptiste Dorvault, Chantal Tur**
- Programmateurs : **Laurent Cramesnil, Cécile Breuil**

Année de création : 2001
Périodicité : annuelle
Dates : 1ère quizaine d'octobre
Bouclage programmation : fin mars
Nombre spectacles JP : 4 à 8
Genres : théâtre, conte, marionnettes, théâtre d'objets, musique, danse.
Artistes accueillis : **Tempestant, Théâtre de l'éclaircie, Cie Éclat, Lulubulle cie...**
NB : créations, rencontres professionnelles.

Les Z'accros d'ma Rue

www.zaccros.org
10 rue Mademoiselle Bourgeois
58000 Nevers
Tél. : 03 86 61 17 80 - Fax : 03 86 23 00 70
zaccrosdmarue@wanadoo.fr
- Directrice : **Françoise Ducourtroux**
- Programmatrice : **Françoise Ducourtroux**

Année de création : 2000
Périodicité : annuelle
Dates : début juillet
Bouclage programmation : février
Nombre spectacles JP : 6
Genres : théâtre, marionnettes, théâtre d'objets, musique, danse, arts de la rue, cirque.

Artistes accueillis : **Cie de Mongo, Art Scène Lutin, Kristoff...**

Machabulles

www.espacesimonesignoret.com
Espace Simone Signoret
Quai Saint-Germain, BP 207
51306 Vitry-le-François Cedex
Tél. : 03 26 72 85 50 - Fax : 03 26 74 49 34
espacesimonesignoret@wanadoo.fr
• Directeur : **Didier Le Corre**
• Programmatrice : **Elsa Joubert**
Année de création : 2005
Périodicité : annuelle
Dates : dernier week-end de janvier
Bouclage programmation : fin novembre
Nombre spectacles JP : 7
Genres : théâtre, conte, marionnettes, musique, danse, arts de la rue, cirque, clown, mime.
Artistes accueillis : **Théâtre du Vide-poches, Cie les Chercheurs d'Arts Associés, Cie Poisson Pilote, Cie Les Imaginoires, Les Z'Imbert & Moreau, Cie les Arbres Verts, La Société des Mîmes Cinglés, Cirque Charivari...**

Marionnettes en Campagne

Théâtre du Gros Bonhomme
4 rue de la Mairie
79170 Lusseray
Tél. : 05 49 07 26 09
contact@grosbonhomme.org
• Directeur : **Jean-Pierre Laurent**
• Programmateur : **Jean-Pierre Laurent**
Année de création : 1995
Périodicité : annuelle
Dates : mi-août
Bouclage programmation : janvier
Nombre spectacles JP : 10
Genres : marionnettes, théâtre d'objets.
Artistes accueillis : **Cie des Chemins de Terre, Cie Graine de Vie, Théâtre du Gros bonhomme...**

Marionnettes en jardin

Atelier de création et de diffusion de la marionnette
2 rue Sorbon, BP 202
08102 Charleville-Mézières Cedex
Tél. : 03 24 52 97 65 - Fax : 03 24 52 87 99
festival@atelierdelamarionnette.com
• Directeur : **Franck Mohimont**
• Programmatrice : **Liliana Moyano**
Année de création : 2002
Périodicité : annuelle
Dates : fin juillet
Bouclage programmation : mars
Nombre spectacles JP : 10
Genres : marionnettes, théâtre d'objets.
Artistes accueillis : **Cie 1,2,3 soleil, Cie de l'Echelle, Cie les Mains Animées, Cie La Balançoire, Cie Théâtre Billenbois, Cie Intermezzo, Cie Théâtre à Faire, Cie Théâtre Foz, Cie Graine de Vie, Cie La Baraka Théâtre...**
NB : formations

Marionnettissimo

www.marionnettissimo.com
19 bis avenue Saint-Germier
31600 Muret
Tél. : 05 34 46 10 08 - Fax : 05 34 46 50 04
contact@marionnettissimo.com
• Directeur : **Jean Kaplan**
• Programmateur : **Jean Kaplan**
Année de création : 1998
Périodicité : annuelle
Dates : mi-novembre
Nombre spectacles JP : 14
Genres : théâtre, marionnettes, théâtre d'objets.
Artistes accueillis : **Théâtre 2 l'Acte, Théâtre des Petites Fugues, Cie Créature, Théâtre de Nuit, Théâtre d'Illusia, Cie Folavril...**

Marmaille

www.marmaille.rennes.fr
Théâtre Lillico, Centre culturel Le Rallye
135 rue d'Antrain, BP 30309
35703 Rennes Cedex 7
Tél. : 02 99 63 13 82 - Fax : 02 99 36 01 32
theatrelillico@wanadoo.fr
- Directrice : **Christelle Hunot**
- Programmatrice : **Christelle Hunot**

Année de création : 1993
Périodicité : annuelle
Dates : fin octobre
Bouclage programmation : juin
Nombre spectacles JP : 30
Genres : théâtre, conte, marionnettes, théâtre d'objets, musique, danse.
Artistes accueillis : **Cie des Chemins de terre, Trafic des styles, Théâtre de la Tête noire, Théâtre du Préau, Cie du P'tit Piano sans Bretelles, Bob Théâtre, Les Pilleurs d'épaves, Teatro La Ribalta, Cie Christine Le Berrev, Zic Z'Art, Lulubelle Cie...**

Méli Mélo

Chemin du Cassiot, BP 31
33610 Canejan
Tél. : 05 56 89 38 93 - Fax : 05 56 75 24 69
signoret.canejan@wanadoo.fr
- Directrice : **Sophie Casteignau**
- Programmatrice : **Sophie Casteignau**

Année de création : 2000
Périodicité : annuelle
Dates : 2ème quinzaine de février
Bouclage programmation : fin octobre
Nombre spectacles JP : 10
Genre : marionnettes
Artistes accueillis : **Cie Mongo, Théâtre pour deux mains, Cie Objet Sensible, Cie de la Courte Échelle, Opéra Pagaille Les Rémouleurs...**
NB : création, résidences.

Méli'môme

www.meli-mome.com
Association Nova Villa
6 rue de la 12ème Escadre d'aviation
51006 Reims Cedex
Tél. : 03 26 09 33 33 - Fax : 03 26 84 81 38
meli-mome@wanadoo.fr
- Directeur : **Joël Simon**
- Programmateur : **Joël Simon**

Année de création : 1989
Périodicité : annuelle
Dates : fin mars - début avril
Bouclage programmation : novembre
Nombre spectacles JP : 35
Genres : théâtre, marionnettes, théâtre d'objets, musique, danse, cirque.
Artistes accueillis : **Théâtre Le Carrousel, Théâtre de l'Est parisien, Cie Arkétal, Cie Tempestant, Jean-Christophe Aatz, Éclats, Sophie Grelié, Cie la Boîte Noire, Cie Orange Sanguine, Côté Jardin, La Casquette, Ballet Biarritz, Théâtre du Champ Exquis...**
NB : coproductions, rencontres professionnelles, formations.

Mimos, Festival international du Mime de Périgueux

www.mimos.fr
L'Odyssée
Esplanade du Théâtre
24000 Périgueux
Tél. : 05 53 53 18 71 - Fax : 05 53 35 08 57
odyssee@perigueux.fr
- Directrice : **Chantal Achili**
- Programmateurs : **Étienne Bonduelle, Mathieu Hirn**

Année de création : 1983
Périodicité : annuelle
Dates : 1ère semaine d'août
Bouclage programmation : janvier
Nombre spectacles JP : 15
Genres : conte, danse, mime.
Artistes accueillis : **Cie Là Où, Cie Chaliwaté, Cie Art Kaïk, Cie Étant Donné...**
NB : formations, rencontres professionnelles.

Mini-Mômes et Maxi-Mômes

www.omc-loudeac.com
Office Municipal Culturel
Palais des congrès et de la culture, BP 242
22602 Loudéac Cedex
Tél. : 02 96 28 11 26 - Fax : 02 96 28 94 05
omc.loudeac@wanadoo.fr
• Directeur : **Pascal Bevin**
• Programmateur : **Pascal Bevin**
Année de création : 1990
Périodicité : annuelle
Dates : 2ème quinzaine d'octobre
Bouclage programmation : fin mai
Nombre spectacles JP : 5
Genres : théâtre, conte, marionnettes, théâtre d'objets, musique, danse.
Artistes accueillis : **Labribus, Les Bonimenteurs, Zik Mômes, Cie Dans les décors, Cie Coup de Balai, Action théâtre enfance, Théâtre de la Chaloupe, Patrick Chamblas, Bouffou Théâtre, Cie Thom & la p'tite pemelle...**
NB : résidences

Mino

www.mino.fr
JMF
20 rue Geoffroy l'Asnier
75004 Paris
Tél. : 01 44 61 86 93 - Fax : 01 44 61 86 88
evenement@lesjmf.org
• Directeurs : **Bruno Boutleux, Jacques Haurogné**
• Chargée de production : **Ioanna Thomas**
Année de création : 2003
Périodicité : annuelle
Dates : mi-décembre
Bouclage programmation : juin
Nombre spectacles JP : 6
Genre : musique
Artistes accueillis : **Les Ours du Scorff, Cie Earis, Fawzy Al-Aiedy, Ztar, Hervé Suhubiette, Les Trapettistes, Dominique Dimey, Robinson, Cie Monomotapa, Zut, Trio Milto...**
NB : créations, coproductions, rencontres professionnelles, formations.

Moisson d'avril

www.guignol-lyon.com
Théâtre Le Guignol de Lyon
2 rue Louis Carrand
69005 Lyon
Tél. : 04 78 28 92 57 - Fax : 04 78 30 00 52
zonzons@club-internet.fr
• Directeur : **Philippe Auchere**
• Programmatrice : **Stéphanie Lefort**
Année de création : 1994
Périodicité : biennale
Dates : avril
Bouclage programmation : novembre
Nombre spectacles JP : 20
Genres : théâtre, marionnettes, théâtre d'objets.
Artistes accueillis : **Théâtre sans toit, Alcazar marionnettes, Cie Délit de façade, Théâtre Chignolo, Cie des Petits Bancs, Cie des Zonzons, Drolatic industry, Cie Intermezzo, Théâtre Papyrus, Baobab et cie...**
NB : rencontres professionnelles, formations.

Môm'en Scène

www.pfastatt.fr
MJC
7 rue Agerter
68120 Pfastatt
Tél. : 03 89 62 54 54 - Fax : 03 89 51 14 46
mjc.pfastatt@wanadoo.fr
• Directrice : **Berta Leu**
• Programmatrice : **Laure Moser**
Année de création : 1997
Périodicité : annuelle
Dates : 1ère quinzaine de juin
Bouclage programmation : fin février
Nombre spectacles JP : 17
Genres : théâtre, conte, marionnettes, théâtre d'objets, cirque.
Artistes accueillis : **Pass'Ages, Arsène les Mordus, Les Croques Textes, Cie de l'A Propos, MJC de Dannemarie, Les Bâtisseurs, Atelier artistique E. Zola, Le Rideau Rouge, Les Saltimbanques, Atelier Théâtre Masevaux...**

Mômes en Folie

www.ville-saumur.fr
Mairie, Direction de la culture
49408 Saumur Cedex
Tél. : 02 41 83 30 85 - Fax : 02 41 83 30 89
affaires.culturelles@ville-saumur.fr
• Directeurs : **Christian Mousseau-Fernandez, Éloise Lecarpentier**
• Programmateur : **Christian Mousseau-Fernandez**
Année de création : 2003
Périodicité : annuelle
Dates : mi-novembre
Bouclage programmation : fin mai
Nombre spectacles JP : 10
Genres : théâtre, marionnettes, théâtre d'objets, musique, danse, cirque.
Artistes accueillis : **Cie Petipatapon, Cie du Tamanoir, Théâtre des Zygomars, Cie Abricadabra, Cie Méli Mélo, Cie Gianni Joseph, Cie du Mayapo, Théâtre du Caramel fou, Cie Opinioni in Movimento, Cie Flash Marionnettes...**

Momix, Festival international Jeune Public

www.momix.org
CREA, 27 rue de Hirschau, BP 30060
68262 Kingersheim Cedex
Tél. : 03 89 57 30 57 - Fax : 03 89 57 44 41
info@momix.org
• Directeur : **Philippe Schlienger**
• Programmateur : **Philippe Schlienger**
Année de création : 1992
Périodicité : annuelle
Dates : 1ère dizaine de février
Bouclage programmation : mai
Nombre spectacles JP : 30
Genres : théâtre, conte, marionnettes, théâtre d'objets, musique, danse, cirque, clown, mime, théâtre d'ombres.
Artistes accueillis : **Théâtre du Risorius, Cie l'Éolienne, Théâtre de Nuit, Cie du Jabron Rouge, Cie Café Crème, Cie Helios Perdita, Cie La Puce à l'Oreille, Théâtre de Cuisine, Cie Aïe Aïe Aïe, Théâtre sans toit...**
NB : coproductions, résidences, rencontres professionnelles.

Mon Mouton est un lion

Château de Fénétrange
57930 Fénétrange
Tél. : 03 87 07 68 80 - Fax : 03 87 07 56 23
aparte57@wanadoo.fr
• Président : **Christian Schnell**
• Programmatrice : **Gwenaëlle Plougonven**
Année de création : 1999
Périodicité : annuelle
Dates : mi-mai
Bouclage programmation : octobre
Nombre spectacles JP : 30
Genres : théâtre, conte, marionnettes, musique, danse, arts de la rue, cirque, théâtre d'ombres.
Artistes accueillis : **Cie Clandestine, Cie Aristobulle, La Soupe Cie, Théâtre Burle, Matthieu EPP, Cie la Bao Acou, Cie des Petits Bancs, Cie Sémaphore, L'Alcazar Marionnettes, L'Illustre Famille Burattini...**
NB : coproductions, rencontres professionnelles.

Musiques en mai

www.scenes-territoires.fr
Scènes et territoires en Lorraine, 17 route de Metz
54320 Maxéville
Tél. : 03 83 96 31 37 - Fax : 03 83 96 31 67
fol88.culturel@wanadoo.fr
• Président : **Rémy Chaplain**
Année de création : 1998
Périodicité : annuelle
Dates : mai
Bouclage programmation : début janvier
Nombre spectacles JP : 3
Genres : musique, théâtre musical.
Artistes accueillis : **Cie Tartine Reverdy, Serge Durin, Mavana, Hervé Fouéré, La Clique sur mer, La Cordonnerie, La Fabrique à sons, Guarana, Odile et Jacques Tellitocci, Bernard Massuir...**
NB : créations, résidences, rencontres professionnelles.

Nez Rouges

Place Jean Bellières
31650 Saint-Orens-de-Gameville
Tél. : 05 61 39 17 39 - Fax : 05 62 24 39 20
altigone@mairie-saint-orens.fr
• Directeur : **Jean-Paul Rouillé**
• Programmateur : **Jean-Paul Rouillé**
Année de création : 1996
Périodicité : annuelle
Dates : 1ère quinzaine de février
Bouclage programmation : fin mars
Nombre spectacles JP : 6
Genres : musique, cirque, clown.
Artistes accueillis : **Le Lido, Simili Cuircus, Krissie Illing, Les Acrostiches, Buffo, Yllana, Cirque On Off, Des Pas en Rond, Prêt à Porter...**

Nous n'irons pas à Avignon

www.gareautheatre.com
Gare au théâtre
13 rue Pierre Sémard
94400 Vitry-sur-Seine
Tél. : 01 55 53 22 22
contact@gareautheatre.com
• Directeur : **Mustapha Aouar**
• Programmateur : **Mustapha Aouar**
Année de création : 1999
Périodicité : annuelle
Dates : juillet
Nombre spectacles JP : 9
Genre : théâtre
Artistes accueillis : **Collectif Quatre Ailes, Cie Filages, Cie Les tiroirs noirs, Cie Pierre Lamoureux, Cie Bord Cadre, Cie Jivago Follies, Théâtre des Côteaux, Cie Les Éléphants roses, Cie Vox Populi.**

Odyssées 78 - Biennale de théâtre pour la jeunesse

theatre-sartrouville.com
Théâtre de Sartrouville
Place Jacques Brel, BP 93
78505 Sartrouville Cedex
Tél. : 01 30 86 77 78 - Fax : 01 39 14 87 91
infos@theatre-sartrouville.com
• Directeurs : **Claude Sévenier, Laurent Fréchuret**
• Programmateurs : **Claude Sévenier, Laurent Fréchuret, Dominique Bérody, Martine Spangaro**
Année de création : 1997
Périodicité : biennale
Dates : janvier-juin
Nombre spectacles JP : 8
Genre : théâtre
Artistes accueillis : **Alfredo Arias, René de Ceccatty, Laurent Fréchuret, Christian Gangneron, Vincent Goethals, Julie Brochen, Franck Krawczyk...**
NB : créations, coproductions, résidences, rencontres professionnelles.

P'tite roulotte

www.fol48.org
FOL 48
23 rue de la Chicanette, BP 16
48000 Mende
Tél. : 04 66 49 00 30 - Fax : 04 66 49 03 72
fol48@fol48.org
• Directeur : **Daniel Gonzales**
• Programmateurs : **Mathieu Sirot, Nicolas Trotouin**
Année de création : 1993
Périodicité : annuelle
Dates : 2ème quinzaine de mai
Bouclage programmation : fin mars
Nombre spectacles JP : 15
Genres : théâtre, marionnettes, théâtre d'objets, musique, danse, arts de la rue, cirque, clown, arts visuels.
Artistes accueillis : **Alcazar Marionnettes, Bouskidou, Cie des Chercheurs d'Arts Associés, Cie Musicanu, Bonneville Blues Band, Cie Jean-Paul Schoffit, Cie Pupella-Noguès, Cie Billenbois, Cie Alcazar marionnettes, Cie la Grande Bleue...**
NB : créations, résidences.

Parole de conteurs

http://paroles.conteurs.free.fr
Place de la Mayade
23460 Royère de Vassivière
Tél. : 05 55 64 57 37
infos@paroles-conteurs.org
• Directeur : **Jean-Louis Bordier**
• Programmateur : **Jean-Louis Bordier**
Année de création : 1995
Périodicité : annuelle
Dates : dernière dizaine d'août
Bouclage programmation : janvier
Nombre spectacles JP : 4
Genres : théâtre, conte.
Artistes accueillis : **Colette Migné, Théâtre à Bretelles...**
NB : rencontres professionnelles

Pestacles du Parc floral

www.lesjmf.org
JMF
20 rue Geoffroy L'Asnier
75004 Paris
Tél. : 01 44 61 86 86 - Fax : 01 44 61 86 44
infos@lesjmf.org
• Directeur : **Bruno Boutleux**
• Programmatrice : **Ionna Thomas**
Année de création : 1994
Périodicité : annuelle
Dates : les mercredis en juin, juillet et août
Bouclage programmation : février
Nombre spectacles JP : 20
Genre : musique
Artistes accueillis : **Saxophares et Sémaphones, Manu Galvin, Les Biskotos, Alain Schneider, Akil el Sikameya, Brice Kapel, Wab, La Quincaille...**

Pistes d'automne

http://asso.nordnet.fr/lesateliersducirque
Centre des arts du Cirque de Lomme
16 rue du Château d'Isengheim
59160 Lomme
Tél. : 03 20 08 26 26 - Fax : 03 20 08 26 27
ecoledecirque@nordnet.fr
• Directeurs : **Christophe Crampette, Pascal Croain**
• Programmateurs : **Christophe Crampette, Pascal Croain**
Année de création : 1993
Périodicité : annuelle
Dates : octobre-novembre
Bouclage programmation : juin
Nombre spectacles JP : 2
Genres : cirque
Artistes accueillis : **Cie Durama, Cirque Méli Mélo, Cie Max et Maurice, Frédéric Pradal, Félicien le Magicien, Cie Durama...**

Planetado

www.planetado.org
Le Grand Bleu
36 avenue Marx Dormoy
59000 Lille
Tél. : 03 20 09 45 50 - Fax : 03 20 09 88 44
legrandbleu@legrandbleu.com
• Directeur : **Bernard Allombert**
• Programmateur : **Bernard Allombert**
Année de création : 2004
Périodicité : biennale
Dates : octobre-décembre
Bouclage programmation : un an avant
Nombre spectacles JP : 20
Genres : théâtre, marionnettes, musique, danse.
Artistes accueillis : **Cie Caryatides, Groupe Anamorphose, Ida Tesla, Le Théâtre du Monde Perdu, Cie Zapoï, Cie Hors Série, Cie Käfig...**
NB : créations, coproductions.

Premières rencontres

www.theatre-enfants.com/premieres-rencontres
ACTA
34 bis rue Alexis Varagne
95400 Villiers-le-Bel
Tél. : 01 39 92 46 81 - Fax : 01 39 94 89 05
contact@acta95.net
• Directrice : **Agnès Desfossés**
• Programmatrices : **Agnès Desfossés, Nelly Auria**

Année de création : 2004
Périodicité : biennale
Dates : fin mars-début avril
Bouclage programmation : mai
Nombre spectacles JP : 12
Genres : théâtre, théâtre d'objets, musique.
Artistes accueillis : **Cie Vire Volte, Cie du Porte-voix, Cie Cincle Plongeur, Association 16 rue de Plaisance, Cie Acta, Cie Ouragane, Ak Entrepôt, Cie Docha, Ensemble FA7, Lili Désastre...**
NB : rencontres professionnelles

Premiers émois

Association Théâtre en Rance
Le Bourg
22100 Saint-Helen
Tél. : 02 96 88 27 00 - Fax : 02 96 88 27 01
theatre.rance@wanadoo.fr
• Directeur : **Pascal Perrin**
• Programmateur : **Pascal Perrin**
Année de création : 2005
Périodicité : annuelle
Dates : 1ère semaine de mars
Bouclage programmation : octobre
Nombre spectacles JP : 10
Genres : théâtre, conte, marionnettes, théâtre d'objets, musique.
Artistes accueillis : **Cie Robinson, Théâtre des Tarabates, AK Entrepôt, Lulubulle Cie, Cie Acta, Benoît Sica...**
NB : rencontres professionnelles

Printemps de paroles

www.marneetgondoire.fr
1 rue de l'Étang
Domaine de Rentilly
77600 Bussy-Saint-Martin
Tél. : 01 60 35 43 50 - Fax : 01 60 35 43 63
accueil@marneetgondoire.fr
• Directeur : **Jean-Patrick Allain**
• Programmateur : **Marc Forest**
Année de création : 2004
Périodicité : annuelle
Dates : 3ème semaine de mai
Bouclage programmation : fin mars
Nombre spectacles JP : 10
Genres : théâtre, conte, marionnettes, théâtre d'objets, danse, arts de la rue.
Artistes accueillis : **Cie de Nino, Cie 3 mètres 33, Théâtre de Risorius...**

Printemps du théâtre

www.pdt71.fr.fm
82 Grande Rue, BP 42
71380 Saint-Marcel
Tél. : 03 85 96 38 78 - Fax : 03 85 96 38 78
assprintempsdutheatre@wanadoo.fr
• Directeur : **Sylvain Bêche**
• Programmatrices : **Céline Duquoc, Muriel Turck**
Année de création : 1994
Périodicité : annuelle
Dates : mi-mars
Bouclage programmation : août
Nombre spectacles JP : 10
Genres : théâtre, conte, marionnettes, musique.
Artistes accueillis : **Cie Bertrand Bossard, Cie Amédée Bricolo, Cie Café Crème, Le Fil Rouge, Cie En Attendant, Lejo, Arkétal, La Fabrique, Cie Mélomaniaque, Cie Didascalies...**

Rencontres théâtrales

www.adaep.fr.st
ADAEP
163 cours Berriat
38000 Grenoble
Tél. : 04 76 96 55 88 - Fax : 04 76 48 38 72
adaep@wanadoo.fr
• Directeur : **Pierre Saccoman**
• Programmateur : **Pierre Saccoman**
Année de création : 2005
Périodicité : annuelle
Dates : fin juin-début juillet
Bouclage programmation : février
Nombre spectacles JP : 10
Genres : théâtre, conte, marionnettes, musique, danse.
Artistes accueillis : **Cie Pile ou Versa,**

Cie La Vache à Laid, Sakoum, Cies Les Innomables, Cie Le Pas de l'Oiseau...

Rencontres théâtrales du pays de la Lys

http://lefiletlaguinde.free.fr
Association Le Fil et la Guinde
Château Dalle-Dumont
21 rue de Linselles
59117 Wervicq Sud
Tél. : 03 20 39 56 96
lfelg@wanadoo.fr
• Directrice : **Élisabeth Pennel**
• Programmatrice : **Élisabeth Pennel**
Année de création : 1985
Périodicité : annuelle
Dates : mai
Bouclage programmation : novembre
Nombre spectacles JP : 2
Genres : théâtre, marionnettes, théâtre d'objets, danse.
Artistes accueillis : **Cie de Commerce et d'Industrie, Cie Méli Mélo...**
NB : créations, formations.

Résonances

www.athenor.com
Théâtre Athénor
82 rue du Bois Savary
44600 Saint-Nazaire
Tél. : 02 51 10 05 05 - Fax : 02 40 19 16 61
theatre@athenor.com
• Directrice : **Brigitte Lallier-Maisonneuve**
• Programmateurs : **Brigitte Lallier-Maisonneuve, Philippe Le Goff**
Année de création : 2001
Périodicité : annuelle
Dates : juin
Bouclage programmation : décembre
Nombre spectacles JP : 2
Genre : musique
Artistes accueillis : **Ensemble Reflex, Jean-Christophe Feldhandler...**
NB : rencontres professionnelles

Rêve de Marionnettes

www.atelier-marionnettes.com
Théâtre du Rêve, 116 route de Genevriers
74200 Margencel
Tel. : 06 68 77 44 94
info@atelier-marionnettes.com
• Directeur : **Daniel Dubois**
• Programmateur : **Daniel Dubois**
Année de création : 2005
Périodicité : annuelle
Dates : mi-août
Bouclage programmation : janvier
Nombre spectacles JP : 10
Genres : marionnettes, théâtre d'objets.
Artistes accueillis : **L'Apatam, L'Atelier du Sous-sol, Cie Claire Lietard, Cie Couleurs d'ombres, Cie Farfelunes, Cie Fil'continue, Cie Pavaly, Les Marionnettes des anges, Théâtre Bruit d'Elles, Théâtre Jucada...**

Ribambelle

Théâtre du Champ Exquis
Espace Paul Éluard, BP 20
14550 Blainville-sur-Orne
Tél. : 02 31 44 08 31 - Fax : 02 31 44 08 44
th_ce@yahoo.fr
• Directrice : **Laure Rungette**
• Programmatrice : **Laure Rungette**
Année de création : 1998
Périodicité : annuelle
Dates : mars
Bouclage programmation : juin
Nombre spectacles JP : 7
Genres : théâtre, conte, théâtre d'objets, musique, danse.
Artistes accueillis : **Théâtre du Champ Exquis, Le Préau, Cie AK Entrepôt, Cie Skappa !, Cie Lirécox, Cie Françoise Pillet, Hélène Bohy...**

Rockyssimômes

Centre Culturel Joël Le Theule
16 rue Saint-Denis, BP 177
72305 Sablé-sur-Sarthe
Tél. : 02 43 62 22 22 - Fax : 02 43 62 22 23

culture@sablesursarthe.fr
• Directeur : **Jean-Bernard Mennier**
• Programmateur : **Jean-Louis Bougard**
Année de création : 1981
Périodicité : annuelle
Dates : juillet
Bouclage programmation : janvier
Nombre spectacles JP : 10
Genres : musique, arts de la rue.
Artistes accueillis : **Bouskidou, Hervé Demon, Les Farfadas, Delimelo, Brice Kapel, Malabar, Alain Schneider, François Lemonnier, Plasticiens Volants...**

Rumeurs urbaines

www.letempsdevivre.org
Cie Le Temps de Vivre
9 rue de Strasbourg
92700 Colombes
Tél. : 01 47 60 00 98 - Fax : 01 47 84 48 02
letemps.devivre@libertysurf.fr
• Directeur : **Rachid Akbal**
• Programmateur : **Rachid Akbal**
Année de création : 2000
Périodicité : annuelle
Dates : 1ère semaine d'octobre
Bouclage programmation : mai
Nombre spectacles JP : 8
Genre : conte
Artistes accueillis : **Maryannick Poncelet, Annie Kiss, Catherine Gendrin, Daniel L'Homond, Bruno de la Salle...**
NB : rencontres professionnelles, formations.

Saperlipopette, voilà enfantillages !

www.theatre-13vents.com
Théâtre des Treize Vents
Domaine de Grammont, CS 69060
34965 Montpellier Cedex 2
Tél. : 04 67 99 25 25 - Fax : 04 67 99 25 29
direction@theatre-13vents.com
• Directeur : **Jean-Claude Fall**
• Programmateur : **Jean-Claude Fall**
(collaboration ADDM et service culturel du Conseil général de l'Hérault)
Année de création : 1998
Périodicité : annuelle
Dates : mai
Bouclage programmation : novembre
Nombre spectacles JP : 17
Genres : théâtre, théâtre d'objets, danse, conte, musique.
Artistes accueillis : **Théâtre du Vide-poches, Cie L'Éolienne, Cie Point d'Identité, Zigzags, Michel Arbatz et Cie, Albadulake, Cie Mulleras, Cie Stromboli...**
NB : créations

Scen'è sonniu, Festival du rêve

www.ichjachjaroni.com
Usine à Liège
Route du Port
20137 Porto-Vecchio
Tél. : 04 95 72 02 57 - Fax : 04 95 72 08 66
i-chjachjaroni@wanadoo.fr
• Directeur : **Jean-François Perrone**
• Programmateur : **Jean-François Perrone**
Année de création : 2001
Périodicité : annuelle
Dates : mi-avril
Bouclage programmation : décembre
Nombre spectacles JP: 10
Genres : théâtre, conte, marionnettes, musique, danse, arts de la rue.
Artistes accueillis : **Ratatouille Théâtre, Begat Theater, Cie Carambole, Euréka Théâtre, Cie Avant-Propos, Zampanos, Divine Quincaillerie...**

Scènes pour la Marmaille

www.scenespourlamarmaille.com
9-11 rue du Capitaine Viguier
87000 Limoges
Tél. : 05 55 30 70 32
festival@scenespourlamarmaille.com
onavio@scenespourlamarmaille.com
• Directeur : **Alban Coulaud**
• Programmateur : **Alban Coulaud**
Année de création : 2000
Périodicité : annuelle
Dates : 2ème quizaine de novembre

Bouclage programmation : mars
Nombre spectacles JP : 8
Genres : marionnettes, théâtre d'objets, musique, danse.
Artistes accueillis : **Vincent Malonne, Théâtre Mu, Cie Docha, Cie la Pendue, O'Navio Théâtre, Théâtre de Romett, Cie l'Alinéa, Cie du Désordre, Cie le Chat Pitre, Cie Lili Désastres…**
NB : résidences, rencontres professionnelles.

Solstice

www.ville-antony.fr
Théâtre Firmin Gémier
Place Firmin Gémier
92160 Antony
Tél. : 01 42 37 31 19 - 01 46 66 02 74
theatrefirmingemier@wanadoo.fr
- Directeur : **Marc Jeancourt**
- Programmateur : **Marc Jeancourt**

Année de création : 2002
Périodicité : annuelle
Dates : mi-juin
Bouclage programmation : avril
Nombre spectacles JP : 9
Genres : arts de la rue, cirque.
Artistes accueillis : **Cie Remise à 9, Cie Tr'espace, Cie André Mandarino, Cie Okidok, Cie Le Zéphyr, Cie Nushka, Office des Phabricants d'Univers Singuliers, Cie Entre chien et loup, Cie Théâtre Group'…**

Sortilèges de la pleine lune

www.ot-gueret.fr
Office de tourisme des Monts de Guéret
1 rue Eugène France, BP 52
23000 Guéret
Tél. : 05 55 52 14 29 - Fax : 05 55 41 19 38
sortileges@ot-gueret.fr
- Directeur : **Thierry Penicaud**
- Programmateur : **Thierry Penicaud**

Année de création : 1995
Périodicité : annuelle
Dates : juillet-août, les mardis soirs
Bouclage programmation : fin novembre
Nombre spectacles JP : 8
Genre : conte
Artistes accueillis : **Lorette Andersen, Dominic Toutain, Lucie Castu, Yves Durand, Valérie de la Rochefoucauld, Jean-Claude Bray, Annabelle Sergent, Jérôme Aubineau…**

Têtes de Bois

www.netleoville.org
Espace Tonkin
1 avenue Salvador Allende
69100 Villeurbanne
Tél. : 04 78 93 11 38 - Fax : 04 78 93 41 92
vdesroches@wanadoo.fr
- Directeur : **Patrick Sillans**
- Programmatrice: **Véronique Desroches**

Année de création : 1998
Périodicité : annuelle
Dates : 1ère quinzaine de février
Bouclage programmation : juin
Nombre spectacles JP : 7
Genres : marionnettes, théâtre d'objets, musique.
Artistes accueillis : **La Carrerarie, La Fabrique des Arts d'à côté, Cie Créature, Théâtre de Mazade, Balsamique Théâtre, Vélo Théâtre…**

Théâtre À Tout Âge

www.tres-tot-theatre.com
Très Tôt Théâtre, 51 rue Jeanne d'Arc
29000 Quimper
Tél. : 02 98 64 20 35 - Fax : 02 98 64 32 44
trestottheatre29@wanadoo.fr
- Directeur : **Jean-Claude Paréja**
- Programmateur : **Jean-Claude Paréja**

Année de création : 2002
Périodicité : annuelle
Dates : fin novembre-fin décembre
Bouclage programmation : février
Nombre spectacles JP : 17
Genres : théâtre, marionnettes, théâtre d'objets, musique, danse, cirque.
Artistes accueillis : **Théâtre de Cuisine, Cie Méli-Malo, Teatro delle Briciole, Théâtre de la Tête noire, Cie Opinioni in movimento, Chantier Théâtre,**

Ministère de la jeunesse et de la magouille, Cie Skappa, Théâtre Am Stram Gram...
NB : créations, coproductions, résidences, rencontres professionnelles.

Théâtr'enfants

Maison du théâtre pour enfants
20 avenue Montclar
84000 Avignon
Tél. : 04 90 85 59 55 - Fax : 04 90 85 65 39
ass-eveilartistique@numericable.fr
• Directrice : **Claire Wilmart**
• Programmatrice : **Claire Wilmart**
Année de création : 1989
Périodicité : annuelle
Dates : juillet
Bouclage programmation : mi-mars
Nombre spectacles JP : 8
Genres : théâtre, marionnettes, théâtre d'objets, musique, danse.
Artistes accueillis : **Cie VireVolte, Théâtre Némo, Théâtre des 13 vents, Théâtre à Malice, Cie Le Jardin d'Alice, Étienne Favre, Cie Point du jour, Vélo Théâtre, Cie Durama...**
NB : rencontres professionnelles

Thema Jeunesse

www.fol48.org
FOL 48
23 rue de la Chicanette, BP 16
48000 Mende
Tél. : 04 66 49 00 30 - Fax : 04 66 49 03 72
fol48@fol48.org
• Directeur : **Daniel Gonzales**
• Programmateurs : **Mathieu Sirot, Nicolas Trotouin**
Année de création : 1993
Périodicité : annuelle
Dates : fin octobre-fin novembre
Bouclage programmation : fin mars
Nombre spectacles JP : 15
Genres : théâtre, marionnettes, théâtre d'objets, musique, danse, arts de la rue, cirque, clown- arts visuels.
Artistes accueillis : **Cie Musicanu, Cie Françoise Pillet, Cie Blanquiot et Moisan, Cie les chercheurs d'arts associés...**
NB : créations

Tinta'mars

http://perso.wanadoo.fr/tintamars
Maison du Pays de Langres, BP 137
52206 Langres Cedex
Tél. : 03 25 87 60 34 - Fax : 03 25 88 99 07
tintamars@wanadoo.fr
• Président : **Philippe Chanclu**
• Programmatrice : **Jocelyne Pagani**
Année de création : 1989
Périodicité : annuelle
Dates : 2ème quinzaine de mars
Bouclage programmation : fin août
Nombre spectacles JP : 6
Genres : théâtre, conte, marionnettes, théâtre d'objets, musique, danse.
Artistes accueillis : **Cie Gare Centrale, Tof Théâtre, La Boîte noire, Théâtre des quatre mains, Cie du ruisseau Théâtre Les Lucioles, Théâtre de l'Artifice, Théâtre du Tilleul...**

Un Zeste d'arts scéniques

www.mairie-vannes.fr/palaisdesarts
Palais des Arts, Place de Bretagne, BP 509
56019 Vannes Cedex
Tél. : 02 97 01 62 00 - Fax : 02 97 01 62 01
palais.arts@mairie-vannes.fr
• Directeur : **Michel Montech**
• Programmateur : **Michel Montech**
Année de création : 2000
Périodicité : annuelle
Dates : fin mars-début avril
Bouclage programmation : avril-mai
Nombre spectacles JP : 3
Genres : danse, cirque.
Artistes accueillis : **Cie les Acrostiches, Cie Accrorap, Cie Remise à 9...**

Voyages en marionnettes

www.fontenay-sous-bois.fr
Compagnie Jean-Pierre Lescot
9 rue Pasteur
94120 Fontenay-sous-Bois
Tél. : 01 48 76 59 39 - Fax : 01 48 76 46 85
ciejplescot.phosphenes@wanadoo.fr
- Directeur : **Jean-Pierre Lescot**
- Programmateur : **Jean-Pierre Lescot**

Année de création : 1987
Périodicité : annuelle
Dates : de novembre à décembre
Bouclage programmation : fin mai
Nombre spectacles JP : 10
Genres : marionnettes, théâtre d'objets.
Artistes accueillis : **Théâtre en ciel, Marionnettes Blues, Drolatic industry, Éclats d'états, Cie issue de secours, Cie J.P. Lescot...**
NB : créations, rencontres professionnelles, formations.

Voyages sur la guinguette Pirate

www.guinguettepirate.com
Quai de la Gare
75013 Paris
Tél. : 01 43 43 86 46 - Fax : 01 43 43 86 46
ouest.est@free.fr
- Directeur : **Hervé Madras**
- Programmatrice : **Aurélie Grondard**

Année de création : 1997
Périodicité : annuelle
Dates : juillet
Bouclage programmation : mars
Nombre spectacles JP : 5
Genres : théâtre, conte, marionnettes, musique.
Artistes accueillis : **Cie Hervé Matras, Don Pedro et ses dromadaires, Cie Koeko, Cie du Bleu secret, Cie Calou...**

Zic o'loustics

www.cap4.com
Centre Armor Puissance 4,
Service culturel
9 rue de la Gare
22150 Ploeuc-sur-Lie
Tél. : 02 96 64 26 34 - Fax : 02 96 64 26 31
puissance4pointi@wanadoo.fr
- Directrice : **Évelyne Thueux**
- Programmateur : **Thierry Colin**

Année de création : 2004
Périodicité : annuelle
Dates : mi-juin
Bouclage programmation : janvier
Nombre spectacles JP : 5
Genres : conte, musique, arts de la rue, cirque.
Artistes accueillis : **À Vue de Nez, Cie Tramway Fantaisie, Cie Monsieur et Madame Tout le Monde, Electro Phone, Éric Vogel, Robinson, Cie Papaq, Tommy la Guitare, Ministère de la Jeunesse et de la Magouille...**
NB : résidences.

Agences de presse

AFP

www.afp.fr
13 place de la Bourse
75002 Paris
Tél. : 01 40 41 46 19 - Fax : 01 40 41 45 50
societe@afp.com
• Rédacteur en chef Culture : **Chantal Valette**
• Jeune public : **Paul Ricard** (musique), **Yves Bourgade** (spectacles)

AP - Associated Press

www.ap.org/francais/
162 rue du Faubourg-Saint-Honoré
75008 Paris
Tél. : 01 43 59 86 76 - Fax : 01 40 74 00 45
redactionfrance@ap.org
• Rédacteur en chef Culture : **Jean-Michel Compte**

Reuters France

www.reuters.fr
6-8 boulevard Haussmann
75009 Paris
Tél. : 01 49 49 50 00 - Fax : 01 53 34 02 90
paris.newsroom@news.reuters.com
• Rédacteur en chef Culture : **Gary Regentries**
• Jeune public : **Paule Bonjean**

Plurimédia Spectacle

www.plurimedia.fr
11 rue de Cambrai
75945 Paris Cedex 19
Tél. : 01 53 35 72 50 - Fax : 01 53 35 72 20
info@plurimedia.fr
• Rédacteur en chef : **Michel Maurel**
• Théâtre : **Emmanuelle Dreyfus**
• Musiques actuelles : **Sophie Noël**
• Musique classique, danse : **Marc Joyeux**
• Jeune public : **Judith Rablat**

Quotidiens nationaux

20 Minutes

www.20min.fr
11 rue de Cambrai
75945 Paris Cedex 19
Tél. : 01 53 26 65 65 - Fax : 01 53 26 65 10
culture@20minutes.fr
• Rédacteur en chef Culture : **Stéphane Leblanc**
Périodicité : quotidienne. Tirage : 414 169 ex.

France Soir

www.francesoir.fr
45 avenue Victor Hugo
93534 Aubervilliers Cedex
Tél. : 01 53 56 87 00 - Fax : 01 53 56 87 68
a.dollfus@pressealliance.com
• Rédacteur en chef : **Arnaud Dingreville**
• Jeune public : **Ariane Dollfus, Alexandre Simon.**
Périodicité : quotidienne. Tirage : 64 544 ex.

L'Humanité

www.humanite.fr
32 rue Jean Jaurès
93528 Saint-Denis Cedex
Tél. : 01 49 22 72 72 - Fax : 01 49 22 73 00
culture@humanite.presse.fr
• Rédactrice en chef : **Zoé Lin**
Périodicité : quotidienne. Tirage : 48 966 ex.

La Croix

www.la-croix.com
3-5 rue Bayard
75393 Paris Cedex 08
Tél. : 01 44 35 60 60 - Fax : 01 44 35 74 63
christine.legrand@bayard-presse.com
• Rédacteur en chef : **Jean-Claude Raspiengeas**
• Jeune public : **Christine Legrand**
Périodicité : quotidienne. Tirage : 96 312 ex.

La Tribune

www.latribune.fr
51 rue Vivienne
75002 Paris
Tél. : 01 44 82 16 16 - Fax : 01 44 88 47 05
jpbourcier@latribune.fr
• Rédacteur en chef : **Jean-Pierre Bourcier**
Périodicité : quotidienne. Tirage : 80 846 ex.

Le Figaro

www.lefigaro.fr
14 boulevard Haussmann
75009 Paris
Tél. : 01 57 00 50 00 - Fax : 01 57 08 57 94
aheliot@lefigaro.fr
• Rédactrice en chef Culture : **Armelle Héliot**
• Jeune public : **Marion Thébaud, Françoise Dargent** (cirque).
Périodicité : quotidienne. Tirage : 341 083 ex.

Le Monde

www.lemonde.fr
80 boulevard Auguste Blanqui
75707 Paris Cedex 13
Tél. : 01 57 28 20 00 - Fax : 01 57 28 21 06
darge@lemonde.fr
• Directeur de la rédaction : **Gérard Courtois**
• Rédacteur en chef : **Michel Guérin**
• Rédacteur en chef adjoint : **Thomas Sotinel**
• Jeune public : **Fabienne Darge, Catherine Bédarida.**
Périodicité : quotidienne. Tirage : 371 803 ex.

Le Parisien

www.leparisien.com
25 avenue Michelet
93408 Saint-Ouen Cedex
Tél. : 01 40 10 30 30 - Fax : 01 40 10 35 24
infos_actu@leparisien.com
• Rédacteur en chef Culture : **François Vey**
• Jeune public : **Bérangère Adda**
• Culture : **Véronique Beaugrand**
Périodicité : quotidienne. Tirage : 501 492 ex. (avec Aujourd'hui en France)

Les Échos

www.lesechos.fr
46 rue de la Boétie
75381 Paris Cedex 08
Tél. : 01 49 53 65 65 - Fax : 01 45 63 53 33
ehecht@lesechos.fr
• Rédacteur en chef Culture : **Emmanuel Hecht**
• Jeune public : **Hugette Meunier, Philippe Chevilley**
Périodicité : quotidienne. Tirage : 119 370 ex.

Libération

www.liberation.com
11 rue Béranger
75154 Paris Cedex 03
Tél. : 01 42 76 17 89 - Fax : 01 42 82 94 93
sa.de.baeque@liberation.fr
• Rédacteur en chef Culture : **Antoine de Baeque**
• Jeune public : **Maïa Bouteillet, René Solis**
Périodicité : quotidienne. Tirage : 146 109 ex.

Métro

www.metrofrance.com
35 rue Greneta
75002 Paris
Tél. : 01 55 34 45 00 - Fax : 01 55 34 45 02
courrier@publications-metro.fr
• Rédacteur en chef : **François Bourboulon**
• Jeune public : **Claire Cousin**
Périodicité : quotidienne. Tirage : 303 100 ex.

Hebdomadaires

L'Express

www.lexpress.fr
29, rue de Châteaudun
75308 Paris Cedex 09
Tél : 01 75 55 10 00 - Fax : 01 75 55 12 05
presse@lexpress.fr
• Rédacteur en chef Culture : **Thierry Gandillot**
• Jeune public : **Thierry Voisin**
Périodicité : hebdomadaire. Tirage : 540 498 ex.

Le Figaro Magazine

www.lefigaro.fr
14 boulevard Haussmann
75009 Paris
Tél. : 01 57 08 50 00 - Fax : 01 57 08 57 94
jcbuisson@lefigaro.fr
• Responsable : **Jean-Christophe Buisson**
• Rédacteur en chef : **Jean-Marie Montali**
Périodicité : hebdomadaire. Tirage : 480 195 ex.

Le Journal du Dimanche

149 rue Anatole France
92534 Levallois-Perret Cedex
Tél. : 01 41 34 60 00 - Fax : 01 41 34 70 76
cgomez@hfp.fr
• Rédacteur en chef : **Carlos Gomez**
• Jeune public : **Isabelle Calabre**
• Culture : **Olivier Bailly** (nouvel obs junior)
Périodicité : hebdomadaire. Tirage : 273 838 ex.

Le Nouvel Observateur

www.nouvelobs.com
10/12 place de la Bourse
75081 Paris Cedex 02
Tél. : 01 44 88 34 34 - Fax : 01 44 88 36 73
arts-spectacles@nouvelobs.com
• Rédacteur en chef Culture : **Jérôme Garcin**
• Jeune public : **Odile Quirot**
Périodicité : hebdomadaire. Tirage : 537 717 ex.

Le Point

www.lepoint.fr
74 avenue du Maine
75682 Paris Cedex 14
Tél. : 01 44 10 10 10 - Fax : 01 43 21 43 24
bhernandez@lepoint.tm.fr
• Rédactrice en chef Culture : **Marie-Françoise Leclère**
• Jeune public : **Brigitte Hernandez**
Périodicité : hebdomadaire. Tirage : 389 379 ex.

Les Inrockuptibles

www.lesinrocks.com
144 rue de Rivoli
75001 Paris
Tél. : 01 42 44 16 16 - Fax : 01 42 44 16 00
fabienne.arvers@inrocks.com
• Rédacteur en chef : **Jean-Marc Lalanne**
• Jeune public : **Fabienne Arvers**
Périodicité : hebdomadaire. Tirage : 39 835 ex.

Madame Figaro

www.madamefigaro.fr
14 boulevard Haussmann
75009 Paris
Tél. : 01 57 08 50 00 - Fax : 01 57 08 57 94
mthebaud@lefigaro.fr
• Rédactrice en chef : **Anne Gillet**
• Jeune public : **Marion Thébaud**
Périodicité : hebdomadaire. Tirage : 470 302 ex.

Marianne

www.marianne-en-ligne.fr
32 rue René Boulanger
75484 Paris Cedex 10
Tél. : 01 53 72 29 00 - Fax : 01 53 72 29 72
s.marty@journal-marianne.com
• Rédacteur en chef : **Nicolas Domenach**
• Rédacteur en chef Culture : **Alexis Liebaer**
Périodicité : hebdomadaire. Tirage : 320 000 ex.

Politis

www.politis.fr
2 impasse Delaunay
75011 Paris
Tél. : 01 55 25 86 86 - Fax : 01 43 48 04 00
redaction@politis.fr
• Rédacteur en chef : **Christophe Kantcheff**
Périodicité : hebdomadaire.

Télérama

www.telerama.fr
36 rue de Naples
75378 Paris Cedex 08
Tél. : 01 55 30 55 30 - Fax : 01 45 22 08 26
tellier.e@telerama.fr

Maïa Bouteillet

Journaliste

Maïa Bouteillet, qui êtes-vous ?
> Journaliste, je travaille pour *Paris Mômes*, *Libération* et *Ubu*.

Comment définiriez-vous votre activité ?
> Cultiver la capacité à garder le regard grand ouvert.

Pourquoi avoir fait le choix professionnel du jeune public ?
> Cela ne relève pas d'un choix mais du hasard !

Votre première émotion de lectrice ?
> Celle qui depuis longtemps me pousse à faire de la lecture une de mes premières activités.

Votre première émotion de spectatrice ?
> Elle se perd dans les limbes de mon enfance.

Votre auteur de théâtre préféré ?
> Heureusement que je n'en n'ai pas qu'un, mais disons Philippe Dorin.

Le spectacle jeune public dans dix ans ?
> Cela ne sera plus proposé comme un genre mineur : toutes les scènes, ou presque, en proposeront.

Votre rêve professionnel le plus fou ?
> Ne voir que des spectacles fondamentaux, de ceux qui nous touchent et nous transforment pour longtemps.

Quelle définition du spectacle jeune public donneriez-vous aux adultes ?
> Je dirai que la distinction est fallacieuse, qu'il faut avoir la même exigence critique à l'égard d'un spectacle qui s'adresse aux enfants que pour un autre et qu'un bon spectacle pour enfant touchera les adultes tout autant.

Et que diriez-vous aux enfants ?
> Que la fiction et le rêve aident au moins autant à grandir que la soupe.

La réaction d'un jeune spectateur qui vous a émue ?
> À froid comme ça, je ne vois pas.

La réflexion la plus stupide entendue au sujet du spectacle vivant pour le jeune public ?
> Que le jeune public est un public qui ne se trompe jamais.

Entretien réalisé par Cyrille Planson

• Rédactrice en chef : **Fabienne Pascaud**
• Rédacteur en chef (adjoint) musiques-arts-spectacles : **Emmanuel Tellier**
• Musiques actuelles : **Philippe Barbot**
• Musique Classique : **Bernard Merigaud**
• Musiques du Monde : **Éliane Azoulay**
• Jazz : **Michel Contat**
• Théâtre : **Fabienne Pascaud**
• Danse : **Daniel Conrad**
• Jeune public : **Henriette Bichonnier**
Périodicité : hebdomadaire. Tirage : 644 226 ex.

Magazines

Avantages

10 boulevard des Frères Voisin
92792 Issy-les-Moulineaux Cedex 9
Tél. : 01 41 46 89 03 - Fax : 01 41 46 87 77
devilleresfra@aol.com
• Rédactrice en chef : **Marie-Françoise Sablé**
• Jeune public : **Françoise Devilleres, Bernard Babkine**
Périodicité : mensuelle. Tirage : 511 945 ex.

Biba

www.bibamagazine.fr
1 rue du Colonel Pierre Avia
75503 Paris Cedex 15
Tél. : 01 46 48 48 48 - Fax : 01 46 48 18 47
isabelle.lefort@emapfrance.com
• Rédactrice en chef : **Isabelle Lefort**
• Jeune public : **Christine Regnier**
Périodicité : mensuelle. Tirage : 190 270 ex.

Chorus

www.chorus-chanson.fr
BP 28
28270 Brezolles
Tél. : 02 37 43 66 60 - Fax : 02 37 43 62 71
mag.boquien@club-internet.fr
• Rédacteur en chef : **Fred Hidalgo**
• Jeune public : **Marie-Agnès Bocquien**
(19 rue Vergniaud, 75013 Paris)
Périodicité : trimestrielle. Tirage : 27 000 ex.

Classica - Répertoire

14 boulevard Poissonnière
75308 Paris Cedex 09
Tél. : 01 53 24 40 40 - Fax : 01 53 24 41 11
jrousseau@lexpress.fr
• Rédacteur en chef : **Jérémie Rousseau**
Périodicité : mensuelle.

Diapason

48 rue Guynemer
92865 Issy-les-Moulineaux Cedex 9
Tél. : 01 41 33 50 00 - Fax : 1 41 33 57 18
jeanmarie.piel@emapfrance.com
• Rédacteur en chef : **Jean-Marie Piel**
Périodicité : mensuelle. Tirage : 40 342 ex.

Epok

41 rue Greneta
75002 Paris
Tél. : 01 53 00 10 00 - Fax : 01 53 00 10 03
epok@lepoint.tm.fr
• Rédactrice en chef : **Géraldine Faes**
• Jeune public : **Géraldine Faes**
• Rédactrice en chef adjointe : **Sylvie Dumon-Josset**
Périodicité : hebdomadaire. Tirage : 350 000 ex.

Famili

www.famili.fr
10 boulevard des Frères Voisin
92792 Issy-les-Moulineaux Cedex 9
Tél. : 01 41 46 88 88 - Fax : 01 41 46 80 05
vjosselin@gmc.tm.fr
• Rédacteur en chef : **Valérie Josselin**
• Jeune public : **Charlie Gerrier**
Périodicité : mensuelle. Tirage : 123 534 ex.

Famille et Éducation

277 rue Saint-Jacques
75005 Paris
Tél. : 01 53 73 73 90 - Fax : 01 53 73 74 00
• Rédactrice en chef : **Sylvie Bocquet**
Périodicité : bimestrielle. Tirage : 796 667 ex.

Femme Actuelle

www.femmeactuelle.fr
73/75 rue La Condamine
75854 Paris Cedex 17
Tél. : 01 44 90 67 00 - Fax : 01 44 90 67 67
crouah@prisma-presse.com
• Rédacteur en chef : **Charles Rouah**
Périodicité : hebdomadaire. Tirage : 1 292 286 ex.

Femme en Ville

2 rue Derrière Bordes
47220 Astaffort
Tél. : 05 53 48 17 60 - Fax : 05 53 66 71 64
ln@com-press.fr - julien@com-press.fr
• Rédactrice en chef : **Marie de la Forest**
• Jeune public : **Hélène Natale,**
Julien Leclercq
Périodicité : mensuelle. Tirage : 501 900 ex.

Le Monde de la Musique

12 bis place Henri Bergson
75366 Paris Cedex 8
Tél. : 01 40 08 50 50 - Fax : 01 40 08 50 60
nkrafft@digroup.fr
• Directrice - rédactrice en chef :
Nathalie Krafft
• Rédacteur en chef magazine : **François Lafon**
• Rédacteur en chef informations : **Georges Gad**
Périodicité : mensuelle. Tirage : 35 422 ex.

Maman !

BP 356
92541 Montrouge Cedex
Tél. : 01 46 55 45 94 - Fax : 01 46 55 60 51
maman@bleucom.net
• Rédactrice en chef : **Laurence Gounel**
• Jeune public : **Julie Chevallier**
Périodicité : mensuelle. Tirage : 54 113 ex.

Marie France

10 boulevard des Frères Voisin
92792 Issy-les-Moulineaux Cedex 9
Tél. : 01 41 46 88 88 - Fax : 01 41 46 89 06
mctreglia@gmc.tm.fr
• Rédactrice en chef : **Isabelle Metzelard**
• Jeune public : **Marie-Claude Treglia**
Périodicité : mensuelle. Tirage : 206 587 ex.

Maxi

30/32 rue de Chabrol
75010 Paris
Tél. : 01 40 22 75 00 - Fax : 01 48 24 08 40
courrier@maxi.presse.fr
• Rédactrice en chef : **Anne Vaisman**
• Jeune public : **Véronique Fégly**
Périodicité : hebdomadaire. Tirage : 477 744 ex.

Parents

10 rue Thierry Le Luron
92592 Levallois-Perret Cedex
Tél. : 01 41 34 61 88 - Fax : 01 41 34 70 79
ddobosz@hfp.fr
• Rédactrice en chef : **Anne Gastineau**
• Jeune public : **Dany Dobosz**
Périodicité : mensuelle. Tirage : 322 701 ex.

Pélerin Magazine

www.pelerin.info
5 rue Bayard
75393 Paris Cedex 08
Tél. : 01 44 35 60 60 - Fax : 01 44 35 60 21
pelerin@bayard-presse.com
• Rédacteur en chef : **Jean-François Fournel**
• Jeune public : **France Lebreton,**
Marie-Eve Gualbert
Périodicité : hebdomadaire. Tirage : 298 317 ex.

Top Famille

www.topfamille.fr
129 boulevard Malesherbes
75812 Paris Cedex 17
Tél. : 01 56 79 36 36 - Fax : 01 56 79 36 66
redaction@topfamag.com
• Rédactrice en chef :
Christine Ducamp-Mayolle
• Jeune public : **Laure Cambournac**
Périodicité : mensuelle. Tirage : 239 283 ex.

Spectacles Paris

À Nous Paris

www.anousparis.net
30 boulevard Vital-Bouhot
92200 Neuilly-sur-Seine
Tél. : 01 55 24 47 00 - Fax : 01 55 24 47 01
redaction@anousparis.com
• Rédacteur en chef : **Dominique Artus**
• Jeune public : **Morgane Talhouet**
Périodicité : hebdomadaire. Tirage : 321 396 ex.

Elle à Paris

www.elle.fr
149 rue Anatole France
92300 Levallois-Perret
Tél. : 01 41 34 60 00 - Fax : 01 41 34 71 94
vmorvan@hfp.fr
• Rédacteur en chef : **Vincent-Xavier Morvan**
• Jeune public : **Olivier Bailly**
Périodicité : trimestrielle.

Figaroscope

www.figaroscope.fr
14 boulevard Haussmann
75009 Paris
Tél. : 01 57 08 50 00 - Fax : 01 57 08 57 94
jlwachthausen@lefigaro.fr
• Rédacteur en chef : **Jean-Luc Wachthausen**
• Jeune public : **Dominique Duthuit**
Périodicité : hebdomadaire.

L'Officiel des Spectacles

17 rue du Colisée
75008 Paris
Tél. : 01 42 25 15 86 - Fax : 01 45 61 04 00
• Rédacteur en chef : **Jean-Philippe Richemond**
• Jeune public : **Frédéric Serva**
Périodicité : hebdomadaire. Tirage : 128 742 ex.

La Terrasse

www.journal-laterrasse.com
4 avenue Corbéra
75012 Paris
Tél. : 01 53 02 06 60 - Fax : 01 43 44 07 08
la.terrasse@wanadoo.fr
• Rédacteur en chef : **Dan Abitbol**
• Jeune public : **Agnès Santi**
Périodicité : mensuelle. Tirage : 69 000 ex.

Paris Frimousse

www.paris-frimousse.com
33-35 rue de Chazelles
75017 Paris
Tél. : 01 43 18 01 01 - Fax : 01 43 80 01 10
gdordor@paris-frimousse.com
• Rédactrice en chef : **Gertrude Dordor**
Périodicité : mensuelle. Tirage : 22 500 ex.

Paris Mômes

www.parismomes.fr
5 rue de Charonne
75011 Paris
Tél. : 01 49 29 01 21 - Fax : 01 49 29 70 89
parismomes@wanadoo.fr
• Rédactrice en chef : **Chantal Herrmann**
• Jeune public : **Maïa Bouteillet**
• Publicité et partenariats : **Agnès Cabannes**
Périodicité : bimestrielle. Tirage : 175 000 ex.

Paris Obs

www.obsdeparis.nouvelobs.com
10-12 place de la Bourse
75002 Paris
Tél. : 01 44 88 34 34 - Fax : 01 44 88 34 66
idf@nouvelobs.com
• Rédacteur en chef : **Jean-Philippe Guerand**
• Jeune public : **Isabelle Calabre**
Périodicité : hebdomadaire.

Pariscope

www.pariscope.fr
151 rue Anatole France
92534 Levallois Perret Cedex
Tél. : 01 41 34 73 47 - Fax : 01 41 34 73 26
cmunsch@hfp.fr
• Rédactrice en chef : **Nathalie Pejicic**
• Jeune public : **Caroline Munsch**
Périodicité : hebdomadaire. Tirage : 107 467 ex.

Sortir - Télérama

http://spectacles.telerama.fr
36 rue de Naples
75378 Paris Cedex 08
Tél. : 01 55 30 55 62 - Fax : 01 45 22 08 26
bichonnier.h@telerama.fr
- Rédactrice en chef : **Fabienne Pascaud**
- Jeune public : **Henriette Bichonnier**
- Culture : **Henriette Bichonnier**

Périodicité : hebdomadaire.

Zurban

www.zurban.com
11 rue Marboeuf
75008 Paris
Tél. : 01 56 89 91 91 - Fax : 01 56 89 91 92
zurban@zurban.com
- Rédactrice en chef : **Cécile Pillet**

Périodicité : hebdomadaire. Tirage : 50 101 ex.

Presse enfants

Astrapi

www.astrapi.com
3-5 rue Bayard
75393 Paris Cedex 08
Tél. : 01 44 35 60 60 - Fax : 01 44 35 60 48
communication@bayard-presse.com
- Rédactrice en chef : **Anne Weiss**
- Jeune public : **Bruno Muscat**

Périodicité : bimensuelle. Tirage : 71 792 ex.

Géo Ado

www.geoado.com
2 rue Hélène
75017 Paris
Tél. : 01 56 99 60 00 - Fax : 01 56 99 62 90
geoado@prisma-presse.com
- Rédactrice en chef : **Isabelle Bouillot**

Périodicité : mensuelle. Tirage : 78 135 ex.

Julie

www.juliemag.com
300 rue Léon Joulin
31101 Toulouse Cedex 9
Tél. : 05 61 76 64 64 - Fax : 05 61 76 64 00
julie@milan.fr
- Rédactrice en chef : **Stéphanie Saunier**
- Jeune public : **Séverine Clochard**

Périodicité : mensuelle. Tirage : 93 883 ex.

Le Monde des Ados

www.lemondedesados.fr.
129 boulevard Malesherbes
75812 Paris Cedex 17
Tél. : 01 56 79 32 87 - Fax : 01 56 79 32 96
courrier@fleuruspresse.com
- Rédactrice en chef : **Françoise Ricard**
- Jeune public : **Béatrice Quinten**

Périodicité : bimensuelle. Tirage : 39 162 ex.

Les P'tites Sorcières

www.fleuruspresse.com
129 boulevard Malesherbes
75017 Paris Cedex 17
Tél. : 01 56 79 36 36 - Fax : 01 56 79 36 98
sorcieres@fleuruspresse.com
- Rédactrice en chef : **Judith Peignen**

Périodicité : mensuelle. Tirage : 55 893 ex.

Lolie

www.milanpresse.com
6 rue du Général de Larminat
75015 Paris
Tél. : 01 42 19 24 32 - Fax : 01 40 61 96 10
mcr@milan.fr
- Rédactrice en chef : **Marie-Claude Réau**
- Jeune public : **Victoria Jacob**

Périodicité : mensuelle. Tirage : 80 161 ex.

Okapi

www.okapi.bayardpresse.fr
3-5 rue Bayard
75393 Paris Cedex 08
Tél. : 01 44 35 62 80 - Fax : 01 44 35 60 45
jean-yves.dana@bayard-presse.com

• Rédacteur en chef : **Jean-Yves Dana**
Périodicité : bimensuelle. Tirage : 61 102 ex.

Petites Mains

www.milanpresse.com
300 rue Léon Joulin
31101 Toulouse Cedex 9
Tél. : 05 61 76 64 64 - Fax : 05 61 76 64 00
bga@milan.fr
• Rédactrice en chef : **Pascale Garès**
Périodicité : bimestrielle. Tirage : 58 001 ex.

Toboggan

www.milanpresse.com
300 rue Léon Joulin
31101 Toulouse Cedex 9
Tél. : 05 61 76 64 64 - Fax : 05 61 76 64 00
btr@milan.fr
• Rédactrice en chef : **Claire Kowalski**
• Jeune public : **Oriane Charpentier**
Périodicité : mensuelle. Tirage : 83 120 ex.

L'École des Parents

www.ecoledesparents.org
180 bis rue de Grenelle
75007 Paris
Tél. : 01 47 53 62 70 - Fax : 01 47 53 62 84
siteecoleparents@wanadoo.fr
• Rédactrice en chef : **Colette Barroux**
• Jeune public : **Véronique Delarue**
Périodicité : bimestrielle.

Presse Éducation

La Classe

www.laclasse.fr
10 avenue Victor-Hugo
55800 Revigny-sur-Ornain
Tél. : 03 29 70 56 33 - Fax : 03 29 70 57 44
contact@laclasse.fr
• Rédacteur en chef : **Ivan Collignon**
Périodicité : mensuelle. Tirage : 30 859 ex.

L'Éducation musicale

www.leducation-musicale.com
31 avenue Victor Hugo, BP 149
27201 Vernon Cedex
Tél. : 02 32 21 37 44 - Fax : 02 32 54 68 01
leducation-musicale@wanadoo.fr
• Rédacteur en chef : **Raymond Berle**
Périodicité : bimestrielle.

Le Journal des Instituteurs

9 rue Méchain, 75014 Paris
Tél. : 01 45 87 50 87
• Rédacteur en chef : **Pascaline Citron**
Périodicité : mensuelle. Tirage : 40 000 ex.

Le Monde de l'Éducation

www.lemonde.fr/mde
46 rue du Fer à Moulin, 75005 Paris
Tél. : 01 44 08 79 11 - Fax : 01 44 08 79 12
lemonde.education@lemonde.fr
• Rédactrice en chef : **Brigitte Perucca**
Périodicité : mensuelle. Tirage : 46 184 ex.

Presse professionnelle

CultureMédias

11 rue des Olivettes, BP 41805
44018 Nantes Cedex 01
Tél. : 02 40 20 60 20 - Fax : 02 40 20 60 30
• Directeur : **Nicolas Marc**

L'Avant-scène Théâtre

205 boulevard Saint-Germain, 75007 Paris
Tél. : 01 53 63 80 60 - Fax : 01 53 63 88 75
olivier.celik@laposte.net
• Rédacteur en chef : **Olivier Celik**
Périodicité : bimensuelle.

La Lettre du Spectacle

11 rue des Olivettes, BP 41805
44018 Nantes Cedex 01
Tél. : 02 40 20 60 20 - Fax : 02 40 20 60 30
redaction@lalettreduspectacle.com
• Directeur : **Nicolas Marc**
• Rédacteur en chef : **Sylvain Chantal**
Périodicité : bimensuelle. Tirage : 2 000 ex.

Le Nouveau Musicien

www.lenouveaumusicien.com
11 rue des Olivettes, BP 41805
44018 Nantes Cedex 01
Tél. : 02 40 20 60 20 - Fax : 02 40 20 60 30
redaction@lenouveaumusicien.com
• Directeur : **Nicolas Marc**
• Rédacteur en chef : **Hubert Marécaille**
Périodicité : mensuelle. Tirage : 8 000 ex.

La Scène

www.lascene.com
11 rue des Olivettes, BP 41805
44018 Nantes Cedex 01
Tél. : 02 40 20 60 20 - Fax : 02 40 20 60 30
redaction@lascene.com
• Rédacteur en chef : **Nicolas Marc**
Périodicité : trimestrielle. Tirage : 10 000 ex.

Manip

www.themaa.com
Themaa, 24 rue Saint-Lazare
75009 Paris
Tél. : 01 42 80 55 25 - Fax : 01 42 80 55 25
• Rédacteur en chef : **Patrick Boutigny**
Périodicité : trimestrielle.

Regards

Association Nova Villa
6 rue de la 12ème Escadre d'aviation, BP 453
51066 Reims Cedex
Tél. : 03 26 09 33 33 - Fax : 03 26 84 81 38
• Directeur de la publication : **Joël Simon**
• Coordination éditoriale : **Vanessa Gaunel**

Radios

Europe 1

www.europe1.fr
26 bis rue François 1er
75008 Paris
Tél. : 08 20 31 90 00 - Fax : 01 47 23 19 00
courrier@europe1.fr
• Rédactrice en chef : **Caroline Brun**
Informations diffusées plusieurs fois par jour.
• Chroniqueur : **Daniel Schick**
« *l'Émission de Daniel Schick* » diffusée le dimanche de 13h15 à 14h.
Actualités autour de trois événements culturels.

France Culture

www.radiofrance.fr/chaines/france-culture2/emissions/lune
116 avenue du Président Kennedy
75220 Paris Cedex 16
Tél. : 01 56 40 22 22 - Fax : 01 56 40 41 19
• Rédactrice en chef : **Aline Pailler**
aline.pailler@radiofrance.com
« *Jusqu'à la lune et retour* » diffusé le samedi de 18h à 18h30.
Actualité des spectacles pour enfants et adolescents et de la littérature jeunesse. Les émissions peuvent être thématiques.

France Info

www.radiofrance.fr/chaines/france-info
116 avenue du Président-Kennedy
75220 Paris Cedex 16
Tél. : 01 56 40 22 22 - Fax : 01 56 40 14 88
• Responsable de chronique : **Claire Baudéan**
claire.baudean@radiofrance.com
« *Sortir, écouter, voir* » diffusé 4 fois par jour.
Actualité artistique et culturelle pour découvrir les nouveaux talents...
• Responsable de chronique : **Aurélie Kieffer**
aurelie.kieffer@radiofrance.com
« *Tendance Junior* » diffusé 4 fois le mercredi.
Chronique des loisirs en famille : idées de sorties, spectacles, ateliers...

France Inter

www.franceinter.com
116 avenue du Président Kennedy
75220 Paris Cedex 16
Tél. : 01 56 40 22 22 - Fax : 01 56 40 41 19
Chronique sur la littérature jeunesse dont théâtre jeunesse. Coup de cœur coup de griffe sur l'actualité culturelle.
• Chroniqueur : **Denis Cheissoux**
denis.cheissoux@radiofrance.com
« *L'as-tu lu mon petit loup* » diffusé le samedi à 7h20.
• Chroniqueur : **Vincent Josse**
vincent.josse@radiofrance.com
« *Côté Culture* » diffusé du lundi au jeudi à 7h25.

France Musiques

www.radiofrance.fr/chaines/france-musiques
116 avenue du Président-Kennedy
75220 Paris Cedex 16
Tél. : 01 56 40 25 92 - Fax : 01 56 40 45 92
• Animatrice : **Claire Poinsignon**
claire.poinsignon@radiofrance.com
« Contes du jour et de la nuit » diffusé du lundi au vendredi de 18h55 à 19h.
Chaque soir, une petite histoire puisée dans la littérature enfantine et mise en musique.
• Productrice : **Anne-Charlotte Rémond**
anne.charlotte.remond@radiofrance.com
« Sac à malices » : chronique dans *« L'Atelier »* diffusé le mercredi tous les quinze jours de 13h40 à 14h20.
Analyse d'un morceau très connu accessible aux enfants.
• Productrice : **Dominique Boutel**
dominique.boutel@radiofrance.com
« Keske » : chronique dans *« L'Atelier »* diffusé le mercredi tous les quinze jours de 13h40 à 14h20.
Questions d'enfants sur des thèmes musicaux.

RTL

www.rtl.fr
22 rue Bayard
75008 Paris
Tél. : 01 40 70 40 70 - Fax : 01 40 70 44 50
stephan.de-pasquale@rtl.fr
• Responsable du service culturel :
Stéphan de Pasquale
« Laisser vous tenter » diffusé du lundi au vendredi de 8h30 à 9h dont une chronique *« Coup de coeur RTL Jeunesse »* diffusé les mardi et vendredi à 8h30.
Magazine d'information culturelle qui recense les nouveautés à ne pas rater : le film ou le concert événement, la pièce de théâtre ou l'opéra à voir...

Télévisions

Arte

www.arte-tv.com
8 rue Marceau
92785 Issy les Moulineaux Cedex 9
Tél. : 01 55 00 77 77 - Fax : 01 55 00 77 00
Unité Actualités Culturelles (Tracks, Metropolis, Die Nacht)
• Directrice : **Dana Hastier**
• Chargée des programmes : **Émilie Dejong**
Unité Spectacles
• Directrice : **Gabrielle Babin-Gugenheim**
• Chargée des programmes : **Isabelle Mestre**

France 2

www.france2.fr
7 esplanade Henri de France
75907 Paris Cedex 15
Tél. : 01 56 22 42 42 - Fax : 01 56 22 55 27
• Directeur des programmes culturels :
Marc de Flores
« C'est au programme » diffusé le lundi, mardi, jeudi et vendredi à 9h30.
cestauprogramme@france2.fr
• Rédacteur en chef : **Didier Regnier**
• Animatrice : **Sophie Davant**
• Culture : **Damien Thévenot, Géraldine Marty** (jeune public)
Actualités et divertissements (avec une rubrique consacrée à la culture).

Journaux télévisés diffusés à 13h, 20h et nuit.
Service culture
• Rédacteur en chef : **Bruno le Dref**
• Musique : **Christophe Airaud**
• Musique classique : **Michel Monpontet**
• Variété : **Olivier Lenuzza**
• Théâtre : **Sophie Jouve**
• Jeune public : **Sophie Jouve**

« TéléMatin » diffusé du lundi au vendredi de 6h30 à 8h30.
telematin@france2.fr
• Rédacteur en chef : **Roland Sicard**
• Animateur : **William Leymergie**

• Culture : **Alex Jaffray** (musique), **Jean-Philippe Viaud** (spectacles)
Actualités et divertissements (avec une rubrique consacrée à la culture).

« Thé ou Café » diffusé tous les samedis et dimanches à 7h.
the-ou-cafe@france2.fr
• Rédactrice en chef/présentatrice : **Catherine Ceylac**
Actualités, divertissements (avec une rubrique consacrée à la culture).

France 3

www.france3.fr
7 esplanade Henri de France
75907 Paris Cedex 15
Tél. : 01 56 22 30 30 - Fax : 01 56 22 84 01
• Directeur des programmes culturels : **Claude Couderc**
Journaux télévisés diffusés de 12h à 14h, de 19h à 20h (Soir 3)
• Rédacteur en chef Culture : **Jean-Jacques Peyraud**
« Mon kanar » mercredi 16h.
• Présentateur : **François Pécheux**
• Rédacteur en chef : **Antoine Piwnik**
• Culture : **Isabelle Moureaux**
Émission présentant l'actualité aux plus jeunes.
• Responsable des programmes jeunesse : **Eve Baron**

France 4

www.france4.fr
7 esplanade Henri de France
75907 Paris Cedex 15
Tél. : 01 56 22 42 42 - Fax : 01 56 22 55 27
• Directeur général adjoint en charge de l'antenne et des programmes : **Yves Bigot**

France 5

www.france5.fr
10 rue Horace Vernet
92785 Issy-les-Moulineaux
Tél. : 01 56 22 91 91 - Fax : 01 56 22 95 95
« Les maternelles » diffusé du lundi au vendredi de 9h à 10h35.
www.france5.fr/maternelles/
Production : Studio Puma
88 bis avenue du Général Leclerc
92100 Boulogne-Billancourt
lesmaternelles@maternelles5.com
• Rédactrice en chef : **Djami Chene**
• Présentatrice : **Karine Le Marchand**
• Culture : **Thierry Fréret**
Magazine sur les relations parents-enfants

« Ubik » diffusé le samedi à 19h55 et dimanche à 11h15.
www.france5.fr/ubik/
Production : Cybride Production
10 rue Biscornet
75012 Paris
• Rédacteurs en chef : **Marie-Ève Chamard, Philippe Kieffer.**
Magazine d'actualités culturelles : agenda, rencontres avec des créateurs...

M6

www.m6.fr
89 avenue Charles de Gaulle
92575 Neuilly-sur-Seine
Tél. : 01 41 92 66 66 - Fax : 01 41 92 66 10
cchabaneau@m6.fr
« 6 Minutes » journal diffusé à 12h50 et 19h50.
• Rédacteur en chef : **Philippe Carrel** (semaine), **Christophe Lauterfing** (week-end).
• Culture : **Cécile Chabaneau**

Mezzo

www.mezzo.tv
78 rue Oliver de Serres
75739 Paris Cedex 15
Tél. : 01 56 36 51 00 - Fax : 01 56 36 51 09
maud.aumis@mezzo.fr
• Directrice d'antenne : **Résa Albaraly**
« Mezzo junior » diffusé le dimanche à 10h.
Programme à la fois instructifs et divertissants pour intéresser les enfants de 6 à 14 ans à la musique (magazines, concerts, ateliers...).

TF1

www.tf1.fr
1 quai du Point du Jour
92656 Boulogne Cedex
Tél. : 01 41 41 12 34 - Fax : 01 41 41 28 40
bduran@tf1.fr
• Responsable du département Culture : **Bénédicte Duran**
• Responsable-adjoint du département Culture : **Didier Chauffier**

Internet

Au pays des petits

www.aupaysdespetits.net
1 Place de l'Homme de Fer
67000 Strasbourg
info@aupaysdespetits.com
Répertoire des activités à faire pour les moins de 12 ans dans plusieurs régions : Alsace-Lorraine, Franche-Comté, Rhône-Alpes et PACA.

Avoir-Alire

www.avoir-alire.com
22 rue de la Chapelle
75018 Paris
mspozio@avoir-alire.com
• Rédactrice en chef : **Marianne Spozio**
Actualité et critiques sur l'art et la culture.

Axé Libre

www.axelibre.org
21 avenue Secrétan
75019 Paris
patrick.herrmann@axelibre.org
• Rédacteur en chef : **Patrick Herrmann**
• Culture : **Pascale Orlelanna**
Panorama pluridisciplinaire des pratiques et activités culturelles privilégiant des personnalités, formes et expressions qui proposent une vision originale.

City Junior

www.cityjunior.com
118 rue de Billancourt
92100 Boulogne
contact@cityjunior.com
• Rédactrice en chef : **Brigitte Munoz-Angelard**
Actualité sur l'art et la culture pour les 0 à 12 ans en Ile-de-France.

Citizen Kid

www.citizenkid.com
9 rue de la Vieille
69001 Lyon
Tél. : 04 72 00 20 81 - Fax : 04 26 68 24 01
info@citizenkid.com
• Rédactrice en chef : **Marie Benneteau**
Informations pour les activités et sorties des enfants en région lyonnaise.

Cityvox

www.fra.cityvox.com
Cityvox Agenda, BP 65
13303 Marseille Cedex 3
Tél. : 08 92 70 24 89 - Fax : 04 95 04 33 81
agenda@cityvox.com
• Rédactrice en chef : **Marianne Serandour**
Actualités sur l'art et la culture, par ville.

Comme un dimanche

www.commeundimanche.com
99 Rue Brancion
75015 Paris
Actualités sur l'art et la culture pour les 0-12 ans en Ile-de-France ou en Provence.

Fluctuat

www.fluctuat.net
7 impasse Charles Petit
75011 Paris
Tél. : 01 44 90 03 08 - Fax : 01 44 90 03 15
arno@fluctuat.net
• Rédacteur en chef : **Alexandre Boucherot**
Actualité sur l'art et la culture.

Ile d'enfance

www.iledenfance.com
91 avenue des Champs Elysées
75008 Paris
Tél. : 01 56 89 38 00 - Fax : 01 56 89 38 39
lromanillos@pidf.com
• Rédactrice en chef : **Laurence Romanillos**
Site officiel du tourisme et des loisirs des enfants en Ile-de-France.

Lamuse

www.lamuse.net
IDEA 2, 17 rue Paul Demange
78290 Croissy-sur-Seine
Tél. : 01 39 76 37 56
public@lamuse.net
• Rédactrice en chef : **Isabelle d'Erceville**
Actualités sur les sorties en famille.

Mag-Mômes

www.mag-momes.net
853 chemin du Grand Pin
83330 Le Castellet
Tél. : 06 88 57 20 60 - Fax : 04 94 32 76 38
mag-momes@wanadoo.fr
• Rédacteur en chef : **Marik Cain**
• Culture : **Valérie Ollivier, Véronique Dardoize**
Informations pour les activités, création d'ateliers et sorties des enfants en région PACA.

Magic Maman

www.magicmaman.com
9 rue Bleue
75009 Paris
Tél. : 01 53 34 19 30 - Fax : 01 53 34 19 39
info@magicmaman.com
• Rédactrice en chef : **Virginie Langlois**
Site d'actualité sur l'art et la culture pour les 0-18 ans en Ile-de-France.

Poivrons Jaunes

www.poivrons-jaunes.com
13 rue Jeanne Hachette
75105 Paris
Tél. : 01 42 50 27 04
contact@poivrons-jaunes.com
• Rédactrice en chef : **Julie de Saint Blanquat**
• Culture : **Charlotte Brossier**
Portail sur la culture et les arts avec des liens vers des sites spécialités dans le domaine du jeune public.

Regard en coulisses

www.regardencoulisse.com
3 rue Tholozé
75018 Paris
redac@regardencoulisse.com
• Rédacteurs en chef : **Rémy Batteault, Stéphane Ly-Cuong**
• Culture : **Marie Bru, Hélène Lega**
Magazine du théâtre musical.

Sur les planches

www.surlesplanches.com
E-media Management
22 rue Auguste-Blanqui
94250 Gentilly
Tél. : 01 41 24 01 17
latroupe@surlesplanches.com
• Rédacteur en chef : **Laurent Houmeau**
Site consacré à l'art dramatique destiné aux amateurs et aux professionnels : actualités, critiques, petites annonces, annuaire...

Théâtre enfants

www.theatre-enfants.com
Association Les petits Ruisseaux
2 cour du Liégat 75013 Paris
Tél. : 01 49 59 93 69 - Fax : 01 49 59 93 69
courrier@lespetitsruisseaux.com
• Coordinatrice : **Martine Derrier**
• Rédactrice : **My Linh Bui**
Actualité des spectacles (agenda), revue de presse (critiques), programmes des festivals, outil de recherche (base de données), témoignages, dossier pédagogique...

Tralalalère

www.tralalere.com
4 passage de la Main d'Or
75001 Paris
Tél. : 01 46 26 32 06 – Fax : 01 46 26 04 09
tralalere@tralalere.com
• Rédactrice en chef : **Brigitte Berthelot**
Site ludo-culturel et musical destiné aux enfants, qui réunit une majorité d'artistes francophones.

Spectacle Pour Enfant

www.spectacle-pour-enfant.com
219 ter rue Vaillant Couturier
94140 Alfortville
Tél. : 01 74 44 31 31
contact@spectacle-pour-enfant.com
• Rédacteur en chef : **Stéphane Boyer**
Sélection de spectacles pour les enfants par domaine artistique : théâtre, musique, conte, danse, marionnette, magie, clown...

EDITEURS

Actes Sud

www.actes-sud.fr
18 rue Séguier
75006 Paris
Tél. : 01 55 42 63 16 - Fax : 01 55 42 63 01
papiers@actes-sud.fr

- Directrice Actes Sud Papiers : **Claire David**
- Directeur Actes Sud Junior : **Thierry Magnier**
- Responsable collection Heyoka Jeunesse : **Claire David**
- Auteurs coll. "Actes Sud Papiers - Heyoka Jeunesse" : **Gilles Abier, Jean-Claude Carrière, Normand Chaurette, Joseph Danan, Jean-Claude Grumberg, Joël Jouanneau, Mike Kenny, Serge Kribus, Marie-Claire Le Pavec, Guillaume Le Touze, Jean-Pierre Milovanoff, Wajdi Mouawad, Joël Pommerat, Jacques Rebotier, Mohamed Rouabhi, Anne Sylvestre, Gérard Wajcman.**

Agapante & Cie (L')

agapante.free.fr
42 rue du Faubourg Saint-Denis
75010 Paris
Tél. : 01 47 70 17 60 - Fax : 01 47 70 17 60
agapante@aol.com

- Directrice : **Sophie Balazard**
- Responsable collection : **Élisabeth Gentet-Ravasco**
- Auteurs coll. "Jeune Théâtre - Tous en scène" coll. "Jeune Théâtre - Petits Spectacles" : **Élisabeth Gentet-Ravasco, Sophie Balazard.**

Arche (L')

www.arche-editeur.com
86 rue Bonaparte
75006 Paris
Tél. : 01 46 33 46 45 - Fax : 01 46 33 56 40
contact@arche-editeur.com

- Directeur : **Rudolf Rach**
- Auteurs coll. "Théâtre Jeunesse" : **Ad de Bont, Jon Fosse, Lee Hall, Henning Mankell, Fabrice Melquiot, Suzanne Van Lohmizen.**

Art & Comédie

www.artcomedie.com
2 rue des Tanneries
75013 Paris
Tél. : 01 45 35 66 52 - Fax : 01 43 36 53 27
pa@artcomedie.com

- Directeur : **Patrick Avalle**
- Auteurs coll. "Côté cour" : **Robert Arnaut, Léon Chancerel, Florence Bonin, Claudine Boutet, Gaëlle Chalude, Béatrice Davault, Catherine de la Clergerie, Comtesse de Ségur, Catherine Day, Rodolf Deshayes, Anne Fabien, Guy Foissy, Joëlle Fossier, Gaya, Frank G. Laurence, Francis Géraud, Françoise Gerlinger-Pace, Ariane Grazioli, Rémy Haydont, Patricia Hennegrave, Françoise Kovacic, Frédéric Laurent, Michèle Lebas, Gérard Levoyer, Anne-Claude Lumet, Jean-Claude Lumet, Michel Milland, Thérèse Mercier, Sandra Nordgren, Roger Pouezard, Régis Porte, Alan Rossett, Cécile Roussel, Francis Serrot, Jacques Thareau, Marie Thérèse Sprocani, Catherine Thevenau, Mireille Vico, Dominique Vilbert, Danielle Vioux, Christine Wystup.**

Avant-Scène Théatre (L')

www.avant-scene-theatre.com
205 boulevard Saint-Germain
75007 Paris
Tél. : 01 53 63 88 73 - Fax : 01 53 63 88 75
anne-claire.boumendil@laposte.net

- Directeur : **Philippe Tesson**
- Responsable collection : **Anne-Claire Boumendil**
- Auteurs coll. "Quatre-vents Jeunesse" : **Valérie Alane, Jean-Paul Alègre, Liliane Atlan, Jean-Louis Bauer, Jean-Paul Daumas, Richard Demarcy, Anca Visdei, Eudes Labrusse, Anne Sylvestre, Stéphanie Tesson, Dominique Paquet, Jacky Viallon.**

Club Zéro

www.clubzero.asso.fr
130 boulevard du Montparnasse
75014 Paris
Tél. : 01 43 35 12 11 - Fax : 01 43 22 43 64
dowrie@wanadoo.fr

- Directeur : **Pierre Roudy**
- Auteurs : **Claudie-Sandrine Pernusch, Pierre Roudy.**

École des Loisirs (L')

www.ecoledesloisirs.com
11 rue de Sèvres
75006 Paris
Tél. : 01 42 22 94 10 - Fax : 01 45 48 04 99
edl@ecoledesloisirs.com

- Directeur : **Jean Delas**
- Responsable collection : **Brigitte Smadja**
- Auteurs coll. "Théâtre 7-9 ans" :
Catherine Anne, Bertrand Bossard, Philippe Dorin, Monique Enckell, Arnaud Lisbonne, René Pillot.
- Auteurs "Collection Théâtre 9-12 ans" :
Catherine Anne, Slimane Benaïssa, Christine Blondel, Nathalie Brun-Cosme, Edwige Cabelo, Emmanuel Darley, Philippe Dorin, Monique Enckell, Corinne Fleurot, Françoise Gerbaulet, Joël Jouanneau, Guillaume Le Touze, Börje Lindström, Ahmed Madani, Fabrice Melquiot, Nathalie Papin, Dominique Paquet, Pascale Petit, Olivier Py, Laurent Rogero, Gholâmhosseim Sâedi, Karin Serres, Brigitte Smadja, Bettina Wegenast, Catherine Zambon.
- Auteurs "Théâtre 12-16 ans" :
Catherine Anne, Liliane Atlan, Philippe Aufort, Daniel Danis, Marie Desplechin, Philippe Dorin, Eugène Durif, William Golding, Christophe Honoré, Sylvaine Jaoui, Yves Lebeau, Guillaume Le Touze, Tiziana Lucattini, Fabrice Melquiot, Sylvie Montlahuc, Manuela Morgaine, Jean-Gabriel Nordmann, Nathalie Papin, Dominique Paquet, Pascale Petit, Philip Ridley, Joëlle Rouland, Karin Serres.
- Auteurs "Classiques et Classiques Abrégés" :
Anonyme, Courteline, Marivaux, Molière, Plaute, Edmond Rostand.

Éditions de l'Amandier

56 boulevard Davout
75020 Paris
Tél. : 01 55 25 80 82 - Fax : 01 55 25 20 12
editionsdelamandier@wanadoo.fr

- Directrice : **Annick Laurent-Citrinot**
- Auteurs coll. "Théâtre Espace Jeune" :
Nelly Costecalde, Françoise Dax-Boyer, Patricia Giros, Jean-Pierre Moreux, Maurice Yendt, Margueritte Tarral.

Éditions de l'Attribut

www.editions-attribut.fr
25 rue Comby, 31500 Toulouse
Tél. : 06 82 95 26 73
attribut@free.fr

- Directeur : **Éric Fourreau**
- Responsable collection : **Éric Fourreau**
- Auteur coll. "La culture en question" :
Jean-Gabriel Carasso ("Nos enfants ont-ils droit à l'art et à la culture ?")

Éditions Théâtrales

www.editionstheatrales.fr
20 rue Voltaire
93100 Montreuil-sous-Bois
Tél. : 01 56 93 36 70 - Fax : 01 56 93 36 71
infos@editionstheatrales.fr

- Directeur : **Jean-Pierre Engelbach**
- Communication : **Pierre Banos**
- Responsable collection : **Françoise du Chaxel**
- Auteurs coll. "Théâtrales Jeunesse" :
Hervé Blutsch, Michel-Marc Bouchard, Bruno Castan, Françoise du Chaxel, Joël Da Silva, Suzanne Lebeau, Yves Lebeau, Sylvain Levey, Carlos Liscano, Dominique Paquet, Françoise Pillet, Dominique Richard, Karin Serres, Roland Shön, Karl Valentin.

EDITEURS

Gallimard Jeunesse

www.gallimard-jeunesse.fr
5 rue Sébastien-Bottin
75328 Paris Cedex 07
Tél. : 01 49 54 42 00 - Fax : 01 45 44 94 03
litterature@gallimard-jeunesse.fr
• Directeur : **Antoine Gallimard**
• Responsable collection : **Catherine Bon**
• Auteurs coll. "Folio Junior Théâtre" :
Jean Anouilh, Marcel Aymé, Roald Dahl, Robert Desnos, Roland Dubillard, Laurent Flieder, Victor Hugo, Eugène Ionesco, Rudyard Kipling, Arnaud Laster, Alfred de Musset, Molière, Thomas Pinney, Jacques Prévert, Jules Romains, Jean Tardieu, Raymond Queneau.

Lafontaine

www.lafontaine-editions.com
34 rue de la Clef
59000 Lille
Tél. : 03 20 55 76 11 - Fax : 03 20 55 76 12
dialogue-theatre@wanadoo.fr
• Directrice : **Janine Pillot**
• Auteurs coll. "Théâtre Jeunesse" :
François Chanal, Philippe Dorin, Monique Enckell, Lise Martin, Jean-Gabriel Nordmann, René Pillot, John Retallac, Anne-Violaine Taconet.
• Auteurs "Théâtre Adolescents" :
Michel Bisson, Fernand Garnier, Frédéric Latin, Christian Palustran, René Pillot, John Retallack, Claire-Marie Ruysschaert.

Lansman ♡

www.lansman.org
65 rue Royale
B-7141 Carnières/Morlanwelz
Tél. : 00 32 (0)64 23 78 40
Fax : 00 32 (0)64 44 31 02
info@lansman.org
• Directeur : **Émile Lansman**
• Auteurs coll. "Cahiers du Soleil Debout" :
Bruno Castan, François Chanal, Christian Devèze, Maurice Yendt.
• Auteurs "Urgence de la jeune parole" :
Francois Chaffin, Sylvie Chenu, Natacha de Pontcharra, Valérie Deronzier, Éric Durnez, Kossi Efoui, Alain Gautré, Ahmed Kalouaz, Ricardo Montserrat.
• Auteurs "Printemps théâtral" :
Jean-Paul Alègre, Gilles Aufray, Christian Baggen, Alain Batis, Christine Blondel, Pascale Caemerbèke, Christian Caro, Sylvie Chenu, Stanislas Cotton, Emmanuel delle Piane, Éric Durnez, Monique Enckell, Dominique Flau-Chambier, Françoise Gerbaulet, Mohamed Kacimi, Yves Lebeau, Sylvain Levey, Pierre Lorquet, Luc Malghem, Veronika Marbadi, Lise Martin, Philippe Martone, Jean-Gabriel Nordmann, Nathalie Papin, Francis Parisot, Jean-Yves Picq, Jean-Marie Piemme, Françoise Pillet, Karin Serres, Gérald Stehr, Luc Tartar, Stéphanie Tesson, Larry Tremblay, Bruno Verbrugge, Danielle Vioux.
• Auteurs coll. "Théâtre pour la jeunesse Wallonie-Bruxelles" : **Christian Baggen, Zouhaïr Ben Chikha, Michel Berckmans, Ariane Buhbinder, Guy Carbonelle, Marcel Cremer, Jean Debefve, Sylvie de Braekeleer, Alain De Neck, Didier De Neck, Luc Dumont, Hadi El Gammal, Christian Girard, Mariane Hansé, Nadia Juenckers Philippe Léonard, Margarete Jennes, Marie-Pierre Meinzel, Michèle Moreau, Denis Mpunga, Jean-Pierre Richards, Christine Smeysters, Jean-François Torrès, Christian Vaes, Hosni Zahri, Mourade Zeguendi.**
• Auteurs "Lansman Jeunesse" :
Jean-Rock Gaudreault, Dominick Parenteau-Lebeuf, Larry Tremblay.
• Auteurs "Hors Collection" : **Phillipe Avron, Gilles Boulan, Paul Emond, Jean-Daniel Magnin.**
• Auteurs "Nocturnes Théâtre" : **Michel Bellier, Nathalie Boisvert, Gilles Boulan, Geneviève Damas, Luc Dumont, Éric Durnez, Jean-Rock Gaudreault, Éric Herbette, Francis Monty, Dominick Parenteau-Lebeuf, Françoise Pillet, Pascale Platel, Dominique Pompougnac, Lise Vaillancourt, Jacky Viallon.**

Françoise du Chaxel

Écrivain, Éditions Théâtrales

Françoise du Chaxel, qui êtes-vous ?
> Entre autres, un écrivain qui se passionne pour les autres écrivains et aime faire partager cette passion.

Comment définissez-vous votre activité ?
> Suite de la réponse précédente : choisir des textes pour les éditer, c'est faire partager des découvertes.

Pourquoi ce choix professionnel ?
> Ce n'est pas un choix professionnel, c'est chercher des réponses à des questions.

Votre première émotion de spectatrice ?
> *Le Cid*, avec Gérard Philipe, au TNP.

Votre première émotion de lectrice ?
> Première émotion dont je me souvienne : Jack London. Mais il y en a sûrement eu d'autres avant dont je ne me souviens pas.

Votre auteur de théâtre préféré ?
> Impossible de répondre ! Peut-être Eugene O' Neill l'Américain, dont j'ai exploré toute l'œuvre et que je redécouvre toujours.

Votre rêve professionnel le plus fou ?
> Publier Louis Calaferte pour les enfants.

Le spectacle jeune public dans dix ans ?
> Tout est possible !

Quelle définition du spectacle jeune public donneriez-vous aux adultes ?
> Un spectacle qui provoque plaisir et rêve.

La réaction d'un jeune spectateur qui vous a émue ?
> D'un jeune lecteur qui avait lu *Le Journal de grosse patate,* de Dominique Richard : *«Alors un garçon ça peut être amoureux d'un garçon !».*

La réflexion la plus stupide qu'il vous a été donné d'entendre au sujet du spectacle pour le jeune public ?
> *«C'est pas du théâtre».*

Entretien réalisé par Cyrille Planson

Mandarines (Les)

lesmandarines.free.fr
Kergouarec
56400 Brec'h
Tél. : 02 97 24 56 43
lesmandarines@aol.com
• Directrice : **Joëlle Mandart**
• Auteurs : **Armel Mandart, Lara Mary Tredman, Christian Palustran.**

Magnard

www.magnard.fr/jeunesse
20 rue Berbier-du-Mets
75647 Parix Cedex 13
Tél. : 01 44 08 85 85 - Fax : 01 44 08 49 79
b.gilles@magnard.fr
• Directeur : **Jean-Manuel Bourgois**
• Responsable collection : **Bénédicte Gilles**
• Auteurs coll. "Théâtre en scène" :
Anne-Caroline d'Arnaudy, Hélène Bayard, Laure Clément, Pierre Corbel, Martine Delerm, Nicole Denépoux, Patrick Drouot, Yves Heurté, Sylvaine Hinglais, Gérard Hubert-Richou, France Kadah-Theys, Pierre Leblanc, Joëlle Le Brun, Delphine Martin, Michel Piquemal, Marielle Robert, Sylvie Sabiron, Joko Soposki, Jean-Louis Thersen.

Milan

www.editionsmilan.com
300 rue Léon Joulin
31101 Toulouse Cedex 9
Tél. : 05 61 76 64 64 - Fax : 05 61 76 63 69
• Directrice : **Justine de Lagausie**
• Auteurs coll. "Aujourd'hui Théâtre" :
Romain Drac, Pascale Hedelin, Christian Jolibois, Christophe Merlin, Marie-Pierre Oddoux, Frédéric Pillot, Jean Reinert.

Millénaire Presse

www.professionnelsduspectacle.com
11 rue des Olivettes
BP 41805
44018 Nantes Cedex 1
Tél. : 02 40 20 60 20 - Fax : 02 40 20 60 30
contact@professionnelsduspectacle.com
• Directeur : **Nicolas Marc**
• NB : éditeur du guide Piccolo, La Scène, La Lettre du Spectacle, Le Nouveau Musicien, CultureMédias, «Les Essentiels de La Scène», Le Guide des intermittents du spectacle, CD-Roms...

Retz

www.editions-retz.com
1 rue du Départ
75014 Paris
Tél. : 01 45 87 57 17 - Fax : 01 45 87 57 47
scuchin@editions-retz.com
• Directrice éditoriale : **Sylvie Cuchin**
• Responsable collection : **Anne Marty**
• Auteurs coll. "Expression théatrale" :
Jean- Marie Baloner, Jean-Marie Balner, Christine Beigel, Albert Bohbot, Olivier Bordaçarre, Thierry Bouquet, Edwige Cabélo, Émilie Cajol, Gaëlle Chalude, Denise Chauvel, Davy Colella, Pierre Corbel, Michel Coulareau, Catherine de la Clergerie, Anne-Caroline d'Arnaudy, Florian Dierendonck, Janick Fiévet, Astrid Florian, Francois Fontaine, Benoît Fourchard, Michel Fustier, Anne Hamot, Patricia Hennegrave, Naïma Henni, Alain Héril, Sylvaine Hinglais, Jacques Jouet, Georges Jean, Irène Kern, Florence Klinkum, Christian Lamblin, Vannina Laugier, Évelyne Lecucq, Hervé Letellier, Pierre-Louis Levacher, Francky Martini, Patrick Mecucci, Dominique Mégrier, Frédéric Papion, Pascale-Anne Petit Jean, Juliette Pirolli, Claudio Ponté, Christian Poslaniec, Yak Rivais, Suzanne Rominger-Prud'homme, Sophie Rosenberger, Béatrice Rouer,

Jean-Paul Rousseau, Jean-Marc Royon, Brigitte Saussard, Jocelyne Sauvard, Jean-Louis Sauzade, Pierre Surdeau, Valpierre, Laugier Vannina, Jacky Viallon, Diana Vivarelli, Nedjma Vivet, Anne-Catherine Vivet-Rémy, Christine Wystup, Anne-Marie Zarka.

• Auteurs coll. "Petits comédiens" :
Sabine Assouline, Michel Coulareau, Danièle Fix, Francois Fontaine, Benoît Fourchard, Sylvaine Hinglais, Florence Klinkum, Christian Lamblin, Patrick Meccuci, Suzanne Rominger-Prud'homme, Yak Rivais, Brigitte Saussard, Jean-Louis Sauzade, Laugier Vannina, Jacky Viallon, Anne-Catherine Vivet-Rémy.

Solitaires Intempestifs (Les)

www.solitairesintempestifs.com
Château de la Bouloie
1 chemin de Pirey
25000 Besançon
Tél. : 03 81 81 00 22 - Fax : 03 81 81 00 22
infos@solitairesintempestifs.com

• Directeur : **François Berreur**

• Auteurs coll. "Collection Bleue" :
Valery Petrov, Olivier Py.

AUTEURS PUBLIÉS

Gilles **Abier**

• Actes Sud-Papier, coll. "Heyoka Jeunesse" : *Le Reflet de Sam.*

Valérie **Alane**

• L'Avant-Scène Théâtre, coll. "Quatre-vents Jeunesse" : *Mister Cauchemar.*

Jean-Paul **Alègre**

• L'Avant-Scène Théâtre, coll. "Quatre-vents Jeunesse" : *Les cinq dits des clowns au prince ; Comment le grand cirque Traviata se transforma en petit navire ; Écoute le bruit de la mer ; Histoires à lire debout ; L'Homme du Gave ; L'Homme qui buvait les projecteurs. C'est nous les loups ; On a volé la lune.*
• Éditions Lansman, coll. "Printemps théâtral" : *La Chorale.*

Catherine **Anne**

• Actes Sud-Papiers, coll. "Théâtre jeune public" : *Le Bonheur du vent ; Le Crocodile de Paris ; Ah la la ! Quelle histoire ; Ah ! Anabelle ; Agnès.*
• L'École des Loisirs, coll. "Théâtre 7-9 ans" : *Petit ; Le Crocodile de Paris ; Ah ! Anabelle.*

Robert **Arnaut**

• Art & Comédie, coll. "Côté Cour" : *Magic express.*

Sabine **Assouline**

• Éditions Retz, coll. "Expression théâtrale" : *L'Échelle de madame Araignée ; Le Chat de Gluck veut faire la fête ; Rencontre dans la forêt ; Magic est amoureuse ; Greg fait son cirque ; Niamké ou le vol de la calebasse ; Gershwin ; Lully ; On a perdu l'appétit.*
• Éditions Retz, coll. "Expression Théâtrale" et coll. "Petits Comédiens" (les 2 premiers) : *Amour, mon amour ; Les Sculptures ; Écho à l'écho ; Écoute le train ; Vers libres.*

Brigitte **Athéa**

• Éditions Lafontaine, coll. "Théâtre Adolescents" : *La Ville multiple.*

Liliane **Atlan**

• L'Avant-Scène Théâtre : *Un Opéra pour Terezin.*
• L'École des Loisirs, coll. "Théâtre 12-16 ans" : *Je m'appelle Non ; Monsieur Fugue ; Musiciens ; les Émigrants ; La Petite Voiture de flammes et de voix.*

Philippe **Aufort**

• L'École des Loisirs, coll. "Collection Théâtre 12-16 ans" : *Le Mioche.*

Gilles **Aufray**

• Lansman, coll. "Printemps théâtral" : *La Frontière.*

Philippe **Avron**

• Lansman : *Je suis un saumon ; Le Fantôme de Shakespeare.*

Christian **Baggen**

• Lansman, coll. "Théâtre pour la jeunesse Wallonie-Bruxelles" : *Les Amants ; Trois millions d'années tartine.*

Sophie **Balazard**

• L'Agapante & Cie, coll. "Jeune théâtre - Tous en scène" : *Drôles de voisins ; Le destin d'Opaline.*

Jean-Marie **Baldner**

• Éditions Retz, coll. "Expression théâtrale" : *Renard.*

Reine **Bartève**

• Le Mot de Passe, coll. "Très Tôt Théâtre" : *Le Désir du figuier.*

Alain **Batis**

• Lansman, coll. "Printemps théâtral" : *Sara.*

Jean-Louis **Bauer**

• L'Avant-Scène Théâtre, coll. "Quatre-vents Jeunesse" : *Gédéon, Petit coq et le maïs bleu, La Planète Prosper.*
• Le Mot de passe, coll. "Très Tôt Théâtre" : *Quel farceur mon neveu.*

Hélène **Bayard**

• Éditions Magnard, coll. "Théâtre en scène" : *Le Roi Cerf.*

Daniel **Bazillier**

• Actes Sud Papiers : *Barbe Bleue* (co-adapté par Jean-Pierre Moreux)
• Éditions de l'Amandier : *Un Fantôme dans le métro ; Sirène d'alarme* d'après Andersen ; *La grosse Bête de Monsieur Racine* d'après Tomi Ungerer ; *Tom Sawyer* d'après Mark Twain ; *Le Croquemitaine* d'après Dino Buzzati.

Christine **Beigel**

• Éditions Retz, coll. "Expression théâtrale" : *L'Affreux Grumf seul contre tous ; Les mille et un jours ; Un Conte de Noël presque parfait.*

Slimane **Benaïssa**

• L'École des Loisirs, coll. "Théâtre 9-12 ans" : *Ailleurs, ailleurs.*

Jean-Michel **Besson**

• Art & Comédie, coll. "Coll. "Côté Cour" : *Système D.*

Michel **Bellier**

• Lansman, coll. "Nocturnes théâtre" : *L'Étincelle.*

Michel **Bisson**

• Éditions Lafontaine, coll. "Théâtre Adolescents" : *Fast-Food ; Ville.*

Christine **Blondel**

• Lansman, coll. "Printemps théâtral" : *Nîn ; Le Rire de la baleine.*
• L'École des Loisirs, Coll. "Théâtre 9-12 ans" : *La Vieille Dame et la mer.*

Hervé **Blutsch**

• Éditions théâtrales, coll. "Théâtrales Jeunesse" : *Méhari et Adrien* suivi de *Gzion.*

Albert **Bohbot**

• Éditions Retz, coll. "Expression théâtrale" : *La re-création.*

Nathalie **Boisnet**

• Lansman, coll. "Nocturnes théâtre" : *L'Été des martiens.*

Florence **Bonin**

• Art & Comédie, coll. "Côté Cour" : *Comme des grands.*

Olivier **Bordaçarre**

• Éditions Retz, coll. "Expression Théâtrale" : *Un nuage gorgé de pluie ou les débuts difficiles de Django Reinhardt ; Baguettes et chapeaux pointus ; Cache-cache voyelles ; Draculottes et les Charlottes.*

Bertrand **Bossard**

• L'École des Loisirs, coll. "Théâtre 7-9 ans" : *Ricky Pompon.*

Michel-Marc **Bouchard**

• Éditions théâtrales, coll. "Théâtrales Jeunesse" : *Histoire de l'Oie.*

Gilles **Boulan**

• Lansman, coll. "Nocturnes Théâtre" : *La Marelle*
• Lansman : *Les Affabulations d'un pantin ; L'Ogre végétarien* (Conte de l'errance 1) ; *Grands et petits ; Une fille à croquer* (Conte de l'errance 2).

Thierry **Bouquet**

• Éditions Retz, coll. "Expression théâtrale" : *La Science folle du professeur Victor-Édouard Hurtubise.*

Claude **Bourgeyx**

• CRL Aquitaine - L'Esprit du temps, coll. "Théâtr'avenir" : *Le Grand Cataclysme.*

AUTEURS PUBLIES

Claudine **Boutet**

• Art & Comédie, coll. "Côté Cour" : *Les Douze Mois de l'année.*

Nadine **Brun-Cosme**

• L'École des Loisirs, coll. "Théâtre de 9 à 12 ans" : *Et moi et moi !*

Ariane **Buhbinder**

• Lansman, coll. "Théâtre pour la jeunesse Wallonie-Bruxelles" : *J'aurais ta peau* (co-écrit avec Christian Girard) ; *Petitou* (co-écrit avec Michèle Morreau) ; *Les pieds sur terre.*

Edwige **Cabelo**

• L'École des Loisirs, coll. " Théâtre 9-12 ans" : *Le Roi du poulpe et de la sardine.*

• Éditions Retz, Coll. "Expression Théâtrale" : *Des notes qui s'aiment ou l'amour d'une petite fille pour Mozart ; La Recette de Caragou.*

Pascale **Caemerbèke**

• Lansman, coll. "Printemps théâtral" : *Au-delà.*

Émilie **Cajol**

• Éditions Retz, coll. "Expression théâtrale" : *Le Cirque de l'alphabet ; les Jeux olympitres, Bon élève et polisson.*

Christian **Caro**

• Lansman, coll. "Printemps théâtral" : *Puzzle-Boîte 1.*

Jean-Claude **Carrière**

• Actes Sud-Papiers, coll. "Heyoka Jeunesse" : *Le jeune prince et la vérité.*

Bruno **Castan**

• Lansman, coll. "Cahier du Soleil Debout" : *La Fille aux oiseaux.*

• Éditions théâtrales, Coll. "Théâtrales Jeunesse" : *Coup de bleu ; Neige écarlate ; Belle des eaux.*

François **Cervantès**

• Lansman : *La Table du fond.*

François **Chaffin**

• Lansman, coll. "Urgence de la Jeune parole" : *Les grandes bouches.*

Gaëlle **Chalude**

• Art & Comédie, coll. "Côté Cour" : *Médocs à gogo, À vos couleurs.*

• Éditions Retz, coll. "Expression théâtrale" : *Flash-Back.*

François **Chanal**

• Éditions Lafontaine, coll. "Théâtre Jeunesse" : *Trois pas dehors, Rimages.*

• Lansman, coll. "Cahier du Soleil Debout" : *Le Pied de la lettre.*

Normand **Chaurette**

• Actes Sud-Papiers, coll. "Heyoka Jeunesse" : *Petit Navire.*

Denise **Chauvel**

• Éditions Retz, coll. "Expression théâtrale" : *Au restaurant ; Le Conte de l'oie ; Le Tambour ; Le vilain petit canard.*

Sylvie **Chenus**

• Lansman, coll. "Urgence de la jeune parole" : *Comment dire.*

• Lansman, Coll. "Printemps Théâtral" : *La Belle et la bête chantent le blues.*

Michèle **Christian**

• Lansman, coll. "Théâtre pour la jeunesse" : *Petitou* (co-écrit avec Ariane Buhbinder).

Laure **Clément**

• Éditions Magnard, coll. "Théâtre en scène" : *Un tagueur au palais.*

Nathalie Papin

Auteur

Nathalie Papin, qui êtes-vous ?
> Je me cache dans mon nom – Papin – qui veut dire en vieux français «qui mange goulûment comme un enfant».

Comment définiriez-vous votre activité ?
> J'héberge des mots vivants que je pousse dans des livres pour qu'ils racontent leurs traversées.

Pourquoi avoir fait le choix professionnel du jeune public ?
> Parce qu'on ne peut pas dire aux enfants que la vie est un désastre : il faut inventer des histoires qui rendent les traversées possibles.

Votre première émotion de spectatrice ?
> La mort d'un oiseau.

Votre première émotion de lectrice ?
> Les écrits sur les tombes du cimetière de mon village : tous ces livres avec des noms pour titre !

Votre auteur de théâtre préféré ?
> Liliane Atlan pour avoir écrit *Je m'appelle non.*

Quelle définition du spectacle jeune public donneriez-vous aux adultes ?
> Un petit caillou blanc dans une poche mémoire, à semer ou à serrer au cas où…

Et que diriez-vous aux enfants ?
> C'est pour toi.

Le spectacle jeune public dans dix ans ?
> Il n'y aura plus que cela (pour le grand bonheur de tous).

Votre rêve professionnel le plus fou ?
> Écrire un spectacle pour enfants qui en sauverait quelques-uns.

La réaction d'un jeune spectateur qui vous a émue ?
> *«Si un jour tu as un enfant et que tu meurs, est-ce que tu demanderas à cet enfant de continuer ton histoire ?»*

La réflexion la plus stupide qu'il vous a été donné d'entendre ?
> *«Ha ! C'est un spectacle jeune public, je n'y vais pas !»*

Entretien réalisé par Cyrille Planson

AUTEURS PUBLIES

Davy **Colella**

• Éditions Retz, coll. "Expression théâtrale" : *Chook cherche un ami ; Éliot, le petit corsaire ; Le petit plaisir ; Luna, c'est toi !.*

Pierre **Corbel**

• Éditions Retz, coll. "Expression théâtrale" : *Le Monstre ; Le Bisou du crapaud ; Confitures et miel de ronces ; Le Polochon magique ; L'Inspection.*

• Éditions Magnard, Coll. "Théâtre en scène" : *Le Roi des histoires.*

Nelly **Costecalde**

• Éditions de l'Amandier, coll. "Théâtre espace jeune" : *Générations spontanées.*

Stanislas **Cotton**

• Lansman, coll. "Printemps théâtral" : *Le Rapport des enfants sur l'état du monde.*

Michel **Coulareau**

• Éditions Retz, coll. "Expression Théâtrale" : *Petite leçon d'économie : un louis c'est un louis ; Petite leçon d'économie : Parlons... francs.*

• Éditions Retz, Coll. "Expression théâtrale" et Coll. "Petits Comédiens" (les 2 premiers) : *Copies conformes ; La mauvaise note ; Elle court... la rumeur ; Le Train de Villefranche.*

Marcel **Cremer**

• Lansman, coll. "Théâtre pour la jeunesse Wallonie-Bruxelles" : *Le petit prince écarlate.*

Anne-Caroline **d'Arnaudy**

• Éditions Retz, coll. "Expression théâtrale" : *Présentation ; Tristesse ; Garde à vous ; Histoire d'un sou ; L'Emploi du temps ; Question de géométrie ; Taga le magicien. L'Étoile bleue ; L'heureuse rencontre ; la Poule de Paulo ; La Ronde des métiers.*

• Éditions Magnard, coll. "Théâtre en scène" : *Le petit Bonhomme blanc ; Quelle est cette fleur ? ; La Maison qui cherchait sa porte ; Le Procès de Monsieur Carnaval ; Le Rat des villes et le rat des champs ; Un étonnant marché ; Le Chapeau de Pétrus ; Vol dans l'espace, Drôle de cirque ! ; Adjugé, vendu ! ; Arlequin médecin ; Le Roman de Renart ou Le Triomphe de sieur Goupil ; Voyage d'une étoile de maître ; Les Naufragés ; La Nuit des automates ; Petites histoires du monde ; Jean-Baptiste... Molière ; La Comédie amoureuse ; Le courageux Tremblotin ; Complot chez la reine, Quelle histoire ! ; La chatte noire du désert ; Le théâtre mystérieux ; Arlequin Médecin ; La répétition de Peau d'Âne ; Qui joue quoi ?.*

Geneviève **Damas**

• Lansman, coll. "Nocturnes Théâtre" : *Molly à vélo.*

Joseph **Danan**

• Actes Sud-Papiers, coll. "Heyoka Jeunesse" : *Les Aventures d'Auren, le petit serial killer.*

Daniel **Danis**

• L'École des loisirs, coll. "Théâtre 12-16 ans" : *Le Pont de pierres et la peau d'images.*

Emmanuel **Darley**

• L'École des Loisirs, coll "Théâtre 9 -12 ans" : *Là-haut, la lune ; Plus d'école.*

Jean-Paul **Daumas**

• L'Avant-Scène Théâtre, coll. "Quatre-vents Jeunesse" : *Sorcières.*

Béatrice **Davault**

• Art & Comédie, coll. "Côté Cour" : *Le Champ de Guinée.*

Françoise **Dax-Boyer**

• Éditions de L'Amandier, coll. "Théâtre Espace Jeune" : *Leïla, la reine des chats sauvages.*

Catherine **Day**

- Art & Comédie, coll. "Côté Cour" : *Un Lionceau bizarre, bizarre... ; Zoé la tortue ; Fourmillon le roi de la guitare* (co-écrit avec Anne Fabien).

Ad **de Bont**

- L'Arche, coll. "Théâtre Jeunesse" : *Mirad, un garçon de Bosnie.*

Sylvie **De Braekeleer**

- Lansman, coll. "Théâtre pour la jeunesse Wallonie-Bruxelles" : *La dernière fée* (co-écrit avec Philippe Léonard).

Jean **Debefve**

- Lansman, coll. "Théâtre pour la jeunesse Wallonie-Bruxelles" : *Amazone ; Kobold ! ; Chagrin d'amour.*

Catherine **de la Clergerie**

- Art & Comédie, coll. "Côté Cour" : *Sidoréla* (co-écrit avec Catherine Thevenau)
- Éditions Retz, coll. "Expression théâtrale" : *La Sorcière mal aimée ; Padipado.*

Natacha de **Pontcharra**

- Lansman, coll. "Urgence de la Jeune parole" : *Je m'appelle pas Shéhérazade.*

Martine **Delerm**

- Éditions Magnard, coll. "Théâtre en scène" : *Le Diable bredouille.*

Emmanuelle **delle Piane**

- Lansman, coll. "Printemps théâtral" : *Les Malheurs de sophie revisités.*

Richard **Demarcy**

- L'Avant-Scène Théâtre, coll. "Quatre-vents Jeunesse" : *L'Enfant d'éléphant.*
- Éditions Christian Bourgeois : *La Nuit du 28 septembre ; Quatre soldats et un accordéon ; Barracas ; La Grotte d'Ali ; Albatros.*
- Éditions Actes Sud-Papiers : *Les deux bossus et la lune ; Voyages d'hiver ; Le Secret.*
- Éditions théâtrales : *L'Étranger dans la maison ; Naïf Théâtre.*

Nicole **Denépoux**

- Éditions Magnard, coll. "Théâtre en scène" : *Cordélia et le château de minuit.*

Valérie **Deronzier**

- Lansman, coll. "Urgence de la Jeune parole" : *Nous qui sommes.*

Rodolf **Deshayes**

- Art & Comédie, coll. "Côté Cour" : *La Belle et la bête ; L'Enfant à l'étoile ; La Geste des enfants de Noël ; La merveilleuse aventure d'un pousse-pousse au pays des mille sourires ; La Ronde des petits métiers.*

Marie **Desplechin**

- L'École des loisirs, coll. "Théâtre 12-16 ans" : *La vraie fille du volcan.*

Christian **Devèze**

- Lansman, coll. "Cahier du Soleil Debout" ; *Les Sirènes préfèrent la mer.*

Florian **Dierendonck**

- Éditions Retz, coll. "Expression théâtrale" : *Des Sorcières sulfureuses ; Mais où est donc passée mon Alinéa ? ; Ernest Croquette et le fantôme de la momie.*

Philippe **Dorin**

- L'École des Loisirs, coll. "Théâtre 7-9 ans" : *Sacré silence !*
- L'École des Loisirs, coll. "Théâtre 9-12 ans" : *Dans ma maison de papier j'ai des poèmes sur le feu ; Ils se marièrent et eurent beaucoup ; En attendant le Petit Poucet.*
- L'École des Loisirs, coll. "Théâtre 12-16 ans" : *Un œil jeté par la fenêtre.*
- Éditions La Fontaine, coll. "Théâtre Jeunesse" : *Villa Essling Monde ; Visites à la villa Essling Monde.*

AUTEURS PUBLIES

Romain **Drac**

• Éditions Milan, coll. "Aujourd'hui Théâtre" : *Pour faire un bon petit chaperon.*

Françoise **Du Chaxel**

• Éditions théâtrales, coll. "Théâtrales Jeunesse" : *L'Été des mangeurs d'étoiles.*
• Le Mot de passe - Très Tôt Théâtre : *Un Printemps s'est noyé dans la mer.*
• Lansman, coll. "Urgence de la jeune parole" : *En automne j'ai même vu des renards danser.*

Roland **Dubillard**

• Éditions Gallimard Jeunesse, coll. "Folio Junior Théâtre" : *Le Gobe-douille et autres diablogues ; Si Camille me voyait... ; Les Crabes ou les hôtes ; les Hôtes.*

Luc **Dumont**

• Lansman, coll. "Théâtre à Vif" : *Faut pas rêver.*
• Lansman, coll. "Nocturnes Théâtre" : *Il n'y a que l'heure qui change ; Trente-deux / dix ; J'ai besoin d'une étoile ; One, two.*
• Lansman, coll. "Théâtre pour la jeunesse" : *Type inconnu ; Modèle standard.*

Hervé **Dumont**

• Éditions 101 Langues : *Attention à la vache ou les Prémonitions d'Émile.*

Eugène **Durif**

• L'École des Loisirs, coll. "Théâtre 12-16 ans" : *Mais où est donc Mac Guffin ?; La petite histoire; Têtes farcies.*

Éric **Durnez**

• Lansman, Urgence de la Jeune parole" : *Dix moi ; Un An d'Anna.*
• Lansman : *Trilogie pour une compagnie.* coll. "Printemps théâtral" : *Ça vous dit ?.* coll. "Nocturnes Théâtre" : *Trilogie pour une compagnie.*

Kossi **Efoui**

• Lansman, coll. "Urgence de la jeune parole" : *Concessions.*

Hadi **El Gammal**

• Lansman, coll. "Théâtre pour la jeunesse Wallonie-Bruxelles" : *Pourquoi pas fou ?* (co-écrit avec Christine Smeysters et Baptiste Vaes).

Paul **Emond**

• Lansman : *Le Chasseur Gracchus ; Beauté des rêves* (contes de l'errance) *; Moshé et Rebecca ; Amphitrychou* (contes de l'errance 2).

Monique **Enckell**

• L'École des Loisirs, coll. "Théâtre 7-9 ans" : *Deux jambes, deux pieds, mon oeil ; Il a dit, il n'a pas dit.*
• Éditions Lafontaine, coll. "Théâtre Jeunesse" : *Vive la vie en vert et bleu !*
• Lansman, coll. "Printemps théâtral" : *3 octaves 1/2.*
• L'École des Loisirs, coll. "Théâtre 9-12 ans" : *Pêcheurs de Lune.*
• L'Avant-scène Théâtre : *Le Grand Nénuphar d'Amazonie.*
• Actes Sud Papiers : *Deux jambes, deux pieds, mon œil.*

Anne **Fabien**

• Art & Comédie, coll. " Côté Cour" : *Un Lionceau bizarre, bizarre... ; Zoé la tortue ; Fourmillon le roi de la guitare* (co-écrit avec Catherine Day) *; Je t'aime un peu, beaucoup.*

Janick **Fiévet**

• Éditions Retz, coll. "Expression théâtrale" : *La Forêt ensorcelée.*

Danièle **Fix**

• Éditions Retz, coll. "Expression théâtrale" et coll. "Petits Comédiens" (le premier) : *Comment le H trouva sa voix ; Les Voyelles se rebiffent ; Remue-ménage chez les voyelles ; s ou deux S... SOS.*

Dominique **Flau-Chambier**

• Lansman, coll. "Printemps théâtral" : *Nora.*

Corinne **Fleurot**

• L'École des Loisirs, coll. "Théâtre 9-12 ans" : *Contre toute attente.*

Laurent **Flieder**

• Éditions Gallimard Jeunesse, coll. "Folio Junior Théâtre" : *Finissez vos phrases !*

Astrid **Florian**

• Éditions Retz, coll. "Expression théâtrale" : *Au pied du mur.*

Guy **Foissy**

• Art & Comédie, coll. "Côté Cour" : *L'Histoire des Floutt.*

Francois **Fontaine**

• Éditions Retz, coll. "Expression théâtrale" et coll. "Petits Comédiens" : *À l'hôpital ; C'est Kiki ; Cuisine française ; En voiture ; Filles et garçons ; Gourmand ; Ici... Là-bas ; Il était une fois ; La Chasse ; La Dispute ; La Lettre au Père Noël ; La petite souris ; la Piqûre ; Le Baptême de l'air ; Le Chien perdu ; Le Départ en week-end ; Le Repas ; Le Voyage ; Les Bébés ; Les Couleurs ; Les Mois de l'année ; Les Pommes sont mûres ; Petits musiciens ; Une drôle de vache.*

• *Édition Retz, coll. "Expression théâtrale" : Je hais les (Σ) ; Valsez les Cédilles ; La Grammaire ; La Turbine arrivée ; On a tiré sur le lapin ; Zéro de conduite ; Les grands navigateurs ; A nice boy ; Clocks watches and calendars ! ; Fast food ; Talk to me ; Wedding photo ; Which way ? ; À la poste ; Au supermarché ; Carnaval ; Chat perché ; Joyeuses pâques ; Le Cirque Contrario ; Le Goûter; Le Journal télévisé ; Les Européens ; Toute la semaine.*

Jon **Fosse**

• L'Arche, coll. "Théâtre Jeunesse" : *Le Manuscrit des chiens.*

Joëlle **Fossier**

• Art & Comédie, coll. "Côté Cour" : *Les petits chaperons rouges.*

Benoît **Fourchard**

• Éditions Retz, coll. Expression théâtrale : *L'étrange professeur cumulo-stradivarius ; La longue marche de la tour Eiffel vers le Champ-de-Mars ; Le Voyage d'Anastase ; Point à la ligne ; Violette et monsieur Porte ; Les Aventures d'Edmond Robinet, À la poste ; Chez le médecin ; Dans le jardin ; Béchamel et Amédée.*

• Éditions Retz, coll. "Expression théâtrale" et coll. "Petits Comédiens" : *Pas de salade pour Vertuchou.*

Michel **Fustier**

• Éditions Retz, coll. "Expression Théâtrale" : *Austerlitz ; Charles le Téméraire ou l'Homme qui aimait la guerre ; La Marseillaise ; La Prise de la Bastille ; Le Mariage de Louis XIV ; Molière et Louis XIV ; Verdun.*

Franck **G. Laurence**

• Art & comédie, coll. "Côté Cour" : *Virginie.*

Claudine **Galea**

• Espace 34 : *Je reviens de loin.*
• Éditions du Rouergue : *La nuit MêmePasPeur.*

Fernand **Garnier**

• Éditions Lafontaine, coll. "Théâtre Adolescents" : *Le Nain du Santorin.*

Jean-Rock **Gaudreault**

• Lansman, coll. "Nocturnes Théâtre" : *Mathieu trop court, François trop long.*
• Lansman, coll. "Lansman Jeunesse" : *Les perles ; Pour ceux qui croient que la terre est ronde ; Le Navigateur et l'enfant ; Deux pas vers les étoiles.*

AUTEURS PUBLIÉS

Alain **Gautré**

• Lansman, coll. "Urgence de la jeune parole" : *Amiour ; La Brèche-au-Loup.*

Gaya

• Art et Comédie coll. "Côté Cour" : *Conférence interplanétaire.*

Élisabeth **Gentet-Ravasco**

• L'Agapante & Cie, coll. "Jeune théâtre - Tous en scène" : *Le petit frère ; Les c... point-point.*

Francis **Géraud**

• Art & Comédie, coll. "Côté Cour" : *La Dent de Nathalie ; Lulu petit beurre ; Le Point et la virgule.*

Françoise **Gerbaulet**

• L'Avant-Scène Théâtre, coll. "Quatre-vents Jeunesse" : *Le Roi hâtif*

• L'École des Loisirs, coll. "Théâtre 9-12 ans" : *Un cheval en coulisses.*

• Lansman, coll. "Théâtre à lire et à jouer" : *0.*

Françoise **Gerlinger-Pace**

• Art & Comédie, coll. "Côté Cour" : *Au bord de la Manche ; La vieille maison ; Aël venu d'ailleurs ; Le Message.*

Christian **Girard**

• Lansman, coll. "Théâtre pour la jeunesse Wallonie-Bruxelles" : *J'aurai ta peau* (co-écrit avec Ariane Buhbinder).

Patricia **Giros**

• Éditions de l'Amandier, coll. "Théâtre espace jeune" : *Un Fantôme dans le métro ; Tom Sawyer* (co-écrit avec Jean-Pierre Moreux).

Michaël **Glück**

• inédits : *L'Expédition ; Sabliers ; Ovo ; Le Majeur.*

Ariane **Grazioli**

• Art & Comédie, coll. "Côté Cour" : *Le Train bleu de Sidonie.*

Jean-Claude **Grumberg**

• Actes Sud-Papiers, coll. "Heyoka Jeunesse" : *Le petit violon ; Marie des grenouilles ; Iq et Ox ; Pinok et Barbie ; Le petit Chaperon Uf.*

Lee **Hall**

• L'Arche, coll. "Théâtre Jeunesse" : *Les Aventures de Pinocchio* (co-écrit avec Carlo Collodi).

Anne **Hamot**

• Éditions Retz, coll. "Expression Théâtrale" : *La Ronde des fistons ; La Salle de bains.*

Marianne **Hansé**

• Lansman, coll. "Théâtre pour la jeunesse Wallonie-Bruxelles" : *Nuits blanches* (co-écrit avec Guy Carbonnelle) *; La belle Soror* (co-écrit avec Michel Berckmans et Alain De Neck).

Rémy **Haydont**

• Art & Comédie, coll. "Côté Cour" : *L' Arbre aux mille et un fruits ; la Féerie des lettres ; L'Étang aux trois cents écus.*

Pascale **Hedelin**

• Éditions Milan, coll. "Aujourd'hui Théâtre" : *Sous le masque.*

Patricia **Hennegrave**

• Éditions Retz, coll. "Expression théâtrale" : *Les Jouets du grenier ; Trac ; Trique ; Sur un air de Carmen.*

• Art et Comédie, coll. "Côté Cour" : *Belzebelle et les couleurs du temps.*

Éric **Herbette**

• Lansman, coll. "Nocturnes Théâtre" : *Crève-cœur.*

Alain **Héril**

• Éditions Retz, coll. "Expression Théâtrale" : *Dix histoires pour sauver la mer ; Les Portes de l'aurore ; Charivari dans la rue enchantée* (co-écrit avec Pierre Surdeau) *; Bonjour madame quenelle ; L'Arbre à bonbons ; Le Chasseur de haïkus.*

• Édition Retz, coll. "Expression Théâtrale" et coll. "Petits comédiens" (le premier) : *Coccinelle demoiselle ; Au fil des mois ; Histoires vraies ; Je veux des calins ; L'Embouteillage ; L'Invisible ; La Chenille et les corbeaux ; Les Grands ; Les Monstres ; Les petits riens ; Les quatre amis ; Ma Jupe plissée ; Quand les abeilles butinent ; Raiponce ; Sur l'eau ; Tonton Bidouilli et compagnie ; Quand les habits se fâchent.*

Yves **Heurté**

• Éditions Magnard, coll. "Théâtre en scène" : *La Noce tomate ; Les Draps de Gringogne ; Abracadabra ; Le petit roi de rien ; Le Monstre de Javère ; Carolus nu ; Les Draps de Gringogne.*

• Chez l'auteur : *La Roue carillon ; Ris donc, paillasse.*

• Syros Jeunesse : *L'Horloger de l'aube.*

Sylvaine **Hinglais**

• Éditions Retz, coll. "Expression théâtrale" et "Petits Comédiens" (le premier) : *Repas de fête chez Petite-Sorcière ; N'avale pas tout ! ; Sandwich en panne.*

• Édition Retz, Coll. "Expression théâtrale" : *Abus de pouvoir ; Allô c'est toi ? ; Chéri comme mon chien ; Cocorico ; Couple idéal ; Crépuscule ; Deux persans à Paris ; Fables ; Fleurs du béton ; Ici ou ailleurs ; Jamais vue ; L'Aveu ; Le Banquet de Barbe-Bleue ; Le Mot fatal ; On tente le coup ; Quiproquo ; Routine ; Souvenirs, souvenirs... ; Subjonctif ; Tiens ta langue ; Zadig en exil ; Dialogues en gare ; Attraper la mort ; Avec un air louche ; Bâillement bestial ; Bien roulée ? ; Ça va mal finir ; Cannibal ; Chacun pour soi ; Collaboration ; Compris ou pas ; Dangereuses paroles ; Dites-moi l'avenir ; En manque ; En pliant les genoux ; Et à part ça ; Être ou ne pas être français ; Évanouie, mon oeil ; Folie pure ; Franco-africain ; Je disais que ; Je me suis perdue ; Joyeux confrères ; La petite bête qui grimpe ; Langues de vipère ; Le génie, ça se soigne ; Le mien et le vôtre ; S'aimer ; Ne bougeons plus ; Pas mère, pas fille ; pas tout seul ; Passé de mode ; Phobie ; Qui a dit fou ? ; Scandaleux ; Séduction ; Toujours victime ; Traumatisés ! ; Un Pressentiment ; Votre Main dans ma poche ; Zéro en français.*

• Édition Retz, coll "Expression Théâtrale" et coll. "Petits Comédiens" (le premier) : *Le magicien qui aimait les bonbons ; À quoi ça rime ; Bizarre, bizarre ; C'est moi le plus fort ; Diable ! C'est un ange ; Je t'aime comme tu es ; La bonne étoile ; La Classe d'animaux ; Récréation ; Tu perds la tête.*

• Éditions Magnard, coll. "Théâtre en scène" : *Le roi Boutentrain et la reine Quichouine ; Les Aventures de Télémaque ; Aucassin et Nicolette.*

Christophe **Honoré**

• L'École des Loisirs, coll. "Théâtre 12-16 ans" : *Les Débutantes.*

Gérard **Hubert-Richou**

• Éditions Magnard, coll. "Théâtre en scène" ; *Quel déluge ! ; Où est la sortie ; Le Salon assassin ; A la Bastille ; Qui a tué le temps ?.*

Sylvaine **Jaoui**

• L'École des Loisirs, coll. "Théâtre 12-16 ans" : *Elles sont toutes folles.*

Georges **Jean**

• Éditions Retz, coll. "Expression Théâtrale" : *Le vilain petit canard ; Les Cavaliers de Gobeline.*

Christian **Jolibois**

• Éditions Milan, coll. "Aujourd'hui Théâtre" : *Pour faire un bon petit chaperon.*

Joël **Jouanneau**

• L'École des Loisirs, coll. "Théâtre 9 -12 ans" : *Le dernier rayon.*
• Actes Sud-Papiers, coll. "Heyoka Jeunesse" : *Mamie Ouate en Papôasie* (co-écrit avec Marie-Claire Le Pavec) ; *L'Ébloui.*
• L'École des Loisirs : *Dernier rayon.*

Jacques **Jouet**

• Éditions Retz, coll. "Expression théâtrale" : *Le dix mille et unième diamant ; Noël chez les Poucet.*
• Éditions Retz, coll. "Expression théâtrale" : *Ozalide et Barbecrade.*

Nadia **Junckers**

• Lansman, coll. "Théâtre pour la jeunesse Wallonie-Bruxelles" : *41, rue de la limite* (co-écrit avec Hosni Zahri, Mourade Zeguendi et Zouhaïr Ben Chikha).

Mohamed **Kacimi**

• Lansman, coll. "Printemps théâtral" : *Les Énigmes de la Reine de Saba.*

France **Kadah-Theys**

• Éditions Magnard, coll. "Théâtre en scène" : *Les Jumeaux de Naples ; Méprise au Rialto ; Tout ça pour des guignes ; Va-t-en guerre et Carnaval.*

Ahmed **Kalouaz**

• Lansman, coll. "Urgence de la Jeune parole" : *Tu connais New-York ?.*

Mike **Kenny**

• Actes Sud-Papiers, coll. "Heyoka Jeunesse" : *Pierre de Gué ; Sur la corde raide ; L'enfant perdue.*

Irène **Kern**

• Éditions Retz, coll. "Expression théâtrale" : *Désolation, Oldouvaï, Restaurant chinois.*

Florence **Klinkum**

• Éditions Retz, coll. "Expression Théâtrale" : *La Poudre aux yeux ; Le Duel des dieux ; L'esprit rouge ; la légende de Dick le terrible.*
• Éditions Retz, coll. "Petits Comédiens" : *To the zoo and short plays.*

Françoise **Kovacic**

• Art & Comédie, Coll. "Côté Cour" : *Le Café de la Gare.*

Serge **Kribus**

• Actes Sud-Papiers, coll. "Heyoka Jeunesse" : *Marion, Pierre et Loiseau.*

Eudes **Labrusse**

• L'Avant-Scène Théâtre, coll. "Quatre-vents Jeunesse" : *Le Collier de perles du gouverneur Li Qing ; Monsieur et Monsieur.*

Christian **Lamblin**

• Éditions Retz, coll. "Expression théâtrale" : *Music-hall ; La Galerie de l'embrouille.*
• Édition Retz, coll. "Expression Théâtrale" et coll. "Petits Comédiens" (les 2 premiers) : *Le Tailleur fou ; Le Copieur ; Discussion ; Drôle de maître ; L'Arnaqueur ; L'Artiste ; L'Étoile filante ; La Leçon de politesse ; La Mouche ; La Poésie de l'estomac ; La Table d'addition ; La Vengeance ; Le Cauchemar ; Le Jeu des acteurs ; Le Magicien ; Le Robot ; Le Voleur ; Mauvais élève ; Numéro d'acteur ; Le Moustique.*
• Éditions Retz, coll. "Expression théâtrale" et coll. "Petits Comédiens" (le premier) : *Le Problème ; Le Cambrioleur ; Les Grazaouipouniak ; Arnaud Laster.*
• Éditions Gallimard Jeunesse, coll. "Folio Junior Théâtre" : *L'Intervention.*

Frédéric **Latin**

• Éditions Lafontaine, coll. "Théâtre Adolescents" : *Majestrix contre Quasimodo ; Une very ténébreuse affaire.*

Vannina **Laugier**

• Éditions Retz, coll. "Expression théâtrale" et coll."Petits Comédiens" (le 2 premiers) : *Le Chat assassiné ; Le Fantôme de la demoiselle ; La Princesse qui disait toujours non.*

Frédéric **Laurent**

• Art & Comédie, Coll. "Côté Cour" : *Le Roi des jardiniers ; Le Cadeau du père Noël.*

Michèle **Le Bas**

• Art & Comédie, Coll. "Côté Cour" : *La Colombe de la paix ; Le Clan des sorcières ; Bon anniversaire m'man ; Le Kidnapping.*

Joëlle **Le Brun**

• Éditions Magnard, coll. "Théâtre en scène" : *Les Dessous des contes.*

Guillaume **Le Touze**

• L'École des Loisirs, coll. "Théâtre 9-12 ans" : *À cause de la cheminée.*
• Actes Sud-Papiers, coll. "Heyoka Jeunesse" : *Les Nuits de Léo.*
• L'École des Loisirs, coll. "Théâtre 12-16 ans" : *Les Crocodiles ne pleurent plus.*

Yves **Lebeau**

• L'École des Loisirs, coll. "Théâtre 12-16 ans" : *On fait comme ça.*
• Lansman, coll. "Printemps théâtral" : *Waff or not Waff.*
• Éditions théâtrales, coll. "Théâtrales Jeunesse" : *C'est toi qui dis, c'est toi qui l'es.*

Suzanne **Lebeau**

• Éditions théâtrales, coll. "Théâtrales Jeunesse" : *Salvador ; la Montagne l'enfant et la mangue ; L'Ogrelet.*

Pierre **Leblanc**

• Éditions Magnard, coll. "Théâtre en scène" : *L'Assassinat de Philomène.*

Évelyne **Lecucq**

• Éditions Retz, coll. "Expression théâtrale" : *Le Berceau de la vengeance.*

Daniel **Lemahieu**

• *Domens Pézenas ; La petite fille et le corbeau.*

Philippe **Léonard**

• Lansman, coll. "Théâtre pour la jeunesse Wallonie-Bruxelles" : *La dernière fée* (co-écrit avec Sylvie de Braekeleer).

Jean-Jacques **Leroy**

• Art & Comédie, coll. "Côté Cour" : *Un Remède de tonnerre* (co-écrit avec Luce Mado).

Hervé **Letellier**

• Éditions Retz, coll. "Expression Théâtrale" : *Le Garçon multiple.*

Pierre-Louis **Levacher**

• Éditions Retz, coll. "Expression théâtrale" : *Dominic le petit singe ; Histoire de chapeaux ; Hugo le chien est-il un oiseau ; Jeannette la drôle de vache ; La p'tite aiguille ; Le Taille-crayon ; Ornicar le Casoar ; Pignouf et Rasibus ; Pitipo et les potirons.*

Sylvain **Levey**

• Éditions théâtrales, coll. "Théâtrales Jeunesse" : *Ouasmok.*
• Lansman, coll. "Printemps théâtral" : *Par les temps qui courent.*

Gérard **Levoyer**

• Art & Comédie, Coll. "Côté Cour" : *Les bons petits anges ; Barouf à la bonne auberge.*

AUTEURS PUBLIES

Börje **Lindström**

• L'École des Loisirs, coll. "Théâtre 9-12 ans" : *Contagieux ; Huit ans.*

Arnauld **Lisbonne**

• Éditions l'Ecole des Loisirs, coll. "Théâtre de 7 à 9 ans" : *C'est qui le monsieur ?*

Carlos **Liscano**

• Éditions théâtrales, coll. "Théâtrales Jeunesse" : *Ma famille.*

Pierre **Lorquet**

• Lansman, coll. "Printemps théâtral" : *La Dégradation des communs.*

Tiziana **Lucattini**

• L'École des Loisirs, coll. "Théâtre 12-16 ans" : *Les Souliers rouges.*

Anne-Claude **Lumet**

• Art & Comédie, Coll. "Côté Cour" : *Le Trésor des dinofuturistiques.*

Jean-Claude **Lumet**

• Art & Comédie, Coll. "Côté Cour" : *Le Noël des contes ; Fairytales' Christmas ; La C.S.G. ou la cité sans gamins ; Allô, les pompiers.*

Veronika **Mabardi**

• Lansman, coll. "Théâtre à lire et à jouer" : *Les Rumeurs.*

Ahmed **Madani**

• L'École des Loisirs, coll. "Théâtre de 9 à 12 ans" : *Il faut tuer Sammy.*

Jean-Daniel **Magnin**

• Lansman : *Madame Alice ; Donkey shot* (Conte de l'errance) *; Le miracle de Saint-Diesel patron des autoroutes ; La véridique histoire d'Ulysse au long nez* (Conte de l'errance 2).

Luc **Malghem**

• Lansman, coll. "Printemps théâtral" : *Bienvenue sur la terre.*

Armel **Mandart**

• Les Mandarines : *Petite Poucette et autres contes ; Le Ver de terre amoureux d'une étoile ; L'Ile comme ils disent... ; A chacun sa chance ; D'anges et d'enfer ; Otages ; Le petit escalier qui rend fou.*

Henning **Mankell**

• L'Arche, coll. "Théâtre Jeunesse" : *L'Assassin sans scrupules ; Hasse Karlsson dévoile la terrible vérité : Comment la femme est morte de froid sur le pont de chemin de fer.*

Jennes **Margarete**

• Lansman, coll. "Théâtre pour la jeunesse Wallonie-Bruxelles" : *Princesses paresseuses ; Celle que je préfère.*

Lise **Martin**

• Éditions Lafontaine, coll. "Théâtre Jeunesse" : *Pacotille de la Resquille.*

• Lansman, coll. "Printemps théâtral" : *Azaline se tait.*

Delphine **Martin**

• Éditions Magnard, coll. "Théâtre en scène" : *Lui.*

Francky **Martini**

• Éditions Retz, coll. "Expression théâtrale" : *Casa nostra.*

Philippe **Martone**

• Lansman, coll. "Printemps théâtral" : *L'âme de l'A.*

Patrick **Mecucci**

• Édition Retz, coll. "Expression Théâtrale" et coll. "Petits Comédiens" (le premier) : *Combat contre la nuit ; La princesse capricieuse.*

• Éditions Retz, coll. "Expression Théâtrale" :

Divise-moi un mouton, Ferenc ou le "petit Litz" ; Les contes de l'os magique (co-écrit avec Pierre Surdeau) *; Dans le jardin public ; La peau de l'ours ; Si on jouait avec les mots.*

Dominique **Mégrier**

• Éditions Retz, coll. "Expression théâtrale" : *Pièces pour frissonner ; Petits spectacles à jouer en maternelle ; Pièces pour monstres et sorcières ; Entrainement à l'improvisation théâtrale.*

Marie-Pierre **Meinzel**

• Lansman, coll. "Théâtre pour la jeunesse" : *Trois millions d'années tartine.*

Fabrice **Melquiot**

• L'École des Loisirs, coll. "Théâtre 9 - 12 ans" : *Les petits mélancoliques.*
• L'Arche, coll. "Théâtre Jeunesse" : *Perlino Comment ; Bouli Miro ; Le Gardeur de silences ; Albatros ; Catalina in fine ; Bouli redéboule.*
• L'École des Loisirs, coll. "Théâtre 12-16 ans" : *L'Enfant Dieu ; Le jardin de Beamon.*

Thérèse **Mercier**

• Art & Comédie, Coll. "Côté Cour" : *Les Fables de notre temps.*

Christophe **Merlin**

• Éditions Milan, coll. "Aujourd'hui Théâtre" : *Sous le masque.*

Michel **Milland**

• Art & Comédie, coll. "Côté Cour" : *Souris ; Le Cirque Lune.*

Jean-Pierre **Milovanoff**

• Actes Sud-Papier, coll. "Heyoka Jeunesse" : *Les Sifflets de Monsieur Babouch.*

Alain **Mollot**

• Éditions Lafontaine, coll. "Théâtre Adolescents" : *Sur le sable.*

Sylvie **Montlahuc**

• L'École des Loisirs, coll. "Théâtre 12-16 ans" : *Le Gardien de cailloux.*

Ricardo **Montserrat**

• Lansman, coll. "Urgence de la Jeune parole" : *Tolorosa.*

Francis **Monty**

• Lansman, coll. "Nocturnes Théâtre" : *Léon le nul.*

Claude **Morand**

• Lansman, coll. "Contes - Nouvelles - Récits - Témoignages" : *Journal infime ; Sido et Sacha (1987).*
• Le Mot de passe - Très Tôt Théâtre : *L'Œuf et la poupée.*

Jean-Pierre **Moreux**

• Éditions de l'Amandier, coll. "Théâtre Espace jeune" : *Un Fantôme dans le métro ; Tom Sawyer* (co-écrit avec Patricia Giros) ; *36, chaussée du lac.*

Manuela **Morgaine**

• L'École des Loisirs, coll."Théâtre 12-16 ans" : *Tohu-Bohu.*

Michèle **Morreau**

• Lansman, coll."Théâtre pour la jeunesse Wallonie-Bruxelles" : *Petitou* (co-écrit avec Ariane Buhbinder).

Wajdi **Mouawad**

• Actes Sud-Papiers, coll."Heyoka Jeunesse" : *Pacamambo.*

Denis **Mpunga**

• Lansman, coll. "Théâtre pour la jeunesse Wallonie-Bruxelles" : *Flash-black.*

Johann **Nestroy**

• Éditions Lafontaine, coll. "Théâtre Adolescents" : *Le Talisman.*

AUTEURS PUBLIÉS

Sandra **Nordgren**

• Art & Comédie, coll. "Côté Cour" : *Un Conte de Noël.*

Jean-Gabriel **Nordmann**

• L'École des Loisirs, coll. "Théâtre 12-16 ans" : *Bakou et les adultes.*
• Éditions Lafontaine, coll. "Théâtre Jeunesse" : *Le long voyage du pingouin vers la jungle*
• Lansman, coll. "Printemps théâtral" : *Champ de bataille avec enfant.*

Marie-Pierre **Oddoux**

• Éditions Milan, coll. "Aujourd'hui Théâtre" : *Pour faire un bon petit chaperon.*

Christian **Palustran**

• Éditions Lafontaine, coll. "Théâtre Adolescents" : *Le Paysan, le roi et la marmite ; Histoire d'oeuf ; Un Papillon jaune appelé Sphinx.*
• Art & Comédie, coll. "Côté Scène" : *Le Paysan, le roi et la marmite ; Histoire d'œuf.*
• Les Mandarines : *Histoire de l'étoile et de l'arche ; La Guerre des arbres ; Le Père Noël ne répond plus ; Le Magicien.*
• Lansman, coll. "Théâtre en scènes" : *L'Affaire chaperon ; La Queue du chat ; La Reine et l'olifant magique ; La soeur de Blanche Neige.*

Nathalie **Papin**

• L'École des Loisirs, coll. "Théâtre 9-12 ans" : *Camino ; Debout ; Mange-moi ; Le Pays de rien ; Yolé tam gué.*
• L'École des Loisirs, coll. "Théâtre 12-16 ans" : *L'appel du pont ; Petites formes.*
• Lansman, coll. "Printemps théâtral" : *Yole Tam Gué.*

Frédéric **Papion**

• Éditions Retz, coll. "Expression théâtrale" (recueil : des spectacles pour les enfants) : *Le Carnet de notes ; Le Miroir magique ; Le Musée de cire.*

Dominique **Paquet**

• L'École des Loisirs, coll. "Théâtre 9 -12 ans" : *Les Échelles de nuages.*
• L'École des Loisirs, coll. "Théâtre 12-16 ans" : *Cérémonies.*
• Éditions William Blake and co : *La Dérive des continents.*
• Manège Éditions : *Un Hibou à soi.*
• Édition Chiron : *Congo-Océan ou le Jeu renouvelé du chemin de fer de Brazzaville ; Alchimie du maquillage.*
• Éditions Théâtrales, coll. "Théâtrales Jeunesse" : *Les Escargots vont au ciel ; Son parfum d'avalanche.*
• L'Avant-scène Théâtre : Les *Tribulations d'une pince à glace ; Général Courant d'air.*
• Inédite : *Vers la mer des Bossynes.*
• Monica Companys : *Froissements de nuits.*
• Éditions de l'Amandier : *Nazo Blues.*

Dominick **Parenteau-Lebeuf**

• Lansman, coll. "Nocturnes Théâtre" : *L'Autoroute.*
• Lansman, coll. "Lansman Jeunesse" : *Parc Lafontaine.*

Francis **Parisot**

• Lansman, coll. "Printemps théâtral" : *Rue des Oubliettes.*

Sandrine **Pernusch**

• Club Zéro : *Le Rititi.*

Pascale **Petit**

• L'École des Loisirs, coll. "Théâtre de 9 à 12 ans" : *Tom Premier.*
• L'École des Loisirs, coll. "Théâtre de 12 à 16 ans" : *Monsieur Jones.*

Anne **Petitjean**

• Éditions Retz, coll. "Expression théâtrale" : *Mon cher Victor.*

Olivier **Petrov**

• Les Solitaires intempestifs, coll. Bleue : *Plouf.*

Jean-Yves **Picq**

• Lansman, coll. "Printemps théâtral" : *La Pelle, le seau et le râteau.*

Jean-Marie **Piemme**

• Lansman, coll. "Printemps théâtral" : *Les petits grands.*

Françoise **Pillet**

• Éditions théâtrales, coll. "Théâtrales Jeunesse" : *Molène ; Émile et Angèle correspondance* (co-écrit avec Joël Da Silva) *; Métro Bastille ; Anciennement chez Louise.*

• Lansman, coll. "Printemps théâtral" : *Chut vole !*

• Lansman, coll. "Nocturne Théâtre" : *Village.*

• Mot de passe : *Même les chaussures dorment ; Les Cahiers de l'Égaré, Des Lendemains qui dansent ; Mise au point virgule.*

• Inédites : *Léon-Camille Pontdasset ; Les Mots n'ont pas d'écailles ; Ma Cousine sur la plage à Houlgate ; Village ; Quand les mains murmurent ; La Partie commencera à l'heure ; Rue Elisa-Lemonier ; un Rideau incolore ; Amours d'escalier ; Papageno et la Flûte enchantée ; Alberta, Alberta ; Jardin de poche ; Mon corvol, l'orgueilleux ; Ficelles et merle chanteur ; Quand les mains murmurent ; Le Fil vert d'une longue histoire.*

Frédéric **Pillot**

• Éditions Milan, coll. "Aujourd'hui Théâtre" : *L'Énigme.*

René **Pillot**

• L'École des Loisirs, coll. "Théâtre 7-9 ans" : *Fée-mère.*

• Lafontaine, coll. "Théâtre Jeunesse" : *Ah ! Les enfants de maintenant ! ; Bleu d'écailles ; Bagages de sable ; L'enfant de l'étoile ; Plumes d'amour ; Pluie de clowns.*

• Lafontaine, coll. "Théâtre adolescent" : *Cendres... Cendrillon ; Falaise ; La Folle Aventure de Lydéric et Phynaert.*

• Dessain et Tolra : *Capitaine Clown.*

Thomas **Pinney**

• Éditions Gallimard Jeunesse, coll. "Folio Junior Théâtre" : *La Comédie de la jungle.*

Michel **Piquemal**

• Éditions Magnard, coll. "Théâtre en scène" : *Jo, le joueur ; Quel cirque !.*

Juliette **Pirolli**

• Éditions Retz, coll. "Expression théâtrale" : *L'Affaire Poliakoff.*

Pascale **Platel**

• Lansman, coll. "Nocturnes Théâtre" : *Le Roi des chips au paprika ; Holà Pola !.*

Joël **Pommerat**

• Actes Sud-Papiers, coll. "Heyoka Jeunesse" : *Le petit chaperon rouge.*

Dominique **Pompougnac**

• Lansman, coll. "Nocturnes théâtre" : *Pince-mi et pince-moi ; Bises Billes ; Marco et Paulo ; Bébé bleu.*

Claudio **Ponté**

• Éditions Retz, coll. "Expression théâtrale" : *Histoire naturelle des mots ; Le Coeur sur la patte ; Le Grenier aux malles ; Marie ; Clovis ; La Bataille de Poitiers ; Philippe IV le Bel ou l'affaire des templiers et celle du Pape ; La Pension des Grands-Mères ; Le Collier ; Le Sac mystérieux.*

Régis **Porte**

• Art & Comédie, coll. "Côté Cour" : *Les Clowns gourmands ; La Maison miraculeuse ; La petite étoile ; Soirée de gala ; Les Mots s'amusent ; La Magie des couleurs ; Rencontre avec les Galâmes.*

• Art & Comédie, coll. "Côté jardin" : *À des couverts.*

AUTEURS PUBLIES

Christian **Poslaniec**

• Éditions Retz, coll. "Expression théâtrale" : *Le Tigre et la fée.*

Robert **Pouderou**

• Éditions L'Avant-Scène Théâtre. *La Balade de Balu ; Le Nègre qui riait et qui dansait ; Sa Supériorité le comte Quatre-As.*

Roger **Pouezard**

• Art & Comédie, coll. "Côté Cour" *L'Impressionnisme*

Olivier **Py**

• L'École des Loisirs, coll. "Théâtre 9 -12 ans" : *L'Eau de vie ; La jeune fille, le Diable et moulin.*
• Les Solitaires Intempestifs, coll. "Bleue" : *La Nuit au cirque.*

Jacques **Rebotier**

• Actes Sud-Papiers, coll. "Heyoka Jeunesse" : *Les trois jours de la queue du dragon.*

Jean **Reinert**

• Éditions Milan, coll. "Aujourd'hui Théâtre" : *L'Énigme.*

John **Retallack**

• Éditions Lafontaine, coll. "Théâtre Adolescents" : *Hannah et Hanna.*

Dominique **Richard**

• Éditions théâtrales, coll. "Théâtrales Jeunesse" : *Le Journal de grosse patate ; Les Saisons de Rosemarie.*

Jean-Pierre **Richards**

• Lansman, coll. "Théâtre pour la jeunesse Wallonie-Bruxelles" : *Les Poules.*

Philip **Ridley**

• L'École des loisirs, coll. "théâtre 12-16 ans" : *Fairytaleheart.*

Yak **Rivais**

• Éditions Retz, coll. "Expression théâtrale" : *Des Papiers en règle ; Offre d'emploi ; Le Mystère du tableau volé.*
• Éditions Retz, coll. "Expression théâtrale" et coll. "Petits Comédiens" : *L'Affaire Barbe-bleue ; Un bandit qui retourne sa veste.*

Marielle **Robert**

• Éditions Magnard, coll. "Théâtre en scène" : *Cendrillonnette et le prince Gnangnan.*

Laurent **Rogero**

• L'Ecole des Loisirs, coll. "Théâtre de 9 à 12 ans" : *Princesse et l'homme sans cœur.*

Suzanne **Rominger-Prud'homme**

• Éditions Retz, coll. "Expression théâtrale" : *Conte à rebours ; Cendrillon dépoussiérée ; La Princesse et le porcher ; les Fées du supermarché.*
• Éditions Retz, coll. "Petits comédiens" : *Cendrillon dépoussiérée.*

Sophie **Rosenberger**

• Éditions Retz, coll. "Expression Théâtrale" : *Do you want to be my Valentine ? ; Merry Christmas ; My best friend is Rachid ; Mystery in Scotland ? The black cherries at Wembley.*

Alan **Rossett**

• Art & Comédie, coll. "Côté Scène" : *Le Chat à deux têtes.*

Pierre **Roudy**

• Club Zéro : *Le dernier loup.*

Béatrice **Rouer**

• Éditions Retz, coll. "Expression théâtrale" : *La Montre ; L'Anniversaire; Le Docteur et la dame qui a mal partout ; Le Docteur et le fou ; Le Docteur et le dompteur ; Le Docteur et le martien ; Le Docteur et le vieux monsieur ; La Leçon de lecture ; La Leçon de mathématiques ; La Leçon d'arts plastiques ; Ce vieux singe de Tonton Roberto.*

Joëlle **Rouland**

• L'École des loisirs, coll. "théâtre 12-16 ans" : *L'Envolé.*

Jean-Paul **Rousseau**

• Éditions Retz, coll."Expression théâtrale" : *La Cave ; Le Perroquet ; Le Tapis magique.*

Cécile **Roussel**

• Art & Comédie, coll. "Côté Cour" : *Le Paysan malin.*

Jean-Marc **Royon**

• Éditions retz, coll. "Expression théâtrale" : *Bebop-nohope.*

Claire-Marie **Ruysschaert**

• Éditions Lafontaine, coll. "Théâtre Adolescents" : *Petrouchka.*

Sylvie **Sabiron**

• Éditions Magnard : coll. "Théâtre en scène" : *Mais où sont passées les saisons ?*

Gholâmhossein **Sâedi**

• L'École des Loisirs, coll. "Théâtre 9 -12 ans" : *Œil pour œil.*

Dominique **Sarrazin**

• Éditions Lafontaine, coll. "Théâtre Adolescents" : *Courage ça presse... ! ; Entre deux portes.*

Brigitte **Saussard**

• Éditions Retz, coll. "Petits Comédiens" : *Les Amis du roi.*

• Édition Retz, coll "Expression théâtrale" : *Le Roi Dagobert ; Le vilain Crocmitoufle ; Cuistomanique ; La Dinde farcie ; Petite leçon de maths ; Une Histoire de caisse ; En attendant La Fontaine ; le Retour de la peste ; Rencontre au sommet ; La Marque du temps ; le E dans l'O ; Les malheurs de Laure Tographe ; Quand Mimolette s'en même ; Réunion d'amis ; Le Dragon qui tourne en rond ; Une Sorcière chez les carottes ; Les Sorcières et les monstres ; Des Représailles dans la fourmilière ; Malbrute s'en va-t-en guerre ; Claude la vache et Popop le haricot ; L'Avion et la lune ; La Chorale des instruments ; La petite souris et le lapin de Pâques ; La Souris verte et les fausses souris ; Les Arbres et la neige ; Les Feuilles d'automne ; Les Sorcières et les aspirateurs ; Pièce de vingt centimes ; Quand le Y s'amène ; Au café ; Bon pied bon oeil ; Chanson à la pluie ; Drôles de plantes ; Halloween ; Histoire de nuages ; Je m'en vais à la fête ; Joli coquelicot ; L'Araignée bergamote ; La dure vie de l'escargot ; La Journée du soleil ; La Princesse oha ; La plus grosse pomme du monde contre la plus grosse pomme du monde ; Le Moustique ; Le petit chaperon rouge ; Le petit poucet ; Le Soleil dans ma lorgnette ; Les Loups contre les sorciers ; Merlin pimpim ; N'envoyez jamais votre ballon au diable ; Petite leçon de choses ; Prince cherche princesse ; Promenons-nous dans les bois aujourd'hui ; Quand l'amour s'en mêle ; Un Lézard dans l'orchestre.*

Jocelyne **Sauvard**

• Éditions Retz, coll. "Expression Théâtrale" : *Mon papa est clown ; Mammy a peur du tigre ; Les Blagues de tante Zinia ; Le Père Noël fait du trapèze ; Le Nez de Maxou ; Les Astuces de Guenièvre ; Mozart a disparu.*

Jean-Louis **Sauzade**

• Éditions Retz, coll. "Expression théâtrale" et coll. "Petits Comédiens" (les 2 premiers) : *L'Anniversaire de Sardinette ; Kiritimati ; Quatre vents pour un cerf-volant.*

AUTEURS PUBLIES

Karin **Serres**

• L'École des Loisirs, coll. "Théâtre 9-12 ans" : *Dans la forêt profonde.*
• L'École des Loisirs, coll. "Théâtre 12-16 ans" : *Colza ; Marguerite, Reine des prés ; Thomas Hawk.*
• Éditions Théâtrales, coll. "Théâtrales Jeunesse" : *Un Tigre dans le crâne ; Toute la vie.*
• Lansman, "Printemps théâtral" : *Anne Droïde.*
• Inédites : *Sissi et les Welkyries ; Sandy ; Reviens, Rose, reviens ; Navrée ; L'Eskimo kabyle ; Matti ; Ilene ; Navrée ; La Nuit carnivore ; La Barque de gypse ; Les deux sœurs ; C'est la guerre Sardine ; Bitume Farouche ; Nu ; Monica Companys Chlore.*
• Le Mot de passe - Très tôt Théâtre : Lunik ; Katak.

Francis **Serrot**

• Art & Comédie, coll. "Côté Cour" : *Au secours du père Noël ; Enquête au pays du père Noël ; Par la barbe du père Noël.*

Roland **Shön**

• Éditions théâtrales, coll. "Théâtrales Jeunesse" : *Les Ananimots ; Grigris.*

Brigitte **Smadja**

• L'École des Loisirs, coll. "Théâtre 9-12 ans" : *Bleu Blanc Gris.*
• L'École des Loisirs : *Drôle de zèbres.*

Christine **Smeysters**

• Lansman, coll. "Théâtre pour la jeunesse" : *Pourquoi pas fou* (co-écrit avec Baptiste Vaes).

Joko **Soposki**

• Éditions Magnard, coll. "Théâtre en scène" : *Loin de Mostar.*

Marie-Thérèse **Sprocani**

• Art & Comédie, coll. "Côté Cour" : *La grande parade des jouets.*

Gérald **Stehr**

• Lansman, coll. "Printemps théâtral" : *La République des oiseaux.*

Anne **Sylvestre**

• L'Avant-Scène Théâtre, coll. "Quatre-vents Jeunesse" : *Lala et le cirque du vent.*
• Actes Sud-Papiers, coll. "Heyoka Junior" : *Méchant !.*

Anne-Violaine **Taconet**

• Éditions Lafontaine, coll. "Théâtre Jeunesse" : *Jean, l'enfant qui ne voulait pas grandir.*

Marguerite **Tarral**

• Éditions l'Amandier, coll. "Théâtre Espace Jeune" : *Poussière d'étoile.*

Luc **Tartar**

• Lansman, coll. "Printemps théâtral" : *En voiture Simone.*

Stéphanie **Tesson**

• L'Avant-Scène Théâtre, coll. "Quatre-vents Jeunesse" : *Coeur de laitue.*
• Lansman, coll. "Printemps Théâtral" : *Cœur de pierre ; Petite fable démocratique à l'usage de la jeune génération.*

Jacques **Thareau**

• Art & Comédie, coll. "Côté Cour" : *Drôle de malade* (co-écrit avec Fernand Millaud)
• Art & Comédie, coll. "Coté jardin" : *Pascal a la grosse tête* (co-écrit avec Fernand Millaud).

Jean-Louis **Thersen**

• Éditions Magnard, coll. "Théâtre en scène" : *La Nuit de Baudelaire ; Je serai toujours belle.*

Catherine **Thévenau**

• Art & Comédie, coll. "Côté Cour" : *Sidoréla* (co-écrit avec Catherine de la Clergerie) ; *Alerte au cirque ; Concerto pour un accord ; Une Classe sous influence.*

Françoise **Thyrion**

• Éditions Lafontaine, coll. "Théâtre Adolescents" : *Molière par elle-même.*

Jean-François **Torrès**

• Lansman, coll. "Théâtre pour la jeunesse" : *Princesse Paresseuse.*

Lara Mary **Tredman**

• Les Mandarines : *Les Madeleines.*

Larry **Tremblay**

• Lansman, coll. "Printemps théâtral" : *Roller.*
• Lansman, coll. "Lansman Jeunesse" : *Panda Panda.*

Lise **Vaillancourt**

• Lansman, coll. "Nocturnes théâtre" : *Le petit dragon - la Ballade de Fannie et Carcassone.*

Karl **Valentin**

• Éditions théâtrales, coll. "Théâtrales Jeunesse" : *Sketches ; Au théâtre.*

Valpierre

• Éditions Retz, coll. "Expression théâtrale" : *L'Apprenti-chevalier* (d'après Chrétien de Troyes et Xavier de Langlais) *; L'Apprenti-mousquetaire* (d'après Alexandre Dumas).

Suzanne **Van Lohmizen**

• L'Arche, coll. "Théâtre Jeunesse" : *Les trois petits vieux ne voulaient pas mourir.*

Bruno **Verbrugge**

• Lansman, coll. "Printemps théâtral" : *Tout le monde connaît Bob Marley.*

Isabelle **Verlaine**

• Lansman, coll. "Théâtre pour la jeunesse" : *Trois millions d'années tartine.* (co-écrit avec Christian Baggen)

Jacky **Viallon**

• Éditions Retz, coll. "Expression théâtrale" : *Au pays des ressorts et des Gnian-Gnian ; La leçon de piano.*
• Éditions Retz, coll. "Expression théâtrale" : *La Légende du partage du jour et de la nuit ; Grande promotion sur les couches-culottes ; L'École des animaux ; Le Marché ; Le Tribunal des choses ; Les nouvelles réformes ; Vol de rêves.*
• Édition Retz, coll. "Petits Comédiens" : *Roi fatigué cherche royaume pour les vacances.*
• Lansman, coll. "Nocturnes Théâtre" : *Le sens de l'ombre ; La Légende de Zourne ; Des Oiseaux dans ma tête.*
• Actes Sud-Papiers : *Le grand chariot ; Le vague à l'âme ; Un peu de roi, un soldat, du foin et le reste de cheval*
• Avant Scène théâtre. Coll. "Pièces drôles" : *La nappe de papier in La Mécanique de l'autruche.*

Mireille **Vico**

• Art & Comédie, coll. "Côté Cour" : *Le Visiteur.*

Dominique **Vilbert**

• Art & Comédie, coll. "Côté Cour" : *À bas Charlemagne ; Au marché du bonheur ; La Lettre de bonne année ; Monsieur Toto avocat ; Monsieur Toto député ; Monsieur Toto professeur d'histoire ; Monsieur Toto professeur d'histoire ; Vive la mariée.*

Danielle **Vioux**

• Art & Comédie, coll. "Côté Cour" : *Fabliau du peuple et des deux princes.*
• Lansman, coll. "Printemps théâtral" : *En attendant la fin de l'orage.*

Anca **Visdei**

• L'Avant-Scène Théâtre, coll. "Quatre-vents Jeunesse" : *Peau d'âne ou la véritable histoire de Peau d'âne racontée par le maître de musique du Palais, Le Secret des pommes d'or ; la Princesse et l'architecte.*

Diana **Vivarelli**

• Éditions Retz, coll. "Expression théâtrale" : *Le Bouc émissaire.*

Nedjma **Vivet**

• Éditions Retz, coll. "Expression théâtrale" : *Le Fantôme de Canterville* (d'après le roman d'Oscar Wilde) *; Les Amours d'un faux col* (d'après le conte d'Andersen) *; Tom Sawyer* (d'après le roman de Marc Twain).
• Éditions Retz, Expression théâtrale : *Changement de rôles ; Halloween ou le repas des sorcières ; le Prince délaissé.*

Anne-Catherine **Vivet-Rémy**

• Éditions Retz, coll. "Expression théâtrale" : *Les Explorateurs ; Gavroche* (d'après Victor Hugo) *; Le Curé de Cucugnan* (d'après Alphonse Daudet) *; Le Nez rouge ; L'École des clowns ; Le procès de Renart ; Mutinerie contre le tamagotshi ; Schproum dans l'Arche de Noé ; Alice au pays des merveilles* (d'après le roman de Lewis Carroll) *; Le vilain petit canard* (d'après le conte d'Andersen) ; *Les malheurs de Sophie* (d'après le roman de la Comtesse de Ségur) *; La Baga yaga ; Si la publicité m'était contée ; Tout est bien qui finit bien.*
• Éditions Retz, coll. "Expression Théâtrale" et coll. "Petits Comédiens" (les 2 premiers) : *Docteur nature ; Je ne peux pas dormir ; Le Jamais content ; Pomme d'amour ; Vive l'école.*
• Édition Retz, coll. "Expression théâtrale" et coll. "Petits Comédiens" (les 2 premiers) : *L'Opéra grammatical ; Le juste mot ; Au pays des exceptions ; Chantons les homonymes grammaticaux ; Jardinière de participe passé à l'auxiliaire ; Je me souviens ; L'Opéra... yer-yer ; Le Journal grammatical ; Pages publicitaires grammaticales ; Rappons la conjugaison ; Scène de ménage ; Sois pas dans la lune Cadeaux surprises ; Sons et costumes ; Paroles de sagesse.*

Gérard **Wajcman**

• Actes Sud-Papiers, coll. "Heyoka Jeunesse" : *Le Voyage de Benjamin.*

Lalie **Walker**

• Éditions Retz, coll. "Petits Comédiens" : *To the zoo and short plays.*

Bettina **Wegenast**

• L'École des loisirs, Coll. "Théâtre 9 -12 ans" : *Être le loup.*

Christine **Wystup**

• Éditions Retz, coll. "Expression théâtrale" : *Question de temps.*
• Éditions Retz, coll. "Expression théâtrale" : *Pas d'bol dans la famille.*
• Art & Comédie, coll. "Côté Cour" : *La Fiancée du cordonnier ; Le Balayeur d'ombres ; Mythiques ; Ni sorcière, ni vampire.*

Maurice **Yendt**

• Lansman, coll. "Cahier du Soleil Debout" : *En lettres rouges ; Ce qui couve derrière la montagne ; La Marche à l'envers ; Histoire aux cheveux rouges.*
• Éditions de l'Amandier, coll. "Théâtre espace jeune" : *Pinocchio* (d'après l'œuvre de Carlo Collodi).

Catherine **Zambon**

• L'École des Loisirs, coll. "Théâtre 9-12 ans" : *La Berge haute ; La Bielleuse ; L'Oca ; Les Rousses ; Sissi pieds-jaunes ; Voyage en Paéma ; Grands et Petits.*

Anne-Marie **Zarka**

• Éditions Retz, coll. "Expression théâtrale" : *Calendrino et le cochon* (d'après un conte de Boccace) *; Estula* (d'après un fabliau du Moyen-Âge) ; *Le vilain Mire* (d'après un fabliau du Moyen-Âge) *; Tartarin de Tarascon* (d'après le roman de Daudet) *; Les habits neufs de l'empereur* (d'après un conte d'Andersen).
• Éditions Retz, coll. "Expression théâtrale" : *Don Quichotte de la Manche* (d'après

Marc Caillard

Fondateur et directeur de l'association Enfance et Musique

Marc Caillard, qui êtes-vous?
> Je suis musicien de «famille» et de formation. Fondateur et directeur de l'association Enfance et Musique.

Comment définiriez-vous votre activité ?
> Favoriser les pratiques artistiques vivantes dans la vie familiale et sociale des très jeunes enfants.

Pourquoi avoir fait le choix professionnel du jeune public ?
> Le très jeune public a «toute la vie devant lui». Dans notre époque en perte de sens, il nous invite à imaginer l'avenir… nécessairement !

Votre première émotion de lecteur ?
> *La guerre du feu,* lu avec passion et d'une seule traite à 8 ans avec le sentiment merveilleux et tragique de ressentir en moi ce mystère de l'humanité entre néant, nature et culture.

Votre première émotion de spectateur ?
> La tribu de mes cousins et cousines éparpillée et rêveuse dans le vieux salon de mon grand père pendant qu'il nous racontait Jules Verne et la Comtesse de Ségur.

Votre auteur de théâtre préféré ?
> Pirandello.

Le premier spectacle jeune public que vous avez programmé ?
> Un spectacle de chansons mises en scène et interprétées par Hélène Bohy et Agnès Chaumié, musiciennes et chanteuses engagées depuis ses débuts dans le projet de l'association Enfance et Musique.

Quelle définition du spectacle jeune public donneriez-vous aux parents et aux enseignants ?
> C'est une occasion rare pour le jeune enfant de recevoir et de partager avec ses proches et sa communauté le regard et l'interprétation singulière du monde par un artiste.

Et que diriez-vous aux enfants ?
> Prenez le temps de l'étonnement, de la surprise et de la pensée. Éteignez la télé !

La réaction d'un jeune spectateur qui vous a émue ?
> Le sérieux, la concentration et le «silence attentif» des tout-petits de un à trois ans face au spectacle jeune public.

La réflexion la plus stupide qu'il vous a été donné d'entendre au sujet du spectacle vivant pour le jeune public ?
> Des animateurs de centres de loisirs à Paris, après le spectacle *Tangonino,* joué dans un silence et une attention rare de la part des enfants : «Les enfants se sont ennuyés, ils n'ont rien fait... ils n'ont même pas tapé dans les mains…»

Entretien réalisé par Cyrille Planson

Bizou Muzic SARL

www.monsieurno.com
118 rue du Maréchal Joffre, BP 43
94120 Fontenay-sous-Bois
bizoumuzic@wanadoo.fr
• Responsable : **Jean Nô**
• Artistes : **Monsieur Nô, Les Enfantastiques...**
Genre : chanson.
Distribution : L'Autre Distribution, Virgin.

Blue Velvet

www.catherinefontaine.com
Avenue Gustave Delol
46110 Les Quatre-Routes
Tél. : 05 65 32 00 56 - Fax : 05 65 32 00 56
bluevelvet@catherinefontaine.com
• Responsable : **Marie-Christine Bazin**
• Artistes : **Catherine Fontaine et Marie...**
Genre : chanson.
Distribution : Victor Mélodie.

CBN Production

www.bernard-nardone.com
Chemin de Mytalis
69970 Chaponnay
Tél. : 04 78 96 98 25 - Fax : 04 78 96 98 25
cbn-production@wanadoo.fr
• Responsable : **Bernard Nardone**
• Artistes : **Bernard Nardone, Christophe Guilbaud...**
Genre : chanson.
Distribution : Scolavox, Lirabelle, Nocturne, Éveil et Jeux.

Comme ci Comme ça Productions

www.commeci-commeca.com
8 route de Pierrefonds
60800 Crépy-en-Valois
Tél. : 03 44 59 12 64 - Fax : 03 44 59 12 64
commeci.commeca@wanadoo.fr
• Responsable : **Jean Humenry**
• Artistes : **Jean Humenry, Mannick, Patrick Di-Scala...**
Genre : chanson.
Distribution : DJP, Litteral.

De plein vent

www.depleinvent.com
5 rue Jean Jaurès, BP 75
07600 Vals les Bains
Tél. : 04 75 94 63 55 - Fax : 04 75 37 63 66
jgibaud@depleinvent.com
• Gérant : **Jean Gibaud**
• Artistes : **Hervé Demon, Marcel Zaragoza...**
Genre : chanson, théâtre ou conte musical, conte.
Distribution : Night and day, Frémeaux et associés.

Disques Dom

www.domdisques.com
14 rue Jules Vanzuppe
94200 Ivry-sur-Seine
Tél. : 01 49 60 06 38 - Fax : 01 49 60 75 72
frederic@domdisques.com
• Directeur artistique : **Fréderic Khavessian**
• Artistes : **Élaine Kibaro, Ricet Barrier...**
Genre : chanson.
Distribution : Domdisques.

Éditions musicales Lugdivine

www.lugdivine.com
BP 9025
69265 Lyon Cedex 09
Tél. : 04 37 41 10 40 - Fax : 04 37 41 01 41
ed.lugdivine@wanadoo.fr
• Gérante : **Claudie Asselineau**
• Artistes : **Patrick Di Scala, Freddy Zucchet...**
Genre : chanson, théâtre musical.

Enfance et musique

www.enfancemusique.com
Au Merle Moqueur
12 rue de la Liberté
93500 Pantin
Tél. : 01 48 10 30 00 - Fax : 01 48 10 30 09
b.caillard@au-merle-moqueur.com
• Gérant : **Benoît Caillard**
• Artistes : **Hélène Bohy, Agnès Chaumié, Béatrice Maillet, Jacky Galou, Gil Chovet, Compagnie Rouge Malice, Praline Gay Para, Mimi Barthélémy, Pierre-Jean Zantman, Guy Prunier...**

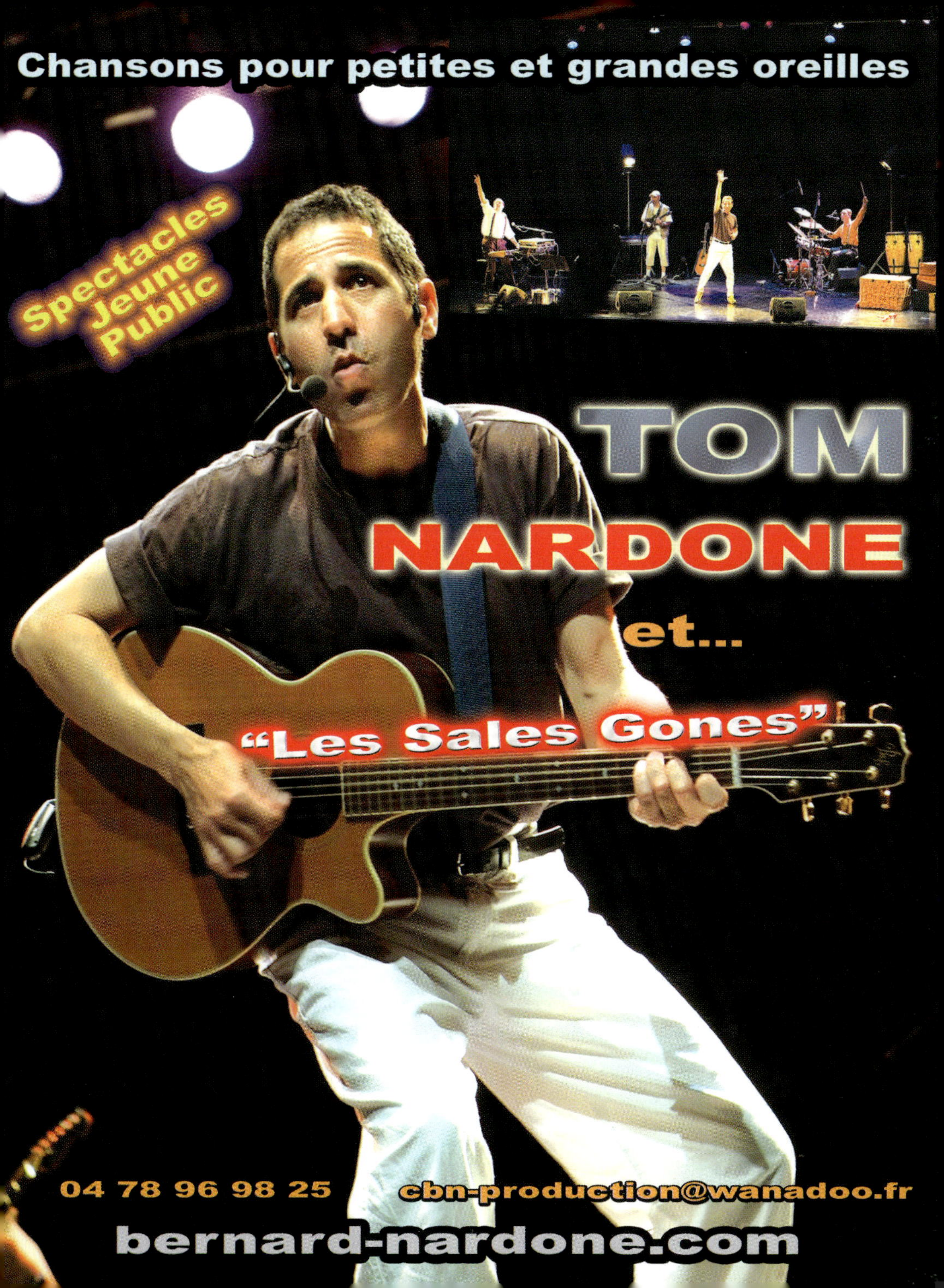
Chansons pour petites et grandes oreilles
Spectacles
Jeune
Public
TOM
NARDONE
et...
"Les Sales Gones"
04 78 96 98 25
cbn-production@wanadoo.fr
bernard-nardone.com

Genre : chanson, conte.
Distribution : Au Merle Moqueur.

EOG Production

www.musiques-bretonnes.com/eogprod
Penhep
29800 Saint Urban
Tél. : 02 98 25 03 75 - Fax : 02 98 25 03 75
eogproduction@aol.com
• Responsable : **Alain Kerdoncuff**
• Artistes : **Samir Kacel, Sharlalune, Gilles Thoraval...**
Genre : chanson.
Distribution : Coop Breizh, Nocturne.

Frémeaux et associés

www.fremeaux.com
20 rue Robert Giraudineau
94300 Vincennes
Tél. : 01 43 74 90 24 - Fax : 01 43 65 24 22
fremeaux@wanadoo.fr
• Directeurs : **Patrick Frémeaux, Claude Colombini**
• Artistes : **Bruno Belthoise, Sylvain Gary, Teca Calazans, Compagnie de la grande bleue, Les enfants du créa, Marcel Zaragoza...**
Genre : chanson, théâtre ou conte musical.
Distribution : Night and Day, Frémeaux et associés.

Gens de lorraine

www.gensdelorraine.com
2 place Saint-Martin
54670 Millery
Tél. : 03 83 24 03 45 - Fax : 03 83 24 06 64
gensdelorraine@wanadoo.fr
• Responsable : **Denis Bergerot**
• Artistes : **Gens de Lorraine, Denis Bergerot.**
Genre : chanson, musique traditionnelle, théâtre ou conte musical.
Distribution : DJP.

L'Aventure Musicale

www.aventure-musicale.com
81 rue du Pré Catelan
59110 La Madeleine
Tél. : 03 20 14 99 80 - Fax : 03 20 14 99 90
contact@aventure-musicale.com
• Responsable : **Xavier Gracin**
• Artistes : **L'Autobus à Vapeur, Jean-Jacques Commien, Éric Bleuzé, Spectacle Profigraicaosuglu...**
Genre : chanson, théâtre ou conte musical.
Distribution : L'Aventure Musicale.

La Malle aux Trésors

www.la-malle-aux-tresors.com
PA3, 75 bis rue des Champarons
92700 Colombes
Tél. : 01 56 83 22 84 - Fax : 01 47 81 11 58
p.a3music@free.fr
• Directeur de production : **Philippe Lecante**
• Artistes : **Brigitte le Borgne, Claudine Régnier, Isabelle Bal, Mama Kaya, Roger Cactus, Rocky Bulle, Claude Jardin, Mamemo, Rocky Bulle...**
Genre : chanson, théâtre ou conte musical.
Distribution : DJP.

Le Chant du Monde Harmonia Mundi

www.harmoniamundi.com
Mas de vert, BP 150
13200 Arles
Tél. : 04 90 49 90 49 - Fax : 04 90 49 58 33
cbreugnon@harmoniamundi.com
• Responsable d'édition et de production phonographique : **Alain Raemackers**
• Artistes : **Boufadou, François Lemonnier, Élise Caron, Steve Waring...**
Genre : chanson, théâtre ou conte musical.
Distribution : Harmonia Mundi.

Le Square

17 boulevard Solférino
92500 Rueil Malmaison
Tél. : 01 42 36 01 16 - Fax : 01 42 36 01 16
square.production@wanadoo.fr
• Responsable : **Jean Giroud**
• Directrice artistique : **Aurélia Stammbach**
• Artistes : **Les Courgettes Sauvages, Les Zèbres en Pyjama.**
Genre : chanson.
Distribution : Universal.

Modal

www.famdt.com
90 rue Jean-Jaurès, BP 136
79204 Parthenay Cedex
Tél. : 05 49 95 99 90 - Fax : 05 49 95 99 95
accueil@famdt.com
• Médiatrice culturelle jeunesse : **Stéphanie Pineau-Coulon**
• Artistes : **Patrick Vaillant, Alain Gibert, Steve Waring...**
Genre : chanson, musique traditionnelle.
Distribution : L'Autre Distribution.

Naïve Jeunesse

www.naive.fr
148 rue du Faubourg Poissonnière
75010 Paris
Tél. : 01 44 91 64 17 - Fax : 01 44 91 64 02
jeunesse.@naive.fr
• Responsable jeunesse : **Blandine Baufumé**
• Artistes : **Abbi Patrix, Muriel Bloch, Vincent Malone, Zut, Jacques Mayoud.**
Genre : chanson, musique traditionnelle, théâtre ou conte musical, conte.

Oui-Dire Éditions

www.oui-dire-editions.com
12 rue Claude Genin
38100 Grenoble
Tél. : 04 76 01 09 31 - Fax : 04 76 01 82 72
info@oui-dire-editions.com
• Responsable éditoriale et communication : **Fanny Terail**
• Artistes : **Claudie Obin, Élisabeth Calandry, Elisa de Maury, Rose-Claire Labalestra, Jihad Darwiche, Anne Kovalevsky.**
Genre : conte.
Distribution : Harmonia Mundi.

Raymond et Merveilles

www.raymond-et-merveilles.com
5 rue Monge
69100 Villeurbanne
Tél. : 04 72 37 49 97 - Fax : 04 72 15 08 60
raymond.et.merveilles@wanadoo.fr
• Administratrice : **Geneviève Sicard**
• Artistes : **Guy Prunier, Annie Gallay, Gil Chovet, Cécile Bergame, Gilles Pauget, Philippe Roussel, Laurence Tavernier, Marco Benard, Christian Ferrari, Jacques Mayoud...**
Genre : chanson, théâtre ou conte musical, conte.
Distribution : Raymond et Merveilles.

Rym Musique

188 boulevard Voltaire
75011 Paris
Tél. : 01 40 24 01 03 - 01 40 24 01 92
Fax : 01 40 24 04 27
rym.musique@wanadoo.fr
• Gérant : **Marcel Mangin**
• Artistes : **Steve Waring, Maurice Reverdy, Les Mômes, Fonfrède et Becker...**
Genre : chanson, théâtre ou conte musical.Distribution : Universal.

Sergent Major Company

128 rue de la Boétie
75008 Paris
Tél. : 01 46 42 31 01 - Fax : 01 44 95 14 14
sergentmajor@wanadoo.fr
• Label manager : **Jacques Dejean**
• Artistes : **Môm'Song, Gérard Dalton...**
Genre : chanson.
Distribution : Nocturne.

Studio SM / Arc en ciel

7 rue des Cannettes
75006 Paris
Tél. : 01 44 32 12 70 - Fax : 01 44 32 12 45
studio-sm@studio-sm.fr

• Directrice : **Françoise Dilleman**
• Artistes : **Jo Akepsimas, Délimélo, Patrick Di Scala, Donin, Ensemble Tournevire, Fonfrède et Beker, Jacky Galou, Jean Humenry, Mannick...**

Genre : chanson, théâtre ou conte musical, musique instrumentale, musique traditionnelle, conte.
Distribution : Sofedis.

ULM / Universal Music

www.universalmusic.fr
20-22 rue des Fossés Saint-Jacques
75235 Paris Cedex 5
Tél. : 01 44 41 91 39 - Fax : 01 44 41 94 65
aurelie.gautier@umusic.com

• Responsable jeune public : **Aurélie Gautier**
• Artistes : **Amipagaille, Alain Schneider, Don Pedro et ses dromadaires, Henri Dès, Pakita ; Amulette, Bouskidou, Les Déménageurs, Les Zèbres en pyjama, Les Courgettes Sauvages...**

Genre : chanson, musique instrumentale.
Distribution : Universal.

Victor Mélodie

40 rue de la Justice
75020 Paris
Tél. : 01 40 30 13 41 - Fax : 01 40 30 17 11
victormelodie@wanadoo.fr

• Responsable : **Isabelle Carrière**
• Artistes : **Vincent Malone, Les Farfadas, Euphonie, Philipo Petrek, Christian Merveille, Gibus, Les Vaches aztèques, Thomas Carabistouille, Jimmy Curt...**

Genre : chanson, théâtre ou conte musical, conte.
Distribution : Victor Mélodie.

Victorie music

4 passage de la main d'or
75011 Paris
Tél. : 01 49 29 55 50 - Fax : 01 47 00 12 01
e.jiroux@recremania.com

• Responsable : **Éric Jiroux**
• Artistes : **Pakita Amulette, Pierre Chêne, Alain Schneider, Les Zèbres en pyjama, Les Déménageurs, Bruno Coupé, Compagnie les Loupiots, Monica Lypso.**

Genre : chanson.
Distribution : Universal.

XIII bis records

www.13bis.com
34 rue Eugène Flachat
75017 Paris
Tél. : 01 42 12 52 82 - Fax : 01 42 12 52 83
13bisrecords@13bis.com

• Directeur commercial : **Jacques Panis**
• Artistes : **Zik Mômes, Bastien, Jessica Fried, Carole Serrat.**

Genre : chanson, théâtre ou conte musical.
Distribution : Sony BMG.

adami

IVRY
s/SEINE

thé
ÂTRE
d'i
vry

ARTADI

Département du Val-de-Marne
Conseil général

Vis à Vis and C°

Contact Diffusion :

VIS A VIS & CO
101 bis rue du Mont-Cenis
75018 Paris

01 42 62 58 74
06 82 84 06 56
olivier.prou@free.fr

INDEX DES STRUCTURES

A

B

INDEX DES STRUCTURES

INDEX DES STRUCTURES

D

E

INDEX DES STRUCTURES

F

INDEX DES STRUCTURES

I

J

K

L

INDEX DES STRUCTURES

INDEX DES STRUCTURES

N

O

P

INDEX DES STRUCTURES

T

INDEX DES STRUCTURES

U

V

Y

Z

INDEX DES NOMS

INDEX DES NOMS

INDEX DES NOMS

E

F

G

H

INDEX DES NOMS

M

N

INDEX DES NOMS

T

U

V

La Compagnie Tellem Chao

présente

Yapa K'Toi

Moussa au Pays des Ruses

Doum Doum Patouka Dhambi

01 49 34 17 99 / 06 84 90 01 92

www.tellemchao.fr.st **tellemchao@hotmail.com**

LE PICCOLO

À DÉCOUPER OU
À PHOTOCOPIER

Fiche de contact

Vous ne figurez pas encore dans le Piccolo ? Faites-vous connaître auprès de notre rédaction. Complétez et retournez-nous le questionnaire ci-dessous.

Structure : ....

Rubrique : ❒ Organismes ❒ Formation ❒ Création ❒ Diffusion ❒ Festivals

❒ Médias ❒ Éditeurs ❒ Auteurs publiés ❒ Disque

Adresse complète : ....

....

Code postal : ....

Ville : ....

Tél. : ....

Fax : ....

E-mail : ....

Site Internet : ....

Personne à contacter pour cette inscription : ....

Fonction : ....

Description de l'activité : ....

....

....

....

N'hésitez pas à joindre votre plaquette de présentation.

Vous recevrez une fiche de renseignements lors de la prochaine mise à jour du Piccolo, qui vous permettra de communiquer plus d'informations sur votre structure.

Vous pouvez retourner ce questionnaire tout au long de l'année par courrier ou par fax à :

Le Piccolo – Mises à jour – BP 41805 – 44018 Nantes Cedex 1 – Fax 02 40 20 60 30

L'insertion dans Le Piccolo est gratuite. Elle n'est pas automatique. Elle est déterminée par la rédaction en fonction des renseignements fournis. Conformément à la loi «Informatique et Libertés», vous disposez d'un droit d'accès et de rectification pour toute information vous concernant.

Bientôt des formations
pour les professionnels
du jeune public...
ARTES
www.artes-formations.fr

Remerciements à :

Pascal Auclair, Pierre Banos, Dominique Becker, Lucile Bodson, Marie-Agnès Bocquien, Catherine Boissière, Bernard Boiveau, Rachid Bouali, Serge Boulier, Maïa Bouteillet, Bruno Boutleux, Stéphane Boyer, Marie-Françoise Broche, Anne-Françoise Cabanis, Agnès Cabannes, Brigitte Chaffaut, François Chauvet, Murielle Chevalier, Martine Combréas, Valérie Contet, Priscille Cordier-Eysman, Bruno Coupé, Philippe Coutant, Laurent Coutouly, Nino D'Introna, Gérard Dalton, Christian Dubuis, Christian Duchange, Françoise du Chaxel, Martine Dudragne, Thierry Durepaire, Corinne Foucouin, Philippe Foulquier, Nelly Frenoux, Nathalie Gandy, Claire Garner, Jean-François Garré, Irène Golovine, Chantal Herrmann, Denis Heude, Jean-François Hubert, François Imbert, Franck Jublot, Valérie Kerleau, Marie-Pierre La Garde, Brigitte Lallier-Maisonneuve, Philippe Le Claire, Didier Le Corre, Olivier Lecoq, Véra Maéro, Céline Magrini, Benoît Martin, Annick Meschinet, Bernard Nardone, Jean Nô, Daniel Pantchenko, Nathalie Papin, Jean-Claude Pareja, Marc Pellan, Laure Pellen, Hervé Pépion, Marie-France Pernin, Olivier Prou, Mélanie Queniet, Philippe Schlienger, Martine Spangaro, Anne Stoesser et Jean-Pascal Viault.

Et plus spécialement à :

Dominique Bérody, Liliane Bottéon, Vanessa Gaunel, Pascal Paris et Joël Simon.

LE PICCOLO

Éditeur
La Scène
11, rue des Olivettes – BP 41805
44018 Nantes Cedex 1
France
Tél 02 40 20 60 20
Fax 02 40 20 60 30
lepiccolo@lascene.com
www.lascene.com

Fiche de remise à jour page 458.

Directeur de la publication
Nicolas Marc

Directeur d'édition
Cyrille Planson

Chef de projet
Nathalie Urvois

Collecte et traitement des informations
Marion Alberge, Fabiola Drouet, Julie Kalt

Directeur artistique
Eric Deguin

Mise en page
Nadia Quéméner

Secrétariat de rédaction
Danielle Beaudry

Promotion
Karine Quinsat

Responsable administrative
Véronique Chema

Comptabilité
Sabine Peralta

Impression
Corlet Imprimeur (Condé-sur-Noireau)

Publicité
Au support, tél 02 40 20 60 24

Diffusion
Dif'Pop'

IMPRIMÉ EN FRANCE – PRINTED IN FRANCE

Dépôt légal : octobre 2005
ISBN : 2-9520664-5-0
N° impression : 87819
34 €

Visuel de couverture :
Benoît Pelletier/Diabolus
www.diabolus.fr

Photos «Les questionnaires du Piccolo» : droits réservés.

Prochaine édition : parution octobre 2007